2014年度钢铁信息论文集

中 国 钢 铁 工 业 协 会 信 息 统 计 部
中国钢铁工业协会《钢铁信息》编辑部 编

北 京
冶 金 工 业 出 版 社
2015

图书在版编目（CIP）数据

2014 年度钢铁信息论文集 / 中国钢铁工业协会信息统计部，中国钢铁工业协会《钢铁信息》编辑部编. —北京：冶金工业出版社，2015.2

ISBN 978-7-5024-6843-9

Ⅰ. ①2… Ⅱ. ①中… ②中… Ⅲ. ①钢铁工业—工业企业管理—中国—文集 Ⅳ. ①F426.31-53

中国版本图书馆 CIP 数据核字（2015）第 004463 号

出 版 人　谭学余

地　　址　北京市东城区嵩祝院北巷 39 号，邮编　100009　电话　（010）64027926

网　　址　www.cnmip.com.cn　电子信箱　yjcbs@cnmip.com.cn

责任编辑　戈　兰　美术编辑　彭子赫　版式设计　孙跃红

责任校对　石　静　责任印制　李玉山

ISBN 978-7-5024-6843-9

冶金工业出版社出版发行；各地新华书店经销；北京百善印刷厂印刷

2015 年 2 月第 1 版，2015 年 2 月第 1 次印刷

210mm×285mm；21.25 印张；639 千字；329 页

96.00 元

冶金工业出版社　投稿电话　（010）64027932　投稿信箱　tougao@cnmip.com.cn

冶金工业出版社营销中心　电话　（010）64044283　传真　（010）64027893

冶金书店　地址　北京市东四西大街 46 号（100010）　电话　（010）65289081（兼传真）

冶金工业出版社天猫旗舰店　yjgy.tmall.com

（本书如有印装质量问题，本社营销中心负责退换）

《2014年度钢铁信息论文集》

编　委　会

前　言

自古以来，信息就在人们的生活中起着重要作用。一定程度上讲，正是通过信息的交流和沟通，才促进了商品的流通、物质的交换，并最终导致了财富的产生。但是，历史上任何一个时代，信息都没有像今天这样和人们的关系如此紧密。

在今天这个时代，无论是经商、办学，还是搞研究、做学问，抑或是从事创作工作，或是做领导工作，都需要信息的支撑和数据的支持。如果没有可靠的信息，甚至可能寸步难行。很难想象，如果被斩断了必要的信息供给渠道，我们的工作和生活将会怎样。也许，就像电影中描写的那样，很可能瘫痪；而如果不能把自己的信息传播出去，那么，我们对外界的影响力，很可能等于零！

不仅如此，在今天这个被称之为“信息化时代”的社会里，信息的价值和功用还在以惊人的速度发展着，信息和知识正在以系统的方式被应用于变革物质资源，正在替代劳动成为国民生产中“附加值”的源泉。这种革命性不仅会改变生产过程，更重要的是它将通过改变社会的通信和传播结构而催生出一个新时代、新社会。在这个社会中，信息和知识将成为社会的主要财富，信息流将成为社会发展的主要动力，信息源将成为新的权力源，而所谓的市场竞争，也必将成为一种“信息战争”。

庆幸的是，在这场“战争”尚未全面到来之前，有一大批“信息战士”们在钢铁行业信息阵地里默默地坚守着，而每年一刊的《钢铁信息论文集》则是他们坚守成果的部分展示。

很荣幸，能够和《钢铁信息论文集》一起，与坚守钢铁行业信息阵地的“战士”们共同经历六年风雨。六年，不是终点！我们还将和钢铁战线的广大“信息战士”们一起，在中国钢铁工业进入“新常态”的新时期，为帮助钢铁企业化解不确定矛盾，度过更严峻考验，提供更多、更好的信息武器。

《钢铁信息论文集》编委会

2014年12月

目　录

在贯彻落实《企业信息公示暂行条例》中加强统计工作

——在2014年中国钢铁工业统计工作会议上的讲话

中国钢铁工业协会党委书记兼副会长　刘振江

同志们：

上午好。今天，我们在包头召开2014年钢铁行业统计工作会议，总结一年来行业统计工作，表彰先进单位和先进工作者，布置明年行业统计工作，并对如何进一步加强行业统计工作、信息统计工作如何更好地为行业、企业和政府服务等问题进行研讨。借此机会，我讲三个方面的意见。

1　充分肯定广大统计工作者所做的工作

一年来，在各省市钢铁统计主管部门、各钢铁企业和各专业协会广大统计工作者的共同努力下，钢铁行业统计工作取得了新的进步。主要表现在几个方面：

一是统计基础工作进一步加强。统计工作体系已经基本形成，覆盖面比较大，统计指标体系也比较全，数据信息量很大，基本涵盖方方面面，这个行业数据库很可观。

统计工作本身是一种重要却是基础性的工作，具体而繁杂，在统计工作机制健全的情况下，决定统计工作质量的最核心的元素是基础数据。像盖房子的每一块砖一样，每一个基础数据是准确的、真实的，是精准的，才能保证大数据不倒。钢铁协会的统计数据我们认为可信度比较大，是因为这些数据直接来源于企业和直接统计的各省市统计部门和行业协会，数据比较可靠。这个大数已经占全国钢产量的80%以上，我们以此可以对行业做个基本判断。其他不到20%的钢产量中，很难有个准确数，就连企业个数数了几年也很难说清，有的一直没有进入统计领域，有的神出鬼没，出入和起伏很大，对这些只好估计估计。

我们行业统计工作的基础工作的第一要求是基础数据要准确真实，然后是时效快速问题。我们在基础数据的准确性上一直积极努力地做工作，包括不断地核查、培训、辅导、电话沟通，对新入会企业专门免费培训等等。但在基础数据的准确性上还是不断地出现问题，有的前后不对应，有的横向、纵向不平衡，有的突然出现空缺等等，结果直接影响行业大数据。所以，基础数据的准确性要作为统计中最重要的基础工作，时时抓，一个一个数地抓，常抓不懈。这样才能保证行业统计的质量和权威性，企业才愿意看、才敢用。

二是统计工作的信息化建设进一步加强。参加统计单位不仅统计机构和人员配置逐步完善，也在统计设施、网络建设、信息化程度方面进一步改善。钢铁协会的统计信息化平台建设和信息平台建设又增加了投入，行业统计体系信息化建设有了新的进步。行业统计的几个主要的产品如年报统计、月报统计、旬报统计、环保统计、财务统计等质量比较高，数据、资料比较完备。

三是统计工作在为行业和企业经营决策、发展战略、监测和运行分析，为中心工作服务等方面发挥了重要作用。成为国家及相关部门、行业、企业、相关机构了解行业情况，分析研究、决定政策、进行咨询等采用的重要基础资料。

总之，钢铁行业的统计工作经过十几年的不断努力，积极向前推，在实践中探索、完善，在工作体系、工作机制、制度方法、队伍建设、基础资料、提供服务等方面不断地进步，取得了值得肯定的成绩。我在这里对广大统计工作者和管理者的不懈努力表示感谢！

2 钢铁行业今年的基本形势

钢铁行业的形势从来就和国家经济的大形势紧密关联，就连震荡起伏都是合拍的。国家经济今年大的形势是稳中求进，稳增长是第一位的，也就是说，中国经济和中国钢铁工业经过前些年快速发展之后，总的趋势是进入新常态。新常态已经不是前些年快速发展的特殊状态，那个状态有必要，但难以久之。所以，我们就不能再抱着快速发展时的观念和自喜，而认识不到或适应不了新常态。这一点要特别注意，因为我们的一些想法、一些做法有时别扭，根子是思想观念的差异。

中国钢铁行业 2014 年的基本形势如果用一句话表述，我的说法是：一方面我们正在积极地迈向新常态，另一方面还没有完全进入和适应新常态。我们迈向新常态有很多表现，很多企业有很多新举措，大家在积极适应市场，积极进行结构调整和转型升级，企业都在重新审视自己的发展战略目标和市场定位，都在研究和着手自身的改革和管理。我们还没有完全进入和适应新常态也是事实，还存在思想观念不适应和行为上的不适应不到位问题。比如国内钢材需求增速的放缓，确实对钢厂生产经营带来困难，但我们不能还以快速增长的观念去埋怨需求放缓，而是应去主动适应增速放缓的新常态。又比如，困难的时候总幻想来点刺激政策得以改观，在盈亏边缘上还对利润期望值过高等等，都是思想观念上的不适应。还有对新常态的认识和理解，概念还不是太清晰，所以行动上还不可能到位。

我们现在确实遇到很多困难，就算九九八十一难，而今年钢铁行业在稳中求进中是有两个坎要跨的：一个是化解过剩产能矛盾和自觉控制产量问题；另一个是保效益，防止效益继续下滑、大面积亏损问题。

在化解过剩产能方面，国家是下了决心的，习总书记在政治局已讲了 3 次，国家专门下了文件，发改委、工信部抓得很紧，要淘汰 10%的落后产能，钢铁协会也提出 12 条措施。现在，产能和产量对我们来讲，像一只老虎，关进笼子里就安全，放出来就不得了。现在产能已经超过 11 亿吨，产量稍有失控就自己把自己搞乱，今年到目前是年产 8.25 亿吨的钢产量水平，同比增长 2.58%，这个增速和世界平均增速 2.4%比较接近，这是近十几年来第一次接近，说明大家在控产量上真的努力了，8 月份以来只增长 1%。即使这样，仍然是供大于求，增产部分基本是靠出口化解的，今年出口增长是最多的， 1~8 月份已经净出口折合粗钢 4994.5 万吨，增长 35%。由此引起的钢材出口的国际贸易摩擦和反倾销案件也大量增加，使得靠出口消化产量难度越来越大。

我们对钢产量控制的自觉性和自律性是增强了，也是市场逼的，但前几年快速增长的意识和惯性还没有完全适应新常态。我国的钢材消费和生产已经步入弧顶区，快要顶天了，上升空间很有限了，这是个大警戒线。我们在化解产能和控制产量上还要继续时刻保持高度警惕，特别加强自律。而且，我们已经掌握的 11 亿吨产能中，还不包括那些中频炉地条钢，这些从来没入纳入过项目审批和统计之内，有的说地条钢有几千万吨不等，这些地条钢由于成本低，不开发票，农民见便宜就买，加上不顾环保、伺机关停、逃避监管，严重冲击钢材市场，是淘汰落后的难点和重点之一。因此，我们化解过剩产能、淘汰落后、自觉控制产量依然任务艰巨。

关于行业和企业效益问题。效益是企业的生命，企业必须以效益为中心，近几年，我们的效益大幅度下降，需要我们转变挣大钱时的老想法，适应不可能再有高效益的新常态，一吨钢挣 1000 多元的日子可能一去不复返了。近几年，大家为保效益采取了很多措施，包括加强管理、对标挖潜、层层降本增效等等，成绩很大，但总难以从根本上改善钢材价格低、生产成本自然上升的剪刀差。去年的效益基本来源于煤炭的降价，今年的效益略好于去年，今年的利润主要来源于进口铁矿石价格的大幅度下跌。

今年进口铁矿石的价格大幅度下跌远远超过了人们的预料。跌幅之大不仅超过了供应商的预期，也超过了钢厂的预期，很少有人想到会跌这么多。是什么原因促使进口铁矿石价格如此大幅度下跌，很多人在分析，是市场？是天意？还是大自然？信奉市场的人可以认为是市场，信奉上帝的人可以认为是上帝，信奉老天爷的人可以认为是老天爷。如果说是市场原因，中国对进口矿的消费并没有明显减少，只是消费增量不如进口矿产量增量大，如果说是因为过去进口矿受利润太大的驱动使矿石产量增长过快，出现了供大于求，还靠点谱。但至于下跌如此迅猛吗？这个谱还不是完全说得通。如果说是因为前几年进口铁矿石利润太大，以至于钢厂微利及大面积亏损，对产业链利润分配产生了严重不公，是市场对市场不公发挥了无形但有效的作用，也不是没有道理。不管怎么解释，钢厂都死了，铁矿石还有什么价值？长工都死了，地主靠谁活着？大自然不赞成生物链断裂，价值规律和自然规律不可能长期服从某部分人的意志，市场也有平抑市场不公的作用，正像老人家说的，天若有情天亦老，人间正道是沧桑。我觉得是一种不以人们的意志为转移的力量在平衡进口铁矿石价格一度远高于价值的过度扭曲的关系，在修复产业链利润平衡。

进口矿和煤炭的跌价使钢厂效益很差的状况有所缓解，但还没根本扭转。一个重要原因是钢材价格太低，比20年前还低14个点，难以忍受，钢材价格还没有回归合理区间，与成本对应太不合理。但成因又很复杂，改观尚需时日。

当然，行业今年的情况远不止这些，我只是点一点，我要说的是，我们进入新常态，就要回归理性，回归自然，顺应和遵守客观规律。

3 要在贯彻落实《企业信息公示暂行条例》中加强统计工作

8月7日，国务院总理李克强签署国务院令，公布《企业信息公示暂行条例》，于2014年10月1日起实施。国家工商总局颁布的《企业公示信息抽查暂行办法》等规章，也将同日实施。

《条例》的颁布和实施，是国家改革工商登记制度和企业年检制度后，通过信息公示，建立公开、透明、公平的市场规则，改善市场监管和加强诚信体系建设的重要规定。《条例》要求企业真实、及时公示信息，对不按时公示或隐瞒情况、弄虚作假的企业采取信用约束措施，形成“一处违法、处处受限”的信用约束机制。

对此，全行业一定要认真学习和贯彻落实公示《条例》，要在贯彻《条例》中采取有效措施加强统计工作。这既是落实国家要求，也是行业和企业的需要，要按照国家《统计法》和《条例》规定以及协会章程，进一步夯实基层基础工作，如实准确、全面及时地完成各项统计任务。

我们大多数会员企业分管统计工作的领导和统计部门的负责同志都重视统计工作，对钢铁协会布置的年报、月报、旬报等统计任务，能认真、扎实、全面完成。但仍存在一些突出问题：有的企业领导同志对统计工作还没有引起足够的重视；有的企业统计工作人员配置不足，统计工作体系不健全，信息化程度不高；有的基础数据不真实，存在瞒报、虚报、漏报、错报问题；有的速度慢，存在迟报、滞后问题，多次催报报不来；个别新入会的企业，对上报统计资料、履行会员义务还没有做到位，等等。这些问题有的是领导的问题，有的是统计工作人员的问题，但个别企业直接影响的却是行业大数据的完整性、准确性和及时性。这些问题要通过贯彻落实《企业信息公示暂行条例》加以改进和解决。

（1）各单位要在落实《条例》中进一步加强统计基础工作。没配齐的要尽快配齐相应机构、配备相应人员，要在条件允许范围内加大对统计工作的人力、物力投入，在必要的人员配置、办公设备、人员待遇上给予支持，为统计工作夯实基础、完成任务创造条件。统计人员要以高度的责任心，及时、准确地填报好每一个数、做好每一张表，要站在更高的层次上思考统计工作，及时研究处理统计中出现的问题，要关注和研究领导和企业的需要，利用信息资源积极主动在本企业内做好信息服务。《条例》规定企业每年1月1日至6月30日必须向社会公示企业年报，这也对行业年报是最好的保证，这件事一定要做好。对日报、旬报、月报，即时数据信息等基础数据的收集、整理、存储工作要做细、做扎实。统计工作人员要提高对数据准确性的判断能力，对明显错误的数据及时核查，或请业务部门帮助核查。

（2）要在做好统计工作的基础上，提升服务功能。要将原来主要以查询为主的统计工作和统计服务，转变为除查询、检索、展示之外，更多地具备监测、评价和辅助决策功能，更好地为行业、企业日常运行和长远发展服务。

在行业运行中，要积极发挥统计监测和信息引导的作用，为企业生产经营决策提供准确的信息。国家发改委将建立行业产能预警系统，通过对钢铁行业产能、产量、价格、效益等信息的统计，掌握全国钢铁产销大平衡情况，必要时提出预警，既供各政府部门调整调控措施、各地研究产业发展规划、金融机构调整授信领域、各企业调整投资方向参考，也对企业调整生产经营决策服务。为了更及时准确地了解钢铁行业生产动态情况，钢铁协会将推进快速统计系统建设，为钢铁行业管理和钢铁企业生产经营决策提供更快的统计信息服务，明年我们将选取部分规模相对大、统计基础相对好的企业进行钢产量日报统计。我们将通过短信等方式加快行业统计结果发布反馈速度，有效提高统计数据时效性。

明年上半年，钢铁协会将专门研究改进和加强行业统计工作、提升统计服务水平问题。尽管钢铁协会的统计工作比较好，但在统计工作本身和相关管理工作方面还有不少需要改进和提高的地方，在信息数据的使用开发，信息为企业服务方面还很有提升的空间。希望在这次会议期间，大家对协会如何做好统计工作和如何更好地为企业服务提出宝贵意见。

钢铁协会的统计工作要在组织、管理、协调、核实、服务这五个方面10个字上努力。先从补短板、抓弱项做起，要在提升管理水平和能力上再努力，要在加强为企业服务的广度深度和快捷时效方面有更大的举措。统计信息保密是需要的，但也不要做过，统计信息保密要把握住三点：一是防止向国外及其情报机构泄露问题；二是对企业商业秘密要保密；三是防止个别人以此谋私利。

(3)要努力学习大数据等现代信息技术，不断提高统计服务水平。统计信息化水平的快速发展赋予了“统计现代化”更多内涵，大数据技术理念的推广和普及对统计工作带来了更加深刻的变革。如何有效利用和开发大数据存在的商业价值，使企业获得更多经营效益，企业会不失时机，信息统计工作者必将置身其中。

为此，我们信息统计工作者将不但要认真完成年报、月报、旬报等日常统计报表工作，还要以开放的姿态主动迎接大数据的挑战，直面大数据，积极学习、掌握、比较、选择、运用和创新统计理论和统计方法，进行统计工作的转型升级。各省市钢铁统计主管部门和各钢铁企业、专业协会的统计部门和统计工作人员，要有大数据对统计工作带来更高要求的思想准备，要有应对统计系统内外存在的海量大数据处理的必要能力，努力成为大数据时代能够收集数据、分析数据，挖掘数据有见解的统计专家。

钢铁协会将一如既往地重视和支持各省市钢铁统计部门和钢铁企业以及各专业协会的统计工作，行业统计工作也是靠大家支持。我们要共同努力，创新统计工作内容、提高统计数据质量，加强统计分析研究，使我们行业统计工作做得更好，为会员企业、为社会提供更加及时、准确的统计信息产品，积极为行业发展服好务，为转型升级中的中国钢铁工业做出贡献。

最后，祝大家通过本次会议有所收获，行业统计工作有所提高。谢谢大家！

新常态下钢铁行业人力资源发展趋势研究

中国钢铁工业协会组织人事部　姜　维　臧若愚　贾　硕

摘　要：2013 年以来，我国经济发展呈现出“新常态”，也使钢铁行业的发展环境产生新变化。本文从“新常态”下钢铁企业人力资源统计数据基本构成要素出发，通过对职工数量、岗位、学历、工资、人工成本、劳动生产率及投入产出情况等多方面的分析，对钢铁行业人力资源发展趋势做初步研究与判断，供全行业广大人力资源工作者参考与讨论。

关键词：人力资源　职工结构　人工成本　劳动生产率

2013 年 5 月，习近平总书记提出了我国经济发展进入“新常态”的论述，包含了三层内涵，即经济增速变化的“新常态”、结构调整的“新常态”、宏观政策的“新常态”。从当前钢铁行业的运行环境来看，也同样进入了这三个“新常态”。面对新形势、新任务、新挑战，全行业人力资源工作者更加努力做好本职工作，通过优化人员结构、调节人工成本、提高队伍素质、加强教育培训、完善薪酬激励体系等多种措施与手段，服务企业发展大局，保障生产经营平稳运行。

在这一过程中，人力资源数据分析在为企业提供战略决策参考、科学管理依据方面，发挥了日益重要的作用。因此，企业对人力资源数据收集与上报工作一年比一年更积极、更认真。截至 2014 年 9 月，我们共收到 119 家钢协会员单位报来的《2013 年钢铁工业企业劳动人事统计报表》，以 105 家单钢口径计算，纳入统计范围的企业数量新增 12 家，新增粗钢产量 580 万吨，合计粗钢产量占全国比重从 2012 年 71%增加到 2013 年 73%。具体情况如下。

1　新常态下钢铁行业人力资源基本情况

1.1　职工人数基本情况

统计显示，2013 年 105 家会员企业年末职工总数 179.66 万人，全年平均 180.65 万人；其中在岗职工年末 166.37 万人，全年平均 166.69 万人；主业在岗职工年末 113.98 万人，全年平均 114.40 万人；不在岗职工年末 13.29 万人，全年平均 13.96 万人（见表 1）。

表 1　近五年钢铁工业企业职工结构情况表　　（万人）

项　目		职工总数				离退休职工
			在岗职工		不在岗职工	
				其中：主业在岗		
2013 年	平均	180.65	166.69	114.40	13.96	93.25
	比例		92.27%	63.33%	7.73%	—
2012 年	平均	174.75	159.80	111.11	14.95	86.71
	比例	—	91.44%	63.58%	8.55%	—
2011 年	平均	182.12	166.24	112.52	15.88	83.08
	比例	—	91.28%	61.78%	8.72%	—
项　目		职工总数	在岗职工		离退休职工	其他从业人员
				其中：主业在岗		
2010 年	平均	188.09	159.86	114.58	14.19	14.04
	比例	—	84.99%	60.92%	7.54%	7.46%
2009 年	平均	195.31	156.04	116.92	22.73	16.54
	比例	—	78.89%	59.86%	11.63%	8.47%

注：2011 年起，离退休职工和其他从业人员指标有所调整，详见指标解释。

2013 年 105 家会员企业劳务派遣 8.36 万人，比上年增加近 1 万人；离退休人员数为 93.25 万人，比上年增加 6.54 万人。主要原因是 2013 年统计企业数量增加以及各企业对指标统计口径理解偏差相关。

从近 5 年数据看，在岗职工比例、主业在岗职工比例逐年稳步增长，不在岗职工比例逐年下降。在行业形势日趋严峻的情况下，企业在人员结构调整中，通过自然减员等方式，连续六年逐步减少“三线职工”冗余人员的比例，在岗职工比例从 78.89% 提高到 92.27%，主业在岗职工比例从 59.86%提高到 63.33%。

1.2　主业在岗职工岗位分布

105 家会员企业 2013 年年末主业在岗职工各类人员的比例结构为：高级经营管理人员 1.21 万人，占主业在岗职工(年末)总数 113.98 万人的 1.06%，比上年降低 0.08 个百分点；一般经营管理人员 8.26 万人，占主业在岗职工(年末)总数的 7.25%，比上年提高 0.2 个百分点；企业技术人员 12.17 万人，占主业在岗职工(年末)总数的 10.68%，比上年提高 0.38 个百分点；研发人员 1.40 万人，在技术人员中占比 11.50%，比上年降低 2.68 个百分点；操作人员 92.35 万人，占主业在岗职工(年末)总数的 81.02%，比上年下降 0.49 个百分点，见表 2。

从主业在岗职工岗位结构的变化趋势来看，经营管理人员所占比例六年来总体下降了 22.7%，因 2011 年操作人员、技术人员统计指标有所调整，操作人员近三年下降了 1.2%，技术人员近三年提高了 16.7%。其中部分变化与新增统计企业多为非国有企业相关，但反映了钢铁企业人力资源结构优化的方向和趋势，即管理岗位人员结构优化力度最大，技术人员岗位所占比例有所提高，企业更加自觉的谋求通过技术改进和创新驱动来提高产品附加值，降低生产成本，提高市场竞争力。

表 2　近六年钢铁主业在岗职工岗位分布情况

项　目	高级经营管理人员	一般经营管理人员	技术人员			操作人员
				其中：研发人员		
2013 年人数/万人	1.21	8.26	12.17	1.40		92.35
2013 年比例/%	1.06	7.25	10.68	占技术人员比例	11.50	81.02
2012 年比例/%	1.14	7.05	10.30		14.18	81.51
2011 年比例/%	1.17	7.65	9.15		12.54	82.03
2010 年比例/%	1.21	9.23	—	—		84.52
2009 年比例/%	1.01	8.94	—	—		82.75
2008 年比例/%	1.16	8.44	—	—		78.78
6 年比例减少/%	–8.6	–14.1	16.7（三年）			–1.2（三年）

1.3　职工学历结构

2013 年 105 家会员企业主业在岗职工（年末）学历结构为：博士 956 人，占 0.08%，与上年持平；硕士 13564 人，占 1.19%，比上年提高 0.09 个百分点；本科 154752 人，占 13.58%，比上年降低 0.19 个百分点；专科 256338 人，占 22.49%，比上年降低 0.17 个百分点；中专 175121 人，占 15.36%，比上年提高 0.94 个百分点；高中及以下 539019 人，占 47.29%，比上年降低 0.67 个百分点（见图 1）。

2013 年钢铁行业中专及以上学历人员比例 52.71%，同比提高 0.67 个百分点，从近 5 年来看也呈现了持续提高的趋势；同时与企业研发创新紧密相关的硕、博学历人员数量占比逐年提高，说明我国钢铁行业职工队伍学历结构整体上移，见表 3。

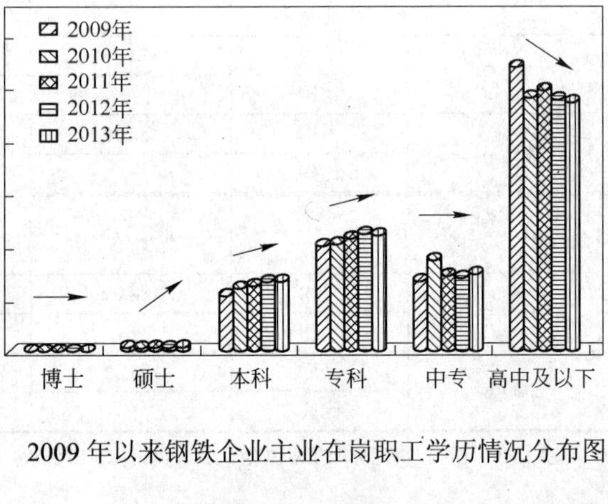

图 1　2009 年以来钢铁企业主业在岗职工学历情况分布图

表3 近五年钢铁行业职工学历结构变化情况

年份	硕、博学历	中专学历以上
2009	0.85%	46.00%
2010	0.89%	51.74%
2011	0.96%	50.45%
2012	1.18%	52.04%
2013	1.27%	52.71%

通过研究，可以发现钢铁行业学历结构与企业经营效益存在明显的正相关性。取中专及以上学历前十名企业和后十名企业对比，可以发现（详见表4），学历结构排前十名企业中专以上学历为79.02%，远高于后十名的20.66%，其人均人工成本8.67万元/年，也远高于后十名的4.76万元/年，但其实物劳动生产率，产值劳动生产率，人均利税，人均利润更是远高于后十名企业。数据充分说明学历结构与企业竞争力的正相关性。

1.4 企业年龄结构

2013年，105家会员企业主业在岗职工的平均年龄为38.76岁，比2012年的38.58岁、2011年的38.45岁、2010年的38.16岁略有增加，比2009年的38.93岁略有降低。其中高级管理人员的平均年龄为45.18岁，一般经营管理人员的平均年龄为40.57岁，技术人员的平均年龄为37.47岁，研发人员的平均年龄为38.32岁，操作人员的平均年龄为38.69岁。从主业在岗职工各岗位平均年龄来看，2013年职工年龄比2012年均有增加，见表5。数据显示，钢铁企业年龄结构近六年逐年老化，平均年龄提高了0.76岁。

2 新常态下钢铁企业职工薪酬发展趋势研究

2013年105家会员企业主业在岗人员人均工资为5.71万元，与2012年的人均工资5.38万元相比增长6.17%，增幅同比提高了4.28个百分点；人均社平工资系数为1.35（社平工资采用2012年加权平均值4.25万元），即我国钢铁企业2013年人均工资高于2012年社会平均工资水平的35%。

从表6可以看出，虽然钢铁行业收入仍然高于全社会平均水平，但近4年行业人均社平工资系数逐年降低，而且同比降幅较大，说明钢铁从业者平均收入在全社会各行业收入水平里的位次呈现出整体逐年下移的趋势,这与钢铁行业竞争完全市场化，且行业形势整体向下，人才流动市场化等因素相关。长此以往，钢铁行业对人才的吸引力将会降低，人才流失将会明显增加，不利于行业人才队伍建设。

2013年人均人工成本9.04万元，2012年人均人工成本8.4万元，同比增长7.62%。工资占人工成本中的比例从2012年的63.74%降低到63.05%，降低了0.69个百分点，持续走低。

从企业四类人员（研发人员属于技术人员中的一部分）年薪情况来看，2013年高级经营管理人员为20.97万元，一般经营管理人员为8.74万元，技术人员为7.75万元，研发人员为9.32万元，操场作人员为5.03万元。与2012年相比，各类岗位人员工资均有明显提高，其中研发人员工资增幅居各类岗位之首，其次是一般经营管理人员和高管人

表4 2013年钢铁企业按学历分类对比

企业分类	中专及以上学历	实物劳动生产率/（吨/人·年）	产值劳动生产率/（万元/人·年）	人均人工成本/（万元/年）	人均利税/万元	人均利润/万元
前10名企业	79.02%	686	373	8.67	13.59	13.65
后10名企业	20.66%	393	251	4.76	3.92	1.17

表5 2011~2013年主业在岗职工年龄结构

年份	高级管理人员	一般经营管理人员	技术人员	其中：研发人员	操作人员	主业在岗平均
2008	45.00	39.70	—	—	—	38.00
2011	44.65	40.03	37.54	37.30	38.32	38.45
2012	44.90	40.56	37.69	37.97	38.44	38.58
2013	45.18	40.57	37.47	38.32	38.69	38.76

表6 近六年钢铁行业人均社平工资系数变化情况

年 份	2013	2012	2011	2010	2009	2008
人均社平工资系数	1.35	1.41	1.55	1.58	1.58	1.41
系数同比增减	–5%	–9%	–2%	0	12%	—

员，操作人员工资增幅最低（见表7）。

从6年工资增幅来看，人均工资增幅为37.59%，而高级和中层管理人员工资增幅均达到41%以上，从近三年看，技术人员工资增幅明显提高，特别是研发人员。随着行业由提高产量为中心转为提高产品附加值、降低产品单位成本为中心，具有创新产品结构，优化产品流程的研发人员已成为队伍建设的重点，工资增幅明显在各岗位处于前列。统计结果显示，2013年研发人员（只针对企业从事研发工作的人员）人均工资为9.32万元，比一般经营管理人员同期工资高出近七个百分点，三年工资增幅也明显高于其他岗位工资增幅和平均工资增幅。日前中央全面深化改革领导小组特别审议《中央管理企业主要负责人薪酬制度改革方案》、《关于合理确定并严格规范中央企业负责人履职待遇、业务支出的意见》，专家预计针对国企高管的“限薪令”将在近期颁布。

表7 近六年钢铁企业岗位年薪情况统计表（万元）

年 份	人均工资	高级经营管理人员	一般经营管理人员	技术人员		操作人员
					研发人员	
2013	5.71	20.97	8.74	7.75	9.32	5.03
同比增幅/%	6.13	11.42	12.34	9.62	23.12	7.02
2012	5.38	18.82	7.78	7.07	7.57	4.70
2011	5.28	19.06	7.74	7.01	8.09	4.70
				研发人员		生产人员
2010	4.74	19.73	7.05	6.78		4.53
2009	4.28	16.14	7.36	6.04		3.92
2008	4.15	14.84	6.18	6.04		3.87
6年间增幅/%	37.59	41.31	41.42	三年10.6	三年15.2	三年7.2

注：2011年统计口径变化，2010年及以前统计分类为研发人员与生产人员，2011年统计口径划分为技术人员（研发人员）、操作人员。技术人员的工资同往年的研发人员可进行简单对比，下同。

3 新常态下钢铁企业劳动生产率发展趋势研究

3.1 企业实物劳动生产率

2013年，105家会员企业粗钢产量5.62亿吨，如按职工总数165万人计算，则人均年产钢约为341t；如按在岗职工153万人计算，则人均年产钢约为368t；如按主业在岗职工113万人计算，则人均年产钢约为496t（见表8）。

2013年，按主业在岗职工计算人均产钢超过1000吨/（人·年）的有4家企业，分别是沙钢集团1341吨/（人·年），五矿营口中板公司1165吨/（人·年），霸州新利钢铁公司1162吨/（人·年），柳州钢铁集团1017吨/（人·年）。其次，临沂江鑫、河北前进、日照钢铁、宝钢股份等企业实物劳动生产率也超过800吨/（人·年）。

表8 近六年钢铁企业实物劳动生产率情况统计表（吨/（人·年））

年 份	按职工总数计算	按在岗职工总数计算	按主业在岗职工总数计算	同比增长（主业在岗）/%
2013	341	368	496	9.21
2012	303	331	454	0.44
2011	297	322	452	5.12
2010	272	322	430	7.76
2009	239	299	399	12.71
2008	194	231	354	—
6年间增幅/%	75.77	59.31	40.11	—

图2清晰表明，钢铁企业近6年实物劳动生产率逐年提高，但增长速度在逐渐下降，2012年增长速度基本为零，在2012年报告中，我们曾明确提出，虽然2008~2012年实物劳动生产率增幅逐年降低，2012年增幅更是降到接近0，主要与大中型企业主动限产减产有关，与行业产能过剩、供需失衡

导致的生产不饱和有关；另一方面，行业正在推进的转型升级、产品结构优化调整也使部分企业在达到一定水平的规模效益基础上，更加关注通过提高品种附加值、提升吨钢利润创造效益，而不再过分追求产量的增长，这也是实物劳动生产率增速放缓的一个原因。

数据并非说明我国钢铁企业实物劳动生产率已到峰值，无法继续提高，而是说明与国外先进企业、国内先进企业实物劳动生产率数据相比，仍有很大提高空间，人力资源结构优化仍有许多工作可做，要做。2013 年，数据显示，通过各企业对做好人力资源结构优化工作认识的提高，钢铁企业明显加大了人力资源结构优化力度，实物劳动生产率明显提高，为近 5 年次高水平，达 9.21%，有力提升了企业综合竞争力。

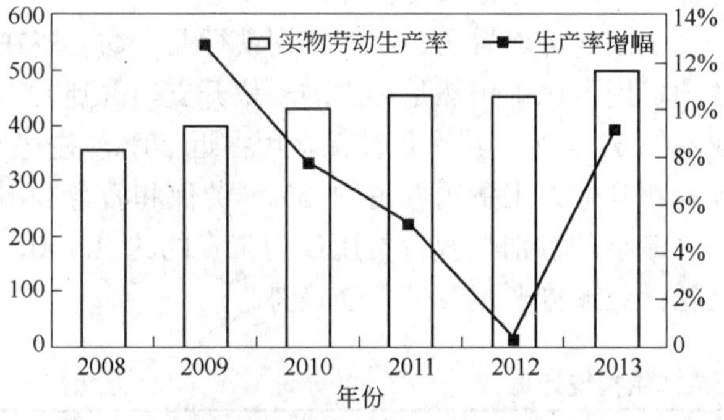

图 2　2008 年以来钢铁主业在岗职工实物劳动生产率增长情况

此外，从表 8 可以看出，相对于职工总数为基数、在岗职工为基数的实物劳动生产率，主业在岗职工实物劳动生产率增长幅度最小，也证实了 2008 年行业人力资源分析报告中指出的，行业的冗余，特别是国有企业的冗余，在一线的差距较小，二线差距较大，三线差距最大的结论。证明近年来国有企业按照优化队伍结构，重点优化三线、二线队伍的建议，做了大量富有成效的工作，有力提升了企业人力资本竞争力。

3.2　企业人均效益情况

分析表 9 可以看出，2013 年按单钢口径会员企业工业总产值、实现利税和利润计算，与 2012 年相比，人均产钢提高了 9.25%，但由于钢材价格下降（钢协数据显示价格指数下降 8.02%），人均产值与 2012 年基本持平，但由于原燃料价格下滑幅度超过钢材价格下滑幅度，2013 年人均利税明显提高，提高了 39.22%，人均利润扭亏为盈。从近 6 年的数据看，企业经营利润虽实现扭亏为盈，但仍在低位徘徊，远未及金融危机时水平。

图 3 显示，由于行业人力资源结构优化工作持续进展，实物劳动生产率稳步提高，表现在人均产钢趋势线明显向上，但受钢铁行业产能过剩的影响，钢材价格指数逐年下降，人均产值有所上升，但趋势线向上斜率明显低于人均产钢趋势线。但行业人均利税、人均利润线仍明显呈下降趋势，表明 2013 年，行业形势虽受益于原燃料大幅下降，有所回升，但仍未扭转向下的趋势。行业进一步增加产品附加值，降低成本的压力依然存在。

2013 年人均利税最高的企业（单钢口径）分别是宝钢股份公司 38.05 万元/人、沙钢集团 22.92 万元/人、方大特钢公司 19.81 万元/人、宝钢八一钢铁公司 17.60 万元/人、江阴兴澄特钢公司 17.51 万元/人。其次，江苏永钢、河北文安钢铁、新兴铸管、湖北新冶钢等人均利税水平也较高。

从 2013 年企业的人均利润情况看，宝钢股份 30.54 万元/人、沙钢集团 14.81 万元/人、方大特钢 10.93 万元/人、兴澄特钢 10.87 万元/人位于行业前列，与人均利税排名情况比较一致。从以上两个指标来看，目前非国有企业与特钢品种生产企业经营情况相对较好。

表 9　近六年钢铁企业人均效益统计表　（单钢口径）

年　份	人均产钢/（吨/（人·年））	人均产值/（万元/（人·年））	人均利税/（千元/（人·年））	人均利润/（千元/（人·年））
2013	496	219.43	54.88	13.00
当年增幅/%	9.25	0.46	39.22	扭亏
2012	454	218.43	39.22	–13.44
2011	452	249.84	96.25	44
2010	430	207.40	104.1	53.7
2009	399	166.39	90.7	42.8
2008	354	213.69	162.8	70.9
6 年间增幅/%	40.11	2.69	–66.29	–74.12

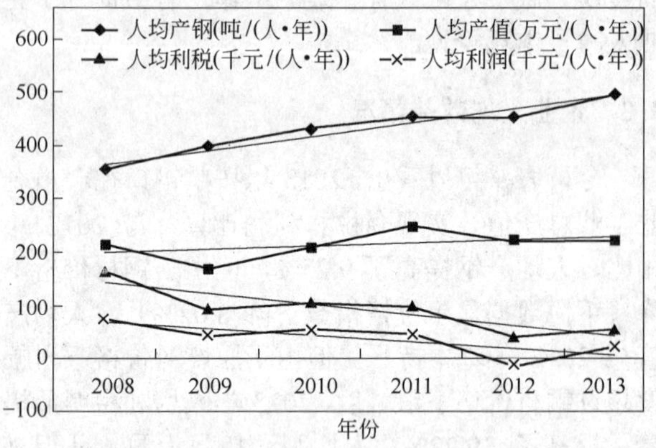

图3 近六年钢铁企业主业人均效益变化情况

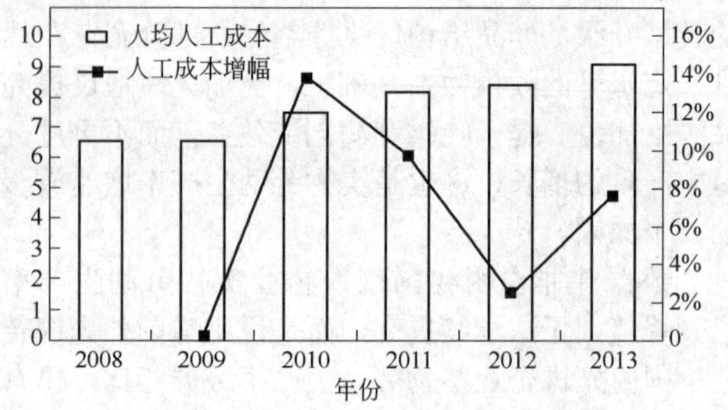

图4 近六年钢铁企业人均人工成本变动情况

4 钢铁企业人工成本投入产出趋势研究

4.1 企业人工成本现状

2013年钢铁企业人均人工成本9.04万元，与2012年钢铁企业人均人工成本8.4万元相比增长7.62%，与2012年的增速2.44%相比上涨了5.18个百分点，数据进一步显示，钢铁行业作为完全市场竞争的行业，工资增幅与经营效益增幅明显挂钩的趋势（见图4）。

从表10可以看出，六年来人工成本中人均工资、人均社保、人均住房费用基本呈逐年增加的趋势，说明工资、住房等基本属于刚性需求，必定随着居民生活水平的提高而增长。人均福利、教育、劳保等费用则随效益变化而波动明显。

从图5可以看出，2013年钢铁行业人均工资在各项费用占比中仍然是最大的一块开支，占到人工成本的63.05%，其次是社保费用占近20%，住房、福利和其他人工费用各占约5%，劳保和教育费用占比最小，特别是教育费用仅为工资的约1/100，且随行业形势严峻，呈下降趋势。

表10 近五年钢铁企业人均人工成本结构统计表 （万元）

年份	工资总额	社保费用	福利费用	教育经费	劳保费用	住房费用	其他人工费用	合计
2013	5.70	1.73	0.48	0.05	0.08	0.52	0.48	9.04
2012	5.38	1.62	0.45	0.06	0.10	0.46	0.38	8.45
2011	5.28	1.44	0.48	0.07	0.08	0.43	0.41	8.19
2010	4.74	1.40	0.44	0.06	0.08	0.41	0.35	7.48
2009	4.21	1.21	0.33	0.05	0.11	0.35	0.31	6.57
2008	4.14	1.28	0.38	0.07	0.09	0.36	0.22	6.54
6年间增幅/%	38	35	26	−29	−11	44	118	38

为进一步研究培训投入与产出的相关性，经统计（见表11），2013年培训费投入超过平均值500元/（人·年）的企业共有29家，其中人均培训费用最高的宝钢股份，人均培训费用为2415元/（人·年），其次是宝钢新疆八一为1885元/（人·年）、武钢股份1687元/（人·年）。这29家企业中亏损企业9家，占31%，远高于行业平均18.6%的亏损企业比例。与此同时，人均培训费用相对较高的企业，人均产钢、人均产值、人均利税明显高于行业平均10.28%、14.13%、23.92%，但人均利润低30%，如果剔除其中亏损企业，则优势则更为明显。

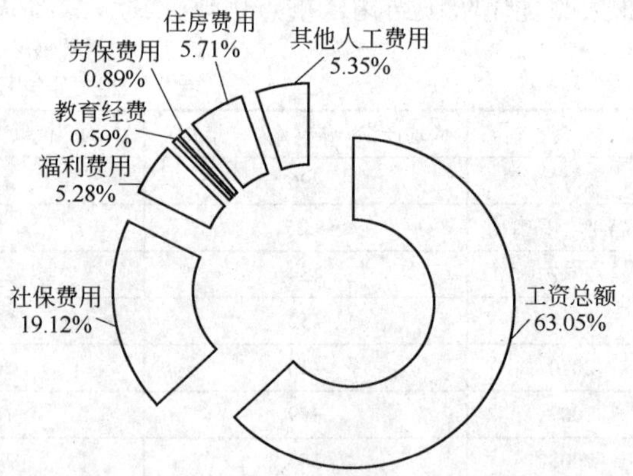

图5 2013年钢铁企业人均人工成本结构情况

表 11 按培训费用分类统计表

项 目	人均产钢/（吨/（人·年））	人均产值/（万元/（人·年））	人均利税/（千元/（人·年））	人均利润/（千元/（人·年））
培训费用高于平均值的企业	547	250.44	68.01	12.68
高出比例/%	10.28	14.13	23.92	–30
其中：除去亏损	574	282.68	100.91	45.85
高出比例/%	15.73	28.82	83.87	149.86
行业平均	496	219.43	54.88	18.35

表 12 近六年钢铁企业人工成本投入产出情况统计表

年份	吨钢人工成本/元	吨钢利税/元	吨钢利润/（元/吨）	劳动分配率(人工成本/工业增加值) /%	人事费用率(人工成本/主营业务收入)/%	万元人工成本投入产出比			
						产钢/t	利润/万元	利税/万元	主营业务收入/万元
2013	182	111	26	33.11①	3.60	54.85	0.14	0.61	27.75
2012	186	86	–30	33.17①	3.61	53.88	–0.16	0.46	27.68
2011	181	213	97	25.07①	3.13	55.17	0.54	1.17	31.94
2010	175	243	126	3.60	3.40	57.24	0.72	1.39	29.46
2009	164	227	107	3.94	3.31	60.94	0.65	1.38	30.19
2008	185	458	200	3.06	2.98	54.34	1.09	2.49	33.51

① 从 2011 年起，劳动分配率计算公式有所变化。

数据表明，培训与企业劳动生产率、经营效益呈正相关，但有明显的例外，并不是只要培训费投入就一定产生效益，应该是有效的培训投入才可提高员工队伍素质、提高员工队伍与企业同心同德的文化、提高员工队伍开拓创新，立足岗位，提高产品质量、增加产品附加值，降低生产成本的能力和主观能动性。

4.2 企业人工成本投入产出情况

从表 12 可以看出，由于 2013 年实物劳动生产率比 2012 年增长了 9.21%，同时人均人工成本增长了 7.62%，所以相互抵消后，2013 年吨钢人工成本为 182 元，比 2012 年吨钢人工成本 186 元降低 2.15%。特别是通过人力资源工作者的不懈努力，再一次大幅提升了实物劳动生产率，使得劳动分配率、人事费用率在产品价格下滑的趋势下，有所下降，即人工成本在工业增加值的比例、占主营业务收入的比例都有所下降，充分说明行业人力资本竞争力有所上升。

分析近 6 年的万元人工成本投入产出，2013 年万元人工成本投入的产钢、利润、利税及主营业务收入都呈现出同比增长的态势，是从 2010 年四项指标连续下降后首次回升。说明会员企业经过一段时间的磨砺与调整，通过人力资源结构优化，降本增效，把握住原燃料下降幅度较大的契机，努力适应“新常态”下钢铁行业运行现状，逐步摸索出新的生产经营模式，取得了较好的成绩。

2014年上半年钢铁工业生产与投资情况分析

中国钢铁工业协会信息统计部　陈国康

摘　要：2014年上半年，全国钢铁产量继续增长，但增速比去年同期有较大回落，钢、铁、材同比增速分别比去年同期回落4.43个百分点、5.22个百分点、3.76个百分点，扣除中国内地后的全球钢铁生产继续保持小幅稳定增长，增幅略低于中国内地，并已接近恢复到金融危机前的生产水平。

钢铁工业在建项目同比增幅从去年上半年的增长4.71%转变为今年上半年的下降4.23%；累计完成固定资产投资2375.07亿元，同比增幅从去年上半年的增长5.88%转变为今年上半年的下降7.08%。

关键词：钢铁生产　投资　国际　国内

1　世界钢铁生产情况

1.1　扣除中国内地后的全球钢铁生产继续保持小幅稳定增长，增幅略低于中国内地，并已接近恢复到金融危机前的生产水平

上半年，世界63个主要产钢国家和地区共生产粗钢8.21亿吨(82136.53万吨)，同比增长2.51%。平均日产453.79万吨，比2007年金融危机前的日产水平大幅增长了25.27%（见图1）。

其中，扣除中国内地后的世界粗钢产量4.09亿吨（40945.6万吨），同比增长2.04%，从去年同期的负增长2.7%转变为正增长，但增幅比世界合计低0.47个百分点，比中国内地低0.95个百分点；平均日产226.22万吨，比金融危机前的2007年日产水平少2万吨、低0.87%。

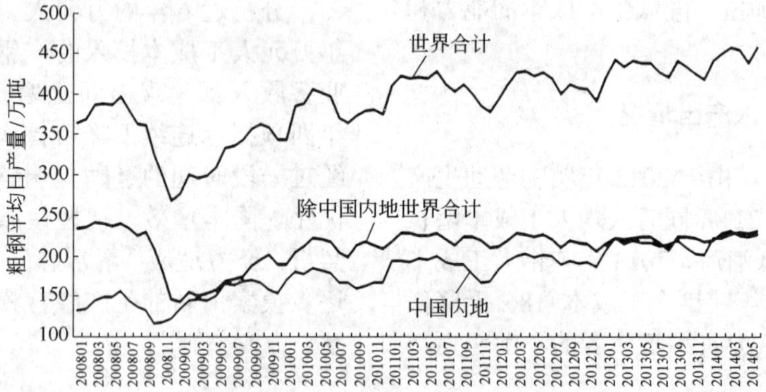

图1　2008~2014年各月世界粗钢平均日产量

说明上半年世界钢铁产量的增长具有一定的普遍性，除中国内地后的其他国家钢铁生产总体上继续保持了去年四季度以来的稳定增长态势，但增长幅度略低于中国内地，已接近恢复到金融危机前的2007年生产水平。

1.2　粗钢产量同比，仅独联体、南美洲、大洋洲有所下降，其余地区均有所增长

上半年，除中国内地外的其他国家和地区粗钢产量同比，仅独联体下降了0.98%、南美洲下降了2.60%、大洋洲下降了4.77%，其余地区均有不同程度的增长。其中，中东从去年同期的微幅增长0.2%转变为大幅增长9.53%，呈现稳定、持续的较大增长，日产水平比金融危机前的2007年大幅增长了76.98%；其次是欧盟27国沿续去年8月份以来的同比一直增长态势，从去年同期的下降5.1%转变为增长3.78%，但日产水平比金融危机前的2007年仍低16.25%（见图2）。

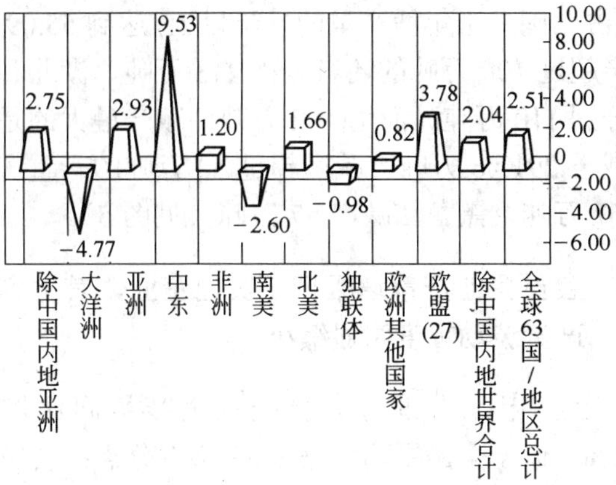

图2 2014年1~6月累计世界主要地区粗钢产量同比增减率

1.3 除中国内地外的五大产钢国家粗钢产量同比全部增长，其中韩国大幅增长 9%

上半年，五大产钢国家粗钢产量同比全面增长。其中，增幅最大的是韩国，从去年同期的较大下降 5.3%转变为大幅增长 9.07%，增幅最小的是俄罗斯，从去年同期的小幅下降 2.9%转变为微幅增长 0.73%。

与金融危机前的 2007 年日产水平相比，印度和韩国分别大幅增长了 69.78%和 41.65%，其余 3 个国家均未恢复到金融危机前的生产水平。

2 国内钢铁生产情况

2.1 全国钢铁生产继续稳定增长，但同比增速明显回落

上半年，全国共生产粗钢 4.12 亿吨(41190.93 万吨)、同比增长 2.99%，生产生铁 3.62 亿吨(36202.18 万吨)、同比增长 0.51%，生产钢材 5.52 亿吨(55225.13 万吨)、同比增长 6.45%。同比虽然继续增长，但增速比去年同期有较大回落，钢、铁、材同比增速分别比去年同期回落 4.43 个百分点、5.22 个百分点、3.76 个百分点，特别是主要耗能环节的铁产量只保持了微幅增长。我国粗钢产量超过了全世界的一半，占世界钢产量的比重达到 50.15%的新高。

2.2 粗钢日产水平不断创新高

从上半年各月粗钢平均日产水平看，每个月都超过去年 2 月份所创下的 220 万吨的历史最高水平，而且除 5 月份环比略有下降外，每月都在环比上升、不断创新高。其中 6 月份，更是超过了 230 万吨，达到 230.98 万吨，相当于年产 8.43 亿吨水平（见图 3）。

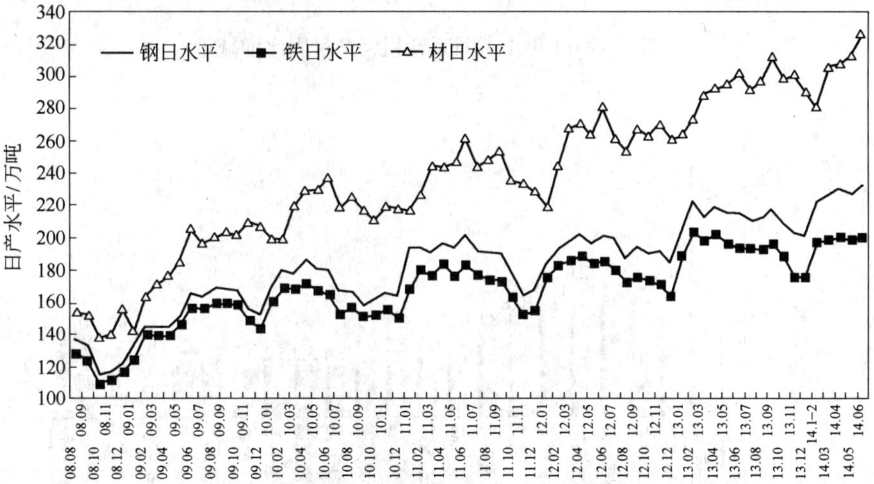

图3 钢、铁、材日产水平变化情况

2.3 西北和中南同比增速进一步提高，华北和西南同比增速大幅回落

从六大区今年上半年的同比增幅看，只有华北减产了 2.61%，其余五大区均同比增产，其中中南较大增长了 9.45%，西北较大增长了 8.04%。与去年上半年的同比增幅比较，只有西北和中南分别小幅提高了 3.5 个和 2.5 个百分点，其余四个大区的增幅均有所回落，特别是华北和西南均大幅回落了 11 个百分点（见图 4）。

2.4 江苏和辽宁等省同比大量增产，河北同比大量减产

从各省今年上半年同比增产情况看，江苏和辽

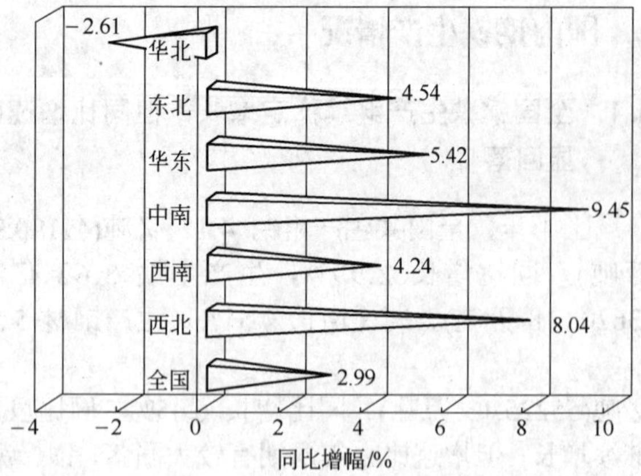

图 4　2014 年 1~6 月累计各地区粗钢同比增幅

宁增产量最大，分别增产 406.59 万吨和 251.98 万吨，占全国上半年增产量的一半以上，达到 55.09%。增产超过 100 万吨的还有云南 113 万吨、湖北和广西分别 110 万吨、河南 102 万吨。减产最大的是河北减产 291.46 万吨，减产超过 50 万吨的有重庆减产 67 万吨、黑龙江减产 57 万吨（见图 5）。

2.5　会员企业产量增幅低于其他企业，其他企业产量波动幅度明显缩小

上半年，中钢协会员企业钢产量同比增长 2.66%，低于全国平均水平 0.33 个百分点；会员企业钢产量占全国产量的比重从去年上半年的 79.17%下降到今年上半年的 78.92%，下降了 0.25 个百分点。

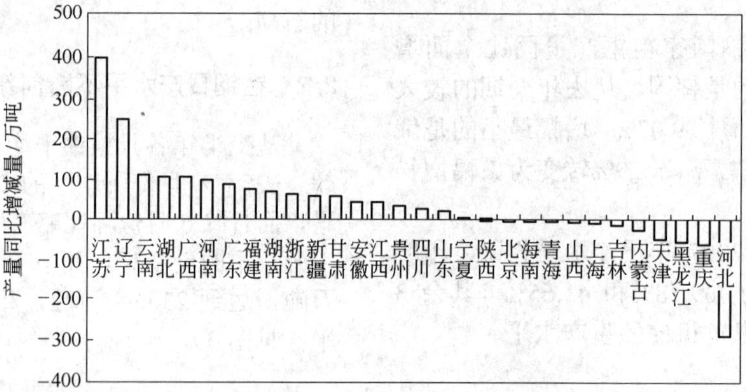

图 5　2014 年 1~6 月累计粗钢产量同比增减量

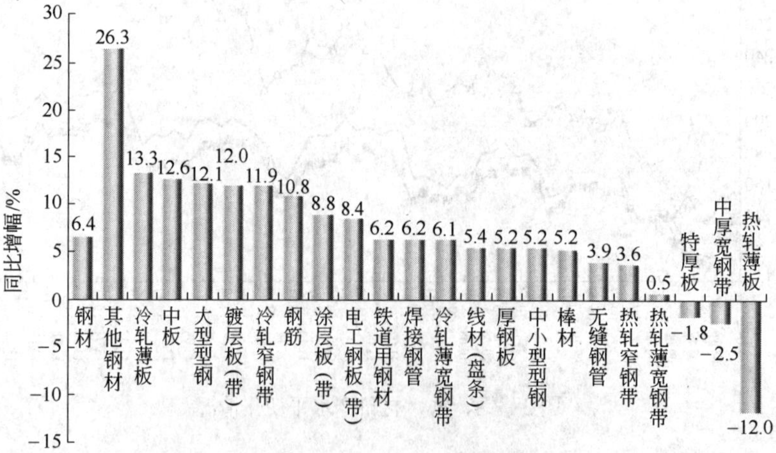

图 6　2014 年 1~6 月累计全国各钢材品种产量同比增幅

上半年，其他企业钢产量同比增长 4.24%，比会员企业高 1.58 个百分点，但增幅各月均在正负 5%以内小幅波动，与前几年有时大幅增长 100%以上、有时大幅下降 40%左右的大幅振荡情况相比，波动幅度明显缩小。

2.6　长材产量增幅高于板管带材，部分合金钢材和不锈钢材大幅增长

上半年，在钢材品种中，除其他钢材外，产量同比增幅最高的是长材 7.70%，其次是铁道用

材增长 6.19%、管材增长 5.30%，增幅最低的是板带材增长 4.12%，板管带材比下降到了 49.83%，比最高时 2008 年的 53.18%下降了 3.35 个百分点（见图 6）。

在 22 大类品种中，除其他钢材外，产量增幅超过 10%的有冷轧薄板、中板、大型型钢、镀层板（带）、冷轧窄钢带、钢筋 6 个品种，减产的只有特厚板、中厚宽钢带、热轧薄板 3 个品种。

3 投资情况

3.1 钢铁投资进一步萎缩，新开工项目大幅减少

上半年，钢铁工业（包括黑色金属矿采选业、炼铁业、炼钢业、钢加工业，扣除了铸造业和铁合金业）在建项目计划总投资 1.20 万亿元（11950.43 亿元），同比增幅从去年上半年的增长 4.71%转变为今年上半年的下降 4.23%；累计完成固定资产投资 2375.07 亿元，同比增幅从去年上半年的增长 5.88%转变为今年上半年的下降 7.08%。钢铁行业是全国 19 大行业 56 个子行业中上半年完成投资同比下降的 4 个行业之一，而且是降幅最大的行业（见图 7）。

其中，炼铁业同比大幅下降 41.01%，钢加工业同比大幅下降 12.62%，炼钢业同比下降 6.51%，只有黑色金属矿采选业同比增长 10.83%。其中，1~6 月累计的炼铁、炼钢、钢加工的投资降幅比 1~5 月份累计降幅均有所缩小，矿山采选的投资增幅也比 1~5 月份累计增幅有所缩小。

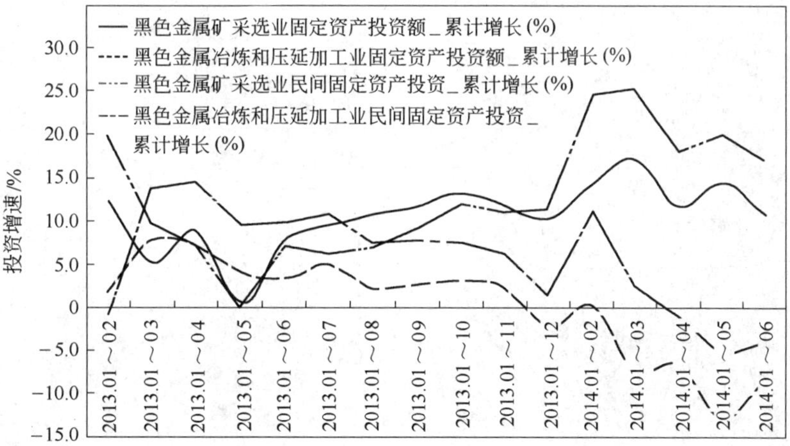

图 7 2013~2014 年钢铁工业民间投资与全行业投资增速

钢铁工业新开工项目 1992 个，比去年同期减少 290 个，其中主要是钢加工项目减少 121 个、炼钢项目减少 70 个，矿山、炼铁项目也均有所减少。

3.2 投资方向进一步向矿山投资集中

在投资方向上，上半年，钢加工、炼钢、炼铁投资比重进一步下降，仅矿山投资比重较大上升。其中，钢加工完成投资 1116.44 亿元，占总投资额的 47.01%，比去年同期下降 2.98 个百分点；炼钢完成投资 422.33 亿元，占总投资额的 17.78%，比去年同期下降 0.12 个百分点；炼铁完成投资 83.80 亿元，占总投资额的 3.53%，比去年同期下降 2.03 个百分点；黑色金属矿采选完成投资 752.49 亿元，占总投资额的 31.68%，比去年同期提高 5.13 个百分点（见图 8）。

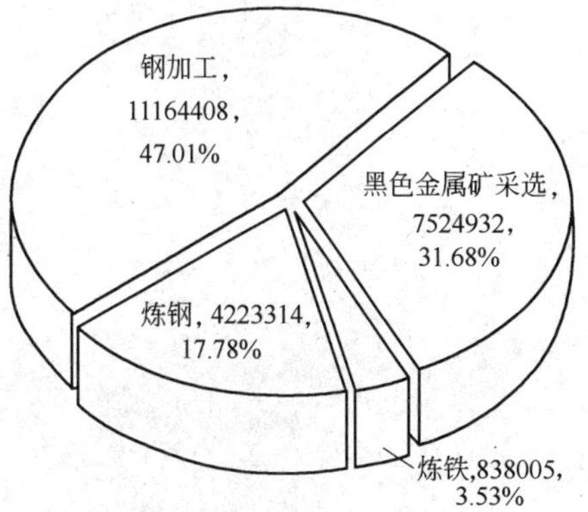

图 8 2014 年 1~6 月累计钢铁工业固定资产投资方向

3.3 投资资本以民间投资为主，且比重不断上升

上半年，黑色金属冶炼及压延加工业完成投资 2157 亿元，同比下降 8.4%。其中民间投资 1714

亿元，同比下降3.9%。民间投资降幅比全行业低4.5个百分点，占全国黑色金属冶炼及压延加工业完成投资的79.46%，比去年同期提高3.64个百分点。

上半年，黑色金属矿采选业完成投资752亿元，同比增长10.8%。其中民间投资661亿元，同比大幅增长17.0%。民间投资增幅比全行业高6.2个百分点，占全国黑色金属矿采选业完成投资的87.90%，比去年同期提高4.68个百分点。

说明钢铁工业投资的主体以民间资本为主，而且民间投资的比重在不断提高。

首钢改制企业资产管理问题研究
——以首钢总公司直接投资20家企业为例

首钢总公司计财部　邹立宾　米良君　王鹏南　童　兵

摘　要：2008年，首钢完成主辅分离企业改制工作。改制完成后，总公司直接投资20家单位，经过近几年的发展，取得了可喜的变化，但在发展中也不可避免地出现问题。本文针对改制企业资产管理中存在的问题进行分析，并提出对策和建议。

关键词：改制企业　资产管理　问题研究

1　首钢主辅分离改制

2002年11月，原国家经贸委等八部委颁布下发了《关于国有大中型企业主辅分离辅业改制安置富余人员实施办法》（国经贸企改〔2002〕859号），其中明确：鼓励有条件的国有大中型企业在进行结构调整、重组改制和主辅分离中，利用非主业资产、闲置资产和关闭破产企业有形资产，改制创办面向市场、独立核算、自负盈亏的法人经济实体，多渠道分流安置富余人员，减轻社会就业压力。

1.1　首钢主辅分离改制情况

在国家颁布了主辅分离辅业改制分流政策环境和条件下，为解决搬迁调整中出现的问题，首钢结合自身实际，通过调查研究、明确思路、完善制度、理清流程、循序渐进，经过三年多的主辅分离辅业改制分流改革的探索与实践，首钢主辅分离辅业改制分流改革取得了成效。

截至2008年底共计完成了108家企业改制，获得大范围、大面积的进展，使众多企业在产权制度上实现了彻底转变，首钢在企业的根本制度改革上取得前所未有的突破。首钢在主辅分离辅业改制分流改革上的探索与实践，使首钢继续走在北京市国有企业改革的前列。

1.2　20家直接投资单位

在完成的108家辅业改制企业中，首钢总公司直接投资20家，分别为首建公司、国际工程、首自信、机电公司、实业公司、新钢联、耐材公司、鲁矿公司、绿化公司、东星公司、长白公司、北冶公司、吉泰安、燕郊公司、铁合金、东华公司、设结公司、首运公司、中勘公司、宁勘公司。

在总公司直接投资单位中，有17家单位为总公司控股单位，并合并财务报表；有3家单位持股比例低于35%，总公司按财务投资形式予以管理。

2　改制企业取得的成绩

从2008年底全面完成改制工作后，在新体制、新机制下，改制企业经过近几年的发展，焕发出新的活力，促进了集团成员产权多元化和现代企业制度建设，步入了快速发展通道，取得了较大的成绩，主要体现在以下几方面。

2.1　经济效益明显改善

20家改制企业2012年销售收入共计217.08亿元，与改制工作全部完成的2008年的203.63亿元相比，增加13.45亿元，增幅6.6%；实现利润共计6.52亿元，比2008年3.9亿元增加2.62亿元，增幅67.2%。

改制后的快速发展，带动了经济效益的明显改善。改制前的亏损企业相继实现扭亏增盈，由“吃”总公司补贴转变为向总公司上缴回报。自改制以来，总公司累计收到投资回报4.936亿元。

根据国家和地方政府有关改制企业三年免缴所得税的规定，20家改制企业享受政策优惠共计3.2亿元，降低了企业负担。

2.2　发展步伐明显加快

围绕首钢搬迁调整重大战略，部分改制企业抓住这一有利契机，密切跟踪钢铁主业，转换发展思路，采取切实有效措施，加快发展步伐。如机电公司投资 9.5 亿元建设大厂基地一期和“三钢”基地；首自信公司先后投资 5100 万元，完善秦皇岛、迁安、曹妃甸基地；长白公司先后建立了迁钢、京唐、首秦三个检修公司，并于 2011 年在唐海购置工业用地 18.3 万平方米，投资建设了唐海加工基地。

部分生产企业，通过加大投入、技术升级、更新设备等方式，实现产品升级换代，提高竞争能力。如北冶公司投资从英国引进具有国际先进水平的卧式炉机组、20 辊冷轧机、钢带清洗机组等一批设备，其投产对产品产量及质量稳定性有了较大提高；吉泰安公司改制以来投资 2348 万元用于设备更新，对产品升级换代、拓宽市场起到关键作用，镍铬类产品销量储备增长，非晶类产品具备年产 1500t 水平，带动销售收入三年内由 0.85 亿元增加到 1.54 亿元。

2.3 市场意识明显增强

改制完成后，部分改制企立足首钢内部市场，积极开拓外部市场，拓宽生存与发展空间，并取得了显著成效，打造了一批有潜力、有市场、有规模的特色拳头产品。如首建集团坚持多元发展，拓展民用、市政等新领域，承揽并完成了国庆 60 周年烟火网幕等一系列重点项目，并积极进军海外，在安哥拉、伊朗、阿联酋、缅甸、比利时、印尼等国际工程中赢得了声誉；北冶公司集成电路引线框架材料生产技术达国际先进水平，填补国产化空白，2011 年获评“国家火炬计划重点高新技术企业”；东星公司从无到有、从弱到强打造磁性材料产业，工程机械配件销轴成为世界领先企业卡特彼勒公司的“银牌供货商”；长白公司的管式结晶器拥有多项发明专利和实用新型专利，同类产品市场占有率 30%，2012 年获河北省名牌产品、河北省著名商标等荣誉。

2.4 管理水平明显提高

通过主辅分离改制，改制企业建立了合理的股权结构和科学的产权结构，实现了股权结构多元化、法人化，有力地推动了改制企业建立规范的法人治理结构。各改制企业已经建立了股东会、董事会、经理会、监事会等法人治理机构，完善了重大生产经营决策和财务决策的程序与规则，通过推行专业管理委员会、独立董事等制度试点，创新了企业权力监督机制，企业经营决策、战略规划、劳动者报酬等重大事项更趋合理、公开、规范。

通过建立规范的法人治理结构，各改制企业管理水平明显提高，完善了企业内控制度，建立了创新激励机制，提升了企业质量、财务、物流等管理和信息化建设水平。

3 改制企业资产管理存在的问题

随着经济形势变化和首钢转型发展以及市场化进程的不断深入，改制企业在经历了主要得益于转机换制提供了较强发展动力的初始阶段后，在资产管理方面逐步暴露出影响企业可持续发展的一些问题，制约企业发展，主要表现为以下几个方面。

3.1 对钢铁主业依存度较高

多数改制企业对首钢内部市场依存度偏高，主要原因在于脱胎于首钢钢铁主业。但部分改制企业，在改制后并未根本扭转这一状况，也没有采取强有力地实质性措施，解决关联交易和业务独立性问题，依然抱着“背靠大树好乘凉”的念想，缺乏开拓外部市场的坚定决心，甚至滋生参与外部竞争的畏惧情绪，并陷于恶性循环，影响了企业开拓外部市场的动力，同时造成抵御外部风险能力较弱。

从 2012 年改制企业销售收入构成上看，对首钢集团内部市场依存度超过 70%的有 5 家，依存度在 70%~40%的有 6 家，依存度在 40%~15%的有 4 家，比例 20%（见表 1）。

表 1 改制企业对首钢内部市场依存度统计表 （单位：亿元）

企业名称	销售收入总额	内部市场收入	集团依存度/%	企业名称	销售收入总额	内部市场收入	集团依存度/%
合 计	217.08	71.05	33	耐材公司	3.34	1.65	49
首运公司	2.08	2.08	100	燕郊公司	1.68	0.72	43
铁合金公司	1.74	1.53	88	首建公司	60.00	25.46	42
绿化公司	0.76	0.60	79	设结公司	1.13	0.45	40
实业公司	11.67	8.70	75	长白公司	6.36	1.60	25
首自信公司	10.60	7.42	70	国际工程公司	26.92	4.85	18
鲁矿公司	2.64	1.43	54	东华公司	1.87	0.33	17
机电公司	9.10	4.43	49	新钢联公司	60.96	9.73	16

同时，从20家企业发展历程上看，相当一部分企业是改革开放以来伴随首钢钢铁规模的壮大而逐步成长起来的，企业身上“钢铁印记”非常明显，如首耐公司、铁合金公司、新钢联公司以及设结公司等，在设备装配、产品领域、人员技能各环节都与钢铁密不可分，企业未能适时适应市场变化实现转型，导致企业与钢铁市场“一荣俱荣，一损俱损”。因此，自2011年下半年以来，钢铁市场低迷对企业效益影响巨大。

3.2 资产完整性欠佳

生产型企业应当具备与生产经营有关的生产系统、辅助生产系统和配套设施，合法拥有与生产经营有关的土地、厂房、机器设备以及商标、专利、非专利的所有权或者使用权。

改制企业在改制过程中，部分改制企业资产存在瑕疵，一方面，部分改制企业占用土地、房屋权属在首钢总公司，未办理过户，资产交接不完整；另一方面，部分改制企业无偿占用大股东资产，包括房屋、土地、品牌、资质等资产管理。

3.3 融资渠道单一，资产证券化率较低

部分改制企业债务负担比较重，资产负债率偏高，在钢铁市场及细分市场不景气时，企业债务压力增大，资产紧张矛盾加剧，影响企业正常经营和市场形象。

在面临现金紧张情况下，改制企业几乎如出一辙，寻求银行贷款或向总公司借款，融资渠道单一，严重依赖间接融资，缺乏广泛的融资渠道，在银行紧缩贷款的情况下，困难不言而喻。间接融资比例的原因在于资产证券化率较低，尚未认识到资产证券化对企业发展的重要性，进一步分析，在于改制企业因为关联交易、盈利能力低、同业竞争、产权不清晰、专业人才缺乏等不利因素，不具备在资本市场融资的能力。

3.4 产权管理重视不够

为加强国有产权管理，国务院国资委及北京市国资委建立起一系列国有产权管理制度，主要包括企业国有产权登记制度、流转制度、保护制度等三方面内容，涵盖产权登记、资产评估、产权转让、国有股权、无偿划转等多方面，为推动建立现代产权制度，维护各类投资者、债权人、职工等多方合法权益，防止国有资产流失提供了重要的制度保障。

总公司直接投资20家改制企业中，多数为总公司控股企业，由于涉及国有资产，因而对产权管理提出更高要求。但在总公司产权登记、产权变动过程中，多数改制企业都存在产权管理不规范的情形，如应评估而未评估、产权交易缺批复、审计无报告、增资扩股出资不合规等，不仅影响产权登记工作，而且对改制企业自身管理造成障碍。

3.5 发展后劲明显不足

改制企业经过几年的快速发展后，因为自身难以解决和摆脱的问题，使企业自身发展受到很大束缚，尤其是面临自2011年下半年钢铁市场急剧走低的外部环境，改制企业整体效益水平明显下滑，表现出发展后劲不足趋势，抵御外部市场风险能力较弱。2011年，20家改制企业实现利润6.18亿元，比2010年8.12亿元减少1.94亿元，减幅24%。减利的单位有机电、新钢联、耐材、绿化、东星、长白、燕郊、东华、铁合金、设结、首运、中勘、宁勘13家，影响面65%，并且出现了新钢联和东华两家亏损企业。2012年，20家改制企业实现利润6.52亿元，比2011年增加0.34亿元，虽有小幅增长，但与2010年相比，减利依然明显，部分企业仍处于盈亏边缘，尚未走出低谷。

4 解决对策及建议

20家改制企业虽然由于规模、主营、效益水平、组织结构、资源条件、竞争力各不相同，但一个共同点均脱胎于钢铁企业、与首钢有千丝万缕的联系，因此，在深化改革的方向上、改革时机的选择上、改革的步骤上，应围绕首钢“十二五”期间产业发展规划开展，结合首钢的搬迁调整，改制企业因企制宜，明确思路，制定对策，做强、做大、做优。

4.1 总公司层面

2012年初，北京市国资委下发了《关于规范国有改制参股企业有关工作的指导意见》（京国资发〔2011〕34号），提出：对于收益水平低、发展前景差，且与所出资企业主业不同或业务关联不密切的改制参股企业，应当通过股权转让等方式加快国有资本退出步伐；对于与出资企业主业相同且经营前景较好的改制参股企业，以及服务中央机关的改制参股企业，具备条件的可以通过增资扩股等方式提高国有股权比例，实现国有资本控股或相对控股。总公司应以此为契机，结合搬迁调整战略，指导、推动改制企业开展“第二次改制”。

4.1.1 高瞻远瞩，统筹规划，明确发展思路

鉴于改制企业先天上与总公司的血缘关系，总公司在全力推进首钢钢铁业搬迁调整与战略布局的同时，应将改制企业纳入统筹规划范围。

部分改制企业无论从业务、市场、资源等方面，与总公司钢铁主业息息相关，通过总公司运筹帷幄，明确改制企业发展思路，针对各企业制定发展路线图，既能发挥改制企业自身优势，开拓市场，同时也能打造首钢新型产业支柱。

4.1.2 有进有退，优化股权，完善流转机制

针对改制企业中，具有较强竞争实力、较高技术优势、较大市场份额的重点企业，总公司采取资源支持、财务支持、管理支持等方式，加大扶持力度，做强、做大精品行业，使之成为总公司产业发展版图中的重要一极或多极。

对于投资回报较低、难以形成产业规模、与首钢主业关联度不高及部分外埠的改制参股企业，按照股权合理流动的原则，依法退出。同时研究建立企业内部股权流转机制，通过市场化实现股权合理流动，减少法律风险。

4.1.3 资本运作，产金结合，优化产权结构

市场经验表明，企业依靠自身积累、扩大再生产的方式实现企业规模、经营实力等方面大幅度提升，往往需要一个比较长的时期，而且难度很大。而通过资本运作，借助金融资本，依靠产业和金融资本的结合，能够有效解决企业资金、管理、人才等方面的问题，实现快速发展。

针对改制企业，总公司分类对待，针对重点改制企业，通过资本运作、股权重组，引入金融资本，拓宽企业发展的融资渠道，搭建科学合理的产权结构，实现跨越式发展。

4.2 改制企业自身措施

国有企业实施主辅分离，一方面有利于国有大中型企业内部结构的调整和资源的优化配置，提高资产的利用效率，另一方面有利于国有大中型企业理顺产权关系，完善法人治理结构，推进内部经营机制的转换。通过改制形成的新型劳资关系，使辅业职工变成了真正意义上的产权主人，因而，改制企业的发展主要在于自身，在于改制企业职工发挥主人翁精神。

4.2.1 发挥优势，苦练内功，发展壮大主业

自2012年年初以来，钢铁行业发展进入寒冬期，首钢也不例外，同时波及改制企业。“这是光明的季节，这是黑暗的季节；这是希望之春，这是失望之冬。”英国著名作家狄更斯《双城记》中的经典话语，与当前改制企业的处境十分吻合。

面对当前困难形势，改制企业应在危难中寻找机遇，从大处着手，着眼长远，引入精益生产、提高生产的效率，大力创新、吸引创新型人才，坚定信心、苦练内功，迎难而上、克服困难，化危为机、抢抓机遇，完善企业自身的缺陷，不断改善管理、生产等各个环节，以便在竞争中获得优势，以此发展壮大主业，增强核心竞争力。

4.2.2 立足主业，积极布局，培育新的增长点

改制企业在做好做强主业的同时，在稳健经营的前提下，可以考虑发展多元化经济，坚持自主创新、加快新产品研发，加大业务拓展和营销力度，培育新的增长点。

不同发展阶段适时走出多元化道路，寻找更多、更广的商机，实现了多元化与专业化的有机结合，使企业的优势更加突出，分散企业风险，为主业发展提供强有力支撑。

4.2.3 充分调研，勇于竞争，开拓外部市场

开拓外部市场是改制企业当前和今后相当长时间内的一个重要工作，也是改制企业持续发展的必然选择。近年来，改制企业依托首钢，取得了可喜的变化，经营实力和营业水平明显提升。但过高的依存度，使改制企业抗风险能力较弱，增长空间受到较大制约。

改制企业在盯住现有业务和首钢内部业务的同时，充分调研，积极开拓外部市场，提供竞争水平，在风险可控的前提下努力增加销售。

金融危机以来我国钢铁行业发展状况分析

——以五家上市钢铁公司的财务报表为例

首钢总公司计财部统计处　邓一硕

摘　要：影响钢铁行业利润水平的原因主要是宏观环境影响，市场需求疲软导致的利润下降甚至亏损，成本上升也是重要原因。由于钢铁行业受宏观经济影响较大，金融危机后国民经济增速持续放缓，钢铁下游生产领域需求萎缩，导致钢材市场疲软，产能严重过剩，钢材价格大幅下跌且持续低迷，从而企业经济效益大幅下降，钢铁主业甚至全面亏损。

关键词：产能过剩　利润　成本　效益　发展

2008 年金融危机之后，中国钢铁行业发展进入后危机阶段。随着 2008 年 4 万亿救市计划启动之后，钢铁行业经历了一个短暂加速发展的过程。而随着新一届政府上台，全力推行经济体制改革和结构调整，钢铁业又遭遇不同的发展态势，比如产能过程、现金流趋近等。本文以五家典型上市钢企为例，从三大财务报表角度来了解 2008 年金融危机之后我国钢铁行业的发展态势。

1　从资产负债表看钢铁行业发展及趋势

1.1　钢铁行业总资产规模分析

由图 1 可以看出，2008 年以来，五家上市钢企的资产规模呈总体扩大趋势。其中，宝钢股份总资产在 2010 年增长最快，而且总资产在五大钢铁企业中居于榜首；河北钢铁总资产增速第二位，其余三个企业发展速度较为平缓。总的来说，钢铁行业的规模在不断扩大。

1.2　钢铁行业存货规模分析

由图 2 可以看出，2008 年以来首钢股份的存货较少，且基本保持不变，这是由于首钢股份受首钢集团搬迁调整影响所致。而宝钢、武钢、马钢、河北钢铁在 5 年间基本都经历了“W”走势，这正是对钢铁行业库存周期的反映。2008 年美国发生次贷危机，中国政府为救市，出手 4 万亿投资之后，全社会固定资产投资和基建等迅速膨胀，带动钢铁行业去库存。但好景不长，随着投资刺激效应的递减，库存迅速反弹。2011 年开始，钢铁行业又进入大规模的去库存周期。纵观 5 年，钢铁行业的库存都保持了较高的水平，这表明，钢铁行业供应大于需求已经是中长期趋势，不再是短期现象。

1.3　钢铁行业固定资产发展趋势分析

由图 3 表明，2008~2013 年五家上市钢企的固定资产规模都略有增长，但都经历了一个先增后缓

图 1　2008~2013 年钢铁行业总资产变化

的发展态势。2008~2011 年，受 4 万亿投资影响，几个企业都在扩建炼钢有关的项目，因而，固定资产净值增长明显，这说明钢铁行业潜在的产能在逐步提高。2012 年以后固定资产净值规模略有下降。分析背后的原因，则是 2012 年的行业寒冬，迫使钢铁企业淘汰部分陈旧、闲置的设备。

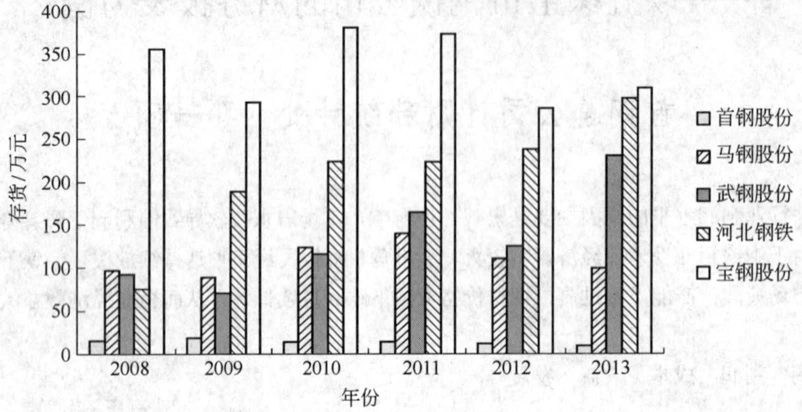

图 2　2008~2013 年存货变化

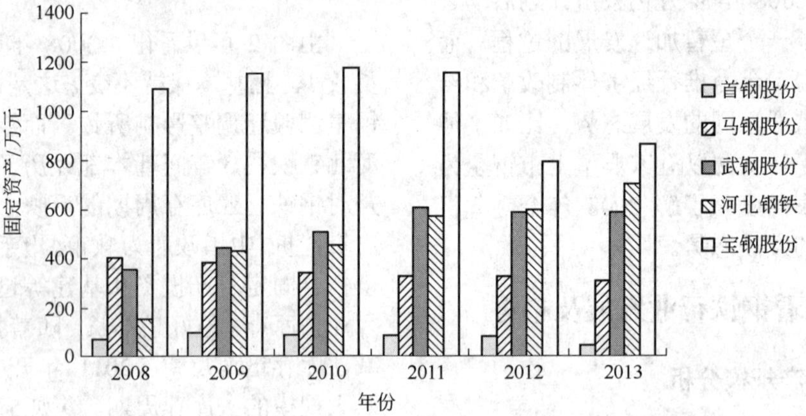

图 3　2008~2013 年钢铁行业固定资产变化

1.4　钢铁行业负债规模分析

图 4 可以看到，2008~2013 年首钢、武钢、马钢的负债总额都略有增长，河北钢铁在这五年中负债总额一直增长，且有较大的增长幅度。这说明上述钢企总资产的增量一部分是由快速增加的负债来贡献的。

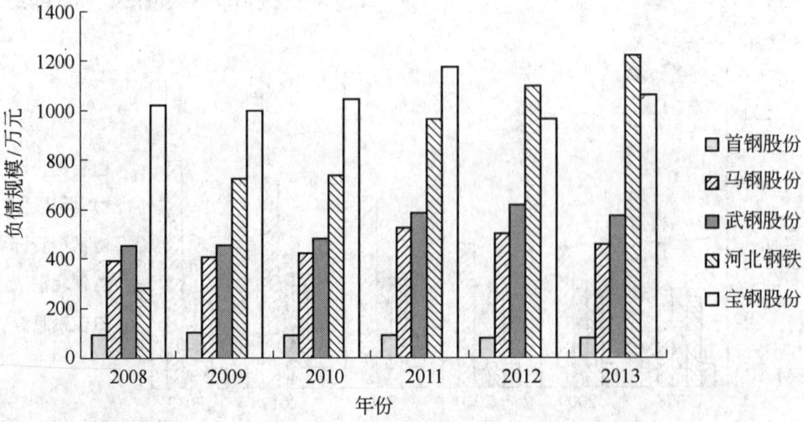

图 4　2008~2013 年负债规模变化

1.5 钢铁行业所有者权益发展分析

由图 5 可见，2008~2013 年五个企业的所有者权益都有所增长。其中，宝钢增长较快，且在 2010 年的大幅度增长，因为，在金融危机以后出台了一些刺激经济的有关政策，表明整个行业的股东投入的资金仍在增长。

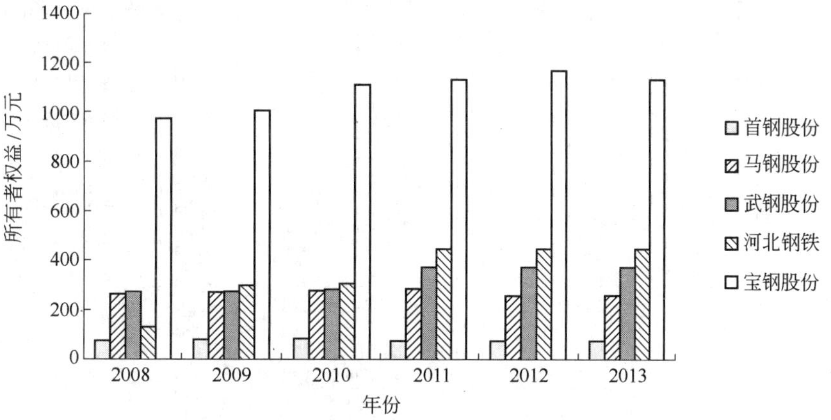

图 5 2008~2013 年所有者权益变化

2 从利润表看钢铁行业发展及趋势

2.1 钢铁行业收入变化分析

由图 6 可见，受金融危机影响，2009 年钢铁行业的营业收入普遍下降；之后受国家经济刺激政策的推动，2010 年和 2011 年营业收入较好，整体呈上升态势；2012 年钢铁下游生产领域需求萎缩，导致钢材市场疲软，钢铁企业营业收入普遍又出现下降趋势。

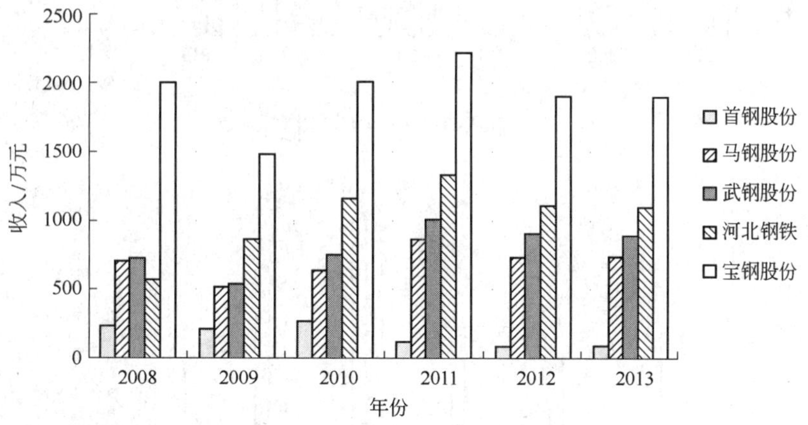

图 6 2008~2013 年收入变化

2.2 钢铁行业成本费用变化分析

由图 7 可见，2008~2011 年间钢铁行业营业成本整体呈上升态势，这是通货膨胀及铁矿石价格上升等多重影响造成的；而 2012 年后，铁矿石价格开始走低，从而导致后续营业成本普遍下降。

由于钢铁行业市场疲软，需求萎缩，再加上通货膨胀，钢铁企业近五年的销售费用呈现小幅上升趋势，但增长幅度不是很大，比较稳定，其对营业总成本贡献不大。（见图 8）

近五年，钢铁行业中的大规模企业管理费用呈现大幅上升趋势，在营业总成本的各构成要素中，占比增大。规模相对较小的企业管理费用则相对较为稳定。主要原因在于，企业规模的扩大，导致管理成本增长较快。在现阶段，大型钢铁企业需要减少管理费用（见图 9）。

由图 10 可见，近五年钢铁行业财务费用因企业而异，小规模企业财务费用较小，大规模企业财务费用变化较大，河北钢铁财务费用出现大幅上升趋势，且远高于其他企业，需要控制负债水平，宝钢财务费用大幅减少，2012年小幅回升，这是宝钢保持较高净利润的重要原因。

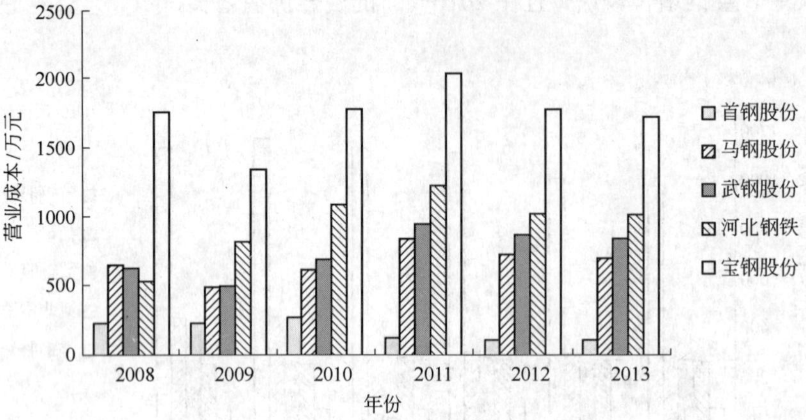

图7 2008~2013年营业成本变化

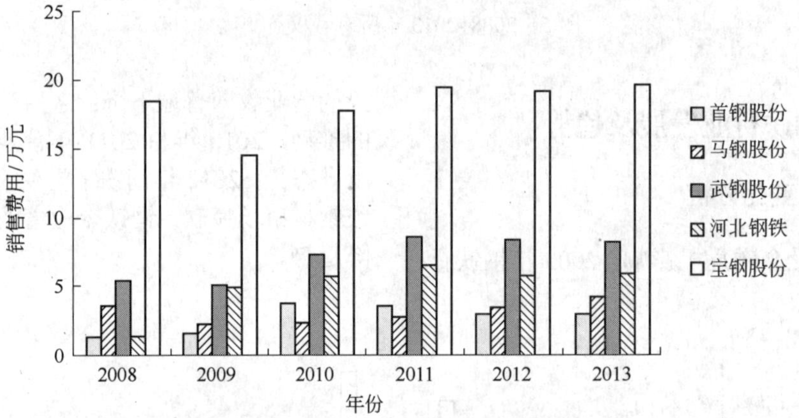

图8 2008~2013年销售费用变化

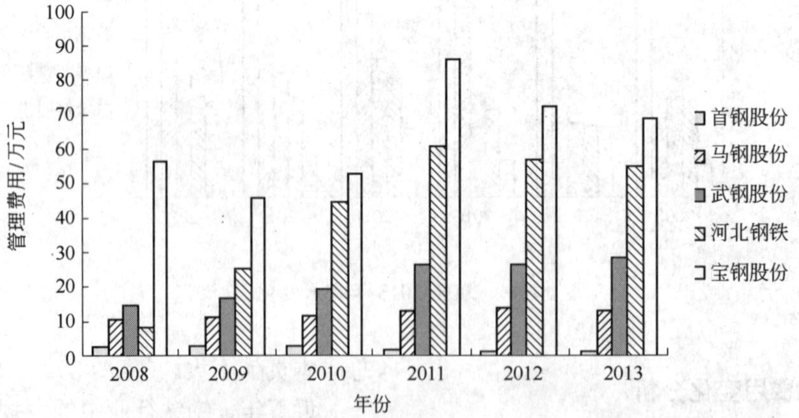

图9 2008~2013年管理费用变化

综合利润、收入和成本费用的各项分析，影响钢铁行业利润水平的原因主要是宏观环境影响，市场需求疲软导致的利润下降甚至亏损，成本上升也是重要原因，三项费用整体比较稳定，不同企业不同的财务费用对其营业利润产生一定影响。

2.3 钢铁行业利润变化分析

由图11和图12可以看出继2008年金融危机后，钢铁行业持续低迷，各个企业营业利润整体呈下降甚至亏损趋势；对于净利润，除宝钢波动上升外，

其他都不同程度的下降。这源于宝钢的营业外收入

较大，其他企业净利润均呈整体下降乃至亏损趋势。

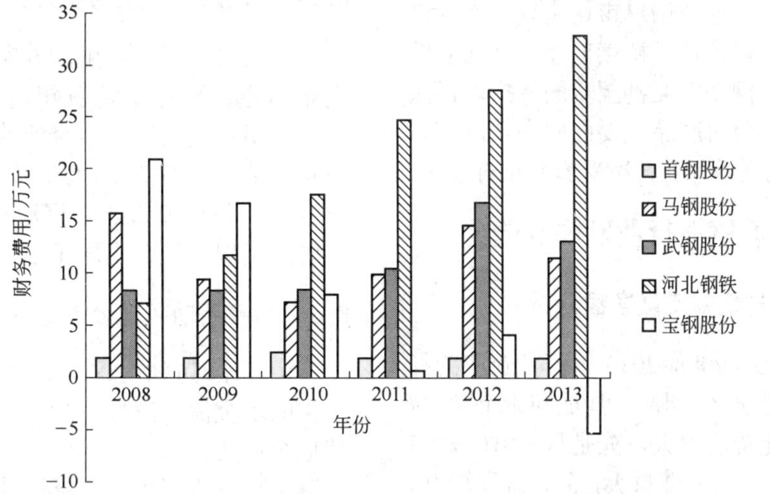

图 10　2008~2013 年财务费用变化

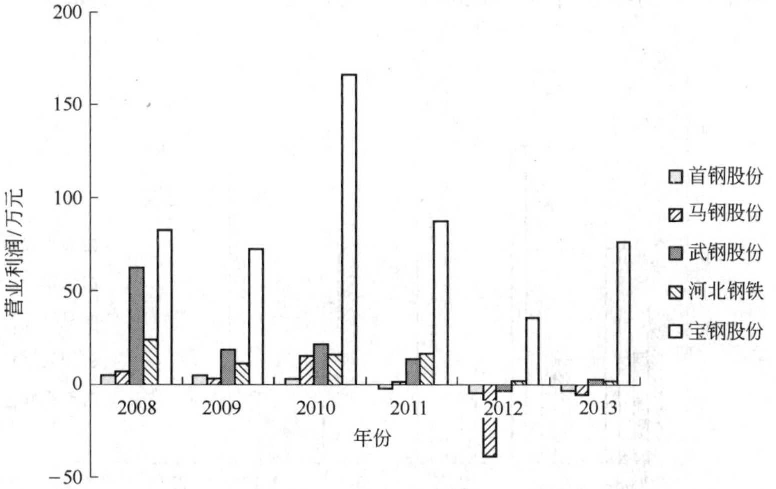

图 11　2008~2013 年营业利润变化

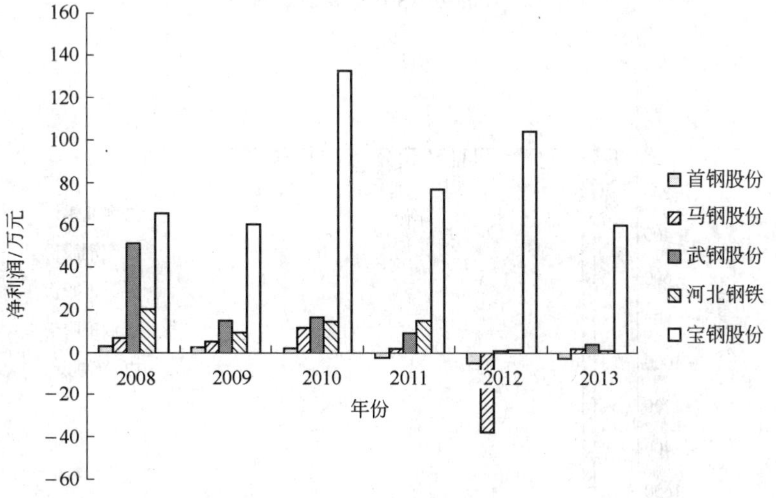

图 12　2008~2013 年净利润变化

这种情形主要是由于钢铁行业受宏观经济影响较大，金融危机后国民经济增速持续放缓，钢铁下游生产领域需求萎缩，导致钢材市场疲软，产能严重过剩，钢材价格大幅下跌且持续低迷，从而企业经济效益大幅下降，钢铁主业甚至全面亏损。而宝钢的波动增长是由于公司产品主要面向高档汽车、造船、石油天然气输送等行业，所受影响相对较小。

3　从现金流量表看钢铁行业发展及趋势

3.1　经营活动产生的现金流量净额分析

由图13可以看出，2008~2013年五家企业的经营活动净现金流量分化明显，但是河北钢铁从2010~2012年的变化幅度很大。先是从2010~2011年大幅上升，表明其流入现金量大，企业盈利较好。但是从2011~2012年又大幅下降，说明企业发生巨大亏损。整体来看，冶金行业的经营活动产生的现金流量净额变化还是比较平稳的。

3.2　投资活动产生的现金流量净额分析

由图14可以看出，五家企业投资活动产生的现金流量净额在最近五年内均出现负值的情况很多，说明最近几年冶金企业的投资活动较大，本期新增投资的现金流出大于收回投资或取得投资收益取得的现金流入。宝钢股份和武钢股份在2008年的投资现金流都出现了很大的突变。

3.3　筹资活动净现金流量分析

由图15可知，2008~2013年冶金企业筹资活动产生的现金流量净额，除了首钢变化比较平稳外，其他企业变化都很大，而且从2011~2013年，除了首钢，其他四家企业筹资活动产生的现金流量净额都大幅下降，说明企业在本会计期间集中偿还债务、支付筹资、进行利润分配和偿还利息等。

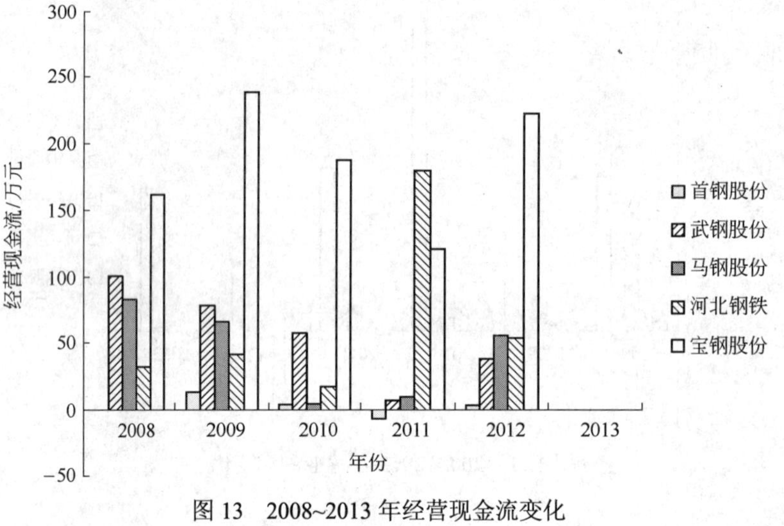

图13　2008~2013年经营现金流变化

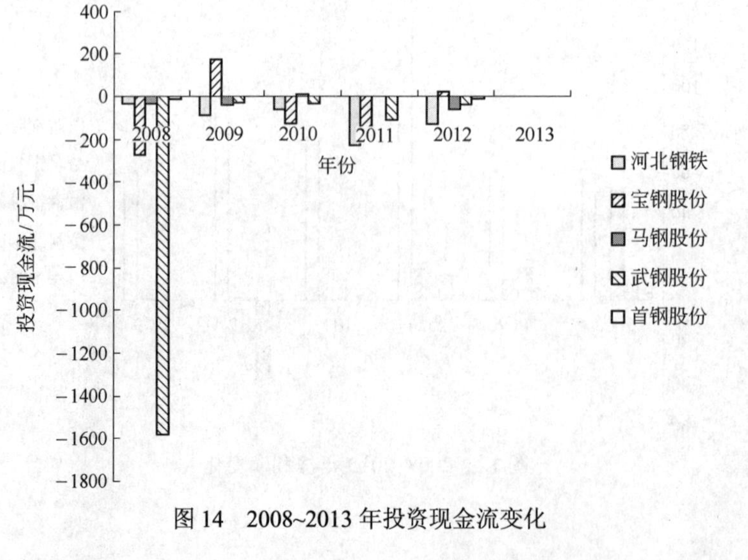

图14　2008~2013年投资现金流变化

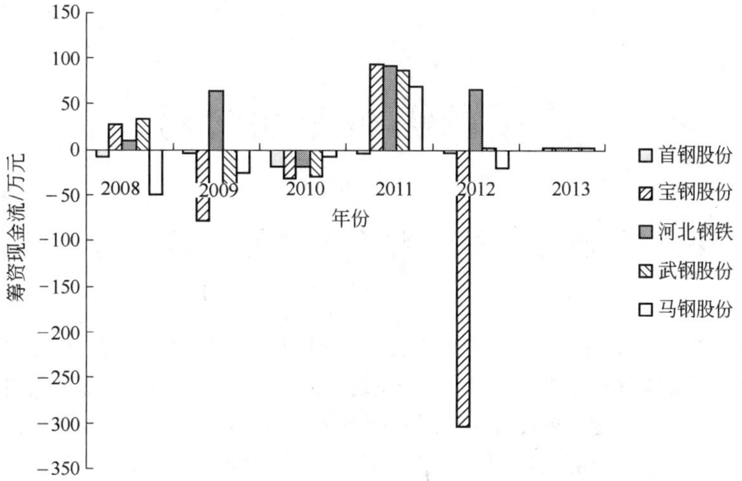

图 15 2008~2013 年筹资现金流变化

综合看上面三张图，可以了解到，当前五家钢企的现金流整体呈下降态势，资金比较紧张，投资现金流表明它们的还本付息的压力很大，这在一定程度上是行业形势恶化的反映。

浅论铁矿石掉期交易

首钢总公司计财部成本处　闫　明

摘　要：铁矿石是重要的大宗原材料商品，在全球大宗商品交易中，其贸易规模仅次于排名第一的石油贸易。2012年中国消耗的铁矿石成品矿为10.5亿吨，铁矿石进口量达7.4亿吨，是全球最大的铁矿石消费国和进口国。伴随着中国钢铁行业的繁荣，铁矿石定价模式由30年的协议定价改为指数定价，各类交易平台跻身市场，铁矿石掉期、铁矿石期货、铁矿石期权等金融衍生品相继出现。虽然铁矿石掉期等金融衍生品交易对中国钢铁企业还是相对新鲜的事物，但是业界内已经认识到铁矿石金融化是大势所趋，钢铁企业只能积极适应铁矿石贸易金融化这一趋势。本文主旨在于论述铁矿石掉期交易的形成及运作机制，探讨掉期交易中遇到的问题以及其对铁矿石市场逐步走向成熟的意义。

关键词：铁矿石掉期　金融衍生品　运作机制　协议定价

从2001年到2007年的7年间，全球生铁产量从6亿吨攀升到10亿吨，全球生铁产量高于铁矿石折合生铁产量合计，矿石供需平衡系数维持在0.9~1.0之间。中国经济的迅猛发展及钢铁产量的增长带动了全球铁矿石贸易的繁荣，中国进口铁矿石的大量需求也带来了全球铁矿石产能的扩张。原有的铁矿石贸易供需平衡继而被打破，全球铁矿石定价机制发生变革，持续了30年协议定价改为指数定价，铁矿石价格由原来的一年一议，变为季度定价、月度定价。在铁矿石定价短期化，矿价波动日趋频繁的大背景下，铁矿石掉期交易等金融衍生工具应运而生。2008年德意志银行推出全球首个铁矿石掉期合约；2009年新加坡交易所也推出了自己的铁矿石掉期合约；2011年1月29日印度商品交易所推出首个铁矿石期货，同年8月新加坡商品交易所推出铁矿石期货；新加坡交易所、美国芝加哥商业交易所也相继推出铁矿石期货。在这些新兴的铁矿石交易平台中，当属新加坡交易所的掉期交易最为活跃，其年交易量超过1亿吨。

1　铁矿石定价机制变动带来的挑战

在原来的年度铁矿石协议定价模式下，矿山与钢铁厂双方签订年度铁矿石价格协议，既能让矿山获得稳定的市场及现金流入，又能帮助钢厂确保铁矿石供应渠道的稳定。协议定价模式中约定了铁矿石的品种、数量、价格，便于钢厂的原料采购管理，锁定矿石价格波动造成的损失，同时易于控制原料库存。从1981年至2000年的20年间，铁矿石的价格调整幅度均未超过20%，其中超过10%的也仅有7次。2010年铁矿石长期协议定价机制遭到彻底瓦解后，铁矿石现货市场的价格决定了全球铁矿石协议量的价格，铁矿石市场呈现几个明显的特点：（1）越来越多的钢铁企业开始从现货市场获取铁矿石，协议矿的市场份额逐步衰减，定价方式和交易模式多样化。（2）铁矿石定价短期化、矿价波动幅度加剧的趋势愈发明显。（3）定价指数多样，国内钢企对指数的定价机制还不熟悉，定价权容易被矿山掌握。（4）铁矿石贸易市场金融化吸引更多参与者的同时，也吸引了国际炒家的加入。

2　应对措施及其局限性分析

在铁矿石定价模式由年度定价改为季度、月度定价，铁矿石交易金融化、指数化的形势下，国内钢企急需采取可行措施，稳定铁矿石价格、锁定原料采购风险，以应对铁矿石定价机制变动带来的挑战。目前国内钢企采取的应对措施主要分为为三大类：一、拓展国内自有矿；二、获取海外权益矿；三、运用金融工具规避风险。其中，前两类投资的回报周期耗时较长，投资成本巨大，面临法律、环保等制约因素较多。后一类的资金运作周期较短，方法相对灵活，但难以扭转矿价长期趋势。

2.1　扩展国内自有矿

目前全国铁矿资源储量785亿吨，2013年全国铁矿石累计产量14.5亿吨。在国内对铁矿石需求依然强劲，对进口矿依赖度仍然较高的情况下，中国钢铁企业应利用现有资源积极进行技术改造，以自有矿山为依托，加速开发新矿山，以缓解对进口矿依赖过高的情况。工信部和行业协会正拟制定在2025年将铁矿石自给率由目前的30%，提升至50%的方案。然而，一方面由于国内的露天矿源有限，矿山多为贫铁矿，其采选成本较大，另外一方面矿山的税负较重，平均税负在22%~25%，因此即便铁矿石自给率能够得以提升，其矿价与进口矿相比也不具备竞争力。据冶金矿山协会估算，中国国内矿山企业完全生产成本低于100美元/吨的占65%，100~120美元/吨占15%。其他则高于120美元/吨，最高的每吨成本甚至达到了140~150美元，这个价格远高于目前的进口矿价。

2.2 获取海外权益矿

2013年海外权益矿只有2.7亿吨，铁矿石进口量为8.19亿吨，同比增长10.2%，铁矿石进口总额1057.28亿美元，同比增长10.4%，对外依存度超过70%。鉴于对进口矿依赖较大的情况，业内一直呼吁建立海外铁矿石供应基地，提升权益矿占进口矿的比重，以此形成竞争格局，打破铁矿石垄断供应的局面。目前国内企业的海外铁矿主要投资国家主要有澳大利亚、巴西、加拿大和蒙古。澳洲资源丰富，地理位置距中国较近，是国内企业海外矿业投资的首选地。故澳大利亚的权益矿个数占海外总权益矿总量的55.88%，居首位。巴西、加拿大和蒙古紧随其次。然而，因为中国企业进入海外矿山的时机较晚，海外固定投资成本较高，特别是在基础设施不完备的地区，铁路及港口等基建设施的投资对企业来说更是一笔沉重负担。如果在考虑到当地法律、政治、汇率风险等因素，投资成本更是大大增加。目前我国境外投资的精铁矿离岸成本约为每吨80美元，到岸成本每吨在90美元以上。

2.3 运用金融工具规避风险

2013年11月工信部产业司组织召开了《关于铁矿石期货对我国钢铁产业发展影响的研究》课题启动会，加强对铁矿石期货等金融衍生交易品的研讨，随着国际资本大量进入铁矿石市场，铁矿石的定价权逐渐由现货市场向期货市场转移。中国钢厂正在逐步改变最初对铁矿石掉期交易的消极态度，开始积极应对铁矿石贸易金融化这一趋势。大连商品交易所已于去年10月18日推出铁矿石期货，上海清算所拟于今年6月推出人民币铁矿石掉期交易平台。越来越多的钢铁企业开始尝试运用铁矿石掉期交易等金融工具来规避矿价波动风险。国内钢企对铁矿石金融衍生交易品还不很熟悉，面对国际投行等交易对手时，明显居于劣势。

2.4 小结

对比以上三类措施，无论在投入时间、资金，还是在实施难易程度上，运用金融工具规避铁矿石价格风险都要比前两类方法及时高效。在金融工具运用得当的情况下，可在短期内缓解自有矿和权益矿占比过低带来的矿石成本上涨压力。尽管长期来看，开发自有矿和拓展权益矿才能真正影响矿价，但在短期没有更好解决办法的情况下，灵活运用金融工具规避风险到成为了高效务实的选项。而且在国际铁矿石贸易定价机制由协议矿转变为短期化，指数化的形势下，积极运用以铁矿石掉期交易为代表的金融工具降低矿石价格变动风险，已是大势所趋。

3 掉期交易简介

掉期交易(Swap Transaction)是指交易双方约定在未来某一时期相互交换某种资产的交易形式。掉期交易作为一种金融工具，与期权、期货和远期同为金融衍生品，其积极意义在于，它能够让交易参与者对冲铁矿石现货市场上的风险。与其他场内期货交易相比，掉期交易具有以下特点：（1）不同于场内集合交易，掉期交易是场外一对一交易。（2）非标准化合约，买卖双方自行商定合同款项，流动性相对较差。但具有较高的灵活性，可满足个性化交易需求。（3）掉期交易的信用风险由双方自行承担，相比场内交易风向更大。

目前全球已有4家交易所推出铁矿石掉期交易服务，即新加坡交易所、美国洲际交易所、美国芝加哥商业交易所和伦敦清算所。

4 掉期交易模式原理

掉期交易是买卖双方结合其自身在现货市场的交易实现规避风险、锁定成本或收益的金融工具（见表1）。通常，掉期交易涉及铁矿山、钢铁厂和投行三个交易方。下面分析交易三方的损益情况。

4.1 铁矿山

在 t 月，铁矿山与投行订立在未来 $t+n$ 月将1

表 1　典型铁矿石掉期交易双方的基本情况

交易方	在 t 月与投行订立 SWAP 合同	在 $t+n$ 月与投行的结算价格	交易意向
铁矿山	与投行订立在 $t+n$ 月将铁矿石卖给投行的 SWAP 合同，卖出价格为 S_1	铁矿现货平均成交价 P	以固定价 S_1 卖 1 万吨矿
钢铁厂	与投行订立在 $t+n$ 月向投行购买铁矿石的 SWAP 合同，买入价格为 S_2	铁矿现货平均成交价 P	以固定价 S_2 买 1 万吨矿

万吨铁矿石卖给投行的掉期交易合同，卖出价格为 S_1。在 $t+n$ 月，铁矿山与投行就此笔掉期交易合同进行结算。若 $P>S_1$，结算价格为 $P-S_1$，合同亏损，但现货市场产生盈利。若 $P<S_1$，结算价格为 S_1-P，合同盈利，但现货市场产生亏损。因而不论矿石价格涨跌，铁矿山将 1 万吨铁矿石在 $t+n$ 月的卖出价锁定在 S_1。

4.2　钢铁厂

在 t 月，钢铁厂与投行订立在未来 $t+n$ 月从投行买入 1 万吨铁矿石的掉期交易合同，买入价格为 S_2。在 $t+n$ 月，钢铁厂与投行就此笔掉期交易合同进行结算。若 $P>S_2$，结算价格为 $P-S_2$，合同盈利，但现货市场产生亏损。若 $P<S_2$，结算价格为 S_2-P，合同亏损，但现货市场产生盈利。因而不论矿石价格涨跌，钢铁厂将 1 万吨铁矿石在 $t+n$ 月的买入价锁定在 S_2。

4.3　投行

在 t 月，投行与铁矿山订立在未来 $t+n$ 月向铁矿山购买 1 万吨铁矿石的掉期交易合同，买入价为 S_1；同时，投行又与钢铁厂订立在未来 $t+n$ 月向钢铁厂出售 1 万吨铁矿石的掉期交易合同，卖出价为 S_2。在 $t+n$ 月，投行分别与铁矿山、钢铁厂就各自的掉期交易合同进行结算，结算价格为 P。

（1）投行与铁矿山的结算后盈亏为：$P-S_1$

（2）投行与钢铁厂的结算后盈亏为：S_2-P

（3）加总两笔掉期交易合同的盈亏为：

$$P-S_1+S_2-P=S_2-S_1$$

因此投行的盈亏取决于其与矿山和钢铁厂签订的掉期合约价格 S_1、S_2。只需保证投行向钢铁厂的卖出价格 S_2 高于向矿山的买入价格 S_1 即可盈利。只要铁矿石现货价格存在足够高的波动，且有足够多的铁矿山、钢铁厂、铁矿石中间商愿意参与掉期交易，作为做市商的投行可以获得稳定的价差收益。

5　掉期交易面临的问题

5.1　监管风险

通过投行来操作的场外交易在法律监管上并不像期货一样严格，场外交易所受监管的程度远低于交易所场内交易。世界各国对交易所场内交易均有一整套严格的法律约束、监管制度和风险控制程序，而对场外交易(OTC)没有明确的法律和监管制度，一旦出现违约风险，只能在合同纠纷的框架下解决。

5.2　国际投行为对手

国内钢铁企业的交易对手实际上是国际投行，在铁矿石掉期交易时，国内的钢企既要咨询经验丰富的投行，又要以国际投行为对手进行交易。而国际投行不仅有实力左右铁矿石掉期价格的走势，甚至还参与了矿山的投资和海运费的炒作。在这种情况下，掉期合约的交易双方实力并不对等，容易造成掉期交易中投行即是裁判员又是运动员的情况。以新交所为例，其清算会员名单中包含了巴克莱、高盛、摩根士丹利等众多国际金融财团。

5.3　经验不足

由于中国钢厂在铁矿石掉期交易中经验尚浅，交易时间不长，既没有左右价格的能力，也缺乏相关的专业人才。对铁矿石价格的分析、研判和对掉期交易合约的操作技巧更是不如国际投行和国外矿山。因此经验不足成为了中国钢厂掉期交易的软肋。由于金融衍生品投资的经验不足而造成的损失和教训早已有之。比如 2008 年，随着国际油价的快速上涨，三大国有航空公司国航、东航和南航在套期保值上损失非常惨重，一时成为负面的典型，这也迫使国务院国资委在随后下发了《加强国企金融衍生品投资的制度建设》等多份文件。

5.4　信用风险

铁矿石掉期交易采用的是相对分散的场外交易模式，与场内集中交易有较大区别，一方面，场外交易的市场信息公开程度较小，市场参与者更难评估其交易对手的信用风险；另一方面，场内交易是由交易所来保障双方履约的，而场外交易没有这种制度保障，因此，参与场外交易的投资者比参与场内交易的投资者承担了更大的信用风险。

6 应对掉期交易问题的几点建议

6.1 国内投行护航

与其让钢厂自己单打独斗，不如与国内的金融机构合作。引入国内的银行、投行等金融机构进行铁矿石掉期交易。一方面，相比钢厂来讲，国内的金融机构对掉期交易有更为丰富的经验，可以助国内钢铁企业一臂之力。另一方面，铁矿石掉期交易对银行等金融机构来讲，可以拓展业务领域，赚取交易佣金。相互合作对双方来讲是双赢的局面。比如，目前中银国际已有伦敦金属交易所（LME）、芝加哥商品交易所（CME）、芝加哥期货交易所（CBOT）、纽约金属交易所（COMEX）及纽约商品交易所（NYMEX）的清算会员资格。可以为中国大宗商品客户提供交易所商品的风险对冲服务，凭借投行的专业能力和资金实力，可以为国内钢企在铁矿石金融衍生产品的交易中保驾护航。

6.2 专业人才储备

虽然铁矿石掉期交易容易受到国际投机资本的炒作，但与其躲避，不如苦练自身本领，更积极地参与其中。毕竟铁矿石市场的走向还是得由最基本的市场供需情况来决定，现货市场矿价的升降不可能不影响到掉期市场。在掉期交易中，中国的钢铁企业固然可以和国内的金融机构合作，但如何对未来的矿价走势作出专业判断，还是钢企自己的事情。因此，抓紧时间培育相关方面的专业人才，建立起一支精干高效的专业团队，对国内钢铁企业把握铁矿石市场的脉搏是十分有益的事情。即便不能与国际大投行直接抗衡，也可以大大减少自身暴露于矿价波动风险下的损失。

6.3 完善交易平台，培育自己的价格指数

尽快建立以铁矿石掉期交易为代表的我国大宗商品金融衍生品交易平台，丰富交易品种，完善规章制度，为以后逐渐形成铁矿石贸易的“国际定价中心”积累经验和实力。另外还需要培育起自己的铁矿石价格指数，并力争在国际市场上形成一定的话语权。指数的推出给品种复杂的铁矿石制定了一个标准，使得铁矿石的金融衍生品在此背景下得以萌芽和发展。有了一个透明、公平健康的铁矿石掉期交易平台和完善的价格指数体系，才能减少投机风险，更多的让市场供需水平来决定交易价格，使中国真正参与到全球铁矿石价格博弈中并掌握主动权。

7 铁矿石掉期交易对中国钢企的意义

普氏能源资讯亚洲商务拓展高级总监华大威认为，现在中国的铁矿石市场正走在成熟的道路上，铁矿石掉期的出现往往就是市场步入成熟的标志。中国作为全球最大的铁矿石进口国，推出铁矿石掉期交易也很有必要，这可以加强中国对国际铁矿石的干预能力。没有中国的钢铁厂参与，全球掉期交易就称不上繁荣，毕竟中国是铁矿石最主要的消费国。反过来，铁矿石掉期交易的出现，虽然会带来国际资本的炒作，但是同样也给了全球大多数钢厂和钢贸商一个做多和做空的定价机会，给了钢铁企业一个和三大矿山博弈的平台。因而，铁矿石价格的指数化、金融化也未必总是有利于三大矿山。不过作为买方的国内钢企，在铁矿石掉期交易市场上应当始终以套期保值为目标，切记不要为一时的逐利而反向操作，以致扩大了铁矿石交易风险。

国外大型钢铁企业多元产业发展现状及启示

首钢总公司发展研究院多元产业所　陈　傲　毕　得

摘　要：在未来相当长时间内，中国钢铁行业都将处在同质化竞争的微利时代，主业处于亏损边缘，各个集团都需要重视多元产业的发展。对于很多中国钢铁企业，多元产业是伴随钢铁主业的发展而成长和壮大的，过去，多元产业定位于“辅业”，主要为“服务、配套钢铁主业”的，内部资源和市场曾是其“先天”优势。但在新形势多元产业必须摆脱惯性，改变对钢铁业的高度依赖，加快市场型自我发展，形成新的产业增长点。本文以新日铁住金、浦项制铁和蒂森克虏伯等国外大型钢铁为研究对象，系统分析上述企业多元产业发展战略、板块布局和管控模式，总结国外大型钢铁企业多元化发展经验，以期对中国钢铁企业多元化发展有一定的借鉴意义。

关键词：钢铁　多元产业　战略　管控

在未来相当长时间内，中国钢铁行业都将处在同质化竞争的微利时代，主业处于亏损边缘，各个集团都需要重视多元产业的发展。对于很多中国钢铁企业，多元产业是伴随钢铁主业的发展而成长和壮大的，过去，多元产业定位于“辅业”，主要为“服务、配套钢铁主业”的，内部资源和市场曾是其“先天”优势。但在新形势多元产业必须摆脱惯性，改变对钢铁业的高度依赖，加快市场型自我发展，形成新的产业增长点。本文以新日铁住金、浦项制铁和蒂森克虏伯等国外大型钢铁为研究对象，系统分析上述企业多元产业发展战略、板块布局和管控模式，总结国外大型钢铁企业多元化发展经验，以期对中国钢铁企业多元化发展有一定的借鉴意义。

1　新日铁住金多元产业发展

新日铁公司是在 1970 年 4 月 1 日由八幡制铁和富士制铁正式合并而成的，经过 40 多年的迅速发展，目前已经成为一个以钢铁业为核心，同时重点拓展工程、电子信息技术、化工、新材料、硅晶片及房地产开发等领域的大型企业集团，共拥有 256 个子公司，88 个关联公司。合并后，新日铁在 2012 财年粗钢产量是 4603 万吨，世界钢铁企业钢产量排名第 3，在 2012 年《财富》500 强中排名第 180 位，在 14 家钢铁企业排名第 4。

1.1　经营数据

2012 年新日铁和住友合并，合并后新公司主页于 2013 年 5 月 10 日发布了 2012 年合并财务报表（见表 1，图 1 和图 2），表中明确了新公司的产业板块基本布局。

表 1　新日铁住金 2012 财年收入及利润（单位：10 亿日元）

产业板块	销售收入		经常利润	
	2012	2011	2012	2011
钢铁生产与加工	3790.4	3476.8	41.5	98.8
工程建设与城市开发	303	248.9	18.1	12.7
化　工	195.7	197.6	9.7	13.5
新材料	42.2	54.2	0.9	0.6
系统方案	171.9	161.5	11.6	11.2
合　计	4503.2	4139	81.8	136.8

数据来源：公司年报披露信息，其中经常利润与中国会计核算方法不同。

2012 年 12 月 31 日汇率：100 日元=7.24 人民币

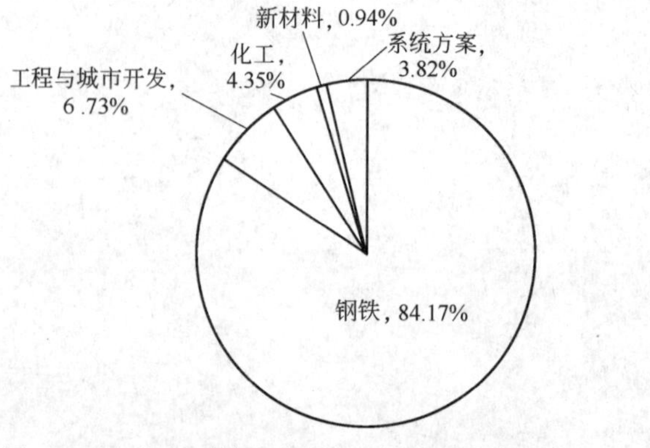

图 1　2012 年新日铁住金各产业板块销售收入占比

1.2　业务范围

新日铁住友合并后，多元产业主体来源于新日

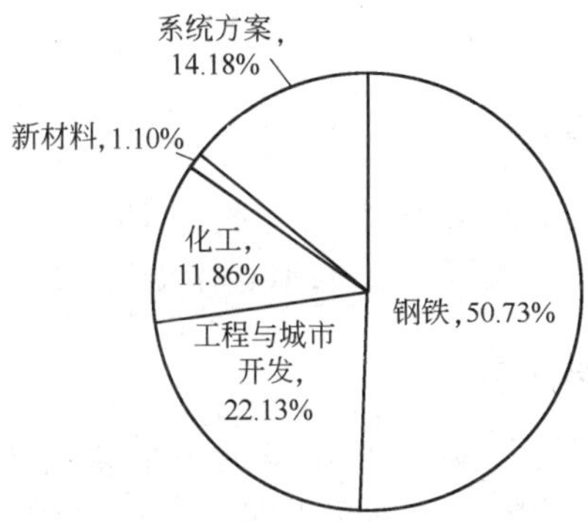

图2 2012年新日铁住金各产业板块经常利润占比

铁公司，下文主要分析新日铁多元产业发展情况。

新日铁多元化经营的起于20世纪80年代，面对来自小钢厂和发展中国家日趋激烈的竞争，新日铁开始投资与钢铁生产相关的领域，开展多种经营。1984年，该公司成立新材料开发处，即现在的电子与信息系统部门，增加了有色金属合金、精细陶瓷、化学制品的生产及工厂设计。新日铁还涉足原料生产领域。1987年，该公司新制定的章程中纳入了大规模的多元业务经营，这意味着新日铁将发展成为一个与钢铁行业相关的基本化工产品和新材料生产商。同时，新日铁还利用其在计算机和相关领域的技术使其业务范围扩大到硅片和半导体制造。

2006年新日铁将原有各项业务重新梳理、分拆，到目前为止形成了10项非钢业务内容，共同构成了新日铁的非钢业务体系。10项非钢业务的具体内容是：（1）工业机械装置、钢结构、下水道设备等的生产销售；（2）工程建设、建筑设计和工程监理；（3）城市开发事业及住宅、建筑的交易、出租；（4）化学制品、电子产品的生产、销售；（5）非铁金属、陶瓷、碳纤维的生产、销售；（6）与计算机系统的利用和开发有关的工程和咨询；（7）货物运输及仓储事业；（8）供电、供气、供热事业；（9）废弃物处理·再生事业；（10）文化、福利、体育设施的运营。同年，新日铁进行了内部机构整合，采取了母子公司的形式，将以上10项非钢业务整合到新日铁工程公司（株）、新日铁城市开发（株）、新日铁化工（株）、新日铁材料（株）、新日铁系统集成（株）这5大子公司里面，新日铁的非钢业务也由这5大子公司为核心，被归纳为工程事业、城市开发事业、化工事业、新材料事业、系统集成事业这5大非钢事业，共同构成了新日铁的非钢业务体系。各业务公司通过共享新日铁品牌价值和集团战略，以追求利润成长为目标，独立发展，新日铁希望此举能继续加强各业务间的合作，使集团整体利益的最大化、协同效应最大化。

1.2.1 工程事业

新日铁工程事业的主要业务内容有：钢铁厂工程、环境解决方案工程、海洋、能源工程、管道工程、建筑钢结构工程。新日铁进行钢铁厂的工程建设已经有40余年的历史，它在钢铁厂的设计、建设、运行方面积累了丰富的经验，承担了大量的工程建设项目。新日铁进行的钢铁厂全流程工程建设项目包括了高炉、转炉、连铸设备、加热炉、连续镀锌线、连续退火线、连续涂层线等；新日铁还承接了大量的磁选机、废轮胎气化再循环设备等环保设施建设，在化工厂、海洋能源工程等方面，也开拓了国内、国际市场。此外，新日铁利用对钢材特性了解的技术优势，并结合高难度结构的设计、施工技术，还承接了体育场、机场中心大楼等巨大的悬空以及超高建筑的钢结构施工项目。

1.2.2 城市开发事业

新日铁城市开发事业主要包括住宅开发、不动产信托投资、地区综合开发、物业管理等四大部分。住宅开发方面，新日铁在日本国内开发了约50栋、4000户的“Livio”系列公寓楼，该系列公寓楼在设计上有自己独特的品牌特点，成为当地房地产行业的一大亮点；新日铁城市开发事业在日本各地参与了不少区域改造、住宅建设、产权投资、物业管理项目，不仅获得了稳定的收益，而且树立了良好的社会形象。

1.2.3 化工事业

新日铁化工事业的主要内容包括：煤化工、化学品、有机树脂、电路基板材料、有机EL显示器关联材料等。主要是以有效活用煤焦油和焦炉煤气的煤化工为基础，再融合石油化工，开展特色化工业务，其中碳材料业务在该领域内已处于世界领先地位，产品以各种电极用材料为主，应用于半导体业、航天航空业领域。在电路基板材料领域，随着高密度、高集成化的发展，对尺寸变化率、耐热性、电极特性、力学特性等的要求越来越严格，新日铁覆铜板的优点也越来越明显地显现出来，确立了在国际市场的绝对占有率。

1.2.4 新材料事业

新日铁新材料事业是2006年新日铁进行机构整合的时候从化工事业中分离出来单独成立的。新日铁新材料事业是以半导体·电子工业用材料、对铁进行补充的工业用材料、能源·环境用材料这3

个方面为中心来开展的，主要产品有：超薄、超细的半导体·电子工业用材料、陶瓷、碳纤维复合材料等非金属工业用材料、太阳能电池用多晶硅、净化废气用金属载体能源、环保用材料等。新材料事业在技术上依靠新日铁技术开发本部，将新日铁在钢铁制造中积累的材料设计、解析、评价技术能力运用到了新材料开发应用中去。新日铁新材料事业的目标是生产出位居世界前三的商品群。

1.2.5　系统集成事业

系统集成事业提供从系统的计划设计到开发应用等全套服务的集成业务服务， 运用在钢铁业积累的经验和雄厚的信息技术实力，提供工业流通领域、金融、社会公共领域的业务方案制定，包括企业综合系统管理服务、架构网络服务、网络安全性服务等商业外包服务、应用软件服务等业务。

2　浦项制铁多元产业发展

20 世纪 70 年代初，韩国建起一家国内最大的联合钢铁企业——浦项制铁。经过 40 年的发展，浦项制铁的钢铁业务越做越大，同时不断向非钢领域拓展业务发展空间，现在已发展成一个以钢铁为中心、业务多元化的大企业财团，被称为浦项集团，也称为“Posco Family”(浦项大家庭)。浦项制铁规模不是最大，但整体盈利能力稳居全球各大钢铁企业之首。

2.1　经营数据

浦项制铁 2010~2012 年收入及利润见表 2。

2012 年 12 月 31 日：100 韩元=0. 559 元人民币

2.2　业务范围

浦项集团多元产业发展主要依托七大子公司：新并购的大宇国际贸易公司主要负责钢铁生产原料等资源的国外开发和钢材产品的国外销售；Posco 钢板主要负责镀层板材类产品的生产和销售；Posco M-Tech 主要负责各种合金铁等辅助原料的生产和保障供应；Posco 建设主要负责国内外的建设和建筑业务，也包括在国内外建设钢铁厂；Posco Kem-Tech 主要负责国内外钢铁厂建设的装备和设备供应；Posco Power 主要负责国内外钢铁厂电力设备的供应安装，并负责钢铁厂的发电厂建设；Posco ICT 主要负责生产自动化和 IT 技术设备。据悉，截至 2011 年第二季度末，浦项集团的总资产规模为 74.519 万亿韩元，负债 34.525 万亿韩元，资本 39.994 万亿韩元，负债率为 86.3%，资本利润率为 13.9%。浦项制铁在七大主力子公司中的持股份额在 37%~50%，是它们的最大股东。

表 2　浦项制铁 2010~2012 年收入及利润　　（单位：10 亿韩元）

项　目	销售收入			净利润		
	2010	2011	2012	2010	2011	2012
钢铁	46253	56291	52869	4089	3690	2246
非钢	20229	42756	43721	363	505	972
其中：贸易	9410	28623	26414	94	195	325
工程建设	7923	8473	9726	256	155	345
能源	833	1868	2881	39	19	170
ICT	866	1011	1132	9	24	19
化工及新材料	1197	2781	3568	43	112	113
总收入	66482	99047	96590	4452	4195	3218

数据来源：公司年报披露信息翻译，其中经常利润与中国会计核算方法不同。

浦项正在积极改变以钢铁产业为核心的发展模式，积极探索一条向综合材料企业转换的新思路。其投资涵盖了钢铁、有色金属、非钢铁等领域。浦项希望集团旗下公司摆脱对其的依赖，由现在的依存型，打造成自力更生、自负盈亏的自主独立发展型企业。现在浦项的组织框架是以钢铁主业为核心，搭配了建设、IT、装备等辅助结构，未来将发展为钢铁新材料、绿色环保、能源、化学、信息技术、工程建设等多个框架，相互间平衡发展、独立平衡、自负盈亏的多元化自主产业结构模式（图 3~图 6）。

3　蒂森克虏伯多元产业发展

2011 年以来，蒂森克虏伯集团中钢铁比重逐步下降，这家全球钢铁企业的榜样，正在努力摆脱传统钢铁企业的形象，向多元化工业企业转型，随之而来的是一场剥离百亿欧元业务、重构管理层及管

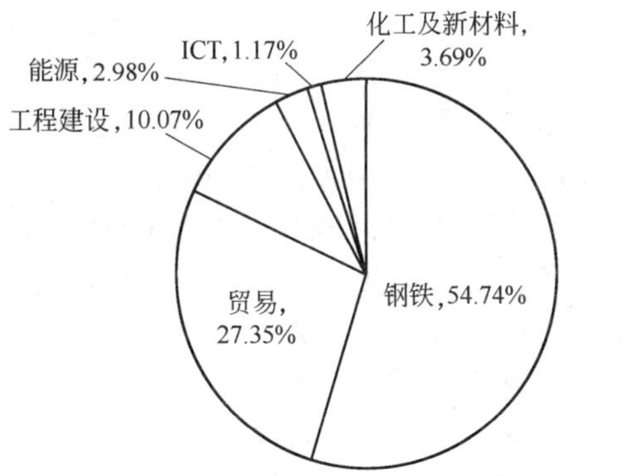

图3 2012年浦项各产业板块销售收入占比

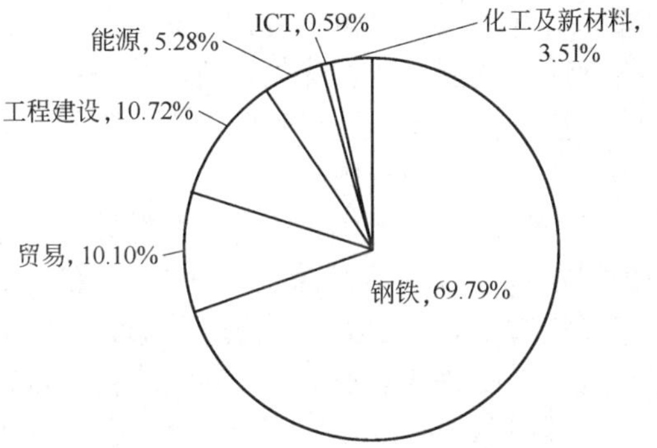

图4 2012年浦项各产业板块净利润占比

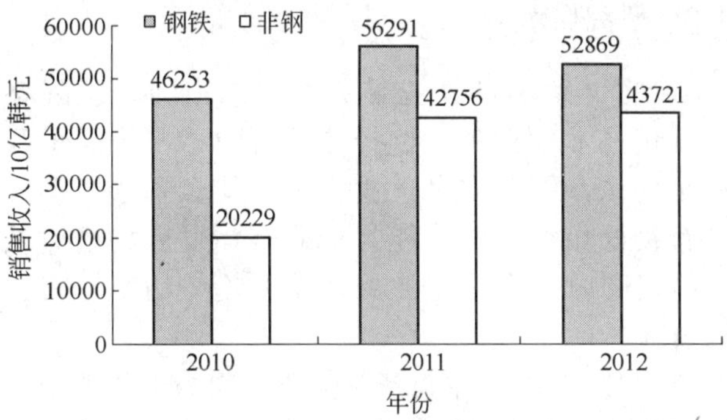

图5 2010~2012年浦项销售收入变化

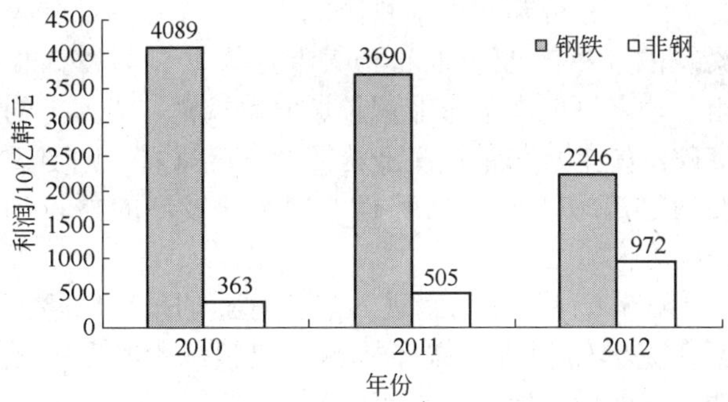

图6 2010~2012年浦项利润变化

理文化的变革。蒂森克虏伯的目标是转为一家集材料和技术两大业务单元为一体的大型国际集团。

3.1 经营数据

2011年以来，蒂森克虏伯剥离和重组主要涉及钢铁和不锈钢业务，其他产业板块业务相对稳定，经营数据来源于公司主页披露（表3）。

表3 蒂森各产业板块销售收入和利润（单位：百万欧元）

产业板块	2010		2011	
	销售收入	息税前利润	销售收入	息税前利润
欧洲钢铁	10770	731	12814	1133
美洲钢铁	68	–600	1139	–3145
技　术	10866	798	12405	1262
服　务	12763	463	14776	478
电　梯	5188	5188	5253	5253
不锈钢	5901	646	6739	801

注：公司年报数据披露整理。

2012年12月31日：1欧元=8.32元人民币

3.2 业务范围

3.2.1 技术集团的主要业务

技术集团现有的业务模块包括工厂技术、船舶系统、机械零部件、汽车解决方案以及磁悬浮技术5个部分（图7）。工厂技术业务负责各类专业工厂的设计建设以及化工、水泥、采矿等专业设备和大型设备的制造安装。船舶业务系统业务集中了德国军舰建造的核心力量，包括潜艇、水面舰船和船舶服务3个方面的业务，可建造护卫舰、驱逐舰、游艇等各种型号舰船。机械零部件业务生产的零部件广泛用于太阳能和风能发电机、工程机械、海上采油、工业机械等领域。汽车解决方案业务向汽车制造业提供了许多革命性

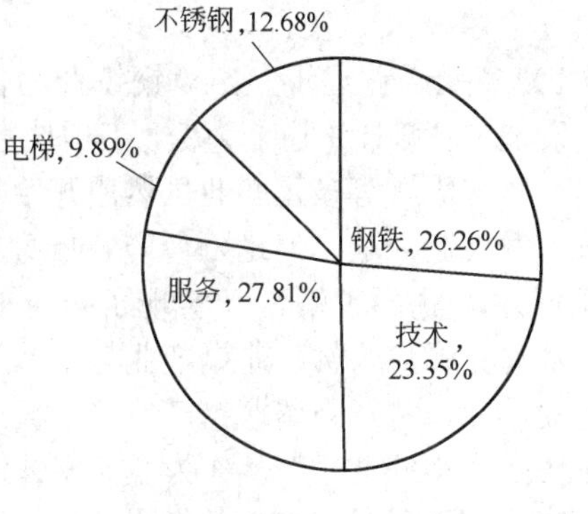

图7 2011年蒂森各业务板块比例

的解决方案，产品和服务平台涵盖了从转向系统到成套的车身技术，从底盘生产革新性系统方案到汽车总成的多个领域。

3.2.2 服务集团的主要业务

服务集团现从事原材料、工业服务以及专项服务 3 个方面的业务，其中原材料配送、工业加工和项目管理为重点业务领域。

原材料服务的主要业务内容涉及仓储、加工、物流、库存管理、供应链管理以及碳钢、不锈钢、非钢金属材料、塑料、钢管等多种原材料供应。它包括 3 种模式:（1）通过供应链管理，根据用户需求，建立稳定的材料供应体系，为用户从供应商采购材料供用户使用;（2）材料加工服务，将采购来的材料进行适当加工处理，为用户提供定制规格的材料，所涉及的材料加工内容非常全面，包括激光切割、锯切、冷弯、剪切、火焰切割等;（3）仓储配送服务，基于一站式服务的理念提供准时制物流（just in time logistics）服务。

3.2.3 电梯集团的主要业务

蒂森克虏伯电梯集团是世界上历史最悠久的电梯企业之一，其电梯业务最早开始于 1865 年，目前在全球 60 余个国家设立有 800 多家分支机构;主要业务分为电梯产品制造安装和电梯服务两大类。2008 财年电梯集团的市场份额约占全球电梯设施市场的 15%，排在 Otis（奥蒂斯）和 Schindler（迅达）之后列世界第 3 位。

电梯产品制造安装业务包括电梯、自动扶梯/自动人行道、无障碍设施、登机桥 4 个类别的产品。电梯服务业务具体内容包括基本维护、磨损零部件更换、故障修复、外部损坏修理、性能升级、整体改造以及第三方服务等。

4 经验总结与研究启示

4.1 经验总结

通过上述分析，总结发现:

（1）多元产业逐步走出对钢铁业的依附，实现独立发展。以新日铁住金为例，工程技术，化学，新材料，系统集成等多元产业虽然最开始是从钢铁相关领域发展起来的，但是随着产业自身的发展，业务领域逐渐脱离了钢铁，实现了自身业务的独立。以蒂森克虏伯为例，非钢产业与钢铁业同样定位为主业，并未特意强调非钢产业这一概念，无论钢铁业还是非钢铁业，都是作为企业整体业务的一部分来统一规划和发展，业务集团之间的协同按市场模式运行。

（2）浦项制铁近年来多元产业发展迅速，新日铁住金和蒂森非钢产业成为集团利润的主要来源。2010~2012 财年浦项制铁多元产业占集团销售收入中的比重由 30.43%增加至 45.26%，净利润占比由 8.15%提升至 30.21%。2012 财年新日铁住金非钢产业销售收入占 15.83%，经常利润占 49.17%;2011 财年蒂森克虏伯钢铁业息税前利润（EBIT）处于亏损状态，为–27.97 亿欧元，非钢产业板块息税前利润为 25.41 亿欧元，收入利润率为 7.8%。

（3）多元产业的产业选择虽跨度较大，但部分产业领域呈现较强的一致性。各大钢铁企业多元产业选择跨度较大，比如浦项布局 ICT 行业，但紧紧围绕钢铁产业链、技术链和价值链布局的工程技术产业、新材料产业以及能源环保产业都是各大钢铁多元产业重点布局领域。

（4）多元产业的管控模式多采用母子公司或旗舰公司模式。以新日铁为例，2006 年公司进行了内部机构整合， 采取母子公司的形式，将非钢业务整合到新日铁工程公司（株）、新日铁城市开发（株）、新日铁化工（株）、新日铁材料（株）、新日铁系统集成（株）这 5 大子公司。浦项、新日铁以及宝钢集团也都是采用类似的管控模式。

4.2 研究启示

（1）跳出钢铁业辅业的思想束缚，从战略高度选择非钢业务。选择非钢产业不应拘泥于我们有什么，而要立足于我们需要什么要选择那些具有良好市场前景，能为企业整体发展战略提供支撑，同时符合钢铁业总体发展趋势的产业来加以发展。

（2）加快内部非钢业务资源的清理和整合。清理和整合企业内部的非钢业务资源，是从战略层面规划发展非钢产业的必由之路。只有根据非钢业务自身的业务特点，打破原有机构设置所致种种人为界线，充分整合内部资源，才能让企业内部较为紧缺的非钢产业投入和相关专业人才充分发挥作用，才有可能在部分非钢领域取得规模、能力上的突破。如果从与钢铁主业协同的角度来看，则更需要通过清理和整合来明确非钢产业发展的重点和战略方向。

（3）科学评估新进入非钢行业的市场风险。蒂森克虏伯和新日铁在非钢产业领域所取得的成功，是前后经历了几十年的非钢资产、技术、人才的长期积累并最终取得突破的结果。在制定非钢发展规划的同时，充分考虑企业的现实条件，科学评估新进产业存在的风险，由易到难，有计划分步骤地按照战略目标推进，将有利于减少非钢产业发展过程中的不利情况发生。

（4）多元产业发展需要技术支撑平台。目前很多大型钢铁企业缺乏多元产业共性技术平台的支撑。在现有技术研究院基础上，需要整合资源打造强有力的多元产业技术平台，为多元产业的持续发展提供技术支撑和创新平台，成为各多元产业依靠技术进步走在各自业界前列的强大后盾。

关于进一步改进钢铁企业预算工作的建议

首钢总公司发展研究院多元产业研究所　薛　晗　郑　扬

摘　要：党的十八届三中全会指出，要“借鉴国外有益经验，勇于推进理论和实践创新”。本文借鉴西方在预算管理实践中，通过会计学、经济学、理财学、管理学等科学来指导预算管理的思想，针对部分钢铁企业预算编制的情况，从下述六个方面提出改进建议：(1) 引入零基预算，提升全面预算管理水平；(2) 引入现金流量预算指标来实现企业现金流入流出的最优化控制；(3) 加强财务指标分析来整体反映企业的盈利、资产、前景与风险；(4)采用科学方法预测与控制成本；(5) 科学衡量生产要素的成本，客观地分析企业价值；(6) 采用套期保值等手段，规避汇率风险。

关键词：钢铁企业　零基预算　风险　成本

1　引言

党的十八届三中全会指出，要“坚持解放思想、实事求是、与时俱进、求真务实，一切从实际出发，总结国内成功做法，借鉴国外有益经验，勇于推进理论和实践创新”。西方国家，特别是美国，搞市场经济已经有上百年的历史，有一系列较为科学的制度和方法，在企业预算、会计领域，有较为成熟的管理会计理论、方法和技术。从当前的国情出发，我们不得不承认，要迅速缩小乃至消除与国外先进企业的预算管理差距是不现实的。因此，我们认为，我们唯有瞄准国际先进水平，从真正落实全面预算管理开始，注重细节，一步一个脚印，逐项赶超，在实践中不断提升预算管理的水平和能力。以下参考西方的相关经济理论和实践，从六个方面提出未来进一步提高钢铁企业预算编制水平的建议。

2　实行以零基预算为基础的全面预算管理

党的十八届三中全会指出，要“以更大决心冲破思想观念的束缚”；要“加强顶层设计”，要“整体推进和重点突破相促进，提高改革决策科学性。”

作为一个现代化的大型钢铁集团，财务预算需要考虑方方面面的因素，面临着各种未知的风险，仅仅依靠传统的预算调整法来编制预算，已经难以完全满足集团生存和发展的需要。这个问题应当说，已经不仅仅是财务部门的事情，而是一个涉及集团整体层面的问题，即一个顶层设计的问题。当前，零基预算的编制方法已非常成熟,钢铁企业集团应站在战略的高度，来统筹预算编制工作，打破传统求稳观念和工作习惯的束缚，指导计划财务部门编制出更高水平的预算。

我们认为，由于零基预算工作的复杂性、专业要求高，建议钢铁企业集团决策层在下一个预算年度能够下决心全面推行零基预算的编制方法，引入卓有成效的成本-效益分析，同时加强对预算的动态管理和调整，提升全面预算管理水平，以彻底改变传统预算编制形成的被动局面。

3　引入现金流量预算指标

现金流量是现代西方理财学中的一个重要概念，是指企业在一定会计期间按照现金收付实现制，通过一定经济活动（包括经营活动、投资活动、筹资活动和非经常性项目)而产生的现金流入、现金流出及其总量情况的总称，即企业一定时期的现金和现金等价物的流入和流出的数量。

现金流量指标可以弥补利润指标在反映公司真实盈利能力上的缺陷。如果说利润相当于企业的血液，那么现金流则相当于企业的空气。因为现金流管理出现问题而使企业处于困境的例子不胜枚举。美国安然（Enron）公司破产以及新加坡上市的亚洲金光纸业（APP）沦为垃圾公司的一个重要原因就是现金流量恶化，只有那些能迅速转化为现金的收益才是货真价实的利润。如果预算编制一直把注意力放在利润数字上，却完全没有讨论现金周转的问题，就好像开着一辆车，只知道盯着仪表板上的时速表，却没注意到油箱是否已经没油了。

在现在的经济环境之下，对企业来说最重要的就是更有效地使用现金和资本。通过现金流和流动性分析衡量出来的经济下滑，能告诉管理层在不同情况下，需要多少现金来维持商业运作。正确的模型能够揭示改进流程的关键点和机会。在现金为王的今天，现金流量和营运资本管理的方法和技术变得尤为重要。

钢铁企业的预算编应当体现卓有成效的现金流管理，应当充分考虑到货币的时间价值，应当考虑到各种不同融资手段所形成的融资成本的差异，应当能够实现企业现金流入流出的最优化控制。

4 加强财务指标分析

财务指标分析是从资金的角度对企业进行管理，利用成本、收入、利润及毛利率等考察企业的财务状况、经营状况及现金流量状况，为组织企业生产经营活动打下基础，是企业管理的基本工具。财务指标分析能够将企业的管理成果予以量化分析，这样便于考核企业管理状况，以作为企业下一步的投资、筹资及利润分配的依据。当前钢铁企业预算报告中的财务指标分析普遍很薄弱，反映出面对市场经济的激烈竞争，我们的市场意识不强。

高层管理者在进行企业战略管理时，需要整体把握企业的盈利水平、资产水平、发展前景与财务风险，因此需要财务部门对企业的盈利水平、资产水平、发展前景与财务风险予以量化，提供相对应的指标。而财务指标分析恰好能够提供量化指标，有效地满足企业管理层的需求，有助于管理层对预算执行和财务运行状况的整体把握，分析考核企业管理中的决策、销售、技术、经营等状况。

最著名的财务指标分析体系是杜邦财务分析体系（The Du Pont System），如图 1 所示。

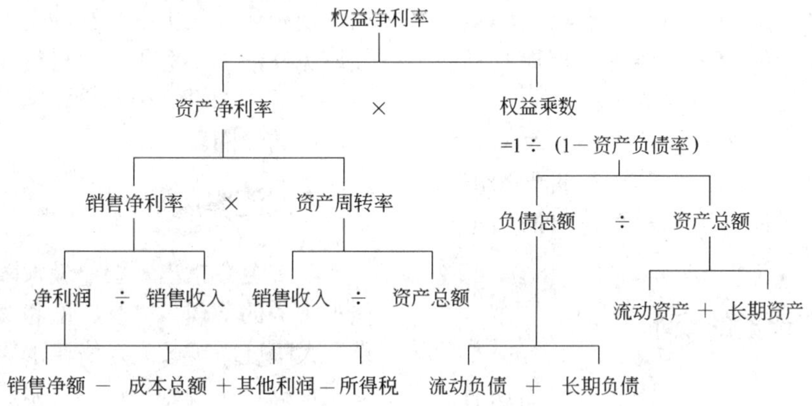

图 1 杜邦分析体系图

杜邦分析体系利用几种主要的财务比率之间的关系来综合地分析企业的财务状况，这种分析方法最早由美国杜邦公司使用，故名杜邦分析法。杜邦分析法是一种用来评价公司赢利能力和股东权益回报水平，从财务角度评价企业绩效的一种经典方法。其基本思想是将企业净资产收益率逐级分解为多项财务比率乘积，这样有助于深入分析比较企业经营业绩。

5 用科学方法加强成本预测与控制

西方先进企业另一项重要特长是对成本的控制。成本是企业提高效益的一项重要工作。降低成本的途径很多：提高劳动生产率、提高产品质量、降低材料消耗、提高设备的利用程度等等。这里着重讨论钢铁企业 2014 年预算编制中反复提及的原燃料成本。

瑞士的国际采购专家阿尔伯特丁说："采购人员应对生产总成本的一半负责。因为公司的成功明显地受到了采购人员在技术能力、工作表现、发展潜力、谈判技巧、创造力、协同工作能力，以及在商业过程中积极配合能力等众多方面的影响。"

采购成本降低 2%与销售额增长 10%，对利润的影响是相同的，但增加销售额则要多付出 5 倍于降低采购成本的努力，如果采购成本占总销售额比例越高，那么，两者的比例也就越明显。采购占总成本比率越大,降低采购成本对利润影响就越大。采购每降下来 1 元钱成本，上升的利润并不是 1 块钱，而是具有杠杆性的利润效应。因为在降低采购成本的过程中不需要增加其他成本，就是说任何通过采购所节省的成本，都是纯利润，所以在销售环节取得一个百分点的利润率很难，但在采购环节相对容易。

美国通用电气公司前任 CEO 杰克韦尔奇说："在一个公司里，采购和销售是仅有的两个能够产生收入的部门，两个唯一能够赚钱的部门。其他任何部门产生的都是管理费用。"采购是一个非常重要的战略环节，它创造利润的空间非常大，采购管理水平的高低，可以成为利润的"摇篮"，也可以成为利润的"坟墓"。

行业增长率、原燃料价格指数、汇率及利率、水电油气价格，都对预算成本产生影响。因此，对这些经济指标的预测准确与否，对于预算编制的可靠性产生很大影响。

我们都熟知，铁矿石和焦炭价格对钢铁主业盈利与否影响非常大。对铁矿石和焦炭价格趋势缺乏有效准确的研究和判断，必然导致预算和实际执行的巨大差异。目前，我们对于原燃料成本的预算编制，依然是根据经验或者利润目标进行估算。然而市场是无情的，不会依据我们的良好愿望来提供我们期待的价格。要进一步提升预算的准确率，势必要提升原燃料成本的预测水平。要对这些市场指标有一个整体的把握，就需要引入现代化的数学分析工具来对其进行科学预测，西方的实践证明，严谨的数学模型得出的结论往往比专家的感觉更可靠。

6 科学衡量生产要素的成本

党的三中全会指出，要"积极发展混合所有制经济。国有资本、集体资本、非公有资本等交叉持股、相互融合的混合所有制经济，是基本经济制度的重要实现形式，有利于国有资本放大功能、保值增值、提高竞争力，有利于各种所有制资本取长补短、相互促进、共同发展。允许更多国有经济和其他所有制经济发展成为混合所有制经济。国有资本投资项目允许非国有资本参股。允许混合所有制经济实行企业员工持股，形成资本所有者和劳动者利益共同体。"

政治经济学告诉我们，所有制决定利益分配。所有制的多元化，意味着利益分配将以按劳分配为主，转变为按土地、资本和劳动力来进行分配。这就对我们的成本管理提出了新的更高的要求。

在西方经济学里，这个市场化的价格，属于机会成本，是指做一个选择后所丧失的不做该选择而可能获得的最大利益。简单地讲，可以理解为把一定资源投入某一用途后所放弃的在其他用途中所能获得的利益。任何决策，必须作出一定的选择，被舍弃掉的选项中的最高价值者即是这次决策的机会成本。

只有按照市场价值规律，合理衡量土地、资本和劳动力的价值，才能准确计算企业的机会成本，才能客观地分析企业价值的贡献情况，集团公司才能够清晰地判断这些企业是否真正盈利，才能准确查明企业盈利的源泉来自何方，才能将资源不断注入有核心竞争力，有盈利和增值能力的企业，不断增强企业发展壮大的能力。

在当前的集团财务运行机制下，对于很多成员单位，并未实现真正由市场价格来衡量成本，所以，体现在预算上，就会对盈利的估算缺乏真正的合理性和约束力。建议钢铁企业集团在未来下决心推进全面的成本市场化计量工作。只有准确的成本核算，才能针对企业存在的先天不足，灵活地制定应对之策，在当前经济不景气的时期，推行逆周期战略，使企业步入更高层次的全新发展轨迹，从而有效避免在汇率、房租、原材料和劳动力等等多重成本上升的压力下，企业投资陷入接手即亏损、脱手即盈利的怪圈。

7 重视汇率风险

三中全会指出，要"最大限度减少中央政府对微观事务的管理"，"从广度和深度上推进市场化改革，大幅度减少政府对资源的直接配置，推动资源配置依据市场规则、市场价格、市场竞争实现效益最大化和效率最优化。"这意味着中央将给予企业最大的自由，同时，企业也将直接暴露在市场中，直面市场波动的风险。有着大量进出口贸易的钢铁企业集团，应当将汇率风险作为集团一项重要的风险加以管控。

当前，我国的人民币汇率是管理浮动汇率制下由外汇市场上的需求和供给所推动。我国政府将汇率的决定交给市场，只进行有限度的监管。考虑到当前的经济形势，人民币对内贬值，对外升值的状况已不可能再长期持续下去，因此，人民币兑美元的波动幅度必然扩大。而中央既然要"把市场能做的都交还给市场"，更不会进行过度的干预。

我们注意到，多年来只升不跌的人民币汇率，在过去的几个月内，上演了一出跌宕起伏的反转剧情。在人民币兑美元即期汇率的频繁波动的同时，更值得注意的是 3 月 5 日公布的新一届政府在《政府工作报告》中，关于汇率的表述：从 2013 年的"稳步推进利率、汇率市场化改革，扩大人民币跨境使用，逐步实现人民币资本项目可兑换”到今年改为“保持人民币汇率在合理均衡水平上的基本稳定，扩大汇率双向浮动区间，推进人民币资本项目可兑换”。

因此，我们绝不能简单地将汇率从6.2变成6.05来编制预算。鉴于钢铁企业集团大量的进出口贸易，钢铁企业应当将管理汇率波动风险作为一项重要的任务，成立专门机构来谨慎应对。应对汇率变动风险的方法包括套期保值，贸易融资、运用金融衍生产品、改变贸易结算方式、提高出口产品价格、改用非美元货币结算和使用外汇理财产品等。同时，预算也应当进行相应动态调整。

钢铁企业场地污染现状及修复技术筛选探讨

首钢总公司能源环保产业事业部

周　宇　马刚平　张向伟　李世青　刘长波

摘　要：近年来，随着我国城市化进程的加快和产业结构调整政策的实施，越来越多的工业企业需要搬迁，搬迁企业原址场地可能面对因生产活动遗留有毒有害物质的污染问题。如何筛选出适宜的修复技术进行场地修复已成为中国城市土地资源安全利用的关键。本文分析了城市型钢铁企业场地污染的特性，并参考国外的场地污染修复经验，确定了钢铁企业污染场地修复技术筛选的基本原则，并在此基础之上提出了城市型钢铁企业污染场地修复技术的发展建议。

关键词：污染场地　钢铁企业　土壤修复　技术筛选

随着我国城市化进程的加快和产业结构调整政策的实施，越来越多的工业企业需要搬迁，搬迁企业原址场地可能因原生产活动遗留有毒有害物质的污染，因此原场地需要进行环境风险评价，从而确定场地存在哪些潜在的污染源，同时合理界定该土地的使用性质，并以此为依据判断是否需要进行场地土壤修复。

其中，钢铁企业在生产的同时也对土壤造成了一定的污染，如在生产、冶炼环节中产生的重金属污染，以及在烧结、焦化等工序产生的有机物（含二噁英）污染等。尤其是城市型钢铁企业一般位于城市周边甚至是城市中心，据报道，我国位于省会直辖市的钢厂有20个，城市型钢厂总共有39个。2009年，城市型钢厂的总产能是2.28亿吨，占全部总量的39.5%。初步估计，39家城市型钢厂占地面积约数百平方公里。钢铁企业存在生产工序复杂，涵盖重金属、有机物污染各种类，污染面积大，修复环境复杂，是未来土壤修复领域的重要发展方向之一。

1　钢铁企业污染场地概况

钢铁企业生产过程中产生的废物，按照存在形态可以分为固体废物、液体废物和气体废物，这三种废物根据所含污染物的主要成分的不同，又可细分。如固体废弃物可分为高炉渣、钢渣、尘泥等等；液体废弃物则可以分为焦化废水、除尘废水、工艺洗涤水等等；气体废物则是指一些含重金属、煤粉、焦末等颗粒物的烟尘以及含氮、含硫氧化物气体。这些污染物最终以大气沉降或渗滤等方式进入工业区周边土壤，导致土壤严重污染，土壤质量迅速下降。

1.1　钢铁企业重金属的污染特性及分布特征

钢铁企业在生产、冶炼和尾矿处理中产生的大量污染物，特别是Cu、Pb和Zn等重金属污染物，通过大气沉降及废渣渗滤等方式进入土壤。研究表明，钢铁工业区降尘对其周边土壤中污染元素的积累有明显影响，突出地表现在土壤表层重金属含量升高，磁化率一般能很好地表征这种聚集的特点。钢铁企业厂址的重金属污染主要来源于冶炼、生产过程中的粉尘污染。

通过对钢铁工业区降尘及周边土壤性质的研究，结果表明当大气沉降通量达到407 $t/(km^2 \cdot a)$，每年可能增加土壤厚度0.15~0.33mm，其长期效应将是非常明显的，降尘中Ca、Fe、Zn、Mn、Pb、Cu元素的含量很高，反映了该区域的大气环境质量受到明显的影响。钢铁工业区在监测期间每年向其周边每公顷的土壤中分别输入了325kg的Fe；元素Cu、Zn、Pb、Cr在土壤表层明显富集，Al、K、Ti、V、Co、As没有富集；地面尘的磁化率高达3577 $\times 10^{-8} m^3/kg$，其周围表土中均含有相当量的磁性物质，从表层向下迅速降低，说明钢铁工业区的降尘对其周边土壤输入了大量的包含污染物的磁性物质，并明显在表层积累。

1.2　钢铁企业有机污染物的污染特性及分布特征

有机污染物尤其是持久性有机污染物(Persistent Organic Pollutants，POPs)具有持久性、生物蓄积性、半挥发性、高毒性和长距离迁移性，其对人类健康和生态环境产生的严重危害和影响已成为当今一个新的全球性环境问题。

1.2.1 多环芳烃

多环芳烃(PAHs)能广泛地存在于水、土壤中，特别是大气飘尘中，可通过脂溶途径进入细胞内部，从而对生物体产生毒性和突变等病理影响。研究表明燃煤排放烟尘中 PAHs 主要分布在飘尘和烟气中。此外，大气中的 PAHs 还会被植物吸收，或积累在土壤中，通过食物进入人类的食物链，危害人类的健康。

钢铁企业中多环芳烃(PAHs)主要产生于焦化工序，焦化厂炼焦是烟煤在隔绝空气加热到 950~1050℃，经过干燥、热解、熔融、黏结、固化、收缩等阶段最终制得焦炭，其中，有 3 个工艺过程易产生大量含 PAHs 的烟尘，污染环境。（1）装煤过程：由于装煤车的导煤筒与焦炉的装煤孔密封不严，入炉煤粒受焦炉炭化室高温作用部分燃烧产生高压气流，随煤粉从导煤筒与装煤孔的缝隙处直喷而出，造成大量含 PAHs 的煤粉(含半焦)污染炉顶空间，并对工人的身体健康造成危害；（2）出焦过程：由于除尘设备效率不高，造成大量粒径不一的焦末污染环境；（3）煤场的煤在到达煤塔的运输过程：含有大量 PAHs 的细小煤尘进入大气中。研究也表明炼焦炉是产生苯并芘(BaP)最多的地方，在焦炉炉顶烟气监测中，BaP 往往达到 10μg/m^3 以上。

根据文献报道钢铁企业周边土壤中 PAHs 残留量除受大气沉降的控制，还受工业污水排放、生活污水及废物倾倒以及工业渗漏等因素综合影响。另外，从焦化厂表层土壤中 PAHs 污染严重程度排序为：回收车间>老粗苯车间>焦油车间>炼焦车间>水处理车间>制气车间，其中 PAHs 污染主要集中在 3 环和 4 环的单体上，分别占 51.3%和 31.7%。炼焦车间及回收车间的污染主要来自煤的高温燃烧，焦油车间、水处理车间、制气车间的污染主要来自焦油组分、苯等有机油类的挥发散逸。在受扰动比较小的土壤中可以看出，随着土壤层深度的增加，PAHs 含量迅速降低，尤其高环 PAHs 所占的比例减少，这是由于高环 PAHs 的水溶性更小，淋滤迁移作用更低造成的。

1.2.2 二噁英

二噁英全称分别是多氯二苯并-对-二噁英（polychlorinated dibenzo-p-dioxin，简称 PCDDs）和多氯二苯并呋喃（polychlorinated dibenzofuran，简称 PCDFs）。由 2 个氧原子联结 2 个被氯原子取代的苯环为多氯二苯并二噁英（PCDDs）；由 1 个氧原子联结 2 个被氯原子取代的苯环为多氯二苯并呋喃（PCDFs）。每个苯环上都可以取代 1~4 个氯原子，从而形成众多的异构体。各种异构体的毒性差异很大，由于氯原子个数和取代位置不同，PCDDs 和 PCDFs 各有 75 种和 135 种异构体，其中 2，3，7，8-TCDD(T4CDD)被称为“地球上毒性最强的物质”。大气环境中的二噁英 90%来源于城市和工业垃圾焚烧。含铅汽油、煤、防腐处理过的木材以及石油产品、各种废弃物特别是医疗废弃物在燃烧温度低于 300~400℃时容易产生二噁英。聚氯乙烯塑料、纸张、氯气以及某些农药的生产环节、钢铁冶炼、催化剂高温氯气活化等过程都可向环境中释放二噁英。

钢铁企业排放的二噁英类物质主要集中于烧结过程，其次是制焦、炼铁、炼钢过程。通过对烧结过程各部位的监测发现，二噁英类物质主要形成于烧结料层中，而不像垃圾焚烧那样主要形成于烟气的冷却过程。二噁英类物质和它们的前驱物可能形成于烧结料层的高温区域，在温度较低的部分聚集，当燃烧区通过烧结床时，它们挥发进入废气。我国生活垃圾和危险废物烟气中二噁英排放标准分别为 1.0ngI-TEQ/m^3 和 0.5ngI-TEQ/m^3，但国家对金属冶炼行业中二噁英类物质的排放情况没有明确限定。

1.2.3 酞酸酯类化合物(PAEs)

酞酸酯（PAEs），又名邻苯二甲酸酯，是世界卫生组织（WHO）1995 年公布的必须控制的一类环境内分泌干扰物。工业上常用做增塑剂，其用量大约占总产量的 95%。随着使用时间的推移，酞酸酯可由塑料转移到环境中，造成空气、水和土壤的污染，并通过呼吸作用、皮肤接触、实物和饮用水等渠道进入人体和生物体，扰乱其内分泌系统，被称为“第二个全球性 PCB 污染物”。

根据文献报道，利用 GC-MS 法测定了鞍钢 6 个不同生产工艺车间外土壤样品中的 15 种酞酸酯类化合物的含量，土壤样品含 PAEs 质量浓度范围为 0.75~3.26mg/kg，其中铸钢点位土壤样品 PAEs 浓度最高，烧结点位土壤样品 PAEs 浓度最低。土壤样品中共检出 13 种酞酸酯，不同单体之间的浓度差异明显，环境中 DBP 和 DEHP 浓度相对高于其他酞酸酯类化合物，各采样点 DBP 和 DEHP 浓度占 PAEs 浓度比例为 49.7%~93.3%，这与我国使用这两种酞酸酯较多的情况相一致。

2　我国城市工业污染场地修复技术研究现状

城市工业污染场地修复在我国仍属于新兴领域，大部分企业的修复技术仍停留在实验室阶段，很少进入工程化阶段，因此工程施工管理方面也没有多少成功案例可供参考，大部分企业都在摸索中前进。缺乏规模化的管理支撑体系和工程建设经验，国内自主研发的技术与装备严重不足，缺少适合我国国情的实用修复技术，基本没有形成可商业化运行的治理技术。主要原因是：一方面，目前国内场地修复工作尚未开展，严重缺乏基础研究数据和实际工程数据支撑的前提下，不可能详细地、可靠地对不同修复技术进行评价；另一方面我国许多工业场地的污染特征和污染形成历史非常复杂，土壤性质和地质水文条件不同于欧美，导致一些国外的针对小块土地、成本高昂的修复技术难以大规模推广。因此，从修复资金、修复周期的特殊性也要求土壤修复产业研发出适合我国国情的本土化技术，走“产—学—研—用”相结合的研发之路是不可抗拒的趋势。

城市工业污染场地技术种类众多，根据修复处理工程位置的不同，可划分为原位修复和异位修复。原位修复是指对场地污染物进行就地处理处置，可以对深层污染的土壤和地下水同时进行修复；异位修复则是将土壤挖出后进行地上处理的技术，环境风险低且易于控制。城市工业污染场地修复的最终目的是场地的开发再利用，受城市土地经济价值的驱动，场地修复技术应具有修复周期短、二次污染风险小、对土壤结构扰动小、稳定性高等特点。目前国际上已有应用或研究较多的适用于工业污染场地修复技术介绍见表 1，其中原位修复技术的比例高于异位修复技术，且成本较异位修复技术低，而异位修复技术对污染物的去除率优于原位修复技术，且所需修复时间普遍比原位修复技术短。

表 1　目前国际上常用城市工业污染场地修复技术

序号	技术名称	适用范围	适应污染物	优 点	缺 点	费用/美元 · t^{-1}	修复周期/月
1	挖掘填埋	高污染区	任何污染物	对设备和操作要求低	不能去除污染物	250	<3
2	客土法	大部分污染物	任何污染物	修复方法简单且快速	不能去除污染物	20~50	<3
3	土壤气提/生物通风	挥发性污染物	SVOCs、VOCs、PAHs	针对挥发性有机物	要求高渗土壤且地下水位影响修复	80~230	6~24
4	土壤淋洗	可溶性污染物	PAHs、PCBs、H.M.、Diox	适用于重度污染土壤	要求高渗土壤且带来二次污染及土壤肥力减弱	55~165	<12
5	植物修复	矿区、农田污染土壤	H.M.、PAHs、PCBs、Inorg	费用低，易操作二次风险低，可大范围应用	修复周期长，难以处理深层土壤	<20	>12
6	微生物修复	农田污染土壤	SVOCs、VOCs、PAHs	操作简便，环境友好	不宜处理高浓度污染物	50~140	6~24
7	化学萃取	可溶性污染物	H.M.、PAHs、PCBs、Pest、Diox	适用于重度污染土壤	处理费用高，对土壤有破坏性	65~300	<6
8	化学氧化还原	可氧化/还原污染物	SVOCs、VOCs、PAHs、PCBs、Pest、Diox	适用于重度污染土壤	处理费用高，对土壤有破坏性	150~450	<6
9	低温热脱附	挥发性污染物	SVOCs、VOCs、PAHs、PCBs、Pest、Diox、Hg	针对挥发性物质	对土壤有破坏性，能耗较大	<150	6~12
10	高温热脱附	挥发性污染物	SVOCs、VOCs、PAHs、PCBs、Pest、Diox、Hg	针对土壤中挥发性物质	对土壤有破坏性，能耗很大	150~450	6~12
11	固化/稳定化	高污染区	H.M.、PAHs、PCBs、Pest、Diox、Inorg	修复成本低，易操作，处理效果较好	不能去除污染物且需要长期监测	70~200	<6
12	玻璃固化	高污染区	PCBs、Pest、H.M.、Diox	稳定性高	不能去除污染物	770	<5

注：Pest—杀虫剂；Diox—二噁英；Inorg—无机化合物；H.M.—重金属。

3　钢铁企业污染场地的修复技术筛选及创新建议

3.1　钢铁企业污染场地修复技术的筛选

钢铁企业污染场地修复技术的选择不仅受污染物性质、土壤特征、水文气象条件的影响，还受到经济、技术发展水平、环保需求等因素的制约。不同的修复技术有各自的适用性和优缺点，针对不同的污染物和土壤类型所采用的修复技术会有所差异。因此在修复技术筛选阶段，需结合场地实际开发情况和修复要求，同时可参照美国环境保护局

（USEPA）对修复技术的筛选原则：（1）修复周期；（2）修复效果，即对污染物毒性、迁移性和数量减少的程度；（3）修复技术的可操作性；（4）修复成本；（5）全面保护人体健康与环境；（6）技术成熟度；（7）法律许可度；（8）公众认可度；（9）对于高风险污染物（如高毒性、迁移性强等）应采取源处理手段；（10）对于低风险污染物，在处理技术不适用的情况下，应采用工程措施和制度管理措施；（11）尽可能多采用联合修复技术。经过上述过程筛选出的技术，通过可行性试验确定修复技术工艺参数，并模拟规模处理时的运行条件，以确保所筛选修复技术可工程化应用。

根据钢铁企业生产工艺、生产流程、厂区布局以及每个生产环节的产品和产生的废弃物进行研究，分析各个环节可能形成的污染。同时，结合场地环境风险评估的实际情况，进行修复技术的筛选工作。现阶段土壤修复技术水平下，钢铁企业可能存在的场地污染与常规修复方法，见表2。

表2　钢铁企业可能存在的场地污染与常规修复方法

区　域		关注污染物	污染程度	常用修复方法
原料堆场	煤、焦炭	PAHs、二噁英	中　度	异位高温热脱附
	铁矿石	Fe、S	轻　度	换土法
	铁合金	Mn、V	轻　度	换土法
	萤石、石灰石	F	轻　度	换土法
烧结/球团		K、Na、二噁英	中　度	原位生物降解+阻隔联合修复
焦化	配　煤	Al、PAHs、BTEX	中　度	异位热脱附+固化稳定化联合修复
	炼　焦	PAHs、BTEX、二噁英	重　度	异位热脱附+原位生物阻隔联合修复
	化　工	PAHs、BTEX、二噁英	重　度	异位热脱附+原位生物阻隔联合修复
耐火材料		Ca、Si	轻　度	换土法
炼　铁		Cu、Cd	中　度	原位固化稳定化
转炉炼钢		Zn、PAHs、PAEs	中　度	异位热脱附+固化稳定化联合修复
钢渣处理场		Pb、Cr、F	中　度	原位固化稳定化
铸　造		Mg	轻　度	换土法
热　轧		Mn	轻　度	换土法
冷　轧		Cl、PAEs	轻　度	原位固化稳定化+阻隔联合修复
热镀锌-彩涂		Zn	轻　度	换土法
自备电厂		Al、As	中　度	原位固化稳定化
机械动力厂		Cu、Sn	轻　度	原位固化稳定化
污水处理厂		F	轻　度	原位固化稳定化

3.2　钢铁企业污染场地修复技术开发建议

鉴于大多数城市型钢铁企业面临着倒闭、外迁，将会遗留大量的污染场地。这些亟待修复后再利用成为住宅、绿化公园、工业园区和商业区的污染场地，需要有针对性地开发一些快速、灵活、物化联合修复的工程技术与成套装备。这也就意味着未来土壤修复技术的发展趋势将会在技术上，从单一的修复技术发展到多技术联合的原位修复技术、综合集成的工程修复技术；在设备上，从固定式设备的异位修复发展到移动式设备的原位修复；在应用上，从单一厂址场地走向特大场地，从单向修复技术发展到大气、水体同步检测的多技术多设备协同的场地土壤-地下水一体化修复。因此，必须发展多种污染物复合或混合污染土壤的组合修复技术，同时合理搭配必要工程措施及管理制度措施等辅助手段，降低污染物的暴露途径，达到保护人体健康和环境目的。

首钢集团信息化培训实践探索

首钢工学院继续教育学院　湛文红　刘　哲
首钢总公司信息部管理创新室　左国良
首钢总公司劳动工资部培训处　叶春林　沈桂兰

摘　要：首钢从贯彻落实科学发展观，推进信息化和工业化深度融合，走新型工业化道路的战略高度，大力推进信息化建设，已经建成覆盖北京总部及多地的信息化系统，支撑首钢总部对新基地实行“集中整体、分层能级”的管控模式。信息系统已经成为首钢生产经营管理的重要平台，在首钢的搬迁调整和产业结构优化升级过程中发挥了重要作用。为了充分发挥首钢信息化系统的功能，在我国专业技术人才知识更新工程和北京市继续教育协会的要求、支持与帮助下，首钢继续探索企业信息化培训实践发展之路，逐步建立了信息化培训体系，在积累培训工作经验的基础上，不断取得培训成果。

关键词：首钢　ERP　信息化培训　继续教育

近年来，首钢从贯彻落实科学发展观，推进信息化和工业化深度融合，走新型工业化道路的战略高度，大力推进信息化建设，实现了钢铁主业主要业务信息化全覆盖和综合集成，为首钢“一业多地”管控和高端板材生产提供了战略支撑。自 2003 年开始建设实施以来，历经十年的发展，首钢已经建成覆盖北京总部及多地的信息化系统，支撑首钢总部对三个新基地实行“集中整体、分层能级”的管控模式。信息系统已经成为首钢生产经营管理的重要平台，在首钢的搬迁调整和产业结构优化升级过程中发挥了重要作用。

与此同时，首钢充分意识到企业的竞争力不仅取决于信息化建设水平，更取决于员工信息技术的应用水平。为了充分发挥首钢信息化系统的功效，首钢重视通过培训同步提升员工的信息系统应用水平。特别是在我国专业技术人才知识更新工程的大背景下，在北京市继续教育协会的支持与帮助下，首钢进一步加大信息化培训力度，逐步建立了信息化培训体系，在不断积累培训工作经验的基础上，不断取得培训成果。近两年，首钢将信息化培训纳入重点培训项目，统筹安排多方资源，确保信息化培训的步伐不断向前迈进。

1　制定策略、强化培训

作为国有大型企业，首钢充分认识到广大员工的信息素质是企业信息化建设成败的关键，也深刻认识到，加强员工信息素质的培养具有非常重要的现实意义。针对庞大的企业员工群体，首钢以现实和发展的眼光，结合企业特点制定了首钢集团信息化培训策略。

1.1　开展系列化、层次化、常态化、持久性的全员培训

员工的信息素质直接影响着企业的管理水平，高素质的员工能充分认识到信息系统在企业运营管理中的重要作用，能在信息系统中发挥主观能动性，能自觉增强管理工作的科学性，能充分运用数据统计与分析功能为企业决策提供依据。

为提高全员信息素质，首钢制定了信息化培训“专业系列化、级别层次化、培训工作常态化、培训项目持久性”的培训策略，在集团范围内对每个专业的员工进行由浅入深的系统培训，形成覆盖集团范围的全员培训格局。

“专业系列化”是指将培训工作覆盖到首钢集团生产经营管理各个专业，分期对每个专业的员工进行信息系统培训。纵观企业全局，统筹规划各专业培训工作。通过制定明确的年度培训计划，保证信息化培训工作布局全面、管理系统、操作规范。

“级别层次化”是指对各专业员工按初、中、高三个级别进行逐级培训。较低级别的学员，要在完成规定内容的学习任务并通过考核后，方可进入较高级别的培训。规定不得跨级学习，以保证基础扎实、提升有力。

为合理设计各级别的培训内容，首钢制定了每

个级别的培训目标。具体来讲，初级培训目标为“入门学习，理解概念，以点带面，重在基础”；中级培训目标为“面向专业，聚焦业务，梳理流程，重在提高”；高级培训目标为“纵观全局，宏观掌控，理清脉络，重在解决疑难问题”。在目标确定的基础上，分专业制定三个级别的培训考核标准，以精准定位各级别的培训内容和考核内容。

“培训工作常态化”是指将信息化培训纳入日常工作议事日程，根据企业和员工需要随时举办学习班。同时，还注重发挥企业教师、专业技术骨干的作用，随时随地对员工的新问题进行现场培训、现场指导。

“培训项目持久性”是指坚持信息化培训工作的周期性、持久性。随着首钢信息化系统不断拓展升级，随着员工的新老更替及岗位与专业的调整，持久性培训是公司信息化建设与员工培训需求的必然要求。例如，2004 年首钢 ERP 系统正式上线，当时组织结构只包括新钢公司、总公司和股份公司。之后，随着首秦、迁钢、京唐、顺义冷轧、矿业等基地信息化的建设及 ERP 系统上线实施，信息化体系在钢铁业中发挥着重要作用。2010 年 ERP 系统进行了归档，2011 年系统进行了升级，2013 年末首钢总公司吸收合并新钢公司，ERP 系统进行了数据对接、系统流程修正等。这些一系列的归档及升级，使得系统操作与查询方法都发生了很大变化。对此，首钢及时组织培训，保证了企业工作的正常进行。

1.2 借助著名公司技术实力及名校优质教学资源，培养高级信息化技术应用与管理人才

为保证首钢信息化系统建设架构合理、管理科学、功能全面、性能稳定、运行高效、质量可靠，就需要一批高素质的信息技术与专业管理人才。为此，首钢组织高素质人才分期参加 SAP 中国培训部高端培训、送到北京航空航天大学开办的软件工程专业（SAP ERP 方向）硕士研究生班学习，提高他们的专业技术与管理水平。实践证明，这些学员均已成为公司信息化系统的技术与管理骨干，承担着系统维护与二次开发、技术支持与指导、管理流程规范与优化、员工信息化系统培训管理与授课等任务，为保证首钢集团信息化系统的稳定、高效运行发挥着重要的骨干带头作用。

2 立足企业，开发教材

培训教材是知识与技能的载体，是展示教学内容、体现培训目标、供教师教学和学员学习使用的材料的总和。培训为企业服务，培训内容要紧密围绕企业实际，培训教材要体现企业特色。首钢结合企业生产经营管理实际，结合首钢信息化系统特点，立足于企业培训需求，自组自编各专业的《首钢集团信息化培训》系列教材。这些教材在培训教学过程中起着教学课本的作用，在企业工作中起着技术参考资料、操作指导手册的作用。

2.1 组织编写教材，强调教材质量

首钢组建了教材编写团队，成员由具有丰富理论知识与实践经验的技术顾问和专业骨干共同组成。教材编写完成后，专业部门要对新编教材进行反复校对、审核，并提出修改意见。经过修改、审核、再修改、再审核几个循环后形成终稿交付印刷，从而确保教材的编写质量。

为保证教材结构合理、内容丰富并密切结合企业实际，首钢制定了严格的教材编写要求。强调在教材内除了包括系统运行界面截图、操作步骤之外，还必须包括相关的概念说明、业务说明、名词解释、数学公式、业务流程图、数据流程图、数据结构图等相关信息，以此严格区别于操作手册。在确保教材内容的全面性、完整性、正确性与严谨性的同时，保证教材结构合理、图文并茂、专业术语符合国际、国家规范。此外，为便于学员巩固复习，规定在每章中安排学习要求及练习题等相关内容。

在《首钢集团信息化培训》系列教材中，每个专业一部教材，每部教材或分为上、下两册，或分为多个分册，以便员工根据工作岗位需要选择学习。

2.2 提高编写效率，降低劳动强度

由于信息化培训教材所涉及的专业知识多、覆盖面广、内容丰富，而参编人员除了要完成教材编写任务外，还要承担企业日常工作，工作压力很大。为了在保证教材编写质量的同时减轻负担、降低成本、提高教材编写效率，首钢为此专门设计制作了《首钢集团信息化培训》教材标准模板。通过应用教材模板，保证系列教材结构规范、风格一致、格式统一。同时，保证在时间紧、任务重的情况下降低劳动强度、提高工作效率。

实践证明，首钢信息化培训系列教材密切结合首钢实际，全面展示首钢各专业的业务流程，为学员们提供了学习和工作的参考资料，弥补了国内无同类中文教材的空缺，是具有企业特色的企业内部

应用教材。

3　选拔师资，注重培养

按照企业培训理论的要求，企业培训教师应能够根据企业生产、经营、管理需要，掌握并运用现代培训理念和手段，从事企业培训教学活动。企业培训教师的授课质量直接影响着培训项目的质量，高素质的教师可带来高质量的培训。

3.1　选拔人才，构建师资团队

为了使培训工作密切结合企业实际，首钢充分发挥企业内部人才优势，在全公司范围内，选拔一批具有丰富信息化工作经验的技术专家，以及从事专业管理工作的业务骨干作为培训师资后备。经历组织推荐、专家审核后，最终组建了一支高水平的信息化培训师资团队。这支师资队伍在首钢信息化培训工作中长期承担培训授课及技术指导的作用。

3.2　师资培训，提高授课水平

为了提高师资授课水平，保证培训教学质量，首钢重视师资培训工作。每年多次安排首钢工学院专职教师对培训师资进行全方位培训，着重在培训策略、教学规范、教学教法、课件制作、培训考核等方面进行集中培训，并在培训过程中安排试讲环节，以便及时发现问题、解决问题。

4　服务企业，开展远程培训

针对首钢“多业多地”的生产经营特点，企业员工分布在北京市、河北省、贵州省、上海市、广州市等多个地区。在这种生产经营模式下，无法将员工统一组织到同一个教学地点集中培训。本着培训服务于企业的原则，首钢决定引入现代远程教育的教学理念，开展信息系统远程培训。首钢信息化培训设计了一个主课堂、多个分课堂的培训授课方式，即主讲教师在首钢培训中心的网络教室里授课，通过网络将视频信息传递到迁钢、首秦、京唐等多个分课堂，进行远程同步教学。

理论要联系实际，教学离不开实践练习。为保证实践操作的真实感和准确性，首钢组织信息化专业技术人员建立了与首钢信息系统完全相同的培训专用练习系统。由于练习系统与真实系统完全相同，学员们在练习过程中仿佛操作真实系统，自然而然将培训学习与本职工作联系起来，从而获得培训的实际效果。全国各地的首钢学员均可通过网络远程登录到此系统上练习，从而全面实现了跨地区全员参与培训的目标，并保证了培训质量和培训效率。仅2013年5月至2014年6月间，完成培训学员879人次。

为弥补远程培训时学员无法得到授课教师现场指导的问题，首钢为每个教学点专门配备了辅导教师，为学员们提供现场答疑和操作指导。

5　加强管理，保证培训质量

首钢在人才激励机制中特别强调要加强信息化专业人才的培养，并将其与公司三支人才队伍建设工作紧密结合起来。首钢规定了持证上岗的要求，强调只有参加培训并取得考试合格证的员工方可从事相关岗位工作。为保证首钢信息化培训质量，制定了严格的培训管理制度。严格教学管理、考勤管理、考核管理，设置专职班主任进行全方位服务和管理。严把考核关，考核采取平时练习成绩、小测验成绩、终考成绩相结合的方式进行，对考试合格者发放相应级别的合格证书。首钢信息化培训项目纳入ISO9000质量管理体系，全面按照质量标准开展各项工作。

在培训的过程中，重视加强师生沟通，听取学员们的反映与收获，及时总结经验和纠正偏颇。重视加强培训教学测评，对测评结果进行总结分析，发现问题及时解决。在工作中注重总结培训经验，收集、整理、归档培训工作资料，为持久性地开展培训打下坚实的基础。信息化培训受到公司领导和各专业人员的高度重视和认可，并给予了很高的评价：课程安排结合工作实际，教学操作有序互动，案例分析边学边练，符合职教特点，便于学员学习记忆；同时，授课内容具有很强的针对性和指导性，使学员详细的掌握信息化系统知识点和集成点，了解数据的来龙去脉，对业务流程的认识更加清晰，真正做到学以致用，尤其近年岗位异动的职工，利用此次培训机会，认真地进行了系统、全面的学习，受益匪浅。通过培训，整体提高了首钢集团信息化系统的管理水平和工作效率。

总之，首钢信息化培训走过了由零散到逐渐系统化的路程，积累了一些经验，取得了一些成绩。但随着企业的发展、国内外环境的变化，首钢信息化培训还要走一条更长更远的探索与发展之路。

创新职工培训　适应企业转型发展

首钢工学院继续教育学院　石朝晖

摘　要：近年来，首钢工学院继续教育学院秉承为首都经济建设发展服务和为首钢转型发展需要服务的办学宗旨，充分发挥办学优势，在培养高素质应用型人才方面取得了一定的成绩。但是，随着社会的发展，企业核心竞争力的不断提高，尤其是 2010 年，随着二炼钢的停产，首钢进入了转型发展的新时期，首钢集团“十二五”规划指出：首钢北京地区要实现由第二产业为主导向第三产业为主导的产业转型，创建“新首钢高端产业综合服务区”，把首钢建设成为“具有世界影响力的综合性大型企业集团”，实现“首钢品牌、首钢服务、首钢创造”这一宏伟目标。如何实现这一目标，除了抓紧推进各项先期启动项目的落实之外，高素质创新人才的培养成为决定企业转型成败的当务之急，而首钢工学院继续教育学院的职工培训则是承担这一任务的重要工作环节。

关键词：企业转型　技能人才　创新培训

职工培训是继续教育学院的主要工作之一，工作重点是为企业培养适用型人才。无论是从企业当前生产的需要着想，还是为日后的转型发展考虑，职工培训都是企业经营管理的重要环节。然而面对打造“新首钢高端产业综合服务区” 这一“高起点定位、高标准谋划”，传统的常规培训就显得陈旧过时了，面对当前首钢的企业转型升级，职工培训工作面临着新的挑战与机遇，在培训对象、培训方式和培训内容上都应体现出科技与创新。围绕企业生产经营的重点、难点，培养具有创新能力的高技能型人才，为企业搭建科技创新平台，为企业发展提供有力的支持，确保企业始终站在行业的前沿，引领行业发展。

因此，全面提高专业技术人才的科学素质和创新能力，培养造就出更多能解决实际问题的一流人才，是我们的首要任务。

1　以培养创新技能型人才为目标

在首钢北京地区的转型发展中，许多部门要依据转型规划进行大幅度的调整，一部分员工需要改行，离开自己熟悉的转炉、钢坯和铸机，从事新的工作，这些工作可能是他们从来没有涉足过的崭新领域。因此，制定出切实可行的培训方案，加速培养出适应企业转型的高素质技能人才，是我们继续教育学院目前工作的当务之急。

为加速培养适应企业转型的高素质技能人才，充分发挥他们在解决转型中遇到的新问题、新技术等方面的关键作用，有效地促进首钢北京地区企业转型高技能人才队伍建设，我们树立了以培养创新技能型人才为主要工作目标的培训理念。一般说，技术技能型人才有三类，第一类是工程师，第二类是高级技工，第三类是高素质劳动者。以前我们的培训工作只是侧重于企业员工岗位技能的培训，往往停留在职工操作技能的培训上，随着信息技术的发展和企业转型升级，单一的行业技能操作培训已不能适应企业发展的需求，要想实现培养创新技能型人才这一目标，必须建立一整套以科技为基础，以创新为主导的培训体系。目前培训的主要特点：一是目标定位新。以往针对技能人才的培训，大多是培训专业知识和操作技能，但目前培训班的目标定位是提高员工的综合素质和创新能力，也就是增强员工通过革新创造解决生产疑难问题的能力，这种目标定位的培训为企业不断提高竞争能力储备应用型革新人才；二是能力提升与取证双结合。以往首钢内部职工参加培训目的是为完成上级下达的任务，参加培训有如度假休闲，目前的培训注重能力提升与取证双结合。即带着问题来，以解决工作中遇到的实际困难为主，同时进行技术技能创新培训，参加考试考核，取到资格证书。我们为在职职工开办了低压电工和高压电工取证，热工仪表技师、高级技师；维修电工技师，高级技师；轧钢、炼钢、数控技师，高级技师，焊工、断带焊工等技能培训。现在培训的与过去相比不仅是培训面上的扩展，而且是培训质的飞跃。

2　建立“三位一体”的创新培训体系

首先，建立创新培训体系的前提主导思想是对被培训者创新意识——创新人格的培养，创新意识是指人们在创造活动中表现出的意向、愿望和设想。它是人类意识活动中的一种积极的、富有成果性的表现形式，是人们进行创造活动的出发点和内在动力。是创造性思维和创造力的前提。创新人格是指创新主体在后天学习、实践活动中逐步形成的，在创造活动中表现和发展起来，对促进人的成才和促进创造成果的产生起导向和决定作用的优良的理想、信念、意志、情感、情绪、道德等非智力素质的总和。

创新人格的培养涉及诸多领域，包括哲学、心理学、社会学和管理学等，目前在这方面我们做的与要求达到的标准还有很大的差距。其次，改进培训方式、创新培训形式，建立切实可行的创新培训体系是提高培训质量的关键。我们不断改进培训方式，首先做到“三个结合”。一是理论知识与讨论交流相结合。在精心组织创新最新理论知识的同时，在课上课下多次组织交流研讨：组织学员着重围绕《技能创新项目任务表》——学前作业进行了交流。先由个人对自己的项目难点进行介绍和初步分析，再由其他学员进行点评发言。所有学员均兴趣盎然、发言踊跃，充分地享受创新思想的交流与碰撞；组织学员与就创新难点初步方案交流；特邀技能操作专家就其创新成果的形成过程及创新经验进行介绍，使学员深化对创新的认识，产生触动甚至震动效应，激发学员“我该创新、我要创新”的热情。二是自主学习与现场观摩相结合。培训期间组织学员参观技师工作室。这些交流活动使学员在交流中分享观点、在争辩中提升认识。三是培训过程控制与培训成果总结相结合。有效的过程把控必将带来良好的培训成果。我们在集中培训之前与学员进行沟通，使之明确本次培训的目的与具体要求。让学员带着问题去学、去听、去想。通过分析学员资料，将分析结果和学员资料第一时间发给每位老师，便于老师备课更有针对性；同时将学员带来的创新难点通过邮件的形式转发给各位专家，进行分析给出建议。同时，及时总结整理形成比较完整系统的高技能创新能力培训班教材体系。培训通过“三个结合”，形成“知识—经验—思维”三位一体的创新培训体系。

3 创新培训特色及基本做法

3.1 培训内容的创新

根据学员的特点，选择有针对性的培训内容。以创新能力训练为主，最新理论知识够用为度为主线，克服培训中的“多而散”，提倡培训中的“少而精”，着力解决高技能人才创新能力提高过程中的“缺什么？培训什么？”“做什么？为什么？怎么做？”等问题。可以分为忠诚度培养、创新理论知识、创新技能训练三个模块。忠诚度培养包括责任意识、执行意识、忠诚意识等。创新能力最新理论知识 40%，主要包括创新思维训练理论、TRIZ（创造发明技术）理论、创新团队构建等；创新能力技能技巧训练 60%，主要科技论文写作、典型创新人物经验分享、学员创新活动互动交流、团队创新实战训练与成果展示等内容。学员在后期成果展示阶段不约而同都采用所学的创新工具来完善自己创新方案。

3.2 培训模式创新

针对高技能人才创新能力培训班学员层次高、专业工种多、有较强的创新欲望等特点，采用“研究性培训模式”。

为使培训能够实现“方法培训—创新实践—再培训—再实践”的基本路线，采用了学习小组化、教学模块化、内容实用化、方法多样化等教学模式，以学员为中心，恰当分组组织展开自主研究活动。首先要求小组成员结合学员学前作业，将所学的思维方法和实践技能融会贯通，用所学到的创新知识再思考、再发现，学以致用。其次小组成员共同努力进一步完善创新技术以解决实践操作中的重点和难点，写出解决方案。最后组织创新成果展示活动。

基于研究性学习模式的要求，我们的创新培训采用实战训练、互动参与、案例分析、研讨交流、成果展示等多种方式方法，强调互动性主线，贯穿生动实在的案例，注重培训过程控制的实效，充分调动起学员参与培训的积极性和主动性。

经过培训，学员已基本掌握了所学原理与方法，所带来的 33 个技术问题都在培训中得到基本解题思路。其中十个创新难点现已制定出具体的解决方案，为后期实施应用做好准备。

3.3 教材体系创新

所谓教材体系就是成系统的教材，前后联系，由浅入深，便于学习。我们充分考虑培训学员的不同需求，为他们的发展提供帮助和指导，考虑学员的不同发展，尽可能地为他们提供较大的选择空间，学员可根据自己的兴趣进行选择。为了保证培训效果，我们预先准备了培训所需的学习资料并装订成册，形成了教材、讲义、习题探究拓展等系列学习资料；培训期间我们结合学员的学习收获和培训进程及时跟进，编制了各类资料；培训结束后我们又将这些内容进行后续补充，最终形成了一套由《培训讲义》、《学员手册》、《培训指南》、《难点汇编》、《研究性学习小组活动记录》、《创新成果展示》、《创新能力培训资料汇集》（电子）、《通讯录》、QQ群、《培训盘点汇编》、《领导讲话》、《培训总结》等组成的，比较完整系统的高技能人才创新能力培训教材体系。

创新教材体系立足企业对人才需求的实际，以企业人才需求为培训目标，在实践中为企业输送应用型人才，为企业发展在技术革新领域做人才储备。此外，学员经过学习知识与技能，在提高专业技术素质的同时进一步提高文化修养和人文素质。

4　攻坚克难，保持创新活力

4.1　目前存在的困难

（1）创新之路是坎坷不平的，一路走来，我们经历了许多艰难险阻，但目前仍面临许多困难：随着时间的推移，在职教师年龄逐渐增大，师资结构不合理，新老交替失衡，中年教师断层，不利于科学知识和教学经验的传承；双师型教师比例低，不利于培训精品课程的开发。

（2）教科研经费不足，部门一味追求增收节支，连续多年节能降耗，教科研经费不足，在遇有培训项目时由于资金短缺，无法进行项目策划，不利于企业的长期发展。

4.2　脚踏实地工作，保持创新活力

4.2.1　谨务实，不虚夸，进一步为员工搭牢实现职业理想的平台

培训工作的目的是实现员工职业理想，满足企业的用人要求。尤其是年轻一代的员工，进入企业接受培训主要目的是为实现职业理想。前后两者并不统一。而企业要留住员工为己所用，就必须热情为员工提供实现其职业理想的平台，尽量使两者达到统一。例如：企业每年都有新员工入职，入职前要为他们做新员工培训，培训课程设计是从认识企业，认识岗位，胜任工作三个部分着手，使新员工充分了解企业文化，尽快适应工作环境，加快职业心理转变，同时让他们设计自己的职业生源规划，使新员工享有归属感，为他们提供职业理想的平台。

4.2.2　进一步探求重点培养与全面素质提高的途径和方法

从企业发展战略考虑，员工培训的目标应该是全面素质的提高。但是从满足企业当前生产经营需要出发，有重点、有针对性的培训。两者都是十分必要的，都不能忽略。因此，我们在制定培训计划、设置培训课程的时候，都必须注意加强两者的相互结合。例如：我们企业班组长培训不仅要注重班组长“带兵打仗”的一线管理水平，同时还要提高他们的自身修养和人文素质，树立班组长自强不息，厚德载物，磨励自我的信念，为此我们开设了了中国人的儒释道、修己修人，渡己渡人和诗书画欣赏等方面的课程。以上课程设置着重提高了班组长对人格塑造和对职业观的认识与理解，为他们的素质提升做了精心安排。

4.2.3　进一步做好员工培训与员工自我学习的引导工作

员工素质的提高既要靠企业组织的培训，也要靠员工的自我学习。美国学者彼得•圣吉在论学习型组织论著《六个基本要素》中指出：“所谓学习型组织，就是要充分发挥每个员工的创造性，努力形成一种弥漫于群体与组织的学习气氛，凭借着学习使个体价值得到体现，组织效能得以提升”。由此可见，员工的自我学习是相当重要的，企业在组织开展员工培训过程中必须认真做好员工自学的组织引导工作。例如：企业的中层干部培训、信息化培训等项目都增设了网络学习课程，设置网络学习课时，我们加强网络后台监督，督促他们自觉学习，养成自学习惯，员工网络自学效果良好。

改革发展是生命，创新培训无止境。在改革发展的大潮中，我们将携起手来，精诚协作，为首都的建设，为首钢的发展做出贡献。

以高端引领、校企融合构建高技能人才培训体系

首钢培训中心　王　林　张百岐　胡　先

摘　要：本文以首钢培训中心获得国家人力资源和社会保障部批准的“国家高技能人才培训基地建设项目”为契机，在认真总结高技能人才培养工作经验的基础上，对高技能人才培养工作进行了新一轮的探索与创新，实施开展了“构建完备系统的高技能人才培训体系”建设项目。通过对“国家高技能人才培训基地建设项目”的立项背景、建设过程的翔实论述，探索提供优质培训服务的新途径与新方法，概括总结了建设高技能人才培训基地取得的成果。同时，论述了发挥“国家高技能人才培训基地建设项目”的引领示范作用，通过高技能人才培训体系项目建设，有效地促进了首钢培训中心整体发展，在培训体系五大建设环节实现了多项创新发展。

关键词：高技能人才　师资建设　培训学习包　培训体系

首钢培训中心作为首钢集团教育培训实体单位，始终坚持校企结合的教育理念，积极整合校企教育资源，发挥校企融合在人才培养上的优势，积极建立和打通高技能人才培养、储备和输送渠道。目前，每年承担企业职工技能培训上万人次，其中培养高技能人才达到培训总量的30%。凭借雄厚的培训实力，2012 年首钢培训中心申请并获得国家人社部的“国家高技能人才培训基地建设项目”立项批准。

1　项目提出的背景

1.1　加快高技能人才培养是强国之策

在 2010 年国家颁布实施了《国家中长期人才发展规划纲要（2010~2020 年）》，明确提出了要以高层次人才、高技能人才为重点统筹推进各类人才队伍建设。北京市“十二五”期间，将重点实施高技能人才“百千万”带动计划，达到年培养 8 万名高技能人才，以确保到 2020 年实现高技能人才占技能人才 30%、高技能人才总量达到 120 万人的奋斗目标。

1.2　高技能人才队伍长期存在缺口

截至 2012 年底，北京市技能人才总量达到了263.7 万人，其中高技能人才达到 73.4 万人，比 2004 年净增 46.5 万人，其增长速度之大令人欣慰。尽管高技能人才队伍迅速壮大，但依然存在极大的缺口，据研究报告显示，北京市近三年中，技能人才紧缺总量为 60 万人，其中高技能人才缺口 13 万人。而来自首钢总公司分析报告显示，首钢技师、高级技师所占技能人才比例仅为 8.44%，与发达国家 30%的比例存在较大差距，与首钢集团钢铁核心产业拥有的世界一流技术和装备对人才的要求也有很大距离。

1.3　高技能人才培训体系需要不断完善、与时俱进

随着首都经济社会发展对高技能人才需求的日益增长，高技能人才培训工作仍面临着新的挑战。因此，围绕“培训模式、课程设置、教材开发、师资建设、培训装备和能力评价”等方面构建成高技能人才培训体系，具有实际意义。

2　项目建设过程中的主要做法

2.1　明确指导思想，精心策划方案

成立项目领导小组和工作小组，制定了相关政策和制度，明确了指导思想和实施原则。

项目确立的指导思想是：紧紧围绕首都和区域经济发展需要，以扩大高技能人才培训规模、提高培训质量、构建完善的高技能人才培训体系为目标；以提升高技能人才培训师资能力为前提；以高技能人才培训课程开发、培训模式和评价模式创新为核心；以优化教育培训资源和改善实训条件为保障；以校企融合加速培训能力提升为基础；依托首钢、立足北京，培养优秀的高素质技能人才，为高技能人才培养做出积极的贡献。

项目明确了四点实施原则：一是高端引领原则；二是服务社会原则；三是校企融合原则；四是优质高效原则。

项目建设以企业高度融合为基础，从培训课程体系、教材开发、师资队伍建设、软硬件支持系统、能力评估等五个培训体系构成的环节入手，对高技能人才培训体系进行构建与完善，探索提供优质培训服务的新途径、新方法。

2.2 深入开展调研，汇集一线信息

2.2.1 制定调研方案，深入开展调研

深入企业调研是项目实施的首个重要环节，它不仅是获得系统客观研究数据的重要手段，也是决策和后续工作开展的基础。为确保调研质量，三个专业根据自身特点设计了详细的《调研方案》。方案中包括了调研目标、调研对象及内容、调研方式与调研组织实施、调研过程、调研成果、时限要求以及成员与负责人等 10 余项内容；调研对象涵盖了企业、毕业生、协会、相关政府部门、同类院校及其他培训机构等各类部门；调研内容则根据调研对象的不同分类进行了设计。

在调研方式上，各专业设计了实地走访、面谈、问卷调查、座谈会、案头调研、数据分析等多种形式，并根据不同的访问对象设计了不同的调查问卷，每类问卷的信息点均在 35 个以上，为获取准确的信息资料提供了保障。

专门组织专家对调研方案、调查问卷等进行审核论证，把握开展项目工作的正确方向。

2.2.2 汇集一线信息，确定培训方案

在调研过程中，三个专业共计走访了迁钢公司、京唐公司、首钢长钢公司、航天部三院、中国焊协等共计 42 家单位；发放并收回调查问卷 396 份；召开各类座谈会 32 次；采访各类人员 142 人次。调研工作获取了大量信息和资料，通过归纳，其完成情况如下表所示：

调研企业	回收问卷	召开座谈会	采访人员	形成调研报告	校企合作完成培养方案			
					高级工	技师	高级技师	高端人才
42 家	396 份	32 次	142 人	3 份	3 份	3 份	3 份	1 份

2.3 工学紧密结合，构建培训课程体系

培训课程体系建设在整个培训体系建设中占有重要地位。为确保高技能人才培养与企业需求的“零对接”，项目确立了以“工学结合”为基点进行学习领域“一体化”课程体系开发的实施思路。

2.3.1 实践专家成为课程开发的关键因素

实现“工学结合一体化”课程开发的关键是来自生产一线的准确信息，为此，优秀的企业实践专家成为了课程开发的关键要素和核心力量。

图 1 中，展示了“工学结合”课程开发的实施过程，具体分为三个步骤：一是召开实践专家访谈会，筛选、甄别、提炼典型工作任务，并完成典型工作任务描述。二是将分析提炼的岗位工作任务与培训教学方式挂钩，将其转化为学习领域教学任务，完成一体化课程标准及课程计划的制定。三是依据标准和计划，进一步完成工作页、教学课件、考核习题库等相关教学文件的编写。

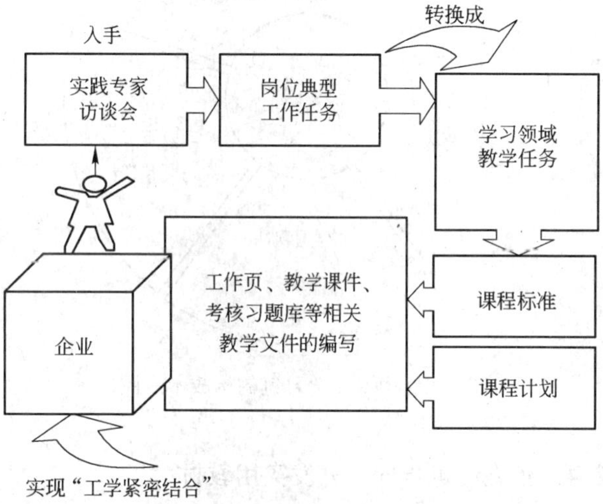

图 1 课程开发实施过程

2.3.2 制作适应企业需求的“培训学习包”

开发集学材、大纲、题库及教学软件等为一体的学习工具（简称“培训学习包”）是本项目建设的创新之一。

“培训学习包”并非千篇一律，而是根据专业特点，按工种、或按课程、或按典型工作任务为单元进行系列开发制作。例如，轧钢专业是以工种为单元进行的“培训学习包”的开发。共制作了轧钢高级工（冷轧带钢）、酸洗高级工、热处理高级工（冷轧带钢）、轧钢高级工（热轧带钢）、加热高级工、精整高级工、精整技师和轧钢技师等八个工种“培训学习包”。每个“培训学习包”中包括：建立在国家职业技能等级鉴定标准和鉴定规范基础之上的专业理论知识细分表、教学大纲、以三分屏形式录制的教师授课课件、用于学员自学的学习指导书、练习题库等五个组成部分（如图 2 所示），较好地满足了高技能人才自主学习和持续化学习的需求。再例如，焊接专业的“培训学习包”则以学习领域的典型工作任务为单元进行了开发。针对焊工高级工的培训，该专业制作了《设备管道的焊

接》、《重要结构的焊接制作》、《特种设备梁、柱焊接》和《铸铁（特殊材料）的焊接》四个“培训学习包”。每个“培训学习包”中包括了学材、工作页、题库及教学课件四项内容，涵盖了所应掌握的理论和技能知识点，为集中培训、远程教育及自主学习提供了条件。

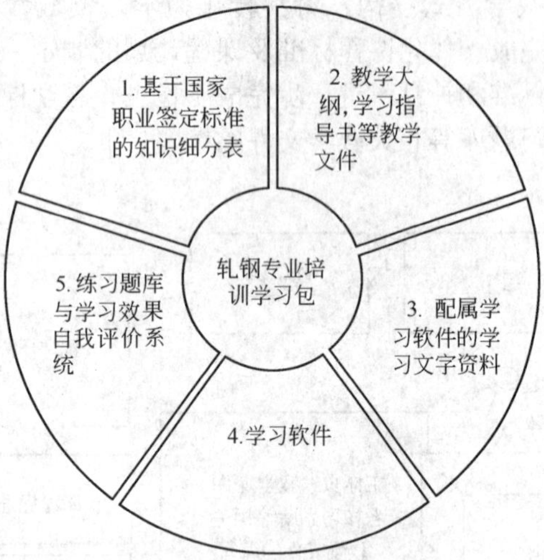

图2 轧钢专业学习包的构成示意图

2.4 实施任务导向，开发实用教材

培训教材是培训体系建设中的关键要素。为使教材更加贴近生产实际，三个专业确定了“以工作任务为导向开发一体化教材”的编写原则，教材内容以实际工作过程为依托，按照实际工作过程展开；打破传统教材陈述知识的模式，以问题为引导，增加学习目标、建议学时、过程评价等内容，力争实现教、学、做三者有机结合。

以电气自动化设备安装与维修专业培训教材开发为例，过程分为五个步骤：一是成立由企业技术人员、技能专家和专业教师为成员的培训教材开发团队；二是组织召开实践专家访谈会确定技能案例；三是依据访谈内容、课程标准、国家职业技能鉴定标准等对教材内容进行编写，企业实践专家主要负责工作任务描述说明，专业教师负责理论性、技能性知识总结归纳；四是教材编写后由专家进行教材评审；五是根据教材完成配套教学软件的开发。

2.5 专兼共同携手，推动师资建设

培训师资队伍建设是培训体系建设中关键环节之一。鉴于技能人才培养的特殊性，本项目确立了打造“专兼结合”优秀师资队伍的建设目标。其建设内涵为：聘请企业能工巧匠、技术专家与专职教师共同组成教学团队，以形成优势互补、结构合理的师资群体。

本项目建设期间，三个专业建立了优秀兼职教师信息资源库，补充完善兼职教师队伍，为可持续发展积蓄能量。同时，全方位提升专职培训教师产、学、研综合能力，采取两条腿走路的方法，一是以校企合作项目为载体，校企一体打造教师的专项能力；二是根据教师层次需求，校本培训、校外培训两条渠道共同提升教师实力。例如，首钢培训中心与清华大学共同策划，开办的囊括焊接必备理论知识、又包含前沿焊接技术“定制课程”的培训班，使焊接专业教师开拓了视野，收获颇丰。而与首秦深加工合作的新产品项目“非标减速机壳体制造”，更是提高了焊接专业团队成员解决生产一线的综合能力。在本项目实施一年多的时间里，共有40人次专职教师参加了各种类型的培训，有13名教师职业资格或技术职称得到提升。

2.6 改善培训装备，优化培养环境

完善培训装备，提高其使用价值，各专业在本项目中采用了一盘点、二论证、三补充、四盘活的办法。盘点就是对现有设备做到心中有数；论证和补充就是在听取企业专家及专业指导委员会成员意见建议的基础上补充完善设备种类和数量；盘活就是为闲置设备寻求利用空间。

例如，电气自动化设备安装与维修专业通过盘点与论证，提出了建设一体化技师学习岛以满足技师培训的需要。其建设内涵要求是：采用工作岛式操作台，便于学员间相互学习；设备样式多样化，以满足不同学员岗位的不同需求；按功能模块划分实训间区域，满足高级工、技师多门一体化课程教学需要。根据建设思路，学习岛增添了电气控制实训单元模块、35kV综合自动化变电站仿真软件等系类适合技师培训的设备，并配以多媒体教学设备及软件，使培训质量得到很大的提升。项目建设共投入设备资金171.36万元，很好地改善了培训条件和环境。

2.7 设立能力标准，构建评价方案

根据当前评价体系和方法不够完善影响到企业高技能人才队伍建设的现状，本项目积极探寻了高技能人才的评价方法，与企业一起共同构建高技能人才评价体系。

新构建的评价体系主动打破了过去技师培训

完全由培训机构进行考核评价模式，采用培训机构与企业共同评价考核方式。培训机构依据学员出勤、知识掌握情况进行综合考核评价；同时，企业依据受训学员在本单位实际专业技能的表现，也进行评价考核打分，按 1:1 比例共同组成。这种校企合作考评模式的成果内涵为：即较好的控制了“考”与“干”脱钩的现象，又促进了学员主动提升能力水平的自觉性。

3 项目建设取得的成果

通过对项目中三个专业培训课程体系、教材体系、师资队伍、支持系统及能力评价五大环节的建设，示范引领构建并完善了高技能人才培训体系。具体成果为：

（1）专业建设调研报告 3 份；高级工及技师培训方案 6 个；技师、高级技师研修培训方案 3 个；高技能人才高端培训方案 1 个。

（2）开发 28 个“培训学习包”，编写制定课程标准 44 套。焊工专业开发了 8 门高级工与技师课程“培训学习包”，设计完成 24 个高级工与技师培训项目的学习任务；确定了高级技师“典型工作任务”，制定高级技师“学习领域”课程标准。电气自动化设备安装与维修专业开发了 8 门高级工及 5 门技师课程学习包，含职业技能鉴定标准 2 份、教学大纲 13 份、学材（含工作页 27 份）、软件 13 套和题库 13 套。轧钢专业开发了轧钢工（冷轧带钢）等 5 个工种高级工培训课程学习包和轧钢技师、轧钢精整技师 2 个技师培训课程学习包，极大了丰富了培训教学资源。

（3）开发培训教材 28 本，在培训中得到好评。

（4）完成技师评价方案、高级技师评价方案和高技能人才研修项目评价标准 5 份文件的制定。高级工、技师培训课程学习自学评价系统和试题库 28 个。

（5）建设“一体化”学习岛 1 个。校企合作建设技师工作站 5 个。

（6）项目建设期间，完成各类高技能人才培训达 3000 人次以上，产生了良好的社会效益。参与企业技术革新与改造项目 4 个，为企业创造经济效益达 78 万元。

首钢实业新形势下转型发展的探索

北京首钢实业有限公司　刘　刚

摘　要：2013年作为北京首钢实业有限公司按照把下属经营实体逐步打造成为市场竞争主体和法人实体的思路，不断完善管控体系，打造多元化投资型集团；以市场为导向，推进社会市场开发；加强科研和信息化建设，推动企业转型发展；围绕首钢做城市服务商的发展定位，创新服务模式，加快企业转型发展；实施资本创新，构建首钢实业公司内部金融管理平台，促进管理协同，实现深化改革，努力把“首钢实业”打造成为“产权清晰、权责明确、管理科学”的具有较强综合实力和较高品牌知名度的北京市一流大型综合服务产业集团。

关键词：管控体系　服务模式　机构外包服务　首钢智慧社区

党的“十八大”和“十八届三中全会”胜利召开以来，北京首钢实业有限公司（以下简称“首钢实业”）认真学习了党中央会议文件和习总书记一系列重要讲话，充分认识全面深化改革的重大意见，准确把握深化经济体制改革政策导向，结合首钢实业实际，更加坚定了坚持深化改革，调整发展战略，促进企业转型的创新发展新思路。

1　首钢实业面临的新形势

首钢实业2008年按照国家改制政策，由首钢生活服务管理中心成功改制成为非国有控股服务型企业。改制后，按照“三强、三优、三新”的发展战略，坚持市场化经营策略，努力实现产业结构和管控模式向现代服务业的转型，经济效益持续大幅度增长。经过不懈的实践与探索，首钢实业已发展成为集团化管控模式下，拥有工业服务、物业、餐饮、旅游、幼教、养老六大产业板块的现代服务企业，形成了集成服务、园区运营、社区管理等管理运营体系。

2013年国家宏观经济保持平稳发展，政府政策方针则以深化改革为主题，进行了重新调整和安排，首钢实业审视了新形势变化对企业的影响，感到目前面临着严峻的挑战，也蕴藏着新的发展机遇：

一是中央和北京市政府对服务业的发展扶持政策力度不断加大。2013年国务院总理李克强提出“促使服务业成为促进经济复苏、引领转型发展的新引擎、新方向”的主旨。2014年5月国务院常务会议提出更多依靠市场机制和创新驱动，重点发展研发设计、商贸服务等生产性服务领域，加快生产性服务业重点和薄弱环节发展促进产业结构调整升级等意见，这是国务院首次将服务业，尤其是生产性服务业定位为调结构、稳增长的重大措施。首钢实业应抓住这一个利好的政策环境，坚持深化改革，加快向现代服务业转型发展。

二是我国“十二五”规划纲要明确提出推进京津冀地区区域经济一体化发展，打造首都经济圈。目前发改委已经拟了首都经济圈总体布局，即“两核三轴一带三重点”，“两核”指京津双核，“三轴”指京津塘主轴、京-保-石拓展轴、京-唐-秦拓展轴，“一带”指沿海经济带，三个重点开发地区包括中关村、天津滨海新区、曹妃甸工业区。下一步首都经济圈区域开发的过程也是资源重新整合、配置的过程，首钢实业应充分发挥在迁安、曹妃甸地区市场资源优势，抓住京津冀一体化的契机，参与河北省培育现代服务业集聚区的工作中，发挥主导性作用。

三是首钢总公司提出了“深入贯彻党的十八届三中全会精神，坚持改革创新，推动转型发展”的要求：一方面实施优化资源配置，推进商业模式和市场创新，促进非钢新产业发展，坚持由产品制造商向综合服务商转变的发展方向；另一方面受钢铁行业持续低迷的影响，积极推进集团管控体系改革，探索企业集团不同板块、不同类型实体的管理模式，大踏步跟上时代潮流，更好的促进首钢集团创建在京新型产业的转型发展。

四是首钢实业各产业面临着激烈的行业市场竞争，受行业政策、原材料价格和人工成本逐年上涨等因素影响，发展水平也出现不均衡的局面。迫切需要调整产业定位、创新服务模式，适应当前产业发展的实际，探索在市场竞争加剧的环境下，企业发展的思路和途径。

2 首钢实业转型发展的具体探索

2.1 积极推进深化改革，不断完善管控体系，打造多元化投资型集团

2012年首钢实业开始实施深化改革，创新了体制机制，形成工业服务、物产管理和餐饮经营“三强”事业部以及幼教、旅游、养老“三优”产业格局，优化了集团组织结构和企业资产配置，明确管理层级，强化资产管理力度。2013~2014年按照新的组织架构和业务流程，首钢实业调整了发展战略、完善了机关总部管理、探索了法人管控体系，为首钢实业的转型发展提供支撑。

一是按照打造投资型集团管控模式的原则，以下属单位法人化运作为基础，改革调整进一步梳理了财务核算、人事管理等业务流程，下放了资金管理、薪酬管理、经营管理、业务管理、资产管理等权限，在权限范围内由法人单位自行管理，精简公司总部设置，打造精干高效的机关总部架构。首钢实业机关总部则加强了战略管理、投融资管理、重大项目开发与管理、合资合作管理、股权管理、审计管理、培训管理等工作，增强机关总部的系统调控、价值创造、变革整合、风险防控能力。

二是按照投资型集团管控模式，建立法人公司财务核算和指标考核体系。健全了以法人为单位的母子公司指标预算体系、财务核算和统计分析体系，增加专业考核指标和行业评价指标，充分发挥监督、服务职能作用，完善法人公司的考核挂钩分配体系。

三是通过股份制改革，理顺法人公司之间的股权关系。为了坚持市场化改革方向，把首钢实业公司下属经营实体逐步打造成为市场竞争主体和法人实体的思路，由首融汇、首欣物业、首钢饮食等公司股权置换首钢实业公司委托其管理的二级法人公司的股权，理顺股权管理关系，为实现事业部向子集团的运营模式转型奠定基础。

四是坚持股权“有进有退”的原则，首钢实业对下属投资企业进行了调研和分析，在保证总体战略实施和产业结构不断优化的前提下，提出了首钢实业股权清撤、合并等方案。方案中明确指出凡是与首钢实业各产业经营业务和发展定位关联度较强的划归相应事业部管理；凡是与首钢实业各产业经营业务和发展定位关联度低的且具有一定盈利能力的投资企业，尝试探索经营团队持股的混合所有制经营模式，加强企业的活力和竞争力；凡是与首钢实业各产业经营业务和发展定位关联度低的且盈利能力低的投资项目，提出股权清退和转让方案，回笼投资资金，便于统筹协调其他产业板块的发展。通过实施股权“有进有退”的策略，首钢实业在保证企业多元化战略发展的同时，提高了公司投资回报，合理安排投资资金和投资方向。

五是首钢实业成立了培训部，制定了“151”人才培养规划，逐步建立了集团层面的、多元化、专业化、系统性、长效性的培训体系。通过考察、培养、选拔、挂职锻炼等方式，完善企业两级班子后备干部的调整、配备，加强高管后备人才的培养和梯队建设，为企业健康持续发展提供人才保障。

2.2 以市场为导向，提升企业综合竞争力，推进社会市场开发

面对低迷的钢铁内部市场，首钢实业公司在巩固提高首钢内部市场，做好钢铁服务保障的同时，坚持开拓社会市场，以内部市场为根基，通过创新驱动，提升企业的竞争实力，加快社会市场的开发步伐，形成了“以内促外，内外协同发展”的良好局面。

一是强化市场开发理念。以大踏步开拓社会市场为主导，提出了“三个主要”和“四个一批”的要求，即主要领导、主要精力、主要资源集中在市场开发和运营上；项目开发要做到“跟踪一批、洽谈一批、签约一批、进驻一批”。

二是修订完善了市场开发的激励机制。完善市场开发奖励办法，将提高社会市场收入比重作为对各单位考核的主要指标之一，定期对领导进行逐级考核，每季度兑现市场开发奖励。

三是明确了与市场化接轨的企业薪酬制度。首钢实业公司中层以上领导干部的薪酬与市场同类企业职业经理人的薪酬对接，基层岗位人员收入以劳动力市场价位接轨。

四是合资合作，学习和锻炼市场运营的能力。通过开展合资合作，学习先进企业管理理念和市场运营经验，迅速提高驾驭市场的能力。

2.3 加强科研和信息化建设，推动企业转型发展

一是按照建立现代服务产业的要求，在已成立的包装技术研究所和绿色食品研究所的基础上，首钢实业公司组建了物产发展研究所，致力于动力能源产业、电梯维保及附属配件产业、智能物业管理

等领域新技术、新科技方面的转化与推广，降低首钢物业能耗水平，提高各种能源故障快速诊断、抢修效率和能源稳定运行水平。加强了对工业、物业、餐饮等产业科技工作组织领导。

二是按照科研工作要求，提升三个研究所的管理和科研水平，加强与中国农业大学、北京化工大学等高等院校、社会科研机构的合作，邀请专家教授走进企业来，实地指导培训，进行人才合作与项目对接。同时加强与市科委平台的衔接与交流，提高企业自主研发的能力，争取更多高科技项目落地首钢实业公司。首钢实业每年统筹安排科研资金300 万元，各产业配套资金 200 万元，用于具有前瞻性、基础性、关键性的重大项目和课题攻关。

三是在完成 OA 办公系统、HR 管理系统、财务和物流 ERP、视频会议建设的基础上，加强首钢实业公司网站及六个产业网站完成改版建设，实现功能、风格、管理标准的规范和统一。

四是为了全面提高企业信息化管理水平，首钢实业与首自信公司开展合作，研究启动了物业管理信息系统，提升了物业管理的信息化水平，同时启动了首钢餐饮自动化系统，整合“一业三地”的餐饮服务市场，提升餐饮管理效率，为下一步首钢智慧社区项目的事实奠定了基础。

2.4 围绕首钢做城市服务商的发展定位，创新服务模式，加快企业转型发展

作为服务企业，首钢实业公司一直注重服务模式的创新和打造，在加快“三强”、“三优”六大产业板块发展的同时，围绕首钢做城市服务商的转型定位，首钢实业公司研究提出了创新服务模式，打造机构外包、园区运营服务和都市社区“三新”服务模式，协同首钢在京新产业的发展。

2.4.1 利用自身产业多元化优势，打造集成服务模式，努力探索向机构外包服务商业模式

首钢实业公司利用本身具有多元化的产业基础和资质，一直致力于研究集成服务商业模式，通过研究制定科学、规范的管理制度，使集成服务项目的管理达到标准化、规范化的要求，强化首钢实业公司各产业的战略协同功能。同时，搭建市场开发信息共享平台，并完善了集成服务项目开发、市场调研、可行性分析、招投标管理、内部资源集成等工作流程。并将项目管理模式和项目开发模式进行融会贯通，形成首钢实业公司特色的集成服务商业模式。

2.4.2 以信息化建设为平台，启动首钢智慧社区项目，形成都市社区服务商业模式的雏形

为了发挥首钢实业公司在社区资源上其他企业不可比拟的控制力优势和“首钢实业”品牌影响力，首钢实业公司启动了以物业“社区服务”作为业务切入点，以呼叫中心和电子商务网站为平台，以首钢家属区、石景山区为基点，围绕社区居民的需求，提供物业、餐饮、家政、养老、幼教、旅游等一体化服务的首钢智慧社会项目，并逐步将首钢实业公司打造成为北京都市社区服务运营商。

2.4.3 利用首钢园区服务市场和资源，积极探索园区运营服务商业模式

首钢实业公司结合首钢园区的开发设计，提出了打造首钢园区运营服务商业模式的战略目标，并抓住了首钢二通动漫城园区建设成具有国际文化品牌的高端产业综合、为首钢园区开发建设提供先行先试的机遇，积极承揽了二通园区的动力能源管理、物业管理和餐饮配送等服务，为下一步整体新首钢园区运营服务提供了试点。借鉴社会文化产业公司的运营做法，积极参与首钢园区大型文化活动，承担了活动运营服务工作，积极探索一种可复制的产业园区服务商业模式，为园区运营服务商业模式的打造积累了实践经验。

2.5 实施资本创新，构建首钢实业公司内部金融管理平台

首钢实业认真贯彻首钢总公司加强资金管理，实施产融结合，管好、管活资金的要求，深入研究国家金融政策变化，梳理融资管理流程，逐步改善公司资产结构。通过合资、合作积极筹建首钢实业公司具有贷款、担保或典当、质押业务的金融类公司，完善融资管理平台，减少资金占用，加快资金周转，做好资金风险的防范工作。通过融资平台实现对内和对外融资，一方面降低公司融资成本，为首钢实业公司各项目的发展提供融资和财务支持；另一方面实现资金效益最大化，充分提高和利用资金的投资回报收益。

3 转型发展取得的成效

3.1 企业收益和职工收入实现双增长

2013 年首钢实业通过改革调整后，全年完成销售收入 13.92 亿元，同比增长 19.28%；完成利润 4074 万元，同比增长 21.58%，较总公司全年下达 4000

万元的计划目标超额完成 74 万元，超额 1.85%，形成四大收入过亿元的产业（工业、物业、餐饮和旅游产业）。2013 年公司全员劳产率为 21.43 万元/（人·年），比 2012 年增长 27.78%，首钢实业公司从业人员人均收入 2785 元/月，同比增长 11.17%，其中正式工人均收入 5348 元/月，同比增长 6.64%，企业综合实力和职工收入水平进一步提高。

3.2 市场开拓效果显著，社会市场收入进一步提升

截止到 2013 年末，首钢实业公司共有社会市场项目 66 个，首钢实业公司跟踪社会项目 122 个，当年新进驻社会项目 21 个，首钢实业公司现已成功地承接了国家检察官学院、海淀展示中心、福田欧辉、石景山人民检察院等一批集成服务项目。2013 年社会市场收入 56643 万元,比 2012 年增幅 46.23%。2013 年社会市场收入占总收入的 40.69%,比 2012 年社会市场收入占总收入的 33.18%，增长 7.51 个百分点，2014 年预计社会市场收入占总收入 51%，2015 年力争达到 69%。

3.3 企业的管理水平和品牌影响力显著提升

通过转型发展，首钢实业将优势资源集中到了法人公司，各产业法人公司在行业中的影响力明显提高。2013 年工业产业北京首融汇科技发展有限公司的《新型环保防锈纸缓蚀剂研究与应用》科研项目，填补了首钢在非金属材料领域的研发空白，产品性能达到国内同行业先进水平，获得了实用新型专利，获得首钢集团科技成果奖项目三等奖。实现了首钢实业科技创新重大突破；

2013 年物业产业北京首欣物业管理责任有限公司荣登全国物业管理综合实力百强行列，排名 63 强，北京市物业企业排名第 7 位，并成功入围石景山区区级行政单位 2013~2014 年度物业服务及北京市市级行政单位 2014~2015 年度物业服务定点单位；

北京首钢国际旅游公司通过收购华悦航服公司，完善了资质平台，拓宽了业务上升通道，增强了抗风险能力，公司多条自营产品线路入选了《环球时报》“年度最受消费者喜爱的旅游产品”榜单，企业品牌知名度得到了较大提升，产品战略初见成效。

2013 年首钢实业发布了有史以来第一份社会责任报告，向社会公示了对社会责任的认同和担当，展示了首钢实业在努力创造企业价值和实现发展目标的同时，践行社会责任，体现社会效益，致力于服务社会经济和协同发展需要。

首钢实业将坚持深化改革，探索新型的管控模式和商业模式，提高了企业管理效率和市场竞争力，致力于打造多元化、大型服务集团，加快首钢实业转型发展的步伐，努力实现首钢在京新产业的发展，为北京打造国际化大都市的目标服务。

首钢京唐公司成品码头通过能力及对策研究

首钢京唐钢铁联合有限责任公司运输部　于　璐

摘　要：随着首钢京唐公司2号高炉投产，三冷轧等成品生产线逐步建成，整个公司的成品发运量激增，钢卷公路、铁路及海运外发能力须进一步加强，而作为占到京唐公司成品外发量达80%以上的水路运输更是运输组织工作的重中之重。作为京唐公司的特色运输方式，成品码头通过能力是公司海运量能否达标的关键。因此，对京唐公司成品码头通过能力形成全面、深入的认识将有助于成品水路运输计划的准确制定，同时识别出成品码头通过能力的瓶颈所在，对提高钢卷的海运外发，扩大码头通过能力的提供一定依据。

关键词：成品码头通过能力　泊位　库存　装卸　对策

1　引言

要对京唐公司成品码头通过能力进行深入、细致的研究，首先对码头通过能力研究的现状有较全面的了解。码头通过能力是指在一定时期内（一般是一年），在既定的约束条件下（船型、吨级、货种），利用装备、机械、库场，按照合理操作规程和合理的装卸工艺装卸船舶所能完成的最大数量。按照《海港总平面设计规范》，码头的年通过能力与年营运天数、设计船型（平均载货量）、装船效率、船舶装卸辅助作业（技术作业和靠离泊间隔时间）、非生产时间和港口生产不平衡系数等技术经济指标密切相关，是理论上的数值。在具体运营中，上述指标和参数是随机的、动态的，其通过能力还受货源、装卸车能力、堆场堆取能力的制约。本文研究成品码头通过能力指泊位、库场、装卸、集疏运各环节通过能力合理组合而构成的通过能力。

码头通过能力的短板和长板。一个码头作业系统必定由码头泊位、航道、装卸机械、堆场、集疏运道路等组成。它们都有各自的能力，就像木桶原理中短板和长板。其中有的由天然条件决定，较多的还是由人工配置所确定，如堆场、机械设施、船型大小、货物种类、货物流向、操作人员技术水平及码头管理服务水平等，这些板块都会对码头通过能力产生重要影响。码头的最大潜在能力由长板所确定。这个长板通常是码头的泊位能力，其他系统的能力与泊位系统能力相适应。例如一个码头系统中，码头岸线具有500万吨通过能力，而堆场、装卸机械、集疏运能力只有300万吨、200万吨、400万吨，可以通过补齐短板办法，将短板能力补到500万吨，达到码头能力的最佳综合效应。但是，长板能力也是可变的，靠泊码头船型结构、货种结构、流向等发生了变化，都会影响码头能力的变化。如一个10万吨级码头，一年中靠泊的船型有大有小，如果初步设计平均每艘次装卸货物1万吨，每年平均作业船舶300艘次，该码头年通过能力为300万吨。在货源充足的情况下，当船型发生变化，实际平均每艘次装卸货物达1.5万吨，其他条件不变，码头年通过能力增加了50%。其他板块能力又变成短板。在码头的生产实践中，通过优化配置资源，码头的潜力可以不断发挥。

本论文将在上述研究的基础上，结合首钢京唐公司的具体情况，对成品码头通过能力做全面，细致入微的分析。

2　成品码头简介

2.1　航道

航道位于曹妃甸港一港池南端，其水深为–14.5m，宽度210m，规模10万吨级。

2.2　泊位

成品码头位于唐山曹妃甸港区一港池东侧，现有5个杂货泊位，年设计通过能力为514万吨，杂货泊位的具体情况见表1。

2.3　堆场、仓库

成品堆场平行于码头布置，堆场宽度为204m，其中板卷堆场面积为$5.67\times10^4m^2$，钢板堆场面积为$2.28\times10^4m^2$。堆场采用叉车、牵引平板车进行水平运输作业，堆码垛作业采用叉车或轮胎式起重机。堆场南侧布置了4座仓库，共计$2.4\times10^4\text{m}^2$，其中3号库采用天车进行集港作业，其余三库采用叉车作业。

表1 成品码头泊位统计表

泊位	泊位吨级（万DWT）	泊位总长度/m	设计前沿水深/m	配置机械	设计吞吐能力/（万吨/年）
1	1.0	2395（含过渡段160）	−14.35	25t-33m的门机2台；40t-33m的门机6台；40t-37m的门机2台	514
2	1.5				
3	2.0				
4	3.0				
5	5.0				

3 成品码头通过能力

成品码头通过能力是港口企业的生产能力，它是在外部环境条件为一定时，港口各项生产要素和经营管理诸条件综合作用的结果；同时，它又是一个多层次的生产力结构，由泊位子系统、库场子系统、集疏运子系统以及装卸子系统（"人-机"系统）所组成的，各子系统的通过能力应保持一定的比例关系，协调配合，才能形成码头的综合生产能力——码头通过能力。

泊位子系统、库场子系统、集疏运子系统之间是通过装卸子系统（"人-机"子系统）发生联系的，装卸子系统在其中起着支持作用。泊位的货物通过装卸子系统转入库场，然后再通过装卸子系统转移到集疏运系统。泊位子系统是港口通过能力的中心环节，其他环节的通过能力都应与泊位子系统的通过能力相适应，本论文将从泊位子系统，堆场子系统及装卸子系统三方面对成品码头加以分析。

3.1 泊位通过能力

泊位通过能力受多方面因素影响，各因素对其影响的程度及范围也千差万别，具体情况见图1。

综合考虑上述因素，本论文拟采用《海港总平面设计规范》（JTJ211—1999）中，泊位年通过能力通用公式：

$$P_t=\frac{T_y}{\dfrac{t_z}{t_d-\sum t}+\dfrac{t_f}{t_d}}\cdot\frac{G}{K_B}$$

$$t_z=\frac{G}{p}$$

式中 T_y——泊位年运营天数，d，取330×0.9=297d；

G——设计船型的实际载货量，t；

p——设计船时效率，t/h，按年运量、货舱、船舶性能、设备能力、作业线数和管理等因素综合考虑；

t_z——装卸一艘设计船型所需的时间，h；

t_d——昼夜小时数，取24h；

$\sum t$——昼夜非生产时间之和，h，包括工间休息、吃饭及交接班时间，应根据各港实际情况确定，可取2~4h；

K_B——港口生产不平衡系数，取1.3；

t_h——船舶的装卸辅助作业、技术作业时间以及船舶靠离泊时间之和，h。船舶的装卸辅助作业、技术作业时间指在泊位上不能同装卸作业同时进行的各项作业时间。

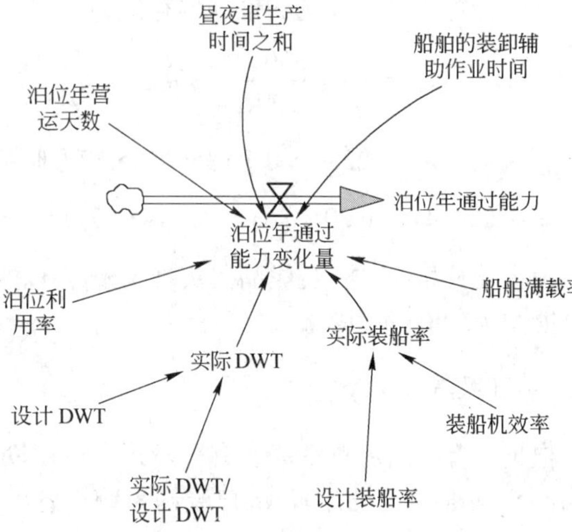

图1 通过能力流图

计算结果见表2。

表2 成品码头泊位通过能力计算表

	泊位吨级（万DWT）	泊位数/个	G/万吨	P/(t/h)	t_z/h	P_t/万吨
成品钢外运泊位	5.0	1	3.0	288	125.05	131.54
	3.0	1	1.8	288	77.43	127.47
	2.0	1	1.2	288	53.62	122.71
	1.5	1	0.9	288	41.71	118.3
	1.0	1	0.6	180	44.10	74.61
	合计	5				574.63

由以上计算结果可得，成品钢外运泊位计算年通过能力为574.63万吨。

3.2　堆场及库场通过能力

成品码头堆场面积 $7.95\times10^4m^2$，库场面积 $2.4\times10^4m^2$，其整个通过能力见下述计算过程。

$$P_{堆}=E\times K_E\times n_{堆}$$

其中：

$$n_{堆}=\frac{T_{营}}{t_{存}}$$

式中　$P_{堆}$——堆场通过能力；

E——堆场一次容量（堆场 22.26 万吨；库场 6.22 万吨）；

K_E——堆场容量利用系数（堆场 0.7，库场 0.65）；

$n_{堆}$——堆场周转次数（在营运期内）；

$T_{营}$——堆场的营运期（天），取 350d；

$t_{存}$——货物平均堆存期（天），取 10d；

下面计算堆场、库场的设计堆存能力：

$$n_{堆}=\frac{T_{营}}{t_{存}}=\frac{350天}{10天}=35次$$

$$P_{堆}=E\times K_E\times n_{堆}=22.26\times0.7\times35=545.37万吨/年$$

$$P_{库}=E\times K_E\times n_{库}=6.39\times0.65\times35=145.37万吨/年$$

由上述分析可知，我成品码头堆场及库场的年通过能力为 690.74 万吨。

3.3　装卸系统通过能力

根据《首钢京唐钢铁联合有限责任公司钢铁厂成品码头工程初步设计》，港口装卸系统设备状况见表 3。

表 3　成品码头装卸系统设备统计表

序　号	设备名称	规格	单位	数量
1	牵引车		台	25
2	平板车	40t	台	20
3	平板车	25t	台	15
4	叉　车	45t	台	10
5	叉　车	32t	台	5
6	叉　车	25t	台	5

依据成品码头装卸工艺，叉车负责装卸，牵引车负责水平运输，因此，叉车的装卸能力与牵引车的水平运输能力两者当中的较小者即为装卸系统通过能力。另外，由于叉车即负责来港车辆的接卸，又要完成装船车辆的装载，所以叉车的装卸能力需折半。

$$P_{卸}=\frac{n\times T_{营}\times t\times p\times K_{设}}{K_B}$$

式中　$P_{卸}$——装卸（水平运输）能力；

$T_{营}$——年营运天数，350 d；

t——日工作小时数，21 h；

p——平均卸车（水平运输）能力，叉车取 105 t/h，平板车取 70 t/h（综合考虑冷、热卷）；

$K_{设}$——系统完好率，叉车取 0.8，平板车取 0.95；

n——机具台数；

K_B——车辆到港不平衡系数，1.0；

计算得：

$$P_{叉}=617.4万吨/年$$

$$P_{牵}=823.2万吨/年$$

由比较可得，成品码头设计装卸能力为 617.4 万吨/年。

另外，由于成品码头属于货主码头，板卷生产出来之后到码头的距离只有 2km，少量牵引平板车即可完成集港任务，故此本论文不考虑成品集疏运通过能力。

4　结论及对策研究

成品码头三大子系统能力见表 4。

表 4　成品码头子系统能力状况

子系统	泊位通过能力	堆场及库场能力	装卸能力
年通过能力/万吨	574.63	690.74	617.4

在计算码头各子系统的通过能力之后，形成了码头通过能力的“水管”图（见图 2）。可见，泊位子系统是成品码头通过能力的“瓶颈”所在。成品码头的首要任务是通过合理安排船期来提高泊位利用率、增加作业线条数等来提升泊位子系统通过能力，以此来提升整个成品码头的通过能力。

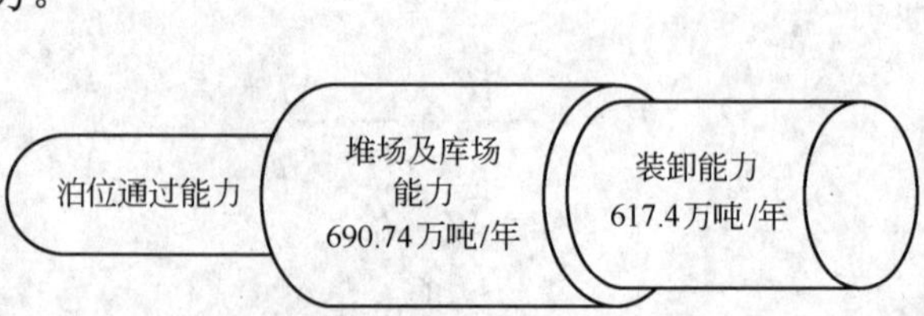

图 2　成品码头通过能力“水管”图

为了合理安排船期匹配成品码头运力，避免运力不足造成在航运市场频繁现调船舶，增加公司海运运营成本，现对公司现有包船队伍进行调整，在合理的运输成本下确保公司海运订单如期交货。包船结构调整策略如下，见表5和表6。

经计算，成品泊位发运理论所需万吨级以上船舶15艘，5000吨级船舶22艘。目前成品码头包船情况如表6所示。

由于5000吨级船舶已有22艘次，故5000吨级船舶无需增加，但万吨级以上船舶仅11艘次，因此需要额外增加4艘次。

表5 运力结构分布表

序号	卸货区域	最终到站	航次周期	航次/月	船舶数量/月
1	山东	青岛大港	9	3.3	1
2		烟台龙口（客户自提）	自提	—	—
3		小计	—	3.3	1
4	上海	上海罗泾（万吨级以上船舶）	13	2.3	3（大）
5		上海海保	12	2.5	3
6		小计	—	—	6
7	浙江	上海罗泾（万吨级以上船舶）	13	2.3	2（大）
8	福建	漳州隆发（万吨级以上船舶）	22	1.4	2（大）
9		泉州石井、海隆码头	21	1.4	3
10		小计	—	—	5
11	广东	佛山九江定安	26	1.2	15
12		广州南沙货运（万吨级以上船舶）	27	1.1	8（大）
13		小计	—	—	23
合计			—	—	37

表6 成品码头包船统计表

序号	船名	载重量	承运单位	备注	加入队伍时间
1	新强莲	11650	广州京海（68109）	第十八批	2012年10月
2	宝安城26	5076		第十八批	2012年10月
3	鑫茂盛	5900		第十九批	2012年12月
4	新晨昇	5195		第十八批	2012年10月
5	兴航海6	5300		第十七批	2012年8月
6	闽光6	13823		第十八批	2012年10月
7	至宪11	15965		第十六批	2012年3月
8	紫海元	5200		第十九批	2012年12月
	小计	68109			
9	新航顺	5095	远顺达（45930）	第二批	2010年1月
10	航盛3	5040		第二批	2010年1月
11	远顺达6	5160		第二批	2010年1月
12	顺源盛	5071		第四批	2010年7月
13	碧海之星	4712		第七批	2011年1月
14	泰联达	15834		第七批	2011年1月
15	远顺达8	5018		第十批	2011年5月
16	鑫中远	13688	四方海正（18988）	第十六批	2012年3月
17	万龙9	5300		第十七批	2012年8月
	小计	64918			

续表6

序号	船　名	载重量	承运单位	备　注	加入队伍时间
18	中金2	5023	中金（59304）	第三批	2010年4月
19	中金51	5162		第四批	2010年7月
20	中金5	16062		第七批	2011年1月
21	凯航3	12499		第十四批	2012年2月
22	航盛189	5250		第十八批	2012年10月
23	锦航兴	5000		第十八批	2012年10月
24	锦昌龙	5308		第十七批	2012年8月
25	新晨翔	5000		第十八批	2012年10月
26	成龙	10200	拓展（40862）	第八批	2011年3月
27	鑫捷利	5330		第十四批	2012年2月
28	鑫捷顺	5300		第十四批	2012年2月
29	全龙	10200		第十五批	2012年3月
30	平福168	5232		第十五批	2012年3月
31	忠盛618	4600		第十七批	2012年8月
	小　计	100166			
32	鑫川8	12539	洋浦	第六批	2010年10月
33	金泰129	14000	运嘉	第十六批	2012年3月
	小　计	26539			
合　计		233193			

首钢京唐原料场新技术新设备

首钢京唐钢铁联合有限责任公司供应管理部 殷 龙

摘 要：从 2005 年 6 月首钢炼铁厂 5 号高炉停产，到 2010 年底钢铁主流程全面停产，实现了钢铁业史无前例的 800 万吨级钢铁企业的停产搬迁。对首钢而言，这不仅仅是一次搬迁，也是企业的一次转型契机。本文详细介绍了搬迁后首钢京唐公司原料场在混匀矿生产、高炉联合料仓卸料小车自动上料系统方面采取的新技术。

关键词：防风抑尘 混匀 卸料小车 自动化

1 引言

京唐公司供应部原料场是由中冶京诚公司按照节能减排、循环利用的理念进行设计的，是目前国内钢铁企业里生产规模最大、自动化装备水平最高、工艺流程最复杂的现代化大型综合原料场。原料场的建设选择在离码头最近的区域，最大限度地减少了原料受入和输出的运输距离，减少了输送设备，降低了运营的成本。料场包含了水运、火车、汽车的接卸系统，把京唐公司炼铁、烧结、焦化、球团、自备电站等用户所需原燃料集中接卸、储运，实现了铁前系统的网络量化管理。

2 减少扬尘的措施

京唐公司地处渤海湾曹妃甸人工岛，四面通风，最大风速可达25m/s，全年平均风速也有5.3m/s，7 级以上大风占全年天数的 4.9%。此外，曹妃甸地区气候干燥，夏季温度高，物料表面水分蒸发速度快。在这两种气候条件的共同影响下，每天堆料，取料的作业中，抑制扬尘就成了必须完成的任务。

为了减小大风天气风速，避免大量扬尘，原料场在建设初期，采用“柔性防风抑尘网”作为贮料场的边界防风设施。防风网技术是利用空气动力学原理，使强风从外侧通过防风网时，在网内形成上下干扰的气流，以达到外侧强风内侧弱风，外侧弱风内侧无风的效果。防风抑尘网的制作材料具有很好的阻燃性，强度高，可以承受冰雹或强风的冲击。它的表面经过静电喷塑处理，在受到太阳光照射后，可以把附着于防风网表面的有机污物氧化分解，此外，防风抑尘网还有非常好的亲水性，尘土沾上后易被雨水冲洗，起到自洁的效果。原料场还设有喷洒抑尘设施，因为物料湿度对含尘浓度影响较大，故要采用喷洒抑尘设施，定时定量给物料加湿，在物料表面形成湿壳，从而减少扬尘量。

原燃料在长途输送过程中，遇到存在落差的转运站，或原燃料湿度较低时，极易引起扬尘污染，为了解决此项问题，京唐公司原料场在设计时，对运输方向和设备房方位进行了合理的布局，使受入、输出物料流程与生产流程相一致，有效避免了物料的迂回，往返运输，减少物料倒运次数，减少扬尘点。除此之外，京唐公司原料场对各落料点和运输皮带设置整体密封罩，增强除尘效果。

3 混匀配料系统

3.1 料场概述

首钢京唐原料场主要包括原燃料受卸、贮矿料场、贮煤料场、烧结原料混匀料场、直接供返料、厂际供返料、机械除尘、料场洒水、原料取制样、焦炭外运等设施，其作为目前国内最大的原料场，年受入物料 2574 万吨，混匀矿加工量 1037 万吨，负责炼铁、烧结、焦化、球团、自备电站等用户的原燃料供应。原料场一期设备共组成 32 个工艺系统，270 多个生产作业流程，允许同时运行 25 个流程，以此原料场作为公司生产链的第一工序，为京唐公司正常运转提供可靠的保障。

首钢京唐原料厂占地 130 万平方米，它承担的主要任务是根据原燃料贮存情况，提出物料进厂计划，接受从厂外水路、铁路、道路运进的原燃料，工厂内部产生的返回料；各种原燃料的筛分贮存；烧结所需含铁原料的混匀加工等。

3.2 混匀技术与设备

烧结所需含铁原料我们称之为混匀矿。混匀矿是料场唯一的产品，其生产过程是将各种不同的矿粉按照一定比例配成符合烧结所需要的固定化学成分的混合原料，以供给烧结分厂生产烧结矿。料场投产以来，为满足烧结生产的需求，料场专业技术人员在消除设备缺陷，完善检验化验水平、改进混匀堆积操作方法等方面做了大量的研究实验，使混匀矿的质量得到逐步提高。

在混匀原料化学成分方面，不同批次的铁矿粉，铁矿石在初进原料场时存在较大的差异。差异主要体现在粒度和化学成分两方面，而这些差异在采矿，选矿的过程中已经存在，为了消除这些差异，在物料运抵料场后，采用“鳞状堆积”的方式接卸物料。鳞状堆积就是把矿粉分层，分区域堆积，例如堆三层，最下面的第一层堆 8 列 6 排，堆高 6m，在第二层堆积时，向第一层四个堆料点形成的凹陷部分堆积，共堆 7 列 5 排，堆高 9m，最上面第三层 6 列 4 排，堆高 13m，一般每个堆料点间距都在 5m 以上，这样的堆积方式就能有效地减小成分、粒度偏析，使每个大堆都有一个与之对应的化学成分。

目前，混匀料场配备 1 台悬臂式混匀堆料机、2 台滚筒式混匀取料机、18 套配料皮带、15 个圆盘给料机、3 套螺旋给料机、2 台破碎机等设备。滚筒式混匀取料机，是一种混匀效果很好的混匀取料机，其取料能力在 400t/h 到 5000t/h 之间，这两台由德国蒂森克虏伯设计的滚筒式混匀取料机，其自动化程度达到世界领先水平，故障率极低，设备使用寿命达 30 年。

3.3 原料水分在线检测系统

原料场混匀矿生产所需各种矿粉都是露天堆放，混匀配料系统料采用重量自动配料方法，按照计划配比设定配料量，由皮带秤检测的矿粉重量自动控制圆盘给料。由于受到天气变化、料层变化、进厂物料水分的波动等因素的影响，混匀矿各原料的实际配比会随之变化，从而使得混匀矿偏离目标配比。在配料过程中由于物料水分的变动，矿粉干基配入量变化，导致混匀矿成分波动，特别是在雨季或干燥季节对混匀矿成分影响尤为明显，这样不能满足烧结对混匀矿质量稳定性的需要，为此京唐公司原料场在上料系统中设置了两台红外水分检测仪，对矿粉水分进行实时检测，以达到稳定混匀矿质量的效果。

在混匀配料槽上料时，红外水分仪可以根据主控室控制计算机提供的物料标识，自动切换到对应的物料标定线，实时地将吸光度转换为该物料的水分值。通过 PLC 与水分处理计算机之间的通信程序，为水分检测计算机实时提供物料种类、流量信息、堆料量等信息，水分计算机根据这些信息完成各种物料的水分检测及数据处理，从而实现多种物料的在线自动测水功能。

4 自动化新技术的应用

4.1 PLC 控制系统

首钢京唐原料场占地面积大，工艺流程复杂，一期设备共组成 32 个工艺系统，270 多个生产作业流程，其中受卸设施有 5 个工艺系统，料场输送有 8 个工艺系统，混匀料输送有 3 个工艺系统，料场直接供料有 10 个工艺系统，厂际间供料有 3 个工艺系统。允许同时运行 25 个流程。为保证各用户原燃料供应，使所有生产线上的设备在集中统一的控制下顺利运行，中冶京诚公司为此设计一套高度自动化的控制系统。

原料场一期建设共设置 6 个变电所（E01~E06），8 个主 PLC 控制系统和 27 个从 PLC 控制系统。

PLC 控制系统主要用于原料场现场信息的采集、工艺流程的联锁控制等。PLC 系统的应用，实现了工艺流程的逆料向流程顺序启动，逆料向流程顺序启动是指从工艺流程的重点设备开始一次启动至流程起点设备，在下游设备正常运转后，启动上游设备。工艺流程中某台设备发生故障后，工艺流程中发生故障的设备及上游的所有设备停止运行，下游设备正常运行，待故障处理完成后,流程设备按逆料向顺序启动，当发生紧急故障时,流程设备同时停止运行。

工艺流程生产任务结束时，由 PLC 控制工艺流程设备顺序停止。该顺序是从工艺流程的起点设备开始依次停止至工艺流程的终点设备，保证在顺序停止过程中不积料，合理安排设备的停止延迟时间。

4.2 HMI 操作系统

HMI 操作系统为操作人员提供了操作和监视自动控制系统的手段。该软件采用了 Rockwell 公司的 FactoryTalk View 监控软件，操作人员可通过 HMI 的界面来操作自动化控制系统,并监视原料场的生产过程，实现作业流程的控制。

该系统具备工艺流程的操作、监视；工艺参数的设定；工艺流程设备的紧急停止；工艺流程的切换；工艺流程设备的选择和取消；全厂设备的状态监视及确认等功能，并可实现对矿槽料位实时监控；电子秤瞬时值和累计值的采集和显示；定量给料装置的控制和监视；设备故障报警及打印；堆取料机运行状态的监控；生产报表的记录和打印；厂内信息共享等需求。

4.3 卸料小车自动上料系统

为满足高炉生产需求，京唐公司原料场共设有10台卸料车，其中高炉联合料仓5台，混匀槽上2台，干煤棚、焦炭仓、烧结燃料仓上各1台。

原料场高炉联合料仓共有30个仓，5台卸料车，S105、Q105、S205对应13个仓，KK108，J105对应17个仓。每个仓安装1个雷达料位计和1个超高料位。仓料位计变化范围0~12m。

为实现高度自动化生产，原料场在高炉联合料仓上部安装供卸料小车位置检测的定位系统。在卸料小车中间安装格雷母线，实现对小车位置的实时检测，并将位置信息进入PLC系统。卸料车的行走依靠格雷姆线定位，每个仓有一个定位范围，如果小车行走中格雷姆线值没有变化，则认为格雷姆线故障，卸料车停止行走，HMI发出报警信号。格雷母线位移传感器以相互靠近的格雷母线和天线箱之间的电磁耦合来进行通信，并在通信的同时检测到天线箱在格雷母线上的位置，可以实时地检测卸料小车位置，实现对卸料小车的实时定位，并将检测的位置信号通过以太网实时传输到 PLC 系统的内存地址，供后续的控制系统使用。

料仓料位测量采用雷达料位计模拟检测，并另设水银接点的开关料位计，用于在超高料位时发出信号。给高炉联合料仓上料时，根据高炉联合料仓料位情况，选择料仓和对应的料种，当装同一种料的数个料仓都要求加料时，根据料位变化数值，达到高料位可带料换仓，继续加料。

高炉联合料仓自动加料时，首先设定各料仓的高料位和低料位，选好各仓的料种和皮带上料品种，然后选中需要自动上料的料仓号，并启动自动上料程序。自动上料启动后，卸料车行走到最低料位仓停止，等到加料到高料位设定值后小车继续行走到所选最低仓加料。为避免混料，高炉联合料仓已经确定了料仓物料品种，根据本流程输送物料品种，卸料车允许停止的位置已被限定，并在程序中进行了连锁设计，防止误操作。此外，高炉联合料仓卸料小车还设计了移动超时保护，即要求设备在限定时间内到达指定位置，逾时不到，PLC将停止电机运转并报警。

卸料小车的布料位置的实时检测和小车行走自动控制，实现整个布料系统设备的自动联锁和卸料小车自动行走布料，可以杜绝混料事故的发生，大大减轻工人劳动强度。

首钢京唐厂前区采用地源热泵技术实现节能减排

首钢京唐钢铁联合有限责任公司能源与环境部　李　军

摘　要：随着我国节能减排发展战略的实施，利用新型节能环保空调已成为当前社会重要课题，由于土壤源热泵具有制冷性能系数高、节能效果好、利用可再生能源、环保效果好、系统简单、维护方便等优点，土壤源热泵空调也在建筑领域得到了迅速发展。首钢京唐公司厂前公寓楼以及游泳馆、文体中心、食堂等附属公建。将原有制冷系统采用螺杆式水冷机组，采暖及生活热水采用燃煤锅炉进行改造。利用新技术：采用土壤源热泵+地下水源热泵、对制冷、制热空调系统，使该系统不但提高热效率、降低成本、节能、减少烟尘排放，而且起到绿色环保，创造经济效益和社会效益。

关键词：地源热泵　新技术　应用

1　引言

京唐公司首钢京唐公司厂前公寓总建筑面积为10.6万平方米，其中一期建筑面积为5.7万平方米，包括1~8号公寓楼以及游泳馆、文体中心、食堂等附属公建，二期建筑面积为4.9万平方米，包括9~16号公寓楼以及食堂二期等附属公建。现有系统制冷采用螺杆式水冷机组，采暖及生活热水采用燃煤锅炉。夏季制冷，耗电量324万度。为降低成本，按照节能减排、循环利用新技术应用的理念，采用地源热泵新技术对原有设备进行改造，把原有锅炉拆除进行封存。

2　地源热泵的工作原理

（1）地源热泵是一种利用地下浅层地热资源（也称地能，包括地下水、土壤或地表水等）的既可供热又可制冷的高效节能空调系统。在夏季，地源热泵主机收集室内多余的热量，通过循环水将热量排入环路而为大地所吸收，同时吸收大地的较低温度再排到室内，使房屋得到供冷；在冬季，地源热泵埋主机通过地下管道将大地的能量提取出来并集中，再以较高的温度释放到室内，提供地暖供暖和生活热水。

（2）地源热泵系统是一种由双管路水系统连接起建筑物中所有地源热泵机组而构成的封闭环路的中央空调系统，其分为室外地能换热系统(图1中的冷源热部分)、地源热泵机组和室内采暖空调末端系统三部分。在冬季，地埋热泵系统通过埋在地下的封闭管道(称之为地下换热系统)从大地收集自然界的热量，而后由环路中的循环水把热量带到室内。再有装在室内的地源热泵系统驱动的压缩机和热交换器把大地的能量集中，并以较高的温度通过室内采暖空调末端释放到室内。在夏季，此运行程序则相反，地源热泵系统将从室内抽出的多余热量排入环路而为大地所吸收，使房屋得到供冷。

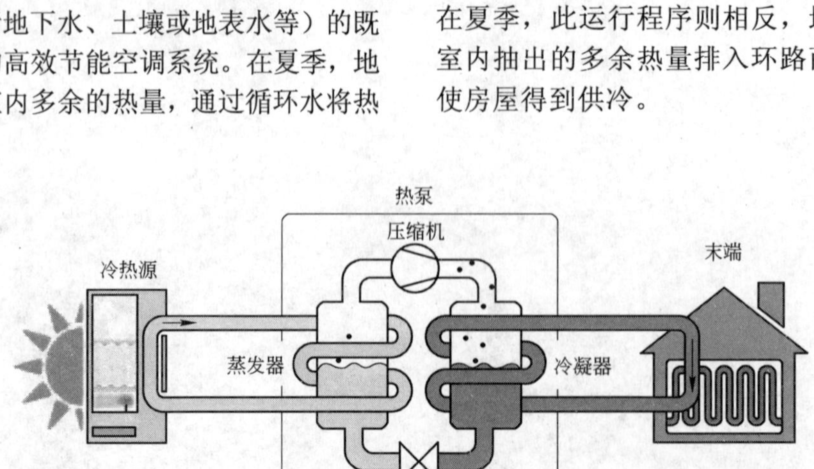

图1　系统原理图

3 系统图

3.1 原理图

土壤热泵系统原理示意图见图 2。

3.2 地源热泵技术的特点

（1）可再生能源利用：地源热泵是利用了地球表面浅层地热资源作为冷热源，进行能量转换的供暖空调系统。这种储存于地表浅层近乎无限的可再生能源，使得地能也成为清洁的可再生能源的一种形式。

（2）比空调节能 40%：由于地源温度全年相对稳定，冬季比环境空气温度高，夏季比环境空气温度低，是很好的热泵热源和空调冷源，这种温度特性使得地源热泵比传统空调系统运行效率要高 40%，因此要节能和节省运行费用 40%左右。

（3）一机三用，应用范围广：地源热泵系统可供暖、空调，还可供生活热水，一机三用。并且该系统无论严寒地区或热带地区均可应用在办公楼、住宅等领域都有广泛运用。

（4）系统寿命长：地源热泵非常耐用，它的机械运动部件非常少，所有的部件不是埋在地下便是安装在室内，其地下部分可保证 50 年，地上部分可保证 30 年。

（5）零污染排放：地源热泵技术既不破坏地下水资源，又无任何污染，可以建造在公寓区内，没有燃烧，没有排烟，也没有废弃物，不需要堆放燃料废物的场地，且不用远距离输送热量，环境效益明显。

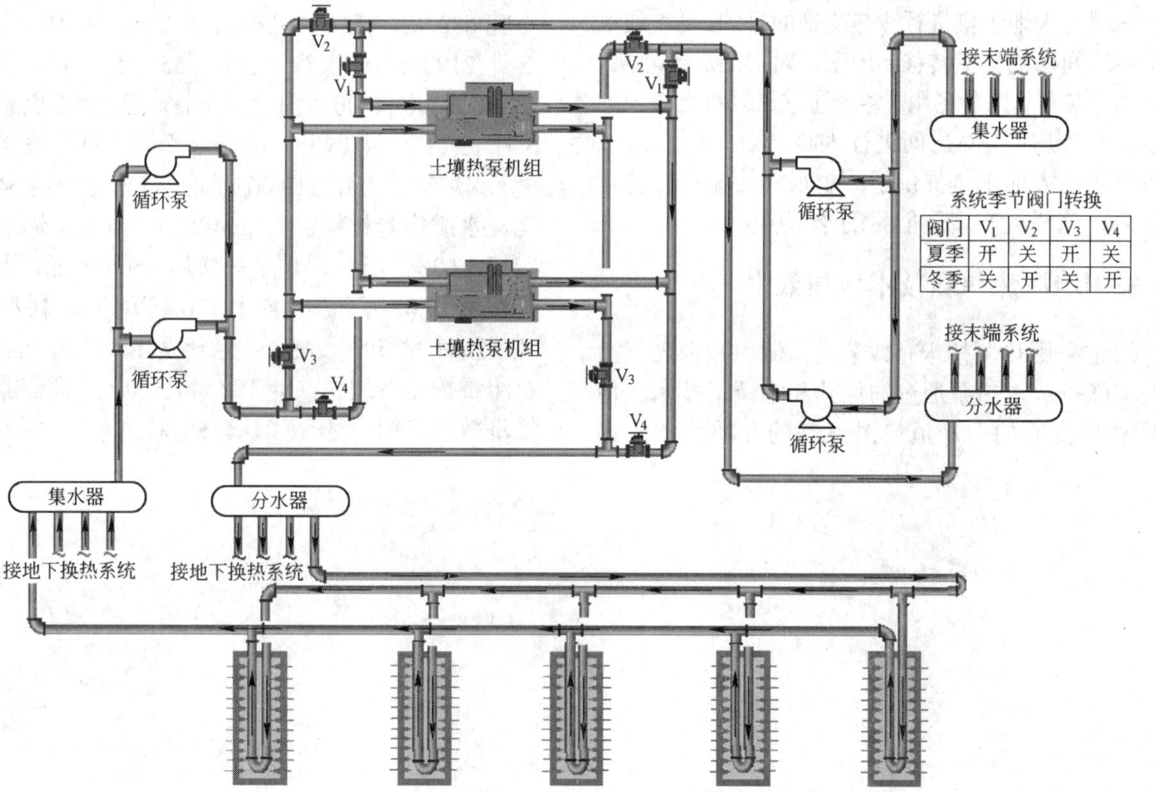

图 2 土壤热泵系统原理示意图

4 新技术的应用

（1）采用土壤源热泵系统承担冬夏季空调负荷；在厂前距离游泳馆东侧 10m 以东约 60000m^2 的空地铺设地下换热器地下换热器数量：2200 个；地下换热器形式：DN32×3，双 U 型；地下换热器管材：高密度聚乙烯 HPE100 管；地下换热器有效深度：100m；地下换热器布置：垂直地下换热器为矩阵形布置；地下换热器的孔径：不小于 110mm；敷设地下换热器的面积约为：60000m^2；为充分合理地利用这些地下换热器，土壤的热平衡（即：从夏季向地下的排热量和冬季从地下的取热量是否平衡）就尤为重要，土壤热泵机组按照冬季热负荷选配土壤热泵机组，选择 3 台螺杆式土壤热泵机组；20 台涡旋式土壤热泵机组。海水源热泵机组按照生活热水负荷选配海水源热泵机组，选择 2 台螺杆式海水源热泵机组（全热回收型）。

（2）地下水源热泵系统承担生活热水负荷。地下水热泵系统，也就是通常所说的深井回灌式水源热泵系统。通过建造抽水井群将地下水抽出，通过二次换热或直接送至水源热泵机组经提取热量或释放热量后，由回灌井群灌回地下，水质良好；水量丰富；回灌可靠。土壤源热泵机组及地下换热器数量以满足冬季空调热负荷确定。采用土壤源热泵机组夏季向空调末端提供 7/12℃的冷水，冬季向空调末端提供 50/45℃的热水。地下水源热泵系统根据生活热水负荷选配，由于京唐公司厂前区域临近海边，地下水腐蚀性较大，因此采用海水源热泵机组，为储热水箱供应 55℃的热水。土壤源热泵系统：土壤源热泵空调系统，是把热交换器埋于地下，通过水在高强度塑料管组成的封闭环路中循环流动，从而实现与大地土壤进行冷热交换的目的，夏季通过机组将房间内的热量转移到地下，对房间进行降温。同时储存热量，以备冬用。冬季通过热泵将土壤中的热量转移到房间，对房间进行供暖，同时储存冷量，以备夏用。大地土壤提供了一个很好的免费能量存储源泉，这样就实现了能量的季节转换。

5　采用地源热泵新技术应用效果

通过采用热泵技术有效节省能源、减少大气污染及 CO 排放，热泵通过的供热和空调新技术。使热量从温度低的介质流向温度高的介质，省去锅炉，大大降低用于供热的一次能源消耗。热泵利用的低温热源通常可以来自环境(大气、地表水和大地)或各种废热。而且全年仅采用电力这种清洁能源，还能大大减轻供暖造成的大气污染问题。同时节约煤炭、水因为煤炭开采最大的问题一是浪费严重，二是环境成本大据载，国有煤矿每采出 1 t 煤平均要动用 2.5 t 的煤炭储量，损耗 2.48 t 的水资源。如果再加上煤炭燃烧过程中对环境的污染，煤炭利用成本更高，环境也是稀缺资源，减少水使用和煤炭消耗尤为重要。

通过 1 年来设备运行正常。从而实际每年 2 季节约采暖冬季采暖期（含供热水）5 个月（11 月份至次年 3 月份），每月节约用燃煤 2576t，合计 12880t，每吨 725 元，燃煤费用 933.8 万元供热水期 7 个月(4~10 月份)，每月用煤 1302t，合计 9114t，每吨 680 元，燃煤费用 619.75 万元。锅炉房年燃煤合计 21994t，燃煤费年合计 1553.55 万元。来煤煤热值：4200~4600 大卡夏季制冷采用制冷机组日期 6 月 15 日~9 月 15 日，共计 3 个月，耗电量 324 万度。锅炉运行费用 119.66 万元。铲车年费用 540000 元、水质化验材料费用 20400 元 / 年）。锅炉年修费用 18.28 万元。锅炉维护费用 166666 元。锅炉备件费用 19.07 万元/年。耗电 176.4 万度/年。耗水 2500 吨/年，水价 5.5 元/吨、共计年费用 13750 元。制冷机组维护年费用：共计 108540 元。 达到节能减排经济效益，绿色环保和社会效益。

对首钢京唐自备电厂降低氮氧化物排放量的技术研究

首钢京唐钢铁联合有限责任公司　路宗敏　张瑞玺　贾希存

摘　要：随着新的《火电厂大气污染物排放标准》(GB13223—2011) 的实施，火电厂 NO_x 减排压力剧增。NO_x 治理不能仅依赖末端治理，应该从源头和工序降低 NO_x 排放。本文分析了煤气掺烧火电机组运行过程中，煤气掺烧比例、煤种、锅炉燃烧对 NO_x 产生的影响，并简要介绍了应用较广、效果较好 SCR 脱硝技术。研究认为，提高煤气掺烧比例，选用合适的煤种，控制较低的氧量，采用束腰式配风方式对 NO_x 减排具有明显的效果。

关键词：煤气掺烧机组　NO_x　优化燃烧　氧量　SCR

1　引言

近年来，随着我国火电行业急速发展，氮氧化物排放量急剧上涨。氮氧化物排放量急速增加严重污染了我国的大气环境，给我国生态环境带来一定的破坏，同时也影响人民的生活质量。氮氧化物不但是光化学烟雾的罪魁祸首，同时也是酸雨的元凶。我国 “十二五” 规划提出推行以防治火电行业排放为核心的工业氮氧化物防治体系，并首次将氮氧化物列入约束性指标体系，要求减少 10%；新出台的火电厂大气污染物排放标准（GB 13223—2011）对氮氧化物排放浓度要求更为严格。

本文以首钢京唐热电分厂 2×300MW 火电机组为依托，阐述了氮氧化物产生机理，研究了控制煤气掺烧火电机组运行过程中氮氧化物减排策略，重点探讨了煤气掺烧比、煤种和锅炉燃烧对 NO_x 产生的影响，并简要介绍了目前应用广泛、效果较好的 NO_x 末端治理技术——选择性催化还原法（SCR）。

2　火电机组氮氧化物产生机理

在发电厂锅炉的煤粉燃烧过程中，根据氮氧化物的形成途径可以将其分成三种类型，即热力型氮氧化物、燃料型氮氧化物和快速型氮氧化物。

2.1　热力型氮氧化物

在高温环境下，当炉温达到 1500℃以上时，空气中的氮气会和氧气发生化学反应生成的氮氧化物，称为热力型氮氧化物，其生成量占氮氧化物生成总量的 15%～25%之间。

影响热力型氮氧化物生成的主要因素是温度，根据 Rowman 提出的氮氧化物生成速率表达式，热力型氮氧化物生成速率和温度呈指数函数关系。炉内氧量和烟气在高温区的停留时间也是影响热力型氮氧化物生成的重要因素。

2.2　燃料型氮氧化物

燃料型氮氧化物指燃料中含有的氮化合物在燃烧过程中热分解而又接着氧化而成，是燃煤锅炉氮氧化物的主要来源，约占氮氧化物生成总量的 80%～90%。燃料型氮氧化物的生成机理很复杂，既受燃烧温度、炉内氧量、挥发分、煤的含氮量、固定碳与挥发分含量之比等因素影响，同时也受燃烧工况、燃烧过程中的燃料与空气混合条件和氧浓度分布状况等因素影响。

2.3　快速型氮氧化物

由空气中的 N_2 与燃料中的碳氢离子团(CH 等）反应产生。有研究表明，碳氢燃料燃烧时会产生 CH、CH_2、C_2H 和 C 等基团，这些基团与空气中的 N_2 反应生成 HCN、CN 等中间产物，这些中间产物再与火焰中形成的 O、OH 等基团反应形成氮氧化物。快速型氮氧化物只有在富燃的情况下（碳氢化合物 CH 较多，氧浓度相对较低）发生，其生成量一般占氮氧化物生成总量的 5%以下。

3　煤气掺烧机组运行过程中从源头和工序减排氮氧化物措施

3.1　增加煤气掺烧比例

根据清洁生产的原则，采用清洁的原料，从源头防止污染。相对煤粉而言，高炉煤气和焦炉煤气是一种清洁燃料，高炉煤气和焦炉煤气的热值和主要成分如表1所示。因此，从理论上来说，通过增加煤气掺烧比例，降低煤粉消耗量，从而可以降低燃料氮氧化物产生量，实现降低氮氧化物产量的目的。

表1 钢厂冶金煤气的成分及性质

煤气组成/%	焦炉煤气	高炉煤气
H_2	55～60	1.5～3.0
CO	5～8	25～30
CH_4	23～28	0.2～0.5
C_nH_m	2～4	1
CO_2	1.5～3	9～15
N_2	3～5	55～60
O_2	0.4～0.8	0.2～0.4
低发热值/(kJ/m^3)	16720～18810	3230～4180

首钢京唐自备电厂充分利用资源优势，通过技术攻关，将高、焦气掺烧比例提升至30%以上，有效消纳了钢铁工序产生的富余煤气，提高了能源利用效率，同时可以降低NO_x产生量。

在确保机组负荷、氧量、配风方式等因素大致相同或相似的条件下，研究了不同煤气掺烧比例对NO_x的影响，实验结果如表2所示。

由实验结果可以看出，当煤气掺烧比例增大时，NO_x浓度下降趋势明显，对排烟温度和飞灰含碳量影响不是特别明显。

3.2 优先选用设计煤种

发电用煤按照干燥剂无灰基挥发分V_{daf}含量从低到高可以大致分为无烟煤、贫煤、烟煤、褐煤。

表2 不同煤气掺烧比例对NO_x排放浓度的影响

机组负荷/MW	掺烧比例/%	NO_x/（mg/m^3）	氧量/%	排烟温度/℃	飞灰含碳量/%
300	20.63	490	4.5	162	2.47
300	27.29	457	4	156	2.34
300	40.08	381	4.4	174	2.41
300	45.55	354	4.5	163	3.92

挥发分含量越高，越容易燃烧，火焰较长，并且煤质相对比较软。不同种类煤燃烧特性不一样，从而影响氮氧化物的形成。

有研究发现煤的挥发分越高，最终形成的NO_x越少。这主要是因为一方面煤粉中的挥发分越高，燃烧初期，挥发分迅速燃烧，消耗掉大量氧气，又助于形成还原气氛；另外一方面，挥发分越高，煤粉越容易燃烧和燃尽，需要的氧量较低。因此应优先选用与锅炉炉型匹配的设计煤种和挥发分较高的煤种。

3.3 优化燃烧

锅炉燃烧对氮氧化物形成有很大的影响，集中表现在炉内燃烧温度、氧量大小和氧量分布。

3.3.1 燃烧温度

由前面的论述可知，燃煤锅炉产生的氮氧化物主要有三种类型，其中热力型氮氧化物形成受温度影响显著。热力型NO_x的生成速率几乎和温度呈指数关系，当炉内燃烧温度超过1350℃时，热力型NO_x开始快速增加，当炉内燃烧温度超过1600℃时，热力型NO_x占NO_x产生总量的25%~30%。因此，应当控制燃烧温度，防止局部高温区形成。

3.3.2 过量空气系数

炉膛内氧量对锅炉中氮氧化物形成至关重要。不论哪种类型的氮氧化物，反应过程中均需氧参加。有研究发现，燃料N向NO_x转换率与火焰附近的氧浓度的平方呈正比，热力型NO_x的生成量与炉膛内氧浓度的平方根呈正比。除此之外，按照环保标准NO_x折算公式，NO_x浓度的折算值和氧量存在正相关关系，氧量越大，NO_x浓度的折算值越大。

首钢京唐自备电厂2×300MW机组1号机在保持机组负荷、磨煤机组合方式、煤气掺烧比例以及配风方式相同的情况下，调整氧量，实验所得结果如表3所示。

表3 首钢京唐自备电厂1号机组锅炉改变氧量实验结果

机组负荷/MW	磨煤机组合	氧量/%	NO_x浓度/(mg/m^3)	飞灰含碳量/%
300	A、D、E	4.0	470	2.91
300	A、D、E	3.5	440	3.97

由实验结果可以看出，降低氧量时，出口NO_x浓度有所降低，但飞灰含碳量有所增加，因此氧量调整应兼顾NO_x和飞灰含碳量，取一个相对比较经济的区间。

3.3.3 配风方式

在维持氧量不变的情况下，优化氧量分布，营造还原区，抑制氮氧化物的形成。首钢京唐自备电厂进行了优化配风方式的实验，按照炉膛的纵向空间尺度上，将燃烧分为主燃烧区和上部燃尽区，中间形成 NO_x 还原区，形成束腰式的配风方式，实验结果如表 4 所示。

表 4 首钢京唐自备电厂 1 号机组配风方式实验结果

机组负荷/MW	配风方式	氧量/%	NO_x 浓度/(mg/m^3)	飞灰含碳量/%
300	均等配风	3.5	440	3.97
300	束腰配风	3.5	350	3.50

由实验结果可以看出，通过优化配风，NO_x 浓度明显降低，同时飞灰含碳量小幅下降，因此束腰配风方式要优于均等配风方式。

4 末端治理——选择性催化还原法（SCR）

仅仅通过选用清洁的燃料和锅炉优化燃烧还不能将 NO_x 降至新的国家环保标准以下，必须配备后序治理措施。目前现有的电站脱硝技术中，选择性催化还原法烟气脱硝技术应用最普遍、最有成效。SCR 技术是在金属催化剂的作用下，以 NH_3 作为还原剂，将 NO_x 还原成 N_2 和 H_2O。SCR 催化剂使用 TiO_2 作为载体的 V_2O_5/WO_3 及 MoO_3 等金属氧化物。首钢京唐自备电站脱硝工艺如图 1 所示。

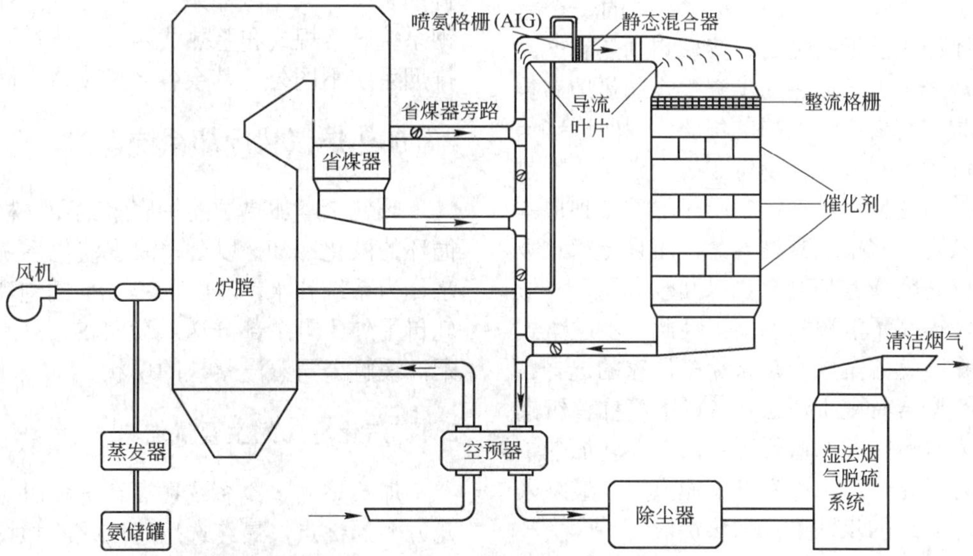

图 1 首钢京唐自备电站 SCR 脱硝工艺

SCR 脱硝系统主要包括氨气制备系统和 SCR 反应本体。液氨蒸发形成氨气，经稳压后送入氨气/空气混合器中，与来自稀释风机的空气混合均匀，然后通过喷氨隔栅喷入烟气，并与烟气混合均匀；当烟气流经催化反应器的催化层时，发生气固催化反应，脱除氮氧化物。

5 小结

本文研究了煤气掺烧火电机组运行过程中，煤气掺烧比例、煤种、锅炉燃烧对 NO_x 产生的影响，并简要介绍了应用较广、效果较好 SCR 脱硝技术。在目前严峻的环保形势下，不能光靠末端治理，应从源头和生产过程中降低 NO_x 排放量，一方面可以减少脱硝成本从而提高发电效益，另一方面可以避免资源浪费。

对于煤气掺烧火电机组而言，提高煤气掺烧比例，选用和锅炉匹配的煤种，优化锅炉燃烧，控制经济的氧量，采用束腰式配风方式，可以实现从源头和工序降低 NO_x 排放量的目的。但是要达到目前国家严苛的环保标准，必须选用合适的 NO_x 末端治理技术。

首钢京唐热轧加热炉汽化冷却技术应用

首钢京唐钢铁联合有限责任公司热轧作业部　贾懿会

摘　要：本文介绍了首钢京唐公司热轧厂步进梁式加热炉汽化冷却技术的应用情况及运行效果，指出了系统目前存在的相关问题。

关键词：热轧　加热炉　汽化冷却

0　引言

加热炉是整个热轧生产工艺过程中的一个重要环节，钢坯加热质量的优劣直接影响到热轧产品的最终品质。采用上下加热的步进梁式加热炉与推钢式加热炉相比有着不可比拟的优势，因而近些年来，在国内占领了很大的市场份额。步进梁式加热炉汽化冷却技术的应用，不仅使冷却水质得到根本改善从而有效延长水梁及立柱寿命，而且冷却水吸收热能后部分转变成饱和蒸汽加以回收利用，降低了能源消耗，提高了能源利用率。因此，步进梁式加热炉的汽化冷却方案成为越来越多厂家的选择。首钢京唐钢铁联合有限责任公司（以下简称首钢京唐公司）作为首钢搬迁的重要项目，在热轧加热炉的设计建造时，充分考虑了各种节能方案，最终采用了汽化冷却方式的步进梁式加热炉。

1　首钢京唐公司热轧厂加热炉简介

首钢京唐公司热轧厂建设有 2250mm 和 1580mm 两条热轧生产线，共建设 7 座加热炉，全部为端进、端出步进梁式加热炉，使用焦炉煤气、高炉煤气、转炉煤气和天然气的混合煤气作为燃料，用于轧制前板坯加热和直接热装时生产缓冲，均能实现冷装和热装。

2250mm 热轧年产热轧带钢能力 550 万吨，产品厚度 1.2~25.4mm，产品宽度 830~2130mm；共设置四座加热炉，其中 1~3 号为常规式加热炉，4 号为蓄热式加热炉，每座加热炉的额定加热能力为 350t/h(冷坯)。1580mm 热轧年产热轧带钢能力 390 万吨，产品厚度 1.2～12.7mm，产品宽度 700～1450mm；共设置三座加热炉，全部为蓄热式加热炉，每座加热炉的额定加热能力为 300t/h(冷坯)。

建设的 7 座热轧加热炉无论是常规式还是蓄热式，每座加热炉都有 7 大系统：炉本体（包括砌砖、钢结构及附属设备）、步进机械系统、燃烧系统、排烟系统、汽化冷却系统、净环水冷却系统和装出钢系统。常规式和蓄热式两种加热炉除燃烧系统和排烟系统不同外，其余各系统基本一致。

2　加热炉汽化冷却系统设置

热轧 7 座加热炉的炉底水梁和立柱均采用强制循环的汽化冷却，以公司海水淡化系统供给的除盐水作为系统补水，产出 1.27MPa 的饱和蒸汽，除热轧自用外，剩余部分送入公司 S2 蒸汽管网统一调配，缓解公司蒸汽紧缺的现状。

2.1　汽化冷却的主要优点

加热炉的水冷系统在设计选型时，考虑到以下几方面的优点，最终选用了汽化冷却技术。

（1）延长冷却构件寿命，减少加热炉事故。

（2）节约冷却水量，降低加热炉能耗。

（3）有效回收余热，产生的蒸汽可供使用。

（4）事故水塔容量小。

（5）减少环境污染且占地少等。

2.2　汽化冷却系统组成

步进梁式加热炉汽化冷却设施包括如下系统：循环水系统，蒸汽系统，给水及除氧系统，工业水系统，除盐水系统，排污及加药系统。

2.2.1　循环水系统

循环水系统由汽包、热水循环泵、分配联箱、固定梁及立柱冷却构件、活动梁及立柱冷却构件、活动梁步进装置及它们之间的连接管道组成。汽化冷却为强制循环冷却，每个回路的循环动力来自于热水循环泵。除设有电动循环水泵外，还设有柴油机循环水泵，在停电时保证循环系统工作，保证加热炉安全停炉。

2.2.2　蒸汽系统

汽包产生的蒸汽引入分汽缸，从分汽缸引出一路送至车间管网，通过车间管网外送至厂区综合管网；另一路引至除氧器。

2.2.3　给水及除氧系统

进入除氧器的除盐水被从分汽缸引来的蒸汽加热到 104℃除氧，经过水-水换热器，温度降至 70℃后，经给水泵升压后送入汽包，向汽包补充水。

2.2.4　工业水系统

从车间工业水管引来的工业净环水：一路引至循环水泵站，用于冷却水泵、机封水及联轴器；一路引至取样冷却器，用于冷却取样水。

2.2.5　除盐水系统

由厂区除盐水管网来的除盐水一路送至除氧器，另一路引至磷酸盐成套加药装置。

2.2.6　排污系统

循环系统排污设置有汽包排污、水梁立柱管排污、分配联箱及步进装置的下联箱排污三种。

2.2.7　磷酸盐加药系统

为保证循环系统水及蒸汽的品质，设有炉内加药设备，从给水母管及除盐水管上分别引出管道至加药装置，配置好的药液经加药泵打入汽包。

2.2.8　取样系统

为检验给水及炉水的品质，分别设有取样冷却器取样化验。

2.3　汽化冷却系统原理

汽包内高温的水通过电动循环泵引到炉底水梁内，高温热水由于受热，形成汽水混合物，然后通过上升管回到汽包内，汽水混合物在汽包内分离，热水回到汽包内进行再循环，蒸汽作为动力资源而被有效的利用。

汽化冷却水的循环路线为：除盐水→管道泵→除氧器→冷却器→给水泵→汽包→循环泵→分配联箱→固定梁（活动梁）→返回汽包→分汽缸→公司 S2 蒸汽管网，控制画面如图 1 所示。

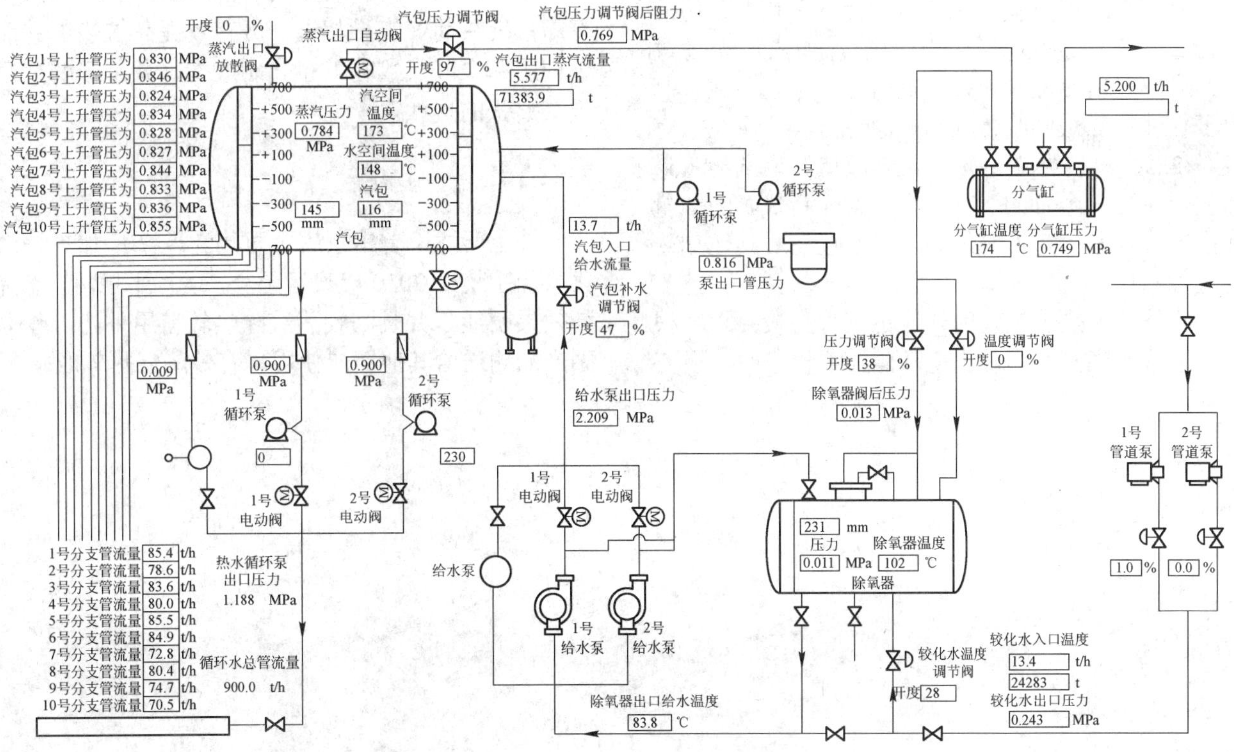

图 1　汽化冷却系统原理图

3　汽化冷却系统运行效果

3.1　设计差异

热轧加热炉正常生产时，汽化冷却系统产出 1.27MPa 的饱和蒸汽，每座加热炉设计平均产汽量为 2250 加热炉 29.6t/h、1580 加热炉 15.5t/h，除了满足加热炉除氧器用蒸汽外，剩余部分送入公司管网供其他用户使用。

在近几年的实际运行过程中，汽化冷却系统运行效果较好，但是通过对加热炉汽化冷却系统补水量和产出蒸汽量的比对，发现实际产汽量与设计数据相差甚远。目前每座加热炉实际平均产汽量2250加热炉仅8t/h，1580加热炉仅6t/h，不足设计量的一半，设计量明显偏大。

3.2　效益测算

回收蒸汽是热轧工序产出的唯一动力产品，是轧钢工序能耗中的“负能耗”指标。目前2250加热炉回收蒸汽指标稳定在66kg/t，约占2250热轧工序能源动力总投入的18%；1580加热炉回收蒸汽指标稳定在45kg/t，约占1580热轧工序能源动力总投入的11%。整个热轧工序回收蒸汽抵消成本约5元/吨，占整个热轧轧制费用总成本的2.5%。

3.3　存在问题

热轧加热炉由于蒸汽流量计设计选型过大，造成蒸汽计量偏差较大，导致汽化冷却系统出现汽水转化率高于100%的情况出现，蒸汽计量数据参考性较差。为改善热轧加热炉蒸汽计量现状，公司信息计量部联系新的仪表厂家对热轧加热炉现场进行勘查，并由热轧专业人员重新提出工艺参数，制定了热轧加热炉回收蒸汽测量改造方案。现在已完成对2250加热炉2号炉的仪表改造、调试和效果评估，通过几个月的运行效果来看，新仪表的计量数据准确性和稳定性都较高，目前正在对其他加热炉进行推广。

此外，加热炉汽包的外送蒸汽管直接并入一根蒸汽总管，当蒸汽总管出现故障需要检修时，所有汽包外送的蒸汽无法并网，只能放散，造成大量浪费。

4　余热锅炉改造

2250mm热轧常规加热炉设计排烟温度360℃，热轧采用预热段低负荷控制，目前已经将排烟温度降低到300℃左右。此部分余热仍有利用空间，但是依靠工艺调整已无法实现，只能依靠增加新的换热设备。

能源部、热轧部、技术研究院、首钢国际工程技术有限公司、首钢监测中心多家单位对2250mm热轧3号加热炉余热回收进行了可行性分析，最终确定可以利用加热炉地下分烟道，在煤气预热器后布置余热回收装置受热面，充分回收加热炉排烟热量，最终将排烟温度降低至150℃。

目前余热锅炉改造最终方案已确定，余热回收装置设有一台汽包、一台除氧器、两台电动给水泵、一套加药装置，以及一台排污扩容器。余热回收装置可产生1.3MPa饱和蒸汽，平均产汽量为9.0t/h，利用加热炉区域汽化冷却系统现有蒸汽管道，送入公司S2蒸汽管网。余热锅炉建成后与加热炉汽化冷却系统目前产汽量相近，可有效提高加热炉的能源利用率，降低热轧工序轧制成本，并可缓解公司蒸汽紧张的现状。

5　结语

综上所述，首钢京唐公司热轧厂7座加热炉汽化冷却系统于2010年投运至今，运行平稳，节能降耗效果明显，并且回收蒸汽除热轧自用外还可作为副产品输送给其他用户使用，有效降低热轧成本。

电厂汽轮机 EH 油系统维护与常见故障分析

首钢京唐钢铁联合有限责任公司能源与环境部　刘　磊　赵京生

摘　要：本文主要阐述电厂 EH 油系统在汽轮机发电机组中的重要作用，以及系统在生产、检修过程中常见的故障、分析和解决措施。

关键词：EH 油系统　伺服阀　DEH 系统　油动机

1　前言

能环部 300MW 汽轮机发电机组 EH 油系统(即高压抗燃油系统）是汽轮机 DEH 系统的重要组成部分，是电力生产过程中十分重要的系统。随着发电机组功率的不断增大，蒸汽参数和汽轮机调速系统油压参数相应提高。为防止高压油泄漏酿成火灾，调速系统控制液已广泛采用抗燃油。抗燃油系统作为主汽阀、调阀油动机的开关、调节起着至关重要的作用，其系统的安全稳定直接影响机组并网和安全。

2　EH 油系统特点

调节精度高；EH 油系统采用电液转换器（又称伺服阀），直接将电信号转化为油动机油缸的进出油控制，进而控制油动机的行程。使系统的迟缓率大大降低，对油压波动也不再敏感，一般在 11~16MPa 范围内都能正常工作，提高了调节精度。

对油质的要求特别高。双喷嘴挡板式电液转换器最小同流线性尺寸为 0.025~0.05mm(一般节流孔径为 0.46~0.8mm)，故对 EH 油的杂质颗粒含量的要求很高（5~6 级）。

EH 油具有较好的抗燃性能。

具有在线维修功能，EH 油系统设有双轨道，当某些部件有故障时可以从系统中隔离出来进行在线维修。

3　EH 油系统组成

EH 供油系统由供油装置、再生装置及油管路系统组成。

3.1　供油装置

供油装置的主要功能是提供控制部分所需要的液压油及压力，同时保持液压油的正常理化特性和运行特性。它主要包括油箱、油泵、控制块、滤油器、磁性过滤器、溢流阀、蓄能器、冷油器等设备，以及一套自循环滤油系统和自循环冷却系统所组成。

3.1.1　自循环滤油系统

机组正常运行时，系统的流量较小故滤油效率较低。因此，经过一段时间运行，EH 油质会变差，要达到油质要求，则必须停机重新油循环。在不影响机组正常运行的前提下，保证油系统的清洁度，使系统长期可靠运行，可在供油装置中增设独立自循环滤油系统。油泵从油箱内吸入 EH 油，经过两个过滤精度为 3μm 的过滤器回油箱。

3.1.2　自循环冷却系统

供油系统除正常的系统回油冷却外，还增设一个独立的自循环冷却系统，以确保在非正常工况（例如环境温度过高）下工作时，油箱油温能控制在正常的工作温度范围之内。

3.2　再生装置

抗燃油再生装置是一种用来储存吸附剂和使抗燃油得到再生的装置（使油保持中性、去除水分等）。该装置主要由硅藻土滤器、纤维素过滤器和精滤过滤器等所组成。

三个过滤器相串联，它们安装在独立循环滤油的管路上，打开再生装置前的截止阀，即可以使再生装置投入运行。关闭该截止阀即可停止使用再生装置。

每个滤器上还装有一个压力表，当滤器需要检修时，此压力表就指出不正常的高压力。三种滤器均为可调换滤芯的结构。当管路上的阀门关闭时，滤器盖可以拆卸，以便调换滤芯。如果任一个滤器的油温在 43~54℃之间，压力高达 0.21MPa 时，就需调换该装置滤芯。

3.3 油管路系统

油管路系统主要由一套油管及附件和四个高压蓄能器组成。油管作用是连接供油系统、危急遮断系统与执行机构，并使之构成回路。四个蓄能器分别装在两个支架上，两个支架分别位于汽机左右两侧靠近高压调阀伺服机构旁。此蓄能器通过一个蓄能器块与油系统相连，蓄能器块上有两个截止阀，此二阀组合使用能将蓄能器与系统隔绝并放掉蓄能器中的高压 EH 油，对蓄能器进行压力测量和在线维修。

4 EH 油系统常见故障及原因分析

4.1 EH 油系统常见故障

EH 油系统常见故障主要有以下几种：

（1）系统压力下降，个别调阀无法正常开关。

（2）反馈杆脱落，造成甩负荷。

（3）在开起主阀、调阀过程中发生某个调阀或中压主汽门开不起来。

（4）机组正常运行中发生高调阀上、下晃动较大，汽机阀位晃动大，机组负荷波动大。

（5）EH 油管开裂，密封件损坏漏油。

其中前 4 种故障大多发生在执行机构、电业转换器、快速卸荷阀、调阀及反馈装置的组件上，最后一种故障主要和选材和安装工艺有关。

4.2 EH 油系统故障原因分析

4.2.1 EH 油系统压力下降的主要原因

EH 油系统压力下降的主要原因有以下几种：

（1）EH 油箱控制块上溢流阀整定值偏低。

（2）EH 油泵故障导致出力不足，备用油泵出口逆止阀不严。

（3）EH 油中杂质将油泵出口滤网堵塞。

（4）EH 油系统中存在非正常的泄漏。

4.2.2 调阀无法正常开启的原因

调阀无法正常开启的原因为：伺服阀内部元件损坏或油动机不能正常工作是造成调阀无法正常开启的原因，这主要包括：

（1）EH 油油质下降，如：

1）EH 油的高温氧化和裂解。EH 油局部过热可能发生氧化或热裂解，导致酸值增加或产生沉淀，增加颗粒污染，温度升高还会使油的电阻率降低，对电液转换器阀口的电化学腐蚀加剧，密封件加速老化。

2）EH 油中进入大颗粒杂质。检修环境不清洁，检修过程不规范，密封件老化脱落，EH 油对油箱、管道内壁上有机物的溶解或剥离，金属间摩擦所产生的金属破碎屑进入 EH 油中。

3）EH 油的水解和酸性腐蚀。EH 油是一种磷酸酯，和其他脂类一样都能水解，磷酸酯水解后生成磷酸酯根和醇类。所产生的酸性产物又进一步催化水解，促进敏感部件的腐蚀。而且三芳基膦酸酯对周围环境中的潮气吸附能力很强，在雨季可能使 EH 油中含水量增大，使水中的酸性指标增加，电导率增大。这会引起电液转化器的腐蚀。尤其是在滑阀凸肩、喷嘴及节流孔处腐蚀较为严重。

（2）其他原因，如：

1）电液转换器机械零位不准，可能影响 DEH 系统对电液转换器的控制。

2）LVDT（线性电压位移转换器）反馈断线，导致电液转换器输入的指令信号改变。

4.2.3 机组运行中高调阀上下晃动的原因

LVDT 反馈信号受到干扰将会影响 DEH 指令信号与 LVDT 产生的反馈信号的差值，导致电液转换器输入的指令信号改变。主要有：

（1）高调阀的 LVDT 反馈连杆上部螺帽有松动现象。

（2）高调阀并帽螺丝有松动现象或高调阀并帽螺丝下部垫片损坏引起 DEH 阀位指令与反馈指令不对应。

（3）高调阀的 LVDT 反馈杆和线圈磨损间隙变大，造成输出信号数值跳变。

（4）EH 油系统漏油的原因有：

1）工作压力高，而且还受到机组高温及振动影响，一些微裂纹可能扩大导致 EH 油管开裂。如果高调阀油管一旦发生漏油，只能停机处理。

2）EH 油部分管路和部件分布在高温区域，容易造成 O 形密封圈受热老化断裂，此现象在汽轮机调阀的 O 形密封圈上经常发生。

3）EH 油管路和汽机调阀连接，长期受到各种振动影响，管材和安装工艺不良，造成管道受力过大,有时会导致 EH 油管弯头有裂纹渗油。

5 EH 油系统的日常维护及故障防范措施

5.1 EH 油系统日常维护

要保证 EH 油系统的安全稳定运行就要加强对系统的日常维护。EH 油的日常维护工作包括系统的检查、清洁、更换部件、EH 油的更新、状态检修部件等。根据各厂的实际情况，应将这些工作做好日程表，严格执行。

5.1.1 EH油系统的检查和试验

为了保证系统的连续运行和避免机组故障停机，必须做好定期检查和试验工作。检查内容包括系统及各部件的磨损、超温、不对中、振动、液位等。某厂实际专门定制了以下检查项目：

（1）定期检查EH油泵电流。油泵电流是反映EH 油系统流量的重要指标，加上油压指标，可以判断电液转换器工作是否正常，是否存在非正常的泄漏。

（2）定期检查EH油管路接头、焊口及密封件，防止密封件损坏和接头松脱等故障发生。

（3）定期检查调阀并帽及活动杆活动情况，检查调阀开、关位置规律是否变化。

（4）定期检查LVDT，防止LVDT问题造成控制系统异常。

（5）定期对电液转换器进行检测，尽早发现存在的故障和隐患，及时处理。

（6）定期对硅藻土及纤维素精滤器运行状况进行监测，当水分和酸性指标超标时及时更换硅藻土。

5.1.2 EH油系统的清洁

EH 油系统应该定期进行清洁工作，扫除系统各构件上的灰尘油迹。特别是检修时，要注意保持工作环境的清洁，规范地执行检修工艺、标准。对EH 油的压力表、开关校验后，一般情况下需静置3h以上并用无水酒精清洗，防止矿物油混入EH油中，禁止对其使用四氯化碳等含氯清洗剂。对检修中新安装的EH油管要进行吹扫，防止存在于管道中的杂质进入EH油系统。要定期进行油质化验，加强化学监督，不合格的油绝对不能进入EH油箱，不同厂家的EH油也不能混用，并及时进行EH油滤油工作，保证油质。

5.2 EH油系统的故障防范措施

5.2.1 改善油动机组件的工作环境

工作环境温度过高不仅会造成EH油的高温氧化和裂解，还可能造成EH油密封件O形圈老化甚至断裂。因此尽量降低EH油的工作环境温度。采用具有较好抗燃及隔热效果的硅酸铝作为保温介质，对油管及油动机进行隔热。一般情况下，EH油系统应在机组停运2天后才能停运，防止部分残存在油动机组件里的EH油受汽机的高温影响，造成高温氧化和裂解。

5.2.2 解决EH油系统各部件损坏问题

根据各部件发生问题的规律、周期，对一些部件及时进行在线检查、检修或更换，做到状态检修、计划检修。

5.2.3 解决EH油中O形圈经常损坏问题

O形圈是EH油系统中重要的密封件，一般用于矿物油的橡胶、涂料等都不适用于EH油。EH油的O形圈必须采用氟化橡胶，不得采用其他橡胶材料代替，且要求在安装前对O形圈进行认真检查，防止有缺陷的O形圈被安装至系统中。

5.2.4 控制EH油系统含水量

EH油中含水量高将导致EH油的加速退化，还将影响到酸性指标，控制EH油中含水量就特别重要。我厂采用人工外加真空滤油机（主要除水）进行外部过滤，同时加强再生装置维护和利用，来控制油中含水量。

6 EH油系统检修

2011年5月能环部热电分厂1号机组A级检修，EH油系统设备全部返回上海汇益公司解体清洗修复，并在清洗检修结束后,各个设备上试验台进行性能测试。

6.1 油动机检修及试验

6.1.1 油动机检修

（1）油缸解体清洗、修磨、镀涂、更换全部密封件、活塞环、挡圈。

（2）活塞杆、油缸筒、导向套表面检测，若有损伤拉毛或变形，需更换。

（3）集成块清洗，更换所有密封圈，更换高压滤芯。

（4）截止阀、逆止阀、卸荷阀清洗，检测内泄、外泄、更换密封圈。

（5）集成块上超声波机清洗。

（6）油动机按原工艺要求装配。

1号机EH油系统油动机经解体发现，高调活塞杆4根、小机活塞杆1根均有不同程度的划伤，且伤痕较重，更换新活塞杆，高调缸筒2只有磨损，珩磨处理,铜套有6件磨损严重无法使用,全部更换。

6.1.2 油动机试验

试验前准备工作：

（1）油动机清洗完毕，伺服阀、节流阀复装完毕。

（2）抗燃油系统压力调至 14±0.5MPa，油温　33~55℃，油质达到 NAS6 级。

试验项目：

<table>
<tr><th>序号</th><th>试验项目</th><th colspan="2">技 术 要 求</th><th>试验结果</th></tr>
<tr><td>1</td><td>结构、外观检查</td><td colspan="2">无碰伤、磕伤、外观完好</td><td>符　合</td></tr>
<tr><td>2</td><td>密封性和耐压试验、平面密封间隙检查</td><td colspan="2">在油压 14MPa 条件保压 15min，不渗油漏油、无永久变形，在此期间检查各平面密封处间隙不超过 0.05mm。在油压 21MPa 条件保压 3min 不渗油漏油、无永久变形，试验时，油动机必须处于开启状态</td><td>不渗油漏油、无永久变形
间隙实测值：<0.05mm</td></tr>
<tr><td rowspan="3">3</td><td rowspan="3">油动机活动试验</td><td>高主、高调、中调</td><td>控制伺服阀输入信号由小到大，然后由大到小，活塞杆伸出/缩回自如，运动平稳无卡涩。如此反复全行程运行不少于 10 次，且无渗油漏油、卡涩现象。试验时，记录高压母管（标准 14±0.5MPa）和安全油压（标准 14±0.5MPa）压力表值</td><td rowspan="3">高主、高调中调，中主均为母管油压：14MPa，安全油压：14MPa；小机母管油压：14MPa；均符合要求，活动试验均合格</td></tr>
<tr><td>中主</td><td>当油动机处于全开状态时，电磁阀动作，油动机活塞杆应能顺利朝关闭方向运动且平稳无卡涩。如此反复全行程运行不少于 10 次，且无渗油漏油现象。检修后活塞杆处无油滴下或形成很明显的油环。试验时，记录高压母管（标准 14±0.5MPa）和安全油压（标准 14±0.5MPa）压力表值</td></tr>
<tr><td>小机</td><td>控制伺服阀输入正反向信号，活塞杆伸出/缩回自如，平稳无卡涩。如此反复全行程运行不少于 10 次，且无渗油漏油卡涩现象。试验时，记录高压母管（标准 14±0.5MPa）压力表值</td></tr>
<tr><td>4</td><td>伺服阀机械零偏测试（中主无此项）</td><td colspan="2">当伺服阀无信号输入时油动机处于关闭状态。当油动机处于全开状态（活塞杆缩回）时，拔掉伺服阀插头，油动机处于向关闭方向（活塞杆伸出）运动，直到油动机完全关闭</td><td>符　合</td></tr>
<tr><td rowspan="5">5</td><td rowspan="5">油动机行程测量</td><td>高主</td><td>油动机总行程为 254±2mm</td><td>255mm</td></tr>
<tr><td>高调</td><td>油动机总行程为 159±2mm</td><td>160mm</td></tr>
<tr><td>中调</td><td>油动机总行程为 200±2mm</td><td>200mm</td></tr>
<tr><td>中主</td><td>油动机总行程为 209.5±2mm</td><td>210mm</td></tr>
<tr><td>小机</td><td>油动机总行程为 150±2mm</td><td>150mm</td></tr>
<tr><td>6</td><td>油动机快关试验（小机无此项）</td><td colspan="2">当快速卸掉油动机保安油时，油动机应能迅速关闭。无卡涩、停止及反弹等现象，试验时记录高压母管压力表指示值（标准 14±1MPa），有缓冲现象。</td><td>快关试验情况：符合母管油压：14MPa</td></tr>
<tr><td rowspan="2">7</td><td rowspan="2">油动机内泄漏试验</td><td>高主、高调、中调、小机</td><td>在油压 14MPa 条件下，使油动机处于开启状态，保压 3~5min，然后拆掉有压回油管接头，待从接头泄漏出流量稳定后再测量泄漏流量。泄漏量不超过 1000mL/min</td><td rowspan="2">1 号高主 65mL/min
2 号高主 70mL/min
1 号高调 650mL/min
2 号高调 620mL/min
3 号高调 650mL/min
4 号高调 650mL/min
1 号中调 750mL/min
2 号中调 700mL/min
1 号中主 70mL/min
2 号中主 65mL/min
1 号小机 650mL/min
2 号小机 700mL/min</td></tr>
<tr><td>中主</td><td>在油压 14MPa 条件下，使油动机处于开启状态，保压 3~5min，然后拆掉有压回油管接头，待从接头泄漏出流量稳定后再测量泄漏流量。泄漏量不超过 500mL/min</td></tr>
</table>

6.2 伺服阀检修及试验

6.2.1 伺服阀检修

（1）伺服阀检测流量、压力特性、内泄、零偏等。

（2）整阀及力矩马达分解清洗。

（3）更换安装面 O 形圈及滤油器。

（4）性能复测。

1 号机 EH 油系统伺服阀经解体发现，小机伺服阀 J761-004 力矩马达球头脱落，更换新件。

6.2.2 伺服阀试验

试验条件：

额定电流 40mA，测试压力 7MPa，接线方式：单线圈。

试验项目：

高主、中调伺服阀

试验项目		额定流量（+）	额定流量（-）	滞环	分辨率	内漏	零偏	压力零漂	供油耐压
要求范围		57L/min±10%	57L/min±10%	<3%	<0.5%	<2L/min	7%~10%	<4%	21MPa
维修前	1号高主	58.64L/min	51.48L/min	2.03%	0.1%	0.84L/min	10.76%	2.7%	21MPa
	2号高主	62.73L/min	55L/min	2.9%	0.1%	0.84L/min	8.07%	1.8%	21MPa
	1号中调	63.8L/min	50.45L/min	2.32%	0.1%	0.85L/min	17.02%	1.7%	21MPa
	2号中调	59.31L/min	53L/min	2.86%	0.1%	0.85L/min	5.6%	4.3%	21MPa
维修后	1号高主	57.62L/min	52.98L/min	1.32%	0.1%	0.85L/min	7.89%	1.7%	21MPa
	2号高主	60.3L/min	52.7L/min	1.56%	0.1%	0.86L/min	8.44%	1.3%	21MPa
	1号中调	60.89L/min	54.8L/min	1.42%	0.1%	0.86L/min	7.95%	1.3%	21MPa
	2号中调	60.04L/min	52.16L/min	1.32%	0.1%	0.85L/min	9.12%	1.6%	21MPa

高调伺服阀

试验项目	额定流量（+）	额定流量（-）	滞环	分辨率	内漏	零偏	压力零漂	供油耐压
要求范围	151L/min±10%	151L/min±10%	<3%	<0.5%	<2L/min	7%~10%	<4%	21MPa
维修前	149.03L/min	132.62L/min	2.43%	0.1%	1.8L/min	11.5%	3.1%	21MPa
	144.08L/min	126.62L/min	2.94%	0.1%	1.97L/min	9.43%	2.7%	21MPa
	146.35L/min	126.72L/min	2.32%	0.2%	1.78L/min	14.43%	4.2%	21MPa
	141.86L/min	129.03L/min	2.95%	0.4%	1.43L/min	7.39%	4.5%	21MPa
维修后	152.69L/min	141.67L/min	1.6%	0.1%	1.8L/min	9.39%	1.1%	21MPa
	158.8L/min	142.9L/min	1.3%	0.1%	1.98L/min	9.67%	1.02%	21MPa
	155.54L/min	144.64L/min	1.85%	0.1%	1.79L/min	9.46%	0.9%	21MPa
	158.61L/min	145.35L/min	1.37%	0.1%	1.45L/min	9.5%	1.2%	21MPa

7 结束语

EH 油系统在汽轮发电机组调速控制系统中具有相当重要的作用，EH 油系统的安全稳定直接影响 300MW 机组的正常稳定运行。根据以往各电厂 EH 油系统发生的故障来看，一般开始时都只是小故障，而且发展过程都较缓慢，只要加强日常维护，防范措施得当，做好计划检修和状态检修，EH 油系统完全可以保持长期安全稳定运行，许多因 EH 油系统而引起的故障是完全可以避免的。

关于冷轧厂酸洗废水中铁离子排放标准的探讨

首钢京唐公司能源与环境部　刘恩辉
首钢京唐公司冷轧作业部　律琳琳

摘　要：本文介绍了冷轧酸洗废水的特点及处理工艺，结合行业标准及综合标准，对酸洗废水铁离子排放限值进行了讨论。

关键词：冷轧　酸洗　铁离子　标准

1　酸洗工艺及废水特点

在钢铁行业冷轧是表面处理中的一个重要工序，而在冷轧工序首要的环节便是酸洗，它主要是利用盐酸、硫酸等酸溶液采取浸渍酸洗工艺去除钢铁表面上的氧化皮和锈蚀物，以便为后续的连轧提供基础条件。

使用过的酸洗液一般呈强酸性，其中含有大量的二价和三价铁离子，若不经处理直接排放进入水体，一方面因其强酸性会造成水生生物的死亡等事故；另一方面由于不稳定的二价铁离子经氧化后转化为三价铁离子，造成水体变黄，对水体景观造成影响，同时也阻碍了透光性，影响水生生物的正常生长（见表1）。

表1　一般冷轧含酸废水水质表　　(mg/L)

pH值	温度/℃	COD	Fe	SS	油
1~2	40~50	150~500	300~700	300~500	10~100

2　酸洗废水治理技术分析

一般而言，酸洗废水的处理并不存在技术难题，总的思路是进行中和沉淀，经处理后的废水中总铁浓度可以大幅度降低。

京唐公司一冷轧厂建设年处理能力155.76万吨的酸洗连轧线，采用盐酸酸洗工艺，平均每天产生含酸废水600m^{3}左右，对于酸洗废水主要采取了常规的调节、中和、混凝、过滤等处理方法进行处理，主要设计参数如下：

设计规模：废水水量平均60m^3/h，最大120m^3/h。

出水水质见表2。

表2　废水出水水质设计参数表　　(mg/L)

项　目	pH值	SS	COD	石油类	Fe	色度
设计	6~9	≤70	≤100	≤5	≤10	无要求
二阶段一级标准	6~9	≤70	≤100	≤5	无要求	≤50

另外废水站最终排放废水要求达到《污水综合排放标准》(GB 8978—1996）第二阶段一级标准。

3　酸洗废水处理工艺流程

各机组排放的含酸废水、反洗水等首先进入酸碱废水调节池，进行水量水质的混合，并经过简单鼓风曝气氧化部分有机物，之后废水通过提升泵提升至一级中和槽、出水自流到二级中和槽，在二级中和槽中投加石灰并加以曝气处理，在碱性条件下废水中的Fe^{2+}转化为可沉淀的$Fe(OH)_3$，二级中和槽出水自流至高效反应澄清池，在高效反应澄清池中投加助凝剂，使絮体进一步增大，以提高沉淀效果，澄清池出水自流至重力式砂过滤器，以进一步去除废水中的悬浮物等杂质，重力式砂过滤器出水自流至最终pH调节池，经投加HCl调节pH值达标后自流至排放水池，并将达标后的废水排至排水管网。

4　存在的问题

目前国家对酸洗废水尚没有环保排放标准，现企业多按照国家现行的《污水综合排放标准》(GB 8978—1996）来执行，但该标准中却对铁的排放未作要求和规定，这给企业和环保监督都带来了一定困难：一方面由于缺乏标准，酸洗企业无法制定含铁废水中铁的处理方案；另一方面由于无标准可依，环保监督部门很难对企业排污行为进行管理与约束。

根据行业标准与综合标准不交叉执行的原则，目前钢铁行业废水排放一般执行《钢铁工业水污染物排放标准》（GB 13456—1992）,该标准中并未对铁离子的排放提出限值，在新制定的《钢铁工业水污染物排放标准》（征求意见稿）中，对铁离子做了考虑，提出了排放限值，要求车间排放口铁离子≤10mg/L，为含酸废水的设计、排放提供了一定的参考依据，但从含酸废水实际运行效果看，当铁离子浓度达到5mg/L时，水面已经呈现明显的棕黄色，感官上已经有了不悦感，可推想当铁离子浓度达到10mg/L 时，从监督执法角度虽属于达标排放，但水体已经严重污染，因此铁离子排放标准≤10mg/L是值得推敲的，开展酸洗废水铁离子排放标准研究很有必要。

目前现行的《污水综合排放标准》（GB 8978—1996）虽未对铁离子提出排放要求，但其中一级标准中要求色度≤50，由于铁离子的存在是酸洗废水呈现颜色的主要原因，因此可以逐步探讨废水中色度与铁离子浓度的相关关系，在借鉴色度要求≤50的基础上，对铁离子排放浓度≤10mg/L 进行修改完善。

5 建议采取的排放标准及可能性分析

铁虽然是低毒性和微毒性，但含铁量高的污水往往带黄色，影响受纳水体的景观和水体中水生植物的光合作用。因此酸洗废水对受纳水体色度的影响是铁离子排放标准制订的重要依据。经对色度与铁离子浓度实验对比分析，结果详见表 3。

从表 3 可以看出，当总铁浓度达到 4mg/L 时，

表 3 总铁浓度与水体色度的关系

总铁浓度 /（mg/L）	0.5	1	1.5	2	2.5	3	4	8
色度	6	10	16	20	28	34①	50②	80

①《污水综合排放标准》（GB 8978—1996）中色度一级排放标准值；

②《污水综合排放标准》（GB 8978—1996）中色度二级排放标准值。

含铁废水的色度就会超过《污水综合排放标准》（GB 8978—1996）中一级排放标准，因此，从这个角度来看，排放标准应该小于 4mg/L，这样才能起到有效控制废水中铁含量的作用。

2008 年电镀行业发布《电镀污染物排放标准》（GB 21900—2008），其中对电镀企业及阳极氧化表明处理工艺设施提出了铁排放要求。标准中规定，现有企业自 2009 年 1 月 1 日至 2010 年 6 月 30 日执行总铁浓度 5mg/L 的排放限值；现有企业自 2010 年 7 月 1 日起、新建企业自 2008 年 8 月 1 日起执行总铁浓度 3mg/L 的排放限值。

参照《电镀污染物排放标准》中对铁离子排放限值 3mg/L 的规定，同时结合《污水综合排放标准》（GB 8978—1996）中一级标准色度≤50 的要求，考虑今后环境保护的压力及环保标准的前瞻性、长远性，建议酸洗废水铁离子排放浓度执行 3mg/L 的限值。

从京唐公司一冷轧废水站酸洗废水 2011 年日常运行情况看，外排水中铁离子浓度大约稳定在 1~2mg/L 之间，平均 1.5mg/L 左右，因此从技术角度分析执行铁离子排放限值 3mg/L 是可行的，而且对日常的运行并不产生影响，没有额外增加相应的运营成本。同时按照 3mg/L 的标准，水环境中铁的排放量将大大减少，不断促使企业注重铁的回收利用，从而不断促进地表水水质的改善。

以循环经济、环境友好为目标的低成本海水淡化集成技术

首钢京唐钢铁联合有限责任公司能源与环境部
吴礼云　李　杨　孙　雪　唐智新

摘　要：海水淡化集成技术以低温多效蒸馏海水淡化为核心，联合热电与盐碱化工，形成“热-电-水-盐”四联产模式，实现淡水资源、海水资源以及能源的综合利用，大幅降低生产成本，并取得环保效益，社会效益。为未来向城市供水，提供一条现实可行的方案。

关键词：循环经济　低成本　热-电-水-盐联产　低温多效

1　引言

我国作为缺水国家，人均水资源不足2200吨，仅为世界平均水平的四分之一。地球上水资源总量中海水占97.2%，使得海水淡化成为解决缺水问题的重要途径。2008年，全球海水淡化工程总投资额已达248亿美元，且每年以20%～30%的速度递增，2015年预计将达到564亿美元，特别是以色列和美国，更是将海水淡化产业列入国家发展计划。为了进一步发展国内海水淡化产业，国务院于2012年2月初下发了《关于加快发展海水淡化产业的意见》。意见明确了“十二五”期间我国海水淡化的发展目标，也就是到2015年，淡化能力达到220万~260万立方米/日，是现在淡化能力的四倍。

2　海水淡化瓶颈问题

目前制约海水淡化发展的因素有两方面：一是制水成本高，二是淡化后浓盐水排放难。制水成本高是由于海水淡化是以能耗换水的技术，电价、蒸汽价格决定制水成本，如何降低电和蒸汽价格便成了降低淡化成本的关键因素。海水淡化过程中产生的高浓盐水目前尚无成熟处理技术，将其排放至盐田既是浪费能量，也是采用高端原料做低端处理的无奈之举。很多国外企业为减少对海洋的危害将浓盐水稀释后再排放到海里，但也是治标不治本。

渤海湾是典型的半封闭浅水淤泥质海湾，海水温度低且交换能力差。随着沿海经济的快速发展，大量工农业废水、生活污水以及养殖业废水进入渤海湾，致使渤海湾的水体受到严重污染。渤海湾周边缺少淡水，发展海水淡化是解决用水难的有效途径，但大量海水淡化浓盐水的排放必然导致渤海水质的进一步恶化。由此可见，只有发展循环经济、寻求生态环境与经济成长和谐的“双赢”之路，才能解决海水淡化发展问题。

3　海水淡化工艺及资源综合利用现状

3.1　海水淡化工艺

表1概括了国外产水量为5万立方米/日的膜法与热法两种工艺的系统参数。

表1　低温多效蒸馏与反渗透膜法海水淡化系统参数对比

比较项目	低温多效蒸馏（LT-MED）	海水反渗透（SWRO）
原水预处理	要求低	要求高
装置总能耗/(kW·h/m^3)	4.5~5	5.0~6.0（有能量回收）
操作温度/℃	<70	5~45
水利用率/%	30~50	<40
产品水水质/(mg/L)	<10	300~500
腐蚀结构倾向	较小	高
建造材质要求	高	高
维修保养要求	低	高

膜法系统造水工艺主要靠过滤实现，过滤系统的元件质量和工作效率直接关系系统的运行效率，海水温度、反渗透（RO）膜的质量、预处理单元工作效率等因素都直接影响膜法系统的年造水量。热法系统造水工艺主要靠大型的主蒸汽器蒸发换热实现，只要换热传热过程稳定进行，外界因素不是影响热法系统造水量的主要因素。

海水淡化在客观上要求系统必须具备与之相适应的耐腐蚀性和严密性，这是系统的技术特点，也是日常维护管理的重点、难点。膜法系统的故障

点均集中在高压泵、变频器和管路的腐蚀与泄漏上，设备检修停运较长时间，平均利用率80%。低温多效装置等同于电厂凝汽器的换热设备，低温低压、安全可靠、运行便利，维护方便，只要按照运行规程操作，低温多效热法淡化装置的年利用率平均在95%以上。

某公司根据国家2005年颁布的《海水专项规划》，结合企业实际情况，充分利用临海优势，开源节流，积极实施了5×10^4 m^3/d海水淡化、电厂海水脱硫、海水直流冷却及海水化学资源综合利用等项目，充分体现科学发展、节能减排、环境友好、循环经济以及自主创新的精神和理念。

该公司海水淡化采用低温多效蒸馏（LT-MED）工艺，自主设计、自主制造、自主建设、自主运营海水淡化，形成竞争优势，使万吨级热法与膜法海水淡化相比较，吨水投资额相当且能耗低、产品水质高。

设备在真空情况下，盐水的最高蒸发温度低于70℃，具有操作温度低、动力消耗低、系统热效率高等优点。低温多效蒸馏装置通过蒸发冷凝管，利用真空度及效与效间的温度和压力差，以给定量的低等级蒸汽与海水换热反应，通过重复蒸发和冷凝产生大量蒸馏水。该项目由4套主体蒸发器组成，日产水能力50000t，造水比为9.8，产水含盐量小于5mg/L，温度<33℃，取代软水系统，用作高品质补水、污水勾兑水。

工艺上采用多种工况相结合的运行方式，多效模式（E模式）、热压缩模式（T模式）和混合模式（T+E模式）运行，可对水量及蒸汽量平衡进行双重调节，变负荷调节50%~100%，调整能源动态平衡。其中乏汽运行技术——E模式，是海水淡化前置汽轮发电机组系统，将海水淡化蒸发器代替汽轮机凝汽器，利用发电后的低品质乏汽作为海水淡化动力蒸汽，遵循能量梯级利用的原则，使全系统热量利用率高达82.23%，节省了为发电机组凝汽器设置直流冷却设施的投资及运行费用，是循环经济的最好体现。水电联产如图1所示。

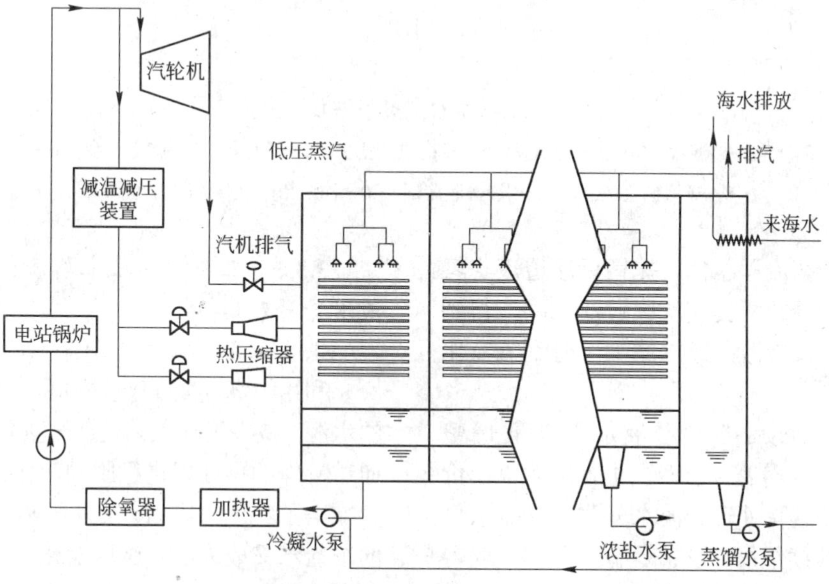

图1 低温多效蒸馏耦合热力发电系统示意图

该公司充分利用丰富的电力和余热余能资源，与多家膜厂家联合完成膜法海水淡化中试试验项目，利用热法浓盐水进行盐水浓缩，取得较好效果，为热膜耦合创新奠定理论基础。拟建大型热膜耦合海水淡化工厂，重点突破热法之后的浓盐水再利用，解决北方冬季水温计污染物问题，将浓盐水提升至商品级，为盐化工打好基础。

3.2 浓盐水处理现状

目前，世界上常用的浓盐水处理方法可分为两大类。一类是直接排放至地表水、海洋、污水处理系统等。此类方法重点在于考虑浓盐水的排放量、组成、排放地的物理或地理环境、公众接受度、投资和操作费用等。第二类采用传统日晒制盐、苦卤综合利用的工艺将浓盐水进行再利用但此类工艺氯化钠利用率小于40%，氯化钾、溴素、氯化镁、硫酸镁的利用率不足30%，浪费严重。另外，操作费用是选择浓盐水处理方法时要考虑的重要因素之一，因为浓盐水的处理费约占淡化总成本的5%~33%，费用消耗取决于浓盐水特性、排放前的处理水平、处理方式、浓盐水体积以及环境特征。总的来说，邻近海洋或湖泊的淡化厂一般将浓盐水直接排入附近水域，而内陆淡化厂由条件决定采取蒸发、深井注射、排入污水处理体统等方法。

与其他邻近海洋的淡化厂相比，该公司没有把淡化后含有余热的浓盐水排进大海，通过铺设浓盐水管道，将 LT-MED 浓盐水成功送至盐化工厂。不仅解决了浓盐水的排放问题，还产生一定的经济效益。同时，该公司联合科研院所建成 $300m^3/d$ 浓盐水综合利用中试试验车间及试验装置，利用热法浓盐水耦合膜法进行盐化工实验。通过超滤、纳滤及反渗透膜提钙、镁，同时提高浓盐水浓度，向盐化工厂供给高浓度盐水。

该试验提钙工艺流程如图 2 所示。LT-MED 浓盐水与碳酸钠溶液反应沉淀，上清液经超滤膜过滤，膜浓缩液进管式超滤膜循环浓缩至一定浓度，沉降罐与管式超滤膜排出的碳酸钙浆液经压滤机处理成为滤饼，送入干燥机干燥后得到碳酸钙产品。

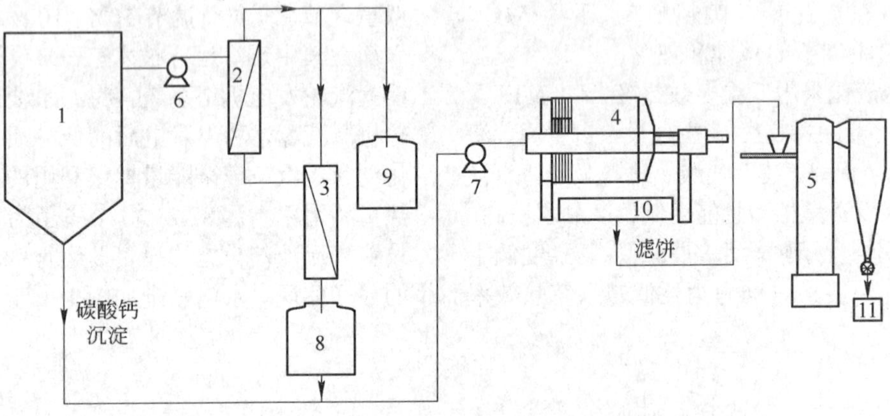

图 2　浓盐水中 Ca^{2+}离子提取工艺流程

1—沉降罐；2—超滤膜；3—管式超滤膜；4—板框式压滤机；5—干燥机；6—膜进水泵；7—浆液泵；
8—碳酸钙浆液储罐；9—渗透液储罐；10—滤饼箱；11—碳酸钙产品罐

提镁与提钙工艺流程相似，提钙后渗透液与氢氧化钠溶液反应，再经两套超滤膜过滤浓缩，得到一定浓度的氢氧化镁浆液，经压滤干燥得到氢氧化镁产品。

除去钙镁即脱硬后的渗透液加入盐酸调整 pH，经纳滤膜（NF）分离，NF 透过液为富含一价离子溶液，经反渗透膜处理，淡水外供，浓盐水供高温多效蒸发器继续浓缩。设备运行 1 年多，取得很好成果，使浓盐水含盐量达到 70000mg/L，为社会盐碱厂提供有较高经济价值的盐化工原料，实现海水淡化浓盐水的综合利用，并冲减海淡成品水价格。

3.3　海水淡化集成技术——资源与能源循环经济产业链

该公司充分利用余能资源，推动能源综合利用水平，联合盐、碱厂，走一条“热-电-水-盐”四联产的低成本海水综合利用路线，建立了水资源综合利用技术－资源与能源循环经济产业链。

3.3.1　三条纵向技术路线：海水资源、能源、淡水资源利用

3.3.1.1　海水资源路线——海水综合利用

利用自备电站直流冷却的温排水作为热法海淡的水源，减少了蒸汽消耗；热法海淡所排出的浓盐水通过特殊的预处理进行脱硬，作为膜法海淡的水源，并减小了其运行压力，实现了热膜耦合；二次提浓后的浓盐水又成为后续深度盐化工的原料，提溴、钾等有用物质，实现海水淡化后的“零排放”，并打造了海水综合利用的技术路线。具体流程如图 3 所示。

3.3.1.2　能源路线——能源梯级利用

能源梯级利用如图 4 所示。以富余煤气及其他余热资源为热源，通过余热锅炉、余热蒸汽先行发电，再将发电后的乏汽供给热法海水淡化装置制备淡化水；另外，也可将余热热水通过闪蒸而形成热法海淡的汽源来制备淡化水，实现传统能源的梯级利用。这一技术路线不仅可实现煤气、蒸汽的“零”放散，并产生了额外的发电能力，则可大幅度降低海水淡化的运行成本。

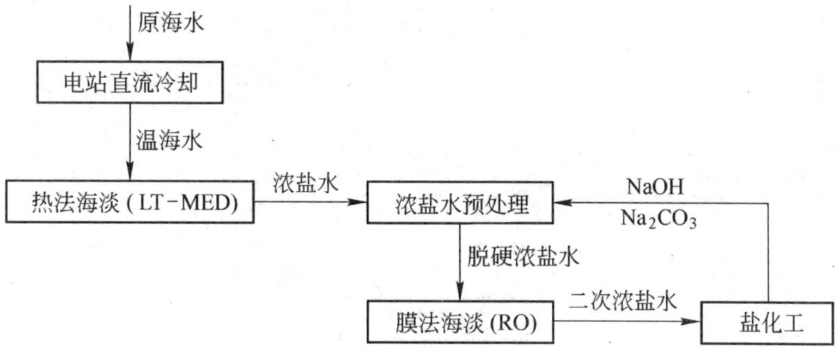

图3 海水资源综合利用示意图

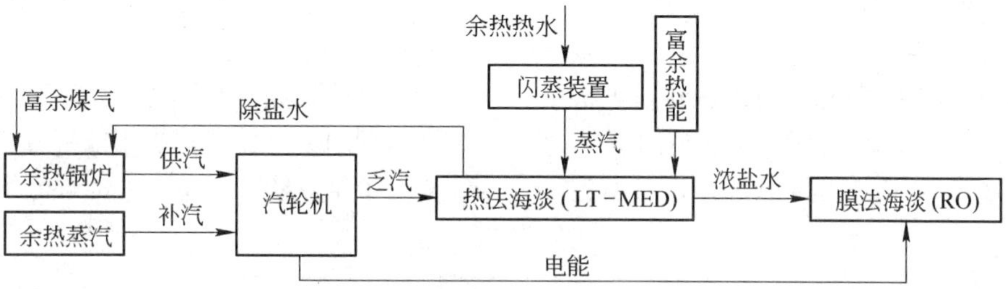

图4 能源资源梯级利用示意图

3.3.1.3 淡水资源路线—水资源梯级利用

水资源梯级利用如图5所示。热法海淡所生产的除盐水等级的淡化水主要用于：其一是高品质水用户、锅炉系统、循环冷却系统补水；其二是通过勾兑回收污水实现系统内污水的耦合式“零”排放。膜法海淡所生产的地表水等级的淡化水主要用于：一是一般的工业水用户；二是市政用户。

3.3.2 三条横向技术路线：环境资源与物质资源、能源与水资源相互转化

3.3.2.1 环境资源与物质资源转化路线——低碳环保

环境资源与物质资源转化如图6所示。一是利用电站及白灰窑烟道气中的CO_2与LT-MED海淡排出的浓盐水中的钙离子反应，形成碳酸钙产品，去除浓盐水中易于结垢的钙离子，同时实现了碳减排；二是生产过程中产生的粗碳酸钙产品供石灰窑车间煅烧，生成氧化钙作为原料用于生产，而煅烧产生的高浓度、高纯度CO_2既可用于提钙，又可作为优质原料与海淡之后的浓盐水反应制纯碱。这样，生产碳酸钙原料钙离子取自海水、CO_2取自烟道气，原料成本低廉；三是浓盐水预处理过程中产生的氢氧化镁浆液，是烟道气极为环保高效的脱硫剂，脱硫后产生的硫酸镁是附加值较高的副产品，再一次变废为宝，同时很好地实现SO_2的减排。脱硬后的浓盐水送至盐碱企业制纯碱、氢氧化钠等化工原料，再服务于浓盐水脱硬，形成超大规模节能环保循环经济产业链。

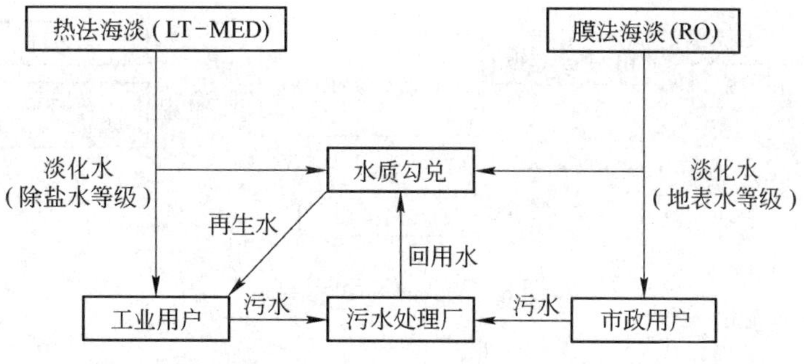

图5 水资源梯级利用示意图

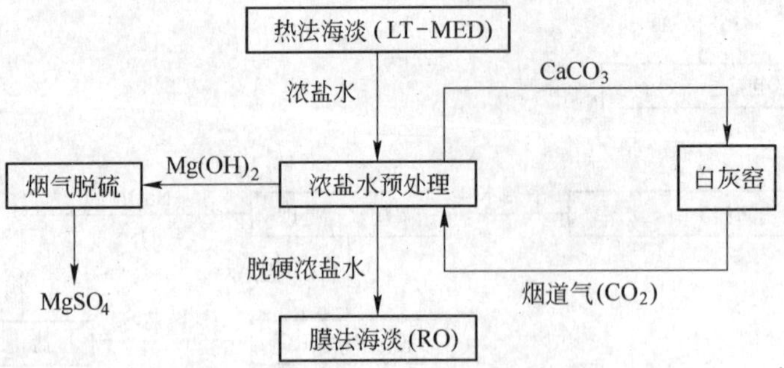

图 6　环境资源与物质资源转化示意图

3.3.2.2　能源与水资源转化路线 1——热能梯级利用

热能充分利用如图 7 所示。在标准汽轮发电机组中一般均配有凝汽器及冷却塔等系统，而在此技术路线中却用热法海淡 LT-MED 装置代替之，既节省了设备投资，又提高了全系统的热效率。余热锅炉向汽轮机提供高端蒸汽，余热蒸汽向汽轮机补充中端蒸汽，汽轮机做功后的乏汽供给 LT-MED 生产除盐水。此技术利用了汽轮发电机组的部分冷端损失，大幅度地提高了全系统热效率，大大降低了海淡成本。

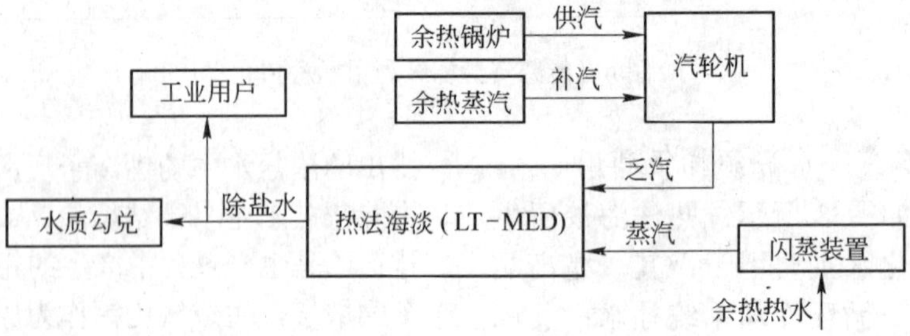

图 7　热能梯级利用示意图

3.3.2.3　能源与水资源转化路线 2——新能源利用

新能源利用如图 8 所示。电力是难储存的，因此，新能源（风能及太阳能）发电后必须上网送电，但新能源均存在受天气影响而出现大幅波动的现象，其所发电能却被电网视为低品质电，影响电网的运行安全。将不可储存的新能源发电通过海淡转换成可储存的水资源就有效地解决了这一问题，因此，新能源发电与海淡的结合有着很大的发展空间。

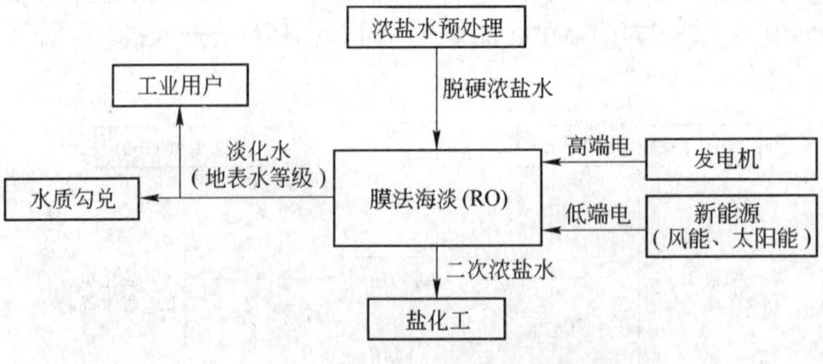

图 8　新能源利用示意图

该公司以资源利用最大化、废物排放最小化、经济效益最优化目的，将上述 6 条技术路线整合，如图 9 所示，打造了典型的循环经济项目和生态工程。

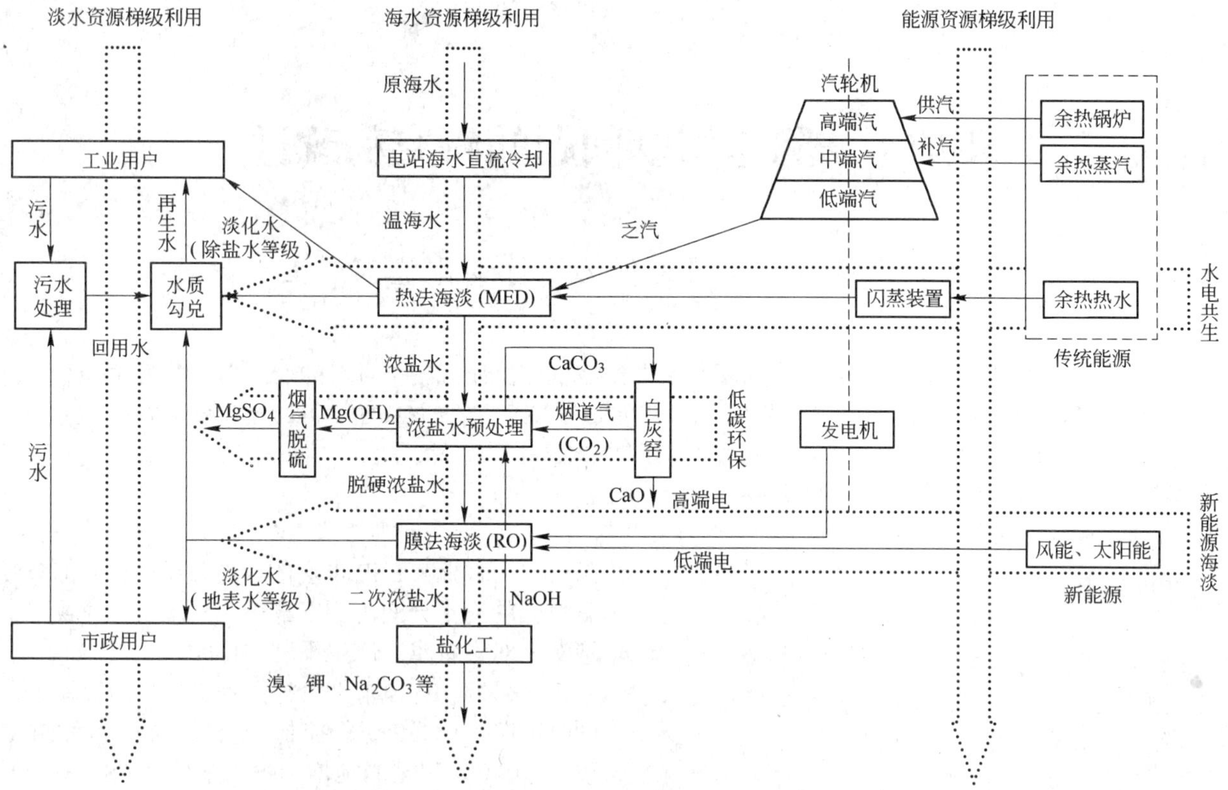

图 9 水资源综合利用技术-能源与资源循环经济产业链

4 结论

虽然起初海水淡化只是作为电厂、化工、钢铁等大型耗水企业的配套设施来建设，但如今海水淡化可形成循环经济产业链来运作。除了符合国家资源可持续发展战略要求外，还能够为企业带来实实在在的经济效益。立足于水资源安全和可持续发展的高度，提升海水淡化的战略地位，把海水淡化与工业冷却、制盐、化学资源提取等相结合，降低成本、提高总体效益、减少环境污染。大力发展海水淡化可为内陆地区节省更多可资利用的淡水资源，将检测合格的淡化水送入城市供水系统，缓解城市用水压力，实际上等于增加了我国水资源总量，这对于长远解决我国水资源短缺问题具有战略意义。

转炉干法除尘冒烟问题的研究和改进

首钢京唐钢铁联合有限责任公司炼钢作业部　王　健

摘　要：本文主要针对首钢京唐公司近期干法除尘系统除尘效果不佳的情况进行分析和研究。通过对 EVC(蒸发冷却器)，ESP（静电除尘器）逐一排查，从而找出原因所在，并提出有效的解决方案加以实施，最终取得了很好的效果，同时也为干法除尘在现代化钢铁企业中的应用和实践开拓了新思路。

关键词：干法除尘　蒸发冷却器　静电除尘器　除尘效果

1　问题背景

首钢京唐炼钢干法除尘系统自投产以来，运行情况一直稳定。但自 2012 年 1 月开始，2 号 C 干法除尘系统逐渐出现频繁出现冒烟情况，对环境保护产生了一定的影响，而且频繁的冒烟也不符合干法除尘系统设计的初衷。为此，我们针对冒烟问题进行了深入的挖掘和详细的研究，并采取了相应的措施予以改进。

2　EVC 系统排查

我们根据系统逐一排查，首先检查 EVC 系统，在这个系统中影响冒烟或有潜在影响的主要是喷枪和喷嘴系统；蒸汽和水阀门系统，入口测温热电偶系统。因此我们针对 EVC 采取的措施如下：

（1）检查 24 支喷枪及喷嘴的堵塞情况并更换。对喷枪进行逐一试射试验，通过人孔观察喷射的效果和形态是否符合要求。

（2）对 EVC 入、出口的热电偶及保护套管进行检查清灰，检查磨损情况并更换。因为 EVC 入、出口热电偶对自动喷水调节至关重要，反应速度的快与慢直接决定喷水的多少，从而影响进入 ESP(静电除尘器）烟气温度的高低及灰尘的干湿情况，相应的烟尘比电阻（也叫电阻率）也随之变化，我们必须把这个电阻率控制在一个适合的范围内才能使电场的除尘效果达到最佳。

（3）检查蒸汽和水的阀门系统的开关情况，以及严密情况检查。因为如果阀门关不严，特别是水阀门，将对系统会有一定程度的影响，泄漏的滴水会在高温烟道中汽化然后进入 ESP，潮湿的灰很容易黏附在极板和极丝上，以致振打系统很难将其敲落，从而影响 ESP 电场的放电效果；另外部分没有汽化的滴水会滴落到下部粗灰水平链，导致湿灰堵灰，对设备也会产生不利的影响。

（4）对 EVC 前期阶梯配水进行试验性调整，同时选择 A 模式来进行控制，将设定的温度由 220℃改为 210℃，以适当地增加喷水来抑制 ESP 入口的过高温度；蒸汽阀在 Charging（兑铁）阶段由原来的开度 50%提高到 100%，以提高蒸汽和水的雾化效果；最后对蒸汽阀的关闭条件从 EVC 入口温度低于 300℃改为 380℃关闭，水阀的关闭条件为 EVC 出口温度低于 185℃时关闭，这样做也是为了防止在 Blowing（吹炼）阶段结束后水和蒸汽阀的继续注入而导致湿度过大，影响后部 ESP 的除尘效果。

3　ESP 系统排查

经过对 EVC 一系列的研究和改进，为检验改进的效果，在 10 月份我们决定在 ESP 入口处开一人孔，通过相应的检测机构进行现场烟尘的浓度检测，从而确定冒烟的问题主要集中在哪个部位。最终我们检测的结果显示烟尘浓度为 20000mg/m^3,比要求的标准浓度还要低（80000mg/m^3），所以我们在之后的工作中把重点就完全放在了 ESP 电场检查问题上。主要措施如下：

（1）我们通过观察 2 号 C 电场的电压，电流情况，发现在吹炼阶段或吹炼间歇时人为地增加振打时间和次数能够有效地改善电场状况，为此我们通过对 ESP 振打系统周期的研究和模拟实验，最终确定了一套比较完善合理的振打周期。这样做的目的是为了对附着在极丝、极板上的灰尘有效的振落(见表 1、表 2)。

表 1 Blowing 振打周期表

振打设备		吹炼阶段振打原程序			吹炼阶段振打更改情况		
		延时时间	运行时间	停止时间	延时时间	运行时间	停止时间
2413A2-MOG	阴极振打 A1	0	60	80	60	60	80
2413A3-MOG	阴极振打 A2	70	60	80	130	60	80
2413B2-MOG	阴极振打 B1	0	60	140	60	90	110
2413B3-MOG	阴极振打 B2	70	60	140	140	90	110
2413C2-MOG	阴极振打 C2	0	60	300	60	60	120
2413D2-MOG	阴极振打 D	0	60	1440	60	60	1440
2411A1-MOG	阳极振打 A1	0	30	100	0	30	100
2411A2-MOG	阳极振打 A2	40	30	100	40	30	100
2414B1-MOG	阳极振打 B1	80	30	150	80	30	150
2414B2-MOG	阳极振打 B2	120	30	150	120	30	150
2414C1-MOG	阳极振打 C1	0	30	300	0	30	300
2414C2-MOG	阳极振打 C2	40	30	300	40	30	300
2414D1-MOG	阴极振打 D1	□	45	只运行一次	0	45	只运行一次

表 2 Tapping 振打周期表

振打设备		出钢阶段振打原程序			出钢阶段振打更改情况		
		延时时间	运行时间	停止时间	延时时间	运行时间	停止时间
2413A2-MOG	阴极振打 A1	□	60	360	□	60	360
2413A3-MOG	阴极振打 A2	□	60	360	□	60	360
2413B2-MOG	阴极振打 B1	□	90	450	□	90	450
2413B3-MOG	阴极振打 B2	□	90	450	□	90	450
2413C2-MOG	阴极振打 C2	0	60	只运行一次	□	60	120
2413D2-MOG	阴极振打 D	0	60	只运行一次	□	60	只运行一次
2411A1-MOG	阳极振打 A1	□	30	300	0	120	240
2411A2-MOG	阳极振打 A2	□	30	300	120	120	240
2414B1-MOG	阳极振打 B1	□	30	450	0	120	240
2414B2-MOG	阳极振打 B2	□	30	450	120	120	240
2414C1-MOG	阳极振打 C1	□	30	只运行一次	120	120	240
2414C2-MOG	阳极振打 C2	□	30	只运行一次	240	120	240
2414D1-MOG	阴极振打 D1	□	30	只运行一次	0	30	只运行一次

（2）此外，为了防止二次扬尘现象的发生，我们还对 1 号挂灰机的运行时间做了调整，将其运行时间向后延时了 120s；同时由于刚开始吹炼的前 90s 内，ID-FAN 的转速较高，一般维持在 1360r/min，高浓度烟尘很容易被高转速的风机迅速地抽出，如果此时电场状况不佳，就会出现冒烟。因此，我们通过与 SVAI 专家沟通，将转速降低到 1280r/min。同时我们通过与炼钢工艺专业的结合，配合将氧枪的吹氧量由 65000m^3/h 降回到 58000m^3/h，也是有效降低冒烟发生的措施之一。

4 效果评价

通过对比电场趋势图，可以看出电流有了明显的改善，电流的提高大大增强了电场的除尘能力，烟囱外排红、黑烟污染环境的现象几乎杜绝，保证了烟尘含量的达标，同时为我们今后处理其他转炉的类似情况提供了有力的依据和参考，也为干法除尘在现代化钢铁企业中的应用和实践开拓了新思路。

热风炉空气燃烧阀故障原因分析及改造

首钢京唐钢铁联合有限责任公司炼铁作业部　张　信

摘　要：本文介绍了用于首钢京唐公司热风炉的空气燃烧阀的结构、工作原理和在使用过程中出现的故障，详细分析了造成故障的原因和相应的处理方法，对空气燃烧阀开关过程进行了受力分析及计算，提出液压控制回路的改造方案，改造实施后达到了预期的效果，产生了一定的经济效益。

关键词：空气燃烧阀　受力分析　液压控制回路

1　引言

首钢京唐公司1号高炉于2007年3月12日开工建设，集成了国内外先进的新技术、新工艺，以实现高炉生产的大型化、高效化、现代化、长寿化、清洁化。每座高炉配置4座卡鲁金顶燃式高风温长寿热风炉和2座预热炉，这是顶燃式热风炉首次在5000m^{3}以上特大型高炉应用。热风炉系统燃烧、送风、换炉实现了自动控制。热风炉烟道废气预热器回收系统采用分离型换热器，同时预热助燃空气和高炉煤气。在采用空气换热器将助燃空气预热到190℃的基础上，经2座预热炉预热后，助燃空气可达450～600℃，通过助燃空气及煤气预热，供应给高炉的热风温度可达1300℃。为延长设备使用寿命，高温阀门使用除盐水密闭循环冷却，管道钢壳内表面涂防腐及耐热涂料。

热风炉是向高炉连续不断地供应大量高温空气的系统，空气燃烧阀是热风炉不可缺少的重要设备，热风炉的燃烧期和送风期的正常工作和切换，都要靠空气燃烧阀等阀门的开闭来实现。

2　介绍

首钢京唐公司炼铁厂热风炉使用的空气燃烧阀属于超高温衬里节能型水冷闸阀。空气燃烧阀主要由阀体、阀板、链条、链轮、配重及油缸组成。链条与阀板和配重连接，油缸与配重连接。阀门开启时，油缸有杆腔供油，缸杆收缩，带动主动链条及阀板向上运动，阀杆位置指示针触碰至阀门开到位极限时，液压系统停止向油缸供油，阀门处于完全打开状态；阀门关闭时，油缸无杆腔供油，缸杆伸出，阀板向下运动，阀杆位置指示针触碰至阀门关到位极限时，液压系统停止向油缸供油，阀门处于完全关闭状态。

空气燃烧阀采用液压驱动，其特点是工作可靠、安全，可以实现稳压快速操作。阀板的升降时间短，有利于提高阀板寿命。因为速度越慢，阀板底部受气流冲刷越重，损坏的机率越大。

3　存在的问题及处理方法

3.1　空气燃烧阀使用过程中常见的故障

由于热风炉从燃烧室到预燃室之间管道有多处弯管，造成管道内的砌砖、喷涂料更加容易脱落，管道内砌砖或喷涂料脱落后，堵塞在阀槽或阀板正下方，造成阀门卡阻，阀门不能关闭到位，因此阀门关极限无反馈信号，油缸持续作用，油缸带动从动链条运动，造成从动链条拉紧瞬时受力太大，发生断裂，严重时会造成链轮飞出、配重滑道严重扭曲、配重与油缸十字头的连接件剪切折断。故障空气燃烧阀损坏严重修复时，工人劳动强度很大，故障发生时容易对现场巡检人员造成人身伤害。

3.2　空气燃烧阀故障原因分析

空气燃烧阀使用过程中出现的故障主要有：传动链条断裂、链轮飞出、配重滑道变形和油缸十字头与配重连接件折断。它们均为传动系统的零部件，相互关联。在现场观察发生故障的空气燃烧阀，发现存在阀门阀杆位置指示针上移、从动链条太过松弛和主动链条、从动链条两条长度不一致的现象。通过查询热风炉区域设备检修台账记录发现，空气燃烧阀链条断裂只发生在1号高炉3号、4号空气燃烧阀和2号高炉3号、4号空气燃烧阀，且从动链条断裂之前都发生过主动链条断裂的现象。结合空气燃烧阀的动作过程分析可知：上述故障都由链条断裂引发。

执行机构为油缸，型号为 200/140-2550，液压系统的工作压力为 12~ 14MPa；传动件为链条，型号为 ISO24B，单排最大抗拉载荷为 160kN，分为主动边和从动边，各有两条；为了平衡阀板的重量，在油缸和链条之间增加了配重，减小了驱动阀门打开时所需的拉力，减少了能量消耗，降低了阀门关闭时的加速度，减轻了阀门开关到极限位置时对机械限位的冲击；设置了滑道，很好地限制了配重的运动轨迹，防止油缸十字头与配重连接件的剪切折断。

为了更好的分析空气燃烧阀链条断裂的原因，对其动作过程的受力情况进行了如下分析：

阀门关闭过程的受力分析如下：

$$F_1 = G_{阀板} - G_{配重} - G_{缸杆} - F_{摩擦} + F_{无杆} - F_{有杆}$$

式中，$G_{阀板}$为阀板所受重力，$G_{配重}$为配重所受重力，$G_{缸杆}$为油缸缸杆所受重力，$F_{摩擦}$为链条运动过程所受的摩擦力，这四个力均固定值。

设 $G_{阀板} - G_{配重} - G_{缸杆}$为 G，上式可简化为：

$$F_1 = G - F_{摩擦} + F_{无杆} - F_{有杆}$$

式中，$F_{无杆}$为油缸无杆腔所受的液压油的作用力，$F_{有杆}$为油缸有杆腔所受的液压油的作用力。

$$F_{无杆} - F_{有杆} = P_1S_1 - P_2(S_1 - S_2)$$

式中，P_1为液压系统的工作压力，为 120～140Bar；P_2为回油背压，为 1Bar；S_1为油缸活塞面积，0.0314m^2，S_2为油缸缸杆面积，为 0.0154m^2，所以：

$$\begin{aligned} F_{无杆} - F_{有杆} &= 12\times10^6\times0.0314 - 0.1\times10^6\times(0.0314-0.0154) \\ &= 0.3752\times10^6\ \text{N} \\ &= 375.2\ \text{kN} \end{aligned}$$

阀门打开过程的受力分析如下：

$$F_2 = G_{配重} + G_{缸杆} - G_{阀板} - F_{摩擦} + F_{有杆} - F_{无杆}$$

$$F_2 = -G - F_{摩擦} + F_{有杆} - F_{无杆}$$

$$\begin{aligned} F_{有杆} - F_{无杆} &= P_1(S_1 - S_2) - P_2S_1 \\ &= 12\times10^6\times(0.0314-0.0154) - 0.1\times10^6\times0.0314 \\ &= 0.1889\times10^6\ \text{N} \\ &= 188.9\ \text{kN} \end{aligned}$$

由上述的受力分析可知：空气燃烧阀开阀时，油缸的驱动力最大为 188.9kN，加上油缸缸杆和配重约为 30 kN 的重力，合力为 218.9 kN，而链条主动边的最大抗拉载荷为 2×160 kN，所以当主动边的两条链条同时承受拉力时，链条不会发生断裂。由此可见，阀门开动时发生的驱动链条主动边断裂主要是由于两链条长度不一致，只有一条链条承受拉力或链条使用时间太长，超过使用寿命周期造成的。

空气燃烧阀关阀时，因为阀板重力大于配重及油缸缸杆重力之和，阀门可以依靠阀板自重进行关闭。正常关闭时，从动链条处于松弛状态，几乎不承受拉力；在阀门关极限出现故障或管道内砌砖或喷涂料脱落后，堵塞在阀槽或阀板正下方，造成阀门卡阻，阀门不能完全关闭时，阀门关极限没有反馈，液压系统持续向油缸无杆腔供油，油缸最大的驱动力为 375.2 kN，减去油缸缸杆和配重约为 30 kN 的重力，合力为 345.2 kN，从动链条的最大抗拉载荷为 2×160 kN。因为板式链条的抗拉载荷的安全系数为 5，所以在静载荷的情况下，也不会出现链条断裂的情况。由此可见，阀门关闭时发生的驱动链条从动边断裂主要是由于两链条长度不一致，只有一条链条承受拉力，且链条太过松弛，链条拉直瞬间承受的冲击力太大造成的。

空气燃烧阀配重滑道变形故障是由于链条突然断裂时，导致配重单边受力过大，配重对滑道有横向冲击，造成滑道扭曲变形；在滑道发生变形后，如果不及时更换，而且油缸十字头安装方向不正确，不能让配重随变形的滑道自由运动，会在十字头与配重的连接处形成较大剪切力，致使十字头与配重连接件被切断。安装油缸十字头和配重连接件时，应该使销轴轴线与滑道平面垂直，这样配重可以在两滑道形成的平面内运动不受限制。

3.3 空气燃烧阀故障处理方法

（1）调整链条长度，保证驱动链条主动边和从动边各自的两条链条长度相等，同时受力。

（2）按照 YB/T 036.18 中“8.3 链条与链轮工作时应均匀啮合，主动边必须拉紧，从动边应有初垂度 f；当传动装置和水平线的倾斜角 $\alpha \leqslant 20°$ 时，$f = 0.02\ L$；当 $\alpha > 20°$ 时，$f = (0.01 \sim 0.015)\ L$（L 为水平两链轮的间距）”的要求，调整热风炉空气燃烧阀驱动链条的张紧程度。

（3）更换变形严重的配重滑道，调整没有正确安装的十字头方向。

（4）对热风炉液压站空气燃烧阀控制回路进行改造，调整空气燃烧阀油缸油压，减小油缸的最大作用力。

4　空气燃烧阀液压控制回路改造方案

首先调整高炉热风炉液压系统高压值，将热风炉液压站工作压力由12~14MPa，调整至12~ 13MPa，减小液压缸最大作用力，降低空气燃烧阀链条断裂概率。

热风炉液压站是高炉热风炉区域所有液压缸的动力系统，调整低压值时，首先应保证正常生产时，所有液压驱动的阀门，都可以正常动作，开关速度达到生产工艺系统要求；其次需要设计院重新核算热风炉蓄能器组的能力，应保证在大停电的情况下，所有工艺要求开关的阀门正常动作，及时开关到位。此过程计算复杂，可以调节的液压系统压力值范围十分有限，需要改造增加的设备太多。

由于上述原因，同时考虑到现阶段热风炉区域内只有热风阀和空气燃烧阀存在链条断裂的情况，可以在热风炉液压站内控制这两种阀门动作的液压回路上增加减压阀，标号1所指为新增加的叠加式减压阀。为了不影响空气燃烧阀正常开启，在空气燃烧阀液压控制回路增加了A腔减压阀，只对空气燃烧阀的驱动油缸的无杆腔进行了减压。

在保证空气燃烧阀正常动作的情况下，经过现场调试，将驱动油缸的无杆腔压力已经降低至65Bar。经过改造，可以将液压系统压力降至最低，且不需要重新核算蓄能器能力，也不会影响其他阀门的正常动作。空气燃烧阀发生卡阀时，从动链条所受的最大拉力 $F=P_1S_1-3\times10^4=6.5\times10^6\times0.0314-3\times10^4=17.41\text{kN}$，远远小于两条链条的最大抗拉载荷320 kN。从理论讲空气燃烧阀发生卡阻或关极限发生故障时，其从动链条不会再发生链条断裂及相关联的链轮飞出、配重滑道变形和配重与油缸十字头连接件的剪切折断故障。

5　改造效果和经济效益

首先在链条频繁断裂的2号高炉3号空气燃烧阀液压控制回路增加减压阀，经过3个月的运行试验，该空气燃烧阀动作平稳、工作稳定，未发生驱动链条断裂及关联故障，证明了此改造方法是可行、有效的。空气燃烧阀改造后，节省了大量的人力和备件费用。按每座高炉每个月发生4次此类故障，每次处理该故障需要6个人工作8小时，每个人1个工时的费用为29元计算，1个月可以节省人力费用11136元。每条链条的备件费为13880元，每月可节省备件费111040元。每月共可节省费用122176元。

6　总结

通过详细分析空气燃烧阀故障的原因，针对产生故障的原因制定了对应的处理方法，并且对热风炉液压站内空气燃烧阀的控制油路做了改造，收到了良好的效果，空气燃烧阀运行平稳，保证了生产的持续稳定运行，且节省了大量的备件和人力费用。热风炉区域内有20台与空气燃烧阀结构相同的大型液压驱动的闸阀，如热风阀、冷风阀和倒流休风阀等，通过此次故障的原因分析和处理方法的成功探索为此类阀门的故障处理积累了经验。

添加除尘灰（煤焦粉）配煤炼焦试验研究

首钢京唐钢铁联合有限责任公司焦化作业部生产技术室

赵　鹏　何亚斌　彭军山　严军喜　闫立强　王春燕

摘　要：通过采用300kg焦炉实验分析，得出配合煤中添加0.5%的除尘灰，对焦炭质量影响不大，若除尘灰（煤焦粉）等比例替代瘦煤，除尘灰配比可提高到1.5%。

关键词：除尘灰　炼焦试验　配煤

1　试验背景

首钢京唐钢铁联合有限公司焦化作业部目前具有4座7.63m特大型焦炉及配套设施，采用Uhde公司先进的COKEMASTER®自动化控制系统。建设规模为年产干全焦420万吨/年。

焦化作业部年配用炼焦煤500~560万吨，除尘灰(煤焦粉)尘量约为4.8万吨/年，以下除尘灰(煤焦粉)统一称为除尘灰，除尘灰主要来至两个作业区：备煤作业区和炼焦作业区。备煤作业区主要由预粉碎设施、配煤设施、粉碎设施、混合室、煤塔顶层以及相应的带式输送机通廊和转运站等组成。预粉碎机室、粉碎机室产生煤粉尘，两点与地面除尘站相接，收集粉尘后达标排放；炼焦作业区产生焦粉尘点包括装煤除尘、推焦除尘及熄焦除尘系统，它们同样与地面除尘站连接收集焦粉尘后达标排放。其中焦粉尘量占总尘量的90%，煤焦粉尘特点灰硫含量高，水分低（基本不含水分），细度高（小于0.2mm占90%）。

建厂时除尘灰加湿处理后，罐车外运，定期外售，但最近，由于销路不畅，粉尘积压，造成环境污染。故京唐焦化作业部准备解决此问题，基本思路为将除尘灰添加到配合煤中进行炼焦。因此，选用300kg半工业试验焦炉进行炼焦试验研究，为应用于生产做好前期支撑。

2　300kg试验焦炉简介

本次实验采用300kg试验焦炉进行炼焦试验。300kg试验焦炉为首钢技术研究院于2013年6月建成的一套高效环保试验焦炉，主要用于首钢当前一业多地焦化专业炼焦配煤试验研究。

300kg焦炉主体结构包括：炉体、装煤和推焦部分、拦焦小车、干湿熄焦部分。加热方式采用电加热，加热功率180kW，加热元件为12根硅碳棒，分别置于焦炉两侧，每侧6根，一侧炉墙为活动炉墙，另一侧炉墙为固定墙。焦炉炭化室宽度450mm，有效容积1000mm×1000mm×400mm。焦炉与其他设备配合进行依靠重力的顶装方式装煤或预先装箱再进行装煤的侧装煤两种装煤操作方式。炽热焦炭可采用湿熄或干熄两种方式。

该试验焦炉实现完全自动化控制。焦化过程中，炉墙温度，焦炭内部温度和压力，炉墙压力，气体温度、焦炭顶部的气体压力及耐火材料的温度等均由电脑采集数据和过程的控制。另外，加热元件的电压和电流也可以记录下来。

炼焦过程环境友好。炼焦过程中产生的荒煤气导出系统由完全燃烧系统和荒煤气压力调节系统组成，燃烧系统的操作温度在700~900℃。压力调节系统设置一个荒煤气压力调节水封，自动调节煤气压力，实现炼焦过程炭化室微正压，同时使得焦炉煤气均匀平稳流出，完全燃烧。

3　配煤炼焦实验

3.1　300kg焦炉实验配煤方案

取焦化作业部生产煤和除尘灰，按300kg试验焦炉装煤量要求组织配煤焦粉尘炼焦试验，干基装煤粉330kg，试验方案见表1。f_0为生产煤试验方案，

表1　试验方案

方　案	生产煤/%	除尘灰/%
f_0	100	0
f_1	99.5	0.5
f_2	99.0	1.0
f_3	98.5	1.5

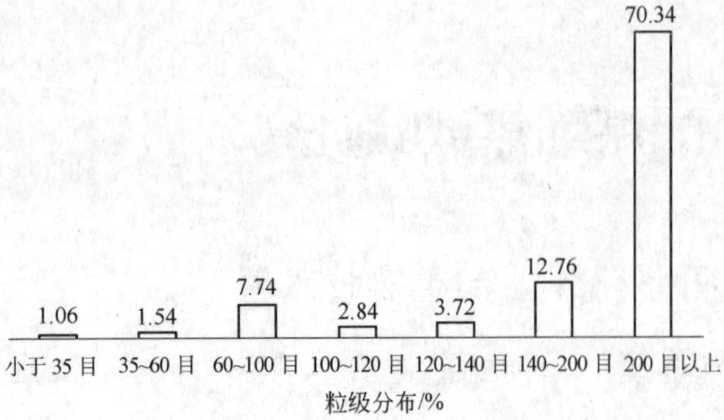

图 1　除尘灰粒度

f_1~f_3 分别为配焦粉 0.5%、1.0%和 1.5%试验方案。

3.2　除尘灰的质量分析

3.2.1　除尘灰粒度

配煤炼焦时除尘灰的粒度要求应尽量小一些，本次试验配入的除尘灰为地面除尘站布袋收集所得，完全满足要求。焦粉的粒度分布见图 1 和表 2。

3.2.2　除尘灰的工分及全硫

由图 2 和表 3 可以看出，除尘灰灰硫含量明显高于生产配合煤，除尘灰灰分含量高于生产煤 6.41%，其硫分含量高于生产煤 0.26%，理论上将除尘灰配煤炼焦，配合煤的灰硫含量应有所提高，进而会导致焦炭灰硫含量相应提高，每提高除尘灰 1%，配煤灰分提高 0.064%，硫分提高 0.0026%，焦炭灰分提高 0.085%（全焦率 0.75），硫分提高 0.0023%（煤焦硫转化率 90%），所以必须控制除尘灰配入比例，由前所述焦化生产除尘灰产生量大概为焦炭总量的 1% ~ 1.5%，生产配煤时除尘灰配入比例应不高于 1.5%为宜。

表 2　除尘灰粒度

除尘灰粒度/目	<35	35~60	60~100	100~120	120~140	140~200	>200
粒级分布/%	1.06	1.54	7.74	2.84	3.72	12.76	70.34

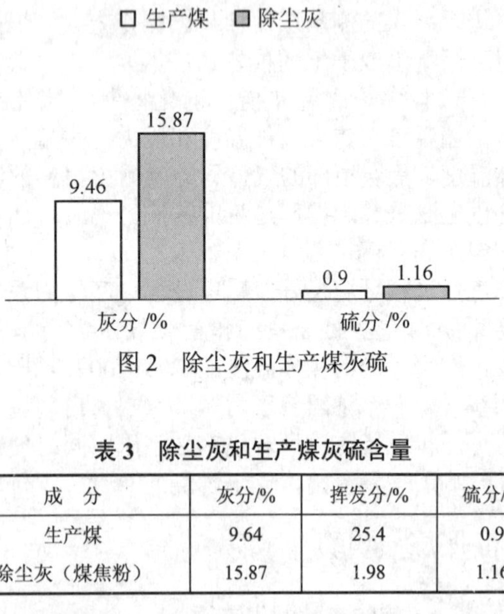

图 2　除尘灰和生产煤灰硫

表 3　除尘灰和生产煤灰硫含量

成　分	灰分/%	挥发分/%	硫分/%
生产煤	9.64	25.4	0.9
除尘灰（煤焦粉）	15.87	1.98	1.16

3.2.3　生产配合煤及试验方案煤质分析

本次试验所取的生产煤来源于焦炉配煤塔，在 300kg 焦炉试验站经破碎及二次搅拌混合，装炉煤细度为 80%左右，炼焦试验前将配合煤水分调至 10%装炉，装煤干基 330kg。生产配合煤及各试验方案按国标 9 点取样并缩分出 4kg 用以煤质检测，煤质分析见表 4。

由表 4 煤质分析结果可以看出，试验方案 f_2 和 f_3 与生产煤（f_0）相比灰分提高 0.08%，方案 f_1 比 f_0 却降低 0.1% ，方案 f_1 和 f_2 硫分比生产煤（f_0）高 0.02%，方案 f_3 却降低 0.01%，这与理论分析有较大差别，分析其原因，第一与取样有关，第二由于除尘灰配入比例不大（均小于 1.5%），灰硫含量的提高被化验检测误差所掩盖；生产煤方案（f_0）与除尘灰试验配比方案（f_1 ~ f_3）相比，煤质的黏结性和结焦性均出现下降趋势，说明生产煤中配入 0.5% ~ 1.5%除尘灰后，随着除尘灰配入量的逐渐提高，其煤质的黏结性和结焦性出现劣化趋势，其中配 0.5%除尘灰煤质最好，配 1.0%除尘灰和 1.5%除尘灰煤质相差不大，但有一定劣化。

表 4　煤质分析结果

方案	A_d/%	V_{daf}	S_{td}	X/mm	Y/mm	G	b
f_0	9.56	25.66	0.88	30.5	15.5	74	–5
f_1	9.46	25.39	0.90	23	16	77	–5
f_2	9.64	25.40	0.90	36	15	68	–6
f_3	9.64	25.06	0.87	20.5	13	71	–3

注：f_0 为生产煤，f_1~ f_3 为试验方案,以下相同。

4　试验结果与分析讨论

通过采用生产配煤方案和配加除尘灰试验方

案进行 300kg 半工业焦炉炼焦试验，所得焦炭机械强度和高温反应性及反应后强度结果列于表 5 中，焦炭筛分结果列于表 6 中。

表 5 300kg 焦炉炼焦试验焦炭强度 (%)

方案	M40	M10	CRI	CSR
f_0	81.1	6.48	20.3	71.6
f_1	86.3	6.96	22.4	70.9
f_2	84.3	7.26	21.9	70.9
f_3	85.6	7.12	20.7	71.6

表 6 各方案焦炭筛分组成 (%)

方案	>80mm	80~60mm	60~40mm	40~25mm	<25mm
f_0	8.0	32.0	40.4	11.4	8.2
f_1	16.4	34.3	31.3	8.7	9.3
f_2	18.1	33.0	30.7	10.0	8.2
f_3	16.7	35.9	31.8	7.9	7.7

4.1 焦炭筛分组成分析

各配煤方案炼焦所得焦炭进行机械筛分，将焦炭分成大于 80mm，80~60mm，60~40mm，40~25mm，小于 25mm 5 个块度组成，由表 6 可以得出配加除尘灰试验方案所得焦炭大于 60mm 块度，明显高于生产煤所得焦炭，并且随着除尘灰配加比例的提高而增加。当除尘灰配 0.5%时，大于 60mm 焦炭增加 10.7%；当除尘灰配 1.0%时，大于 60mm 焦炭增加 11.1%；当除尘灰配 1.5%时，大于 60mm 焦炭增加 12.6%（见图 3）。说明在现有生产煤条件下，除尘灰配加一定比例（小于 1.5%），焦炭块度得到明显提高。

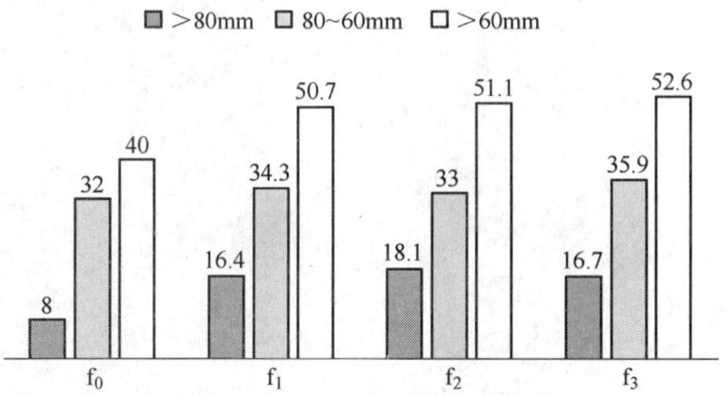

图 3 大于 60mm 焦炭块度比例

4.2 焦炭机械强度分析

焦炭的机械强度包括焦炭的抗碎强度（M40）和焦炭耐磨强度（M10），由表 5 和图 4、图 5 中 300kg 焦炉各配煤方案所得的焦炭机械强度结果可见，生产煤炼焦所得焦炭的抗碎强度低于配加除尘灰所得焦炭抗碎强度，说明除尘灰（<1.5%）的配加没有使焦炭抗碎强度（M40）降低，反而有一定程度提高，分析其原因除尘灰作为惰性物质配入煤中，加强了煤粉结焦过程中骨架作用，提高了焦炭抗摔强度；而生产煤焦炭耐磨强度（M10）普遍高于配加除尘灰的试验方案焦炭的耐磨强度，说明在生产煤中配加 0.5%~1.5%除尘灰后，现有条件下的生产煤结焦时不足以黏结以惰性组分存在的除尘灰，造成焦炭强度检测时焦粉量增加，耐磨强度降低。

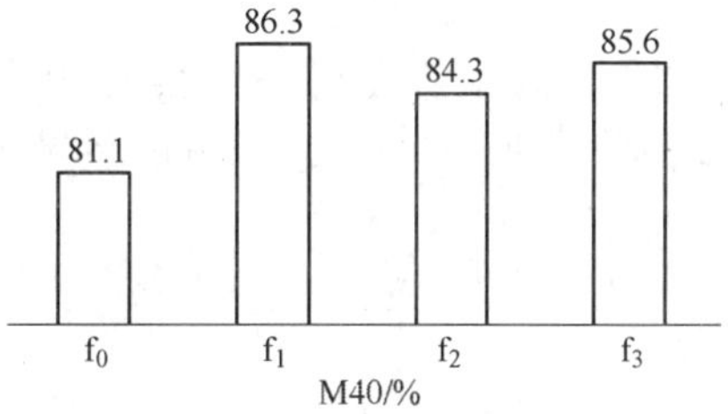

图 4 焦炭抗碎强度（M40）

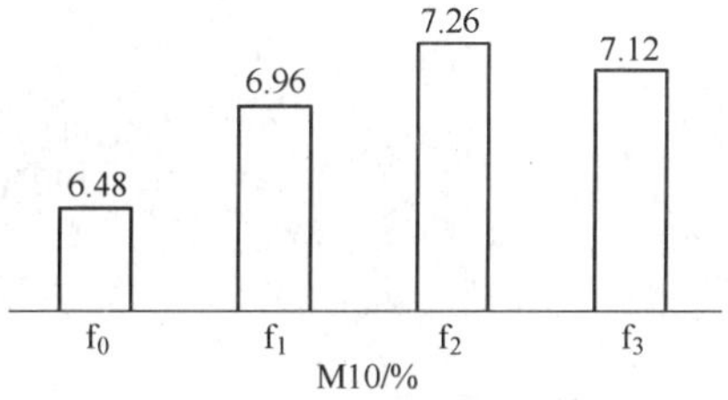

图 5 焦炭耐磨强度（M10）

目前京唐焦化作业部每天焦炭产量 10000 余吨，日产除尘灰 100 余吨，除尘灰日产率焦炭总量的 1%~1.5%。如果想消纳这部分除尘灰，意味着除尘灰配煤比例约为 0.8%~1.2%，除尘灰灰硫含量尽管比生产煤高，但含量也算是比较接近，由于除尘灰配加比例不可能高，焦炭灰硫含量增加幅度十分有限，而配加除尘灰导致焦炭耐磨强度下降，是不能接受的，较好的解决办法是同比例降低生产煤中瘦煤的配比，即用除尘灰替代瘦煤配煤炼焦，根据本次试验结果，除焦炭的耐磨强度有所降低，其他强度指标均稳定或有一定改善，该办法可行。

4.3 焦炭高温反应性及反应后强度分析

配加除尘灰（<1.5%）炼焦试验，所得焦炭的高温反应性与反应后强度与生产煤焦炭比较，结果波动较小，基本持平，说明除尘灰配加 1.5%以内，

不会对焦炭的高温反应性与反应后强度产生不良影响（见图6）。

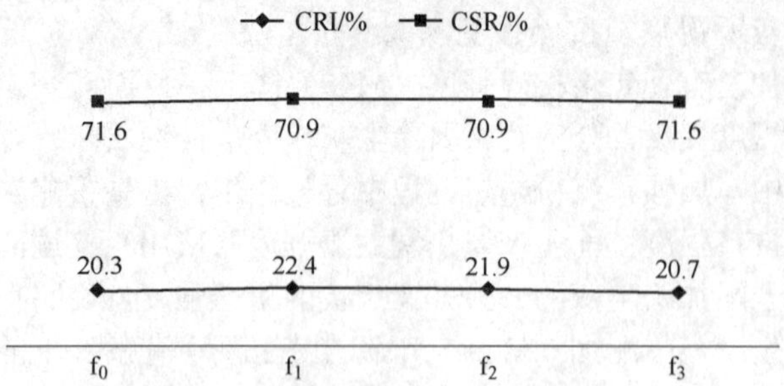

图6　焦炭高温反应性与反应后强度

5　结论

（1）在现有配煤条件下，焦化生产时配加0.5%～1.5%除尘灰（煤焦粉），可以不同程度提高焦炭>60mm 产率，并随着除尘灰配比的提高而增加。

（2）添加除尘灰（煤焦粉）配煤炼焦，会增加焦炭灰硫含量，理论上每提高除尘灰 1%，焦炭灰分提高 0.085%，硫分提高 0.0023%。

（3）在现有配煤条件下，配 1.5%以内除尘灰（煤焦粉）炼焦时，可提高焦炭抗碎强度，但焦炭耐磨强度有一定降低。若稳定焦炭耐磨强度可考虑除尘灰（煤焦粉）替代同比例瘦煤炼焦。

（4）依据目前京唐焦化煤质，1.5%以内除尘灰（煤焦粉）配煤炼焦，对焦炭高温反应性与反应后强度基本无影响。

（5）考虑半工业试验与工业生产有较大差别，建议进行添加除尘灰（煤焦粉）工业实验，配比不超过 0.5%；若除尘灰（煤焦粉）等比例替代瘦煤，可配 1.5%。

京唐球团带式焙烧机造球系统新技术应用

首钢京唐钢铁联合有限责任公司炼铁作业部　刘胜歌

摘　要：球团是为炼铁准备合格原料的重要工序。带式焙烧机和造球机是焙烧工序中最关键的设备。造好球是球团焙烧的基础。没有质量好的生球，再好的焙烧工艺和技术也不可能生产出优质的球团矿。因而造球这一工艺环节在球团生产中非常重要，本文重点介绍京唐球团造球系统新技术开发和现场应用情况。

关键词：造球　自动控制　破球机　改造

1　引言

国外从20世纪60年代初就开始在球团生产中应用电子计算机，但是直到80年代将人工智能技术应用与球团过程控制，球团过程控制才达到了一个较高的水平。例如，日本川崎钢铁公司水岛厂和千叶厂，新日铁公司室兰厂和名古屋厂等，采用了集散型控制系统。

80年代以来，我国球团技术进步的一大显著特点是球团过程广泛采用计算机控制系统。许多老厂结合技术改造对个别关键生产设备及重要工艺参数实现微机控制。部分老厂，如攀钢、太钢、马钢、鞍钢等厂，对定量配料、混合料水分、矿槽料位、点火温度实行微机控制，对稳定生产、提高产品质量、减轻工人劳动强度取得了很好的效果。但是截至目前，国内还没有一家球团生产单位实现造球系统上料系统的完全自动化控制，由于造球工艺的重要性和复杂性，之前国内造球工艺主要以人工手动控制为主，国内球团行业造球工艺水平还有待进一步提高。

2　造球系统在生产过程中存在的难点问题

造球系统是球团生产过程中的关键环节，影响球团生产稳定的决定因素，生球的质量和产量直接决定焙烧机机速、焙烧机各个工艺段以及风箱内的压力和温度的稳定，并最终决定成品球团的质量和产量。在京唐球团生产过程中，造球系统主要需要解决以下几点难点问题：

（1）球团生产过程中要求只有生球粒度在9~16mm范围内的合格生球才运行进入焙烧机进行焙烧，而粒度大于16mm和小于9mm的不合格生球只能通过湿返料系统返回原料重新进行造球，湿返料系统主要包括皮带机、小球辊筛、双层辊筛。通过造球盘造出来的生球通过小球辊筛、双层辊筛筛分后，返回来的不合格生球比例较多，而且返回到原料系统的不合格生球无法完全变成粉状物料，极大地影响了造球的稳定。返回的不合格生球再次进入造球盘进行造球时，会严重影响造球盘内部不同粒度生球的分布情况，不合格粒度的生球明显增多，严重降低合格生球产量、生球抗压等性能，而且如果粉料中掺杂过多的粒状生球重新进入造球以后，造球盘底会由于缺少粉料而不能形成稳定的盘底，形成塌料，进而对生产造成十分严重的影响。

（2）造球系统由于料仓较多，如果人为对多个料仓控制灌料情况下，经常会出现物料仓溢料或者出现空仓的现象，对生产造成很大影响，而且现场看护人员需要不断地来回跑动观察料仓灌料情况，防止出现溢料或者空仓，一天工作下来经常筋疲力尽，同时现场的环境卫生一般由于是粉料环境条件，空气中粉尘较大，对人员健康也造成很大伤害。

（3）造球系统由于在设计过程中存在的先天缺陷，造球系统的跑冒滴漏等现象严重，造成区域内的环境卫生十分恶劣、灰尘很大、地面积灰较多。而且在生产过程中由于造球盘刮刀和打水点位设计不合理，造成造球盘造球效率较低，合格生球质量较差，产量十分不平稳，而且多个造球盘出席塌料现象，对生产造成了极大影响，生产很不稳定。

（4）工作中由于设备种类和数量繁多，设备的周期润滑工作给设备管理人员带来了很大的挑战，通过逐个填写设备润滑表以及查询设备润滑周期来完成工作的方式，易导致设备过期未润滑，严重时会影响生产稳定运行，也会缩短设备使用寿命，或者过渡润滑致使浪费等。

3　研究思路

针对造球系统现存的问题，该生产线决定对造球系统设备以及自动控制进行一系列优化改进，改进原则要求经济实用、节能减排、安全可靠，操作简单、对生产有一定的促进作用，并尽可能利用现有资源，如增加生球破碎设备尽可能在现有设备安装基础上进行优化，避免过大的改造增加额外经济负担；软件编程也最好使用现有的 RSLogix5000 编程软件和网络布置。

经过研究分析，决定在 SF4、SF5 两条湿返料皮带机上增加破球机，一方面由于这两条皮带机比较宽，湿返料在这两条皮带上的布置比较均匀，而且空间较大，有利于设备安装和检修等工作。另一方面该点位是湿返物料最初始点位，较大粒度的生球最多，在该点位增加破球机进行辊压效果明显，其他点位由于生球落差破碎形成部分粉料掺杂在物料中，辊压后的效果有所降低。

在造球控制系统优化中，使用现有的 RSLogix5000 编程软件、网络布置以及现场现有的检测点位，无需增加额外的硬件以及和现场监测点，极大地降低了投资成本，而且增加的控制系统直接可以融合到现有的上位人机画面中，操作简单明了，软件和程序维护也十分方便。

4　研究内容

在经过考察调研，经过深入研究和技术攻关，在广泛征求业主及与同行意见后，充分兼顾先进性和经济性，经过多方案比较分析的基础上。决定在设计中采用下列解决方案，具体如下。

4.1　自研制生球破球机

自研制生球破球机在 SF4、SF5 湿返料皮带机上安装，在皮带上方安装压带辊，在皮带机下方安装两个支撑托辊，一方面起到对物料的积压作用，另一方面提高了设备运行的稳定性。

皮带机在主电机的驱动下运行，压带辊和皮带下方两个支撑托辊在皮带的作用下，随着皮带自转，无需额外增加驱动电机，由于辊子随着皮带自转，因此对皮带造成的阻力很小。一定粒度的湿返料随着皮带逐渐进入压辊和支撑辊之间，受到挤压作用，挤压产生的作用力也由小逐渐增大，最后变成粉末。

SF4、SF5 皮带机安装生球破球机，该破球机无需提供额外的动力驱动，直接安装在皮带上方，随皮带的运行而自转，自湿返料系统返回来的不合格粒度生球，通过破球机上下辊子的挤压，一定粒度的生球被有效破碎，有效提高了进入造球盘内部物料的质量，提升了造球效率，极大地降低了湿返料量从 46%降低到 32%，提高了成品球合格率，增产增效，降低能耗，年节约成本 1300 万元，该生球破球机已经为京唐公司申请了国家级专利。

4.2　自研发造球仓无人化自动灌料技术

造球仓的自动灌料功能，主要针对需要对多个料仓连续灌相同的物料，由于料仓较多，如果使用人为对多个料仓控制灌料情况下，经常会出现物料仓溢料或者出现空仓的现象，对生产造成很大影响，而且现场看护人员需要不断地来回跑动观察料仓灌料情况，防止出现溢料或者空仓，一天工作下来经常筋疲力尽，同时现场的环境卫生一般由于是粉料环境条件，空气中粉尘较大，对人员健康也造成很大伤害。该无人化自动灌料管理软件可以实现设备自动灌料，无需人员现场看护，同时它极大地降低了设备维护人员的劳动强度，提高了劳动效率。

该自动灌料控制可以根据被选中料仓中物料存储情况，自动控制犁式卸料器的抬起和落下，对被选中料仓进行按料位或按时间灌料，（其他可能由于检修、备用或者倒修而未被选中的料仓不参与自动灌料控制）。上料时该自动灌料程序只对被选中料仓灌料，灌料时首先搜索最低料位料仓进行灌料，并一次性灌料到料位 45%，然后进行搜索其他料仓料位是否有低于 30%的料仓，如果有则换仓到低于 30%料位的最低料仓进行灌料，如果没有则继续灌当前料仓到 60%，此时再次进行搜索其他料仓料位是否有低于 45%的料仓，如果有则换仓到低于 45%料位的最低料仓进行灌料，如果没有则继续灌当前料仓到 80%，80%料仓料位为高料位，此时进行换仓灌料。该自动灌料控制可以实现所有料仓料位同步上升，防止个别料仓出现溢料或者空仓的现场发生。同时还可以防止犁式卸料器频繁抬起和落下，提高犁式卸料器使用寿命。该自动灌料控制在自动条件下可以实现任意的手动干预，不影响下一步自动灌料控制的进行，犁式卸料器的抬起具有延时功能，较下一个犁落下延时时间较长 5s，进而有效防止部分物料集中落入最后一个料仓。

该自动灌料控制还设置有高低料位报警功能，

对一次灌料进行预警声音报警，并停止对高料位仓进行灌料。当某个料仓料位达到低低料位时，联锁顺停该料仓下游设备；当所有料仓达到高料位、或者某个料仓达到高高料位时，进行二次声音报警，延时5s，联锁瞬时停止上游设备，防止过分灌料溢料造成停产。

该自动灌料控制还可以根据时间进行灌料，按定时时间灌料，达到时间后换仓进行灌料。该自动灌料技术已经申请国家专利发明。

4.3 造球盘设备改进

裙边式定量给料机由于皮带两侧带有裙边，物料夹杂在其中，经常导致下层皮带掉料现象，进而将造球系统的定量给料机改裙边式为无裙边式。对造球盘刮刀进行优化改造，一方面优化刮刀距离盘底的距离为30mm，既降低了盘底的磨损程度，又提高盘底的平整度，同时，增加边刮刀提高造球盘边缘的光洁度，有利于造球。另一方面优化造球刮刀的角度，将刮刀角度调整到顺着生球运动轨迹方向，既起到了疏导造球盘内料流的作用，又最大限度地降低了刮刀对生球的破损程度。在造球盘底的改造中将之前的聚氨酯盘底改为现在的龟甲网盘底，由于龟甲网盘底有很好的固定盘底料的作用，减少了盘底塌料影响，稳定了造球。在造球盘打水优化改造过程中在球盘给料区增加滴水打水点，使得造球盘能够快速形成母球，在生球长大区域增加雾水打水点，使得形成的母球能够快速长大成为合格的粒度的生球，经过对造球盘进行的一系列改造极大地提高了造球盘的生产率。同时还通过对造球盘盘沿增高以及造球盘下料库加宽改造极大地解决了造球系统的跑冒滴漏等现象，改善了现场环境卫生，降低了工人的劳动强度。

4.4 自研发造球系统设备周期管理软件

该自动管理程序，主要针对需要进行周期性设备润滑的管理工作，根据设备周期润滑的周期时间，自动提醒上次加油时间和下次需加油时间、距离下次加油的具体时间，并根据设备当前润滑状态用不同颜色表示，一目了然。对设备加油后，点击该设备的确认键，会出现二次确认安全界面，再次确认后，上次加油时间、下次加油时间、逾期天数以及状态会自动更换。该设备周期润滑管理程序软件包只需稍加修改便可广泛应用，如设备的周期性润滑加油、减速机周期性更换润滑油、设备易磨易损件的周期性更换、设备周期性检修提醒、签票制度等管理工作。该管理软件的应用很好地规范了周期性设备维护相类似的管理工作，同时它极大地降低了设备维护人员的劳动强度，提高了劳动效率。该技术已经申请国家专利发明。

5 结束语

造球行业在国内的发展速度相对较为缓慢，而带式焙烧机更是国内球团行业的稀缺新事物，但是随着国内外环保生产理念的逐步深入，以及大高炉对熟料质量的提高，球团在大高炉炉料中比例明显提高，球团工艺将在未来有很大的发展空间。基于目前国内球团行业的发展水平，京唐球团厂带式焙烧机造球系统的相关技术应用与研究很大程度提升了目前国内球团技术水平，具有节能降耗、安全可靠、自动化水平高，具有很大的推广作用。

对首钢京唐公司 300t 转炉倾动装置切向键松动故障的专题研究

首钢京唐钢铁联合有限公司炼钢作业部　刘瑞林　刘向金

摘　要：转炉倾动装置切向键是传递转炉倾动力矩的关键部件，切向键如未能合适安装，工作一段时间后，会出现切向键松动或向外退出的现象。首钢京唐钢铁联合有限公司炼钢部 3 号 300t 转炉倾动装置二次减速机齿轮与耳轴相配合的切向键产生松动，因及时发现未造成大的影响，随后结合检修的机会，重新安装了切向键。本文深入分析了倾动装置切向键产生松动的主要原因，并探讨了切向键装配过程中的控制要点，以及采取冷装法进行切向键安装的优点和要点。使用该方法对倾动装置切向键二次装配后，过盈量满足设计要求，运行 2 年之后未出现松动现象,效果良好。

关键词：转炉　倾动装置　切向键　冷装法

1　背景介绍

首钢京唐公司 300t 转炉是由炉壳、托圈、倾动装置、耳轴轴承座等组成，炉壳与托圈通过上部四点球铰和下部弹簧板连接，转炉的倾动通过倾动装置来实现。目前国内转炉的倾动装置，普遍采用全悬挂柔性啮合传动机构。京唐公司 300t 转炉倾动装置包括变频电机，一次、二次减速机等部件并装配成一体组成大齿轮减速箱。大齿轮箱全悬挂在耳轴主动端，二次大齿轮与耳轴通过切向键联接。倾动装置切向键是传递转炉倾动力矩的关键部件，因此切向键的设计、制造和安装是保证转炉正常运转的关键环节。

倾动装置的切向键如未能合适安装，工作一段时间后，会出现切向键松动或向外退出的现象。这种现象如又不能及时发现并采取措施控制，会对整个转炉传动系统造成破坏，严重威胁正常生产和设备安全稳定运行。京唐公司投产以来，在炼钢部 3 号脱碳转炉发生一起切向键故障，因点检提前发现，并及时采取有效措施，避免了一次可能发生的严重的转炉设备事故。

2012 年 6 月 26 日 20:00，首钢京唐钢铁联合有限公司炼钢部炼钢区点检员发现 3 号 300t 转炉倾动装置二次减速机齿轮与耳轴相配合的切向键产生松动，因 2 号转炉正在进行炉役检修，经与设备室专业人员共同讨论暂时采取特护措施后，安排恢复 3 号转炉倾动的使用。2012 年 7 月 3 日 14:00，经过设备部和炼钢部的协调安排，3 号脱碳转炉停炉检修组织更换切向键。2012 年 7 月 6 日 10:00，新配研的切向键一次安装成功，到 7 月 7 日 1:30 分 3 号转炉装铁炼钢。

2　过程描述

2012 年 6 月 26 日中班 20:00 左右，炼钢区点检师刘向金配合 2 号转炉炉役施工时，从 3 号转炉倾动减速机旁边经过，听到有异常的声音，随后联系工长暂时停止使用要求对倾动减速机进行检查，经仔细检查发现转炉倾动装置二次减速机齿轮与耳轴相配合的切向键有松动迹象，同时检查了轴头压盖和轴套顶丝等部位，经过初步判断确认倾动减速机存在设备重大隐患。点检师考虑到倾动减速机一旦出现故障关系重大，立即联系当班生产调度，要求停止摇炉兑铁，同时汇报给炼钢区设备主管领导。炼钢区设备主管汇报炼钢部主管设备、生产的相关领导及设备室专业赶赴现场，进一步检查后判断切向键确实已经松动，因 2 号转炉正在进行炉役检修，在采取了降低转炉倾动速度和加强点检和巡检次数等特护措施后，安排临时恢复 3 号转炉倾动使用。

2012 年 7 月 3 日 14:00，按照设备部炼钢部的安排，3 号转炉停炉计划 48 小时检修，主要处理倾动切向键松动故障。

2012 年 7 月 3 日 23:00 左右，转炉倾动端配套装置及旋转接头等拆除，耳轴轴头压盖拆除，切向键端头露出，用塞尺检测后发现切向键配合间隙严重超标，为确保倾动系统运行的稳定，设备部高部长、炼钢部王部长组织讨论倾动切向键更换方案，决定重新配装新切向键，并调整确定了具体的施工方案和施工工期。

2012 年 7 月 6 日 10:00 左右，新配研的切向键一次安装成功，11:30 分切向键达到常温转炉具备倾动摇炉条件，于 7 月 6 日 23:45 烘炉，7 月 7 日 1:30 装铁炼钢恢复正常生产。

3 原因分析

3.1 主要直接原因

主要直接原因：转炉设备在建设期遗留的安装质量问题。

现场对 3 号转炉的耳轴与二级减速机切向键装配的检查测量结果显示，切向键与耳轴键槽配合面、切向键与大齿轮键槽配合面的接触面积与接触精度均未达到国家机械设备安装规范的标准。国家规范要求键的接触面积要达到 80%以上，接触精度要达到平方英寸 8 个点以上。现场检查显示，安装单位施工时因装配修磨量大（设备制造精度低所致）采用了电动砂轮磨削操作手段，造成接触面呈“斑块”状分布。“斑块”形成是由于接触精度不达标，砂轮磨削形成的弧形高点经过挤压磨合形成。其中现场检测发现有一根键的接合面在内侧约 200mm 长的一段无接触。

接触面与接触精度不达标直接导致配合面压溃变形，最终导致切向键组与耳轴键槽配合面、切向键与大齿轮键槽配合面出现间隙而松动。

3.2 主要客观原因

3.2.1 转炉设备在建设期倾动设备制造精度低

现场对 3 号转炉的耳轴与二级减速机切向键装配孔的测量结果显示，切向键内孔形状误差为梯形状态，南侧（炉前方向）的切向键组内外偏差为 0.7mm，内侧尺寸大；北侧（炉后方向）的切向键组内外偏差为 1.6mm，外侧尺寸大。

转炉耳轴和二级减速机键槽的配合尺寸客观上存在较大的不规则误差。该客观因素的存在直接导致切向键装配时的施工难度增大，采用常规的施工方案无法保障装配精度。

3.2.2 转炉设备在建设期切向键制造存在质量问题

现场检查拆下的切向键组检查出 1/100 配合面有压溃变形现象，在对与旧键同期同一批次的两根切向键备件检测时检测出一根键的硬度严重超差，1400mm 长的切向键两端 200mm 段 HB 硬度在 270~290 之间中间 1000mm 区段陡变到 HB 硬度 200~220。切向键材质为 42CrMo，按照国家机械设计规范调质硬度应在 240~280 之间。

切向键客观上存在材质与热处理质量问题。该客观因素的存在直接导致切向键装配后在转炉设备重负荷运行期间发生塑性变形，产生间隙而松动。

4 键组装配过程的控制

转炉倾动装置切向键安装非常重要，切向键的可靠安装是转炉倾动机构正常工作的重要保证。切向键装配在设计上一般要求有合理的过盈量,以满足机械设备正反方向运转所产生的重负荷力矩。为此,切向键与键槽的装配质量对机械设备的使用寿命和正常生产运行影响很大。

京唐公司这次切向键装配采用转炉炉口朝上的工位（也称“正装”），此时的两切向键在下方。这样做有几个好处：一是可以消除耳轴与二次大齿轮轮毂之间的间隙，二是京唐公司转炉为全正力矩设计，炉口向上支炉所需提供抗扭力矩不需太大，三是施工作业平面与转炉平台接近，方便施工。

切向键安装最关键的要素就是键与键槽的过盈控制，目前较为普遍的做法主要有两种，冲击法和冷却法。京唐公司采用了键组预冷冻装配工艺，过盈配合控制在 0.2~0.3 mm。

冷装法的操作要点如下：

（1）按理论计算，冷装前动、静键的错位尺寸应控制在 39～40 mm，则冷装后错位尺寸应变成为切向键冷装完后或用游锤楔紧后的错位尺寸。

（2）为了今后切向键的拆卸，下面的静键就不能装到底，即键内端头应留出空间(如果过盈量是 0.26mm，至少应留出 26mm 的空间)，也就是保证静键外面的伸出或缩进的尺寸留有空间，为键的退松拆卸留有余地。

（3）切向键的冷却采用的是液氮降温， 降温时将两套切向键分别装在两个铁箱内同时进行。降温时间约进行 1h。冷却后的温度达到了过盈量的 2 倍左右，以便于保证冷装间隙和冷装时间。

（4）切向键在冷却前准备好夹具及倒链，并先后分别将静键和动键装到键孔内，其操作时戴好棉手套，决不能用手直接触摸冷却后的切向键。

（5）两套切向键同时进行冷却，同时先装南、北静键，再同时后装南、北动键。如果先装一套南切向键，然后再装一套北切向键，则会因先装的键温度回升，使后装的键冷装过盈量间隙变小，甚至无过盈量间隙，致使冷装失败。

（6）冷却后的切向键产生脆性，避免发生摔、砸现象。

（7）键组安装完成后将动、静键用螺栓和压板进行锁住，以防退松。

我们认为针对上述分析的原因倾动装置切向键的装配是转炉安装中的重点之一，关系到转炉的正常运转。特别是设备制造质量，对于倾动装置与耳轴的设计制作、现场安装要协同检查和确认。设备运入工地，在安装前也应对切向键进行检查，对不符合要求的产品，即使工期紧，也应通过一定的检查确认，方可安装。

5　预防措施

（1）利用两根切向键备件与两套旧键的各一根键组合配做，重新装配出两组新的切向键组。

（2）对 3 号转炉的耳轴与二级减速机切向键槽进行现场实测，采用精确磨削加工方法加工两套切向键组，解决因梯形误差无法进行研磨装配的问题。

（3）新键组更换完成前，转炉倾动设备的转速参数进行调整，转速调定到原额定转速(1.5r/min)的 70%。

（4）2012 年 12 月份 3 号转炉炉役检修时再次对倾动切向键打开压盖检查，没有松动迹象，用游锤千斤顶测试检查未发现松动迹象。

（5）利用定修对其他转炉切向键进行详细检查。

关于氧枪控制系统的创新与探索

首钢京唐钢铁联合有限责任公司炼钢作业部　李　纪

摘　要：在转炉炼钢生产过程中，氧枪系统的控制是非常重要的一个环节，它直接影响转炉炼钢生产的安全、高效及钢水质量，本文以首钢京唐炼钢厂氧枪控制系统为研究背景，针对氧枪控制系统“溜车”问题进行研究。

主要研究内容如下：

（1） 阐述氧枪电气控制技术的发展现状，提出运用变频器的逻辑控制功能来控制抱闸的控制策略。

（2）分析京唐钢铁厂氧枪系统机械传动特点，对原有控制系统存在的不足进行了分析，提出抱闸模块和偏差模块的控制思路。

（3）对氧枪抱闸控制系统进行设计，通过对变频器参数进行优化设置，成功实现了对氧枪抱闸的有效控制。现场实验结果证明了抱闸模块改进的有效性，解决了氧枪控制系统“溜车”问题，加大了电控系统的安全系数。

关键词：氧枪　溜车　变频器　抱闸

1　课题的研究背景和意义

氧枪设备是炼钢厂的关键生产设备，其中氧枪传动的电力控制设备是转炉主要的电力传动设备。转炉的氧枪控制作为炼钢车间电气传动控制系统中的关键部分，炼钢转炉系统氧枪电机的控制直接关系到生产的连贯性、可靠性及生产效率。

首钢京唐炼钢厂炼钢生产全过程由PLC控制，氧枪控制系统是其中一个重要的子系统，它担负着对从转炉顶部进行吹氧冶炼的氧枪的升降控制。该系统按照原来的控制方式氧枪在启停过程中有时会出现抱闸提前或滞后的现象。抱闸提前动作时，会造成枪体抖动，经常引起电动机过流，逆变器故障报警；抱闸滞后动作时，造成“溜车”现象。自投产以来上述情况出现过多次，给日常生产及安全造成了极大的影响。

针对以上存在的现象，本文旨在简要概述系统原理和工作过程，着重介绍对系统安全运行影响最大的两个关键问题——针对氧枪控制系统提升瞬间“下溜”及运行过程中“溜车”现象的进行改进，解决氧枪抱闸的问题。

2　氧枪控制系统概述

在转炉炼钢生产过程中，氧枪系统的控制是非常重要的环节，它直接影响着转炉炼钢生产的安全、高效及钢水质量。本节主要介绍氧枪控制系统的组成，叙述了各部分的功能及控制方式，并就氧枪系统在运行过程中出现的问题进行分析。

2.1　氧枪的传动控制

氧枪系统为双小车双卷扬系统装置，一座转炉装有两套氧枪，变频装置采用矢量控制方式，氧枪部分共有两台电动机，一台工作，一台备用，采用二对二方式。正常生产中，两支氧枪的变频器、升降电机可以做到互为备用。

2.2　氧枪的抱闸控制

氧枪抱闸由PLC控制抱闸供电为有后备电源的两路电源，电源切换自动完成并采用失电抱闸控制方式。

氧枪电机控制系统具备合闸条件后，主控室发出合闸指令，此时氧枪电机进入预励磁阶段，当预励磁结束、此时有操作指令时，报闸打开，氧枪动作。

抱闸的打开：氧枪启动命令发出后，电机预励磁结束后，PLC控制抱闸打开，氧枪开始下降，此时氧枪电机并没有建立足够的力矩，启动瞬间随重力下降一定距离再进行提升动作。

抱闸的关闭：氧枪停止命令发出后，氧枪电机速度未降低到较低速度的情况下，抱闸立即关闭。

2.3　氧枪系统出现的隐患及分析

（1）在氧枪提升启动瞬间，抱闸打开后此时氧枪会有20~50mm下降，然后恢复正常提升。这种现象是十分危险的，有可能出现坠枪的危险，尤其在转炉内有钢水的情况下，可能导致钢水喷溅或者氧枪枪体损坏。

分析得出此现象是由于抱闸打开过早，变频器还没有建立起足够的初始转矩，不足于支撑氧枪自身的重量而导致氧枪出现启动瞬间溜枪的现象，对机械、电气传动系统有很大的影响。

（2）启动、运行过程中编码器发生故障时，可能出现提升或下降时“溜车”现象，这种现象更加危险。

我们模拟分析得在氧枪提升或下降运行过程中编码器发生故障时，此时电流达到励磁电流，抱闸线圈得电吸合，但未达到报堵转（F015）及过流值(F011)，变频器此时未有故障输出，此时抱闸一直处于打开状态，造成“溜车”现象。

对于提升系统来说，在提升或下降时“溜车”的现象，对生产系统及设备本身都将产生一定的影响。而采用变频器本身的逻辑控制功能来控制抱闸的输出时，安全性更能得到保证，控制更可靠，依据前段提出的抱闸控制的特点，构建氧枪控制系统改进抱闸模块的设计思路，实现对氧枪系统的精确控制。

通过对氧枪系统的设备组成及各部分控制功能的介绍，并结合氧枪机械传动的特点，以及对氧枪系统抱闸控制的分析，提出了基于氧枪控制系统改进抱闸模块的设计思想。其主要作用是加大系统的静态力矩，提高控制系统的可靠性和安全性。

3 氧枪变频控制系统的改进设计

本节详细介绍了氧枪变频控制系统的改进设计，模块改造的实现过程，以及实验的结果分析。

3.1 抱闸模块的改进

针对于第一种出现的现象在氧枪变频柜抱闸控制回路中新增一个继电器，此继电器的打开和关闭完全由氧枪变频器控制。将抱闸打开电流阀值设定为50%，同时将变频器的相关参数如表3.1设置，使得变频器输出达到足够大的力矩后再打开抱闸，维持零速满力矩运行，使氧枪正常提升瞬间时不会出现下溜现象。

抱闸打开：当转炉氧枪发出运行指令后，逆变器工作，电机开始启动，逆变器内部电流功能块将采集输出两相的电流，经内部运算处理后，通过矢量控制连接量K242将电流信号送入控制参数P610后通过电流比例调节阀控制参数P611将所设定百分比值送入与或功能块，最后通过矢量控制连接量B275将信号送入控制参数P651，从而控制抱闸的打开。

抱闸关闭：当转炉氧枪发出停止指令后，逆变器停止工作，电机开始慢慢停止运转，逆变器内部速度功能块将采集现场编码器的速度信号通过矢量控制连接量参数所允许的转速实际值经过速度比例调节阀P616设定百分比值后送入与或功能块，最后通过矢量控制连接量B275将信号送入控制参数P651连接到控制抱闸输出的开关量，从而控制抱闸的关闭。抱闸模块的参数设置如表1所示。

表1 抱闸模块的参数设置

相关参数	说明
U953.48=8	激活抱闸模块
P610=K0242	读入电流分量
P611=50%	电流值比较，超过阈值，打开抱闸
P615=KK148	关闭抱闸条件
P616=3%	阈值比较
P617=0	延时关闭
P654.1=B0275	抱闸信号输出
P654.2=B0275	抱闸信号输出

3.2 偏差模块的改进

针对于第二种可能出现的故障现象，在氧枪变频柜控制系统中加入偏差控制模块，当变频器输出至电机的给定转速与编码器反馈回的实际转速偏差若在1.5s内持续在6%以上，变频器将默认为F150故障，同时抱闸线圈失电，抱闸将抱死，避免“溜车”现象发生。

变频器偏差控制模块的参数设置如表2所示。

表2 偏差模块的参数设置

相关参数	说明
U952.61=8	激活故障F150
U063=B117	故障触发条件
P792=6%	输入与实际值容许的偏差
P793=2%	输入滞后的功能参数
P794=1.5s	1.5s延时输出

3.3 实验结果分析

在现场中通过DRIVE MORNITOR软件监视氧枪变频器的各种参数，得到1号脱磷1号氧枪变频器的各种运行曲线。

从曲线中看出在改动前提升瞬间转速反馈为负，从曲线中看出在改动后提升瞬间实际转速无负反馈现象，这说明了参数的改变和增加抱闸模块成功的抑制了氧枪提升启动瞬间溜车的现象。从改进后的运行状况来看，成功的保证了氧枪控制系统运行稳定，提高了系统应用的可靠性，减少对机械、电气传动系统的冲击，避免氧枪坠枪事故的发生。

从工厂实际应用出发，根据氧枪机构负载的控制特点以及现场具体情况，通过对氧枪系统的抱闸控制进行深入分析，对抱闸模块控制系统的设计过程进行了详细描述，现场实验结果证明了抱闸模块控制的有效性。

4 结论

本文以首钢京唐炼钢厂氧枪系统为研究背景，针对氧枪系统提升瞬间“下溜”及运行过程中“溜车”的问题展开研究。论文中对氧枪原有控制系统存在的不足进行了分析，结合现有设备及控制系统的状况，提出了在控制系统中增加抱闸模块及偏差模块的控制策略。通过研究，得出以下结论：

（1）抱闸控制系统利用逆变器内部的功能块进行组态，利用变频器自身的参数功能控制抱闸的动作安全性、可靠性高。

（2）增加抱闸模块及偏差模块控制后，启动时系统能在更短的时间内达到稳态，稳定性好。

改造后的系统在减少生产及设备事故的前提下，简化了电控设备的线路，优化了逆变器内部可控参数，减轻了维护人员的劳动强度，缩短了处理故障的时间，并在电控系统中加大了安全系数，避免重大安全事故的发生。

中速磨分离器油池进粉故障分析及检修优化

首钢京唐钢铁联合有限责任公司炼铁作业部　赵　波

摘　要：针对中速磨分离器油池进煤粉故障，对故障原因进行了细致分析后，从强化检修、确保检修质量和生产操作入手，采取有针对性维护措施，摸索和积累了宝贵经验，预防故障的再次发生；通过对分离器检修方案优化探索实践，我们总结出几种适用不同故障范围的特定检修方案，根据设备实际情况和高炉的要求，灵活运用，确保高炉正常运行。

关键词：中速磨煤机　分离器　故障分析　检修

1　引言

首钢京唐公司炼铁厂有 4 台中速磨，型号为 MPS235HP-Ⅱ，设计出力为 75t/h。于 2008 年开始试车投产运行，结合 5 年生产运行和维护检修实践，对中速磨动态分离器油池进煤粉原因进行分析，探索减少和消除故障的方法、措施及检修新方法。

2　设备结构分析

2.1　中速磨系统构成原理

MPS 系列磨煤机是具有三个固定磨辊的外加力型辊盘式磨煤机。落到旋转的磨盘中间的煤在离心力作用下甩到磨盘瓦表面并经过磨辊的碾压。三个磨辊均匀布置在磨盘上，碾磨压力由液压缸提供，加载力通过加载架作用到三个磨辊上。磨辊和磨盘受到的加载力是由拉杆、液压缸实现的，最终作用到基础上。物料的干燥和碾磨是同时进行的。一次风从磨盘周围的喷嘴环喷出，它起到干燥和把磨盘上碾碎的物料吹到中架体上部的分离器的作用，在分离器里完成粗细粉的分离。

2.2　分离器构成及工作原理

本型号磨煤机采用动态旋转分离器 SLS250，分离器由变频电机驱动，决定碾磨细度的离心力主要是由分离器盖下面的叶片产生的。在整个运行过程中，叶片的转速是可调的，煤粉的细度与分离器叶片的转速具有函数关系，实际运行中可以根据需求调节合适转速。分离器由驱动装置、固定叶片、旋转叶片、落煤管、返料斗等主要部件构成。

2.3　分离器驱动装置油池进煤粉原因分析

2013 年 2 月 28 日，2 号中速磨分离器温度高，对分离器油液进行取样化验，发现取出的油样颜色异常，呈墨黑色（原为红色）。经分析，油液中混入大量煤粉。拆开 2 号中速磨分离器密封风截止阀后，从入口可以看到，密封风室内堆积大量煤粉。3 月 21 日，分离器油液取样分析发现 4 号中速磨分离器油池也进煤粉，但煤粉量不多。

当过多煤粉进入油池，使油池内的润滑油变成油泥，长时间运行会损伤小齿轮、外齿圈轴承等传动部件，最后导致分离器无法运行。

通过对分离器组成结构的仔细分析，造成油池进煤粉的主要原因包括以下几个方面。

2.3.1　密封风压力与流量不足

分离器油池进煤粉与密封风压及密封风量有关，每台磨配备一台密封风机，密封风机提供磨辊密封风及分离器密封风。任何密封点间隙大都会给其他密封点造成风压和风量波动。

从中速磨分离器结构可以看出，有两道密封环影响密封效果。分别是分离器密封腔底板与旋转轴架的密封环Ⅰ、落煤管与分离器动叶片的密封环Ⅱ，配合之间的设计规定间隙为 1~3mm。如果实际磨损间隙过大，或者落煤管存在明显的偏心，会导致密封风压力不均匀，煤粉都有可能大量进入分离器密封风室。

2.3.2　密封圈老化、变形

分离器油池中有两道密封圈，分别为分离器油池密封端盖与旋转轴架之间的密封圈Ⅰ、旋转轴架与驱动装置壳体之间的密封圈Ⅱ，运行温度在 100℃

左右，材质为氟胶。在高温长时间运行下，胶圈会变形、老化破损，并且有时唇形密封旋转时也会出现压实不严、卷边的问题，导致密封失效，煤粉进入密封风室后，就能通过密封圈进入油池。

2.3.3 落煤管磨损

原煤经给煤机，由落煤管进入中速磨内部。实际上，原煤不是沿落煤管中心给料的，在给煤机皮带获得初速度后，落煤的抛物线与落煤管道内壁碰撞之后，落煤管壁上会形成几处磨损严重点。而当分离器密封风室处的落煤管壁磨穿后，原煤会直接进入密封风室，再进入油池内部。

2.3.4 综合分析

2 号中速磨分离器局部解体后，发现落煤管道靠近分离器密封风室部位已经磨穿，分离器密封风室堆积大量煤粉，落煤管外壁附着大量煤粉，内壁及外壁磨损情况。

对几处旋转配合密封环进行检查，间隙均匀，无较大磨损，密封风机压力、风量正常；对两道密封胶圈进行检查，密封圈Ⅱ已经严重老化，失去弹性，一折即成几截；落煤管道磨穿，原煤在重力及冲击作用下能直接进入密封风室。

由此我们可以推断出，2 号中速磨分离器油池进煤粉，落煤管道磨穿是主要原因，密封圈Ⅱ严重老化是次要原因，密封风压力与流量不足可以排除。

4 号中速磨分离器局部解体后，发现落煤管道靠近分离器密封风室部位有磨损，但未磨穿，分离器密封风室堆积少量煤粉，落煤管外壁附着少量煤粉，密封圈Ⅱ严重老化。

由此我们可以推断出，4 号中速磨分离器油池进煤粉，密封风机停机期间煤粉蹿入是主要原因，密封圈Ⅱ严重老化是次要原因。

3 检修方法优化

为了防止分离器因油池进粉长期运行导致部件损坏、甚至无法运行，必须及时对分离器进行检修。由于高炉正常生产期间，中速磨单台停机时间短，无法安排长时间检修，只能等待高炉定修或年修时安排中速磨检修。根据高炉检修安排，计划于 4 月末安排 2 号、4 号中速磨分离器各 45 小时检修。检修前期，为了保证分离器正常，针对油池进粉情况，对油液采取在线或离线打循环，使用滤油小车过滤等临时处理措施。

此次检修主要任务是清除 2 号中速磨分离器密封风室堆积煤粉、更换密封圈及外齿球轴承。清除 4 号中速磨分离器密封风室堆积煤粉、更换密封圈。

现场测量空间位置，从上至下是给煤机、给煤机平台、给煤机出口检修平台、分离器。中速磨分离器上盖法兰距离上层厂房平台距离为 5.4m，给煤机出口检修平台距离检修平台 2.7m，中速磨落煤管的长度为 3.5m，也就是说，只有把检修平台及上方管道、短节及设备全部拆除才能吊出整个落煤管。由于设计原因过轨吊在此次检修中无法使用，只能全部使用手拉倒链起吊，工作量很大。

结合现场情况，通过认真研究分析，制定出以下几种可行检修方案。

3.1 分离器整体拆装检修

分离器整体拆装检修即整体拆装动态分离器，线下对分离器进行检修，检修完毕后整体回装分离器。

主要步骤是松开出粉管道法兰、落煤管法兰的螺栓连接；将落煤短节移走；拆开分离器到磨辊和中架体之间的密封风管道联接法兰、分离器和中架体的联接螺栓；拆去磨煤机内部的磨辊密封风管道、导套，分离器上的温度、压力测量装置管线，及部分栏杆；用吊车提升和移动分离器；分离器线下检修；分离器回装，按相反顺序进行。

整个检修工作量大，检修时间长。在有分离器整体备件的情况下，检修时间为 72h；在没有分离器整体备件的情况下，在上述检修时间再得加上线下检修时间，在最顺利的情况下，最少也得 24h。因此，此种检修方案保守估计为 96h。

3.2 分离器局部拆装、落煤管切割检修

分离器局部拆装、落煤管切割检修即局部拆装动态分离器部件，在线对分离器进行检修。主要步骤是松开落煤管法兰的螺栓连接，将落煤短节移走；吊起分离器上盖及落煤管、切割落煤管，将其断为两截，用倒链固定好后，上半部分吊起、下部分落下适宜高度；固定分离器转子，拆卸旋转轴架上的双头螺柱；起吊旋转轴架到适宜高度，更换外齿球轴承、下密封圈，清理密封室煤粉，回装旋转轴架及双头螺柱，拆除叶片固定装置，手动盘车，调整双头螺柱及各配合间隙到规定值；更换上密封圈，分离器上盖及落煤管回装焊接；其他部件回装。

3.3 分离器局部拆装、胶圈切割检修

分离器局部拆装、胶圈切割检修也是局部拆装检修动态分离器部件，与切割落煤管法基本相似。

主要步骤是松开落煤管法兰的螺栓连接，将落煤短节移走；吊起分离器上盖及落煤管至适宜高度；固定分离器转子，拆卸旋转轴架上的双头螺柱；起吊旋转轴架到适宜高度、更换下密封圈，清理密封室煤粉，回装旋转轴架及双头螺柱，拆除叶片固定装置，手动盘车，调整双头螺柱及各配合间隙到规定值；更换上密封圈，分离器上盖及落煤管回装；其他部件回装。

3.4　三种方法比较及适用性

现从检修工作量、检修时间、适用范围等要表，对上述三种方法进行比较，如表 1 所示。

表 1　分离器各种检修方法对比

项　目	方法一	方法二	方法三
检修方法名称	分离器整体拆装检修	分离器局部拆装、落煤管切割检修	分离器局部拆装、胶圈切割检修
检修工作量	很大	较多	较少
计划时间	96h	45h	30h
要　求	分离器整体线下检修或者备有分离器整体备件	旋转轴架回装找正、间隙调整，落煤管焊接前对中调整、间隙调整	旋转轴架回装找正、间隙调整，上下密封圈需断开后安装再黏结，对黏结质量要求较高
主要检修范围	分离器任何部件检修	落煤管内壁磨损处修补、清理密封室煤粉、油池清洗及上下密封圈更换、外齿球轴承更换	落煤管内壁磨损处修补、清理密封室煤粉、油池清洗及上下密封圈更换
适用范围	适用于分离器任何部件故障检修	落煤管内壁磨损严重、密封室进入煤粉、油池进粉、上下密封圈老化变形、外齿球轴承损坏	落煤管内壁磨损严重、密封室进入煤粉、油池进粉、上下密封圈老化变形
优　点	适用性广，能满足任何部件损坏的检修	检修时间适中，且能满足上述检修任务	检修时间短，且能满足上述检修任务
缺　点	检修时间长，工作量大	无法更换动叶片组	无法更换外齿球轴承、动叶片组

2 号中速磨分离器油池进入大量煤粉，密封风室内沉积大量煤粉，需要彻底清理，死角多，清理难度大，且需要更换上下密封圈及外齿球轴承，因此采用方法二检修。4 号中速磨分离器油池进入少量煤粉，密封风室内沉积煤粉不多，清理工作量相对较小，只需更换上下密封圈，因此采用方法三检修。从检修完效果看，检修时间在控制范围内，检修质量很好。

4　维护措施

在系统分析分离器油池进煤粉原因的基础上，首钢京唐炼铁厂在中速磨分离器维护上采取了有针对性的措施，主要包括以下三个方面：

（1）确定合理的检修周期。完善制度，制定合理的检修周期。对落煤管内壁磨损处两年进行一次修补，六年对整体进行更换。对分离器上下密封圈两年进行一次更换。

（2）保证维修质量。确定周检查制度，每周安排停机检查，每两月安排一次定修。对油液取样检查，确认各旋转部位密封环配合间隙，发现问题及时安排强化、更换处理。

（3）强化生产操作和巡检。加强生产操作培训，制定完善生产操作技术规程，操作中注意分离器温度、转速等匹配关系，确保中速磨磨煤前及运行期间密封风不能停，压力必须大于最低值。加强日常巡检，注意分离器运行中温度、声响是否正常，发现异常及时停磨检查，排除故障。

5　结束语

通过长期生产实践和维护检修摸索，我们积累了丰富操作和设备维护检修经验，针对分离器油池进粉问题，提前采取有效措施，预防进粉故障再次发生。通过对分离器检修方法的探索实践，我们总结出几种适用不同故障范围的特定检修方案，根据设备实际情况和高炉的需求，合理安排、灵活运用，为保证高炉正常生产提供了重要保证。

大型钢铁企业固体二次资源的开发与利用

首钢股份有限公司迁安钢铁公司供应管理部

刘金明　高洪波　扶明信　薛　达

摘　要：钢铁企业在生产过程中，要产生一定数量的固体废弃物。根据生产流程的不同，每生产 1t 钢，就要产生大约 300～500 kg 的固体废弃物，其中，高炉渣约占钢产量的 30%、转炉渣约占 12%～15%、冶金尘泥约 4%。在落实科学发展观，大力发展循环经济的今天，各冶金企业都在加大固体废弃物资源化的进程，积极探索固体废弃物资源化的途径和方法。本文从首钢迁钢公司建厂以来固体废弃物处理的历史发展过程出发，提出将固体废弃物提升到“二次资源”的高度进行管理，分类介绍了固体二次资源在首钢迁钢公司进行开发与利用的实践和取得的经验，具有很好的参考和示范效应。文章最后，笔者提出了几个有关固体二次资源开发与利用过程中遇到的典型难题，希望与各兄弟企业和有关机构共同研究探讨。

关键词：钢铁企业　固体二次资源　开发与利用

1　迁钢公司固废资源的分类与处理历史情况介绍

首钢股份公司迁安钢铁公司（简称首钢迁钢公司）是隶属于首钢总公司的国有大型钢铁企业，位于河北省迁安市境内，是首钢实施战略结构调整，实现可持续发展的“希望工程”。首钢迁钢公司自 2003 年 3 月 25 日工程奠基，秉承依托矿山，流程简洁化、设备大型化、产品高端化、环境清洁化、信息数字化和高水平、高起点、高标准的建厂原则，采用国际先进的紧凑型、短流程设计，集中了国内外钢铁工业的先进技术工艺装备，主要工艺装备包括：2 座 2650m^3 高炉，1 座 4000 m^3 高炉，5 座 210t 转炉，LF、CAS 精炼炉各 3 座，RH 真空精炼炉 4 座、双流板坯连铸机 4 台，8 流弧形方坯连铸机 2 台，2160mm 热轧带钢轧机 1 套，1580mm 热轧生产线 1 套，以及冷轧电工钢生产线、热卷开平生产线、线材生产线等。年设计能力为 780 万吨铁、800 万吨钢、780 万吨热轧板带钢、120 万吨电工钢、65 万吨开平板、50 万吨线材。产品定位大部分为电工钢、汽车板、管线钢、高强钢、焊瓶钢、热轧酸洗板、耐候钢、车轮钢、船板等高科技含量、高附加值产品，包括 19 个系列 400 多个牌号钢种。

伴随着 800 万吨高端钢材产品的生产，首钢迁钢公司每年约要产生 460 万吨固体废弃物。按照冶金工业固体废弃物特点，固体废弃物分含铁类和非含铁类。含铁类固体废弃物主要有钢渣、含铁除尘灰（泥）、氧化铁皮、脱硫渣、高炉水渣、高炉干渣等；非含铁固体废弃物主要有套筒窑除尘灰、套筒窑筛下物、废弃耐火材料（鱼雷罐废料、铁包废料、钢包废料、转炉废料等）、工业垃圾等。按照物料性质不同，迁钢公司将固体废弃物分为水渣类、钢渣类、冶金尘泥类和氧化铁皮及其他类四个大类 30 多个品种。

迁钢公司筹建之初，按设计要求及总公司的指示精神，固体废弃物处理要依托首钢矿业公司处理。从 2004 年 2 月 27 日与矿业公司相关单位第一次生产准备会开始，固体废弃物处理依托矿业部分的工作就紧锣密鼓的开展了。迁钢公司投产之后，钢渣、水渣、OG 泥、瓦斯灰等合计达 14 种固废资源依托矿业公司处理。固废资源处理依托矿业公司项目的落实到位，按照当时“先挖渠，后放水”的整体要求，满足了迁钢投产初期生产的顺利进行。可是，存在的主要问题一是水渣由于当地资源量富余，需要付费外排到首钢矿业采空区进行填坑处理；二是钢渣在当时是无偿外排保存、待销售或处理的；三是没有固体废弃物处理设施，回吃采用的是添加到烧结原料当中，简单的参与烧结配料；四是有些固废基本没有回收手段，例如精炼渣坨、脱硫渣等外销社会。

为了加强固废的利用，首钢成立了环保产业事业部，自 2006 年开始在迁钢设立了“首钢循环经济产业园南区”和“首钢循环经济产业北区”两个固废处理园区，园区内相继建立了 90 万吨钢渣处理、20 万吨精炼渣处理、90 万吨水渣细磨微粉生产线和22万吨冶金尘泥混合颗粒料生产线，并在三河建成180万吨水渣细磨微粉生产线。迁钢公司的固废处理也从原来单一的依托矿业转变为依靠矿业公司以及环保产业事业部直属的南、北循环经济产业园进行处理，固废循环利用的流程从单一的通过烧结流程扩展到炼钢转炉、炼铁高炉流程，并参与到社会大循环之中，固废处理手段逐步丰富。

迁钢建厂初期，在废弃物处理方面主要是以简单回吃和外销为主。随着迁钢公司生产工艺流程的逐步完善，迁钢公司响应首钢总公司积极发展循环经济的号召，率先在迁钢地区建设了钢铁企业环保经济产业园区，以"先减量、再利用、再循环"的原则，探索着一种"资源—产品—再生资源—再生产品"的循环经济模式。

2 不断转变观念，逐步建立适应迁钢公司发展的固废资源化处理体系

迁钢公司是首钢实施战略结构调整，实现可持续发展的“希望工程”。迁钢建厂初期，围绕依托矿业建迁钢的建设理念，实行的是“扁平化管理”，固废专业管理只有供销部门的一个专业员进行管理，工作重心主要在组织外排、保证生产层面。

迁钢公司投产后，首钢总公司为实现集中整体资源优化的竞争优势，使各实体的灵活性、积极性得到有效、充分的发挥，于2006年提出了"集中整体、分层能级"的管控思想。为此，2006年9月迁钢公司将固废业务工作划归首钢供应公司派驻站。在首钢迁钢公司和首钢供应公司的双重领导下，迁钢公司的固废管理工作一方面借助首钢供应公司的客户资源优势，拓展了销售渠道，开发了水渣、废旧耐火材料等外销；另一方面供应公司派驻站发挥了“中间人”“一手托两家”的作用，协调做好大宗固废资源在迁钢公司与矿业公司、迁钢公司与首钢环保产业事业部（首钢资源综合利用科技开发公司、首嘉公司、首钢恒新公司）之间的顺利流转，即实现了迁钢公司产生固废的及时外排、保证生产，又减少了资源外流，符合首钢总公司开展循环经济的政策方针。

随着首钢固废资源综合利用工作的深入和钢铁主流程建设逐步完善，各钢铁基地在固废资源开发、回收发挥的主导作用越来越明显。2011年11月，迁钢公司成立资源管理科作为公司固废管理专业归口部门，牵头公司相关单位围绕固废专业管理流程进行梳理。2011年11月14日，首钢总公司组织为实现固废资源的循环利用和回收处理，减少中间环节，节约资源和能源，实现迁钢公司固废效益最大化，决定将原北京首钢资源综合利用科技开发公司在循环经济产业园北区和迁安首钢恒新冶金科技有限公司在循环经济产业园南区的业务工作划归首钢迁钢公司管理。2012年12月12日迁钢公司将循环经济产业园北区的钢渣加工业务、南区尘泥加工业务和储运作业部废钢供应业务进行整合，成立循环产业作业部。循环产业作业部成立后，迁钢公司围绕“平稳过渡、专业对接、生产管控、资源开发利用”做了大量细致的工作，以合理配置、资源优化为目标，新上马一系列的技改工程项目，如滚筛、颚破、精炼渣处理等，加大了炼钢现场精炼渣坨的破拆、回吃力度，缓解了园区生产作业矛盾，进一步丰富了迁钢公司固废资源综合利用手段。

2011～2013年，迁钢公司固废资源回收利用水平的逐步提高，固废资源逐步从过去的以外销、外排保产为主转变为以内部加工回吃利用为主，实现经济效益、社会效益最大化。2013年9月，首钢总公司根据管理变化和提高经济效益的需要，从有利于钢铁基地成为市场主体出发，为减少环节，降低生产成本，创造更多经济效益，将供应公司迁钢派驻站固废管理业务及人员成建制划归迁钢管理。为此，2013年10月首钢迁钢公司进一步将循环产业作业部、汽运作业部、生产部资源管理科、物资派驻站固废作业区等机构进行整合，成立了供应管理部，首钢迁钢公司固废资源统一管理机构就此形成，固废资源生产供应体制进一步理顺和完善，提高了固废资源集中管控水平和整体运行效率。

迁钢公司固废资源管理机构的不断变化和完善，是对大型钢铁企业固体废弃物的认识不断提高的结果，是对固体废弃物资源化处理要求不断提高的结果，伴随着迁钢公司供应管理部的成立，迁钢公司打破了传统上对固体废弃物的认识，将固体废弃物提升到资源的高度进行系统管理，固体废弃物也完成了从原来的废弃物到固废资源，最后发展到固体二次资源的华丽转身。

3 首钢迁钢公司固体二次资源开发与利用的方案与措施

3.1 完善制度，规范管理

首钢迁钢公司自成立以来，以“把小事做细，把细事做透；按程序办事，按制度办事”作为公司的管理理念，推行“精细化管理”。

为了实现固体二次资源的规范管理，首钢迁钢公司制定了《首钢迁钢固体二次资源管理制度》等一系列管理制度、办法，并在执行制度实践中检验和完善制度。在管理机构设置上，设立了以资源管理科、物资储运科、生产技术室为专业、技术管理，以钢渣加工作业区、尘泥加工作业区等四个作业区为生产作业实体的管理和生产操作体系。

3.2 技术攻关，开发项目

3.2.1 水渣处理

迁钢配套完善项目建成投产后，每年产生高炉水渣约 270 万吨。在首钢迁钢公司投产初期，由于迁安地区水渣资源量富余，水渣在一段时间内需要付运费 18 元/吨外排到首钢矿业公司采空区填坑处理。为解决迁钢公司水渣处理问题，首钢迁钢公司一方面不断开发水渣销售渠道，并在 2007 年 1 月份实现外销；另一方面在水渣综合利用下工夫：经反复调研论证，认为将水渣粉磨成矿渣微粉，工艺技术在国内外已基本成熟，销售市场正逐步接受。因此，首钢迁钢公司利用市场化运作模式分别在循环经济产业园南区内和三河建设水渣细磨生产线：迁安水渣细磨项目，建设规模 90 万吨/年；三河水渣细磨项目，建设规模 180 万吨/年。项目于 2009 年 8 月开工建设， 2013 年 7 月全部建成投产。两地区水渣细磨生产线建成投产后，完全能满足迁钢公司产出水渣进行资源化处理要求，2013 年两地合计处理迁钢水渣约 174 万吨。

水渣粉磨成矿渣微粉工艺的运用，伴随着新的问题出现。水渣冲渣池产生的泡沫渣由于力度太细，混在正常水渣中容易堵塞炉壁，给设备运转带来威胁。单独的泡沫渣没有市场，需要付费外排。2013 年全年外排废水渣 18.57 万吨，产生外排费用约 237 万元。为此，迁钢公司于 2014 初开始对泡沫渣问题进行治理，从加强料场管理、火车装车管理和资源利用等方面做工作，减少废水渣的外排。自 2014 年 4 月份开始，迁钢公司废水渣实现零外排，预计全年减少外排费用近 200 万元。

3.2.2 针对钢铁主流程特点不同，多措施、多渠道实现含铁尘泥类固体二次资源的利用

钢铁企业在生产过程中经各类除尘设施收集的含铁尘泥约占粗钢产量的 5%，含铁尘泥中含铁、钙、碳等有用物质，但由于成分和性状差异较大，并含有锌、钾、钠等对高炉有害杂质，影响了冶金尘泥的资源化利用。首钢迁钢公司针对各种冶金尘泥的不同成分、特点，采用不同的处理方式，2013 年迁钢公司尘泥返生产利率达到 73%，2014 年一季度进一步提高达 88.13%。

3.2.2.1 尘泥颗粒料项目

采用“混匀制粒回用烧结工艺”，通过匀质化、颗粒化处理，解决了冶金尘泥直供烧结造成配料困难的问题，实现冶金尘泥的集中资源化利用。项目设计规模为 22 万吨/年，于 2009 年 8 月开工建设，2010 年 7 月进入试生产阶段，2011 年 6 月完成造粒生产线调试工作。2013 年尘泥颗粒料共处理冶金尘泥约 5.43 万吨，占尘泥总量的 13%。2014 年迁钢公司冶金尘泥颗粒料按 6000 吨/月生产规模组织。

3.2.2.2 炼钢冷却造渣剂

通过市场化合作模式，投资新建生产线，采用带料加工的方式，以迁钢公司冶金尘泥为主要原料生产冷却造渣剂，于 2012 年 7 月正式建成投产。炼钢冷却造渣剂使用的主要原料是炼钢 LT 灰、OG 泥等，产品硫含量<0.04%，FeO<10%，炼钢转炉添加替代部分矿石作为冷却剂、造渣剂。2013 年炼钢冷却造渣剂处理冶金尘泥约 11.18 万吨，占尘泥总量的 26%。2014 年迁钢公司炼钢冷却造渣剂按 8000 吨/月生产规模组织，消耗冶金尘泥约 15000 吨/月。

3.2.2.3 直供烧结

迁钢公司冶金尘泥中粒度较大、高碳、有害元素较少的，如重力除尘器产生的瓦斯灰、炼铁原料除尘灰等，安排直接返回烧结，参与烧结配料后通过高炉进行回吃。2013 年迁钢公司冶金尘泥供烧结回吃约 15 万吨，占尘泥总量的 34%。

3.2.3 按照钢渣产生的不同特性，订制不同的钢渣处理方式

钢渣是炼钢过程中排出的废渣，按照产生原因不同分为转炉渣、炉下渣、精炼渣和脱硫渣。根据渣的成分和性能的不同，在迁钢采用不同处理方式。

3.2.3.1 转炉渣和炉下渣

转炉渣是转炉冶炼过程造渣形成的，转炉渣倒入渣罐中热态渣热泼到渣池，经打水闷渣，利用液压镐破碎处理后，火车运往钢渣加工作业区进行分选处理及后续综合利用。炉下渣是转炉吹炼过程中喷溅物，包括粘在转炉上的炉皮渣和氧枪、罩裙的加罩，经汽车运往钢渣加工作业区进行分选处理及后续综合利用。

迁钢转炉渣和炉下渣进入钢渣加工作业区后，人工选出手选大块渣钢（包括转炉剩钢形成的大块渣钢和炉皮渣、罩裙粘渣钢），经 300mm 格筛分离

出大块渣块和渣钢，筛上大块渣块进入颚破生产线进行破碎后返线，筛下进入钢渣加工线，分选出 250 渣钢、70 渣钢、40 渣钢、渣钢粉等系列产品，其中手选渣钢、250 渣钢、70 渣钢、40 渣钢返回炼钢转炉回吃，渣钢粉供烧结回吃。钢渣加工线产生的尾渣，迁钢公司计划寻求社会合作，开发生产建筑材料，进一步提高循环利用比率。

3.2.3.2　精炼渣

精炼渣是钢包精炼过程中形成的钢包顶渣，部分是转炉下渣、炉后加入渣料、合金的烧损及精炼过程中加入的渣料形成的。钢包顶渣和连铸浇铸的钢包剩钢倒入渣罐冷却形成大型渣坨。迁钢公司前期主要采用水闷，利用液压镐分离渣钢、大块渣钢经火切成合格废钢返炼钢使用，效率不高，精炼渣不能达到全部处理。2010 年迁钢采用了渣罐隔板技术，经隔板分隔的渣坨，节约了切割能源消耗、加工损耗等，处理能力大大提高，渣钢返回量增加。经隔板分隔的渣坨，一部分在炼钢现场进行热破拆渣钢，作为废钢返回炼钢回吃；一部分运往钢渣加工作业区进行处理。2012 年开始，迁钢公司开展了持续近两年之久的现场热破拆精炼渣坨攻关，到 2014 年初基本实现精炼渣坨零外运，缩短的工艺流程大幅减少了运输和加工费用。

3.2.3.3　脱硫渣

脱硫渣是在铁水脱硫形成的渣子，扒渣过程形成的渣铁混合物。受脱硫渣性质所限，无法进入钢渣生产线，迁钢公司脱硫渣长期外销。2014 年开始，迁钢公司着手对脱落渣加工利用进行攻关，试验在脱硫渣中加入能够降低渣铁粘接的物质，方便脱硫渣坨分解成小块，挑选出来的渣铁通过火切或打楔子分割成炼钢能够回吃的块度。同时，考虑新建脱硫渣生产线对剩余渣土进行处理。

4　结语

固体二次资源的种类繁杂、特性不一，由于固体二次资源具有“点多、面广、线长”的特点，从钢铁冶金流程上来讲涉及炼铁、炼钢、轧钢整个流程，从物料性状上看有含水的、不含水的，有灰状的、块状的，有的还具有有害元素，各种物料成分不同且极不稳定，没有权威的质化、量化标准，给资源化处理造成了很大难度。经过 10 年的不断努力，迁钢公司固体二次资源的回收利用率达 80.76%，但仍有少量因没有处理手段需要外销的。在此，笔者列举几个长期困扰固体二次资源利用工作的问题，希望与各兄弟企业和有关机构共同研究探讨：

（1）如何进一步提高冶金尘泥返生产利用率，减少高锌、高碱金属冶金尘泥对高炉造成的危害。

（2）如何细化脱硫渣坨加工回收产品的设计方案，提高脱硫渣的回收率。

钢铁业高含盐水处理与利用工程实例

首钢股份公司迁安钢铁公司动力作业部

段小冰　许国峰　张志鑫　刘明远

摘　要：针对钢铁业高含盐水的水质特点，采用“纤维球过滤器+反渗透”工艺对高含盐水进行二次脱盐处理，处理后产生的二次高含盐水用于高炉冲渣、炼钢焖渣。该工艺为积极开发高含盐水处理与资源化工艺，有效解决高含盐水排放问题，实现节能减排具有重要的现实意义。

关键词：高含盐水　纤维球过滤器　反渗透

1　前言

钢铁行业是我国的一项基础工业产业，同时也是耗水与排污大户。随着钢铁产能的逐年扩增，生产用水剧增与水资源短缺、环保要求不断升级之间的矛盾日益突出。近年来，各大钢铁企业积极开展废水回收再利用工作，在污水循环利用、缓解企业用水与保护环境方面取得了明显成效。但是，距离污水“零排放”的先进水平还存在较大差距。在污水处理、中水回用深度处理末端仍有 30%左右的高含盐水由于缺乏技术手段无法利用而外排。随着国家对环境保护的要求日益提高，高含盐水处理及回收再利用已经成为业内关注的一个焦点问题。

根据国家节能减排政策的要求，迁钢公司以企业实际生产状况，提出对高含盐水减量化，以中水深度处理产生的高含盐水为水源，建设一套高含盐水二次脱盐的水处理装置，产生的除盐水用于工业生产，减量后的二次高含盐水用于高炉冲渣和炼钢焖渣，实现了迁钢公司高含盐水全部回收再利用。

2　高含盐水处理工艺流程

该工艺以中水深度处理产生的一级高含盐水作为原水水源，其主要污染物为油、COD、硬度、碱度、盐类、菌类等污染物。针对此高含盐水的特点，采用“纤维球过滤器+反渗透”工艺进行处理。一级高含盐水首先通过纤维球过滤器供水泵进入纤维球过滤器，在进入纤维球过滤器前投加氧化性杀菌剂，对原水中菌类进行杀菌处理，高含盐水通过纤维球过滤器进入反渗透供水池，经纤维球过滤器处理后的废水通过供水泵、保安过滤器、高压泵进入反渗透系统进行二次脱盐，产生的除盐水进入公司除盐水管网供生产使用，减量后的二级高含盐水送入公司高炉冲渣、炼钢焖渣系统再利用。高含盐水处理工艺流程图如图 1 所示。

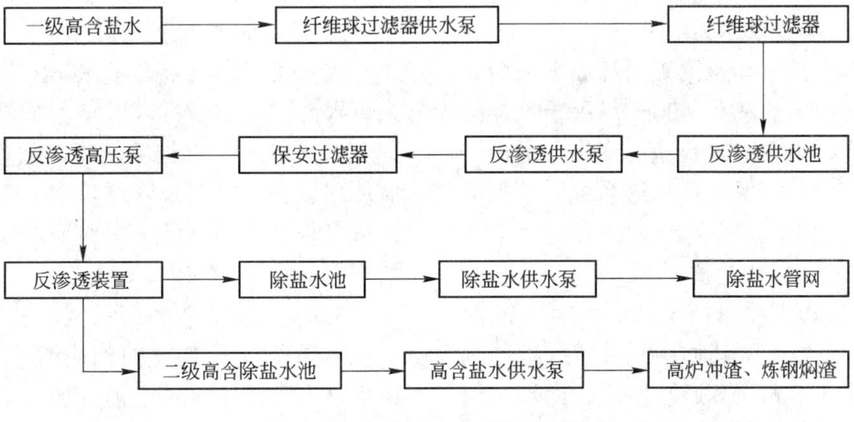

图 1　高含盐水处理工艺流程图

3　工艺主要设施

迁钢公司高含盐水二次脱盐工程工艺主要设施包括预处理系统、加药系统和二级反渗透系统三部分。为节省投资，纤维球过滤器与原中水深度处理站内的多介质过滤器共用反洗水泵，二级反渗透冲洗水泵与一级反渗透冲洗水泵共用，压缩空气系统接自公司压缩空气管网系统。

3.1　预处理系统

根据目前膜处理工艺的运行情况来看，进一步降低水中油和 COD 的含量，对反渗透系统的正常运行至关重要。因此，好的预处理系统是反渗透系统稳定运行的有力保障。超滤系统从理论上可以拦截油和 COD，但从实际运行情况来看，大部分的 COD 物质和油都能穿透有机高分子超滤膜，超滤不能有效去除 COD 和油。迁钢公司根据中试结果，最终确定选用纤维球过滤器作为二级反渗透系统的预处理系统。

3.1.1　一级高含盐水池

一级高含盐水池，1 座，采用混凝土结构，内壁做防腐处理，有效容积为 400m^3。水池用于贮存进入本系统的原水，其作用是为了调节进水水量、水质的变化，能够有效减缓水量不均、浓度不均所带来的冲击，保证后续处理连续、稳定地运行。

3.1.2　纤维球过滤器

本系统共设置 4 台 ϕ5000mm 纤维球过滤器，单台处理水量 Q = 135m^3/h，滤速为 6.88m/h。纤维球过滤器可以有效去除水中的 SS，COD 及油，可以有效降低反渗透膜的污染负荷，从而降低反渗透膜的化学清洗频率，减少运行费用。

3.2　二级反渗透系统

3.2.1　二级反渗透供水池

二级反渗透供水池。1 座，采用混凝土结构，内壁做防腐处理，有效容积为 400m^3。用于贮存纤维球过滤器的出水，调节进水流量的变化，防止进水波动影响到系统运行，保证反渗透系统的进水量及进水水质的稳定。

3.2.2　反渗透保安过滤器

反渗透保安过滤器，3 台，采用耐腐蚀的 SS316L 不锈钢材质外壳。其作用是截留纤维球过滤器出水带来的大于 5μm 的颗粒，防止预处理系统中未能完全去除或新产生的悬浮颗粒进入反渗透系统，保护高压泵和反渗透膜组件。预处理系统中未能完全去除或新产生的悬浮颗粒经高压泵加速后可能击穿反渗透膜组件，造成大量漏盐，同时划伤高压泵的叶轮。

3.2.3　二级反渗透装置

本系统共设置 3 套反渗透装置（见表 1）。二级反渗透装置是高含盐水处理的核心装置，反渗透系统利用反渗透膜的特性来除去水中绝大部分可溶性盐分、胶体、有机物及微生物[1]。反渗透系统运行的好坏，一方面取决于预处理系统的好坏，另一方面是反渗透膜的选择。本系统根据中试，在同等条件下，对几种反渗透膜运行数据进行了对比，最终选择了日本日东电工海德能生产的电中性低压低污染反渗透膜 LFC3-LD 型膜。该膜膜表面的电荷呈现中性，并且导入亲水性官能团，几乎不受表面活性剂等电荷物质吸附的影响。LFC3-LD 反渗透膜采用了 31 mil 专利给水隔网，进一步提高了膜元件的抗污染能力，可以更好的应用于废水再利用系统[2]。

表 1　反渗透系统配置

序号	技 术 参 数	设 计 值
1	系统总产水量/(m^3/h)	324
2	系统总膜数量/支	648
3	净通量/(L/(m^2 · h))	20
4	回收率/%	60

3.3　加药系统

3.3.1　次氯酸钠加药装置

由于一级反渗透高含盐水中含有一定量的有机物、微生物，而有机物、微生物的污染会造成反渗透膜的严重污堵，因此，该系统在纤维球过滤器的进水设置杀菌加药系统，投加(2~3)×10^{-4}%的次氯酸钠，其有效氯浓度为 8% ~ 12%。

3.3.2　加酸装置

因一级反渗透高含盐水 pH 值较高，在反渗透系统提高回收率情况下即使添加阻垢剂，经计算反渗透浓水侧还会有结垢产生，故设置一套调整 pH 值加酸设备，降低反渗透进水 pH 值。设置方式为计量泵与反渗透系统一一对应，投加点设在反渗透系统保安过滤器前面。

3.3.3　阻垢剂加药装置

阻垢剂加药装置的作用是在经过预处理后的原水进入反渗透系统之前，加入高效率的专用阻垢剂，可以提高水中的难溶物质的饱和度，以防止反渗透浓水侧产生结垢。设置方式为计量泵与反渗透系统一一对应。

3.3.4 还原剂加药装置

还原剂 $NaHSO_3$(亚硫酸氢钠)的作用是还原前面处理工艺中存在的余氯，以防止氧化剂导致反渗透膜脱盐率下降。设置方式为计量泵与反渗透系统一一对应。

3.3.5 非氧化杀菌剂加药装置

非氧化杀菌剂对微生物细胞具有极强的穿透能力，并对微生物的细胞组织产生分解破坏作用。对细菌、真菌、藻类等微生物有极强的杀灭和抑制作用。本系统设置 1 台加药箱，2 台计量泵。

3.3.6 加碱装置

因反渗透产水为酸性，公司各用户要求除盐水为碱性，因此，需在反渗透产水总管投加氢氧化钠对产水 pH 值进行调节。

4 反渗透膜运行状况

该项目 2014 年 1 月初正式投入运行，处理效果明显，运行稳定，达到了设计要求。反渗透系统运行中， 进水压力在 6.5～12 Bar 之间，一段、二段压差在 2.5 Bar 以下，产水流量、浓水流量均稳定保持不变，回收率平稳保持在 60%，产水电导率保持在 50μS/cm 以下，脱盐率不低于 97%。反渗透系统清洗周期保持在 1～1.5 个月。

5 工程投资及运行费用

5.1 工程投资

工程总投资合计 1994.21 万元，其中建筑费用、设备费用与安装费用合计为 1846.23 万元，设计费用与调试费用及其他费用共 147.98 万元。

5.2 运行成本分析

人工费 4 人×5600 元/月。药剂消耗费：每天加次氯酸钠 86.4kg，合 114 元/天，每天加盐酸 125.5kg，合 37.7 元/天，每天加阻垢剂 43.5kg，合 2447.3 元/天，每天加还原剂 41.9kg，合 1144.3 元/天，每天加氢氧化钠 125.5kg，合 354 元/天。合计 4097.3 元/天。

每天设备耗电量 13032 kW · h，电费单价 0.49 元/kW · h，耗电费用为 13032×0.49=6385.68 元/天。

直接运行费用：只考虑人工、药剂和能耗。不计折旧，运行费用为：人工+药剂消耗+能耗=11230 元/天，合计 404.28 万元/年。

6 结论

首钢迁钢公司采用“纤维球过滤器+反渗透”工艺对高含盐水进行二次脱盐，实现了浓盐水的减量化，根据公司生产工艺，减量后的二级高含盐水全部用于高炉冲渣和炼钢焖渣，实现了废水资源循环再利用。对钢铁行业实现污水“零排放”或“趋零排放”具有重大的示范意义，为解决水资源短缺问题提供了一种新的解决方案。

参 考 文 献

[1] 周正立. 反渗透水处理应用技术及膜水处理剂[M]. 北京：化学工业出版社，2005：52～54.

[2] 海德能反渗透和纳滤膜产品技术手册[M].美国海德能公司，2011.

合同能源管理节能模式在迁钢公司的应用

首钢股份公司迁安钢铁公司能源部　杨　明　侯志广

摘　要：20 世纪 70 年代中期，合同能源管理作为一种基于市场的、全新的节能新机制，在市场经济发达国家中逐步发展起来，以这种节能新机制原作的专业化节能服务公司迅速发展。20 世纪 90 年代初合同能源管理机制正式引入我国。首钢股份公司迁安钢铁公司（以下简称迁钢公司）于 2011 年 3 月份引入合同能源管理模式，与国内某节能服务公司签订了《节能技改服务合同》，对热轧浊环高压循环冷却水系统进行节能技术改造，并取得了良好的节能效果。迁钢公司合同能源管理成功案例证明了合同能源管理节能模式在我国巨大的推广价值；作为国际上新兴的节能新机制的一种，在我国拥有广阔的发展空间。

关键词：合同能源管理　节能　应用

1　合同能源管理基本概念

合同能源管理是指节能服务公司和用能单位以契约形式约定节能项目节能目标，节能服务公司提供节能项目用能状况诊断、设计、融资、改造、施工、设备安装、调试、运行管理、节能量测量和验证等服务并保证节能量或节能率，用能单位保证以节能效益支付项目投资和合理利润的能源效率改进服务机制。

合同能源管理项目是指以合同能源管理模式实施的节能项目。用能状况诊断、设计、融资、改造、施工、设备安装、调试、运行管理、节能量测量和验证方案是构成合同能源管理项目的要素。

2　我国合同能源管理节能模式推广现状

20 世纪 70 年代中期，合同能源管理作为一种基于市场的、全新的节能新机制，在市场经济发达国家中逐步发展起来，以这种节能新机制原作的专业化节能服务公司迅速发展，尤其是在美国、加拿大和欧洲，节能服务公司已成为一种新兴的节能产业。合同能源管理是发达国家普遍推行的、运用市场手段促建节能的服务机制。

我国是世界上仅次于美国的第二能源消费大国，但能源利用效率低，是能源浪费最严重的国家之一。20 世纪 90 年代初合同能源管理机制正式引入我国。当时，我国政府与世界银行的专家进行了多次讨论，就在我国示范和推广合同能源管理机制达成了共识，并决定共同实施中国节能促进项目，以推动我国广泛开展节能工作。

中国节能协会的统计资料显示，目前全国的节能服务公司已经超过了 100 家。然而，面对国内庞大的节能市场需求和合同能源管理在国外的成功实施，节能服务公司却远没有像预期那样的快速发展，相反，这些节能服务公司目前的处境相当被动，极大地阻碍了我国合同能源管理机制的发展。

3　迁钢公司合同能源管理项目实例

为了充分节约能源、降低能源成本，迁钢公司于 2011 年 3 月份引入合同能源管理模式，与国内某节能服务公司签订了《节能技改服务合同》，对热轧浊环高压循环冷却水系统进行节能技术改造。节能技改由节能服务公司实施，技改费用和节能技术全部由其投入，双方在约定的分享期内按约定的权益分配比例享有节能改造产生的节约电费收益分成。

3.1　技术改造方案

节能服务公司采用了自行研究成果“流体输送 Go•Well 技术”及相应的节能设备为我公司工艺冷却循环水系统进行系统优化。通过整改管网不利因素，优化调整系统换热装置，定做更换 ECOWELL 高效节能泵等手段，实现了配置优化，消除了因系统配置不合理引起的高能耗，特定系统在上述基础上通过安装 ECOWELL 变频节能控制系统等，实现运行优化，降低因负荷较大变化引起的高能耗。技术组成由数据采集（检测）技术、系统诊断分析技术、系统优化改造技术、系列配套产品（KW(S)系列高效节能泵，ECOWELL 变频节能控制系统，

ECOWELL 循环水在线监控与能源管理系统，ECOWELL 冷却塔高效喷雾装置，德国 merus 水处理器）四大部分组成。

节能服务公司使用的 ECOWELL 高效节能泵具有以下特点：

（1）量身定做，能恰好处在最佳工况运行。

（2）水力模型先进，机械加工精度高，水泵效率比常规高 10%以上。

（3）效率高效区域宽广，更能适应因负荷变化引起的各种变工况运行。

（4）水泵机械性能卓越，制造标准完全符合欧洲制造标准，铸件采用树脂砂造型铸造，所有零部件经 CAM 加工。

（5）水泵寿命长、震动小、噪声低，电机温度低。

3.2 改造前后运行参数对比

迁钢公司热轧循环冷却水系统位于动力作业部综合水处理中心循环水泵站北区，内设型号为 XS300-700 的冷却水泵 8 台，正常运行 3 台，备用 5 台。相应设置 6 台冷却塔，循环水系统主要用在 1580mm 热轧机组的工作辊及其配套设备的喷淋冷却。

循环水系统示意图如图 1 所示。

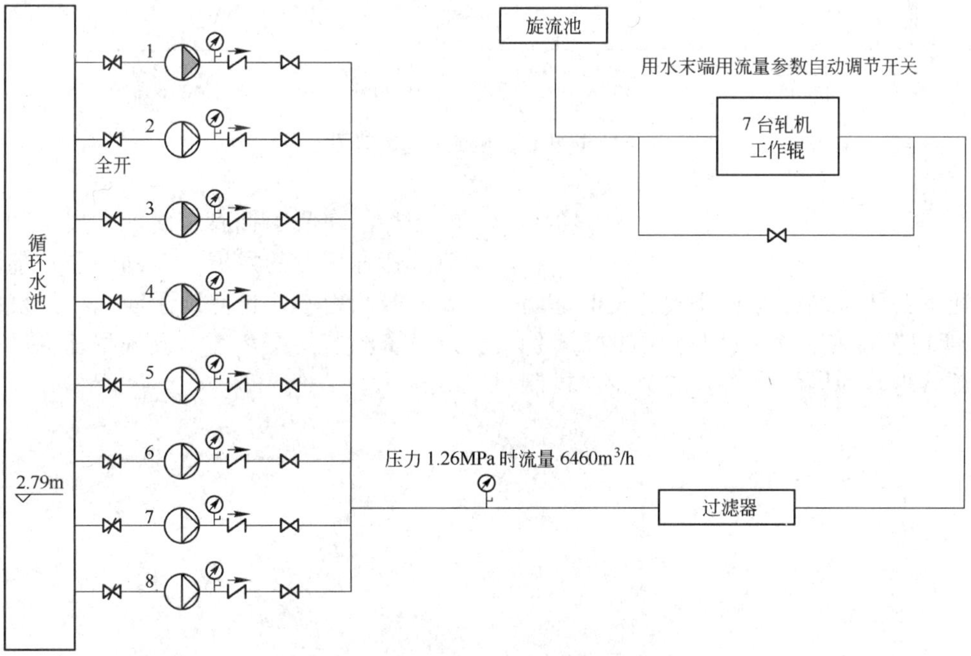

图 1 循环水系统示意图

该系统自 2011 年 6 月开始改泵调试，更换四台 ECOWELL 高效节能泵。系统改造前总管运行供水流量 5600～6300m^3/h，压力 1.1～1.27MPa，单台水泵电流 60 ~ 68A。改造后流量 5400 ~ 6400m^3/h 时，压力 1.22～1.34MPa，单台水泵电流 49～57A。改造前后单泵电流降低 10A 左右。

改造前后工况参数对比：

项目	总管流量 /(m^3/h)	总管水压 /MPa	单泵电流 /A	单泵功率 /kW · h
改造前	5600~6300	1.1~1.27	60~68	1038
改造后	5400~6400	1.22~1.34	49~57	883
变化情况	基本不变	稍有增加	降低 10	降低 155
是否满足生产需要	可以	可以	可以	可以

更换节能水泵前后的电机运行电流变化趋势图如图 2 所示。

3.3 节能效益分成

迁钢公司热轧浊环高压循环冷却水系统节能技术改造项目于 2011 年 8 月 25 日验收合格，合同要求节电率 15%以上，验收实际节电率 17%。每小时节电 155 kW，运行 3 台泵年可节电 430 万 kW · h，经济效益 200 余万元。公司按《节能技改服务合同》内容支付节能服务公司相应节电收益。自验收合格至 2011 年 11 月 25 日，节能设备投入使用 3 个月，2011 年 8 月 25 日至 11 月 25 日期间签认节电效益共计 478644 元。自 2011 年 11

月 25 日至 2012 年 3 月 27 日期间签认节电效益共计 478644 元。

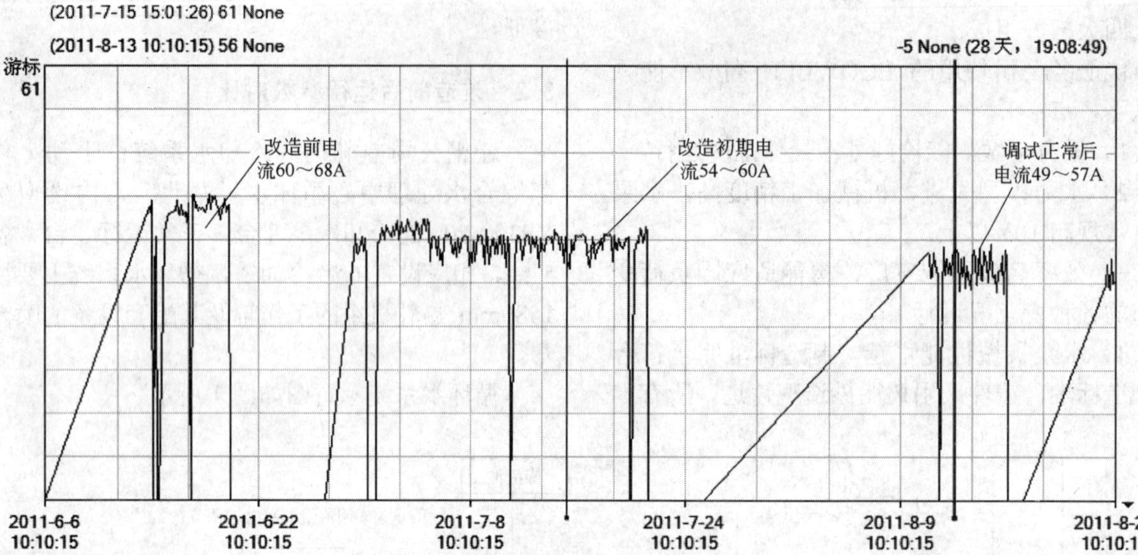

图 2　电机运行电流变化趋势图

4　结论

本文以迁钢公司合同能源管理成功案例证明了合同能源管理节能模式在我国巨大的推广价值。合同能源管理作为国际上新兴的节能新机制的一种，在我国拥有广阔的发展空间。推动合同能源管理产业的发展，有助于节约能源消耗，提高能源利用率，也有助于我国“发展循环经济，建设资源节约型和环境友好型社会”战略的顺利实施。

变压器差动保护向量测量方法及分析

首钢股份公司迁安钢铁公司能源部　王忠涛

摘　要：电力变压器是电力系统重要的变电设备，对确保供电可靠性和系统正常运行具有重要作用。大容量的变压器都安装有性能良好、工作可靠的差动保护装置作为变压器的主保护。变压器差动保护投入运行之前，我们必须带负荷测量变压器各侧电流的相位和数值大小，以校核电流回路接线是否正确。从而可以发现并解决变压器差动保护在设计、安装、整定过程中可能出现的各种问题。为了保证电流大小及相位测量正确，克服电流互感器误差等影响差动回路电流的因素，通常要求变压器在带20%～30%负荷下进行相位测量。文中详细的论述在差动保护向量测试中，我们需要检验测哪些量，测得的数据如何进行分析、判断等。同时，我们就新站所投入前出线负荷太小或低压侧出线还没有负荷，导致向量测试无法实施时，我们经常采用空载的两台变压器并列运行，在低压侧合环，调整两台主变压器电压抽头，使其产生电压差，从而在两台变压器中可以测量到无功环流，这样仍旧可以对变压器差动保护电流二次回路相位进行测量。

关键词：差动保护　向量　带负荷测试　环流法　数据分析

1　带负荷测变压器差动向量

差动保护原理简单、使用电气量单纯、保护范围明确、动作不需延时，一直用于变压器做主保护，其运行情况直接关系到变压器的安危。怎样才知道差动保护的运行情况呢？怎样才知道差动保护的整定、接线正确呢？最快捷、准确的方法是用负荷电流检验。但检验时要测哪些量？测得的数据又怎样分析、判断呢？下面就针对这些问题做些讨论。

1.1　差动保护带负荷测试内容

要排除设计、安装、整定过程中的疏漏（如线接错、极性弄错、平衡系数算错等等），就要收集充足、完备的测试数据。实际运行中由于条件限制，测量数据前至少应保证CT二次电流不小于0.3A。

（1）差流。变压器差动保护是靠各侧CT二次电流和差流工作的，所以，差流是差动保护带负荷测试的重要内容，对于微机型保护装置应进入相应的界面，读取差流数值。测试前应断开差动保护跳闸压板。

（2）各侧电流的幅值和相位。只凭借装置读取差流来判断差动保护正确性是不充分的，在负荷电流较小时，一些接线或变比的小错误，往往不会产生明显的差流，且差流随负荷电流变化，负荷小，差流跟着变小，所以，除测试差流外，还要测出变压器各侧电流的幅值和相位并记录。同时与微机保护装置测量的电流幅值和相位进行核对。通过以高压侧电压为基准测出主变各侧电流的大小及相角，按比例绘制而成，形成一个等边六角图。测试各侧电流的幅值和相位一般采用三相智能数字相位表，只需将三相电压、三相电流按板性端接入相位表，即可在表上直观显示各式各参量的大小、角度以及相序相位。

（3）变压器潮流。通过控制屏上的电流、有功、无功功率表，或者监控显示器上的电流、有功、无功功率数据，记录变压器各侧电流大小，有功、无功功率大小和流向，为CT变比、极性分析奠定基础。

1.2　负荷测试数据分析

数据收集完后，便是对数据的分析、判断。数据分析是带负荷测试最关键的一步，如对变压器差动保护向量分析错误，将直接威胁变压器安全运行。那么对于测得的数据我们应从哪些方面着手呢？

1.2.1　看电流相序

正确接线下，各侧电流都是正序：A相超前B相，B相超前C相，C相超前A相。若与此不符，则有可能：

（1）在端子箱的二次电流回路相别和一次电流相别不对应，这种情况在一次设备倒换相别时最容易发生。

（2）从端子箱到保护屏的电缆芯接反，这种情况一般由安装人员的马虎造成。

1.2.2　看电流的对称性

每侧 A 相、B 相、C 相电流幅值基本相等；相位互差 120°，若一相幅值偏差大于 10%或相位偏差大于 10%，则有可能：

（1）变压器负荷三相不对称，一相电流偏大或偏小。

（2）变压器负荷三相对称，但波动较大，造成测量中出现波动。

（3）某一相 CT 变比接错，该相 CT 二次绕组抽头接错。

（4）某一相电流存在寄生回路，造成回路电流减小和相位偏移。

（5）变压器负荷功率因数波动较大，造成测量时相位波动大。

1.2.3　看各侧电流幅值，核实 CT 变比

用变压器各侧一次电流除以二次电流，得到计算 CT 变比，该变比应与实际变比一致。

1.2.4　看两（或三）侧同名相电流相位，检查差动保护电流回路极性组合的正确性

这里要将两种接线分别对待，一种是将变压器星形侧 CT 二次绕组接成三角形，另一种是变压器各侧 CT 二次绕组都接成星形。对于前一种接线，其两侧二次电流相位应相差 180°，对于后一种接线，其两侧二次电流相位相差角度与变压器接线方式有关。比如变压器为星/三角–11 接线，其高压侧二次电流应超前低压侧 150°。若两侧同名相电流相位差不满足要求（偏差大于 10°），则有可能：

（1）将 CT 二次绕组组合成三角时，极性弄错或相别弄错，比如星/三角–11 变压器在组合星形侧 CT 二次绕组时，组合后的 A 相电流应在 A 相 CT 极性端和 B 相 CT 非极性端的连接点上引出。

（2）一侧 CT 二次绕组极性接反。

1.2.5　看差流大小，检查整定值的正确性

对励磁电流和改变分接头引起的差流，变压器差动保护一般不进行补偿，而采用带动作门槛和制动特性来克服，所以，测得的差流不会等于零。那么什么标准来衡量差流合格呢？通常差流值应小于 0.3Icd(Icd 为差动低定值)，该台变压器差动回路正确；否则，有可能是：

（1）变压器实际分接头位置和计算分接头位置不一致。

（2）变压器星型侧额定二次电流算错。由于微机变压器差动保护在“计算星型侧额定二次电流乘不乘 $\sqrt{3}$ ”问题上没有统一，所以，整定人员容易将星型侧额定二次电流算错，从而，造成平衡系数整定错。

2　环流法测变压器差动向量

实际工作中，许多新变电站投运时，往往低压侧出线还没有负荷，导致向量测试无法实施。这时我们常采用环流法进行差动向量测量。

2.1　测试原理

空载的两台变压器并列运行，在低压侧合环，调整两台主变压器电压抽头，使其产生电压差，从而在两台变压器中可以测量到无功环流。这样就可以通过环流进行变压器差动向量测量，通称为“环流法”。为了方便原理分析，取两台变比不同的单相变压器并联运行来分析。

如图 1 所示，两台单相变压器 a 和 b 的原边同接至一母线，副边也同接至另一母线。设变比 $k_a>k_b$，即变压器 a 的副边电压比变压器 b 的高，其电压之差为两副边的开路电压之差，由于两变压器空载，其副边回路产生的电流只能在两个副绕组中流通，称之为环流，当两台变压器变比确定后，其变比短路阻抗是一定的，并列运行的环流大小主要取决于副边的空载电压，而此电压是由主变压器调压抽头调节。另外由于变压器的漏阻抗比较小，即使变比相差不大，也能引起较大的环流。由于环流的存在，

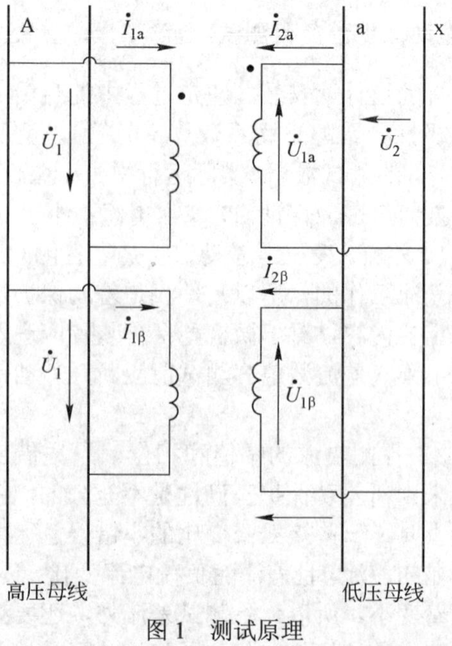

图 1　测试原理

将在 2 台变压器一次绕组中分别产生 I_{1a} 和 $I_{1\beta}$,通过测量变比不等的 2 台变压器空载并列运行时一、二次循环电流相位，达到校核差动保护电流回路接线是否正确的目的。

综上所述，通过调节并列运行主变压器的电压抽头，造成变比差，可以在变压器内部产生适当的环流，从而达到测量变压器差动向量的目的。

2.2 环流法测试的应用

2009 年,我作业部六总降 110kV 变电站送电时现场还没有负荷，而现场需要试车及调试电源，差动向量无法按正常带负荷完成向量测试，差动保护无法投运。于是，采用了“环流法”进行向量测试，通过调节主变压器调压分头，在变压器组中形成环流完成向量测试。

以我厂三总降 1 号、2 号变向量测量为例，固定 1 号变分头在 3 档，2 号变分头在 1 档位，产生一次环流，电流互感器二次也感应出相应的二次电流。环流计算如下：

1 号主变压器调压分接头置于“3”位，一次电压为 115500 V; 2 号主变压器调压分接头置于“1”位，一次电压为 110000 V。

1 号变压器阻抗电压为

$U\% \times U_{N2}$ =10.23% × 10000 = 1023V

2 号变压器阻抗电压为

$U\% \times U_{N2}$ =10.32% × 10000 = 1032V

高压侧电压差为

AU_1 = 115500 − 110000 = 5500V

低压侧电压差为

AU_2 = 5500/ (110/10) = 500V

50 MVA 变压器低压侧额定电流为

12 = 50000/(1.732 × 10) = 2886A

折算至低压侧 1 号变压器短路阻抗为

Z2 K = 1023/2886 = 0.354 Ω

折算 至 低 压侧 2 号变压器短路阻抗为

Z2 K = 1032/2886 = 0.357 Ω

可得环流为

12h = 500/ (0.354+0.357)=705A

折算至高压侧电流为 705/(110/10) = 64A

高压侧 TA 二次侧电流为 64/ (400/5) = 0.8 A

该电流完全达到相位测量所要求的精确值。

图 2 所示的主接线，相量测试 1 次即可完成，运行方式：断路器 111 合，断路器 145、102、502，512、501，101 合，112 分，固定 1 号变分头在 3 档，调节 2 号变分头到 1 档。

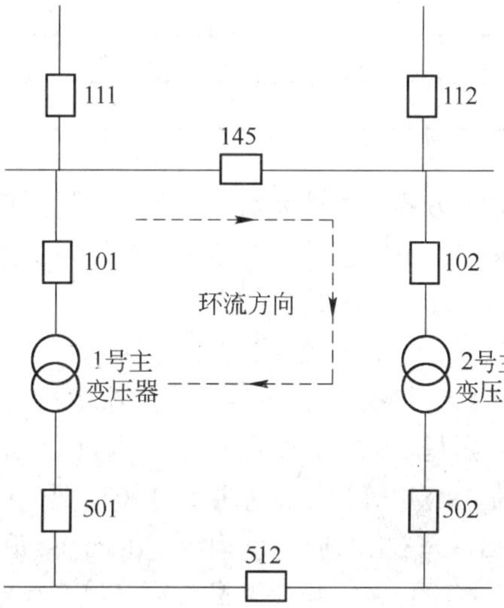

图 2　主接线图

由于两个变压器内部电压不同，将产生环流。此时环流在联络断路器 145-102－2 号变压器-断路器 502-512-501—1 号变压器-断路器 101-145 中流动，111 断路器没有电流流过。

	项目 / 位置	CT 变比	一次电流
系统运行状况	高压侧	400/5	66A
	低压侧	3000/5	700A

	项目 / 位置	二次电流			
		IA	IB	IC	IN
各回路二次电流	高压侧差动 411	0.82A	0.82A	0.82A	
	高压侧后备 421	0.82A	0.82A	0.81A	
	高压侧计量 431	0.82A	0.81A	0.81A	
	低压侧计量 481	1.16A	1.17A	1.16A	
	低压侧后备 491	1.16A	1.17A	1.17A	
	低压侧差动 501	1.17A	1.18A	1.16A	

	项目 / 位置	U	V	W
110kVU_a为基准，电流超前	411	345°	224°	102°
	421	346°	224°	102°
	431	346°	223°	102°
	501	196°	78°	315°
10kVU_a为基准，电流超前	491	165°	43°	285°
	481	346°	224°	105°

	高压侧 / 低压侧	U411	V411	W411
差动继电器相位检查	U501	149°	28°	266°
	V501	267°	146°	24°
	W501	30°	269°	147°

	U	V	W
差流测量	0	0	0

在这种方式下，能完成 1 号变压器主进断路器 101 对 501 的相量测试，及 2 号变压器主进断路器 102 对 502 的相量测试。

1 号主变测试数据如下表：

通过以上数据可见，1 号主变二次电流为 0.82A，与理论计算基本吻合，变比正确；其一次 A、B、C 三相电流大小相等，相位差接近 120°，顺相序；其二次 A、B、C 三相电流大小相等，相位差接近 120°，顺相序；差流正常，可以判断 1 号主变差动保护电流回路接线正确，相量测试正常，符合投运条件。

3　结论

带负荷测试对变压器差动保护的安全运行起着至关重要的作用，对于我们继电保护人员要有足够的重视。带负荷测试前，要深入了解变压器差动保护原理、实现方式和定值意义，熟悉现场接线；带负荷测试中，要按照带负荷测试内容，认真、仔细、全面收集数据；带负荷测试后，要对照上述分析方法，逐一检查，逐一判断。只要切实做到了这三点，变压器差动保护就万无一失了。

空压机余热在节能降耗中的应用

首钢股份公司迁钢钢铁公司能源部　李　泉　徐建楠

摘　要：针对迁钢空压机站存在的问题进行了分析，组织进行了节能技术改造，项目实施后达到了预期效果并取得了巨大的节能效益。

关键词：空压机站　余热干燥　节能

1　概述

首钢迁钢公司压缩空气系统共有三座集中空压机站，分别于2004年、2007年、2010年随迁钢公司三个阶段建设投产，分布在厂区的不同位置，三个空压机站共设 12 台阿特拉斯·科普柯的离心式压缩机，供风能力为 2700m^3/min，供风压力0.65MPa，三个站所产出的压缩空气后均送往同一压缩空气管网，再由管网直接供给公司各用户，然后由设置在各用户的干燥站干燥处理后供生产使用。

2　主要问题

根据多年来运行实践发现迁钢公司压缩空气系统存在诸多弊端，并已影响到了公司正常生产。

（1）迁钢公司厂区面积大，输送管线距离长，压缩空气产出后未经干燥处理直接进入管网，含水量大，经常影响公司各用户正常生产，夏季大气湿度高时尤为严重。

（2）含水的压缩空气加剧了管道锈蚀，脱落的锈蚀杂物进入用户经常造成设备堵塞而影响生产正常运行。

（3）冬季寒冷季节管网疏水设施为了防冻，人为的加大放散，每年冬季寒冷季节四个月放散量占产量的 7%左右，放散的同时产生大量的噪声污染。

（4）全公司约 62 个用户级干燥站，大多数采用的是比较落后的电加热再生处理干燥技术，耗电量较大，不利于节能降耗。

3　主要原因分析

迁钢公司空压机站产出的压缩空气未经干燥直接送往管网，由于周围环境空气中有湿度（水蒸气），压缩空气从空压机中出来后，降温时会产生冷凝水和水蒸气。另外由于所有空气动力设备都是按照干燥空气来设计的，长期使用潮湿的空气，设备装置将会受到损害，管路锈损压力降低直至影响安全生产，同时污垢和水分影响板坯、轧材等冶金产品加工的质量。环境温度较低时，冷凝水会冻冰，造成管道冻堵或开裂。

4　改造方案及措施

针对以上存在的问题，我们拟对压缩空气系统进行改造。具体思路是在三个集中空压机站增加压缩空气干燥站，对压缩空气进行干燥处理后，将露点达到–40℃的压缩空气后送往公司管网，与此同时取消或停用用户级干燥站，由管网风直供厂区各用户，彻底解决上述问题，达到节能降耗的目的。

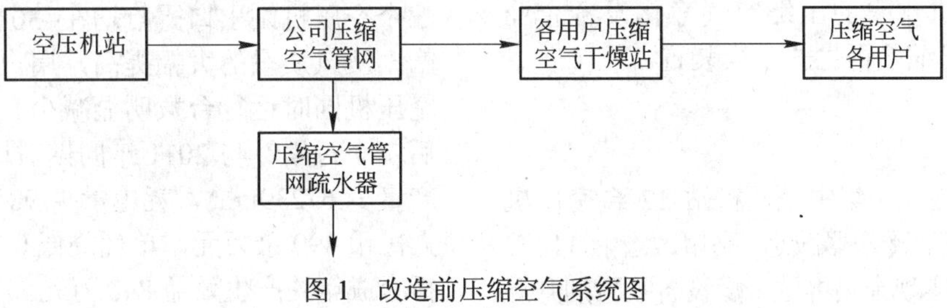

图 1　改造前压缩空气系统图

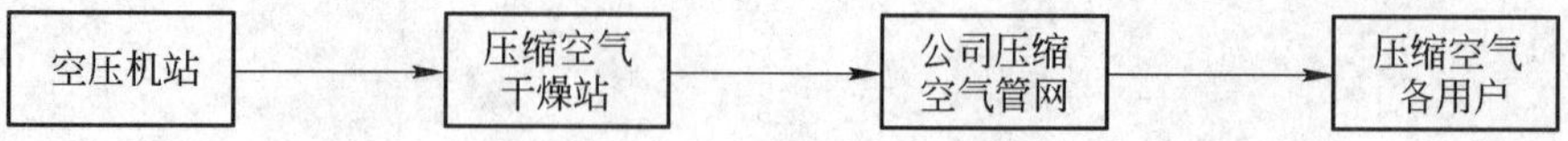

图 2　改造后压缩空气系统图

4.1　压缩空气净化方式的选择

根据迁钢公司生产对压缩空气的要求，干燥净化后的压缩空气品质应为：最大粒子直径：1μm，最大含尘量：1mg/m^3，最大含油量：1mg/m^3，压力露点：–20~ 40℃。满足这一标准，目前在国内外在压缩空气净化干燥领域主要有无热再生吸附式、微热再生吸附式及加热再生吸附式，下面是以以处理流量 250m^3/min 为例三种干燥装置的比较情况(见表 1)。

表 1　三种压缩空气干燥方式情况对比

干燥机类型 / 能耗明细	无热再生式干燥机 PH 型	微热再生式干燥机 PE 型	压缩热再生式干燥机 PHC 型
再生气耗	14%×250=35m^3/min	7%×250=17.5m^3/min	1%×250=2.5m^3/min
电加热器功率	0	85	0
控制系统功率/kW	0.25	0.25	0.25
露点温度/℃	–40℃	–40℃	–40℃
能量消耗（24h）总计（加热器运行时间为总运行时间的 62.5%，生产每立方米压缩空气耗电 0.12kW・h 计算）	24×60×35×0.12+0.25×0.625×24 =6051.75kW・h	24×60×7.5×0.12+(85+0.25)×0.625×24 =4302.75kW・h	24×60×2.5×0.12+0.25×0.625×24 =522kW・h
以工业用电每度 0.5 元计算，每年 365 天使用的费用	0.5×6051.75×365=1104444 元	0.5×4302.75×365=785251 元	0.5×522×365=95265 元

由表 1 可知，从能量消耗方面看，PHC 即压缩热再生式干燥机能量消耗比较低，PH 和 PE 再生式干燥机较高。

压缩热再生干燥方式是近年来开发研制出的利用空压机余热进行压缩空气干燥的技术和设备，由于节能效果显著，已得到了广泛的推广和应用。

其工作原理，是利用离心空压机的去掉末级冷却器后的热量，来加热干燥塔里的吸附剂，使其解附。以我们目前使用的空压机为例，我们目前使用的空压机排气温度在 40℃左右，经过改造去掉三级后冷却器以后排气温度达到 110℃，余热再生干燥设备就是利用这部分能量，实现了吸附剂升温解附，再生过程大大减少了干燥装置的运行费用，达到了节能降耗的目的。

为依托空压机生产厂家完成对空压机的设备改造以及改造后的性能调试，本次选择了阿特拉斯旗下具有国际先进水平的压缩空气净化设备企业纽曼泰克公司的压缩热再生式干燥装置。

4.2　具体措施

（1）首先对在三个集中空压机站 12 台空压机设备进行取消三级后冷却器改造。利用改造后 110℃空压机排气能量，实现余热再生干燥设备吸附剂升温解附，最终产出的压缩空气达到满足迁钢生产要求。

（2）取消或停用管网压缩空气疏水器，杜绝压缩空气疏水放散损失。迁钢公司厂区压缩空气主干管网长度约为 15000m，按每 100m 设置一处疏放水点，共有约 150 个疏水点，改造完成后，可全部取消停用，减少压缩空气冬季防冻放散。

（3）取消或停用用户级压缩空气干燥站。目前全公司统计约有 62 个用户级干燥站，80%采用微热再生式干燥方式，耗电量大，停用后大大降低压缩空气干燥再生电加热能耗，同时也减少用户干燥站二次压降造成的压力损失。

5　投用后效果

空压机站节能情况见表 2。

迁钢公司压缩空气干燥节能改造工程于 2012 年 6 月 1 日起全面竣工投用，从运行 7 个月情况看，三个空压机站出口露点均在–30~ –40℃之间，由于产出压风质量的大幅提高，用户消耗量明显降低，空压机同时运行台数明显减少。从表 2 可知，投产后 7 个月累计与 2011 年同期对比，动力空压站压风产量少 67239km^3，耗电量少 9813241kW・h，折合人民币 490 余万元，单耗降低 0.00419 kW・h/m^3。折合成年约产生效益 840 万元。

表 2 空压机站余热节能干燥改造完成后节能情况

项目 月份	压缩空气产量/km³			耗电量/kW·h			单耗/(kW·h/m³)		
	2011 年	2012 年	2012 比 2011	2011 年	2012 年	2012 比 2012	2011 年	2012 年	2012 比 2011
6 月	77794	73616	-4178	8899040	8606248	-292792	0.1144	0.1169	0.00251
7 月	84561	71669	-12892	9615060	8138710	-1476350	0.1137	0.1136	-0.00015
8 月	79210	70120	-9090	9551340	7946400	-1604940	0.1206	0.1133	-0.00726
9 月	76156	67453	-8703	8917440	7658270	-1259170	0.1171	0.1135	-0.00356
10 月	80817	70742	-10075	9284188	7813330	-1470858	0.1149	0.1104	-0.00443
11 月	78082	65646	-12436	8958196	6913810	-2044386	0.1147	0.1053	-0.00941
12 月	86926	77061	-9865	9606745	7942000	-1664745	0.1105	0.1031	-0.00746
合计	563546	496307	-67239	64832009	55018768	-9813241	0.1150	0.1109	-0.00419

空压机后冷却器芯子是消耗量比较大的备件之一，使用周期约 6 年，改造完成后，由于取消了后冷却器，按该备件平均价格 72 万元/个计算，全部 12 台空压机每年可节约后冷却器芯子备件费用约 144 万元。

各用户级干燥站退出运行后效益估算：

为节约各用户干燥站使用维护成本，同时减少用户干燥站二次压降造成的压力损失，压风干燥改造投用后，6 月 30 日前已全部取消停用各用户级干燥站，用管网风直供。

（1）目前公司统计约有 62 个用户级干燥站，余热再生电加热耗电功率合计 1298.18kW，全部退出后每年可节约电量 1137.21 万 kW·h，如果再生伴热按全年运行时间 60%计算折合人民币 341 万元。

（2）用户级干燥站退出后，年可节约 62 个干燥装置的材料及备品备件费用 144 万元。

（3）合计以上两项，用户级干燥站退出后年可产生效益 485 万元。

（4）合计以上三项，压缩空气节能干燥改造完成后，每年约产生年效益 1469 万元。

因此本次项目改造投资的约 2000 万元费用，不到两年即可收回。

6 结论

压缩空气系统余热干燥节能改造技术的实施，使迁钢公司整个压缩空气系统达到了安全可靠、技术先进的目标，同时也产生了巨大的节能效益，为首钢“节能、降耗、增效”工作做出了重要的贡献。

对改进钢铁企业生产一线班组管理的粗浅思考

——以西南某厂高线车间轧钢乙班为例

首钢贵阳特殊钢有限责任公司高线作业部生产丙工段　陈灿灿

摘　要：班组管理的内涵和外延，可以简单地归纳为对班组人、财、物三方面的管理上。对人的管理，主要是指班组领导对班组成员的思想教育、生产管理、劳动管理和安全管理；对财的管理，主要是对班组成本、效益的控制和劳动成果的分配；对物的管理，主要是指班组成员对场地、设备、产品的维护和管理。在管理乃至设备、工艺、产品都呈现高度同质化的行业背景下，钢铁企业之间、企业内部各班组之间的竞争，从本质上演变为人的竞争、人才的竞争和管理的竞争，班组间的竞争是人的竞争、精气神的竞争、带头人的竞争。

关键词：班组管理　模范　成本　安全　质量

作为资金密集型和劳动密集型行业，人是钢铁行业、钢铁企业最重要的生产要素，而钢铁企业绝大部分的人又都在基层班组工作。在经历了拼胆识、拼眼光、拼市场的市场发展初级阶段之后，当市场发展日益规范、成熟，竞争越来越激烈，拼人才、拼管理、拼技术、拼创新成为企业突破式成长的必然选择。而班组是落实这一切的根基。从国资委发文大力推进企业班组建设到国内优秀企业纷纷重心下移建班组，班组建设成为中国企业的时代主题。但是，现实却总是事与愿违。我们看到，钢铁企业的班组管理和班组建设并没有达到市场期望的高度。

1　班组是企业的基础，班组管理是企业管理的基础

班组是企业的细胞，是企业最基本、最基层的组织单元和生产单元，是企业组织结构的基石和生产任务的直接完成者，是一切工作的落脚点和出发点。企业的生产工作、技术工作、质量工作及其他各项工作都要在班组中去落实，并通过班组日常活动来实现。班组完成的好坏将直接地影响着企业的各项经济指标的实现，有时甚至关系到企业的生死存亡。从各项意义上来说，班组工作好坏，对企业的发展起着决定性的作用，只有班组充满生机，企业才能充满活力。

班组管理是企业管理的基础，班组管理工作的好坏，直接影响着企业生产经营的正常进行和有序开展，影响着企业的安全和经济效益；全面加强班组建设，实现班组管理的科学化、制度化、规范化，是提高企业经营管理水平，实现管理现代化的一项重要工作。

2　班组管理的主要内容

班组管理是在企业整个生产经营活动中，由班组自身所进行的计划、组织、指挥、协调、控制和激励等管理活动。它的职能是对班组中的人、财、物合理组织，有效利用，实现企业和车间所规定的目标和要求。

从班组管理的定义出发，可以看出班组管理的内容是指在班组管理活动中应做的具体工作，其涵盖非常广泛，既包括班组的生产管理、现场管理、目标管理、计划管理、流程管理、制度管理、劳动管理、质量管理、设备管理、人员管理、安全管理、民主管理，又办理班组的经济核算、绩效考核、激励机制、人才建设和责任落实等等。从实践来看，工业企业班组在日常管理中一般将生产、质量、成本、人事、安全、现场等六项管理视为班组管理的核心内容，即班组的生产管理、质量管理、成本核算、人事管理、安全管理、现场管理等。

个人认为，班组管理的内涵和外延，可以简单地归纳为对班组人、财、物三方面的管理上。对人的管理，主要是指班组领导对班组成员的思想教育、生产管理、劳动管理和安全管理；对财的管理，主要是对班组成本、效益的控制和劳动成果的分配；对物的管理，主要是指班组成员对场地、设备、产品的维护和管理。

3 加强和改进钢铁企业班组管理的建议

基于上述认识，本人认为加强和改进钢铁企业班组管理，可以从以下几个方面入手。

3.1 对人的管理

在管理乃至设备、工艺、产品都呈现高度同质化的行业背景下，钢铁企业之间、企业内部各班组之间的竞争，从本质上演变为人的竞争、人才的竞争和管理的竞争，班组间的竞争是人的竞争、精气神的竞争、带头人的竞争。

（1）加强班组管理首先要加强职业道德建设和企业文化教育。职业道德是企业所有从业人员在职业活动中应该遵循的基本行为准则，是社会道德的重要组成部分，是社会道德在职业活动中的具体体现，是一种更为具体化、职业化、个性化的社会道德。企业文化是企业的精神和灵魂，是企业文明程度的反映也是也是知识形态的生产力转化为物质形态生产力的源泉。我们要结合企业实际、班组实际，大力推进职业道德建设和企业文化教育，让班组成员了解企业的现在和未来，知道企业的发展与个人之间的内在关系，深刻认识企业生存的价值和企业的德、道、行、才，最终形成一股合力，形成一个坚不可摧的战斗群体。

（2）加强班组管理要强化班组长的模范带头作用。俗话说："火车跑得快，全靠车头带。"一个优秀的班组，一个先进的班组，一定要有一个称职的班组长。但从目前本厂的职位体系中看，班组及班组长的定义似乎未能得到清晰的界定。有鉴于班组在企业中的地位、作用，首先应把班组建设列入人力资源管理的重要议事日程，明确班组在企业管理层级中的责权利，使各级班组在企业现行的职位体系中得到清晰的界定。同时，要赋予班组长职责，下放班组长权力，赋予班组长安全管理、生产管理、质量管理等职责，让他们有干不好工作就"食不甘味、寝不安席"的责任感、时不我待的紧迫感和责任重于泰山的压力感。同时，根据权责对等原则，下放给班组长安全管理权、生产组织权、考核分配权等开展工作必需的权力，以确立班组长在本班组的地位和权威，更好地领导和管理本班组成员。在强化班组长的模范带头作用的同时，要发挥班组里党团员的带头作用和表率作用。

（3）加强班组管理要切实抓好安全生产管理。所谓"安全生产"，字面理解就是在满足安全的条件下从事生产经营活动，也就意味着安全是生产经营活动的重要前提，也可以理解为"先安全、再生产"。安全生产管理最根本的目的是保护人的生命和健康，是对单位正常运行的最根本要求。

抓好安全生产管理，务必要采取自查、互查、抽查等多种切实有效的措施，对生产现场各类隐患进行及时检查和治理，纠正违规违法行为，堵塞管理上存在的漏洞，把每个环节、每个细节的工作做扎实，彻底消除事故隐患，使车间、班组的安全生产保持的良好势头。

3.2 对财的管理

3.2.1 优化班组考核机制

当前，我厂的考核方法主要还是以出勤率为主，并结合职位、工龄等因素综合考核。从沙钢获得最新一届钢铁行业管理创新奖的成果来看，其主要亮点在于将以往采用的记件考核转变为以合格产品创造的有效利润作为考核指标。

借鉴沙钢这一创新成果，本人认为包括我厂在内的大多数钢铁企业，都可以将目前采用的记时考核（或者加上记件）为主的考核机制，改革为按工序效益（利润）或生产单元所创造的有效利润来考核的新机制。

在当前基本考核机制不变的前提下，优化班组考核机制，重点是要建立起班组长的任职资格和考评体系，在薪酬待遇上要区别对待班组长和班组成员。

3.2.2 强化班组成本控制

今年以来，我厂的成本控制取得明显成效，1~11 月份的主营业务成本就比去年同期下降了34.33%。这样的成绩，虽然在整个集团内较为突出。不过也要看到，钢铁行业内还有成本下降45.20%的山西临钢和下降38.83%的德龙钢铁这样的标杆。

因此，我们应该继续坚持以降本增效为目的，强化班组成本控制。重点突出降低生产物料消耗和水电成本费用控制，针对管理瓶颈和薄弱环节重点开展对标挖潜，瞄准行业和厂内标杆，认真分析对标差距的原因，制订整改方案，缩小差距；规范管理，严细当先，加强过程控制，将降低生产物料消耗和减少水、电、汽、气考核贯穿到生产全程和设备检修任务中，贯穿到日常运行调节和各个控制点。

3.3 对物的管理

3.3.1 加强设备点检管理

"工欲善其事，必先利其器"，设备是提高企业经济效益的重要物资技术基础，设备管理工作是增强企业综合竞争力的重要物质保证。正是因为设备点检对企业的重要，宝钢首创的设备点检（工种），不仅在最新的全国钢铁行业职业技能竞赛中成为独立项目，更被最新出版的国家职业大典接纳为新增工种。

对此，我们不仅要在思想上认识到加强设备点检管理在班组管理和班组生产中的重要性，更要把“创新管理理念，提倡主动维护”作为加强设备点检管理突破口，引导班组成员通过日常点检和维护，实现控制设备磨损，减少或避免设备故障的目的，从而减少故障维修、日常维修。同时，要将传统设备管理的以“修”为主过渡到以“管”为主，并注意加强设备的工作环境管理，为设备创造最佳工作环境。

3.3.2　抓好班组原始记录和统计报表

班组生产管理活动的原始记录和统计报表是班组工作成果的主要表现形式，是按劳分配的依据，是企业进行生产经营管理活动的第一手材料，是企业信息工作的最基本环节和工作基础。因此，搞好班组管理基础工作首先要从抓好班组原始记录和统计报表入手。

建立各类基础管理台账、报表制度，做好产品生产记录，即各品种的产品产量，包括半成品、在制品、产成品的质量，班组个人的生产记录，调整生产工艺、新产品试制、投产通知等原始记录；注重半成品库的基础管理工作，起到前道控制、后道监督的作用；充分利用电脑等现代化设备，使各类统计报表及生产任务单的下达均取代手工操作，提高工作效率。完善班组原材料、燃料、动力消耗记录，加强物料消耗统计，每月开展对标工作例会对统计数据进行汇总分析，深层次查找原因，并提出优化措施进行总结和评估，同时按照统计的数据对各班组进行能耗节约水平进行评价考核；加强计量管理和监督，努力提高水、电、汽、气等计量装置的准确性，最大限度减少跑、冒、漏、滴。

3.3.3　强化班组产品质量管理

美国质量管理专家朱兰博士把质量定义为“产品和服务满足规定或潜在需要能力的特征和特征的总和”。企业生产产品的目的就是要满足用户需求，它不仅是生产企业赖以生存和发展的物质基础，也是企业生产经营活动的结果和具体体现，承载着企业生产经营过程中的所有酸甜苦辣，是企业向市场做出的最实在的表白。常有人说“质量就是企业的生命”，这一点不假，尤其是在钢铁企业竞争趋于白热化的今天，更能体会到这句话的分量。我厂也不例外，也受着这一规则的制约，我们必须把我们的一切智慧、辛劳都集中到我们的产品中去，让其带着我厂几代人的梦想去站稳市场和开拓市场。具体到高线车间，就是生产合格的高线产品。

产品质量是生产出来的。因此，对生产产生影响的所有环节都会对产品质量的好坏有着不同程度的影响。不过，笔者通过近半年来的现场观察发现，除了客观因素的影响，其实有不少质量事故主要还是由于人的主观质量意识不高、技能不足造成，但分析其过程，责任者却多是强调客观原因，有意无意忽略了主观上给产品质量带来的不利影响。更有甚者，个别班组还存在轻视质量的现象。是的，相对于安全环保管理等刚性管理，质量方面的违章后果不像安全方面违章那样的血淋淋，让人感到恐怖和后怕，所以个别职工的质量意识和操作技能就比较滞后。

基于此，抓好班组产品质量的控制，首先要强化班组成员的质量意识。要教育班组成员牢固树立“质量第一”的思想，懂得高线产品质量不仅关系到公司“精品”战略的成败，更关系到个人收入的高低；其次充分使用经济杠杆的作用，大幅度提高质量指标在班组控制的指标中的奖励权重，调配好产量与质量的分配关系，让职工能感受到质量指标与自己经济利益的密切关系。在此基础上，还要严抓工艺纪律，强化过程控制；积极开展岗位练兵，提高班组成员技术水平；完善岗位质量责任制。除此之外，还要注意产品质量管理“度”，既要严把质量关，也要避免质量过剩，避免脱离市场需要、成本和后工序实际要求，盲目追求质量，导致成本上升、产能受限。

集团化协同联动生产管控体系的建立与实施

通化钢铁集团股份有限公司生产运行部　李太仁　万玲芳

摘　要：通钢集团是隶属于首钢总公司旗下的大型钢铁联合企业，拥有矿山、钢铁、贸易、IT 等不同性质的七家子公司，目前产钢能力达 600 万吨。集团总部坐落于长春市，各子公司分布于吉林省内不同地区，建立集团化的、高效率的、可控制的生产组织管理体系，是集团管理的有效途径，并取得了明显的效果。

关键词：集团化　生产管控　体系　建立

通化钢铁集团股份有限公司（简称通钢集团），是隶属于首钢总公司旗下的子公司之一，属大型钢铁联合企业，目前拥有矿山、钢铁、贸易、IT 等不同性质的七家子公司，产品以“长白山”牌系列产品为主，现已形成板材、建材、管材、型材、优特钢五大产品系列，有 19 种产品荣获吉林省名牌，有 3 种产品获国家“金杯奖”。通钢集团总部坐落于长春市，各子公司分布于吉林省内不同地区，需建立集团化的、高效率的、可控制的生产组织管理体系，形成具有自身特点的管理模式，实现集团化的生产有效管控，为通钢集团的生产秩序稳定和经济效益最大化奠定坚实基础。

1　构建集团化协同联动生产管控体系的背景

通钢集团自 2006 年改制重组后，集团总部迁至长春市。为了实现母子公司的有效管控，建立扁平化的组织体系，发挥集团协同效应，实现集团整体效益最大化。集团生产组织管理归口经济运行部，经济运行部的管理职能定位在编制集团年度生产计划，按月下达生产计划，监控子公司生产计划完成情况，管理和发布集团数据信息。制订集团能源规划及能源节能方案，编制技术创新及重大技术开发项目管理规划，制定集团质量方针目标，协调质量体系认证和产品认证，对集团商标、品牌及创名牌等知识产权管理等。几年来，经济运行部围绕这一职能不断探索、不断努力工作，发挥了应有的作用。但是，在实际工作中存在的问题也比较明显：

一是生产信息掌握渠道不畅，无法进行有效管理。由于集团总部与生产一线异地办公，加之信息渠道建立滞后，对生产情况掌握不及时，导致管理职能无法发挥。

二是未建立有效的考核体系，集团对子公司没有约束机制。计划任务只落实在纸面上，完成与否没有考核，没有建立有效的激励机制，必然造成指挥系统失灵。

三是宏观管理的定位对生产组织管理而言可操作性不强。生产组织管理本身要求精细化管理，同时也是一个从微观到宏观的过程，宏观管理的结果不能达到精细化管理的要求，结果是管理不到位。

根据 5 年来集团生产组织管理实际中存在的问题和经验，于 2011 年 8 月提出构建集团化协同联动生产管控体系的想法。

2　集团化协同联动生产管控体系的内涵及主要做法

通钢集团与首钢重组后，为确保构建完善的集团生产管控体系，本着满足首钢总公司和集团公司领导对生产管理需求的原则，以集团公司早调会为依托，建立和完善生产组织、计划管理、设备事故、统计报表等管理制度及关联交易、重点指标管控、专业系统考核等体系，结合部门现状，建立了集团化协同联动生产管控体系的基本框架。

2.1　内涵

建立定位清晰、分级管控、协同效应的生产管控体系。

定位清晰——明确集团在生产管理中的功能定位。原则上抓宏观精微观，即在宏观管理上控制总量、质量，在微观管理上抓生产环节中的关键点；操作上以生产管理为主线，突出重点，统一目标，集中力量抓生产运行管理。

分级管控——明确集团与子公司生产管理范围

和权限，本着分级管理，层层负责的原则实现管理流程的高效运转。

协同效应——优化资源配置，即有效利用集团内部原料资源，实现集团效益最大化；平衡生产关系，即协调子公司间在生产衔接、产品运输等方面的关系。

2.2 做法

2.2.1 建立完善的生产运行系统组织管理制度

生产运行系统原有 11 项管理制度，与首钢重组后，为适应生产管理要求重新修订了集团公司生产计划管理制度、生产运行汇报制度、通钢集团公司统计报表制度、通钢集团科技成果评级奖励办法。在此基础上又新制定了通钢集团公司设备事故管理办法（暂行）、通钢集团公司技术操作事故管理办法（暂行）、通化钢铁公司与吉林焊管公司内部交易管理办法（试行）、通钢集团内部关联交易管理办法、通钢集团公司破坏性地震应急预案等。目前该系统已建立起 14 项管理制度。随着生产运行的实践检验，生产运行制度体系的建设还在逐步完善的过程中。

通过对生产运行系统各项制度的完善和补充，规范了专业管理流程，也突出了对重点工作的管控。如：为加强对设备事故和技术操作事故的管理，将原设备管理制度和生产管理制度中的事故管理章节提炼出来，单独下发了管理办法。在新的管理办法中，重新定义了事故级别和种类，细化了事故处理流程，明确了各级领导的责任分工，从而使事故在处理过程中能够做好反应迅速、处理及时、责任明确。

2.2.2 建立集团早调会汇报制度

自 2011 年 8 月开始实行集团每日早调会制度，通过早调会及时向集团领导反映生产、检修、工程等有关情况，协调解决当日或近期内集团、子公司存在的重大问题。为开好早调会，生产运行部安排了详细的值班制度，值班人员每天提前 1 个半小时到岗，通过各子公司调度日报反馈的信息及与子公司领导和专业部门沟通，掌握子公司生产动态，并将有关情况及时反馈给集团领导和各部门，为领导决策提供依据。早调会汇报内容编辑了 PPT 文档模板，并根据管理需要适时完善，不仅要满足集团早调会需要，还要满足首钢早调会汇报需要；不仅要反映生产情况，还增加了新工程投产前准备情况、港口矿粉库存情况、钢材无去向库存情况等内容，为集团公司掌握新工程投产及达产进度情况提供了及时准确的信息。

早调会制度的有效落实，为首钢总公司、集团公司与子公司之间搭建了一个更加直观高效的信息传输平台，也有利于对生产中存在的问题做到提早发现、迅速决策、及时反馈的闭环管理，使集团化管控更加高效、快捷。

2.2.3 建立以销定产和以效定产的计划管理体系

为应对严峻的市场形势，重点加强对产量计划的管理，严格控制生铁、钢和钢材产量的计划完成率，不允许超过规定的偏差范围，同时，根据矿山能力，努力增加成品矿产量。

在计划的制定上，坚持以销定产和以效定产的原则，减少或避免无去向钢材库存，同时根据产品边际贡献情况确定品种和产量规模，增加当期创效能力强的品种产量，减少集团损失。例如，于 2012 年不同时期，通过财务测算出的多套生产组织方案进行对比，提出了限产的具体实施方案，见下表。

月份	生产销售方案数量/个	最佳方案边际效益/万元	最差方案边际效益/万元	对比减亏/万元
1 月	4	−5418	−10355	4937
3 月	3	−6563	−9097	2534
4 月	6	−3636	−5650	2014
5 月	2	−3566	−3926	360
6 月	3	−3208	−4768	1560
10 月	2	−8174	−9251	1076
合计				12481

在计划的执行上，要求子公司根据产量安排，坚持集中产线、批量生产的原则，最大限度提高产线的连续运转时间，降低产品单位成本。例如：通化钢铁型钢线、窄带线归并计划，组织在一个紧凑的时间段集中生产；四平钢绞线、磐管公司无缝管等产品紧密结合市场订单情况，集中生产和集中停产检修。既能满足用户需求，又可降低基础电费支出。

2.2.4 建立内部资源关联交易的平衡保障体系

保证集团公司内部资源平衡，是有效降低生产成本的关键。通过建立和完善通钢集团内部关联交易制度，有效地保证了内部资源物尽其用、发挥最大效能。集团公司的关联交易主要集中在：通化钢铁与矿业公司各矿之间；通化钢铁与磐管公司、焊管公司、四平公司之间。交易的主要产品包括：铁精粉、铁富粉、球团、生铁、圆管坯和窄带钢。由于各子公司独立核算，各自上报物资需求计划均已自身效益最大化为目的，集团建立内部关联交易平衡保障体系，就是要遵循集团效益最大化的目标，通过平衡、协调，控制个体局部利益追求整体最大利益。在关联交易计划安排上坚持铁前产品以满足通化钢铁需要为主兼顾矿业内部需求的原则；钢后产品以满足通化钢铁最小生产批次为原则，组织通化钢铁对各轧钢公司供应坯材。使关联交易产品能迅速转化为现实产值，提高资源周转率，减少资金占用。

2.2.5 建立突出生产过程降成本的重点指标管控体系

针对影响产量、成本等方面的关键工序环节，建立突出生产过程降成本的重点指标管控体系。瞄准影响成本收益的重点指标，大力开展球团竖炉利用系数、焦炭干熄率、燃料比、钢铁料消耗等攻关竞赛，保证组织到位、激励到位，实现关键指标的大幅度改善。各生产单位分别确定了自己的对标单位，定期与对标企业沟通并交换信息，时刻关注对标企业指标变化，积极从管理、操作、技术等方面深层次查找指标差距的原因，有针对性地制定赶超措施，促进了各项指标的改善。

为了使集团的对标挖潜工作持续走向深入，更好地提升集团公司的主要技术经济指标水平，通过组织对标挖潜工作会，对国内钢铁行业的形势进行分析，统一认识，准确把握自身在行业中的位置，敢于对标；积极参与行业对标挖潜工作；积极加入普钢网协会；同时组织子公司赴先进企业对标考察。

同行业对标排序示例：

大中型钢铁企业炼铁技术经济指标（综合）
(2012 年 1~12 月)

企业名称	高炉利用系数 /(t/(m^3·d))	综合焦比 /(kg/t)	排名	喷吹煤粉 /kg	排名	入炉矿品位 /%	排名	吨铁 TRT 发电量 /kW·h	排名	高炉风温 /℃
加权平均	2.475	506		149		56.80		35.47		1135.65
济南钢铁集团有限公司	2.288	506	29	154	22	55.91	34	51.28	1	1188.00
河北钢铁集团宣钢公司	2.091	525	41	132	48	56.84	25	47.00	2	1116.58
新疆八一钢铁有限公司	2.026	542	50	101	57	56.49	28	46.94	3	1072.35
河北钢铁集团承钢公司	2.585	502	20	132	47	57.09	18	46.27	4	1151.22
天津钢铁集团有限公司	2.290	495	16	138	41	55.67	37	31.72	30	1207.00
马钢股份有限公司	2.316	496	18	146	34	57.67	13	31.50	31	1111.70
酒泉钢铁(集团)公司	2.518	527	43	139	39	53.71	52	30.81	32	1151.91
新兴铸管股份有限公司	3.804	544	52	169	8	54.53	46	30.76	33	1160.32
石家庄钢铁公司	2.740	505	25	167	11	57.06	20	30.38	34	1096.87
江苏沙钢集团有限公司	2.576	486	10	153	23	58.79	5	29.54	35	1141.25
鞍钢集团鞍山钢铁公司	2.041	495	17	149	30	59.12	4	29.32	36	1189.91
江苏永钢集团	3.456	510	31	148	31	57.08	19	28.67	37	1098.86
首钢通化钢铁集团股份有限公司	2.550	505	24	150	28	57.58	15	27.79	38	1107.30
安阳钢铁集团公司	2.449	515	34	134	46	56.52	27	27.44	39	1084.82
首钢长治钢铁公司	3.187	519	37	173	4	55.34	41	26.05	40	1147.53
西林钢铁集团公司	2.596	512	33	109	54	57.60	14	24.39	41	1085.12
唐山建龙实业有限公司	3.840	528	44	163	15	54.66	45	23.65	42	1166.00

2.2.6 建立技术操作事故和设备事故汇报制度

为加强生产系统事故管理要求，防止和杜绝各类技术操作事故和设备事故的发生，最大限度地减少由事故带来的经济损失，及时了解和掌握子公司的设备运行情况，2012 年重新修订和完善《通钢集团公司设备事故管理办法（暂行）》的基础上，同时又新制订了《通钢集团公司技术操作事故管理办法（暂行）》。制度中对事故的定义、分级、汇报、分析、考核等进行了明确的规定，对重大突发事件的报告范围、报告程序、报告内容、责任追究等进行了详细的阐述与界定。2012 年四季度至 2013 年一季度先后对矿业公司、通化钢铁 5 起设备和技术操作事故进行考核，引起了子公司对事故管理的重视。

2.2.7 建立数据共享的集团数据中心体系和完善的统计报表制度

数据是决策的基础，根据集团化生产管理的需求，构建了集团数据中心体系模式，数据中心的内容涵盖了生产运行类信息、物流进耗存类信息、财务成本类信息、投资类信息、劳动工资类信息、行业反馈类信息、购销价格类信息等。通过构建集团数据中心，实现了集团数据信息高度统一与共享，为集团生产远程管控提供了有力支撑。同时通过不断完善集团公司统计报表制度，对信息传递的时效性、准确性、全面性进行详细的规定，建立了完善的信息传递工作流程，为生产运行管控体系的建立提供了翔实全面的第一手资料。

2.2.8 建立完善的生产运行系统考核体系

为满足集团化生产管理需要，建立协同高效、权责明确、流程顺畅的集团生产管控体系和运行机制，分别制订了集团团队绩效考核指标体系和生产运行、设备、技术质量系统专业考核细则（试行）（见附表）。通过团队绩效考核体系和专业考核细则两条线对子公司的生产运行过程和生产运行结果进行量化考核，直接与工资和绩效挂钩。

报人事部团队考核示例：

2012 年 11 月份团队绩效考核指标情况表

考核单位：生产运行部　　　　时间：2012 年 12 月 6 日

考核项目	被考核单位	年计划	本月指标完成情况			备注（实际比计划增减%或±）
			计划值	实际完成值	实际比计划增减(±)	
铁产量/万吨	通化钢铁	520	32.86	33.36	0.5	1.5
钢产量/万吨	通化钢铁	518	31.75	32.6	0.85	2.7
钢材产量/万吨	通化钢铁	496	33.25	33.71	0.46	1.4
成品铁矿/万吨	矿业公司	263	19.88	20.16	0.28	1.4
铁精矿	矿业公司	221	16.28	16.56	0.28	1.7
铁富粉	矿业公司	37.3	3.4	3.3	–0.1	–2.9
生铁产量/万吨	矿业公司	35	2.8	2.93	0.13	4.6
球团产量	矿业公司	27				
钢管产量/万吨	磐管公司	30	1.2	1.26	0.06	5.0
焊管产量/万吨	吉林焊管	4.1	0.14	0.14	0	0.0
钢绞线/万吨	四平制品	4.5	0.2	0	–0.2	–100.0
铁产量/万吨	生产运行部	555	35.66	36.28	0.62	1.7
钢产量/万吨	生产运行部	518	31.75	32.6	0.85	2.7
钢材产量/万吨	生产运行部	538	34.59	35.11	0.52	1.5
成品铁矿/万吨	生产运行部	263	19.88	20.16	0.28	1.4

注：11 月 17 日板石矿 8 号球磨机轴瓦底座移位，属于重大设备事故，扣 2 分，并扣经理和主管经理各 1 万元。

报人事部专业考核示例：

通钢集团公司专业考核表

填报单位：生产运行部　　　　2013 年 2 月

被考核单位	考核内容	考核依据	建议考核加扣分数	集团公司确认意见
矿业公司	内部关联交易计划完成率≥98%	铁精粉供通化钢铁完成率 76.66%	扣 6 分	

3 集团生产管控体系取得的效果

集团生产管控体系的建立与实施，经过两年的探索与实践，基本构成了比较完善的生产运行管理体系。为稳定全集团生产经营秩序，促进集团生产发展，推动集团全面实现生产经营目标做出了积极贡献。

3.1 确立指挥中心地位，为决策提供支撑

集团生产管控体系建立与实施后，集团对子公司的信息渠道全面打开，集团能够及时、准确地掌握子公司的生产运行情况，集团的指令能够畅通下达，特别是依托集团早调会及时了解生产信息，适时把握生产动态，及时汇报公司决策层，同时通过建立与完善生产运行系统各项规章制度，进一步确立了集团生产指挥中心的地位，使集团生产指挥的管控作用真正得以实现，为集团公司领导决策提供了强有力的支撑。

通过生产管控体系建立和运行，拓宽了调度信

息覆盖面，有针对性地反映各时期生产经营重点和苗头问题，有利于集团公司领导及时决策和制定针对性措施。如，对矿业公司板石矿球团厂工程、通化钢铁新1号焦炉工程进展情况提前纳入调度管控范畴，促进了工程进度，尽早地发挥了新工程投产对生产经营的正能量作用。

3.2 促进生产秩序稳定，实现协同效应

通过建立内部关联交易管理办法，协调内部资源平衡，减少资源浪费，优化资源发展，发挥集团一体化优势，保证集团内生产环节衔接顺畅、效益最佳；坚持以销定产和以效定产的计划管理制度，同时兼顾产线集中和批量生产的计划执行原则，组织边际效益有优势的品种生产，确保现有产量创出最佳效益，有效保证了产线的连续运转时间，提高了设备运转率，降低了单位生产成本，实现产能与效益的最佳匹配，在钢铁行业最困难的时期，最大限度地减少亏损，促进了生产秩序的平稳运行与协同效应的共同发展。

2012年，在全行业限产减亏的大背景下，全年生铁产量完成460.5万吨，完成计划的82.96%；钢产量完成416.9万吨，完成计划的80.44%；钢材产量完成436.9万吨，完成计划的81.19%；铁矿石成品矿产量完成242.5万吨，完成计划的92.21%；实现工业总产值188.4亿元，完成计划的67.3%；实现销售收入235.52亿元，完成计划的113.51%。表面上看产量未完成年初下达的计划，这是因为不同时期结合市场和效益情况有计划地实施限产减亏，每个月进行多套产销方案的对比，选择最优方案组织实施，仅通化钢铁坯材限产93万吨措施的实施为公司减亏2.29亿元，集团的生产运行各项工作在困境中实现了平稳运行。

3.3 推进精细化管理，改善技术指标水平

通过搭建重点指标监控体系，通过持续深入开展对标挖潜工作，通过严格执行生产运行考核体系，通过实行技术操作事故与设备事故汇报制度等等运行手段，将集团的生产运行管理由原来粗放的管理方式推向了精细化的管理方式，生产运行管理幅度向纵深层次开展，技术指标层层分解，落实到车间、班组，考核结果落实到人头。细化的考核指标、量化的考核办法、责权统一的考核体系，对规范集团的生产经营行为，推进精细化管理，提升集团执行力起到了积极的推动作用。

主要指标改善情况：综合焦比2011年为540.29kg/t，2012年为526.7 kg/t，下降了13.59 kg/t；二炼钢铁料消耗2011年为1077.84 kg/t，2012年为1058.38，下降了19.46 kg/t；炼轧厂钢铁料消耗2011年为1073.12 kg/t，2012年为1045.97 kg/t，下降了27.15 kg/t。仅这三项指标改善，降低成本合计3.64万元。

计算依据：

焦比降成本：

$$863.25/526.7=1.639\times13.59\times4260564/10000$$
$$=9490\text{ 万元}$$

二炼钢铁料降成本：

$$2682\times0.01946\times1616865/10000=8438\text{ 万元}$$

炼轧钢铁料降成本：

$$2660\times0.02715\times2551311/10000=18425\text{ 万元}$$

3.4 实现集团数据信息统一与共享，为集团远程管控提供信息支持

通过构建集团数据中心，数据信息达到了高度共享与统一。集生产经营管理各类综合数据信息于统一平台，克服了集团化管理所面临的地理位置分布广、生产经营管理层次多等困难。方便各层级、各地域、各种场所的决策人员及管理人员对信息产品的需求查询，通过数据中心即可查询到所需的信息资料，即坐在家里可以查询所需的数据，家庭办公已成为现实，有效地提高了管理效率及办公效率，为集团生产经营远程管控提供了翔实的第一手资料。

新形势下全面预算管理的研究及实践

通化钢铁集团股份有限公司财务部　王　永

摘　要：本文通过对当前经济形势的认识和全面预算管理工作的研究，以通钢集团财务管理工作为例，总结了预算管理在通钢的实践情况和发展思路，提出了如何强化集团公司的预算管理，促进集团公司获取最大的经济效益的创新财务管理模式。

关键词：集团　预算管理　实践　创新

全面预算管理是以企业发展战略为导向，为实现企业经营战略目标而开展的一系列管理活动，其理论与方法在我国已经逐渐得到广泛的推广和应用。

在市场经济条件下，尤其是近年来，受宏观经济形势和钢材市场波动的影响，钢铁企业面临着极其严峻的挑战。钢铁企业要向财务管理要效益，就应当积极推行预算管理的应用，认识预算管理在钢铁企业中的核心地位和重要作用。为促进通钢集团的进一步发展，提高企业的抗风险能力，结合通钢当前的情况和发展的需要，本文总结了预算管理在通钢的实践情况和发展思路，以便进一步促进预算管理在通钢集团的发展，并为通钢更好的服务。

1　钢铁行业及通钢集团公司面临的形势

“十二五”经济建设的宏伟画卷已经徐徐展开了气势恢宏的篇章，各行各业在市场经济大潮中扬帆远航。但是，钢铁企业面临的形势却是不容乐观，钢铁行业供应过剩压力依然严峻。据钢铁协会统计，在已经过去的两年里，钢铁行业已经由 2010 微利的 3.5%转向了盈亏平衡，是所有行业中最低的，而后市可能更加紧张。

“十二五”期间，我国钢铁工业必须执行控制钢铁生产总量，加大节能减排工作的力度，继续淘汰落后和低水平产能，三项工作齐头并进，形成合力推动钢铁行业绿色转型。中钢协权威人士分析，2013 年钢铁行业将进入高产能、高成本、低价格、无利润的时代。因此，如何破解产能过剩、铁矿石困局等难题，已经成了钢铁企业绕不过去的坎。

综合上述分析，面对钢铁业难以扭转的产能过剩和高本无利的格局，促使钢铁业产业全面升级已经到了刻不容缓的时候。因此，通钢集团作为钢铁行业大军中的一员，同样处于重要的战略机遇期，同时也面临诸多的风险和不确定的因素。针对当前如此严峻的市场形势和通钢集团的实际情况，尤其是与首钢重组以来，更是要求我们要把握时机，总结经验，积极应对，认真总结全面预算管理的应用和实践，并加以研究和创新，以求通钢实现更好的发展。

2　通钢集团公司预算管理实践与创新的措施

通钢集团公司始建于 1958 年，全称为通化钢铁集团股份有限公司，下辖全资子公司、控股公司、参股公司等各类子公司，是典型的自上而下贯彻全面预算管理的集团企业。新形势下，预算管理的应用主要体现在运用财务会计的资料和信息，在进行经营管理的预测与分析、准确调节和控制各类经济活动、合理评价考核工作业绩等方面。通钢集团公司的预算管理模式已经有了自身实践的经验，并通过一系列总结创新的举措，具有了自身的特点。

2.1　加强制度建设，建立完善的全面预算管理体系

要推进预算管理在企业管理中的应用，必须加快推进现代企业制度改革，创造良好的预算管理应用环境，完善企业经营定期预测分析制度，使企业能够真正自主的运用预算管理，提高经济效益。

首先，设置集权为主、有效分权控制的财务管理机构，进行财务相对集权的管理。目前，集团财务部设立预算管理科、产权管理科、资金管理科、会计管理科等科室，分职能负责统领公司的全面管理，制定预算管理工作的原则和规范，组织、协调、指导全集团的预算管理工作。同时，通钢集团各子

公司也都设有专门的科室或人员，负责执行子公司与之相对应的预算管理职能。

其次，在集团公司内使用统一预算模板。集团公司财务部结合自身的实际情况，适时的对子公司进行检查、监督和指导。采取这种方式能够较好地解决成员企业会计信息失真和会计控制不力的问题，加强了预算的统一管理。

第三，面对日益缩小、甚至亏损的利润空间，钢铁企业必须做好充分的准备，建立起统一的、操作性强的、能有效开展工作的预算管理制度。财务部门责任人要完善财务组织体系，为了提高会计专业的管理水平，加强预算管理的专业支撑力。

2.2 纵横交错，不断拓宽预算管理的网络体系

在构建通钢集团的全面预算管理体系过程中，不断学习相应的预算编制方法，将预算编制从年度预算，发展成为月度预算；同时将固定预算发展成为滚动预算，建立了合理的预算体系。岗位上纵向分层级、横向分专业，落实各预算单位的责任和权利，量化、分解经营目标，规范管理，加强考核，为经营目标的实现提供有效保证。

通钢集团财务部立足企业现状，始终坚持所有经营活动都纳入预算，积极拓宽管理范围，切实将预算管理扩展到生产、经营的各个环节。第一，将预算管理贯彻到整个企业的经营管理过程中，就是将成本管理、资金管理、市场营销、价格管理等全部纳入预算管理范围，充分运用财务管理计划、分析功能，发挥预算管理效应。第二，将预算管理渗透到生产过程中，就是通过财务指标的对标管理发现差距，然后从经济性、技术性指标中查找差距产生的原因，从生产环节中发现问题，从而实现财务管理与生产过程的有机结合，切实提高预算管理在通钢集团中的决策地位及作用。

2.3 建立资金结算中心，推行资金集中管理

经过充分的论证，认为加强资金的统一管理，是提高资金管理效益的重要保证。因此，在集团财务部设立资金结算中心，对集团各子公司统一行使预算与执行的功能，对资金存量和流量进行统一管理，对各子公司履行资金结算、资金融通和信贷等职能。

集团公司通过资金结算中心，不仅可以加强对子公司的资金监管，而且可以从整体上提高资金使用效益，控制整个集团的信贷规模，降低财务风险。集团公司及其所属子公司的资金流入、资金流出和往来结算等经济业务，一律通过结算中心办理。依据集团公司下达的资金预算，按照收支两条线的管理原则，统一归集、调度及分配资金。同时，对公司内部资金的收支情况和结果进行监督，定期开展分析、评价和考核工作。

2.4 加快信息化进程，推进预算管理精细化

通钢集团奉行“精确到每一个细节”的管理观念，财务管理也主抓精细化管理工作。同时，以信息化建设推进财务精细化管理，为财务管理工作搭建良好的信息平台，提升财务基础工作质量。

钢铁企业日常核算工作量复杂，引入信息化、精细化管理，就是要求会计人员将更多的精力投入到会计数据分析中，为成本管理、预算管理做好更多的准备工作。为此，通钢集团在加大对财务信息硬件投资的同时，引入科学的预算软件平台，并且不断进行培训，按模块完成整个企业的财务信息化进程。

工作中以细为出发点，要求各岗位人员要理清预算管理体系，梳理管理界面以及管理流程，不断在实际业务中细化各个业务层面的具体管理办法和操作细则。精细化管理模式的最终目标在于通过不断深化财务管理的管理方式和手段，优化财务预算体系，加强执行过程的可控性，提高财务信息的有效性，为提升企业的盈利能力提供最大限度的保证。

2.5 开展典型案例研究，为预算管理的应用提供理论支持

2010年末首钢重组通钢以来，通钢集团财务系统陆续开展了与通钢相适应的典型案例研究，有针对性的学习了首钢财务系统的先进经验，为预算管理的应用提供理论支持，最终有利于预算管理的进一步发展应用。

首先，以学习首钢“创新、创优、创业”的三创经验为出发点，界定预算管理的学习内容，密切结合通钢的实际情况，对现有的预算管理体系进行重新审理、评价，以便更加灵活有力的开展工作。其次，加强典型案例研究，认真总结首钢财务系统的“八大结构”创效分析。以“销售结构、物流结构、产品结构”等内容为主的八大结构构成了钢铁企业经营成本的主要内容，通过八大结构分析，能有效地提高企业的经营管理水平，提高企业的创效能力。下一步，通钢财务部将继续走理论与实务紧密结合之路，及时寻找、研究预算管理的典型案例

和成功经验，形成具有通钢特色的理论与实践相结合的研究成果，保证企业生产经营的高效运行，促进企业自身适应能力的提高。

2.6　强化教育培训，着力提高预算管理队伍的业务素质

通钢集团财务系统一直重视加强财务人员预算管理知识的教育，通过内部培训、外部学习等方式，定期对会计人员进行相关政策、知识的培训，加强知识的更新，保证预算管理理论的最新成果化，使预算管理在实际中得以更好的运用。

通钢财务系统还通过岗位调整的模式，来锻炼预算管理人员的业务能力，做到了预算管理人员能上能下，灵活的调动全部会计人员投入管理当中，用实际操作、具体工作来强化学习，用具有可操作性的管理方法，确保财务部门落实预算管理的要求。着力培育出了一支素质高、观念新，能适应现实之需的预算管理专业队伍，架起了预算管理从理论到实践的桥梁，促进了预算管理在通钢集团公司的蓬勃发展。

构筑共享数据在线分析模式，为决策提供全面支持服务

通化钢铁股份有限公司生产处　张宏伟

通化钢铁集团股份有限公司生产运行部　万玲芳

通化钢铁股份有限公司生产处　马英俊　周　飞

摘　要：通钢集团是隶属于首钢总公司旗下的大型钢铁联合企业，目前拥有年产钢600万吨的生产能力，通钢的发展及与首钢的重组对管理提出了更高的要求。管理的核心是“决策”，竞争的压力对企业制定决策的质量、速度提出了更高要求，构筑数据在线分析，可以将数据真正转化为辅助决策，从而提高决策的质量和效率，为决策提供全面支持服务，并取得了明显的效果。

关键词：数据在线　分析模式　提供　支持服务

管理的核心是“决策”。全球经济一体化的进程以及信息技术的发展，消除了许多流通壁垒。企业比以往任何时候都面临着更为复杂的生存环境，更难以形成并维护其竞争壁垒。竞争的压力对企业制定决策的质量、速度都有更高要求。数据在线分析，能够为企业提供各种决策信息，从而减轻了管理者从事低层次信息处理和分析的负担，使得他们专注于最需要决策智慧和经验的工作，因此提高了决策的质量和效率。

1　完善的信息系统为数据在线分析提供了保证

随着企业规模的扩大和机构的日益复杂，管理者不能只依赖经验和直觉来评价企业的整体表现，必须借助一些关键的、量化的指标。

随着通钢信息化进程的不断深入，可以利用应用统计分析系统或决策挖掘系统从各专业管理信息系统提取数据进行组合，生成了大量有价值的在线信息产品。原有的信息传递滞后、数据查询困难、很多有用的信息由于查询过程复杂，以及网络权限限制等原因，使获取数据的渠道不够畅通，进行综合分析无从下手。如何对系统内现有的数据进行组织和利用，将其真正转化为知识，为决策层适时制定和调整发展规划和营销策略提供支持，在线数据分析解决了这个问题。

2　设计共享数据在线分析模式，为决策提供支持服务

经过技术论证，认为通过OA办公自动化系统与决策挖掘系统或统计分析系统关联，实现数据在线查询方式，可以把各时期各层面的数据时时在线展现，通过OA 系统决策支持模块的数据展现平台展示出来，通过在线查询信息，使数据信息更高效地为公司领导及各单位使用，更高效地发挥数据信息在生产经营决策中的重要作用。

2.1　数据展现平台设计

根据公司各层面对信息的需求，我们把在线展现信息分为集团层和主体子公司层，集团层主要以生产运行、财务、购销、劳资等管理部门为主发布专业管理方面的信息，主体子公司层分别建立了通化钢铁公司和矿业公司两个子公司层。以通化钢铁层为例，其下设五个层面，又称五个展现平台，分别是：

（1）总经理决策支持信息平台。

（2）公司综合信息平台。

（3）专业管理信息平台（包含能源管理、销售管理、设备管理、财务管理、质量管理、人力资源管理、物资采购与供应管理）。

（4）基层管理信息平台（包括焦化工序、烧结（球团）工序、炼铁工序、炼钢工序、电炉炼钢工序、转炉炼钢工序（第二炼钢厂）、转炉炼钢工序（第三炼钢厂）、轧钢工序、轧钢工序（中型轧钢厂）、轧钢工序（型钢连轧厂）、轧钢工序（小型连轧厂）、轧钢工序（高速线材厂）、轧钢工序（带钢厂）、轧钢工序（热轧薄带钢公司）、动力能源工序（热电厂、氧气厂、动力厂）、运输工序（汽运处、运输处）。

（5）行业反馈信息平台：行业技术经济指标排序资料、行业综合经济效益指标评价排序资料、对标挖潜指标排序资料、普钢网反馈排序资料、能源消耗指标反馈排序资料等。

2.2 实现方式

（1）按照数据模型，进行源数据的提取并存储到数据仓库中。

根据数据分析和利用工作对数据仓库的要求，首先要从基础数据源抽取出所需的数据，再经过数据转换和清洗，最后按照预先定义好的数据仓库模型，加载、转储到数据仓库中去。

（2）数据展现方式有两种，即利用统计分析系统直接展现结果数据、利用BO工具将结果数据集进行展现。

1）利用统计分析工具实现数据分析和数据展现功能。利用统计分析工具，可以定期或不定期地按照需求提取数据，编制报表，对数据进行详细分析，并可展现分析结果。

2）利用数据挖掘工具对数据从时间及空间维度上进行提取、分析和展现功能。数据挖掘通过对数据采取钻取、切片、旋转等各种分析动作，将结果数据进行深入剖析，发现隐含的趋势、模式和关系，进行总结分析和预测。钻取是改变维的层次，变换分析的粒度。它包括向上钻取（roll up）和向下钻取（drill down）。向上钻取是在某一维上将低层次的细节数据概括到高层次的汇总数据，或者减少维数；而向下钻取则相反，它从汇总数据深入到细节数据进行观察或增加新维。

（3）建立统计分析系统、决策支持系统与OA办公自动化系统联系的通道，实现数据信息通过OA办公化系统决策支持模块在线展现。

自信公司负责实施过程中的技术服务，包括确保实施过程中涉及的软件系统和硬件设施正常运行及相关软件使用过程中的技术指导等。

网上传递的数据清单由信息发布人员统一组织发布，另外，由于生产经营情况和数据保密安全的需要，供查询的数据清单的内容统一控制和管理。

3 通过构筑共享数据在线分析模式，更好地为领导及各部门提供有价值的信息产品

通过建立数据在线查询分析方式，彻底改变了原有查询数据过程过于复杂以及网络权限限制等原因造成获取数据渠道不畅通的问题，保证了公司领导及各相关部门更及时地取得在线共享信息，实现了综合信息管理、智能化文本查询、经济运行监测、评价与比较分析等决策支持功能。使决策更高效、更快捷。

3.1 建立共享数据在线分析模式，适应公司精细化管理的需要，满足了公司各层面对信息资料的需求

生产经营综合月报表涵盖生产、经营、成本、质量、劳动工资等方面内容，为综合分析公司经济运行情况提供了一份信息完备的参考资料。

能源管理报表、设备管理报表综合反映了各工序能源消耗、备品备件消耗与储备情况，为合理利用资源、堵塞管理漏洞提供了依据。

生产组织报表满足生产部内部精细化管理的信息需要，提高了工作效率和管理水平的提高。轧钢产品、炼钢产品产量计划完成情况报表，提供即时产量完成情况，为计划组织提供了可靠的数据资料。生产调度系统在线报表，避免了调度信息电话报数出现的差错以及录入报表产生的录入误差，采用直接提取各生产单位在线录入的调度信息，自动生成调度报表，及时、准确地为领导提供了当日生产信息。

基层单位生产运行报表满足了生产单位对生产情况的掌握和控制，以及为专业管理部门对生产的指导提供了帮助。特别是对于三炼钢、热轧板带厂等新成立单位，为保证生产信息在投产之日起信息能够与生产同步，设计了在线传递信息流程，生成了热轧板带厂库存信息、现货信息的在线分析，保证了生产信息能够及时满足给公司各信息享用单位，为今后指导生产、核算成本及销售工作提供了依据。

3.2 建立共享数据在线分析模式，可以降低人工成本和办公费用

在线信息查询，可以即时查询历年数据库数据信息，可以进行快速组合分析，既降低了人工成本又保证了信息的时效性，避免了各部门需要信息进行打印及二次录入工作，人工成本每年约节约20万元以上，办公费用每年约节省50万元。

3.3 建立共享数据在线分析模式，数据可以真正转化为辅助决策的信息，提高决策的质量和效率

从数据到信息的转化，真正体现了信息采集的

价值。决策层和各级领导层可以直接在自己的工作界面上，按照自己需要的方式，动态实时地查询自己需要的信息，并可利用数据挖掘工具将数据信息转化为辅助决策信息，从而极大地提高决策分析工作的质量和效率。同时通过对辅助决策信息资源的深入研究和理性判断，及时做出科学决策，保证企业生产经营管理稳定运行和快速发展，最终实现企业效益最大化目标。

完善数据中心建设　实现集团远程实时管控

通化钢铁集团股份有限公司生产运行部　万玲芳
通化钢铁集团股份有限公司信息部　韩　波

摘　要：通钢集团是隶属于首钢总公司旗下的大型钢铁联合企业，目前拥有年产钢600万吨的生产能力，通钢的发展及与首钢的重组对管理提出了更高的要求，为适应通钢集团化远程管控的需要，数据中心体系的建设与完善成为重要举措之一，并取得了明显的效果。

关键词：数据中心　集团　远程　管控

通化钢铁集团股份有限公司总部坐落在长春市，是隶属于首钢总公司旗下的大型钢铁联合企业，目前粗钢能力为600万吨。

1　完善集团管控模式下数据中心的背景

1.1　集团化管理的需要

1.1.1　通钢集团生产经营范围及地理分布较广

（1）生产经营范围广，产品服务品种多。产品涉及黑色金属采矿、选矿，钢铁冶炼，黑色金属压延加工，炼焦，以及化工产品、机械加工、运输、技术咨询、进出口贸易等。

（2）地理位置跨度广，集团管理幅度大、层次多。通钢集团总部位于长春，在通化有一个制造中心，其他子公司分布在吉林、白山、四平、敦化等地，跨地域幅度较大。

空间和时间成为制约集团有效管理的重要问题。

1.1.2　传统管理模式存在问题

（1）数据时效性问题。数据时效性决定企业决策的时效性。传统数据管理采用月报制度，每月数据从子公司形成，经审核、报出、汇总、整理、上报，至少需要4~6天，决策层如果通过统计报表发现问题，进行现状分析、提出方案、做出决策和决策执行还至少需要6~8天时间，也就是从发现问题到做出应对决策至少延迟 10 天，而这时市场又会发生新的变化。提高数据时效性是提升决策效率的前提。

（2）数据准确性问题。在传统数据管理模式条件下，数据传递和加工层次越多而数据的准确性越低，这是传递和加工中数据不能共享而无意失误和有意调整的积累所致，只要存在不同利益关系，就将成为影响数据准确性的重要因素。

（3）数据全面性问题。各自为政的数据管理模式，各部门提供决策层的统计报表由于数据应用目的不同，统计口径的不同，最终结果不同，在数据不能共享的条件下，不同口径的统计数据实际上成为决策层的障碍。缺乏数据支持，企业只能处于经验决策阶段，很难上升到科学决策阶段。

建设支持集团管控模式的数据中心是实现集团远程实时管理控制的必要条件。

1.2　实现信息共享的需要

集团化数据应用的前提是数据共享，打破各业务系统的独立性和局限性，并在此基础上，形成完整的企业信息全貌。集团改制重组后，在集团整体信息化建设未完成之前，构建真正意义上的商务智能中心尚不具备条件，企业运行数据处于各自为政的管理状态，信息孤岛、不同口径、不同内涵、不同方法，尤其是上报数据的人为调整，导致很难共享。集团管控模式下数据中心的建立，就是按照统一的规则运行和管理数据，数据共享将会暴露各自存在的问题，集团化数据共享，既要为集团化决策和管理服务，又要为基层经营和管理服务。

数据中心建设为集团化数据共享提供了良好的平台。

1.3　企业发展与重组的需要

集团数据中心构建于 2006 年 3 月份，通钢集团近几年的发展及股权结构的变化，尤其是 2010 年 7 月与首钢重组后，对集团管理的需求提出了更高的需求。

集团管控模式下完善数据中心建设势在必行。

2 完善集团数据中心的内容及实施过程

数据中心是企业数据管理机构，其主要职能是：数据需求的收集、数据规划的编制、数据仓库的管理、数据运行的监控、数据指标的设计、数据信息的分析、数据资料的研究、数据结果的应用、数据产品的加工、数据渠道的开发、数据管理的规范。主要包括：企业数据规划、数据产品应用、数据管理机构、数据分析研究、数据质量监控等。

2.1 完善集团数据中心的内容

企业数据规划。数据规划就是根据集团化决策对数据支持的远期和近期需求，以现有数据资源为基准，建立数据建设的远期和近期规划，并根据数据规划建立企业数据仓库。通钢集团数据规划的编制主要考虑 10 个方面要素，即：数据类别、数据内容、数据名称、数据定义、数据单位、数据性质、数据频率、数据形式、数据意义和数据来源。在数据中心共设置了七大类主体内容的数据产品应用模板，包含生产运行、物流信息、财务成本、工程投资、劳动工资、行业反馈、购销价格。涵盖了从采购链—供应链—生产链—销售链—服务链的全过程，并将财务、人力资源和投资发展贯穿其中。

数据产品应用。通钢集团数据中心的数据产品形式经过几年的运行，产品形式不断发展，目前主要有：固定统计报表、自定义统计查询报表、数据智能挖掘和图形分析、行业反馈汇总排序等数百张报表和图形分析表。在信息产品的应用过程中，数据管理部门根据企业决策层和管理层提出的需求，达到满足不同层次需求的预期效果。目前由于信息化建设基础起步的不同，各子公司数据来源的渠道不同，通过二级系统自动提取的数据，可以通过在线的方式实时展现，并可利用数据挖掘工具进行自定义分析。需要二次录入的信息，根据需求的不同，可按日或月通过制作格式化报表来展现。这些信息产品的应用意义在于提高集团化管理水平，提升企业的竞争力。

2.1.1 生产运行类信息

2.1.1.1 生产调度日报信息

包含各子公司调度日报表，数据由各子公司提供。日报表内容首先要满足集团需求，同时满足本公司需求。通过每日调度信息反映当日生产运行的全部情况，使集团管理层能及时了解全集团的生产运行状态，同时也满足了汇报首钢总公司的需求。

2.1.1.2 产品产量信息

包含各子公司年、月生产计划、月实际生产量、年累计生产总量、产量同计划比较、与同期比较。数据主要由各公司提供并录入到EMES系统后再提取。这是最基本的统计报表功能。决策层和管理层通过这些数据可以实施两个方面的管理：一是对各子公司生产计划完成情况实施管理。二是将生产水平、产品库存、产品发货等数据综合分析，可以了解产销关系的变化轨迹和发展趋势；综合供应和采购因素，可以分析“采供产销链”的运行轨迹。

2.1.1.3 产品质量信息

包含各产线主要产品的主要技术指标，质量合格率、等级品率、优等品率、含量、钢材成材率、客户信息反馈和质量异议处理等等。这些是企业经营管理的基础性数据，有质量检测系统数据自动导入，也有人工二次录入的。集团化质量管理的重点是解决实物质量与质保单和统计数据不符的问题，解决市场客户反映的突出问题。

2.1.1.4 能源消耗信息

包含各子公司能源消耗总量、产品综合能耗、吨产品耗水、吨产品耗电及自发电量等能源消耗信息。集团管理层可通过此类信息关注各子公司重点产品能源消耗情况，及时提出节能降耗的建议。

2.1.1.5 设备运行信息

包含各子公司主体设备完好率、利用率、计划停机时间、实际停机时间、故障停机时间；年设备维修费用月计划分解、实际月维修费用、年累计维修费用和费用超支停机。这些信息的提供。集团管理决策层可重点关注计划外停机，尤其是故障停机的频率和分布，以及年维修费用的控制水平，关注计划外设备检修费用；分析造成设备停机故障的必然原因及其规律性的问题，从而来总结设备管理经验，减少设备故障（未上线）。

2.1.2 物流进耗存类信息

包含各子公司月生产原燃料消耗量、备件消耗量等。这些数据对生产成本控制，尤其是对实物消耗的控制具有重要作用：一是各子公司生产同样产品的实物消耗指标可以进行对比，指标差距的幅度实质上反应的是技术和管理的差距，通过分析形成差距的原因，解决技术和管理方面的问题从而达到集团管理的目的。二是消耗定额或标准消耗的管理。各子公司根据实际编制消耗定额，用以控制生产消耗；集团公司在各子公司消耗定额的基础上按照“先进合理”的原则编制预算消耗指标，纳入对各子公司考核的指标体系。通过不定期的调整预算，发挥集团管理的功能。三是从单项消耗指标的差距中提出创新课题，不断挖潜增效。

2.1.3　财务成本类信息

包含通化钢铁所有产线的主要产品成本明细、主要产品成本汇总、主要产品制造成本构成、生产工序制造成本构成，数据从系统中按月提取。集团公司决策层和管理层使用这些数据可以解决四个方面的问题：一是企业的采购成本和销售价格是由市场决定的，制造成本是由企业掌控的。通过对该产品制造成本的分析，可以了解该产品制造成本总体水平、差距幅度，为集团化管理提出课题。二是通过对其制造成本构成的分析，进一步展现制造成本各组成部分的情况，决策层或管理层根据分析结果作现场调查并采取措施，通过运行轨迹检查或验证改善管理措施的效果。三是以单位平均制造成本和成本构成为基准，设置制造成本的控制预警线，通过预警线的管理逐步提高集团制造成本的平均水平。四是针对制造成本中存在的共性问题，采用控制措施集中解决。

2.1.4　投资类信息

主要数据有：月份及年度固定资产投资计划、固定资产投资项目、投资项目形象进度、项目资金拨付、年投资项目计划兑现、年投资额与计划比。集团公司项目投资决策和管理层使用这些数据可用于以下三个方面：一是了解上年转入今年需要资金的投资项目，由于目前投资项目普遍超支，结转项目有可能导致今年的资金紧缺，因此在上年工程盘点时，要重点审核投资和工程进度的关系，确定是否在年度资金平衡计划中追加新的投资；二是了解本年度月份和累计资金拨付量，如果同企业现金流指标结合，可以了解企业支撑项目投资的实际能力。三是了解本年度投资进度与项目进度关系的变化（未上线）。

2.1.5　劳动工资类信息

包含子公司从业人员数、平均人员数、实际工资总额、人均工资、人员分布情况、人员构成等。这些数据的提供应用于集团化薪酬管理的以下方面：一是各子公司工资总额计划和实际支付数额排序和变化；二是工资总额或人均工资增长同劳动生产率增长的关系；三是核心人才实际工资收入与人均工资的关系；四是通过对人员构成的分析，及时引进所缺人才，为人才储备奠定基础。

2.1.6　行业反馈类信息

包含同行业技术经济指标、能源消耗指标、综合经济效益指标、普钢网反馈资料、对标挖潜指标的反馈汇总排序。这些信息通过行业反馈的资料进行重新编辑、排序，按月发布在数据中心。一是通过对全国同行业的反馈信息排序，与全国同行业对比，寻找差距，定准位置。二是通过对比分析、寻找标杆单位，确立标杆指标，制定挖潜措施，激活集团潜能的充分释放。

2.1.7　购销物流类信息

包括产品销售、原料采购、物流信息、市场调研报告等。这些信息根据需要按日、旬或月提供。主要用于两个方面：一是可以了解原料价格及产品销售的变化趋势，制定和实施集团的原料采购策略、销售策略，指导采购、销售行为。二是可以了解原料成本、销售成本的变化趋势，从中分析成本升降的因素。

数据管理机构。信息化建设的目标是建设数字化企业，在数据集成管理和共享的条件下，数据管理由分散管理向集中管理模式转换。主要职能是对企业源数据、过程数据和结果数据的管理，包括监控数据界定、数据口径规定、数据流程优化、数据质量监控、数据应用加工、数据指标设计、数据订单处理、数据规划编制和预警数据设置的管理。

数据分析研究。传统管理模式下，统计报表仅提供固定模式化的统计分析报表，决策层在使用报表数据时一般需要自行进行高阶段分析。在集团管控模式下，数据分析研究从统计业务领域提升到辅助决策和辅助管理领域，需要建立诊断企业指标体系，达到对企业运行指标的预警、企业发展主要矛盾的揭示，企业市场竞争中差距的分析，从而辅助集团化决策和管理。所以数据分析研究是在所有专业、所有部门共同参与下完成的一项重要工作。

数据监控管理。数据资源是数据应用的基础，数据质量监控是企业的基础管理，实施对源数据、过程数据和结果数据准确性、及时性和全面性的监控。数据应用产品的质量关键在数据监控管理的质量。

2.2　重新定义集团数据中心的工作流程

与首钢重组后，根据首钢总公司对信息产品的需求及集团化管理需求，结合信息技术的特点，重新定义了集团数据中心的工作流程如图 1 所示。

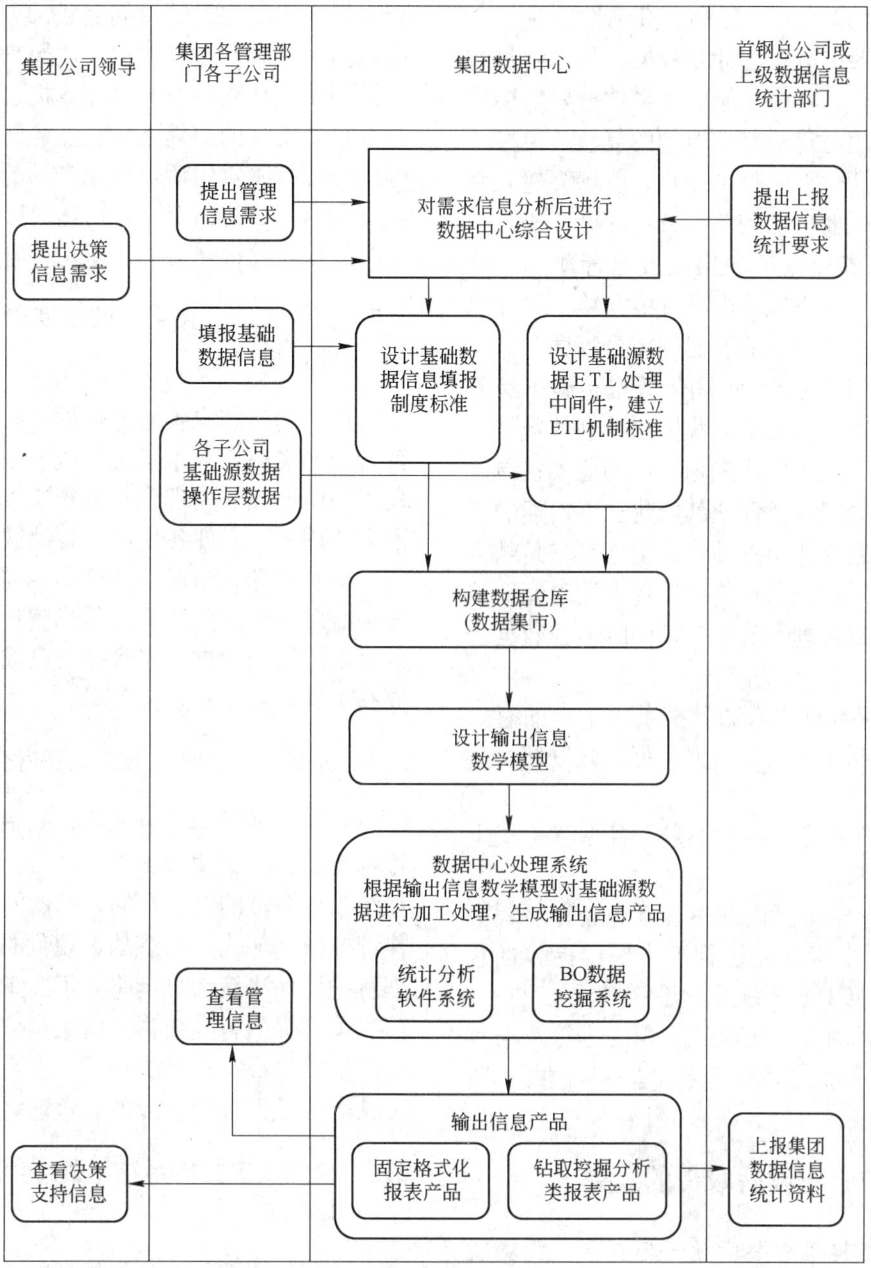

图 1　集团数据中心流程

2.3　实施过程中管理模式、管理办法和管理制度的制定

为确保集团数据中心系统顺畅稳定安全运行，确定了数据中心的基本管理模式、管理办法和管理制度，即由集团信息化建设主管经理总负责；生产运行部是集团数据中心的管理部门，负责系统开发运行的日常管理工作；集团各部门及子公司协助开发运行管理工作；通钢自信公司负责信息技术支持和软硬件开发工作。

（1）整合信息系统。各子公司的基础信息化建设参差不齐，在对各子公司基础信息化系统的数据管理现状进行全面了解和调研后，统一数据定义、优化数据流程，减少二次录入，明确上传频率，建立数据规范。

（2）落实数据责任。凡是纳入集团化管理的数据都要从源数据开始建立明确的岗位责任，制定数据管理标准，出现任何数据错误都能够找到直接责任者，决不允许任何人以任何理由人为调整基础数据。

（3）完善计量管理。源数据准确性取决于企业的计量系统，要区分精确计量数据、模糊计量数据和理论计量数据。其中，精确计量数据要定期检测计量设施，并随时接受监控机构的复核；模糊计量数据要按照集团化统一规定操作，现场要建立原始记录并随时接受监控机构的检查；理论计量数据的公式必须经过专家论证和集团数据管理部门的批准并纳入信息管理系统，由系统根据总量和分配原则自动分配，人工分配的要建立审批程序。

（4）实施数据监察。集团化数据实施三级监察：一是工序监察。凡是纳入集团化管理的数据，各子公司要建立下道工序对上道工序的监察机制。二是管理监察。集团数据管理部门建立不定期的质量抽检，发现问题立即调查并追究责任。三是结果监察。基础数据经加工，在使用过程中发现源数据缺陷，追究源数据管理人员责任，同时追究数据管理人员责任。

（5）为确保数据中心源数据录入工作的有效开展，各子公司指定专人作为源数据管理联络员，并下发了制度通知。

（6）对各子公司制定并下发了各系统正式上线运行的工作要求。

（7）认真总结集团数据中心系统运行过程中存在的问题，对下步开发运行工作提出指导性意见，推动集团数据中心系统稳步进行。

（8）随着集团大型化改造工程的进行及与首钢重组后对信息产品的需求变化，适时修改并不断完善系统内容。

3 完善数据中心建设后取得的效果

3.1 实现集团数据信息高度统一与共享，为集团远程管控提供支撑

通过构建与完善集团数据中心建设，大大缩短了信息采集、传递与加工的周期和工作流程，数据信息达到了高度共享与统一。提高了数据信息的时效性、准确性和全面性。解决了数出多门、数据采集周期长、加工层面多所带来的信息失真和滞后现象。例如：通钢集团月快报的汇总编制原来需要4个人近半个工作日的时间完成，现在1个人需要2h的数据审核时间即能完成，比原来节省了14h，大大提高了工作效率，并且计算机自动汇总，在确保源数据准确性的前提下，汇总结果准确率是100%。即便是与首钢重组后对信息产品的需求增加了，在人员仍未增加的情况下，仍然保证了上报首钢总公司各类报表的报送时间、报送内容和报送质量。

3.2 拓展了集团化管理的幅度和深度，提高了管理效率

通过构建和完善集团数据中心建设，集生产经营管理各类综合数据信息于统一平台，克服了集团化管理所面临的地理位置分布广、生产经营管理层次多等困难。方便各层级、各地域、各种场所的决策人员及管理人员对信息产品的需求查询，通过数据中心即可查询到所需的信息资料，即坐在家里可以查询所需的数据，家庭办公已成为现实，有效地提高了管理效率及办公效率。

3.3 提高企业的经济效益，提升企业的竞争能力

实现了数据向信息转化、知识向效益转化。通过构建和完善集团数据中心建设，建立了数据挖掘系统，把海量的、杂乱的、枯燥的、难于理解的运作细节数据转化为精炼的、规范的、直观的、易于理解的辅助决策信息；建立了决策支持系统，为管理决策层提供科学依据，将数据信息转化为知识，运用于管理决策实际工作中，提高企业的经济效益和社会效益，提升企业的竞争能力。

3.4 建立决策支持系统，最终实现企业效益最大化目标

随着集团整体信息化规划的逐步实施，通过构建和完善集团数据中心建设，建立企业决策支持的数学模型，最终实现商务智能化，利用现代信息技术将积累的宝贵数据转化为辅助决策信息、制作统计报表，企业高级管理决策层人员通过对辅助决策信息资源的深入研究和理性判断，及时做出科学决策，保证企业生产经营管理持续健康稳定运行和快速发展，最终实现企业效益最大化目标。

走节能减排路　谋企业生存方

安徽首矿大昌金属材料有限公司轧钢作业部　谢方超

摘　要：我国钢铁行业经历飞速发展的黄金时期后，步入因产能过剩引起的连年亏损的窘境。如何在国家宏观政策调整下，设法寻求企业的出路，实现在困难时期盈利成为许多企业探寻的课题。只有正视我国钢铁行业发展的历史，结合国家政策的引导和企业自身的特点，才能客观地分析原因，寻找解决问题的方案。

关键词：钢铁行业　产能过剩　节能减排　环境保护

1　钢铁发展黄金时期

1996年我国钢铁产量突破1亿吨大关，跃居世界第一位。此后中国钢铁产量每年都保持在世界第一并以惊人的速度增长着，自此，中国钢铁行业一直至2007年，产量持续增长：2007年全国生产粗钢48920.408万吨（数据来自中国钢铁工业协会），效益逐创新高：2007年钢铁行业经济效益创历史新高，全国重点大中型钢铁企业实现利润总额增加1440亿元，同比增长56.8%。随着国家政策的放宽，越来越多的民营企业加入到钢铁生产的大潮中来，力争分得一杯羹。然而早在2005年，就有专家预测国内钢铁将供大于求，钢铁企业步入“亏损生产—生产亏损”的恶性循环，钢铁行业黄金时期将终结，进入“冰河期”。截至2012年，全国粗钢产量突破10亿吨，但全国大中型钢铁企业销售利润仅为0.04%，从钢铁主业来看，基本上全行业都处于亏损。从2007年的吨钢利润1000多元到2013年的10月份吨钢利润0.43元，钢铁行业貌似已经进入山穷水尽的地步。

2　随着2008年国家政策的调整以及对企业节能减排的要求，钢铁企业面临着转型生死考验

钢铁行业利润连年压缩成因：

（1）铁矿石价格的疯涨。自1996年，我国钢铁产量每年都位居世界第一，并不断增长。2007年，中国钢铁总产量达到4.9亿吨，排名世界第一，为第二位至第八位钢铁生产总和，而钢铁的需求增长则是逐年放缓的。除国有大中型钢铁企业外，还有许多民营企业不断地吃进铁矿石，国内铁矿石产量远远满足不了国内钢铁企业的需求，进口铁矿石就成了大势所趋，中国作为全球最大的钢铁生产国，不断地需求大量铁矿石，而澳大利亚和巴西则是全球最主要的铁矿石出口国，这两国把控着中国钢铁生产的命脉。尽管对铁矿石价格的谈判一直未间断，但是中国多数情况下是失败的一方，2010年3月，澳大利亚必和必拓公司同日本钢厂达成季度定价协议，运行长达四十年之久的长协模式被废除，中国钢铁企业被迫接受按季度定价、月度定价、现货定价的模式，自此，铁矿石价格持续走高，2010年，巴西淡水河谷公司、澳大利亚力拓矿业公司以及澳大利亚必和必拓公司的三大矿山合计实现净利润480亿美元，是中国钢铁行业盈利的3.5倍。截至2011年，中国钢铁企业已经完全放弃了对铁矿石价格的谈判。仅2011年一年，中国钢铁企业进口铁矿石多支出成本达到160.17亿美元。究其原因，中国钢铁大而不强，钢企规模参差不齐，产业集中度低，铁矿石来源单一，钢企纵向整合能力低下。中国钢铁2014年以来，多数注重横向扩张发展，很少投资在钢铁产业价值链较高的方向来构筑自身竞争优势。企业总是有“先做大后做强”的想法。当然，这与我国钢铁行业创新能力不强、产品结构单一，产业集中度低、产能过剩等原因息息相关。中国钢铁为摆脱原材料铁矿石的制约，不少企业加快向上游领域延伸，同时加大对海外矿业的开发力度，在这方面，首钢集团、宝钢集团和武钢集团都取得了不错的成绩。2014年以来，铁矿石价格持续走弱，期间虽有短暂的反弹行情出现，但均不足以影响大局。例如普氏62%铁矿石指数在6月16日跌至89美元/吨，创下年内新低，并无限接近2012年9月以来的最低点；虽然随后该指数有触底反弹行情出现，但幅度有限；随后在下旬开启了难得的

触底反弹行情，到 6 月 30 日回升至 94 美元/吨；预计后期还将继续围绕 90 美元关口上下震荡运行，整体低位。国产矿方面亦低迷难起，唐山地区 65%~66%酸性干基铁精粉价格仅为 830 元/吨，较年初跌 250 元/吨；淄博地区碱性干基含税 860 元，跌 330 元/吨；安阳地区碱性干基含税 920 元/吨，跌 285 元/吨,为钢铁的盈利拓展了少量空间。

（2）辅助原材料价格增长进一步压缩钢铁企业的利润空间。随着国民经济的发展，近年来除煤炭、电能、工业用水、生产设备等基础生产原料价格上涨。冶金用焦炭、石灰石、冶金溶剂、合金原料等价格也不断上涨，这些因素都导致钢铁生产的利润空间被大幅度压缩。

（3）劳动力价格的增长。据不完全统计，2013 年中国劳动力价格年均增速 12.4%，随着国民经济的发展、教育程度（经费）提高和我国劳动力政策的调整，我国劳动力廉价时代已经面临终结，以在京农村劳动力为例：北京农村劳动力市场价格快速增长，5 年增幅达到 89.7%。钢铁企业的职工构成多数为高学历管理人才和农村劳动力（基层农协工），二者费用都是日益增长的，因此钢铁企业面临着严峻的劳动力成本增长问题。这使得精简机构，不养闲人，精员简政也成为不少企业降本增效的方法之一。

（4）国内及国际经济增速放缓。随着全球经济增速放缓，国际钢材消费量减少，钢铁需求的减少虽然表面有利于落后产能的自然淘汰，但是也使大型国有钢铁企业因管理成本、人力成本的高消耗、低产出而深陷亏损泥潭。同时，国家经济增速放缓后的调控政策，必然是刺激国内消费、增大出口、扩大政府投资老三样。国家已经明令禁止对钢铁企业进行投资、借贷，禁止批准新的钢铁项目。而增大出口和刺激国内消费都要求钢铁企业必须生产出高附加值产品，参与高端产品的市场竞争，这也对大型钢铁企业提出新的成本和资金投入要求，在钢铁市场如此不景气，前途不光明的前提下，是很少有大型钢铁企业愿意冒这个风险开发试验新产品的。而常规产品，大型钢铁企业又无法与小型民营企业（其生产成本、人力成本、管理成本都相对很低，且产品具备价格优势）竞争。

（5）国家对节能减排、环境保护的要求日益严格，企业对该方面的投入力度加大。自 2012 年开始，中国已成为全球第一大碳排放国家，中国排放量占 29%，美国占 16%，欧盟占 11%。据 2014 年最新统计数据显示：全球每年增加碳排放量的 65%来自中国。国际上要求中国降低碳排放量，控制碳排放量增长的呼声越来越高。为履行大国责任，中国政府郑重承诺：到 2020 年底，单位 GDP 碳强度比 2005 年降低 40%~45%。而钢铁企业是碳减排的重点行业，2010 年，全球钢铁行业碳排放量占全球二氧化碳排放量的 6.7%，而中国钢铁行业碳排放量约占全国碳排放量的 12%，因此企业发展规模受限、节能减排任务紧迫，钢铁行业的发展进入低速期。因此大型钢铁企业兼并重组，构建节能环保型绿色钢铁企业成为大势所趋。

3 钢铁企业面临的转型、合并重组等多重考验

为改变中国钢铁行业的窘迫局面，自 2007 年下半年以来，国家对钢铁行业的宏观调控逐年加强。2007 年 9 月份，提出拟取消钢铁产品出口退税政策，部分产品出口税率甚至提高到 15%~25%，以应对国内钢铁产量不断增加，铁矿石价格不断上涨的局面。2008 年提出钢铁行业淘汰落后产能工作，2009 年、2010 年国务院连续发布《进一步加强淘汰落后产能工作的通知》，以促进钢铁产业结构调整和优化升级。并于 2010 年 7 月 15 日，正式取消 48 种钢铁产品原有的 9%的出口退税。2010 年 7 月 12 日，工信部颁布《钢铁行业生产经营规范条件》，从产品质量、环境保护、能源消耗和综合利用、工艺装备、生产规模、安全卫生和社会责任六个方面对钢铁企业进行规范管理。通过法律和行政手段，切实加大钢铁企业节能减排力度，加快钢铁行业结构调整步伐，促进钢铁行业全面、协调、可持续发展。2010 年 9 月 6 日，国务院公布《国务院关于促进企业兼并重组的意见》，着重提出以钢铁、汽车、水泥、机械制造、电解铝、稀土等六大行业为重点推动企业实施强强联合、跨地区兼并重组、境外并购和投资合作。2013 年，作为“两高一资”的典型代表行业，钢铁行业无疑成为国家宏观调控的重点，利用行政手段强令关停，已不足为怪。

4 目前钢铁企业的情况

2014 年上半年（截至 6 月份），钢铁成品价格已跌至谷底。如图 1 所示。

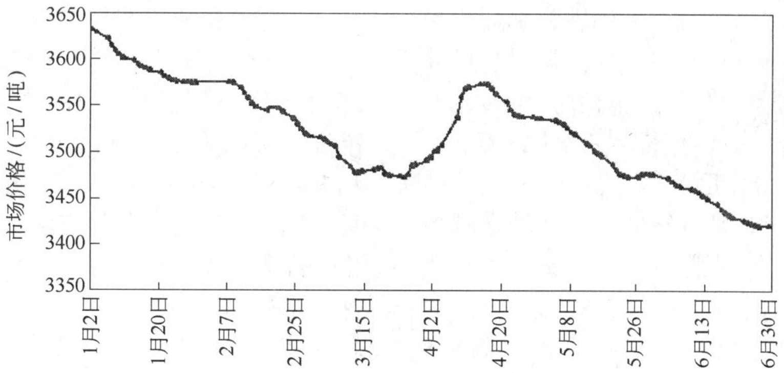

图 1　2014 年上半年中国钢铁市场价格走势图

（图片来源：中国钢铁现货网）

部分大中型钢铁企业盈利出现小幅度回升，但与铁矿石价格下跌有很大关系，因此钢铁行业前景还是充满变数，不容太乐观。但是总体来看，钢铁企业已经逐渐摆脱原材料铁矿石紧缺的困境，国家淘汰落后产能及区域内大企业兼并重组工作初见成效，预计十二五末期，中国钢铁企业盈利形势将普遍好转，盈利水平将整体回升，但回升空间仍较小。

钢铁行业无序扩张、产业集中度低、资源保障力弱、市场恶性竞争、环保压力大等问题显现后，国家适时调整，将一大批落后产能关停，将区域内钢铁大户合并重组。但小钢厂等落后产能关停后死灰复燃的现象仍有发生。原因分析：钢铁行业为地方提供就业机会，为当地税收提供来源，甚至成为一地的经济支柱，因此一般都会成为地方政府的重点支持行业、重点照顾对象和重点投资领域，而这导致钢铁行业无序扩张的现象仍然存在。小企业对节能环保投入力度不够，甚至以牺牲当地环境为代价来换取短期利益，又受到地方政府的保护，因此必须将对地方政府的监管力度和推进节能环保型企业的整顿工作同时开展，相互结合。

5　节能减排是出路

随着国务院各项政策的出台，中国的钢铁行业必须面对的环保风暴。客观地说：国家对节能减排的要求，对钢铁企业环境保护的要求，实际上是对大中型钢铁企业的一种保护，小型企业无足够资金和人力开展企业的节能减排工作，在国家一系列节能减排政策、标准规范的发布执行环境下，钢铁企业将面临能源消耗强度、能源消耗总量以及更多严格能效标准多重考核的挑战，在这样体制制约下，一大批小型污染性钢铁企业将会被关闭，钢铁行业无序混乱程度就会降低。大中型企业则会在新的形势下，会考虑以下重振企业经济、拓展利润空间的方法：

（1）重新考虑企业战略路线部署和调整发展方向的问题。2007 年我国出口钢坯 643 万吨，平均单价只有 454.0 美元 / 吨，进口钢坯 24 万吨，平均单价高达 1808 美元 / 吨；出口钢材 6265 万吨，平均单价只有 704.43 美元 / 吨，而进口钢材 1687 万吨，平均到岸价高达 1218.28 美元 / 吨，可见，今后必须优化出口产品结构，只有出口部分高技术含量、高附加值的钢材，才有能力到国际市场参与竞争，接受检验，以利于不断提升我国钢铁工业的整体素质。在这方面首钢、宝钢集团做得很好，拓展海外矿业开采及下游钢铁成品深加工等项目，将提升产品附加值，增大产品技术投入，拓宽企业发展空间。

（2）转变常规理念，实现企业自身的能源系统优化。各大钢铁联合企业不断深度优化自身能源系统，除充分利用本企业内各厂生产过程中产生的高炉煤气、焦炉煤气、转炉煤气外，还不断引进先进技术，对这些工业生产附加产物进行进一步的利用，例如：首钢引进新西兰郎泽科技公司煤气生物发酵制燃料乙醇技术，以转炉煤气、高炉煤气、焦炉煤气为原料，通过微生物发酵工艺，生产汽车及航空燃料乙醇产品，建设实施了 300t 实验项目，下一步拟开展商业化应用。

（3）深度挖掘节能潜力，不断提升能效水平。例如河北钢铁集团舞钢公司不断深化挖掘节能潜力。原料优化项目投产 3 个月，迅速达产达效，部分指标达到国内先进水平；一炼钢克服困难，及时调整炉料结构，加大自产废钢吃入，采用双兑铁水工艺组织冶炼，电炉冶炼电耗降至 218kW·h/t；二炼钢吨钢成本同比降低 550 元，其钢铁料单耗由预算 1075kg 降低到 1059kg，达到行业先进。多措并举，深入推进产线对标，全面压缩非生产性费用，大力实施内部市场化，上半年累计挖潜 1.53 亿元，折合吨钢成本再降低 189 元。

（4）积极主动应对温室气体减排。越来越多的大型钢铁企业意识到钢铁工业是二氧化碳气体排放的主要行业，国内钢铁工业 CO_2 排放占全国的 9.2%。因此降低钢铁厂的 CO_2 气体排放对于改善环境意义很大。宝钢已经推广应用目前钢铁行业六大节能技术，包括 CDQ 技术、TRT 技术、高炉喷煤技术、球团矿技术、转炉负能炼钢技术、连铸坯热装热送和直接轧制技术。通过使用这些技术，宝钢实现了吨钢单耗（标准煤）的逐年下降，目前为 669kg。通过对钢铁流程进行理论分析，如果这 6 项技术继续完善使用，冶金过程吨钢能耗（标准煤）将下降 132.27kg，以 2004 年全国钢铁行业平均吨钢单耗（标准煤）760kg 计算，还有 10%以上的节能空间。另外宝钢还采用 COREX 炼铁新工艺、低碳燃气和 CDM 贸易等措施来实现减排。

（5）深入开展环境诊断，抓紧实施环保改造；各大中型钢铁企业响应国家号召，打造环境友好型绿色钢铁，将环境保护纳入企业发展的长期战略。目前首钢迁钢、唐山钢铁、宝钢集团等钢铁企业在环境保护方面取得了优异的成绩，对全国钢铁企业开展环保治理具有指导意义。

（6）充分发挥节能减排专业技术应用平台。2013 年我国重点大中型钢铁企业吨钢综合能耗（标准煤）下降为 591.7kg，与 2005 年相比，下降了 14.8%。水资源利用、二氧化硫、烟粉尘的排放指标也明显下降。外部经济环境持续恶化、钢铁企业生产经营困难的情况下，全行业的节能减排和环境保护水平仍在不断提高。以首钢京唐为例：按照循环经济理念，以“减量化、资源化、再循环”为原则，以低消耗、低排放、高效率为特征，应用“三干”技术、“一罐到底”、煤-煤气混烧热电联产、海水淡化、水电联产、大型煤气柜并网、高效空分、烟气脱硫脱硝等节能减排技术，对生产过程中的余热、余压、余气、废水、固体废弃物等充分循环再利用，实现资源节约、环境友好和为社会提供资源等功能。2013 年实现吨钢综合能耗（标准煤）645kg，吨钢综合电耗 624kW·h，吨钢新水耗 3.45m^3，自发电率 96.2%，余热自供电率 44%。

6　结语

钢铁行业节能减排既是对国家政策的贯彻落实，也是对企业成本的一种控制，节约能源就是降低了生产成本，优化了生产工艺，改进了生产组织水平，减排则使企业承担了企业应有的社会责任，完成了环境保护的任务。

循环经济在炼铁工序的应用

安徽首矿大昌金属材料有限公司炼铁作业部　杜建华

摘　要：钢铁工业是高能耗、高物耗、高污染的行业，炼铁工序能耗在钢铁企业总能耗中占50%左右，当前炼铁工序节能降耗的紧迫性。炼铁工序发展循环经济，降低能耗的途径，一是要降低燃料比，二是提高能源利用效率，三是提高二次能源回收利用效率。

关键词：炼铁　循环经济　节能降耗

1　引言

钢铁工业是我国国民经济的支柱产业，是高能耗、高物耗、高污染的行业。近十年来，我国钢铁产业发展迅速，由于国外铁矿资源价格不断上涨，国内钢铁企业对铁矿资源的需求日益增加，使得钢铁企业的经营成本提高。钢铁产业资源与能源的高消耗，加重了对环境的污染。从循环经济的视角出发，在材料应用上可以实现循环利用，钢铁是符合建立循环经济社会要求的完美材料。作为普遍认为的高能耗、高物耗、高污染的钢铁工业是最具有条件、最有潜力、最迫切需要发展循环经济的产业。

发展钢铁工业，需要以循环经济的发展理念为指导原则，挖掘钢铁业在水资源、能源以及物料利用的潜力，以提高资源利用效率为核心，推进清洁生产，加强资源的综合利用，减少废弃物的排放。资源与环境问题成为制约我国钢铁企业进一步发展的瓶颈，而循环经济可以在实现经济效益最大化的同时对环境影响最小化，解决了经济发展与资源环境问题中“鱼与熊掌不可兼得”的问题，给钢铁工业的发展开辟新的道路。

2　钢铁工业循环经济特征

循环经济是把清洁生产和废弃物综合利用融为一体的经济，本质上循环经济是一种生态经济。循环经济是在物质的循环、再生、利用的基础上发展经济，是一种建立在资源回收和循环再利用基础上的经济发展模式。

循环经济遵循“3R原则”，即减量化(Reduce)原则、再使用(Reuse)原则和再循环(Recycle)原则。

循环经济作为一种全新的经济发展模式，具有自身的独立特征，其特征主要体现在以下几个方面：

在资源开采环节，要大力提高资源综合开发和回收利用率；在资源消耗环节，要大力提高资源利用效率；在废弃物产生环节，要大力开展资源综合利用；在再生资源产生环节，要大力回收和循环利用各种废旧资源；在社会消费环节，要大力提倡绿色消费。

钢铁工业发展循环经济也是基于循环经济的发展原则：钢铁企业内部形成的“小循环”，钢铁企业所在的工业区、经济开发区形成的“中循环”，城市的“大循环”。

高炉炼铁发展循环经济表现在高炉煤气的回收利用，高炉TRT余压发电，热风炉余热回收利用，工业用水循环、梯级利用，高炉水渣的综合利用。

3　炼铁工序发展循环经济的途径

高能耗是钢铁工业的主要特点，炼铁工序是钢铁企业能耗的最大的工序，2013年炼铁工序能耗为炼铁工序能耗为399.96kgce/t，占钢铁联合企业总能耗的49.4%。高炉炼铁所需能量有78%是来自燃料燃烧。因此，降低炼铁燃料比是降低炼铁工序能耗的重要手段。因此，在炼铁高炉生产中努力提高能源有效利用。炼铁工序降低能耗，首先是降低燃料比，其次是提高能源利用效率，如提高风温和高炉煤气利用率，再其次是提高二次能源回收利用效率，如采用TRT和水渣余热回收等技术。在炼铁工序中采用成熟技术，是降低能耗的重要措施，二次能源利用在炼铁工序上的成熟技术主要有。

3.1　采用高炉煤气干法布袋除尘技术提高煤气显热的回收利用

炼铁高炉生产的副产品高炉煤气是一种热值

仅为2800~3500kJ/m^3的有毒气体，主要成分为：CO、CO_2、N_2、H_2、CH_4等，其中可燃成分 CO 含量约占 25%，H_2、CH_4的含量很少，CO_2、N_2的含量分别占 15%、55 %。高炉炉顶煤气含尘量较大，约 20g/m^3，主要成分为铁、氧化硅、氧化铝、氧化镁及焦炭粉末。高炉煤气经过干法除尘后温度比使用湿法除尘煤气温度高约 100℃，水分少，无机械水，具有较高的显热，用于热风炉燃烧用，可以提高风温约 40℃。安徽首矿大昌金属材料有限公司有两座 1780m^3 高炉，两座高炉煤气的发生量为(61.16~68)×$10^4$$m^3$/h，对高炉煤气采用干法布袋除尘技术，煤气净化后含尘浓度小于 5mg/m^3，煤气净化效率达 99.5%。安徽首矿大昌金属材料有限公司高炉煤气干法除尘取消了污水处理设施，既节省了投资，也从根本上解决了由于污水排放造成的环境污染问题；同时纯干法除尘的高炉煤气含尘量低，为以高炉煤气为燃料的加热设备提供了清洁能源，如热风炉、加热炉等，因煤气含尘量低而减少堵塞和粉尘的排放，提高了燃料的理论燃烧温度和加热设备的使用寿命。

3.2 利用高炉炉顶煤气压力进行 TRT 发电

高炉炉顶煤气余压回收透平发电装置（TRT）是利用高炉冶炼的副产品–高炉炉顶煤气具有的压力能及热能，使煤气通过透平膨胀机做功，将其转化为机械能，驱动发电机发电的一种二次能源回收装置。安徽首矿大昌金属材料有限公司 2 座 1780m^3 高炉煤气发生量均为(30.58~34)×$10^4$$m^3$/h，炉顶煤气压力为 200~250kPa，由于采用干法除尘装置，煤气温度较湿法除尘的煤气温度高，大约在 150℃，煤气压力损失较小，减少煤气中水含量。2 座 1780m^3 高炉采用的 TRT 装置最大发电量 12000kW，在满足高炉正常生产的情况下，平均负荷可达 7600kW 以上，每年可以自发电 14763.84×10^4kW·h。高炉煤气 TRT 余压发电满足了高炉稳定生产的需要，稳定了高炉的顶压，减少了高炉炉况的波动；采用 TRT 能最大限度地利用煤气的能量，同时也缓解了利用减压阀组产生的巨大噪声；TRT 的连续发电一方面对钢铁厂的电力提供有效补充；另外一方面高炉煤气 TRT 余压发电使得炼铁工序的能源消耗显著降低。

3.3 炼铁高炉系统循环用水、串级供水，节约水资源

我国是水资源匮乏的国家，人均水资源不足世界平均水平的 1/4，钢铁工业是耗水大户，水资源的短缺决定了钢铁工业必须走循环经济的发展道路。在吨铁取水量及重复使用率上，与国外相比，国内炼铁工序还有很大差距，节水的具体途径主要有：循环用水、串级供水，提高用水效率。循环用水是把废水转化为资源实现再利用，串级供水是废水不回到原来的生产过程使用，而是转送到可以接受的生产过程或系统中使用。安徽首矿大昌金属材料有限公司炼铁工序根据高炉各系统在对水质的要求不同，用水系统设计上统筹安排，合理组织，结合高炉各系统用水的特点，设置高炉软环水系统、高炉净环水系统、水冲渣系统三个供水系统。高炉净环水系统为炉顶液压站、风口小套、十字测温装置、出铁场设备、液压润滑装置、热风炉、TRT 装置、传动装置、除尘风机和通风空调等设备间接冷却，用后仅水温升高，经冷却塔降温、管道过滤器处理后循环使用。为保证水质，系统设有过滤器，部分水经过滤器过滤，过滤器定时反洗，反冲洗水排入浊环水系统。高炉炉体等设备采用软环水冷却，使用后水温升高，回水经蒸发空冷器与冷媒水进行热交换后循环使用。高炉水冲渣系统为浊环水，高炉冲渣水经渣处理设备后进入沉淀池，沉淀后的水由泵供冷却塔冷却，冷却后再循环使用，不外排。沉渣定时清理，外运作综合利用。

3.4 提高高炉水渣利用率

水渣是高炉炼铁时产生的另外一种副产品。安徽首矿大昌金属材料有限公司 2 座 1780m^3 高炉每年将产生 2×10^4t 的高炉水渣。由于高炉水渣本身属于活性物质，如果不能及时处理，它将变质结块，严重污染周边环境，并占有大量堆放场地。安徽首矿大昌金属材料有限公司将建设 2 条 60 万吨/年水渣细磨生产线，对炼铁生产过程产生的水渣进行回收加工利用，变废为宝，减少工业园区固体废弃物外排 120 万吨/年,还可以产生一定的经济效益，年产细度大于 420m^2/kg，水分≤0.5％的高炉矿渣粉 120 万吨，实现环保和经济的双重效益。通过将高炉水渣深加工成高炉矿渣微粉，可以使用在建筑材料行业，不仅能大大提高高炉水渣的附加值，且对稳定高炉水渣的销售，减少高炉水渣的占地，对降低环境污染起到积极作用。

3.5 热风炉余热回收利用

安徽首矿大昌金属材料有限公司每个高炉系统设置 3 座新型顶燃式热风炉，热风炉送风制度主要是 “二烧一送”。热风炉每年烟气量为

353800 万立方米。1 号热风炉产生的烟气，经过整体式热管换热器预热煤气及助燃空气，使助燃空气和煤气的温度均达到≥190℃。经过换热后的低温烟气，部分送至中速磨系统和烟气发生炉产生的高温烟气混合后作干燥剂，部分通过 1 号热风炉烟囱排放。

2 号热风炉产生的烟气，经过整体式热管换热器预热煤气及助燃空气后的低温烟气，部分送至水渣细磨烟气炉和烟气发生炉产生的高温烟气混合后作干燥剂，部分通过 2 号热风炉烟囱排放。

对换热器后的低温烟气再利用，使得热风炉燃烧烟气的余热利用率达到 60%，相当于节约 1.97 万吨标准煤。

4 结语

发展循环经济是钢铁工业实现可持续发展的必由之路。新建炼铁工序在设计中采用成熟的技术，降低能耗，降低燃料比，提高能源利用效率，提高二次能源回收利用效率，才能有效节约资源和能源，一方面提高企业竞争力，一方面推进钢铁工业的循环经济发展。

浅论钢渣的综合利用

安徽首矿大昌金属材料有限公司资源环保部　朱　明

摘　要：本论文研究的主要目的是利用炼钢过程中产生的副产物钢渣，提高对钢渣的利用率，减少对环境的污染，实现低碳经济、环境保护、资源再生、经济效益并存。

我国钢渣利用率还远远低于世界平均水平，国家“十二五”计划下达了钢渣综合利用率达到86%的指标，更使得钢铁企业面临钢渣“零排放”的紧迫任务。

本文通过对钢渣产生过程中的物理化学性质的描述，对环境破坏等的分析，提出对钢渣综合利用的几个观点。最后提出自己对钢渣利用率提高的几点看法和建议。

关键词：钢渣　综合利用　环境保护

0　引言

钢铁作为国家支柱性产业，在国民经济中发挥着重要的作用。钢铁在产生过程中，也产生了很多急待解决的环境问题，如钢渣。钢渣是钢铁生产过程中，必然产生的副产物，占到钢铁产量的15%~20%。钢渣的综合利用，不仅具有经济效益，而且还有巨大的社会和环境效益。

为了保护环境，减少企业负担，保证国家资源安全，必须对钢渣充分利用。本文主要介绍钢渣的产生、性质、在生产过程中产生的环境问题以及对钢渣的综合利用研究。

1　钢渣的来源及理化性质

1.1　钢渣的来源

钢渣的产生是在炼钢的过程中，利用空气或者氧气（纯度大于99.5%）去氧化生铁中的杂质（碳、锰、硅、磷等），和造渣材料熔化而产生的，是多种元素（铁、钙、锰、镁、铝、磷、铬等）的氧化物熔体，是炼钢过程中产生的副产物。钢渣产生率约为粗钢的15%~20%，主要来自四个方面：（1）金属料中的Si、MnO、P和少量Fe氧化后生成的氧化物；（2）向炉内添加的各种造渣材料，如石灰石、白云石、铁矿石、萤石等是炉渣的主要来源；（3）被侵蚀、剥落下来的炉衬材料和补炉材料，如CaO、MgO等；（4）金属炉料带入的杂质，如泥砂等。

1.2　钢渣的理化性质

冶炼钢的过程可以大致分为补炉、装料、熔化、精炼、脱氧以及出钢等六个阶段，从炉料熔化开始，一直到钢出来为止，钢渣就在不断地形成。

钢渣在温度1500～1700℃下形成，缓慢冷却后呈块状，一般为深灰、深褐色。钢渣的主要化学成分有：CaO、SiO_2、Al_2O_3、FeO、Fe_2O_3、MgO、MnO、P_2O_5，有的还含有V_2O_5、TiO_2等。具体含量见表1和表2。

表1　钢渣的主要成分含量

主要组成	CaO	SiO_2	Al_2O_3	FeO	Fe_2O_3	P_2O_5	MgO
百分比/%	45~60	10~15	1~5	7~20	3~9	1~4	3~13

表2　我国主要钢厂钢渣的化学成分　　（%）

种类	CaO	SiO_2	Fe_2O_3	Al_2O_3	MgO	MnO	FeO	P_2O_5
首钢转炉渣	52.66	12.26	6.12	3.04	9.12	4.59	10.42	0.62
鞍钢转炉渣	45.37	8.84	8.79	3.29	7.98	2.31	21.38	0.72
太钢转炉渣	52.35	13.22	7.26	2.81	6.29	1.06	13.29	1.30
武钢转炉渣	58.22	16.24	3.18	2.37	2.28	4.48	7.90	1.17
马钢转炉渣	43.15	15.55	5.19	3.84	3.42	2.31	19.22	4.08

冷却后的钢渣颜色随着碱度的增加，从灰色、褐灰色变化到灰白色；质地坚硬，密度在（3.2~3.6）×$10^3kg/m^3$之间，含水率为3%~8%，容重1.32~2.26t/m^3，抗压强度高达300MPa，冲击强度为15次，莫氏硬度为5~7。

1.3　研究钢渣的目的和意义

随着我国钢铁工业的迅速发展，钢渣的排放量日益增多其数量非常大。储存渣场不但要占用大量宝贵的耕地，而且还会污染环境，严重地破坏环境。

通过利用钢渣可使产业结构简单的钢铁厂变成产品种类丰富、经营灵活的企业，增强市场竞争力。2001 年 1 月 18 日，合钢第二炼钢厂的西钢渣山，重量约为 65 万吨的巨型“垃圾山”被上海宝山罗泾公司以 2130 万元的高价买走。这足以说明钢渣隐藏的巨额财富。

2 钢渣现状、对环境的危害及研究

2.1 钢渣的现状

在我国，全国炼钢厂堆积的钢渣总量超过 3 亿吨。这些钢渣若不综合利用，会占用越来越多的土地，污染环境，造成资源的浪费。

2.2 钢渣对环境的危害

钢渣排放后不仅占用土地而且污染环境，危害人体健康引起钢铁工业生产进行不顺等负面作用，且钢渣放置凝固后水冷污染地下水。

2.3 对钢渣的研究

目前，对钢渣综合利用的途径，主要是用于回填、筑路、炼钢和炼铁的原材料、冶金炉熔剂、烧结原料、生产水泥、生产化肥和污水处理、作为水泥混合材或混凝土掺合料等方面。

3 钢渣的加工处理

钢渣利用之前一般均需要进行加工处理，处理工艺可包括预处理工艺、加工工艺、陈化工艺和精加工工艺。实际运用中根据要求而加以选择。

3.1 钢渣的预处理工艺

钢渣预处理就是把炼钢炉排除的热炉渣处理成粒径较小的常温快渣。国内常用的方法有水淬法、余热自解法、热泼法和浅盘泼法等。

安徽首矿大昌金属材料有限公司钢渣预处理使用的是热泼法，下面重点介绍（见图 1 和表 3）。

热泼法是将炼钢炉排出的熔渣先用渣罐运至热泼场，倒在坡度为 3%~5%的热泼床上，待熔渣自冷成渣饼稍冷后，用水喷降温，渣饼因温度应力和膨胀应力龟裂成大块。待温度降至 300~400℃，再在上面泼第二层，然后递推，直至达到 500~600mm，再堆起，选出大块废钢，渣块便可继续加工。

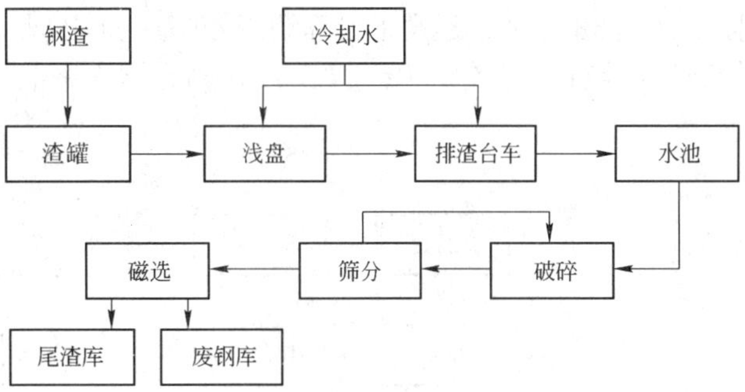

图 1 钢渣浅盘热泼工艺流程图

表 3 热泼法主要特点

处理方式	工艺特点及过程	优点	缺点	应用厂家
热泼法	炉渣高于可淬温度时，用水向炉渣喷洒，使渣产生的温度应力大于渣本身的应力，产生碎裂，游离氧化钙的水化作用使渣裂解	排渣速度快，冷却时间短、便于机械化生产，处理能力大；钢渣活性较高、生产率高	设备损耗、占地面积、破碎加工粉尘、蒸汽量大、钢渣加工量都非常大	主要有唐钢、武钢二炼钢、安徽首矿大昌金属材料有限公司

冷却时，f-CaO（游离氧化钙）和 f-MgO（游离氧化镁）与水发生反应，体积膨胀，部分钢渣被粉化。然后经过破碎、筛分、磁选，选出粒铁和渣铁进入金属料仓，根据含铁量和粒径按不同用途回用到炼钢生产中；尾渣按粒径分别进入尾渣仓后运出成为建材原料；破碎机、筛分机、物料转运站的粉尘由集尘罩捕集，送袋式除尘器处理后排放；冷却用水经沉淀冷却后循环使用。

3.2 钢渣的加工工艺

钢渣的加工工艺是将预处理后的钢渣再经破碎、筛分，磁选选出渣钢，以及分级等作业制成符合要求的规格渣（见图 2）。钢渣进行精加工或按不同规格直接送烧结炉、高炉、转炉、平炉使用。规格渣如被使用作为建工或建材材料，还要进行陈化。

钢渣的加工过程就是用皮带运输机和提升机按不同的要求把破碎、筛分、分级等设备连接起来，组成三段破碎、三级磁选、两端筛分、一次分级的工艺流程。其中粗破碎常用颚式破碎机，细破碎常用圆锥破碎机，磁选机及筛分设备可根据需要进行选择，如磁选机油吊挂式磁选机和筒形电磁铁式磁选机；筛分有格筛、单层振动筛和双层振动筛等。

安徽首矿大昌金属材料有限公司拟建钢渣工

程年产约 38 万吨，建设年处理钢渣 40 万吨的钢渣处理厂，设置一条钢渣磁选生产线，回收钢渣中的残铁回用于炼钢生产，剩余的钢渣用于生产钢渣微粉。项目投产后，能够有效地利用钢渣资源。

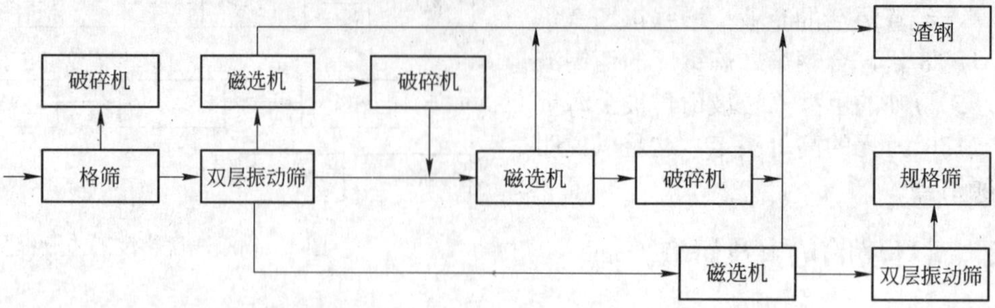

图 2　钢渣的加工工艺流程图

3.3　陈化工艺

钢渣陈化堆放的目的是使 f-CaO 等进一步消解，使钢渣趋于稳定，以保证钢渣能应用于建工建材领域，陈化堆存应创造条件让 f-CaO 等尽快消解。

3.4　钢渣精加工工艺

加工磁选出的钢渣，一般含铁在 55%以上，小于 10mm 粒级的钢渣可作为烧结的精矿粉使用，中块可作转炉、平炉原料或冷却剂用。若作电炉的原料用，则必须进行精加工，即再经细磨磁选，使含铁量达到 90%以上。

4　钢渣的综合利用

利用钢渣时，必须做严格的浸出试验和生物毒理学的研究。因为有些钢渣含有重金属、放射性元素等。虽然含有的可能性非常小，但是一旦含有而且利用不当的话，会造成严重的后果（见图 3）。

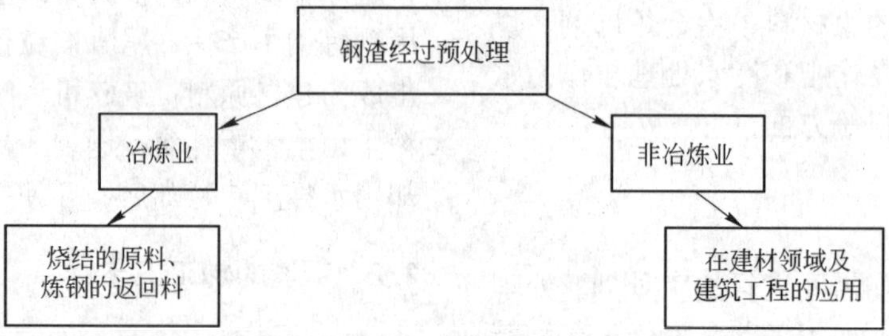

图 3　钢渣利用的主要途径

4.1　回收废弃金属

由于钢渣中含有大量的铁粒，平均含铁约为 25%，废钢为 10%~15%，可以通过破碎磁选回收废弃金属。钢渣的破碎粒度越细，回收的金属量就越多，例如将钢渣破碎到 300~100mm 时，可从中选出 6.4%的金属铁；破碎到 100~80mm 时，则可以回收 7.6%的金属铁；破碎到 70~25mm 时，则可回收金属铁量近 15%。首钢从 1981 年开始对钢渣中铁金属回收利用，取得了很好的经济效益。

4.2　钢渣作炉料的效果

一般钢渣的氧化钙成分都较高，从国内外开发利用钢渣粉代替石灰石的经验可知，钢渣粉作冶金炉料利用是非常值得推广，国家也有“冶金炉料用钢渣”的标准以供生产参考，钢渣作炉料的效果如下：

（1）提高烧结机生产率，工业试验在烧结料中配入新钢渣 4 %，提高生产率 10 %左右。

（2）改善了烧结矿强度，粒度均匀，粉末减少，烧结矿转鼓强度提高 3%~5%。

（3）降低烧结燃料消耗，由于 CaO、MgO 不以碳酸盐形式存在，节省了碳酸盐的分解热等，还有金属氧化放热，每吨钢渣可节省焦炭 35~40 kg；可充分回收利用钢渣中有益成分铁、钙、镁、锰等，还可减少钢渣占地面积，减少环境污染。

转炉渣碱度高，硫、磷含量处于未饱和状态，具有较强的脱硫、脱磷能力，又由于它是经过重熔的，熔化温度较低，所以将这种渣代替石灰石等熔剂，加入炼钢炉后，吸热少、熔化快，能很好地促进炉内料成渣。

4.3 作为道路材料和砖块

钢渣多棱角的表面特性优于天然砂石，呈碱性与沥青有好的亲和力，破碎钢渣适宜于沥青混合料。钢渣沥青混合料具有耐久性，抗滑性，透水性，抗冻性等，有好的路用特性。

钢渣具有较高的潜在水硬活性，在适当成分的激发剂和水化介质的作用下，可以生成新的硬化体，若作为胶凝材料或骨料使用，可用于生产钢渣砖、地面砖、路缘石、护坡砖等产品。

欧美各国有钢渣用于道路工程的例子。在中国，也有钢渣运用于公路工程的实例，如迁安市首条钢渣示范路，道路全长1037m，全部采用首钢迁钢新型钢渣路材铺设。

5 结论

尽管钢渣有许多利用价值及优点，且研究领域广泛，但是很多钢铁企业对于钢渣的二次资源利用还没有全面的认识，加上处理工艺的落后，资金的投入等，还有很大部分的钢渣没有得到利用，被作为废弃物而丢弃，占用良田，污染环境。即使被利用部分的钢渣其利用率也不高，尤其是将钢渣工程化应用明显不足。影响钢渣利用率低有许多制约因素。下面就提高钢渣的利用率，提出自己的一些看法。

（1）完善相关法律法规。法律需要不断的修订和完善，让那些危害环境的违法行为，少钻法律的空子。

（2）加强执法和惩处力度。有法必依、执法必严、违法必究，只有这样才能有效地制止在环境保护方面的违法行为。有了法律而不去执行，法律就会成为一纸空文，法律也就没有了威慑力。

（3）实行钢渣的“全过程”管理原则。钢渣污染往往是源头的污染，故需要对钢渣源头实行严格的控制，对其产生—收集—运输—综合利用—处置，实行全过程管理，在每一个环节都将其作为污染源进行严格的控制。实行责任到人的管理制度、违规责任制。

（4）加大教育、宣传力度。使人们了解到钢渣的危害，树立起环保观点，让人们自觉地加入到对违反环境法律法规行为的反对当中。

轧钢工艺节能新技术浅析

安徽首矿大昌金属材料有限公司轧钢作业部　李庆效

摘　要：“十一五”期间我国钢铁发展迅速，节能减排，降本增效成绩显著；但不可否认，我国冶金工业能源消耗巨大，存在很大的节能空间，“十二五”期间国家将加快冶金行业转型，改变发展方式，其中，节能降耗的新技术应用是一个非常重要的发展方向。本文着重分析轧钢行业在加热炉改造、低温轧制、电机电耗等方面的节能技术应用。

关键词：轧钢　节能　新技术

1　概述

统计数据显示，“十一五”期间，我国钢铁行业发展突飞猛进，年粗钢产量已达约 62665 万吨，年钢材产量已达 79627 万吨。钢铁产能的增加伴随着能源消耗的增加，“十一五”期间，我国吨钢综合能耗约 604.60kg（标煤），热轧工序能耗为 55.51kg（标煤）。但不可否认的是在优化产品结构、节能降耗、降本增效等方面任重而道远。

“十二五”期间钢铁工业加快转变发展方式是国民经济和社会发展的迫切要求，也是钢铁工业自身发展的切实需求。“十二五”已快接近尾声，但钢铁寒冬还未接近尾声，工信部预测我国中远期粗钢消费量最高峰可能出现在 2015~2020 年期间，峰值 7.7 亿~8.2 亿吨，我们将面临更大挑战。

我国钢铁工业发展起步较晚，随着过去十年的飞速发展，设备经过不断改造革新，已经赶上甚至超过发达国家，生产工艺、管理水平、操作水平与发达国家越来越近，节能减排、降本增效也有较显著的成效。但据不完全统计，我国钢铁行业所消耗的能耗占整体能耗中的 12%左右，而轧钢作为钢铁工业发展中的重要组成部分，在其生产过程中所消耗的能耗占钢铁行业总能耗的 13%~20%左右，并且随着经济的发展，钢铁行业的技术更新，轧钢生产耗能占钢铁业总能耗的比率还在不断增加。因此，从数值中我们可以清楚地看到，我国轧钢节能的发展还有很大的潜力，因此还需要我们不懈地努力。

2　轧钢生产中节能技术

经过“十一五”“十二五”规划，我国钢铁行业节能减排技术已有突破性的发展，《十二五规划》根据行业发展实际，提出 2015 年钢铁工业单位工业增加值能耗和二氧化碳排放量下降 18%，该目标高于国家提出的 16%的目标，但低于工业行业 20%的目标，主要是考虑我国钢铁工业节能已处于较为领先的水平，节能潜力相对其他工业行业较小，下降 18%的目标仍然十分艰巨，必须从提高附加值和全方位推进节能减排才有可能实现这一目标。所以，对于轧钢行业，需要积极做好节能技术革新。轧钢目前采用的节能技术主要包括加热炉节能技术、热装热送技术、低温轧制技术、电机节能技术、轧钢自动化新技术等。

2.1　加热炉节能技术

加热炉是轧钢企业最大的耗能设备，而在加热炉节能方面的改造也一直未停过，一些加热炉节能技术应用到生产中，如炉型改造、燃烧技术、烟气余热回收、筑炉材料更新等，提高加热炉热能使用率，从而达到节能效果。

以首钢水钢为例，1 座高线加热炉为推钢式加热炉，其余 5 座加热炉为侧进侧出上下加热步进梁式加热炉；2013 年对轧钢厂 6 座加热炉进行改造，各加热炉内壁采用新型材料陶纤绵。并采用黑金属覆盖（ECL）技能方案，该方案主要采用陕鼓在国内外先进热辐射节能技术基础上研发新型工业炉用涂层节能产品，以达到提高炉子的热辐射效率，从而提高加热炉热效率的目的。以首钢水钢三棒车间为例，三棒车间改造前加热炉参数见表 1。

在年产 110 万吨情况下，三棒线加热炉上应用黑金属节能覆盖层后，以 5%的最低节能率计算，每年可节约焦炉煤气 $188.815\times10^4m^3$，转炉煤气

$626.736\times10^4m^3$，高炉煤气 $49.5\times10^4m^3$，年节能效益约为 205.56 万元， 按 1100 元/吨（标煤）计算约合标煤 1868.73t。

表 1 三棒车间加热炉参数（改造前）

加热炉类型	侧进侧出上下加热步进梁式加热炉		使用情况	2006 年投产
基本尺寸	长	24m	内壁面积	$563.63m^2$
	宽	12.644m		
	上炉膛高	1.45m		
	下炉膛高	2.1 m		
设计产量	100 万吨/年		实际产量	100 万吨/年左右
额定产量	180t/h		燃气消耗	混合煤气
2012 年产量	110.4392 万吨			
焦炉煤气耗量	$3742.8\times10^4m^3$		焦炉煤气单耗	$34.33m^3/t$
转炉煤气耗量	$12421.8\times10^4m^3$		转炉煤气单耗	$113.952\ m^3/t$
高炉煤气耗量	$995.6\times10^4m^3$		高炉煤气单耗	$9\ m^3/t$

不仅在节能方面有优点，而且采用 ECL 技术也保护炉墙延长炉墙寿命，提高产品质量，增进生产线的产量。

2.2 热装热送技术

1989 年在意大利 Vent 厂投产了一套连铸坯 100%热送热装的工厂，经过两年运行证明其具有节省投资、节约能源等一系列优点。1992 年以后该技术在世界范围内迅速推广，在过去十年里在中国也得到了迅速地推广。热装热送技术减少加热炉燃料消耗，提高加热炉产量。可降低燃料消耗 40%~67%，热装温度一般在 900~600℃，节能约 0.8~0.4GJ/t，加热炉产量提高约 20%~30%。

最近几年采用的薄板坯连铸连轧技术也是钢铁工业在节能方面又一重要进步，连铸钢坯直接在热钢带机上轧制，节约了成本，预计节约能源为标准冷装坯能源费用的 50%左右。

2.3 低温轧制技术

低温轧制技术是轧钢系统重要节能措施。低温轧制技术有助于降低钢坯出炉温度，降低轧钢系统能耗，实现系统节能，在近年轧钢系统节能中不断推广。如电工钢轧制温度从 1250~1350℃降至 1150℃左右，可降低轧钢工序能耗约 5~10kgce/t。但是随着轧制温度的降低，钢坯变形抗力会增加，轧制功率也会增加。近年来，轧制生产中已经充分证明低温轧制在能耗上的效益，完全可以抵消轧制功率增加带来的成本。例如，钢坯 1100℃出炉时，降温节约能耗约 9.6%，同时会减少氧化铁皮，增加轧制效率。

2.4 电机节能技术

我国大多数电机产品与国外先进水平相比仍有差距，而在轧钢系统中需要电机驱动的地方很多，诸如轧机（粗中轧机、精轧机等）、风机、辊道等，电能消耗主要来源于驱动电机的电耗，所以电机节能也是轧钢节能技术重要部分。在电机设计中，应该避免大马拉小车，对电机进行优化。现今主要采用变频调速的优化方式，减少电机输入功率，通过该技术对电机进行优化，预计节约能源 20%~40%。

3 能源管理

技术改造在轧钢系统节能方面只能是治标，想要达到完美的节能效果就需要在能源管理上进行完善。减少能源的浪费，更好地利用轧钢系统中的能源，降低生产成本，提高生产效率。完善能源管理体系，实现能耗指标目标管理。以水钢首钢三棒车间为例，加强热装热送工作的组织管理，热坯进厂及时组批入炉，保证热坯入炉率在 65%以上，减少热量损失，降低煤气消耗。加热工加强与现场的信息沟通，合理控制好检修、待料等待轧时间的煤气消耗，在保证对设备不造成影响的情况下，使出钢温度尽可能接近下限，确保煤气消耗控制在 $55m^3/t$ 以下。用电管理，制定厂房、路灯停送电规定，办公室、更衣室、楼道等的照明设备，要遵守人走灯灭，减少能源浪费，现场停机检修时间较长的需要对部分设备进行停运。

4 结论

轧钢生产节能潜力巨大，本文以水钢三棒线为例，通过技术革新、加强能源管理两方面的措施，有效地减少了能源浪费，降低了生产成本，提高了生产效率。其中，通过采用黑金属覆盖（ECL）技术方案，配合热装热送技术、低温轧制技术，电机节能技术，降低能耗约 20%；鉴于此，钢铁行业工作人员要不断总结经验，不断推进节能技术革新，加强节能管理，从而提高生产效率、节约能源，使轧钢工艺节能新技术和管理水平得到提高、发展。

降低烧结矿固体燃料消耗途径的探讨

安徽首矿大昌金属材料有限公司球烧作业部
明文强　侯千里　李　宇

摘　要：针对公司目前处于工程建设阶段的实际情况，本文主要结合现有的相关工程技术资料并参考同类烧结厂的生产、技改实践经验，对我公司烧结工程投产运行以后降低固体燃料消耗、节省燃料成本、实现低耗高效生产的工作思路进行了初步探讨。在本公司烧结工序正式投产运行以后，根据生产运行中的实际情况，可以选择性的采取相应措施，逐步完善本厂的工艺流程、设备、管理、技术操作等方面存在的不足和漏洞，提高产品质量、降低原燃辅料消耗和能源消耗，降低生产成本，提高经济效益，帮助企业更好地应对目前的钢铁行业面临的严峻形势，早日实现企业的顺产稳产，达产增效。

关键词：烧结矿　固体燃耗　探讨

1　前言

安徽首矿大昌金属材料有限公司球烧作业部两台 240m^2 烧结机担负着炼铁作业部两座 1780m^3 高炉烧结矿用料的生产任务。烧结工序的主要产品是烧结矿，烧结矿的成本主要包括原料费、工序能耗、材料费、运输费及人员工资等费用，其中原料费和工序能耗占烧结矿总成本的96%左右。由于原料价格是根据市场环境变化的，人为的因素很难改变这一情况，因此，只有降低烧结矿的工序能耗才能实现烧结工序的降本增效。

烧结是钢铁生产中的第二耗能大户，其工序能耗约占钢铁生产总能耗的 10%，仅次于炼铁。烧结工序能耗包括固体燃耗、电耗、点火煤气消耗、动力(压缩空气、蒸汽、水等)消耗。其中，固体燃料消耗占 85%~90%，电力消耗占 5%~10%，点火消耗占 3%~5%。因此降低固体燃料消耗，成为烧结工序节能降耗、降低烧结生产成本的主攻方向。

结合我公司目前处于工程建设期的实际情况，本文结合烧结工艺理论和同类型烧结厂的生产和技改实践经验，提出几项降低烧结固体燃耗的措施，为我厂烧结工序投产后的节能降耗工作做一个探讨。

2　降低烧结固体燃耗主要措施的探讨

2.1　优化烧结配料方案，充分利用各种循环废料

结合附近区域内资源的实际情况，我公司拟采用全精粉烧结。在烧结工序试生产前公司采购部门应尽早确定可采购使用的各种大宗原燃辅料来源及相应原料的质量、数量情况，然后作业部以此为依据，相关研究院所开展烧结配矿实验，充分掌握各种含铁原料的物化性能、烧结性能等特性，并通过多元化配矿试验寻求最佳配比，通过配矿实验科学合理的确定烧结混合料中各种原料的优化配比，并以此为参考来指导烧结配料生产。

同时，充分合理的利用钢铁流程中产生的各种循环废料，既可以充分利用资源，减少浪费，也可以起到降低固体燃料消耗的作用。例如钢渣精粉是从转炉钢渣中磁选所得的矿物，是一种高度矿化的物料，里面含有的铁元素大部分以 FeO 的形式存在，FeO 在烧结过程中与氧发生氧化反应，产生大量的热，同时在烧结过程中易于熔融，本身耗能低，容易产生液相，保证了物料的黏结和相互作用。此外，钢渣精粉 CaO 含量平均 12.13%，在碱度保持不变的情况下，生石灰的配加量就可相应减少，钢渣精粉的这些特点，使烧结过程中的配碳量由原来的 3.8%~4.2% 降低到 3.6%~4.0%。又如氧化铁皮是高温情况下铁与空气中的氧发生氧化反应的产物，主要是由 FeO、Fe_2O_3、Fe_3O_4 组成，其中 FeO 含量占 80%以上，在烧结过程中发生放热的氧化反应，科学合理的将其配入烧结混合料中，有利于固体燃耗的降低。再如焦化灰、炼铁瓦斯灰等含有 30%左右的碳，配加上述物料可替代部分焦粉。

另外，加强信息沟通，稳定混匀料配比，及时向采购部门反馈意见，将所需矿种协调进厂，最大限度地满足混匀料成分、粒度的稳定，减少因变料

等导致的生产波动，保证烧结生产过程的稳定性、连续性，降低返矿循环负荷，对于降低烧结矿固体燃料单耗也可以起到较好的效果。

2.2 控制适宜的燃料粒度和熔剂粒度

固体燃料粒度的大小对烧结过程的影响很大。粒度过大，燃烧速度慢，燃烧带变宽，烧结过程透气性变差，垂直烧结速度下降，烧结机利用系数降低。而且，大颗粒燃料布料时因偏析集中在料层下部，加上料层的自动蓄热作用，使下层热量大于上层，容易产生过熔，同样影响料层透气性。反之，粒度过小，燃烧速度快，液相反应进行得不完全，烧结矿强度变差，成品率降低，烧结机利用系数降低。我公司烧结厂燃料破碎工序采用对辊、四辊破碎机对固体燃料进行粗、细碎，为降低破碎机的工作负荷，在对辊破碎机之前设置预筛分振动筛，筛出粒度合格的焦炭直接由皮带机运至配料室燃料仓。为控制好进仓燃料的粒度，日常生产中，要加强对燃料预筛分振动筛和对辊、四辊破碎机的检查，筛板破损时及时组织更换，避免大粒级焦粉/煤粉进入熔-13 皮带；破碎机辊皮磨损严重时及时车削及更换辊皮，保证破碎机的破碎效率，燃料破碎粒度合格率达到90%以上，以保证烧结生产用燃料的要求。

为调节烧结矿的碱度，满足高炉对烧结矿成分的要求，需要在烧结混合料中配入适量的碱性熔剂。本厂采用的熔剂主要包括石灰石、白云石和生石灰。其中石灰石和白云石为外购块状物料，需要在原料准备区域进行破碎、筛分，使其粒度符合烧结生产的要求。石灰石、白云石粒度过粗，其分解热耗增大，在烧结过程中不易完全矿化。根据同类烧结厂的烧结试验及生产实践，石灰石、白云石 0~3 mm 粒级在 90%以上效果最好。为了控制好石灰石、白云石的粒度，日常生产中要做好可逆锤式破碎机和熔剂振动筛的巡检维护，锤头磨损后及时补焊或更换，筛板破损后及时组织更换，保障合格的熔剂粒度。

2.3 实行低水、低碳、厚料层操作

混合料里配加燃料的主要作用是燃烧放热，使各种含铁矿料达到最低熔点，产生液相，并固结成块。混合料里的水分具有制粒、润滑、导热和助燃等作用，但过多的水分容易消耗部分燃料，增加固体燃耗，为此严格控制混合料的适宜水分，定期检查一混、二混、泥辊处的混合料水分，适当下限控制混合料的水分，可以减少多余水分蒸发造成的不必要的燃料消耗，降低固体燃料的消耗。

烧结生产是一个连续的自上而下点火抽风的生产过程，在料面点火后向下燃烧的过程中，燃烧带大量的热量会依次传给预热带、过湿带，下面的物料利用燃料燃烧热和烧结过程的自动蓄热作用发生一系列物理化学变化，进而产生液相，粘结成块。适当提高台车上混合料层厚度，不仅可以使热利用率提高，燃料消耗相应降低，而且能减少烧结过程不均匀带来的影响，使烧结矿的结构均匀，质量提高。我国主要钢铁企业烧结生产统计表明烧结料层每提高 10mm，燃耗可降低 1~3kg/t。

为了提高料层厚度，一方面采取偏析布料技术，解决了厚料层烧结过程中由于料层的自动蓄热作用造成的上下热量分布不均的现象，有利于提高料层表面的烧结矿强度，减少返矿量。另一方面从提高料层透气性入手，合理搭配原料结构，加强混合机的制粒作用，为此我厂的一次混合机采用 ϕ3600 × 18000mm 、二次混合机采用 ϕ4000 × 20000mm，比正常同类型的烧结机混合机长度增加约 2m 左右，增加了混合机的制粒时间，提高烧结混合料成球性，改善烧结混合料粒级组成，稳定混合料水分，并且选择配置高风压主抽风机，风机的耐压达到 17kPa，保证全精粉烧结时料层的透气良好，在此基础上适当提高混合料料层厚度，有效利用料层的自动蓄热作用。

2.4 将混合料温度提高到“露点”温度以上

将混合料温度提高到“露点”温度以上，能有效消除“过湿层”对烧结过程的影响，提高料层透气性，另外该部分显热可部分替代固体燃料的燃烧热，因而可降低固体燃料消耗。根据同类烧结厂的生产经验，可以采用生石灰预热和蒸汽预热相结合的方法来提高混合料温，加入生石灰还可以起到强化制粒和催化燃料燃烧的效果。为提高蒸汽利用率，可以在二次混合机和烧结机头部混合料矿槽内通入高压蒸汽，通过汽化热放热使料温达到 60℃以上。

2.5 科学更换成品筛分振动筛

烧结矿经过环冷机鼓风冷却后，由带式输送机运入成品筛分间，经筛子筛分分别筛出粒度小于 5mm 的返矿返回配料室重新参与配料，10~20mm 的一部分作为铺底料，剩余部分作为成品矿供给高炉作为炼铁原料。因此，烧结返矿循环负荷的高低直接影响着烧结机的利用系数和单位重量烧结矿

的燃料消耗。而除了烧结饼自身的质量情况外，成品筛的正常运行与否会直接影响到烧结返矿循环负荷，所以要定期巡查成品筛的运行情况，发现筛板磨漏的情况及时组织进行更换，避免大量粒度合格的烧结矿漏下进入返矿中，增大返矿循环负荷，造成燃料的不必要浪费。

2.6　治理烧结机漏风，稳定烧结生产，降低返矿循环量

烧结生产"以风为纲"，加强对漏风点的治理，是获得优质烧结矿和降低烧结返矿率的有效手段。因此每次定修都将烧结机漏风作为常规项目处理，发现漏风点及时进行堵补。重点关注机头、机尾密封方式，通过工艺改造，采用较先进的密封方式，减少有害漏风；另外烧结机润滑系统采用了新型的 PLC 控制系统定期加油，可以使烧结机滑道漏风得到有效降低。同时，加强对烧结机主抽风系统的检查，发现大烟道漏风及时处理；另外双层卸灰阀每次放灰操作时都不要把粉灰放完，这些措施的实施，可以极大地降低烧结机系统的漏风率。

2.7　采用热风烧结技术

本公司烧结工程采用了由首钢国际工程公司开发设计的新型高效节能环保冷却机，可有效降低环冷机的漏风率，提高余热利用效率，实现余热资源"分级回收、温度对口、梯级利用"。热风烧结技术主要是利用环冷机的高温废气，加热烧结料层进行烧结，防止烧结料炽热的料面急冷造成表层烧结矿中矿物组成中玻璃质增加及强度下降。冷却排出的废气显热约占烧结总能耗的 20%左右，除了一部分用于余热锅炉外，其余部分全部排入大气，造成能源的浪费，同时污染了大气。热风烧结工艺就是利用来自于环冷机鼓风冷却所产生的高温废气（温度在 200℃左右），借助于烧结主抽风机所产生的负压，通过管道直接将热风引到烧结料表面，这样均匀了上下层的烧结矿质量，增加了高温带，减慢了烧结矿的冷却速度，提高了烧结矿强度，并由于减轻了局部高温及还原性气氛，特别是降低了下层料温，消除了上层烧结矿表面的过熔现象，加快了垂直烧结速度，从而降低了烧结固体燃耗。

2.8　加强人员培训，改善生产管理

作为新建的企业，我公司面临着设备新，人员新，生产、管理人员经验不足的突出问题。因此，加强对操作和管理人员的培训，提高岗位人员的实际操作技能水平和管理人员的生产组织协调能力，保证生产过程的平稳顺行，减少非正常停机事故的发生率，对于提高烧结机的作业率和降低烧结矿的单位能耗起着非常重要的作用。

改善生产管理，一方面在燃料进厂环节上杜绝混料、"以水代煤"现象，限定燃料运输车辆的运行路线，保证进厂燃料的质量。另一方面加强生产管理，推行标准化操作，要求四班统一料层，统一机速，严格工艺纪律检查，稳定烧结生产，为降低固体燃耗提供保障：烧结机料层铺平烧透，料面不能有空洞、空台车，终点控制在倒数第 2 号风箱，总管废气温度≥100℃；混合料温控制≥60℃，混合料水分±0.5%稳定率≥95%，保证烧结过程透气性；返矿的配比±1%稳定率≥95%。

3　结语

鉴于本公司目前工程建设的实际情况，以上几点降低烧结固体燃料消耗的措施都是根据同类烧结厂的生产实践经验结合本厂的实际情况提出的，多数属于同类烧结厂中采用比较多、效果比较好、比较具有通用性措施。在本公司烧结工序正式投产运行以后，根据生产运行中的实际情况，可以选择性的采取相应措施，通过论证、实施、考评总结、改进升级等程序，逐步完善本厂的工艺流程、设备、管理、技术操作等方面存在的不足和漏洞，提高产品质量、降低原燃辅料消耗和能源消耗，降低生产成本，提高经济效益，帮助企业更好地应对目前的钢铁行业面临的严峻形势，早日实现企业的顺产稳产，达产增效。

基于地下采矿的铁矿固废处置应用性研究

安徽首矿大昌金属材料有限公司采选作业部

王　耀　吕家勤　张　蕾　付　勇

摘　要：本文分析了固废处置技术现状，阐述了实施固废处置的必要性和意义。结合项目实际，运用试验研究的方法，分析了采用充填采矿法开采的铁矿山固废处置可能的途径和方法，以及固废处置产生的经济和社会效益。

关键词：固废　尾矿　处置　研究

1　研究背景

范桥铁矿350万吨采选工程是安徽首矿大昌金属材料有限责任公司霍邱铁矿深加工项目的配套项目。矿区地处平原，地理位置优越，至霍邱县城约35km，北至淮河20km、至阜阳65km、南至六安约120km。105国道、G35高速公路、阜六铁路分别从矿床西侧约4.7km和3.5km通过，交通方便，物流发达。

距矿区约18公里的霍邱开发区马店镇到冯井镇沿105国道以西的狭长区域，分布着大大小小数十个已经闭坑的采石场，最小采石场容积十多万立方米，最大的采石场容积五百多万立方米，总容积约3000~4000万立方米。露天采石场大量采石崩塌区存在严重的地质环境灾害隐患，亟须治理。当地政府鼓励矿山企业因地制宜，探索尾矿堆存和废弃采石场生态恢复、矿山附近农用低洼地改造结合起来，一定程度减少尾矿集中堆存数量，改善农业用地的自然条件。

近年来，随着脱水工艺和矿浆输送设备制造工艺不断进步，尾矿脱水和输送成本大幅降低，尾矿干堆工艺将得以普遍应用，大大提高尾矿堆存的安全环保性和经济性。

以循环经济理念为指导思想，把清洁生产、生态工业、生态环境保护等措施整合起来，研究选择合适的矿山固废处置工艺，实现“无废矿山”的目标寻找一条最佳途径，将具有重大的社会意义和现实价值。

2　铁矿固废处置现状

铁矿山固废处置及综合利用开发研究国外进行得较早，并已取得明显的经济效益和社会效益。目前铁矿固废的处置主要包括以下几个方面：

一是二次回收有用组分的回收。我国矿产资源的一个重要特点是单一矿少，共伴生矿多。由于技术、以往管理体制等原因，尾矿中含有多种有价金属和矿物得到完全回收。因此，从尾矿中回收有价矿物具有重要现实意义。

二是利用采选废石和尾矿生产建筑材料。目前国内外已经开发出来的尾矿建筑材料很多，产品包括微晶玻璃、建筑陶瓷、尾矿水泥、铸石制品、玻璃制品、灰砂砖，如粒度合适，可以直接作为建筑砂石料销售。

三是利用尾矿复垦植被。在用完的尾矿库覆土造田和种植农作物，能避免尾矿流失，防止尾矿污染江河，增加农业耕种面积，首钢矿业公司在这方面进行了大胆尝试，在尾矿库上实现无覆土直接植绿，种植沙棘、桑树、紫穗槐等植物。

四是利用尾矿充填地下采空区、塌陷区、露天闭坑采场。用尾矿作充填料，其充填费用较低。

3　项目概况

范桥铁矿采选规模为：原矿350万吨/年，产铁精矿100万吨/年。达产后，每年产生固体废物292万吨，其中采矿废石42万吨、选矿废石35万吨、尾矿213万吨。

范桥铁矿床为隐伏于第四系冲积层下的沉积变质铁矿体，储量为1.148亿吨，铁品位26.43%。铁矿物主要以磁铁矿为主，矿石中有害杂质硫、磷的含量较低。矿石内脉石矿物主要为石英及闪石类矿物。

根据矿体埋藏条件，为避免破坏第四系含水层，选用空场采矿嗣后充填法，可以保证采场顶板不垮落，能有效地防止地表塌陷。选矿工艺按照“多碎少磨、能抛早抛”原则，破碎采用三段两闭流程，运用高压辊磨进行细碎和超细碎，粗粒湿式抛尾。磨矿采用二段磨矿，阶段磨矿–弱磁选流程。

4　固废产品处置技术研究

根据范桥铁矿采选工程项目实际，固废产品包括采矿废石、选矿废石、尾矿等。固废处置技术包含物料性质、生产工艺、可行性等方面的研究。

4.1　物料性质研究

4.1.1　*废石*

根据地质勘探报告结果，组成岩石的矿物成分以石英、角闪石为主，次为阳起石、石榴子石、斜长石，少量－微量绿泥石、绿帘石、十字石、锆石、磷灰石、矽线石等。未检测出放射性以及对建筑特性影响的有害杂质元素。

采矿废石在井下粗碎到 350mm 以下，提升到地面和选矿废石一起经中细碎、干式磁选、筛分形成连续粒级的建筑石碴。密度和抗压强度均达到《建筑用砂石》GB/T 14684—2001 标准要求。

4.1.2　*尾矿*

4.1.2.1　化学组成

范桥铁矿尾矿的化学成分分析见表 1。

表 1　尾矿化学成分分析

成分	TFe	S	K_2O	Na_2O	P	CaO	MgO	SiO_2	Al_2O_3	烧损
含量/%	7.84	0.034	0.96	0.81	0.020	4.95	3.19	70.62	5.27	0.93

从表 1 结果看出，尾矿的主要化学成分是 SiO_2，有害杂质含量低。

4.1.2.2　粒度组成

范桥铁矿尾矿粒度的组成见表 2。

表 2　尾矿粒度筛析

粒级/mm	产率/%	
	个　别	正累积
+2.5	5.08	
2.5~2.0	5.99	11.07
2.0~1.0	12.20	23.27
1.0~0.45	7.42	30.69
0.45~0.20	7.01	37.70
0.20~0.076	23.78	61.48
0.076~0.043	13.92	75.40
0.043~0.0308	4.88	80.28
0.0308~–0.020	15.33	95.61
–0.020	4.39	100.00
合　计	100.00	

从表 2 可以看出，由于采用新型选矿工艺，粒度大于 0.45mm 的粗粒砂占总尾矿 30%以上，粒度 0.45~0.076mm 的细粒砂占 30%，而小于 0.020mm 占 4.39%，泥化程度较轻。

4.1.2.3　沉降性能

将尾矿–0.5 mm 粒级配制成质量百分比浓度为 6%，分别进行了自然沉降试验和 5g/t、10g/t 的絮凝沉降试验，絮凝剂选用聚丙烯酰胺，试验结果见图 1。

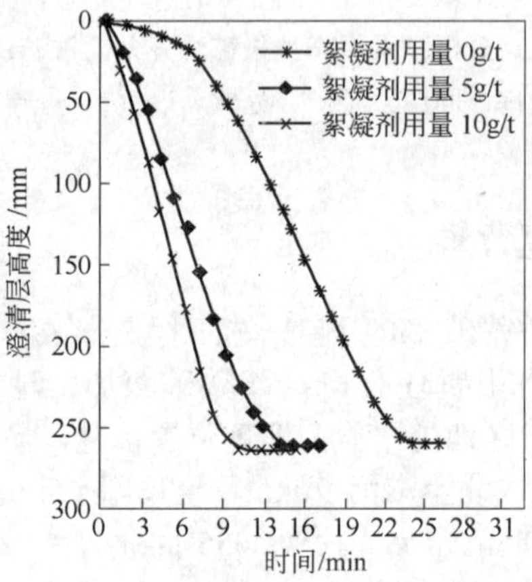

图 1　尾矿沉降试验曲线

从尾矿自然沉降和絮凝沉降试验结果综合分析和计算，自然沉降速度缓慢，絮凝沉降效果较显著，较自然浓缩沉降速度提高 1 倍，推荐采用絮凝浓缩。

4.1.2.4　过滤试验

为选择合适的过滤设备，进行了尾矿过滤试验。固定真空度，进行了给矿浓度对过滤效率影响的条件试验。试验结果见表 3 和图 2。

表 3　尾矿过滤试验

序号	浓度/%	絮凝剂/(g/t)	过滤效率/(kg/(m²·h))	真空度/MPa	滤饼水分/%	抽滤时间/s	滤液情况
1	50	0	598	0.06	14	140	浊–清
2	45	10	1012	0.06	15	90	清
3	50	10	1224	0.06	14	70	清
4	55	10	1454	0.06	15	60	清
5	60	10	1564	0.06	14	55	清

从试验结果可看出，不添加絮凝剂，不仅过滤时间长，过滤效率低，而且滤液也较混浊。给矿浓度对过滤效率的影响非常大，高效浓缩机底流排放浓度能达 50%左右。因此，选定过滤机给矿浓度为

50%，真空度 0.06MPa，过滤效率 1224kg/(m^2·h)，滤饼水分 14%。

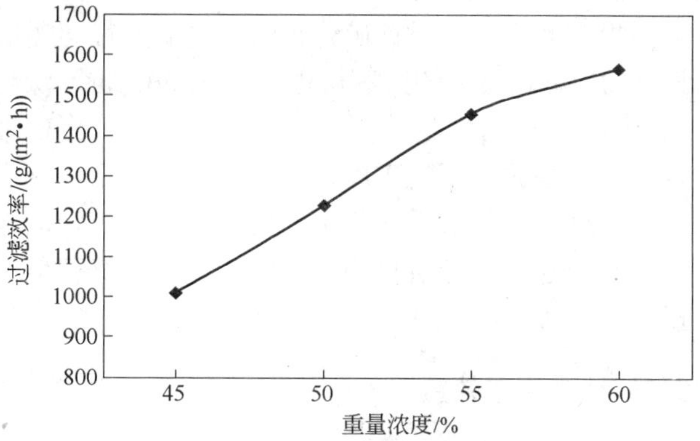

图 2　尾矿浓度与过滤效率关系

4.2　生产工艺研究

4.2.1　建筑石碴

建筑用石碴主要在矿石和岩石破碎时产生，是选矿流程的副产品。在选矿破碎流程设计时即进行工艺优化，在满足后道工艺前提下生产出合格建筑石碴。

采出原矿块度为 700~0mm，破碎流程有两个方案，方案一（图 3）是常规三段一闭路破碎筛分流程，最终破碎粒度为 12~0mm；方案二（图 4）是两段一闭路破碎筛分+高压辊磨闭路流程，破碎产品粒度为 25~0mm，最终破碎粒度为 3~0mm，虽然比方案一增加了高压辊磨机及辅助设备，但能在较粗粒度时抛弃大量废石，减小入磨粒度，降低磨矿功耗。同时于高压辊磨机给矿粒度可在 40~20mm 之间随意调整，可按用户要求生产不同规格建筑用石碴，流程适应强。

4.2.2　建筑用砂

建筑用砂主要在磨选过程中产生，粗砂为高压辊磨产品进行湿式磁选的尾矿进行筛分的筛上产品，粒度为 0.5~3mm。细砂为综合尾矿的旋流器沉砂，根据市场需要生产。粗砂和细砂两个产品，均在选矿流程中形成，不用单独增加生产成本。实际生产时，可通过调整筛孔尺寸、旋流器开动台数、沉砂嘴大小等手段，生产不同规格的砂子，可操作性强，适应范围广。

4.2.3　充填地下采空区

范桥铁矿的采矿方法为空场法采矿嗣后胶结充填，充填采用全尾砂胶结充填 ，胶结材料为标号 425 的普通硅酸盐水泥。达产后，年提升矿岩总量 392 万吨，形成采空区体积约 $122\times10^4m^3$，充填消耗尾矿约 153 万吨/年。

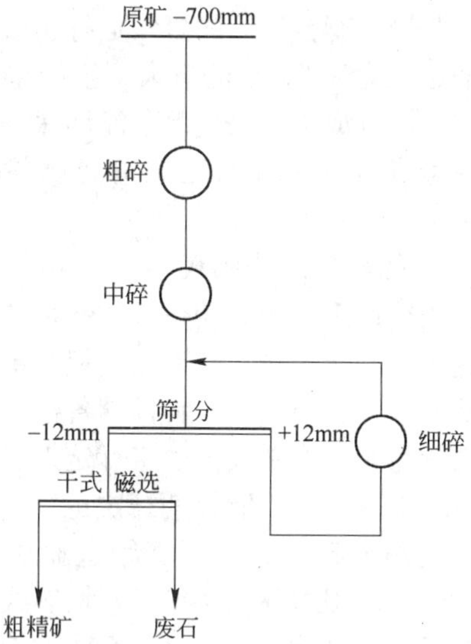

图 3　三段一闭路流程

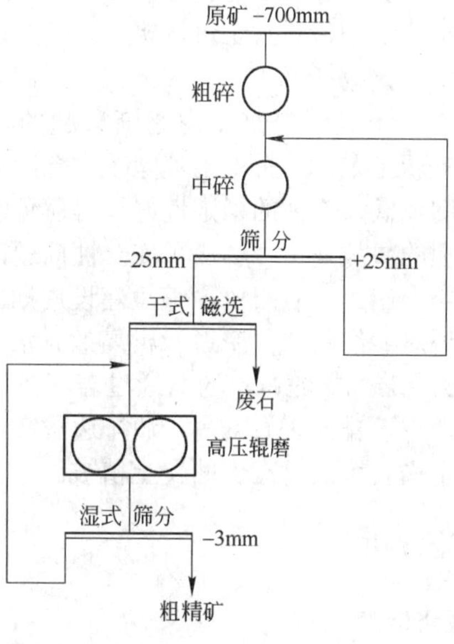

图 4　两段一闭路破碎筛+高压辊磨流程

充填采空区时，停止生产粗尾砂，选厂全粒级浓缩浆状尾矿通过管道泵到充填站砂仓内进行沉淀浓缩到浓度 70%~73%。水泥通过散装水泥罐车运输到充填站，气力输送到水泥仓内。按灰砂比定量将水泥送至高浓度搅拌槽，搅拌均匀后由槽底部放砂管放至充填孔，泵送至各采空区。

4.2.4　尾矿长距离输送

根据物料平衡计算，尾矿除生产建筑砂和充填采空区外，达产后约有 $18\times10^4m^3/a$ 细粒尾矿需要堆存，堆存地距选矿厂区约 18km，几何高差达 60m。

尾矿矿浆长距离输送设备选择方面，国内外运行较成功的是隔膜泵。从太钢尖山铁矿、昆钢大红山铁矿、鞍钢调军台选厂的多年运行实践看，隔膜泵具有输送压力高、输送流量大、连续运转效率高、维修简便、运行成本低、高效节能环保等优点。因此，隔膜泵是尾矿矿浆长距离输送设备的最佳选择。

4.2.5 尾矿高效浓缩脱水

尾矿浓缩选用高频振动变形式斜板浓密机，底流浓度达 50%以上。较之普通浓密机，单位占地面积小、处理量大、能耗低。斜板设备模块化，实施间歇式高频微振，对斜板板面进行定期自动清洗，保证斜板通道不堵塞，能长期稳定运行。

高浓度尾矿矿浆经长距离管道输送到采石坑后进行脱水。从国内外众多尾矿干堆实践看，带式真空过滤机具有过滤效率高、运行成本低、生产能力大、洗涤效率好，滤饼水分低、操作灵活、维护简单、可实现现场和远程自动控制等优点。因此，矿浆脱水拟选用带式真空过滤机。

4.2.6 尾矿干堆

尾矿干堆是近年来国内逐渐兴起的一项新的尾矿处置新工艺，从根本上消除了安全隐患，无存水，浸润线低，堆体的稳定性好，可避免溃坝、漫坝、垮坝的事故发生，解决了安全性问题，安全和环保效益突出。节省投资，缩短建设周期。

范桥尾矿经带式真空过滤机高效脱水后，形成水分 13%~15%的滤饼，滤饼通过若干条胶带运输机转运，直接排入采石坑内，边排边压实，尾矿回填满一个采石坑后，在上面覆土植被。

5 效益分析

5.1 经济效益

5.1.1 砂石外销

达产后，建筑石碴产量约 70×10^4t/a、粗砂 10×10^4t/a，价格以石碴 20 元/吨、粗砂 5 元/吨算，建筑砂石外销创效益约 1450 万元/年。

5.1.2 节约投资

根据测算，范桥铁矿建设常规尾矿库堆存需用地 1500 亩。最大的采石坑占地面积 260 亩，深度约 48m，容积达 550×10^4m^3，满足服务期内尾矿堆存需要。相比常规尾矿库，可减少征地费用，减少筑坝、排洪、防渗系统等土建费用。仅以节约土地算，当地建设用地价格为 11 万元/亩，估算可节约投资 1.36 亿元。

5.2 社会生态效益

范桥铁矿矿区地势平坦，地面植被良好，人口较为密集。如矿床上覆岩层崩落，则将对地表生态环境产生破坏，地面村庄、池塘及高产农田被毁。同时由于大量尾矿需堆存于地表，不但需大量征地，尾矿库建设相对于山区而言投资更大。平原地区尾砂堆坝安全问题更为突出。将尾砂充填于井下则可有效地解决上述问题，高质量的胶结充填可有效地保护矿区地表及矿区周边环境，大幅度地减少尾矿堆存占地，避免尾砂对周围环境造成影响。

闭坑采石场尾矿回填复垦后，不仅消除了崩塌、滑坡、泥石流等地质灾害隐患，还复垦造地数百亩，恢复原有生态环境。

采用矿浆长距离管道输送工艺，减少了“三废”排放源，无污染、无噪声，从工艺技术、能耗、防腐、节水、施工管理、污染物的排放、运营管理等方面均符合清洁生产原则，最大限度地减少了生态破坏、污染物排放及能源消耗，达到了国内先进的清洁生产水平。

6 结论

固废处置技术的研究，为我国贫磁铁矿地下开采及固废处置提供一条合理的技术路线，经济、社会、环境、生态效益显著，具有一定的实用和推广价值。

余热余能发电在首矿大昌公司的应用

安徽首矿大昌金属材料有限公司设备部　慕亚男

摘　要：本文以余能余热充分利用为主题。介绍一个300万吨/年钢铁项目中高炉炉顶压差发电、干熄焦余热发电、燃气–蒸汽联合循环发电站及汽轮发电机组的工艺流程、设备配置情况、能效分析和经济效益。余能余热发电的应用带来了良好的经济、社会和环境效益。

关键词：余热　余能　发电

1　引言

2005年4月20日，国务院常务会议，审议并原则通过了《钢铁产业发展政策》，提出了走新型钢铁工业发展道路的目标和措施。国发〔2011〕26号文下发的《"十二五"节能减排综合性工作方案》中，把余热余压利用工程列为重点节能工程之一。余热余能发电工程按建设资源节约型、环境友好型社会、发展循环经济、推进自主创新要求，以资源、能源的高效利用、循环利用为核心，以"减量化、再利用、资源化"为原则，"低消耗、低排放、低污染"的发展模式，回收余热、余压、余气用于发电，一方面降低废气的排放，降低环境污染，保护生态环境，另一方面回收利用二次能源，降低资源能源消耗，降低生产成本，提高企业经济效益。

安徽首矿大昌金属材料有限公司，在建设霍邱300万吨/年钢铁项目的之初，就响应"十二五"发展规划要求。结合焦化、烧结、炼铁的工艺特点和生产能力，充分考虑高炉煤气、焦炉煤气、余热蒸汽、烧结富裕蒸汽的产量、热值、回收率等因素，配置了高炉炉顶压差发电（TRT)、干熄焦(CDQ)余热发电、燃气—蒸汽联合循环发电站（CCPP)、汽轮发电机组。

2　高炉炉顶压差发电（TRT）

因为干法除尘TRT发电量较湿法提高25%~40%，2座高炉的煤气净化采用脉冲布袋干法除尘工艺。设全干式TRT，不但将煤气压力能转换成电能，还充分利用煤气显热，提高发电效率，可回收高炉煤气鼓风机所耗能量的40%左右，降低炼铁工序能耗及成本，减少噪声污染。

2.1　流程简介

由布袋除尘器出来的高压高温、干燥洁净的煤气经DN2000电动蝶阀（具备调节功能)、电动敞开式插板阀、流量计、快速切断阀进入透平膨胀机，透平的第一级静叶为可调，用其调节进透平机的煤气流量，并用其控制炉顶压力。通过导流器使煤气转成轴向进入叶栅，煤气在静叶栅和动叶栅组成的流道中不断膨胀做功，压力和温度降低，并转化为动能作用于工作轮（即转子及动叶片）使之旋转，工作轮通过联轴带动发电机一起转动而发电。叶栅出口的煤气经过扩压器进行扩压，以提高其背压达一定值，然后经排气蜗壳流出透平，进入减压阀组后的煤气管道。膨胀后的煤气压力为~10kPa，经过出口DN2400煤气管上电动插板阀接入外部管网；当TRT发生故障时，紧急切断阀将在小于1s的时间内关闭，此时联锁旁通快开阀（一般约1~2s）打开，使高压煤气短时间内快速泄压至煤气管道低压侧，避免炉顶压力突然升高，同时调压阀组其他阀自动打开，在旁通快开阀慢关时（一般约40s)，调压阀组自动阀逐渐开大，自动调节炉顶压力，炉顶压力转至高炉侧控制，使TRT系统安全脱离高炉煤气系统，保证高炉正常运行。TRT正常运行时，煤气不经过减压阀组，炉顶压力由TRT调节。

2.2　透平主机

（1）主要性能参数见表1。

（2）工作转速：3000r/min，允许超速3350r/min（包括发电机转子)。

透平机工作转向：从透平进气端看为顺时针方向。

表1 透平主机参数

序号	参数项目	单位	设计点	最大点
1	透平入口煤气流量	$10^4m^3/h$	30.27	33.66
2	透平入口煤气压力	kPa（G）	195	225
3	透平入口煤气温度	℃	150	200
4	透平出口煤气压力	kPa（G）	10	10
5	透平出口煤气温度	℃	≤70	
6	透平入口煤气含尘量	mg/m^3	≤5	
7	透平输出功率	kW	7600	10100

（3）承压和抗温能力：

透平主机机壳承压能力　最大300kPa

透平主机抗温能力　最高温度260℃

（4）透平主机效率：≥86%

2.3 能效

2座高炉TRT发电总装机容量24000 kW。额定电压10kV，年发电量14763.84×10^4kW·h，吨产品发电量48.41 kW·h。

2.4 经济效益分析

TRT发电项目年发电量14763.84×10^4kW·h，按照工业用电每度0.7元进行计算，可以产生10334.69×10^4元的经济效益，与投资5775.11万元相比，可循环产生经济效益是明显的，也是可观的。

3 干熄焦（CDQ）余热发电

与2×65孔5.5m捣固型焦炉配套，干熄焦余热发电工程主要内容包括：1套170t/h干熄焦装置及配套的一次除尘、二次除尘；1套高温高压全自然循环余热锅炉及相关辅机设备；1套25MW抽汽凝汽式汽轮发电机组；1套环境除尘地面站；循环水处理系统；二级除盐水制备系统；迁车台及焦罐检修站。

3.1 流程简介

余热锅炉产生的蒸汽进入抽汽凝汽式汽轮发电机组，所发电力并入公司电网，凝结水回供余热锅炉。汽轮机留有抽汽口，抽汽供至低压蒸汽管网。发电主要流程为：除盐水→除盐水箱→除氧器给水泵→给水预热系统→除氧器→锅炉给水泵→余热锅炉→主汽门→汽轮机（拖动发电机发电）→凝汽器(凝结成水)→凝结水泵→除盐水箱。汽轮发电机组检修时，余热锅炉产生蒸汽减温减压后并入低压蒸汽外网。

3.2 主要设备技术参数

3.2.1 汽轮机

规格：　C25-8.83/0.98

正常进汽量：　87.3t/h

最大进汽量：　93.5t/h

额定抽汽压力：　0.98MPa（a）

抽汽流量范围：　0~45t/h

纯凝功率：　24.9MW（87.3t/h）

额定转速：　3000r/min

冷却水进水温度：　27℃/35℃（平均/最大）

3.2.2 发电机

规格：　QFW-25-2 10.5kV

装机容量：　25 MW

出线电压：　10.5kV

额定电流：　1718 A

额定功率因子：　0.8（滞后）

额定频率：　50Hz

额定转速：　3000r/min

冷却方式：　空冷

励磁方式：　无刷励磁

3.2.3 余热锅炉容量及系统的确定

蒸发量：Q = 87.3t/h（正常），93.5t/h（最大）

蒸汽压力：P = 9.5±0.2MPa

蒸汽温度：t = 540±5℃

锅炉入口烟气温度：800~960℃

锅炉出口烟气温度：160~180℃

锅炉排污率：≤2%

3.3 能效

对本干熄焦蒸汽发电项目中，能源投入产出情况分析如表2所示。

表2 干熄焦蒸汽发电能耗计算

序号	能源种类	实物量	单位	折算系数	能耗（标煤）/t
一	能源投入				
1	耗　电	25800	10^3kW·h	0.1229	3170.82
2	生产新水	801.5	10^3m^3	0.0857	68.69
3	软　水	400	10^3m^3	0.4857	194.28
4	氮　气	2981	10^3m^3	0.4	1192.4
5	压缩空气	10923	10^3m^3	0.04	436.92
6	蒸　汽	63700	t	0.1286	8191.82
7	焦炭（烧损）	11400	t	0.9714	11073.96
	合　计				24328.89

续表 2

序号	能源种类	实物量/年	单位	折算系数	能耗（标煤）/t
二	能源产出				
1	蒸　汽	360000	t	0.1286	46296
2	电　力	137.6	10^6kW·h	0.1229	16911.04
3	回收除尘焦粉	63300	t	0.9714	61489.62
	合　计				124696.7
三	能源转换差				100368
四	吨焦回收能源				79.1579 kgce

3.4　经济效益分析

项目设计发电量为 199.2×10^6kW·h，实施后，每年可输出电量 13760×10^4kW·h，年产蒸汽 36 万吨，并回收部分焦粉尘。按电价 1 元/度计算，营业收入可达 9632 万元。

4　CCPP 和煤气及烧结余热发电

工程建设规模为：2×50MW 级燃气–蒸汽联合循环发电站(简称 CCPP)；2×130t/h 高温高压燃气锅炉，配套 2×30MW 抽汽式汽轮发电机组；烧结余热及全厂富裕蒸汽配备 15MW 补汽凝汽式汽轮发电机。

4.1　流程简介

4.1.1　燃气–蒸汽联合循环（CCPP）发电

高炉煤气和焦炉煤气分别通过管道进入煤气混合器，混合煤气的热值需达到 2890~3770kJ/m^3，以保证燃气轮机的稳定燃烧。混合后进入电除尘器，满足煤气压缩机入口含尘浓度的要求，后经管道进入煤气压缩机，部分煤气回流至煤气冷却器，冷却后的煤气返回供气管道。燃气轮机设有启动电机，当混合煤气热值达到启动要求热值时，燃机点火启动。

余热锅炉主要功能是回收燃气轮机排出的高温烟气余热，产出双压蒸汽。燃机尾部排出的高温烟气通过烟道进入余热锅炉本体，依次水平横向冲刷高压过热器、高压蒸发器、高压省煤器、低压过热器、低压蒸发器、低压省煤器、除氧蒸发器、给水预热器，再经过出口烟道由烟囱排出。

余热锅炉产出的高压蒸汽及低压蒸汽引入蒸汽轮机做功，驱动发电机发电；同时，将做功完后的乏汽凝结，并经凝结水泵升压后送至除氧器。

4.1.2　煤气及余热发电系统

煤气和热风分别送进燃烧器喷入炉膛，在烧嘴口混合燃烧。燃烧生成的高温烟气通过炉膛水冷壁、过热器、省煤器及空气预热器各受热面放热冷却后排入炉后烟气系统。

蒸汽轮机将燃气锅炉产出的高温高压蒸汽引入蒸汽轮机做功，驱动发电机发电；同时，将做功完后的乏汽凝结，并经凝结水泵升压后送至除氧器。

4.2　主要设备技术参数

4.2.1　CCPP 系统

燃气轮机发电机组采用日本三菱提供的带煤气压缩机的 M251S 型、工业重型、室外式机组，额定功率 28.5MW；余热锅炉为双压(高压蒸汽：80t/h，6.1MPa(g)，530℃；低压蒸汽：8.4t/h，1.1MPa(g)，220℃)带自除氧（除氧器压力 0.118MPa(a)），卧式自然循环半露天布置，配套补汽凝汽式汽轮发电机组，额定功率 22MW。

4.2.2　煤气发电系统

2×130t/h 高温高压燃气锅炉，配套 2×30MW 抽汽凝汽式汽轮发电机组及配套的辅助系统；全厂供热平均 40t/h，最大量 60t/h。

4.2.3　余热发电系统

烧结余热及全厂余热富裕蒸汽配 1×15MW 补汽凝汽式汽轮发电机组 1 台；同时，为了平衡全厂低压蒸汽管网的用量，设置一个 0.8MPa 的补汽口，补汽能力为 20t/h。

4.3　能效

4.3.1　能效分析

对 CCPP 系统、煤气发电系统、余热发电系统的能效指标分析见表 3。

表 3　能效指标分析

序号	项目名称	CCPP 机组	2×30MW 机组	1×15MW 机组
1	年利用小时数	7840	8000	7900
2	厂用电率/%	4.1	5.8	2.7
3	发电效率/%	39.2	31	23.7
4	供电效率/%	37.59	29.2	23.06
5	发电标准煤耗率/(g/kW·h)	313.4	396.3	518.4
6	供电标准煤耗率/(g/kW·h)	326.8	420.7	532.8
7	年发电量/亿度	7.84	2.4288	1.185
8	年供电量/亿度	7.51856	2.2879	1.153

4.3.2　成本计算

经计算，项目生产经营期年均售电总成本费用

34525.78万元，年均经营成本29539.07万元，发电单位总成本为301.44元/MW·h。

4.4　经济效益分析

本工程建成达产后年外供（售）电量 109.5946×10^4MW·h，电价700元/MW·h（不含税价），经计算，本项目达产后年营业收入76716.22万元。

5　总结

首矿大昌公司年发电量13.812kW·h占全厂总用电量（16.525×10^8kW·h）的83.6%，每年可降低项目用电成本6亿元以上，有利于企业降低生产成本，提高经济效益。自产自用，既降低地区电力资源供应压力，又保障项目生产供电的稳定可靠和安全。

该项目的实施包涵“环保、能源、经济”共发展同进步理念，是现代企业经济管理追求的目标，顺应社会发展趋势。因此，此项目在促进本企业发展的同时，必将成为国内同行学习的标杆，是中国发展循环经济中闪亮的一笔。

铸态 QT400-18 球铁件生产

江苏华隆兴进出口有限公司　陆振华

摘　要：针对冲天炉生产条件，通过严控化学成分和球化孕育工艺，我们保证了 QT400-18 球铁件的生产。

关键词：　QT400-18 球铁　球化孕育　严控化学成分

公司自 2004 年起承接美国客户 QT400-18 球铁蝶阀体零件业务，在现有冲天炉生产条件下通过严格控制化学成分和球化孕育工艺，已稳定生产至今。

1　生产工艺

1.1　铁水熔炼

采用 5t/h 酸性冷风二排大排距倒置冲天炉熔炼铁水，炉料为河北龙凤山 Q12 新生铁 40%~50%，回炉料 35%~40%，废钢 5%~10%，焦炭采用镇江铸造焦，固定碳 88%以上。

1.2　球化处理

堤坝式充入法，球化剂用宜兴聚丰合金铁厂 Re2Mg7 球化剂，粒度为 10~30mm，出铁温度 1450℃，处理后铁水温度 1400~1420℃。

1.3　孕育处理

采用冲入和浮硅两次孕育，即出铁槽冲入的孕育剂量为 0.8%~1.0%的 75SiFe,粒度 5~15mm。浮 SiBa 或 75SiFe 孕育剂加入量为 0.25%~0.4%，块度 10~40mm。

2　分析讨论

2.1　要获得铸态铁素体，使其铁素体>80%，而无渗碳体，关键在于选择合理的化学成分

碳在 3.6%~4.0%，碳高析出石墨数量多，球径小，圆数度增加，另外提高碳量可以减少缩孔体积，缩孔面积，使铸件致密，我们根据铸件臂厚重量冷却速度情况，将碳量控制在 3.5%~3.9%。

硅在铸态球铁中，硅增加，铁素体也增加，同时减少珠光体，抑制渗碳体的形成，从而使球铁的韧性提高，另外固溶体铁素体中硅量也增加，虽然可以强化基体，但又增加基体的脆性，另外，考虑国外客户的考核指标 Si<2.8%,生产铁素体球铁应严格控制硅量，在含碳量为 3.5%~3.9%的铸态铁素体的球铁中，我们将硅量控制在 2.5%~2.8%，碳当量控制在过晶成分约 4.3%~4.60%。

锰使铁素体减少，严重降低球铁的塑性和韧性，所以锰的含量越低越好，根据本溪生铁的含锰量，我们认为锰选在 0.3%以下合适，如有低锰生铁，锰的含量在 0.1%~0.2%的韧性更好，但鉴于我厂生产现状，只能将锰控制在 0.5%以下。

磷硫是球铁中的有害元素，控制的越低越好。本实验中原铁水含硫量偏高，今后力求冲天炉原铁水含硫量<0.07%为适宜，处理后的 S 0.03%、P0.05%，实践证明，铸态球铁要高镁低稀土，我们把镁残量控制在 0.04%~0.06%，稀土残量控制在 0.02%~0.04%。

2.2　孕育工艺

孕育效果的好坏对铸态球铁质量有明显的影响，孕育剂的方法是出铁槽冲入 0.8%~1.0% 87SSiFe，扒渣后的铁水表面上再用0.25%~0.4%的 SiBa 或 75SiFe 进行颗粒硅孕育，这样强化了孕育效果提高了石墨球铁的数量和铁素体含量。

2.3　严格球化处理工艺

为控制 Mg 残量，RE 残量。以稳定基体组织，从而使性能较稳定地保持在高水平上，球化处理工艺必须十分严格，为此，我们采取了如下措施，每次核实所用合金种类与品位，严格按炉前出铁温度及前一炉原铁水的含硫量及时调整合金加入量，放置合金后需捣实并用球铁屑覆盖捣实（或用有孔球铁板覆盖），铁水包采用堤坝式，注意扒渣，严禁铁水见渣等工艺措施，从而使每包铁水的 Mg 残量趋于稳定。

3 生产情况及总结

（1）性能组织检测。试样尺寸按（GB 1348—1978）规定,在每包铁水浇注的中后期浇注梯形试块,抗拉试样直径为ϕ10mm,标距为 50mm，试棒拉断后于断面处磨削金相试样，检验金相组织和力学性能，冲击试样尺寸按《金相（V型缺口）冲击实验方法》（GB 2106—1980）的规定进行。

（2）部分检测结果见表1。

（3）为确保铸态 QT400-18 球铁蝶阀零件的稳定生产，在我公司厂家现有冲天炉生产条件下严控下列成分：C 3.5%~3.9%，Si 2.5%~2.8%，Mn <0.04%，P < 0.05%，S<0.035%，Mg 残 0.04%~0.06%， RE 残 0.02%~0.04%。

（4）适宜的金相组织为石墨球化级别 2~4 级。铁素体数量 80%~90%。

（5）正常生产中采用冲天炉铁小槽冲入和浮硅孕育是必要的。

表1 检测结果

炉号	处理后铁水化学成分/%							力学性能			金相组织		
	C	Si	Mn	P	S	RE残	Mg残	σ_b	δ/%	HB	球化等级	石墨等级	F/%
362F	3.81	2.74	0.16	0.041	0.018	0.023	0.036	452	19.2	155	85~90	2~3	80
365F	3.83	2.7	0.17	0.041	0.015	0.025	0.038	460	20	156	85~90	2~3	80
370F	3.77	2.79	0.16	0.041	0.017	0.024	0.037	462	19.5	158	85~90	2~3	80
372F	3.81	2.72	0.16	0.04	0.025	0.025	0.035	456	20	152	85~90	2~3	80
373F	3.82	2.8	0.17	0.041	0.02	0.023	0.037	461	20.5	156	80~90	2~3	80
374F	3.82	2.71	0.16	0.04	0.016	0.023	0.036	464	18.5	151	85~90	2~3	80
377F	3.80	2.68	0.15	0.041	0.019	0.025	0.038	461	18.6	150	85~90	2~3	80
380F	3.83	2.75	0.17	0.041	0.019	0.024	0.034	452	19.2	147	85~90	2~3	80
381F	3.8	2.7	0.16	0.041	0.017	0.022	0.037	450	19	146	85~90	2~3	85
382F	3.28	2.74	0.17	0.041	0.017	0.026	0.039	470	18.5	160	85~90	2~3	80
383F	3.8	2.77	0.16	0.041	0.015	0.024	0.036	467	18.7	157	85~90	2~3	80
384F	3.79	2.73	0.17	0.042	0.016	0.023	0.036	463	18.7	152	85~90	2~3	80
385F	3.82	2.7	0.17	0.042	0.019	0.023	0.038	460	20	150	85~90	2~3	80
386F	3.81	2.8	0.17	0.041	0.018	0.025	0.035	452	19.4	150	85~90	2~3	80
387F	3.80	2.74	0.16	0.041	0.015	0.023	0.038	447	20.2	149	85~90	2~3	85
388F	3.83	2.77	0.17	0.041	0.020	0.024	0.036	458	19.8	151	85~90	2~3	80
389F	3.78	2.81	0.15	0.040	0.017	0.022	0.037	460	19.2	150	85~90	2~3	80
390F	3.83	2.75	0.15	0.041	0.015	0.025	0.038	467	19	154	85~90	2~3	80
391F	3.78	2.72	0.16	0.041	0.016	0.023	0.039	454	19.7	148	85~90	2~3	80
392F	3.8	2.78	0.18	0.041	0.017	0.024	0.035	453	19.3	154	85~90	2~3	80

浅谈国有钢铁企业人力资源的管理

河北钢铁集团矿业有限公司综合管理部　张俊丽

摘　要：从改革开放到 21 世纪以来，钢铁工业作为我国国民经济的基础产业，得到了迅猛发展。在经历了长期粗放型扩张后，钢铁工业已进入了加速结构调整、全面提高竞争力为主的阶段。而“人”无疑是发展的第一核心竞争力。所以，本文分析了我国国有钢铁企业在人力资源管理中存在的问题，并提出了相应的途径与措施。

关键词：钢铁企业　人力资源管理　现状　问题　建议　展望

1　国有钢铁企业人力资源管理现状及存在的问题

何为“人力资源管理”？对于这个名词有太多的方式来定义它。笔者认为比较全面概括的是：人力资源管理就是指运用现代化的科学方法，对与一定物力相结合的人力进行合理的培训、组织和调配，使人力、物力经常保持最佳比例，同时对人的思想、心理和行为进行恰当的诱导、控制和协调，充分发挥人的主观能动性，使人尽其才，事得其人，人事相宜，以实现组织目标。人力资源是企业最重要的资源，在竞争日趋激烈的市场经济环境下，人才问题已成为影响制约钢铁企业持续发展的瓶颈。人力资源是现代经济发展的重要资源，也可以说是钢铁行业的第一资源，是我国国有钢铁企业创造价值的不竭源泉，是企业由大变强的决定性因素。我国国有钢铁企业主要存在以下三个问题:一是对人力资源管理的重视程度不够。钢铁企业普遍重视生产而忽略管理，特别是对人力资源的管理，从而导致人力资源管理上存在干部和工人两种身份且界线分明的现象。这种现象使得干部形成养尊处优、高人一等的习惯，也在某种程度上削弱了工人的生产劳动积极性。二是人力资源管理人员的专业水平较低。多数国有钢铁企业未针对企业的发展战略制定与之互相配套的人力资源规划，因中高级管理人员与技术骨干人员的匮乏而致使钢铁企业发展后劲严重不足，更没有创新体制管理。三是人才选拔渠道、方式单一。人员选拔方式以知识考试为主，面试为辅，主要通过校园招聘会和个人投递简历为主。这样的选拔人才方式让一些有创新精神和科学精神的优秀人才难以走入国有钢铁企业。企业成员的类型不适合企业的竞争力的提高。

2　改善国有钢铁企业人力资源管理状况的建议

针对以上提到的国有钢铁企业人力资源管理中的问题，可以看出要改善钢铁企业人力资源管理现状，关键是建立有效的激励机制。合理有效地配置人员，强化薪酬激励职能，进行综合考核，激发员工的积极性和创造性。薪酬激励是企业最普遍采用，也是最有效的激励手段。亚当斯提出，人的公平感往往不是来源于他所得薪酬的绝对值,而是来源于薪酬的相对值。所以，员工工作的目的是努力追求实现其自身价值,企业人力资源管理的目的是实现人力资本的最大化。员工的个人价值追求与企业的长期目标在本质上是趋同的，当员工以饱满的工作热情和不断提升的工作能力投入工作时，就能不断地从中体现出其自身价值，同时这又能不断推动企业提高人力资本的利用效率。其次，要加大培训职工力度，提高企业员工整体素质。建立完善的培训分析制度，使培训具有较强的计划性和针对性，同时广泛地开展各层次的职工培训，加速培养企业管理人才、科研人才等各层次的高素质人才。武汉钢铁集团对干部人事管理模式全面实施人力资源管理改造，突出抓好基于卓越绩效管理取向的领导人员岗位绩效考核评价工作，基于组织扁平化、职责科学化、用人市场化要求的新“定编、定员和定岗”工作，以及基于多元化、多层次、全视角、全过程激励要求的薪酬分配制度改革工作，使公司的人力资源管理水平有了新飞跃，人才资源潜能开发取得新进展，为企业加快改革发展步伐奠定了良好的智力支持和人才保障。还有，要重视人才资源的管理程度，进行合理有效的人才流动。中国改革的总设计师邓小平根据世界发展的新形势，在同教育部主要负责同志谈话中提出了人才流动的思想。国有钢铁企业要以一种动态的观念来考虑人员与岗位的匹配问题。企业经营方式的转变,使得人才的能力水平和岗位能力结构也在不断地发生变化,这就要求钢铁企业要根据新的变化，不断调适原有的人岗匹配模式，促成合理的人才流动。只有这样，才能对员工产生激励作用，才能提高企业的生产力和核心竞争力，才能使企业获得持续发展和应对市场竞争的能力，并立于不败之地。最后，要加大人力资源的投资力度。增加对人力资源管理的投资，经常让员工对外学习，交流。不断更新思想，开拓视野，促进企业更好的发展。可以积极投资开发一套适合企业发展的人力资源管理信息系统。例如：马鞍山钢铁集团公司就利用 EHR 人力资源管理信息系统来辅助全公司的管理。马鞍山钢铁人力资源信息系统建成后，各级人事部门间实现信息共享，人力资源管理业务实现信息化，提高工作生产效率，实现企业人力资源的优化和管理进步。同时企业还可以确定进行人力资本投资的重点人选。给他们提供发展机会，对他们进行更大的人力资本投资。因为这些人具有杰出的领导才能或掌握企业的关键技术，是企业的核心和骨干人才，是劳动力市场上的稀缺人才，是竞争对手的争夺对象。

3 国有钢铁企业人力资源管理的前景展望

谈到人力资源管理的前景展望，就不得不提到“人力资源规划”。人力资源规划是企业各种人力资源计划的总称。开发性，整体性和科学性是人力资源规划的原则。在很多公司的《企业文化手册》中“以人为本”赫然入目。的确，新的人力资源管理需要尊重人性，尊重个性发展，认可员工的价值，满足员工的需要，充分调动员工的生产劳动积极性。而对于我们国家的支柱钢铁企业来说，更需要培养出多层次，素质高的人才来适应现在企业转型和世界经济化发展大趋势。近年来受国际金融危机影响，钢铁行业利润呈现明显下滑的趋势。在不断提高生产力和改变经营方式的基础上，人才也是很重要的影响因素。我们可以依靠企业人力资源的力量来改善企业内部资源的成本结构，从非传统的角度进行思考，从而改善国有钢铁企业的困境。

浅谈组织行为学对提高企业凝聚力的借鉴意义

河北钢铁集团矿业有限公司综合管理部　张俊丽

摘　要：企业凝聚力是黏合剂，是磁场，是企业方方面面的工作和谐的结果。企业凝聚力是一个老生常谈的问题，但也是长期困扰着企业的一个问题。尤其在当前高速发展的经济社会，如何提高企业的凝聚力，企业如何更好的生存、发展。成为了管理者的首要问题。笔者从组织行为学的角度对企业凝聚力进行分析并寻求出一些提高企业凝聚力较为行之有效的办法。

关键词：组织行为学　企业凝聚力　组织激励　领导行为　组织设计与文化

开宗明义，概念先行。深入了解什么是组织行为学才能将其运用在现实管理企业之中。组织行为学是研究组织中人的心理和行为表现及其客观规律，提高管理人员预测、引导和控制人的行为的能力，以实现组织既定目标的科学。它包括组织激励，领导行为和组织设计与组织文化。而企业凝聚力相对来说更常用更易理解。企业凝聚力是指企业全体员工团结的状况，全体员工对于共同的企业目标或企业领导的认同程度，是企业基本思想在每个人心目中的体现。企业凝聚力包括以下几个因素：员工对经营者的满意程度；员工积极性、主动性及创造性发挥程度；员工公平感及工作满意度；企业内部和谐程度等。当我们明确了两者的具体界定之后，下面我们可以分析一下组织行为学对提高企业凝聚力的借鉴意义。

1　从组织激励行为看提高企业凝聚力

有句话说得好："管理的深处是激励。"根据马斯洛的需要层次理论，人的需要从低级到高级分为5层：生理需要、安全需要、社交需要、尊重需要、自我实现需要。激励必须要考虑人的需求，他人需要什么，我们就给予什么激励，这样的激励才是真正有效的。在一般情况下，只有低层次的需要得到满足后，才会产生更高层次的需要。从这一点上来说，企业的凝聚力与企业成员的5层需要均有关联。改革开放以来，员工对知识、时间、金钱等诸多事物的认识发生了很大的变化，企业也需要创新一套适合本组织特色的薪酬考核体系，以最大限度地调动员工的积极性，从而提高企业的凝聚力。比如：建立一套切合实际的日常考察与固定加浮动工资相结合的工资体系。企业凝聚力在内部表现为企业成员之间的融合度和企业的士气。松下电器在给全体员工树立一种团队意识的同时，松下公司更是花大力气发动每一个工人的智慧和力量。为达到这一目的，公司建立提案奖金制度，不惜重金在全体员工中征集建设性意见。虽然公司每年颁发的奖金数额巨大，但正如公司劳工关系处处长所指出的："以金额来说，这种提案奖金制度每年所节省的钱超过给员工所发奖金的13倍以上。"松下公司建立这一制度的最重要目的是希望每个员工都参加管理，希望每个员工在他的工作领域内都被认为是"总裁"。因此，必须采取有效措施增强企业成员的自我需要和激励，增加成员之间的融合度和默契度，形成高昂的团队士气。

2　从领导行为看提高企业凝聚力

著名历史学家托马斯卡约尔曾经说过："世界的历史就是伟人的历史。"由此可见，领导是一个企业的核心。领导行为，是指能带领、指引和影响下属或组织，在一定条件下，来为实现某种目标的行动过程的人。这种领导，强调的是领导是一个过程和一种行为，究其核心是一种影响力。美国哈佛大学约翰肯尼迪政府学院领导力研究中心的隆纳海菲兹博士曾经说过：一个好的团队，它的能量源自于三个"凝聚"，一个"相信"。三个"凝聚"，就是要凝聚梦想、凝聚价值观、凝聚痛苦；一个"相信"，就是要相信领导者可以领导大家实现梦想。如果一个企业的领导层内部不团结，势必会影响到企业成员从而影响整个公司的凝聚力。而一个开明团结、善于听取成员意见的领导群体会对企业成员起到示范作用，有助于企业成员的内部团结，形成一种良好的企业氛围，进而增强企业的凝聚力。领导的职能，可分为组织职能和激励职能。简单说来，一是规划目标，是决策工作。二是制定规范。三是对下属的激励。这就需要领导团体充分发挥才能制定出高效可行的目标规划，同时借助自身沟通和协调作用，听取员工的见解，激发员工的创造力，做到灵活授权及时决策，提高企业凝聚力。

3 从组织设计与组织文化行为看提高企业凝聚力

组织设计是对企业的组织结构及其运行方式进行的设计。它的基本内容包括组织结构设计和保证组织正常运行的各项管理制度和方法设计。从这个角度看，要想提高企业的凝聚力就要依赖一个适时的企业战略和目标。随着时代的变化，积极进行组织结构的变革，让企业员工在“职”，“权”，“责”三者中协调平衡。组织文化是指组织成员的共同价值观体系，使得组织独具特色，区别于其他组织。在中小企业的发展中，企业价值观转型是一个显著的标志。“以人为本”是企业价值观的出发点和落脚点。即突出人的主体地位，以人的全面发展作为企业发展的基本原则和最终目标，充分调动员工的积极性和创造性，协调好人际关系。企业用以人为本的价值观，把企业发展与个人需求有机结合起来，提高全体员工对工作的投入程度，增强责任感，才能提高企业的凝聚力。

组织行为学家们同时提出了积极组织行为学说，并证实它们能够直接影响领导效能和员工的工作行为、工作态度和工作绩效，并进而影响到企业的凝聚力和持续性竞争优势。华耐正在进入国内建筑陶瓷流通领域规模最大的营销公司之列，正在走向多元化综合型的跨国经营。企业不断追求商业上的经营创新、管理创新，但是唯独企业精神，集团总裁贾锋认定了中国的“红色思想”，并以准军事化标准来管理员工。“红军精神”与专业精神相结合，始终在牵引着这家公司保持高昂的团队凝聚力与市场战斗力。2009年春节前，面对经济危机和严峻的市场挑战，集团仍然组织优秀员工和干部近五十人在1月16~20日奔赴贵州遵义，“重走长征之路，感受红军精神”。中国有句古语“一个篱笆三个桩，一个好汉三个帮”。集体的力量，永远是无穷的。“兄弟齐心，其利断金”!不管什么时候，单靠一个人的力量，都是不可能取得大的进步的。集体力量是无法估计的，那么，小团队，怎样发挥出最大的能量呢?答案就是凝聚力。总之，积极的组织行为有利于员工自我价值的实现，有利于领导有效带动员工的积极性，有利于构建正向的组织文化，有利于提高企业的凝聚力。无论什么样的企业要发展都员工的创造力和凝聚力，因此企业一定要重视对员工的激励，企业领导要综合运用多种激励机制，真正建立起实现员工自我价值，符合企业的特色，和适合时代发展需要的多方共赢体系，使我们的企业在激烈的市场竞争中立于不败之地。

技术和产品创新及企业联合重组是我国河北省沧州市钢管（管件）的主要出路

中国钢结构协会钢管分会　彭在美

摘　要：本文概述了河北省焊管市场当前态势，介绍了河北省部分焊管民企及主要焊管国企的产品规格，前者产能约 363 万吨，后者产能约 157 万吨，这两者共同的产品特点主要是多专注于石油天然气管线管，因而产能重复面较大。沧州市为我国著名的钢管管件制造基地，管道及管件企业达 2500 多家，其中，规模以上的企业约 500 家，生产低压、碳钢管件的小企业较多，近来市场不甚景气。因此，河北省沧州地区钢管和管件的出路，主要是技术和产品的创新，以及企业联合重组。建议可以成立四个集团，即管线管企业集团，结构管企业集团，特种设备管企业集团和管道附件企业集团。这四个集团除传统产品（石油管线管，市政管道）而外，还应开拓电力、化工、煤炭、船舶、海洋工程等行业钢管和管件产品。例如大直径管件、新型复合材料管件，标准化管系模块、船用管系、特殊材料管件等，产品要专业化，精品化，逐渐占领技术制高点，加快产业升级，努力开拓国内外市场。在营销策略中，管件企业要自身做好“功课”，满足客户提出的基本条件，取得企业和产品认证，供应商资格等等，这是管件企业进入市场（尤其国外市场）的“门槛”。

关键词：钢管　管件　技术和产品创新　企业联合重组　加快产业升级

管件是石油天然气行业，化工行业，电力行业，医药行业，造船行业，机械行业，城镇供热，给排水行业主要的零部件。河北沧州地区（孟村）是我国著名的管件生产基地，近年来面临经济下行的压力。应河北省沧州地区（孟村）之约，中国钢结构协会钢管分会于 2014 年 4 月底在该地区钢管和管件业座谈会上，作了关于钢管及管件行业当前市场需求和对策的报告，指出：技术和产品创新及企业联合重组是河北省沧州地区（孟村）钢管和管件业的主要出路。

1　河北省及沧州地区（孟村）钢管行业概况及发展方向

河北省钢铁行业在政府承诺 2017 年以前减少 6000 万吨钢，于是加强控制产能过剩，大力降低钢铁产品的产量，不可避免地影响这个国内第一产钢大省的经济速度。据《参考消息》2014 年 4 月 28 日题为“河北为治污付出经济代价”中说：“官方数据显示，今年第一季度，该省 GDP 增长率跌至 4.2%，是最近几年的最低值。”（见该报第 16 版）国内确定 GDP 的底线为 7%，河北省一季度 GDP 4.2%，远低于 7%。因此，河北钢管行业应当如何应对本省当前的市场低迷状况，是一个焦点问题。

1.1　河北省焊管市场态势

河北省 2013 年焊管产量 1229 万吨，同比增长 7.3%，居全国第二位。按参加中国钢管协会的焊管民营企业，其产品品种及产能列表见表 1，河北省焊管国有企业及台资企业产品/产能见表 2，共同的特点是多专注于石油天然气管线管，因而产品重复面较大，产能过剩。

河北地区生产宽厚板（管线板）的企业主要有唐山钢铁公司（3500mm 及在建 5000mm 轧机）、邯郸市钢铁公司（3200mm 轧机）、武安普阳钢铁公司（3150mm 轧机）等、为直缝埋弧焊管和管件（包括法兰）的发展提供了原材料。

1.2　沧州市钢管企业概况

沧州市管道企业达 2500 多家，其中产能 40 万吨焊管企业以上有河北鑫源泰、河北中原和渤海石油装备（河北青县）公司。近来由元成、东泰兴、鑫光、孟村管材等公司合资兴建了河北奥兰德钢管公司，生产 JCOE 钢管，年产能 20 万吨。

沧州地区无缝钢管企业主要有宏润、耀华、圣天、鑫联及渤海重工等多家企业，产能近百万吨，有宏润 ϕ1200mm 及渤海重工 ϕ1500mm 国内最大顶

表 1　河北省部分焊管民企产品与产能

序号	企业名称/地点	主要产品规格	年总产能/万吨
1	衡水京华钢管公司	（1）ERW 29 条，ϕ19~ ϕ325, 60 万吨/年 （2）SAWH 7 条，ϕ219~ ϕ1820, 20 万吨/年 （3）热镀锌 12 条，ϕ19~ ϕ219, 60 万吨/年	140
2	河北中原钢管公司（盐山）	（1）SAWH 9 条，ϕ219 ~ ϕ2750 （2）石油套管（ERW）2 条，ϕ139.7~ ϕ339.7 （3）热张减 3 条，ϕ165/ ϕ219/ ϕ317/ ϕ630	93
3	唐山丰南增洲钢管公司	ERW 11 条，ϕ45~ ϕ165	60
4	河北鑫源泰钢管公司（沧州）	（1）SAWH 4 条，ϕ426~ ϕ2032 （2）ERW 1 条，ϕ159~ ϕ406	40
5	河北迁安钢管公司	热镀锌管 3 条，ϕ15~ ϕ219	15
6	唐山建龙钢管公司	ERW 3 条，ϕ76~ ϕ219	15
7	总　计	SAWH 20 条，ϕ219~ ϕ2750 ERW 4 条，ϕ19~ ϕ406 热镀锌 15 条，ϕ19~ ϕ219	363

表 2　河北省主要焊管国有企业、台资企业产品与产能

序号	企业名称/地点	主要产品	年总产能/万吨
1	渤海石油装备公司（河北青县）	SAWH：7 条，ϕ219~ ϕ2200,产能：5 万吨/年 ERW：（扬州），ϕ177~ ϕ508，产能：15 万吨/年 ERW：ϕ88.6~ ϕ245，产能：5 万吨/年 JCOE：2 条，ϕ406~ ϕ1422，产能：30 万吨/年 JCOE：（南京），ϕ406~ϕ1422，产能：15 万吨/年	100
2	宝鸡石油钢管公司秦皇岛分公司	（1）JCOE：1 条，ϕ406~ ϕ1422，产能：15 万吨/年 （2）SAWH：1 条，ϕ508~ ϕ1422，产能：15 万吨/年	30
3	秦皇岛万基钢管公司（台资企业）	JCOE：1 条，ϕ406~ ϕ1422，产能：12 万吨/年	12
4	唐山钢铁公司	JCOE：1 条，ϕ406~ ϕ1422，产能：15 万吨/年	15
5	总　计	（1）SAWH 7 条, ϕ219~ ϕ2200，产能：50 万吨/年 （2）ERW2 条，ϕ88.9~ ϕ508，产能：20 万吨/年 （3）JCOE 6 条, ϕ406~ ϕ1422，产能：87 万吨/年	157

管机组以及热扩机组，穿孔机组、冷拔机组等，产品有油井管、锅炉管、石油用管、船用管、流体管和建筑管等及有关管件，产品有特色，不少产品出口国外。

1.3　沧州（孟村）管件企业简况

1.3.1　管件的国内外布局

金属管件行业在我国发展近 30 年。目前，行业通常将小口径、中低压、碳钢等通用管件，视为低端金属管件；而将大口径、中高压、高钢级、合金钢等应用具有较强专业性和针对性的管件，视为高端金属管件。用于输油输气管道系统的 X70、X80、X100 大口径高钢级管件，用于石油化工的 347H 、 316LMOD 、 Inconel600 、 Incoloy800 、HastelloysC-276、钛材、锆材、双金属复合管件等特种钢管件，用于超（超）临界火机电组四大管道的 P91、P92 等合金钢管件，都是典型的高端金属管件。我国早期的金属管件行业，以生产低端管件为主，而且生产规模普遍较小，以中小作坊式的企业居多。国内对高端管件的要求，主要依赖进口。全球范围来看，高端金属管件的生产主要集中欧美和日韩等发达国家，其中欧洲以法国、德国、荷兰、意大利等国家为代表，北美则以美国和加拿大为代表，而亚洲以日本和韩国为代表。

近年来，国家大力推进支柱行业关键零部件国产化，并随着经济全球化的趋势越来越明显，国际分工继续深化，传统工业强国包括欧洲国家、日本和美国都在进行着后工业时代的转型，全球范围内的生产和组织形势有了显著的变化，大量传统制造业向中等发达或发展中国家迁徙，世界金属管件生产中心也逐步转移到中国、印度、巴西等发展中国家。在自力更生提高国产化生产技术水平的行业氛围，以及承接世界发达国家金属管件制造转移的发展机遇下，我国也涌现出了一批加工制造能力较强，产品质量较好，能够实现国产化的高端管件生产企业。截至 2010 年底，全国石油管道和管件制造、天然气管道和管件制造、市政工程管道和管件制造以及保温、制冷管件制造企业已超过 4000 家。

1.3.2 我国金属管件行业特点

我国金属管件行业呈现如下特点：

（1）到2010年我国管件工业总产值达1万亿元,行业产值主要由高压管件生产企业制造。我国现有的管件生产企业数量约1900家，其中65%为低压管件生产商，高压管件生产商仅占35%，但却创造了行业总产值的60%。

（2）大量中小企业生产技术含量低。我国大量中小金属管件生产企业普遍缺乏核心技术，生产过程中的切料、推制、拉制、冲压、热处理、焊接、防腐等工艺技术含量不高。许多企业生产线现代化程度低，产品质量难以保证。

（3）企业规模偏小。中国管件生产企业多数为民营企业，多数企业采用小作坊，小工厂式的生产方式,年生产能力一般在1000吨以下。中国4000余家管道管件生产企业中，年销售额超过2000万元的企业只有约200家。小企业面临资金，人才，市场开拓等各种瓶颈，难以持续发展。

（4）企业区域集中度较高。我国金属管件行业现已形成了华北、华东以及东北三个管件制造基地，分别以河北沧州和廊坊、江苏无锡和浙江温州、辽宁营口和阜新为中心。

1.3.3 沧州管件企业目前的现状

沧州管件制造业主要分布在沧州市区(含沧州市经济技术开发区) 、盐山、孟村、青县、沧县。现有管道、管件企业达到管道装备制造业的快速发展，为沧州赢得了“管件之都”的美誉；盐山、孟村被评为省级重点管道管件产业聚集区、河北省特色产业基地；青县被评为省级石油钢管装备制造产业聚集区；盐山被命名为“中国管道装备制造基地”、“中国县域产业集群竞争力100强”；孟村荣膺“中国弯头管件之都”、“中国产业集群品牌50强”。全市488家规模以上管道装备制造企业中，盐山、孟村占458家。

经历了30多年的发展，现在已经发展成为集中分布于市区、四县颇具一定规模的产业集群，产品也由最初的弯头法兰形成了管道、管件品种齐全、基本上覆盖了管道制造业较为完整的产品体系，成为在国内具有较大影响力的产业群。

有关调查报告称：管件企业目前的现状主要有：一是市场份额减少。由于欧美国家实体经济衰退，出口受阻，加之国内中石油输油输气管线实行业内保护，造成市场空间缩小，竞争加剧。二是小企业处境艰难。尤其是生产低压、碳钢管件的小企业，由于市场不景气，资产总量小，抗风险能力差，相当数量的加工型小企业处于维持状态。三是管材企业普遍开工不足。特别是一些规模较大的螺旋管、直缝焊管企业，处于减产、限产状态。四是订单减少，合同延期。这种压力必将转变为管件企业奋起突围的动力。

2 关于河北沧州（孟村）地区钢管发展方向的建议

沧州管道制造工业所处环境（经济、地理、资源）都很优越，管道发展已经积累了雄厚的生产、技术、物质和经济基础，因此，发展前景很广阔。当然，也同全国焊管行业的情况有共性之处，低档产品同质化多，个性化和差异化很少，小企业多等等。

对沧州地区钢管及管件业的发展从宏观方面提出几点建议，概括来说就是：技术和产品创新，企业联合重组；展开来说，就是：巩固目前的已经取得的成就，在既有的市场、生产、技术的基础上，再考虑自身的特点、特长、发挥自身的优点优势，继续向前发展；应对国内外市场的形势，明确自己的方向和定位，确定发展的路径。这里分两种情况：

（1）中小管道企业：要建立自己的品牌产品，占有一定的地区市场，具有较强的经济和实力，以质量服务和信誉来稳定和巩固自己已有的市场，逐步扩大新品种，调整结构，但是不能急于求成，要稳步前行。

（2）大型管道企业：确定自己在行业中的定位和方向，是定位为核心产品，是主要产品，还是特种产品，根据产品品牌参与国内和国际竞争。大型企业只有参与国际竞争，才能提高自己的水平。

建立钢管企业集团，建议目前可以成立四个集团：

一是管线管企业集团，以管线管产品为主，开拓国内外石油天然气、煤层气、矿浆、化工原料、船用输送管线管市场，钢级以X70、X65等中档钢级为主，适当发展到X80高钢级，开发海洋管线、耐酸管线；由SAWL、SAWH/HFW焊管和无缝钢管企业组成。

二是结构管企业集团。以建筑结构、机械结构管产品为主，以SAWL、HFW焊管和无缝管企业组成，开拓风电、电力、铁塔、高层钢结构建筑、海洋平台及附属设备结构管。

三是特种设备管集团，例如生产核电用管、锅炉用管等特种设备的无缝钢管企业组成。

四是管道附件集团，由阀门、弯管、法兰等管件企业组成。

这四个集团基本能囊括沧州地区绝大部分管道制造企业，让 2500 多个企业按产品品种联合起来。当然，由于体制和观念等因素，兼并、联合、重组有一个过程。但是，可以先由少数几个有实力的骨干企业带头，以后以滚雪球的方式逐步壮大。河北省组成五大钢铁集团的经验可以做个参考。

笔者认为，不联合起来，很难结成一股强大的力量，也很难解决产能过剩、产品趋同化的问题。因为技术开发、产品创新一般不是单个中小型企业独自能支撑起来的。

加快管件产业升级。随着中国城镇化基础建设的加快、中西部地区大开发政策的深入贯彻、世界船舶订单向亚洲和中国的进一步转移、中国海洋勘探资源和核电站项目的全面启动，我国化工、电力、煤炭等下游行业的旺盛需求将会带动中国金属管件行业的快速发展，当前，国家产业政策鼓励工业金属管件行业进行产业升级，提高整体技术含量，生产大口径、复合材料、高性能、特种不锈钢、合金钢工业金属管件，壮大企业规模。这些产业政策将促进工业金属管件行业提高整体素质，增加产品技术含量，提高规模经济效应，这无疑对沧州管件企业的出口是一个非常利好的局面。要看到，2012 年我国管件出口 155 多万吨这是一个大市场。

从以上来看，沧州管件装备企业面临着机遇与挑战并存，但是机遇大于挑战。

区域性战略调整和管道装备产业快速整合的机遇，将由长三角、珠三角向环渤海区域偏移，使沧州可能成为下一轮管件经济发展的中心。这样一来，沧州管道装备制造基地的中心位置愈加突出，产业的影响力、话语权必将进一步增强。

3 管件装备业新产品发展的动向

管件装备业是和工业化、城市化过程紧密相连的。工业化进程越快，对能源的依赖程度越高；城市化进程越快，基础建设需求越大。无论是能源建设，还是基础建设，都离不开管件装备产品。那么如何提高沧州管件装备企业国内外市场竞争力，成了当前亟待解决的重大问题。

中国工业在跨越式发展，发展趋势将由数量型向质量型发展，这也推动了工业金属管件的结构调整。随着船舶、石油化工、电力等行业对制造设备质量标准的不断提升，未来对工业金属管件的需求将向着高科技含量的方向发展。除了船舶、石油化工继续保持对工业金属管件旺盛需求外，以下产品也将成为工业金属管件行业利润增长点。

3.1 大口径管件

煤炭、石油、天然气、化工原料等大口径的管道运输是石化、化工行业发展方向，其设备制造业广泛需求 DN1000 以上弯管产品，DN700 以上弯头产品， DN800 以上复合材料管件。采用新型推制机技术，可以大批量生产大口径管件，生产工序少，性能高，是工业金属管件市场发展的主流方向。例如中石油已研制成功高强度油气输送管道 DN1000mm×1000mm×1000mm，Te485 压力 10MPa 三通管件。

3.2 新型复合材料管件

金属基复合材料是采用两种不同的金属材料通过热轧、爆炸成型、冷压等方法制成的双层管材。与传统管件相比，复合材料管件采用 DN800 以上大口径三通热压成型技术、焊管和管件的口径保持正偏差技术、对接内径无错口技术、管件加热成型时的温度控制技术、先焊复层后焊基层的焊接技术、自动焊接技术、整体热处理技术等高新技术。复合材料管件产品具有提高管道的耐蚀、耐磨、导热性能、保持管内物料的纯净、延长管道的使用寿命的优点。

新型复合材料产品广泛应用于船舶、石油化工、天然气等行业，市场潜力广阔。中国石化、中国石油等大型石化企业在铺设输油输气管道，对原有管道进行更新改造过程中，基本采用高性能复合材料管件，国内具有大批量生产能力的管件供应商较少，未来市场增长潜力巨大。

3.3 特殊标准管件

特殊标准管件主要为公司根据特殊行业或企业的差异化需求，按照其特殊要求制造的特殊标准管件、法兰等产品，例如风电用的特殊法兰最大为 ϕ 4000mm/ϕ 3500mm×100mm。目标市场主要为石化、风电、核电装备等领域。目前，中国石化、风电、核电装备等行业均处于快速发展阶段，对特殊标准管件的需求量也逐年增长。

3.4 特殊材料管件

部分特种钢材管件供求矛盾仍比较大，钢制工业管件产品结构调整的主要任务是替代进口的高价格产品。微合金非调质钢、发电设备用管板材、特种合金钢、高温合金、低温合金、钛合金等高端管件产品将是今后需求的重要增长点。

3.5 标准化管系模块

中国石化、船舶、医药行业设备制造业对标准化要求逐渐严格。管系产品由过去散件、非标准化采购转向标准化、模块化、规模化采购。标准管系模块主体由钢结构件、特种压力容器、管系组成，标准化管系模块可以直接组装，适用性强，是未来石化、船舶、医药设备制造业的发展方向。由于技术水平限制，液化气船、石化设备制造业一般向国外企业采购标准化管系模块，随着中国管件企业技术水平提升，少数具备生产能力的厂商开始供应标准化管系模块，国外大型企业也开始将标准化管系模块的采购目的地转向中国。

3.6 船用管系

2010 年造船完工量 4000 万载重吨计算，2010 年船舶工业所需管件、管系约为 100 万吨。相对于普通管件、管系的生产技术标准高，船用管系供应商必须根据客户要求具备相应的船级社资格认证，生产过程由独立第三方实施全程监造，产品利润率较高。一般船舶（如散货船、集装箱船）的管系加工毛利率在 20%~25%，特殊船舶（如化学船、液化气船）的管系加工毛利率则可达 25%~30%，有色金属材料管系加工毛利率在 25%~35%，船舶舷侧接管等特殊管系，毛利率达到 35%~40%。

4 管件市场开拓应注意的几个问题

近几年，历届市县委、市县政府一以贯之的关心与支持管道装备制造产业的发展，积极推进产业升级，给管件企业的发展营造了良好的氛围。沧州管件企业要合理分析营销环境所带来的机遇与挑战，充分利用这些人和的条件，根据自身的实际情况，选择适合自己特点的营销策略来发现市场机会，创新传统营销组合策略，广泛利用网络营销、直供营销等策略，但首先要做好自身的“功课”满足客户下列基本条件。

4.1 取得企业和产品认证

输油输气、化工、电力等下游行业的客户，对管件产品及生产企业的选择比较慎重。尽管这些下游企业拥有完善的检验条件，可以对供应商的供应产品进行严格的测试，但限于人力物力限制，往往会选择那些具有一定的产品和企业质量认证的企业进行合作。这些认证虽非强制认证，但实际具有市场准入证的作用，取得这些认证既需要产品本身符合技术、质量的要求，同时还要求企业具有较高的技术水平、品质管理能力以及规范化的生产能力。

4.2 积累项目经验

除了产品和企业认证，高端管件生产企业要承接下游企业的具体工程，往往还需要有相关的项目经验和过往的业绩支持。化工项目选择管件供应商时，要求管件生产企业承接过类似项目的管件供应，如加氢裂化工程要求管件供应商承接过加氢裂化或者加氢重整等类似的加氢项目；乙烯工程裂解炉要求管件供应商承接过类似的化工项目。相对而言，电力工程选择管件供应商对项目经验的要求更高，对管件供应商的项目经验不仅仅停留在“相似”，甚至要求“相同”，如承接 600MW 超临界发电机组建设工程四大管道的管件供应，往往要求管件供应企业必须承接过 600MW 超临界的发电机组建设工程管件供应，仅承接过 300MW 工程管件供应的管件企业则很难赢得这种工程订单。行业的这种要求，使得具有丰富项目经验的高端管件生产企业具有更多的竞争优势，也成为新加入企业和小规模企业的壁垒。

4.3 获取供应商资格

工业金属管件企业的发展与下游行业企业的需求密切相关，需要与输油输气行业、化工行业、电力行业主要企业建立相对稳定的合作关系。这些下游行业企业除了要求管件生产企业有相关的产品认证及企业认证，还自行对管件供应商实施一套严格的考察和资格认证体系，实力较强的管件企业需要经过多年的经营扩张和市场开拓，才能获得这些企业的供应商资格认证。输油输气行业企业对管件供应商实行严格的资格审查制度，并建立打分制，每年通过对供应商的综合打分，确定供应商名单，并在项目招标时再对这些供应商进行遴选；化工行业企业根据供应商的生产能力、产品性能进行严格筛选，将合格者列入供应商网络成员，在大型项目招标时，从供应商网络再次筛选评级较高供应商，并每年对供应商资格进行评估，对行业新进入者来说，开拓销售渠道，进入大型化工企业的供应商体系相当困难；电力行业企业要求管件供应商必须有相关管件制造经验，对具备生产资质的供应商，根据企业的生产技术、产品质量和工期管理情况进行严格筛选。

4.4 准备资金条件

从事大口径、高钢级钢和合金钢材质、高压金属管件生产的高端管件制造业属于资本密集型行业，生产所需的固定资产投资数额较大，生产建设占地较多，并且需要数额较大流动资金维持正常的原材料购买以及生产周转。一些高端管件，如油气管道中X70，X80 等高钢级钢管件，用于大型化工生产装置及加氢装置的特殊材质化工管件，用于超临界以上发电机组的合金钢管件等等，这些管件的市场需求及其技术水平的提高，要求企业从推制、冲压、热处理、焊接等等环节购进关键设备，因此资金是进入高端管件制造业的一个条件。

4.5 技术工艺能力

我国输油输气管道建造对X70、X80、X100等高钢级钢管件的运用越来越广，火电行业也会在“十二五”期间全面进入超临界和超超临界发电机组的时代，这也意味着 P91，P92 等合金钢管件将越来越多地运用在新火电建设项目的四大管道上，化工行业生产规模的提升，以及加氢技术的推广，带动化工行业对 347H、316LMOD、Inconel600、Incoloy800、Hastelloys C-276、钛材、锆材、双金属复合管件的需求越来越旺盛。这就要求参与这些下游市场的管件市场的生产企业必须具备 X70、X80、X100 等高钢级钢，P91、P92 等合金钢的加工制造能力，以及 347H、316LMOD、Inconel600、Incoloy800、HastelloysC-276、钛材、锆材、双金属复合管件的加工制造能力。不具备这些加工技术的企业将难以进入相关的高端管件行业。

高炉长寿技术综述

鞍钢集团公司科技发展部　韩晓东

摘　要：本文对国内高炉长寿概况和炉缸结构形式做一介绍。分析高炉在设计阶段对死铁层参数和冷却制度选择原则和计算方法，铁水流动层合适深度可以减轻剪切力对炭砖作用，冷却水量必须与炭砖参数、冷却壁结构相匹配。根据破损调查发现提出炭砖侵蚀原因和特征以及克服方法，最后提出延长炉衬寿命应该采用技术方法。

关键词：长寿　设计参数　侵蚀原因　技术方法

1　前言

高炉生产实现高效与长寿的统一一直是炼铁工作者追求的目标，提高高炉生产效率，可以降低生铁成本，延长高炉寿命不仅可以节约大修费用，而且还可以减少由于大修引起的停产损失。为了实现这一目标，长期以来在高炉的冷却技术、耐火材料以及操作手段等方面都作了重大的改进。20世纪70年代之后，由于软水密闭循环冷却技术、铁素体球墨铸铁冷却壁、铜质冷却壁（板）以及优质耐火材料在高炉上得到广泛应用，高炉寿命普遍延长。

表1、表2列举了国内外部分高炉寿命的现状。国外高炉寿命有的已达24年以上，由过去的设计寿命为8年、10年、15年，现已达到24年以上的寿命。国内大型高炉，如宝钢2号高炉、武钢5号高炉寿命也达到了15年以上。一代炉役单位炉容产铁量由过去的4000~7000t/m^{3}发展到现在10000~15000t/m^3,高炉寿命的长短和一代炉役单位炉容产铁量反映了高炉高效和长寿的水平。

表1　国外部分长寿高炉

高炉名称	容积/m^3	开停炉时间	寿命/年	单位炉容产铁量/(t/m^{-3})
日本千叶6号	4500	1977.6.17~1998.3.24	20.9	13386
仓敷厂4号	4826	1982.1.29~2001.10.15	19.9	
小仓厂2号	1850	1981.3.18~2002.3.31	21	
仓敷厂2号	2857	1979.3.2~2003.8.29	24.5	
鹿岛厂3号	5050	1990.8~2004.9.24	14	9246
福山厂2号	4664	1986.2.19~2005.1.31	19	
POSCO光阳厂2号	3800	1998.7~2005.3	16.8	13555
CORUS公司艾莫伊登6号	2678	1986~2002	16	12696
CORUS公司艾莫伊登7号	4450	1991.6~2005.12	14.5	
大分厂2号	5245	1998.12.12~2004.2.26	15.2	11826

表2　国内部分长寿高炉

高炉名称	容积/m^3	开停炉时间	寿命/年	单位炉容产铁量/(t/m^{-3})
武钢5号	3200	1991.10.19~2007.5.31	15.7	11090.5
宝钢1号	4063	1985.9.15~1996.4.1	10.7	7950
宝钢2号	4063	1991.6.29~2006.8.31	15.2	11612.4
宝钢3号	4350	1994.9.20至今		
鞍钢10号	2580	1995.2.12~2008.9.19	13.6	10800
首钢2号	1726	1991.5.15~2002.3.16	10.8	8277
梅山1号	1080	1986.1.15~1995.11.25	9.8	6978
梅山2号	1250	1986.12.27~1997.9.12	10.8	7022

从2000年开始，铜冷却壁的应用在国内也已起步，尽管如此，我国高炉寿命的水平与国外先进水平相比，还存在着一定差距。

2　高炉炉缸炉底结构形式

2.1　鞍钢高炉炉缸炉底结构形式

鞍钢高炉在耐火材料选择上作过多种尝试,引进美联碳（UCAR）、德国西格里（SGL）、日本NDK碳砖以及国内优质炭砖，导热系数等指标在不断提高，炉缸炉底结构主要有大块炭砖和小块炭砖两种形式。

2.1.1　大块碳砖结构

一般在铁口区域使用超微孔炭砖，在铁口下部使用微孔炭砖，鞍钢高炉所使用大块炭砖供货厂家主要有，日本NDK、德国西格里、兰炭，炭砖所有性能指标比普通炭砖、自焙炭砖和半自焙炭砖有大幅度提高。在炭砖内侧一层陶瓷杯，陶瓷杯供应厂家主要有法国SAVOIE和国产科瑞公司。除11号高炉外，各高炉炉底炭砖均为5层，在5层炭砖之上也都采用800mm厚陶瓷垫(有1层和2层砌筑)，但炭砖种类稍微有所差异，主要是半石墨炭砖和微孔炭砖使用的层数差异。其中：新1高炉炉缸环炭和炉底第5层为日本NDK大块炭砖，炉底第1层为国产石墨砖，炉底第2~4层为国产半石墨砖。11高炉炉缸环炭为日本NDK大块炭砖，炉底第1~2层为国产武彭炭砖，炉底第3~4层为国产兰炭。7高炉炉缸环炭为德国西格里大块炭砖，炉底第1层为国产石墨砖，炉底第2~3层为国产半石墨炭砖，炉底第4~5层为国产兰炭。新4号、新5号和换衬后新3高炉炉缸环炭为微孔和超微孔兰炭大块炭砖，炉底第1层国产石墨砖，炉底第2~3层为国产半石墨炭砖，炉底第4~5层为国产兰炭。

2.1.2 小块碳砖结构

中北美国家和国内近期新建高炉多采用该种形式，小块炭砖供应厂家是美国UCAR公司。一般在铁口区域全部使用具有石墨特性的NMD炭砖，在铁口侧和容易产生“象脚”侵蚀区域也使用一部分NMD砖，用量在炉墙总厚度一半左右（个别高炉稍微有差异），其余部位使用NMA砖，砖衬总厚度比大块炭砖厚许多。NMA和NMD砖都不属于微孔砖，其主要优点是炭砖尺寸小、砖缝多且大，人为消除炭砖环裂现象。在炭砖内侧可以保留也可以不保留陶瓷杯。本部新2号高炉、新3号高炉和鞍凌公司高炉均保留一层陶瓷杯，鲅鱼圈分公司1号高炉和2号高炉不保留陶瓷杯。使用小块炭砖的高炉炉底炭砖与大块炭砖差异不大，只有鲅鱼圈分公司1号高炉和2号高炉在炉底炭砖为4层，第1层是国产石墨砖，第2层和第3层是国产半石墨砖，第4层是UCAR公司D级大炭块。

2.2 国外高炉炉缸炉底结构形式

2.2.1 日本高炉炉缸炉底结构形式

日本的大高炉炉缸多是大块炭砖结构，但砌筑陶瓷杯的很少见，较多的是在炉底砌筑一定厚度、档次较低的陶瓷垫。在碳砖材质改善方面，主要是提高热传导率和减小气孔径来提高抗铁水渗透性。新日铁将TiC直接添加到炭砖中（约为10%），该砖已用于君津厂3号高炉。为了强化冷却能力，在炉底侧壁出铁口下方最易被侵蚀部位采用强化冷却型铸铁冷却壁和铜冷却壁。

2.2.2 欧洲高炉炉缸炉底结构形式

欧洲高炉使用较多的为陶瓷杯结构，在大块炭砖结构的基础上砌筑一层高质量的陶瓷质材料，例如，不来梅2号高炉第2代炉役采用法国圣戈班的陶瓷杯，陶瓷杯后分别采用微孔炭砖（BC-7S）、超微孔炭砖（BC-8SR），靠近冷却壁部位采用薄层石墨砖（性能与NMD接近）与铜冷却壁的高导热性能相配合。

3 影响高炉长寿设计因素

3.1 死铁层深度

3.1.1 死铁层深度理论分析

合理的死铁层深度要尽可能减少铁水环流对炉缸侧墙的冲刷以及各种应力对炉墙作用，避免形成“象脚”型侵蚀。鞍钢高炉上一代死铁层深度一般为炉缸直径15%左右，目前包括鞍钢在内新建的高炉死铁层深度都提高到20%~22%，而日本和韩国高炉死铁层深度都提高到23%~25%，见表3。

表3 不同容积高炉死铁层参数

企 业	鞍 钢				武 钢	
高 炉	2580m³高炉（上代）	2580m³高炉	3200m³高炉	4038m³高炉	5高炉（3200 m³）	6高炉（3200 m³）
死铁层深度/mm	1600	2000~2100	2800	3000	1900	2499
H/D/%	15	17~18	22	22	15	20
企 业	浦 项	宝 钢			君 津	敦刻尔克
高 炉	3高炉（4350 m³）	1高炉（4063m³）	2高炉（4063m³）	3高炉（4365m³）	3高炉（4884m³）	4高炉（4630m³）
死铁层深度/mm	3150	2600	1800	2985	3580	3000
H/D/%	23	19	13	21	25	21

死铁层深度问题是一个值得考虑的问题，合理死铁层深度保证接近炉底陶瓷垫的铁水保持熔融状态，既不形成凝固壳，也不自由流动（该层厚度300~600mm），中心焦炭柱面积适当，并且处于一定漂浮状态，炉底炉缸处于半绝热状态，炉缸处于稳定的工作状态。如果死铁层过深会因为铁口以下始终蓄存着一定的铁水，因而越往深处炉缸壁和侵蚀后的炉底周边碳砖承受的压力越大，则底部侧壁

碳砖承受的压力比铁口平口的高，由于静压力增加于是铁水对侧壁碳砖的渗透作用必然随铁水深度增加，压力加大而增强，与此相应，碳砖受到的破坏则越来越严重,而炉底正上面因承受的压力大致相等，铁水渗透作用也大致相等，容易形成“蒜头”形的炉底侵蚀部面。但如果死铁层过浅，铁水排放一段时间后，死焦柱下沉至底平面，阻塞铁水排放的自由通道，将铁水排挤至炉缸周边，加速铁水环流冲刷，也会造成“蒜头形”侵蚀。

死铁层一般由三部分组成：（1）铁口层（H_1），该层深度取决于铁口角度和铁口深度；（2）流动层（H_2），该层深度最为关键，合理深度是保持铁水浮力与料柱重力平衡，死料柱中部分焦炭侵入铁水中，保持铁水具有一定自由流动高度，即使在出铁过程中自由流动铁水高度也不能出现大的变化；（3）稳定层（H_3），该层包括凝固层与缓流层，是保证炉底表面能够形成凝固层，并且在出铁过程中铁水依然能够快速流向铁口。下面以鞍钢 3200m^3 高炉为例，分析死铁层的构成。

3.1.1.1 铁口层（H_1）

目前新建高炉的铁口角度均为$\gamma=-10^{\circ}$，铁口深度为 L=3.0~3.1m。

$$H_1 = L \times \sin\gamma \tag{1}$$

根据公式（1）计算，H_1=520~540mm。

3.1.1.2 流动层（H_2）

按俄罗斯研究结论，焦炭侵入铁水深度可以按下列公式计算：

$$H_2 = \frac{1}{\rho_{\rm i}}\left[\frac{\rho_{\rm ca}}{\rho_{\rm cp}}(\alpha H_{\rm m}\rho_{\rm m} - 10\Delta P) - H_{\rm sl}\rho_{\rm sl}\right] \tag{2}$$

式中，$\rho_{\rm i}$ 代表铁水密度，t/m^3；$\rho_{\rm ca}$代表焦炭表观密度，t/m^3；$\rho_{\rm cp}$代表焦炭堆密度，t/m^3；α代表有效重力系数；$H_{\rm m}$ 代表料柱高度，m；$\rho_{\rm m}$ 代表料柱堆密度，t/m^3；ΔP 代表煤气阻力损失，kN；$H_{\rm sl}$ 代表渣层厚度，m；$\rho_{\rm sl}$代表炉渣密度，t/m^3。

目前所有关于死铁层深度争论焦点都集中在流动层计算，包括液态浮力的起点是否从铁口层下沿开始、液态是否应该包含炉渣等问题。杭钢朱远星以不包含渣层为依据，认为 3200m^3 高炉 H_2 深度应该在 2500mm 左右。

3.1.1.3 稳定层（H_3）

稳定层由缓流层和凝固层组成。缓流层按 300~600mm 选择，大型高炉可以选择上限，采用陶瓷垫结构的高炉可以不选择凝固层。

按以上计算结果，如果按不包含渣层以及液态浮力起点在铁口层下沿，则 3200m^3 高炉死铁层深度应该在 3500mm 左右,与炉缸直径比例为 28%。项钟庸等人在《高炉设计——炼铁工艺设计理论与实践》书建议死铁层按高炉容积选择，并提出下列计算公式：

$$H=0.0436V^{0.522} \tag{3}$$

按此公式计算，3200m^3 高炉死铁层深度应该在 2946mm，与鞍钢目前死铁层 2800mm 接近。

在新 3 高炉和新 1 高炉破损调查过程中发现，两座高炉炉底最上部陶瓷垫也只是发生轻微侵蚀，而且炉底没有出现在距冷却壁 2m 以前常见侵蚀沟槽现象，说明目前的死铁层中铁水缓流层深度已经足够；但调查过程中发现炉底陶瓷垫均出现不同程度裂纹，其中在新 1 高炉炉底局部区域裂纹已经渗透第 4 层炭砖。炉底砖出现裂纹是否是由死铁层中铁水静压力造成？目前还缺少足够理论支撑，因此，死铁层问题还需要深入研究。

3.1.2 死铁层深度对各种应力影响

在调查新 3 高炉和新 1 高炉所发生的炉缸烧穿事故过程中发现，事故位置均在铁口中心线以下 2400mm 左右，方向也基本在铁口两侧 10°~15°范围内，炉缸环炭破损调查也发现：非铁口区域在铁口中心线以下 1950~2450mm 范围内炭砖侵蚀最为严重，在铁口区域从铁口上沿到铁口中心线以下 2450mm 范围内炭砖侵蚀最为严重。如果这种现象具有普遍性，说明目前各种因素所产生应力都集中在该范围内。

3.1.2.1 铁水流动剪切力作用

Navier-Stokes 和 Darcy 使用数学模型计算铁水作用在高炉炉缸墙上的剪应力。在高炉炉缸中铁水流动用 r-z 断面进行描述。铁水从上方几乎垂直地落入炉缸，炉缸中铁水集中朝出铁口流动。其目的是计算在不同出铁口角度、深度和各种死料堆情形下，铁水流动在炉缸炉墙上的应力场。

假设出铁时剩余铁水面保持恒定，在开始出铁和连续一些时间铁水面逐渐降低，在这个时期，炉墙上的应力将是它们的最大值。当铁水面下降时，出铁口附近的流速也降低，造成炉墙上的应力降低。在炉墙上的流体摩擦力产生的剪力 $P_{\rm a}$ 按下列各方程计算：

$$\tau_{\rm rz} = \mu\left(\frac{\partial v_{\rm z}}{\partial r} + \frac{\partial v_{\rm r}}{\partial z}\right) \tag{4}$$

$$\tau_{\rm r\theta} = \mu\left(\frac{\partial v_{\theta}}{\partial r} + \frac{1}{r}\frac{\partial v_{\theta}}{\partial \theta} - \frac{v_{\theta}}{r}\right) \tag{5}$$

式（4）和式（5）中表明，无论何种方向的剪切力都与铁水的流动速度相关。Navier-Stokes 和 Darcy 对炉缸直径为 7.26m 、死铁层深度为 1.23m、炉缸高度为 3.867m（包括死铁层）、死铁层中稳定层深度为 0.1m 炉缸内铁水流动速度分布和铁水流动所产生的剪切力进行模拟计算。

图 1 表示铁水流动对炉缸侧墙在垂直方向上产生的剪切应力，在 z 轴距离上剪切力从 $z = 0$ 到 $z = 0.1$m 迅速增加，然后缓慢增加，直到出铁口平面。在出铁口平面的炉墙应力达到最高之后，随轴向距离的增加而突然减少。因此，铁水流动对炉缸侧墙在垂直方向上产生的剪切应力主要集中在死铁层中铁水流动层内。降低该应力主要方法是降低该部位的铁水流动速度，有效手段如下：（1）增加流动层深度，降低流动层区域动力；（2）适当控制高炉冶炼强度，控制铁水流动速度，以新 1 高炉实际生产数据为例，利用系数越高，则铁水流速也越大，见图 2；（3）减小死料柱面积，扩大铁水通道面积。

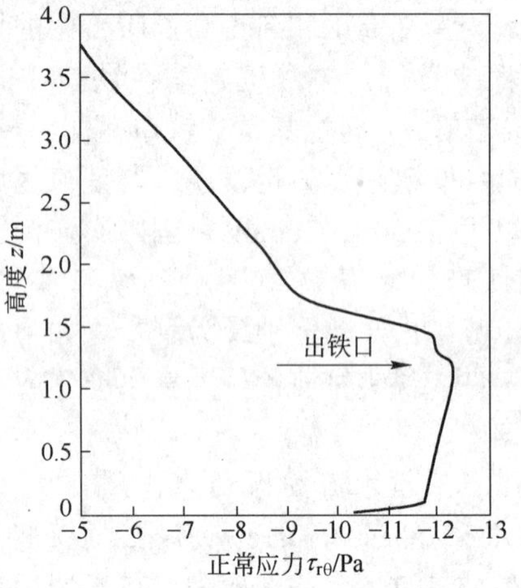

图 1　炉墙剪切应力的变化

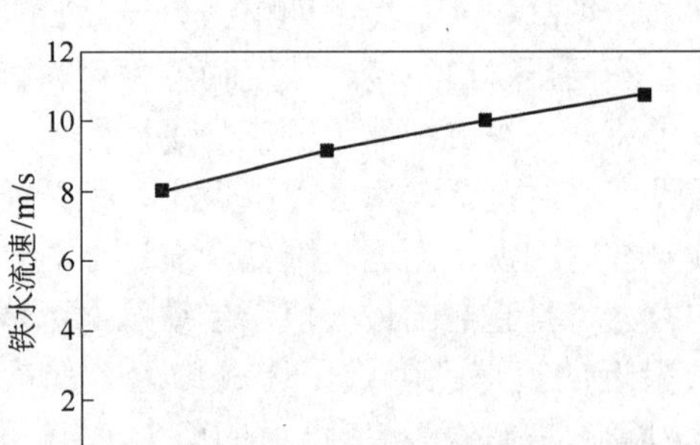

图 2　不同冶炼强度铁水流速变化

剪切力在炉缸圆周方向也有集中现象，在出铁口角度为−10°，炉缸中有漂浮的死料堆时，炉缸炉墙上的应力变化见图 3(a)。从图中可知，在 $x = 0.5$m 水平面上，应力有两个峰值，但是在 $x = 1.5$m、2.1m 和 3m 水平面上，在出铁口两侧约 40°的位置有一个应力峰值。图 3（b）为死料堆充满炉缸时的应力分布。比较图 3 中的（a）与（b），可以看出两者的应力曲线完全相似，$x = 0.5$m 时也出现两个峰值。而填充的炉缸比漂浮死料堆的应力值要高很多。

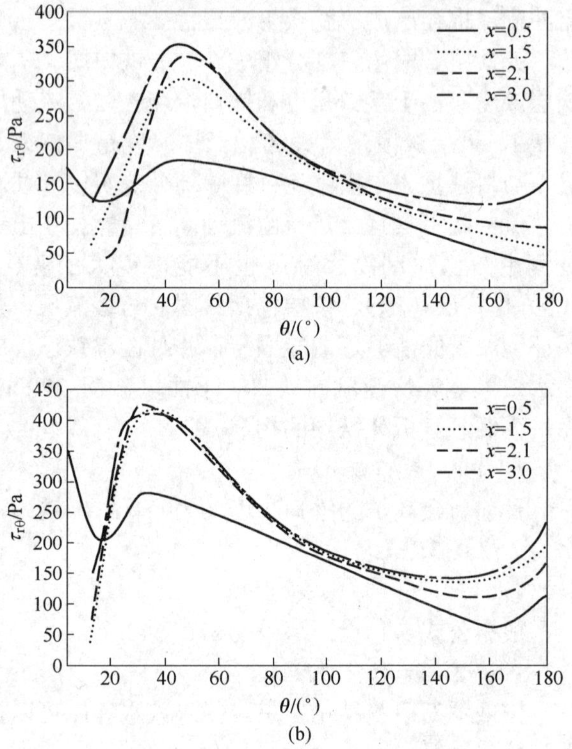

图 3　炉墙剪切应力随方位角的变化

（a）漂浮的死料堆；（b）炉缸内充填炉料

3.1.2.2　铁水静压力

铁水静压力随铁水深度增加而逐渐增加，计算公式如下：

$$P = \gamma H \tag{6}$$

式中，P 代表铁水静压力，kPa；γ 代表铁水密度，t/(m^3·d)；H 代表铁水液面高度，m。

因此，死铁层越深，底层炭砖所承受的静压力越大。

3.1.2.3　炭砖热应力

炭砖在炉缸内所承受的热应力可以用下列公式：

$$\sigma = 1/2E_n(t_2 - t_1)\times a \tag{7}$$

式中，σ 代表热应力，kPa；E_n 代表炭砖弹性模数，kPa；t_2、t_1 代表炭砖热端和冷端温度，℃；a 代表炭砖线性膨胀系数，m。

目前鞍钢高炉所使用炭砖种类中，无论微孔和超微孔 NDK 炭砖、兰炭以及小块模压 UCAR 炭砖，其弹性模数指标和线性膨胀系数指标都非常好，炭砖热端与冷端温度差与炭砖导热系数有关，只要炭砖的导热系数大于 15W/(m·K), 无论大块或小块炭砖热应力都不是炭砖侵蚀的主要原因。

总之，在死铁层内对砖衬产生破坏作用的应力主要是剪切力和铁水静压力，剪切力主要集中在铁水流动层内，铁水静压力随铁水深度增加而增加，但在缓流层内，由于铁水黏性增加，静压力开始减弱。因此，剪切力和铁水静压力在流动层与缓流层交界处叠加，但剪切力峰值大于铁水静压力峰值。因此，避免剪切力和铁水静压力峰值在同一点（位置）叠加是选择死铁层关键。

3.2 冷却制度

3.2.1 影响高炉炉体冷却制度因素

高炉炉体冷却制度对高炉长寿起到非常重要作用，冷却制度必须充分考虑与炉体冷却形式、高炉冶炼强度、冷却壁结构和砖衬结构相互作用，合理的冷却制度必须做到各种因素相互匹配，一般在设计过程中首先选择高炉最大冶炼强度、然后选择炉衬材质与结构，最后根据热流强度和内衬选择冷却壁结构和冷却水流量。高炉冶炼强度决定高炉炉体的热流强度分布，其分布规律是，炉身下部和炉腰最高、炉腹其次、而后是炉缸、最低是炉底。冷却壁结构形式主要包括：材质（分为铜和铸铁）、冷却水管间距和水管直径，其中起重要作用的是水管规格（一般为ϕ50×6mm~ϕ80×6 mm）。砖衬结构主要包括砖衬构成、厚度、各种材质导热系数。

3.2.2 鞍钢高炉炉缸冷却水量模拟计算

目前大型高炉炉体冷却形式大体上可以分为三种:一种为串联，串联供水方式优点是总水量需求少，减少动力消耗和减少供水压力损失，缺点是不能按区域调整水量以及高热负荷区域进水温度高，冷却水总量按最高热负荷区域最大值要求设计，水管直径大，鞍钢 2580m^3 高炉基本采取该种形式；二是并联（分段）冷却，优点是能按高炉各区域热流强度要求分配水量，缺点是总水量需求大、设备投资大、管路复杂，鞍钢所有采用 UCAR 小块炭砖结构高炉均采用该种形式；三是淋水或采用水套方式，欧美国家有些高炉采用该种形式。

3.2.2.1 按管内流体流动状态基本规律计算炉缸冷却水合适需求量

在选择流体系统时管内流体流量选择应该以流体流动状态、流速分布作为基本原理，而雷诺数就是表征流体流动特性的一个重要参数。雷诺数大，流体呈紊流流动状态。在不同的流动状态下，流体的运动规律、流速分布等都是不同的。因此，雷诺数的大小决定了流体的流动特性，雷诺数定义为：

$$Re = \frac{vd}{\gamma} \tag{8}$$

式中，Re 为雷诺准数，无量纲；v 为流体流速，m/s；d 为水管内径，m；γ 为流体运动黏度系数，m^2/s。

虽然雷诺数大于 4000 即可保持流体处于紊流流动状态，但此时流体中心区域速度与边缘区域速度差距依然较大，冷却水容易产生局部“沸腾”现象从而产生气泡。为从根本消除冷却水产生局部“沸腾”现象和保持冷却水在水管内速度分布相对均匀，雷诺数最小应该取 110000，根据雷诺数即可计算出冷却水需求量。

鞍钢高炉炉缸冷却壁水管直径基本有ϕ50×6mm~ϕ70×6mm 两种类型，以 3200m^3 高炉炉缸每段冷却壁 48 块、每块冷却壁 4 根水管（水管总数 192 根）结构形式为例，假设冷却水温度为 35℃，计算结果分别见表 4 和表 5。

表 4　水管直径为ϕ50×6mm 结构形式下几种不同流速所对应参数计算结果

流速/（m/s）	1.5	1.8	2.1	2.4	2.7	3.0
流量/（m^3/h）	1175	1410	1645	1880	2115	2351
雷诺准数	77551	93061	108571	124082	139592	155102
阻损/MPa	0.14	0.20	0.28	0.36	0.46	0.57

表 5　水管直径为ϕ70×6mm 结构形式下几种不同流速所对应参数计算结果

流速/（m/s）	1.5	1.8	2.1	2.4	2.7	3.0
流量/（m^3/h）	2738	3286	3833	4381	4928	5476
雷诺准数	118367	142041	165714	189388	213061	236735
阻损/MPa	0.14	0.21	0.28	0.37	0.46	0.58

由于阻力损失与速度平方成正比，当冷却水流速达到 3.0m/s 以上，阻力损失增加太多，需要较大的冷却水进水压力才能保证回水管路正常工作，其中仅冷却壁的阻力损失就要达到 0.58 MPa，因此，流速应在 2.0m/s 左右为宜，阻损大了建设和运行都不经济。ϕ50×6mm 结构冷却壁水量最高只能达到 1645~1880 m^3/h 之间，冷却强度又太低，所以这种小管径结构冷却壁不宜用在大高炉。

3.2.2.2　按允许最大热流强度方法计算水量

炉体所承担热负荷必须通过冷却水带走，利用热流强度转换成冷却水流量计算公式。根据鞍钢高炉内衬结构主要UCAR小块炭砖和大块微孔炭砖的特点，对炉缸所允许的热流强度做模拟计算，计算结果见表6。

表6　各高炉热流强度控制标准　(kW/m^2)

	11号高炉	新1号高炉	新2号高炉	分公司高炉
正常值	12.46	14.11	11.73	10.36
警戒值	15.86	16.23	32.87	27.37

按表6中警戒值计算新1高炉和新2号高炉缸冷却水流量最低值，如果认为炉缸水温差控制在3.0℃以内可以保证炉缸安全，新1号高炉和新2号高炉缸冷却水流量最低值分别是2300m^3/h和4600m^3/h之间。计算结果表明，由于砖衬结构差异，即使同类型高炉，炉缸所需要冷却水流量存在比较大的差异。

根据炉缸冷却水量计算结果，为保证流体阻力损失在合适范围内，新1高炉冷却壁水管规格应该选择ϕ60×6mm，对应冷却水流速在1.9 m/s左右；新2号高炉冷却壁水管规格应该选择ϕ76×6mm，对应冷却水流速在2.0 m/s左右。

此外，对于采用UCAR小块炭砖结构的高炉，由于NMD砖室温导热系数在90W/(m·K)以上，即使300℃时的导热系数也达到45W/(m·K)，一般铸铁导热系数在40W/(m·K)左右，因此，采用铸铁冷却壁与NMD进行匹配是不合理的结构形式。

4　炉缸内耐火材料侵蚀主要原因和特征

4.1　耐火材料侵蚀主要原因

由于铁口上部有渣皮保护，只要冷却制度和操作制度合适，炭砖热面始终存在渣皮保护，侵蚀主要发生在铁口下部。

4.1.1　砌筑质量问题

按设计要求，大块炭砖砌筑缝隙小于0.5mm，小块炭砖缝隙为1.5~1.7mm，大缝隙炭砖之间使用特制炭素胶泥，要求高炉开炉初期炉缸快速升温，促使小块炭砖形成整体。如果砖缝过大或小块炭砖没有得到有效固结,铁水容易钻透炭砖,铁水从砖衬内部开始侵蚀。因此，加强施工质量管理是保证高炉长寿要素之一。

4.1.2　铁水熔蚀

在炉缸内炭砖长期与铁水直接接触,大高炉铁水C是处于非饱和状态，铁水还会沿着炭砖气孔孔道和裂缝向炭砖内部渗透，即发生下列反应：

$$C = [C]$$

渗入炭砖的铁水停留在炭砖的气孔孔道和裂纹中，经长期浸泡和化学侵蚀，当到达一定程度（5%）后炭砖体积膨胀3倍以上，造成结构遭到破坏，相当于形成无数小炭块，处于被铁水的包围之中，这些小炭块逐渐溶解于铁水中，即产生微观“漂浮”侵蚀现象。根据有关资料介绍和实验结论介绍，孔径大、显气孔率高炭砖铁水熔蚀程度也越大，一般情况下，铁水溶解碳的反应只发生大孔径孔道（大于1 μm的气孔）和裂纹内。因此，在铁口下部区域应该选择小于1 μm容积比、显气孔率低以及抗铁水熔蚀指数好的炭砖。

4.1.3　氧化侵蚀

炭砖中炭素与氧化性气体，如CO_2、H_2O以及炉渣中的FeO在700℃以上发生化学反应，在碱金属和渗入铁水催化作用下发生反应造成熔蚀。防止氧化侵蚀有效方法是避免向炉内漏水，防止铁口串煤气。

4.1.4　碱金属侵蚀

入炉碱金属有相当一部分在炉内上部和下部之间循环转移，不能排出炉外，造成碱金属在高炉内的循环和富集。据日本高炉解体调查，在炉内参与循环的碱量为入炉碱量的10倍以上。碱金属中K、Na蒸气与砖中添加剂Al_2O_3及SiO_2形成钾霞石$3Ka_2O·Al_2O_3·2SiO_2$及白榴石$3Ka_2O·Al_2O_3·4SiO_2$，前者体积膨胀49%~50%，后者为30%。此外，碱金属原子若嵌到碳晶格层面中，引起碳层间距增大，体积膨胀，根据有关资料介绍当碱金属吸收量大于2%炭砖将会膨胀开裂，对炭砖分层与粉化作用则会十分明显。其中Zn甚至比K、Na还要严重，Zn沸点907℃，ZnO还原温度1030℃，还原出来的Zn立即汽化，一部分随煤气上升，形成循环富积，一部分渗入砖衬的气孔或裂纹中，在有CO_2、水蒸气条件时生成ZnO，产生体积异常膨胀，Zn氧化成ZnO体积膨胀率超过50%。炭砖发生异常膨胀，强度降低，致使砖衬疏松、开裂、剥落。

实验室检测结果证明：超微孔炭砖、微孔炭砖抗碱金属侵蚀性能几乎没有大差异，因此，控制碱金属入炉是防止炭砖被碱金属侵蚀唯一手段。

4.1.5　铁水环流产生各种应力作用

无论铁水对炭砖熔蚀、碱金属对炭砖渗入侵蚀或/和炭砖氧化侵蚀都是在各种应力作用下才能起到作用，而所有应力作用只是铁水环流不同形式表现。由于炉缸内“死料柱”的存在，铁水出现环流是必然现象。铁水环流所产生的各种应力对炭砖侵蚀作用机理在高炉设计理念中已经进行描述，即铁水环流速度所产生的影响。实际铁水环流速度与高炉冶炼强度密切相关，但到目前为止，在该领域还没有明确理论证据。日本A.Sinotake利用高炉实际生产数据和物理模型模拟实验对高炉冶炼强度与炉缸内衬剩余厚度存在进行分析。

图4数据表明，铁水沿炉墙的流速与利用系数成正比，炉墙与耐火材料之间的对流传热系数增大与利用系数的开方成正比，利用系数为1.6t/(m^3·d)时炉缸侧壁附近的温度比利用系数为2.4t/(m^3·d)时低30~40℃。因此，利用系数对铁口下方炉缸壁处铁水流速的影响巨大，而且对该处铁水温度也有明显影响。

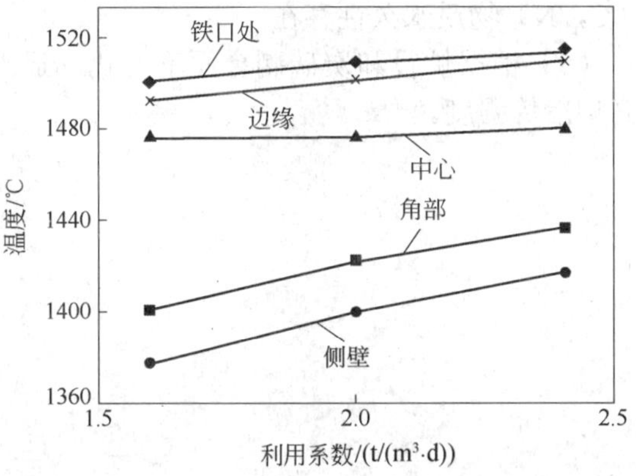

图4 高炉利用系数与内衬热面温度之间关系

图5是耐火材料原始厚度为1900mm时，砖衬剥落频率与剩余厚度之间的关系，当耐火材料层逐渐变薄时，温度变化梯度变得很陡，耐火材料工作面温度降低剥落量减少，当耐火材料剩余厚度相同时，每次的剥落量随着利用系数的提高而增加。利用系数为2.4t/(m^3·d)，当剥落达到9次以后耐火材料的剩余厚度就不足500mm，相比之下，利用系数为1.6t/(m^3·d)时，剥落次数需要达到15次，耐火材料的剩余厚度才能小于500mm。

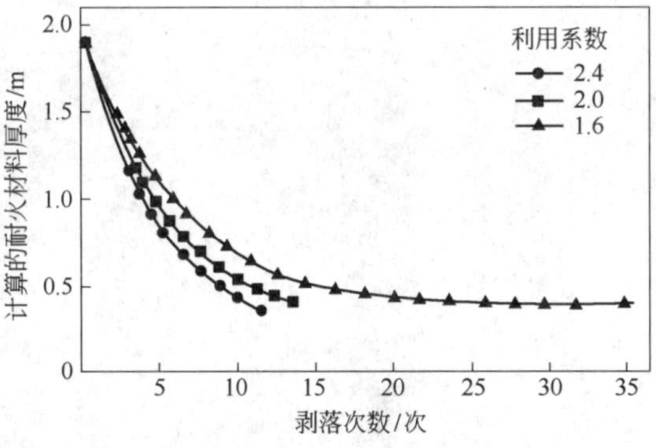

图5 高炉利用系数与内衬剥落之间关系

4.2 炭砖侵蚀特征

4.2.1 环裂

根据国内其他企业高炉破损调查资料，大块炭砖普遍存在环裂现象，裂缝宽度有的可达100～200 mm甚至更大，由于炭砖环裂后裂缝处会出现气体隔热层，其内部的热量向外传递受阻，外部的冷却效果因此降低，促使炭砖温度升高，侵蚀速度加快。炭砖产生环裂的主要原因是炭砖导热系数低、炭砖较长，内外温差大，由热应力加大而易产生环裂和裂纹。导热系数高的微孔炭砖和小块炭砖可以从根本上解决环裂问题。

4.2.2 垂直裂缝和纵向裂缝

炭砖裂缝成因是抗压强度和抗折强度低，对于大型高炉增加死铁层深度后，在长期承受铁水静压力和剪切力作用下，容易出现开裂。裂缝渗铁，加速炭砖侵蚀，贯穿的裂缝造成炭砖整体漂浮，由于炭砖密度远小于铁水，炭砖形成贯穿裂缝后，在铁水浮力作用下出现整体漂浮。

4.2.3 分层与粉化

铁水侵蚀、碱金属的破坏作用和氧化侵蚀。

4.2.4 “象脚”状侵蚀

一般发生在炉缸与炉底的交界处，产生“象脚”状侵蚀的主要原因是炉缸内铁水环流冲刷、炭砖密实度低以及抗侵蚀性差等原因。

5 延长炉缸寿命措施

5.1 选择合理设计方案

（1）选择合理死铁层深度，保证铁口以下部位铁水流速合理分布。

（2）选择合理冷却制度，冷却制度与炉体冷却形式、高炉冶炼强度、冷却壁结构和砖衬结构匹配。

5.2 合理的操作制度

一座设计优良、配套齐全、施工优质的现代化的高炉建成后，具备了长寿的基本条件。其后的开炉和生产操作至关重要，做不好就达不到高效、低耗、长寿的目标。

（1）烘炉和开炉。高炉在砌筑以及在常温下吸收大气中水分，一座3200m^{3}的高炉耐火材料含水量可达几十吨，因此首先要做好的是烘炉工作，在开炉前必须烘干水分，并逐步达到生产条件给予充分的预热膨胀，耐火材料还要随温度升高进行晶相转变。

烘炉不好会造成耐材损坏，严重时，会导致开炉后风口、冷却器等的损坏，对炉缸的寿命影响是相当大的，严格按烘炉曲线将炉烘好。开炉达产应以稳为主，从点火开始的强化过程应循序渐进，逐步达到正常生产。因此开炉达产时间应控制合适，应根据实际情况，不可强求。

（2）适宜造渣制度和活跃炉缸中心操作制度。合理的造渣制度不但是冶炼合格生铁的需要，而且对延长高炉寿命有十分重要的作用。最佳的炉渣成分及碱度，还应当尽力减少对砖衬的侵蚀和形成稳定的渣皮，保护炉衬，减少热负荷的波动。高炉活跃炉缸十分重要，也就是说，高炉中心死料堆的透气性和透液性对高炉炉缸侵蚀的发展至关重要。死料堆透气性和透液性差，铁水积聚在炉缸边缘，在出铁时容易形成环流，将导致出铁口下面约 1m 处内衬局部呈“象脚”侵蚀。内衬的这种局部侵蚀往往引发炉缸局部过热影响高炉寿命。因此，在操作上要采取活跃炉缸死料堆的措施，防止中心堆积，保持适当的炉底中心温度。

（3）合理的出铁制度及出铁口的维护。日常精心维护出铁口区，采用合理的出铁制度，使用具有抗冲刷能力的炮泥，将出铁口的深度保持在上限是必要的，减轻铁水环流对蘑菇状泥包保护壳的冲刷。

要求使用高质量的炮泥，及时出净渣铁，打泥量适中，形成稳定的泥包，控制好铁口休止时间和保证每个铁口均匀出铁。

（4）必要时采用钒钛护炉。当检测电偶温度接近危险温度或热流密度达到最大值时，为保安全采用钒钛矿护炉。首次使用时机在开炉 6 个月到 1 年时间内，利用 Ti（C，N）高熔点物质填充砖缝；之后每间隔 1 年左右，使用 1 次钒钛矿护炉，保持 Ti（C，N）物质永久性存在。

（5）根据炉役和炭砖剩余厚度变化，适当控制高炉冶炼强度。

鞍钢与行业标杆企业——宝钢的观念差距

鞍钢股份鲅鱼圈钢铁分公司计财部　董福厚

摘　要：观念产生想法，想法关系做法。鞍钢与宝钢的差距最主要是观念差距，只有转变观念，变革创新，企业才能生存发展，才能重振百年老店雄风。

关键词：精品观念　质量观念　市场观念　成本观念　效率观念　求实观念　诚信观念　责任观念

2011年以来，随着世界经济形势整体下行，国内外钢铁行业的盈利能力普遍下降，有些企业甚至出现巨额亏损：鞍钢股份2011年亏损32.81亿元、2012年亏损54.96亿元、2013年盈利7.28亿元，而国内钢铁行业公认的标杆企业——宝钢股份，2011年盈利92.6亿元，2012年盈利131.4亿元，2013年盈利80.1亿元。鞍钢人不禁要问：我们与宝钢差距何在？

鞍钢与宝钢同为央企，产品定位又同以板材为主，鞍钢是共和国钢铁工业的长子，曾有过辉煌的过去，而近几年面对全球性金融危机及严峻的市场形势却举步维艰。宝钢作为国内最具竞争实力的钢铁企业，已连续10年入围世界500强，2013年居世界500强第222位，在当前国内外经济形势异常错综复杂，各种因素极具不确定性，钢铁行业普遍呈微利状态的艰难时期，宝钢生产经营形势却一枝独秀，实力的差距不能不令人深思。

诚然，鞍钢与宝钢的差距是全方位的，无论是观念、体制机制、人员素质、效益、盈利能力，还是成本、品种、产品研发、工艺装备、技经指标等，但我觉得最主要的还是观念差距。观念产生想法，想法关系做法，不解放思想转变观念，就不能突破常规，就没有创新， 企业就没有出路，只有转变观念，变革创新，才能生存，才能重振百年老店的雄风。

鞍钢与宝钢的观念差距主要表现在：

（1）精品观念。宝钢的“精品”是指能够满足用户高标准严格要求的精致的产品和服务，更加聚焦市场和用户的需求，进一步拓深了精品的内涵。在钢铁产能总体严重过剩，同质化竞争激烈的条件下，宝钢始终坚持精品战略，做到人无我有，人有我优，立志做独有和行业领先产品，使宝钢品牌一直享誉业内，独领风骚。宝钢的创新能力和自主研发能力不断增强，先后建立汽车用钢开发与应用技术国家重点实验室，成立了宝钢-澳大利亚联合研发中心，成立了中央研究院，形成了一大批自主知识产权，以超高强汽车板和高磁感取向硅钢为代表的一大批精品钢材，不仅在国民经济发展中得到了良好的应用，也有效增强了国产钢材在多个高端应用领域的话语权。宝钢是全球唯一一家实现新一代经济型高成形性超高强钢批量稳定供货企业，也是世界唯一一家同时可工业化生产第一代、第二代、第三代全系列超高强钢企业，使用第三代钢生产的汽车重量轻，节电5%，安全性更高。宝钢的取向硅钢实现产品牌号全覆盖，其中10个高等级取向硅钢填补国内空白，具备一般取向硅钢、高磁感取向硅钢、激光刻痕高磁感取向硅钢三个系列20个牌号稳定批量供货能力，使宝钢打入了电抗器行业（电抗器作为无功补偿手段，在发电、输电、电能转换和电耗各个环节起着至关重要的作用）。

（2）质量观念。宝钢的装备与工艺与鞍钢比较，优势并不明显，而产品与效益何以产生如此巨大的反差？这与员工的质量意识强弱是分不开的。同样的设备，同样的工艺控制参数，质量意识强的人，工作责任心就强，工作主动、积极，操作水平就高，加工出的产品质量就好，合格率就高。人永远是生产力诸要素中最活跃的要素，只有更好的质量才能带来更多的销量和利润，绝不能为降成本而以牺牲产品质量为代价，宝钢就是明证。2012年，宝钢当选为“全球最受尊敬的公司”，实现了继续保持业界最优的目标，标普、穆迪、惠誉三大评级机构给予宝钢全球钢铁企业中最高的信用评级。

（3）市场观念。宝钢的一切工作以市场开拓为目标，以为客户创造价值为导向，以成本改善的精品战略为基础，以领先对手的产品差异和服务差异为手段进行市场竞争。推行紧急合同催货机制，各工序紧密协调，形成产销研强大保障体系，重点推进高端和盈利能力强的品种。组建海外技术服务快速响应团队，建立由呼叫中心平台统一入口的产品异议及抱怨管理机制，统筹配置资源，提升用户服务水平。宝钢的钢铁产品通过遍布全球的营销网络，在满足国内市场需求的同时，还出口至日本、韩国、欧美等四十多个国家和地区，广泛应用于汽车、家电、石油化工、机械制造、能源交通、金属制品、航天航空、核电、电子仪表等行业。

（4）成本观念。成本是企业永恒的主题，成本竞争是企业三大竞争之首（成本竞争、质量竞争、销售服务竞争），任何企业如不重视成本，企业终将走向失败。宝钢员工有着很强的成本意识，渗透到员工工作的每个细节。宝钢接待外来人员，非常简单正式，不搞全程陪送，既不失热情，又不铺张浪费。宝钢注重内部挖潜，开展各种形式的工序对标劳动竞赛及提合理化建议活动，特点是正向激励、主动参与、自主管理、解决问题。

（5）效率观念。宝钢虽然是国有企业，但却不乏民企的效率观念。宝钢在管理创新部设立运营改善处，管理不断推陈出新，目的是使管理顺畅、高效。工作可以打破常规，特事特办。

（6）求实观念。陈云同志曾说过：“不唯书，不唯上，只唯实”。做企业，更需要脚踏实地，实实在在。宝钢现任董事长徐乐江面对近几年国内外钢企大规模的重组整合十分冷静客观，宝钢绝不盲目扩张，而是有选择、有原则地积极参与并购重组，坚持品种质量优先，优化战略布局，以能力建设为核心。宝钢的子公司及控股公司大多经营状况良好，成为集团与股份公司稳定的利益增长点。

（7）诚信观念。在激烈的市场竞争中，谁赢得信誉，谁最能坚守诚信，谁最终赢得成功。在一个先进的企业里，员工最需具备的素质是诚信，这是前提，它比生命更重要。原国内乳品业的巨头石家庄三鹿集团由于不讲诚信，发生“三聚氰胺”事件，导致三鹿集团破产。宝钢注重员工诚信观念教育，不仅对客户讲诚信，对内部上下工序也讲诚信，而鞍钢厂矿之间、部门之间、上下道工序之间诚信观念、合作意识却很淡薄，对客户诚信观念远谈不上一流。

（8）责任观念。一个真正具有竞争力的企业，它的高层管理者要永不懈怠，中层要永不满足，下层要永不气馁。针对越来越高的资源和环境要求，宝钢在行业内率先提出并实施了环境经营战略，全力打造一个绿色、生态的和谐企业。宝钢向全社会正式发布《绿色宣言》和《产品环境声明》，应用钢铁产品全生命周期的管理方法，积极开发以高强度汽车板、高强度建筑用结构钢和硅钢等高效钢材为代表的“绿色产品”，减少下游用户的钢材使用量，延长钢材使用寿命，提高社会资源的利用效率。同时开发引进先进节能减排新技术，主要循环经济指标在国际同类型钢铁企业中达到一流水平，成为国家循环经济的示范基地和钢铁企业发展循环经济的技术引领者。宝钢以技术输出和管理输出促进钢铁行业的协同绿色发展，主动承担行业技术形成、应用、扩散领头羊的社会责任。宝钢转炉渣处理技术不仅输出到国内十余家钢铁企业，并于2009年进一步出口海外，已在印度 JSW 钢铁公司、韩国浦项等国外大中型钢铁企业实施。宝钢致力于成为世界一流的钢铁供应商，已成为世界 500 强前 300 强，世界金属前十强。

面对差距，鞍钢的各级员工要勇于迎接挑战，一味地抱怨指责，一味地等待，一味地依赖，都不会有出路。尤其是领导干部更要牢记责任意识，勇于担当，引领广大员工与企业共渡难关，立足本职，苦练内功。

当前，鞍钢最迫切的是转变观念，放下夜郎自大的心态，勇于承认差距，认真彻底地认识不足，牢固树立危机观念、责任观念、求实观念、诚信观念、质量观念、市场观念、成本观念、效率观念及精品观念，工作中勇于担当，想干事、敢干事、踏实干事。

鞍钢是一个有着优良传统和作风的企业，只要全体鞍钢人万众一心，众志成城，脚踏实地，开拓进取，鞍钢就一定能走出困境，早日把鞍钢打造成为最具国际竞争力的特大型跨国集团，迎来光明灿烂的明天。

钒钛磁铁矿直接还原工艺的研究现状与问题

攀钢集团研究院有限公司钒钛资源综合利用国家重点实验室
刘功国　文永才　秦　洁

摘　要：以攀钢资源综合利用中试线为代表的钒钛磁铁矿转底炉直接还原工艺，通过持续的试验研究和优化改进，较好地解决了转底炉直接还原控制、低碳高硅铁水制取钒渣、高硅钒渣制取 V_2O_5、高杂含钛炉渣制取钛白粉等为代表的诸多技术难题。该工艺技术上总体可行，可有效实现钒钛矿的有效分离和综合利用，铁、钒、钛的全流程回收率可达到89%、45%和72%。该工艺中存在的一些问题，如电炉耐材寿命不高、热能回收利用低下等还需深入研究解决。当前条件下，需继续开展转底炉直接还原技术攻关，并建议开展钒钛矿磁铁矿竖炉直接还原工艺的基础研究和小规模试验研究工作，以对转底炉直接还原工艺进行有益补充和更深层次的优化。

关键词：钒钛磁铁　直接还原　综合利用　研究

0　引言

攀西地区钒钛磁铁矿资源储量巨大，属铁、钒、钛、铬等多金属伴生矿。目前攀钢采用的高炉—转炉流程冶炼钒钛磁铁矿，工艺技术水平居世界领先地位，但该工艺流程只回收利用了铁和钒，钛元素受高炉调渣冶炼工艺的限制存留在高炉渣中，TiO_2 在渣中含量总体不高，无法对其实现有效的回收利用。

近几年，国内转底炉直接还原技术发展迅速，日钢、沙钢等几个大型钢铁企业采用转底炉处理钢冶金尘泥，已初步显现一定的综合效益。攀钢也根据钒钛磁铁矿资源特性，结合转底炉直接还原工艺特有的流程短、无焦化和烧结工序的工艺优势，联合电炉冶炼工艺，在实验研究和多方论证的基础上，于2010年建成了年处理10万吨钒钛矿资源综合利用新工艺中试线（简称中试线）。该中试线旨在为后续研究、指标优化提供研发平台，以期实现铁、钒和钛的综合回收利用，为更大规模的转底炉处理钒钛矿提供借鉴和积累经验。

通过不断的深入研究和优化改进，该中试线基本满足试验要求，部分指标达到了设计目标，初步实现了研发平台的功能和作用。然而不可否认的是，该自主创新的规模最大、流程最长的钒钛磁铁矿综合利用中试线，仍然存在的一些限制其规模化应用的特性问题，还需要持续的深入攻关。

1　钒钛磁铁矿直接还原工艺的研究现状

1.1　总体技术指标情况

通过几年的研究和优化，攀钢钒钛矿资源综合利用中试线总体运行指标如表1所示。稳定运行条件下，全流程铁、钒、钛的收率可达到89%、45%和72%。

表1　攀钢资源综合利用中试线主要技术指标情况

设 计 项 目	设计指标	实际指标
成球率/%	85	80~85
金属化率/%	85	70~85
吨金属化球团能耗/GJ	15	13.6
吨球电炉电耗/kW·h	800	≥970
含钛炉渣品位/%	>46	43~46
钒渣品位/%	6~8	≥10

从表1可以看出，攀钢资源综合利用中试线的主要技术指标中，吨球电炉电耗、含钛炉渣 TiO_2 品位等指标仍有提升的空间。

1.2　试验研究概况

1.2.1　原料系统及转底炉直接还原工艺及装备研究

试验结果表明，该中试线原料系统及转底炉直接还原工序经过设备优化及工艺参数探索调整后，能够满足试验备料的要求，相关技术指标基本达到设计值。

（1）关键设备研发。自主优化改进的转底炉布料和出料装置，较好解决了国内外转底炉一直存在的内外环铺料不均和出料效果差的难题。独创性地设计并建设了转底炉高温烟气余热利用系统，余热回收用于精矿和含碳球团的物料干燥，余热利用系统运行情况良好。

（2）不同工艺参数对转底炉直接还原金属化率的影响研究。经反复试验探索，确定了相对较优的工艺运行参数，球团金属化率最高到达 95%，平均达到 75%，虽没有达到 85%的设计指标，但能够基本满足试验运行的要求。此外，吨金属化球团能耗为 13.6GJ，优于设计的 15GJ 行业指标水平。

（3）金属化球团防止氧化技术研究。开展了不同方式对球团金属化率影响研究，找到了便于操作的简单措施，可将金属化球团的二次氧化率控制在 5%以下，同时一并彻底解决了球团黏接成团影响物流顺行的问题。

1.2.2　电炉冶炼及渣铁高效分离技术与装备研究

试验证明，钒钛矿综合利用技术中电炉冶炼工序的技术难度最大。目前该工序已探索并初步形成了一系列操作和控制制度，钒进铁水的比例（钒还原率）平均到达 80%以上，含钛炉渣中 TiO_2 含量逐步攀升至 43%~46%。但该工序其他一些关键指标，如吨球电耗（≥970kW · h）、炉役寿命等离设计指标还有一定差距。

（1）促进钒还原，抑制硅、钛还原的电炉工艺操作制度研究。开展了相关操作制度的研究和优化工作，目前在抑制硅还原的前提下，电炉工序钒还原率指标基本达到设计水平，含钛炉渣 MFe 含量（<1.2%）优于设计值（<2.5%）。

（2）电炉结构与装备条件对渣铁分离效果的影响研究。经过多炉役的电炉炉膛结构优化和调整，目前电炉在正常冶炼情况下，渣铁分离良好。但由于电炉工序生产与硫酸法钛白工艺适应的含钛炉渣，操作上不采取调渣手段，导致铁水中[C]含量不高（≤2.5%），对后续铁水处理造成了一定的影响。

（3）电炉原料热装设备的研究。自主研制了保温自卸罐，在承接热金属化球团并将其转运到电炉料仓过程中，该罐具有较好的短期保温和防止金属化球团再氧化的功能。

1.2.3　钒钛提取回收技术研究

（1）铁水提钒及钢包钒渣质量改进技术研究。通过研究初步建立了电炉冶炼钒钛金属化球团时"扬钒抑硅"的技术措施，可总体保证后续钒渣质量。针对本工艺流程钢包钒渣，开发了优化改进的钒渣提钒技术，成功得到符合标准 GB 3283—1987 的 99 牌号的 V_2O_5 产品，钒渣提钒工序钒收率达到 80%以上。

（2）含钛炉渣变性处理技术及酸解、水解工艺优化研究。一定条件下，试验产品钛白质量 100%达到 R258 水平，含钛炉渣提钛的 TiO_2 平均收率为 82.10%。此外，攀钢还开展了含钛炉提质分离获取高品位含钛物料实验研究，可初步将含钛炉渣品位提高到 63%~69%，钛回收率可达到 70%。

1.3　解决的代表性关键技术

（1）钒钛磁铁矿转底炉直接还原控制技术。通过试验确定了合适的配碳比、还原温度、还原时间、还原气氛、铺料厚度，通过煤气、助燃空气及燃烧废气流量、压力的灵活调节，实现了转底炉炉内还原条件的自由控制，可将产品金属化率可以根据需要控制在一定范围内。同时攀钢还形成了转底炉炉底上涨控制技术、金属化球团防氧化技术，解决了转底炉炉底因上涨而停产、热金属化球团因氧化黏结导致物流不顺的难题，基本掌握了钒钛矿直接还原钒钛磁铁矿工艺技术。

（2）低碳铁水制取钒渣技术以及钢包钒渣制取 V_2O_5 技术。针对低碳铁水液相线温度高，吹氧提钒过程要求铁水温度低以避免碳过度氧化的两难问题，通过冷却制度优化和工艺参数调整，成功吹出合格钢包钒渣。开发的钒渣优化提取工艺技术，成功得到了符合标准 GB 3283—1987 的 99 牌号的 V_2O_5 产品。

（3）高杂含钛炉渣制取钛白粉技术。该中试线获得的 TiO_2 含量 46%左右的含钛炉渣，通过试验研究，形成了"提高深还原钛渣酸解率"、"提高偏钛酸质量"、"优化盐处理和煅烧提升产品质量"为代表的含钛炉渣制取高品质钛白的关键工艺技术。解决了炉渣酸溶性差、水解偏钛酸粒子偏细难过滤以及钛白发黄等技术难题，初步打通了低品位含钛炉渣制取钛白工艺流程。在一定条件下，获得产品质量 100%达到 R258 水平的钛白产品，钛渣至钛白的 TiO_2 平均收率达 82.10%。

2　限制性问题分析

攀钢钒钛矿资源综合利用中试线的运行和试验实践证明，钒钛磁铁矿采用转底炉直接还原工艺，从技术上讲总体是可行的。但深层次分析，试验中暴露出的一些不易解决的转底炉直接还原工艺的特性问题，也正是代表了该工艺技术发展的技术难题。钒钛磁铁矿（甚至也包括其他一些多金属伴生矿）直接还原技术的发展，从大的方面讲，还有几项重要的工作需要解决和完善。

2.1 电炉炉役寿命问题

电炉冶炼钒钛矿金属化球团，冶炼过程中为保证渣中 TiO_2 品位不进行调渣操作，所获得的含钛炉渣属典型的酸性渣（二元碱度约 0.3）。在此条件下，电炉耐火材料的选择就比较困难：常规的酸性耐火材料不能满足耐火度和抗热震性要求；碱性耐火材料在冶炼酸性渣过程抗侵蚀能力不高，并且侵蚀后的耐材还将降低渣中 TiO_2 的品位。

进一步的，耐火材料与炉型的配合，包括与冶炼工艺的结合，如加料制度、送电制度等，既要满足电炉熔化物料并进行深还原的特殊工艺要求，又要避免弧光对耐火材料的直接影响。在这一工艺制度上，电炉冶炼钒钛矿金属化球团与国内电炉冶炼钛精矿生产酸渣（或氯化渣）有较大的不同：最大的区别在于前者钒深还原进入铁水需要较高的温度要求和一定的时间要求，很难做到如后者一样的冷料护炉。

因此，电炉冶炼钒钛矿金属化球团，电炉耐火材料的选择就显得尤为重要，这直接关系到电炉炉役寿命、包括物流顺行乃至生产成本的问题。对此，攀钢也积极和有关院校合作，初步开发了一种新型的耐火材料，总体效果比较理想，还有待进一步的试验验证。

2.2 热能回收利用问题

包括直接还原在内的非高炉工艺，有许多高炉工艺无法比拟的优点。但是到目前为止，没有哪一种非高炉工艺能够取代甚至撼动高炉工艺的地位，究其原因，热能回收利用低下是非高炉工艺的致命缺点之一。

高炉冶炼的相对封闭体系中，炉缸部位开始的大量热气流在上升过程中，与炉料进行了有效的热交换，同时 TRT 余压发电（实际也是热能作用的结果）和高炉煤气的有效回收利用，高炉对热能的利用率相对非高炉工艺达到了较高水平。反观非高炉工艺，以转底炉直接还原工艺为例，热能的回收利用相对高炉工艺就相差甚远。10 万吨级转底炉生产运行过程中，将产生 $27\times10^3 m^3/h$、温度约 650℃的转底炉废热烟气，以及（100~160）$\times10^3 m^3/h$、温度为 140~220℃的电炉废热烟气，这些烟气热能除了简单干燥物料之外，没有得到较好的回收利用，热量损失巨大。国内外大多转底炉直接还原工艺，基本也处于该种状况，过程中的热能回收利用低下。

进一步的，以生产出铁水为结点，从热量损失与产能的比值上分析，高炉工艺焦化、烧结等前部工序存在的物料空冷导致的热损失，与其产能的巨大优势相比较，其热能损失比例也就相对较小。而非高炉工艺在不具备产能优势的条件下，热量损失与产能的比值高低就显得尤为重要。因此，日照转底炉采用蒸汽发电技术充分回收转底炉烟气热能，其在国内转底炉运行和加工成本属国内先进水平也就不足为奇。同样，具有一定产能优势的竖炉直接还原在一些钢铁厂得到应用，热量损失与产能的比值较低也是支持其生产运行的重要原因。

总体上讲，回归到钒钛矿转底炉直接还原工艺，该工艺若要获得长足的发展，其直接还原工序和电炉工序的热废烟气热能有效回收利用，必须成为重点解决的关键性问题。

2.3 含钛炉渣利用问题

钒钛磁铁矿采用直接还原工艺的目的是综合利用铁、钒、钛，因此电炉深还原生产的含钛炉渣的应用就显得尤为关键。现有的研究结果表明，含钛炉渣的规模化经济利用难度较大， TiO_2 含量达到 46%以上的含钛炉渣，采用硫酸法钛白工艺路线制取钛白，从已开展的工业性试验结果来看，为保证最终钛白粉质量，还不能全部使用含钛炉渣作为原料。

进一步的，硫酸法钛白工艺路线虽然是含钛炉渣利用的一种方式，但还应当开展更深入的研究，并探索其他利用工艺路线，以实现含钛炉渣的规模化应用，更好的提升其综合利用价值。因此，作为综合利用提取铁、钒和钛为目标的钒钛矿直接还原综合利用技术，理应在含钛炉渣的利用上取得进一步突破，特别是在含钛炉渣自身品位提高上下功夫。相应的，目前攀钢正在开展含钛炉渣选矿方式提升品位实验研究工作，一些同行也正在开展含钛炉渣直接还原制取钛硅合金工艺及产业化技术研究工作。

2.4 产能及经济性问题

从 20 世纪七八十年代的西昌“新流程”放大实验开始，至目前龙蟒、攀钢的半工业化试验为止，多年实践研究证明，钒钛磁铁矿综合利用的经济效益和社会效益只有在相当规模下才有可能实现。更进一步的，规模化生产只是实现综合效益的一个前提条件，综合利用本质上主要是充分利用含钛炉渣的价值。包括多金属伴生矿综合在内的钒钛矿综合利用，只有生产规模达到一定量的情况下，随吨铁间接费用分摊比例的降低，以及含钛炉渣规模化效益显现，才有可能实现钒钛磁铁矿综合利用效益。

国内其他处理冶金尘泥的转底炉直接还原工艺也面临这一问题。一套 20 万吨级转底炉直接还原线按 12 年折旧计算，单是金属化球团的折旧分摊费用实际已超过 75 元/吨（按金属化球团 15 万吨/年计），这样的成本比例构成表明产能是至关重要的，但综合考虑环保综合效益另当别论。

就直接还原处理冶金尘泥或钒钛矿综合利用而言，其中间产品并非具有高附加值，依托规模经济效益，回转窑、转底炉等直接还原设备则不具备理想的产能优势。单就设备而言，竖炉或许是一个更佳的选择，本文不做进一步的讨论。

3　结论及建议

（1）钒钛磁铁矿采用转底炉直接还原工艺技术上总体可行，可实现钒钛矿的有效分离和综合利用，铁、钒、钛的全流程回收率可达到 89%、45% 和 72%。

（2）钒钛磁铁矿采用转底炉直接还原工艺中存在的一些问题，如电炉耐材寿命不高、热能回收利用低下、含钛炉渣规模化应用困难、产能不高等，还需深入研究解决，才能更好地发挥该工艺的经济性和规模化应用前景。

（3）当前条件下，建议可另行开展钒钛磁铁矿竖炉直接还原工艺的基础研究和小规模试验研究工作，以对钒钛磁铁矿综合利用转底炉直接还原工艺的有益补充和更深层次的优化。

钛液水解晶种的研究现状

攀钢集团钛白产品应用研究中心　朱玉杰　李训勇　袁立军

摘　要：本文综述了钛白粉生产的水解工艺及水解晶种的国内研究现状；在分析晶种对水解工艺影响情况的基础上，提出了外加晶种对水解工艺改良的几点建议，希望能为研究优化外加晶种水解工艺提供参考。

关键词：二氧化钛　晶种　水解　粒径　偏钛酸

0　前言

二氧化钛是一种重要的无机化工原料，无毒、对健康无害，是最重要的白色颜料，占全部白色颜填料使用量的 80%以上，通常人们把它多用在涂料、油墨、塑料、橡胶、造纸、化纤、美术颜料盒日用化妆品等行业中。钛白粉的工业生产方法有硫酸法和氯化法两种，国内生产多采用硫酸法，并部分氯化法项目在陆续筹建；国外以氯化法生产工艺为主，但仍保留部分硫酸法。不同工业应用领域对二氧化钛的应用性能要求有些微差异，但如白度、消色力、光泽度、分散性等基本的颜料性能是由严格要求的，而二氧化钛的颜料性质与其光学性质紧密相关，受二氧化钛颗粒尺寸形状、大小及粒度分布影响很大，一般要求颗粒粒径控制在 0.15~0.3μm 并且要求分布较窄，因此，在硫酸法钛白生产工艺中，钛液水解工序就成为关键工序之一。水解反应的优劣，最终产品的质量会很差，影响产品的价格，也对水解的后续处理工艺操作如洗涤过滤及成本有很大影响，因此生产对水解工序一般比较严格的要求。为了控制产品质量，众多专家学者围绕水解及影响因素展开了大量的实验研究工作，并提出了许多改进型建议。

1　水解过程

目前的硫酸法生产中，只有自生晶种水解工艺和外加晶种水解工艺这两种水解方法在各国广泛使用。关于水解的反应机理及动力学理论方面的研究尚没有清晰的结果，但无论原理如何，整个水解的过程可以分为三个阶段：（1）晶核的形成；（2）沉淀的形成：根据结晶学的原理，二氧化钛的大分子胶体以晶核为结晶中心，在晶核表面长大，进而结合成更大的聚集体，当聚集体增大到一定程度时，就形成沉淀，凝聚体大小取决于钛液组成和水解条件，它直接影响颜料的性能，可以被化学和机械力破碎，这是形成二氧化钛光学性能和颜料性能最重要的一环；（3）沉淀的凝聚：沉淀析出并逐渐长大，钛液变色，即灰点出现，此时凝聚体颗粒大小影响偏钛酸的过滤性能，对颜料性能影响不大。在晶核的形成过程中，为了得到粒径均匀颜料性能优异的产品，要避免钛液自然成核，而是在水解前先控制一定条件形成具有一定活性、组成的晶核，然后预先引入钛液，这种晶核即称为晶种。由于晶种形成操作不同，晶种分为两类：一类是外加晶种；一类是自生晶种。

典型的自生晶种和外加晶种水解工艺流程如图 1 所示。

外加晶种多是用另外单独的设备和工序来制作的符合一定工艺要求的晶核，在水解前加入到钛液中，这类晶种多是用碱进行中和硫酸氧钛或者四氯化钛制得的二氧化钛胶体沉淀，晶种多属于金红石型或无定形晶核；自生晶种则是通过在水解锅内预先加入定量定温的水，再控制钛液的加入速度，使钛液因剧烈的稀释而发生反应（1），水解得到晶种，这些晶种绝大多数是锐钛型晶核。

$$TiOSO_4 + 3H_2O \xrightarrow{\text{常温或强烈稀释}} Ti(OH)_4 + H_2SO_4 \qquad (1)$$

法浩然等分析了外加晶种的活性、加入量、加入温度和制备方法对钛液水解过程的影响，并实验发现，晶种浓度越高，晶种活性越高，沉降率高，过滤性能好，当晶种加量为 1%时，过滤性能好且质量稳定合格，并且晶种制备时将钛液加入碱中的反应方式较优。

田从学研究采用自生晶种水解法水解制钛白，分别以未浓缩钛液和硫酸氧钛溶液为原料，研究了底水加入量、F 值等因素对晶种性质产生影响进而影响水解和最终产品的质量。

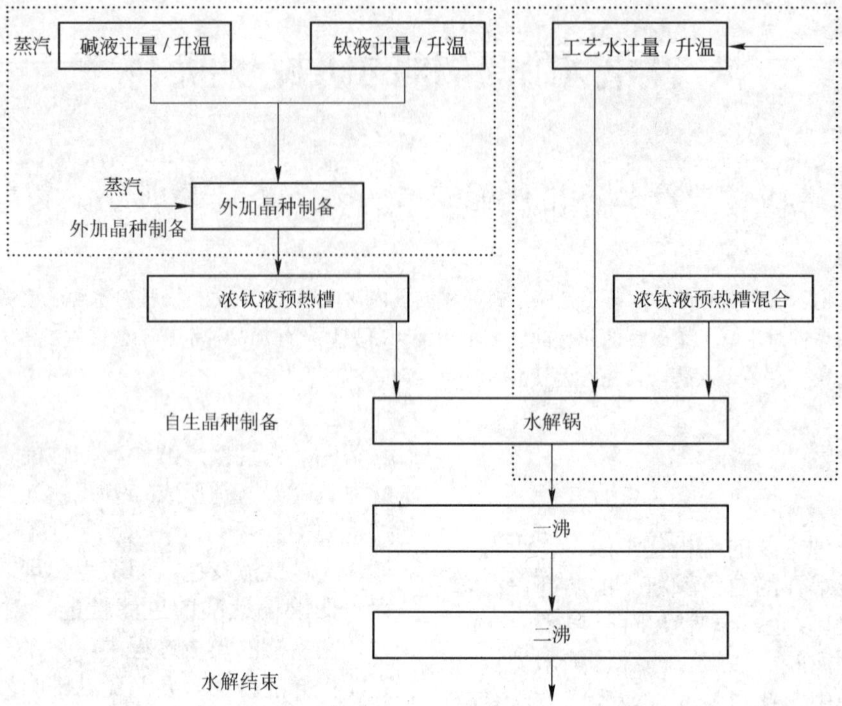

图 1　水解工艺流程

2　水解晶种制备研究

硫酸法金红石型钛白粉的生产中，水解晶种根据其作用又可以分为锐钛型晶种和金红石型晶种，锐钛型晶种在水解时加入，作为钛液水解时的结晶诱导中心，而在煅烧时不起作用；金红石晶种在水解时加入，作为结晶诱导中心，在偏钛酸煅烧时，这些晶种又起促进晶型转化的作用，为此，也有人将水解时加入的金红石晶种称为双效晶种，专利 CN1415548A 在国内首次命名“双效晶种”，国内外都有不少专利来介绍双效晶种。

2.1　锐钛型晶种

锐钛型水解晶种，其制备方法主要有两种：一种是稀释钛液产生水解晶种，即为自生晶种；另一种为把一定浓度的碱液和钛液中和反应并胶溶制得晶种，再加入主体水解钛液用，即为外加晶种。其中外加晶种具有制备方法简单，容易控制的优点。

专利 CN102050488A 介绍了一种自生晶种成核的水解方法，该水解工艺是将浓钛液和底水预热至一定温度；将底水加入到水解罐中，同时启动搅拌；将浓钛液连续卸料加入到底水，同时生成自生晶种来制取晶核；通过控制钛液加入方式、底水量、晶种量、晶种熟化时间、加料速度、钛液浓度等技术参数和反应条件来获得半峰宽在 80～100nm 范围内的颜料级的钛白产品。

碱液中和制备外加水解晶种按条件分为加压水解晶种、微压水解晶种和常压水解晶种。外加晶种常压水解和微压水解，在晶种制备上是完全相同的，只是后续水解操作及控制条件有些许差异。

加压水解晶种时，要先配置好氢氧化钠溶液，浓度在 18%~22%之间，在晶种制备槽内计量加入浓酸前的水解钛液，并边搅拌边均匀加入配置碱液中和，控制制备槽内钛液温度不超过 45℃，控制中和的终点为有效酸含量 18~21g/L，总钛含量为 70~80g/L；此时的溶液呈蓝色或者淡褐色，然后停止冷却，开加热进行熟化，熟化温度为 65~70℃，熟化时间在 30min 左右，熟化完成后，停止加热并冷却，冷却至 45℃以下即可得到所需的晶种，制得的此种晶种存放时间一般可达 120h。

微压和常压晶种，又称快速晶种，一般即用即配。专利 CN1834019A 制得的仅为锐钛型晶种，且含杂质较多。首先，分别预热计量浓缩后的钛液和浓度 8%~10%左右的碱液，先把碱液加入晶种反应罐中，后控制速度加入钛液；加完钛液后，进行升温，在 90~100℃熟化，并取样分析晶种的稳定性达标后，快速放入已经预热好的钛液预热罐中，搅拌混合，然后进行后续水解，此法是目前应用最广的外加晶种制备方法。

2.2 金红石型晶种

水解用的金红石晶种，又常被称为“双效晶种”。很多专利文献对此晶种的制备都做了介绍，不同专利采用不同的原料，用清钛液、浓钛液、$TiCl_4$、$Ti(SO_4)_2$、$TiOSO_4$、偏钛酸等作为原料，基本都要经历中和沉淀，最终得到正钛酸，然后用酸胶溶熟化等过程。

专利CN1008356B介绍的晶种制备工艺为：控制温度40℃，用稀氨水中和工业硫酸钛溶液，终点为pH=3~3.5，所得正钛酸沉淀用去离子水洗去硫酸铵，然后用稀盐酸胶溶，熟化，制得高活性的氨中和晶种，将1.0%~2.2%的晶种加入工业硫酸钛溶液，沸腾水解2~2.5h，所得偏钛酸沉淀经水洗、盐处理，加晶种煅烧相变、研磨分级、包膜处理，制得金红石型颜料钛白粉，钛液水解率达95%，金红石型晶体转化率为99%。

吴永宝介绍了一种以 $TiCl_4$ 为原料制备水解外加晶种的方法，在该方法中，以四氯化钛为晶种，然后以三价钛盐漂白，再通过多层包膜工艺来制备金红石型钛白粉。该方法的主要步骤为：用去离子水稀释精制的 $TiCl_4$ 溶液，然后用140g/L的NaOH溶液中和 $TiCl_4$ 水溶液，再用35%~37%的浓盐酸酸化中和所得沉淀，并升温胶溶，胶溶所得溶胶用NaOH溶液中和，所得沉淀过滤洗涤，最后再用去离子水分散滤饼，最终得到所需要的晶种。但是，该工艺存在两个影响晶种质量的问题：胶溶浆料中含有大量NaCl，使得所得晶种质量较差；晶种过滤洗涤后再分散将严重影响晶种的分散性。

专利CN101698505A公布了一种以 $TiCl_4$ 为原料制备外加金红石水解晶种的方法，该方法选用精制 $TiCl_4$ 为原料，从源头上保证了晶种的一定的纯度。专利优选的实施方法是：将精制 $TiCl_4$ 液体稀释，浓度为200~450g/L(以 TiO_2 计)；充分搅拌降温后缓慢加入碱液中，碱液的质量百分比浓度为3%~15%，体系的pH值被中和至5.0~7.0；中和所得浆料过滤、洗涤、打浆，洗涤水用量为 H_2O:TiO_2>10:1(质量比)，打浆浆料中 TiO_2 含量50~100g/L；向浆料中加入盐酸或硝酸，并充分搅拌，所加盐酸或硝酸浓度分别为30%~35%和60%~68%，用量为HCl:TiO_2 或 HNO_3:TiO_2=0.25:1~0.9:1；浆料分散均匀后，体系升温至70~90℃，保温0~120min，优选的是升温速率为1.0~3.0℃/min，将体系升温至75~85℃，保温时间为30~60min；循环水冷却浆料的同时，用去离子水稀释浆料，去离子水的用量为 H_2O:浆料（体积比）=1:1~2:1，并保证体系的降温速率为5~8℃/min；搅拌状态下用3%~15%碱液调体系pH值至3.0~9.0，并维持体系温度不高于60℃，优选的pH值为3.0~4.0、5.0~6.0和8.0~9.0；浆料静置沉降时间≥5h，下部沉淀为制备的水解外加晶种，晶种的 TiO_2 含量≥30g/L。采用该法生产的水解晶种金红石含量大于99% (XRD)，且稳定性好，放置15天以上仍可作水解晶种。

专利CN102153136A和专利CN102390865A均以钛白粉生产的中间产物——偏钛酸为原料，经酸溶-中和沉淀-胶溶过程，制得具有水解晶种性能和煅烧晶种性能的高活性双效晶种。

2.3 晶种性能检测

众所周知，晶种的质量如稳定性、活性、数量等，对水解率、水解粒子的粒径及分布影响很大，但对晶种这些性能的检测，尚未有统一明确的检测标准。

专利CN102012379B提供了一种测定四氯化钛水解晶种活性的表征方法，具体为在偏钛酸浆料中加入 $TiCl_4$ 水解晶种，搅匀、过滤，滤饼煅烧得到的钛白粉进行金红石含量的测定，金红石含量越高则 $TiCl_4$ 水解晶种活性越高。本发明通过 $TiCl_4$ 水解晶种在煅烧时促进偏钛酸转化为金红石晶型来间接的表征晶种金红石含量，进而表征其活性。

专利CN103512852A公布了一种检测外加晶种稳定性的方法。将外加晶种和蒸馏水按照预定体积比混合，以形成混合样；在参比液（无色透明液体）的存在下测量所述混合样的透光率，并以所述透光率来表征外加晶种的稳定性，具体地，随着透光率的降低，外加晶种的稳定性下降。本发明的方法通过测定外加晶种经处理后混合浆料的透光率来判断晶种的稳定性，避免了人眼判断误差，具有分辨性能高、可操作性强、快速准确等优点。

3 结论

目前，氯化法钛白技术核心仍被国外如杜邦等企业垄断，国内的钛白生产中硫酸法生产仍是主流，经过几十年的发展，国内对硫酸法的工艺技术已经比较成熟，从外加晶种角度来看，还可从以下几个方面来优化水解工艺：

（1）制备纯度较高的外加晶种，减少晶核质量对水解的负面影响，降低水解时产生的结晶缺陷。

（2）从优化搅拌速率来提高传热传质效果，以便保证水解液相热质均匀，保证结晶粒子分散均匀，为此，在加晶种期间搅拌速度较快，水解期间速度较慢。

（3）从水解时间长短来优化水解工艺。外加晶种水解法省去了水解过程的晶核形成阶段，为此在后续结晶长大和絮凝沉淀阶段，要合理控制晶体的成长时间，制得粒度大小合适且分布均匀的偏钛酸粒子。

TiO_2在LDPE树脂中的应用性能研究

攀钢集团钛白产品应用研究中心　周　俊　冯　燕　和　柳

摘　要：二氧化钛是一种常用的无毒无害无机白色颜料，广泛应用于涂料、塑料、油墨、造纸等各个领域。本文通过制样过程中不添加任何助剂，依靠钛白粉和树脂本身的性质，检测其经过高温混炼后所处介质中的性能方式，主要研究了一些常用的塑料用金红石型钛白粉在LDPE树脂中的白度，遮盖和消色力，并考察这三者之间存在的关系。

关键词：二氧化钛　LDPE树脂　白度　遮盖力　消色力

1　前言

二氧化钛，又名钛白粉。钛白粉的物理化学性质相对比较稳定，对环境的伤害也很小，因此也被誉为安全颜料。钛白粉因其具有最佳的白度，不透明度和光泽度，已经被广泛应用于生活中的各个领域，在颜料界有“白色颜料之王”的称号。

钛白粉在涂料、塑料、造纸、油墨等行业有着重要的用途。颜料的白度跟颜料的分散性、粒径分布及大小、Fe含量、TiO_2含量等都有关系，遮盖力主要取决于颜料的分散性、粒径分布及大小、TiO_2含量、金红石含量和对光的反射性能。一般情况下，金红石型钛白粉是折射性能最好的白色颜料。

在各种塑料体系中，PE是一种综合性能良好，且无毒，对环境的危害较小的高分子聚合物(聚乙烯)，在我们的日常生活中有广泛的应用，且应用成本较低，在众多塑料行业中独占鳌头。PE树脂又可分为HDPE(高密度聚乙烯树脂)、LDPE(低密度聚乙烯树脂)和LLDPE(线性低密度聚乙烯树脂)，其基本结构如图1所示。LDPE是一种成乳白色的低密度蜡状固体树脂，具有所有PE树脂所拥有的优点。受分子链上长短支链的影响，其软化点较低，具有良好的成型加工性能，还具有较好的热塑性，可塑性较强，流变性能较好。因此，在塑料行业中的应用非常广泛。

2　实验部分

钛白粉的各种应用性能存在着相互制约、互相影响的作用，有的呈线性增长，有的呈逆向增长趋势。本文主要着眼于钛白粉的干粉白度与其在LDPE树脂应用中呈现出来的白度、遮盖力和消色力三者之间的关系进行讨论。为生产专用适合于塑料型钛白产品提供技术支持。

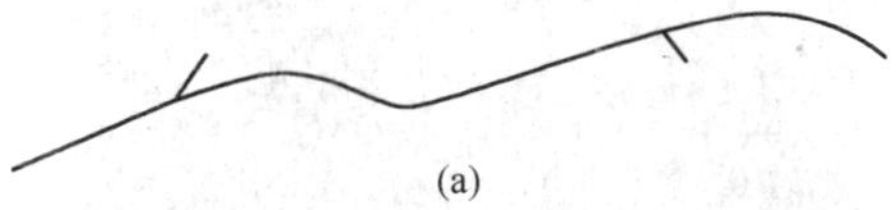
(a)

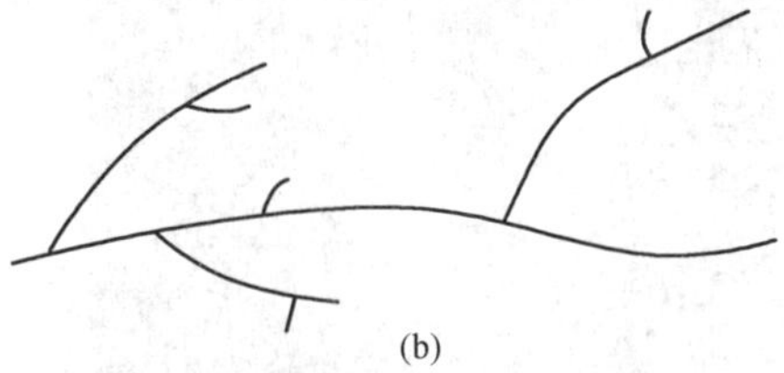
(b)

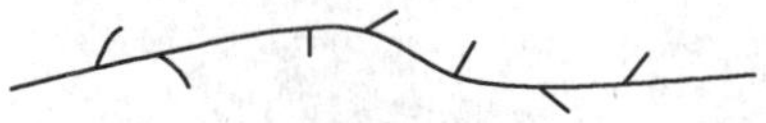
(c)

图1　PE基本结构

(a)HDPE; (b)LDPE; (c)LLDPE

2.1　主要仪器及试剂

仪器部分：恒压制备器、粉体白度计YQ-Z-48B、电子天平、双辊炼塑机、压片机C84-III反射率测试仪。

主要试剂：LDPE树脂，黑母粒。

2.2　试样的制备

准备7个金红石型钛白粉样品，用恒压制备器压片后由粉体白度计检测其干粉白度，并根据干粉白度值由低到高，依次编为1~7号。

称取相同质量的不同型号金红石型钛白粉分别和相同质量的LDPE树脂混合均匀(质量比为12.5‰)，然后在双辊炼塑机上混炼均匀，拉出白色的基料片，然后将拉出的基料片剪成 3×4(cm)的小方块，再将剪好的基料小方块按左标右样的顺序放入镀金板光滑的一面，最后放入压片机中热压，得到白色的 LDPE 塑料片，若要用于仪器检测的样片则由单个基料片热压成型。如图 2(a)所示，通过肉眼观察和仪器检测对比不同钛白粉样品和标样之间的白度和遮盖力。黑色塑料片炼塑的前半部分和白色塑料片相同，只是在钛白粉和 LDPE 树脂混炼均匀后，还要加入称好的黑母粒。当黑母粒与白色基料熔合、混炼均匀后再拉出呈黑灰色的基料片，通过压片机压塑得到黑色的塑料片（压制方法与白片相同），如图 2(b)所示，通过肉眼观察对比不同钛白粉样品和标样之间的消色力情况。

(a)

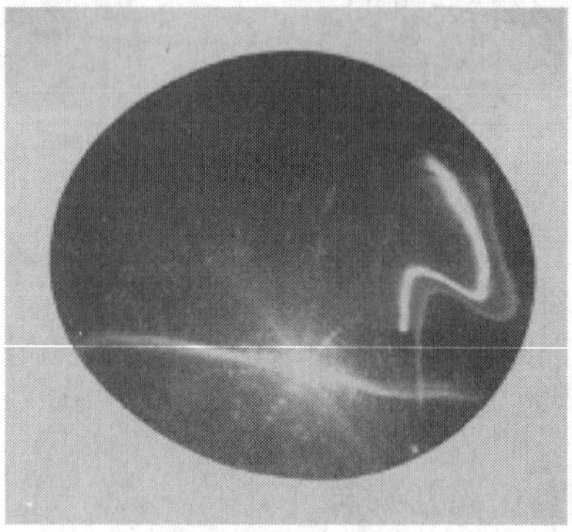

(b)

图 2　LDPE 塑料片

(a)白色压片；(b)加黑母粒压片

2.3　实验结果与讨论

2.3.1　仪器检测结果

仪器检测结果如图 3 和图 4 所示。

2.3.2　目测检测结果

在 LDPE 中的白度：

7 号>6 号>5 号>4 号>3 号>2 号>1 号

在 LDPE 中的遮盖力：

7 号>6 号>5 号>4 号>3 号>2 号>1 号

在 LDPE 中的消色力：

7 号>6 号>5 号>4 号>3 号>2 号>1 号

2.3.3　实验结果讨论

综合图 3 和图 4 及目测结果可知，当样品干粉白度值较高时，其样品在 LDPE 中呈现出来的白度、遮盖力、消色力也均呈总体增高的趋势，也就是说这四个检测指标之间的变化基本成正比关系。

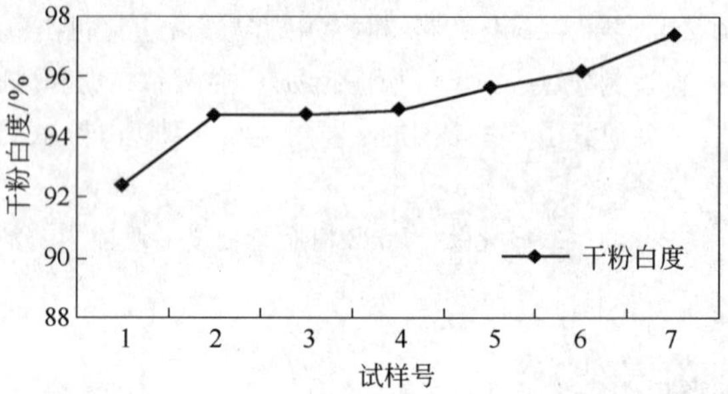

图 3　不同型号金红石型钛白的干粉白度值

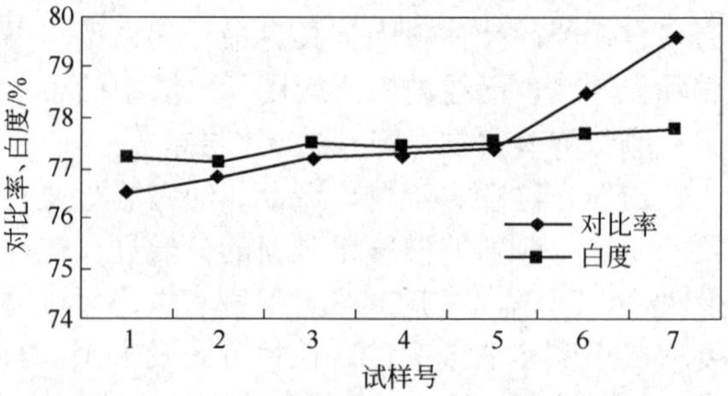

图 4　不同型号金红石型钛白在 LDPE 中的对比率和白度值之间的关系

对比率是遮盖力的一种表现形式，在本文中均代表 PE 塑料片遮挡光源的能力。而在本次实验中目测遮盖力结果与 C84-Ⅲ反射率仪检测的对比率结果完全一致，说明该项检测的重现性较好。

钛白产品的干粉白度高于其在 LDPE 树脂中的白度，是因为 LDPE 树脂的白度低于钛白产品，而它的加量又远远高于钛白产品的加量导致的。干粉白度与其在 LDPE 树脂中的白度并不完全呈线性增长关系，这与钛白产品和 LDPE 树脂的相融性即分散性有关。目测塑料片白度结果虽然与 YQ-Z-48B 白度计检测结果有些差异，但总体变化趋势是一致的，检测结果是可靠的。

因业内消色力检测均采用目测法，且检测结果非常明显，所以未做仪器对比检测。消色力主要体现的是钛白粉对黑母粒的消色能力，如图 2(b)所示，如果压出的塑料片的颜色越浅越好，证明该种钛白粉对黑母粒的消色能力越强。

通过以上实验我们得出以下结论，干粉白度越好的钛白产品，其在LDPE树脂中的白度、遮盖力、消色力等都有较好的优势。通过仪器检测数据也可以得出，钛白产品在LDPE中的白度、遮盖力，以及其对黑母粒的消色能力与相应的干粉白度基本成正比关系，也就是白度越好的钛白产品其对应的遮盖力和对黑母粒的消色能力都越强，这跟我们的目测结果基本一致。

3 总结

本文通过一种简单的实验方法实现了一些常用的金红石型二氧化钛在LDPE树脂中的应用性能检测，实验过程中不需要添加任何助剂，仅仅依靠二氧化钛自身的分散性能以及LDPE树脂的热塑性和流变性能进行实验，从而达到检测二氧化钛在LDPE树脂中的应用性能的目的。

实验证明，我们之前的推测是正确的。当钛白产品的干粉白度越高时，其在LDPE树脂中的白度、遮盖力和消色力也随之增高。钛白粉在LDPE树脂中的白度、遮盖力、消色力三者之间呈线性增长关系。

攀钢西昌钢钒公司增强企业核心竞争力的实践

攀钢集团西昌钢钒有限公司技改部　宋正弟　王　兵

摘　要：在当前经济形势和钢铁行业产能过剩的情况，钢铁企业生存形势严峻，攀钢集团西昌钢钒有限公司虽然具有工艺设备先进，自动化程度高，人员精干等优势，但自2011年12月投产以来，一直处于亏损状态。在这种形势下，依靠传统的求大、求全、上规模的发展方式已经不能帮助企业走出困境。如何转变发展观念，最大限度的发掘企业自身竞争优势，发挥长处，规避短处，全面提高企业综合竞争力，是需要认真思考的问题。

本文从分析企业自身的优势入手，从做强钒生产工艺优势、做好余热余能的回收利用、做强做精板材产品、创造和谐共赢的低成本发展空间等四个方面进行论述，增强企业核心竞争力。

关键词：增强　企业　核心　竞争力

1　引言

攀钢集团西昌钢钒有限公司于2011年12月投产运行至今，正值全球经济总体形势不容乐观、钢铁业更是举步维艰之际，我国大多数钢铁企业都处于求生存、谋发展的严峻形势之下，这给身处西南边陲的西昌钢钒的起步给予了巨大的压力，面临着严重的考验。在这种形势下如何转变发展观念。最大限度的发掘企业自身竞争优势，全面提高企业综合竞争力，推动企业发展。是当前和今后相当长一段时期，需要认真思考的问题。

基于上述情况，企业未来发展需转变观念，认真分析企业自身与其他钢铁企业相比存在的竞争优势，发挥长处，规避短处，增强企业核心竞争力。依靠企业的科技创新、技术、人力资源等方面的优势发展壮大。并立足于攀西特色资源，坚持内部挖潜，强化成本控制，强力推进技术进步，开发具有差异化、高端化特色板材品种，深度开发和合理利用资源，不断提升和拓展产线功能，降低生产成本。

2　西昌钢钒有限公司基本情况

西昌钢钒有限公司因攀钢西昌钒钛资源综合利用项目而诞生，始建于2008年9月，于2011年7月20日正式挂牌成立，公司位于四川省凉山州西昌市经久乡罗家沟，总投资约300亿元。企业注册资金10亿元，在岗职工3974人。

西昌钢钒有限公司采用了国际国内先进的设备和工艺技术，主要利用和开发攀西地区的钒钛磁铁矿资源。公司生产规模设计年产钒渣22.6万吨、钒制品1.88万吨；生铁400万吨、钢390万吨、热轧材370万吨、冷轧板210万吨。

3　企业的竞争优势及未来重点发展方向分析

受当前钢铁行业产能过剩的影响，钢铁企业经营发展困难重重，西昌钢钒公司要走出困境，早日实现扭亏增盈，需做好以下几方面。

3.1　做大做强钒生产工艺优势

3.1.1　钒生产工艺现状

西昌钢钒有限公司钒制品工程是利用攀钢自主研发的清洁钒生产新工艺建设的世界上第一条中钒铁生产线。新工艺在环保、技术经济方面的优势突出，其废水、废渣都实现了低成本的闭路循环利用，真正意义上实现了零排放，它的建成投产标志着攀钢的提钒技术已经达到了国际领先水平。

西昌钢钒有限公司与国内外氧化钒生产企业相比，工艺竞争力处于明显的优势。公司采用的是攀钢自主研发的氧化钒清洁生产新工艺，该工艺与其他传统工艺相比具有如下优势：

（1）解决了图拉石灰法产品质量低的难题，又确保了废水循环利用、尾渣及其他废弃物的再利用，不再排放有害废弃物。

（2）该工艺生产的产品质量高，解决了图拉石灰提钒工艺产品质量低的难题，进一步改进沉钒产品洗涤技术后产品质量将更好。

（3）该工艺的回收率高，回收率可以提高到85%以上，生产成本低。

（4）该工艺创造性地提出了废水闭路循环的技术原理，解决了各项关键技术和装备，实现废水和废渣全部循环利用，无有害废弃物排放，可彻底解决钒产业废水的污染问题和影响钒产业的生存问题，氧化钒产品达到国家标准，钒回收率大幅度提高，生产成本明显降低。其环保效益和社会效益意义重大。

西昌钢钒有限公司钒制品工程全部完成后，将形成年产 18800t V_2O_5 的氧化钒清洁生产能力，这不仅对攀枝花钒资源的综合利用具有直接的指导作用，而且对我国钒产业的绿色生态发展同样具有积极的借鉴和重要的参考价值，同时将进一步为世界钒生产所在地的可持续经济发展做出重要贡献，因此其推广应用前景良好。

3.1.2 存在的问题和发展方向

因实验室技术转化为大规模工业生产过程中的新工艺与新设备之间的磨合与衔接的问题，技术指标还需进一步提高。

西昌钢钒公司目前正在攻克以“氧化钒清洁生产”为代表的重大技术难题，保证达到钒产品质量最优、无废水废渣排放，为打造世界一流的钒产品生产企业提供技术支撑。在经历了两年的技术攻关后，对焙烧工艺流程进行了调整，指标已经取得突破，焙烧转化率达到85%，同时浸出、沉淀工序已经制定相应解决措施，目前正在进行产能提升试验，逐步提高生产能力，正在向达产达效生产的目标奋斗，预计年内能够实现达产达效。

西昌钢钒要尽快走出困境，必须加大科技投入、加快科技创新，做大做强钒产业，利用工艺技术优势做到技术水平世界领先，行业第一，产品质量最优、成本最低、环境代价最小，使之成为公司的拳头产品和重点盈利产品。

3.2 做好余热余能的回收利用，最大限度降低生产成本

3.2.1 余热余能的回收利用现状

3.2.1.1 充分回收利用余热余压及富余煤气

焦炉、高炉、转炉在生产过程中产生大量煤气，煤气 100%回收，经净化后作为二次能源使用。西昌钢钒公司建设了煤气柜，并建立了全厂煤气调度中心，使煤气得以高效利用。达产后，可回收焦炉煤气约 $58434.7\times10^4m^3/a$，折合标煤 35.7 万吨/年；回收高炉煤气约 $859320\times10^4m^3/a$，折合标煤 981634t/a；回收转炉煤气 $31253.6\times10^4m^3/a$，折合标煤 7.58 万吨/年。充分回收烧结环冷机、转炉烟气、热轧加热炉、干熄焦产生的余热，具有明显的节能降耗效果。其中干熄焦余热锅炉回收的蒸汽折合标煤约 87149t/a，转炉余热锅炉回收的蒸汽折合标煤约 21350t/a，热轧加热炉汽化冷却回收的蒸汽折合标煤约 17014 t/a。

高炉设有炉顶煤气余压回收透平发电装置（TRT），采用 TRT 技术每年可外供电能约 19224×10^4kW·h，折合标煤 23626t/a。西昌钢钒公司积极推行钢铁项目热电联产工程，全厂剩余的煤气用来发电。

西昌钢钒拥有完善的余热、余能、富余煤气回收利用系统。目前建设了装机容量为（3×40）+（1×55）MW 的富余煤气发电机组；3×13MW 的高炉炉顶余压发电机组；2×25MW 的干熄焦发电机组。正在建设 1×55MW 的富余煤气发电机组和 1×15MW 烧结余热蒸汽发电机组。实现了富余煤气及余热蒸汽的全部回收利用，2013 年发电量为 12.8 亿度，约占公司全年用电量的 60%。

3.2.1.2 充分利用西昌地区丰富的太阳能资源

西昌地区日照充分，光照资源非常丰富，为四川省太阳能富集区，非常适合发展太阳能发电项目。太阳能光伏发电绿色、低碳、环保，具有显著的社会效益，且太阳能光伏发电属国家鼓励发展的环保、清洁、可再生的新能源。西昌钢钒公司通过考察、交流，于 2013 年 11 月与全球领先的太阳能光伏企业英利公司以合同能源管理方式合作开展西昌钢钒公司屋顶光伏发电项目。

该项目计划投资 2.7 亿元，装机容量 30MW。项目建成后，年发电量 3600 万 kW·h；年均节约标准煤 1.18 万吨；年均减少二氧化碳 3.3 万吨；年均减少二氧化硫 984t；年均减少烟尘 223t；年均减少氮化物 131t。

西昌钢钒公司利用闲置的大量富余的屋顶资源，以合同能源管理方式合作建设屋顶太阳能光伏发电项目，不用企业花费 1 分钱，每年可少支出电费近 200 万余元，对于企业在增加效益、减低成本、利用资源、节能减排、提高环境质量方面是非常有利的。

3.2.2 今后在资源循环利用方面的发展方向

（1）目前西昌钢钒公司还应加大资源循环利

用力度，开展烧结矿余热回收发电技术研究、烧结环冷机余热回收技术研究、高钛高炉渣显热回收技术研究。

（2）提高资源的回收利用效率：目前西昌钢钒的焦炉煤气回收利用采用的是燃烧发电的方式，这是焦炉煤气利用效率较低的一种方式，今后应进行焦炉煤气资源型开发利用。具体研究应用于制甲醇、化肥、制氢、还原铁等方面，提高回收利用价值。

（3）在目前屋顶太阳能光伏发电项目开发成功的基础上，加大太阳能的利用力度。

利用西昌钢钒公司先进的技术装备和目前良好的余热余能回收经验和技术，将能源的回收利用和循环经济做到极致，最大限度降低生产成本，才能在目前钢铁行业的寒冬时期立于不败之地。

3.3　做强做精板材产品

3.3.1　西昌公司板材产品形状

西昌钢钒公司产品面向全球市场定位，主要产品为汽车专项钢、高级别管线钢、高强工程机械用钢、热轧酸洗板、高档家电用钢、高档汽车面板等。整体装备技术水平达到国内一流，关键工序国际先进水平。主要有四个方面特点：

（1）拥有目前世界上最先进的6.25m捣固焦炉。

（2）从炼铁出铁、脱硫到提钒实行“一罐到底”。

（3）炼钢、连铸、热轧采用了目前国际上最先进的工艺及装备。

（4）先进的生产及钒合金冶炼工艺。

3.3.2　西昌公司板材产品发展方向

西昌钢钒公司定位于国内一流、西南第一的精品板材生产基地。

（1）掌握 2050mm 热轧生产线极限规格钢卷生产关键技术，使2050mm热轧生产线关键工艺参数精度达到或超过设计技术指标，提高2050mm热轧生产线主要产品外在及内在实物质量，实现1.4~1.8mm 薄规格以及高强度厚规格产品批量稳定生产。利用2050mm轧线优势，做好极薄极厚、高强高韧产品开发和重大技术研究。

（2）开展“冷轧连退机组关键工艺技术研究”、“汽车板冷轧表面质量检查与判定方案的研究”、“连退带钢表面质量检测系统应用技术研究”，激光焊接断带率控制在0.5%以下，高强冷轧产品平直度精度≤10I，命中率95%以上，高强钢成材率达到92%以上，形成自有的汽车板生产专有技术，尽快实现公司具备高附加值冷轧汽车板批量生产供货能力。

（3）强力实施“六西格玛”精细管理，做到高质量、稳定满足用户需求。充分借鉴和运用六西格玛先进管理方法，优化工序质量管理，提升产品质量升级，实现管理流程再造。认真做好六西格玛推进计划，建立管控制度，引入咨询评审机构，重点抓好黑带项目、绿带项目的管理运行，促进管理创效，有力提升公司综合竞争力。

钢铁行业竞争激烈，企业要生存发展，必须把公司的主要产品热轧、冷轧板材做精做强，做到板材产品在西南及周边市场占有率第一；同等市场、同等条件下，公司盈利能力最强，才能在激烈的竞争中傲视群雄。

3.4　融入当地、融入西昌，创造和谐共赢的低成本发展空间

由于西昌钢钒公司进入西昌较晚，在融入西昌的过程中存在以下问题：

（1）随着2008年西昌钢钒公司在西昌开始建设，西昌市开始出现空气污染加重、高物价和高房价的情况，西昌市民把原因归咎于西昌钢钒公司的进入，对企业存在较大的误解与不满。

（2）企业与地方政府沟通不足，没有形成良好的政企关系，皆导致部分地方政府部门对企业不支持、不理解。企业所处的凉山州和西昌市虽然有丰富的矿产资源，却不能得到很好的利用，导致原料成本较高。

主动融入当地，为企业赢得和谐共赢的发展空间：

西昌钢钒公司虽然是国资委直接管理的中央企业鞍钢集团公司下属攀钢集团有限公司的全资子公司，属于央企，但是企业要发展，离不开当地老百姓的理解、拥护和地方政府的支持。西昌钢钒公司进入西昌也是看中了西昌当地丰富的矿产资源，在今后的工作中企业应做好以下几方面工作：

（1）通过电视、报纸、网络、户外广告等多种形式进行企业形象宣传，多宣传企业在治理污染、保护环境、带动地方经济等方面的举措，让西昌市民了解企业、认识企业不是只来赚钱和污染环境，也是为地方经济发展服务的，从而认可企业，并消除市民对企业的误解。

（2）加强与凉山州、西昌市相关政府部门的沟通与协调，消除误解与不满，保持良好的政企关系。积极争取地方政府对企业的扶持与理解。

（3）企业职工也要树立我就是西昌人的觉悟，

热爱西昌、以西昌为荣，从而主动融入西昌。企业也要树立是西昌一份子的意识，积极主动的参与西昌当地的公益事业，并努力吸纳当地人进入企业工作，让西昌市民以西昌钢钒为荣，以到西昌钢钒工作为荣，将他们“攀钢”变为我们的“西昌钢钒”。

企业所处的凉山州和西昌市属于矿产资源丰富的地区，当地的市民也具有勤劳勇敢、吃苦耐劳的精神，只有得到了当地老百姓与地方政府的理解与支持，企业才能获得长治久安、和谐共赢的发展环境，才能更好地利用当地丰富的自然资源和人力资源。在带动地方经济发展的同时，企业也得到强大的人力和物力支持，实现低成本发展。

4 结束语

当前经济形势和钢铁行业产能过剩的情况是不可能在短时间内得到根本性的改变，企业要在当前严酷的环境中生存发展、尽快走出困境，必须要转变发展观念，不能单纯的求大、求全、上规模，要认真分析企业自身与其他钢铁企业相比存在的竞争优势，发挥长处，规避短处，增强企业核心竞争力，才能为企业赢得更大的发展空间。

创新存货管理，细化过程控制，提升企业创效能力

攀钢集团西昌钢钒有限公司制造部　郭庆霞

摘　要： 存货是联结产品生产和销售的纽带，企业为了保证生产经营过程的持续，必须有计划地购入、耗用和销售存货，而企业存货管理的好坏，则与企业的发展息息相关。本文以攀钢西昌钢钒公司为例，就其存货管理的现状、问题进行分析，探讨了运用 BI 工具，建立动态需求和用户消费关联性的一些认识和看法，提出了存货管理的创新思路和细化过程控制的新方法。

关键词： 存货管理　过程控制　创新思路

1　前言

攀钢集团西昌钢钒有限公司是 2008 年开始建设的年产钢 500 万吨、钒产品 20 万吨的大型中央直属企业。该公司在进行工程建设的同时，也同步进行了大规模的信息化建设。信息化项目包括商务智能数据挖掘系统（BI）、MES 系统、整体产销系统、物流系统、设备系统、能源系统、人力资源系统等，系统管理范围覆盖了从原燃料入厂到成品出厂的全部生产过程。由于有完善的信息化系统作支撑，该公司对于生产存货主要采用均衡生产组织，细化计划排程的方法进行控制；对于大宗原燃料存货主要采用对采购、存储、领用等过程进行控制，建立供应商评价体系，以达到分析动态需求和用户消费关联性的目的；对于备件存货主要采用差别化管理；在企业存货管理方面则运用创新思路，在采购、存储、领用、销售等方面进行制度完善，达到企业降本增效的目的。

2　优化配置，均衡组织，降低存货库存

西昌钢钒公司的生产存货主要有两类：自制半成品和成品，其中自制半成品包括炼铁、炼钢、热轧、钒渣，成品则为热（冷）轧材、钒产品和废钢，在存货中占比高达 60.96%。因此，在生产环节中优化配置、均衡组织，实现产销计划和库存结构的有效互动，才能有效地减少存货占用。

2.1　均衡生产组织，细化计划排程控制

攀钢集团已经广泛运用了 ERP 系统，按订单合同组织生产，充分贯穿 JIT 思想，即“只在需要的时候，按需要的量，生产所需的产品”，也就是追求一种无库存、或库存量达到最小的生产系统。

以炼钢存货管理为例，针对每月订货合同到达量以及炼铁、炼钢生产准备情况，细化排产浇次，将订货合同按优先、集中、过渡、收尾的等级排定浇钢计划，与下工序热轧轧制的生产紧密结合，要求掌握热轧生产节奏，实现热送热装率 51.83%及以上。由于存货降低的最大方面来自于生产中产生的现货，为了减少浇钢品种变更造成的现货，采取了以下方法来进行过程控制。

2.1.1　部分钢种新浇次铸坯头坯不按短尺切割

对 Q195、Q235、Q345、低碳铝系列、Q450NQR1 等对承载要求不高的钢种，开展了新浇次头坯不切割成 4600~5300mm 的短尺坯，新浇次头坯全部按照合同定尺切割，由此可减少短尺坯约 1700t。

2.1.2　对换包接痕、漏钢报警接痕不进行优化切割

由于以前一旦产生接痕，计算接痕长度后，全部按照优化切割程序执行，导致单流铸坯至少产生 3 块/流的无合同铸坯，损失大。为降低此部分无合同铸坯产生的现货，决定对换包接痕、漏钢报警接痕不进行优化切割，则最多产生 1 块/流无合同铸坯。

2.1.3　探索电工钢冷坯轧制工艺，挽救库存积压电工钢冷坯

电工钢由于热传导性能差，导热系数仅为普通钢的 1/4，因此，电工钢生产一般情况下需采用热装，杜绝冷装时表面温度急剧上升导致裂纹的产生。前期电工钢余材都作判废或改判为 RX，损失极大。为降低损失，降低库存，针对板坯库 6~10 月积累的 780.70t 电工钢冷坯，决定采取冷坯装炉

轧制工艺，并针对热工制度、轧制工艺等制定了详细工艺技术措施。

由此，炼钢库存基本控制在 3200t 左右。

2.2 整合动态资源，细化在制品库存结构控制

2.2.1 板坯库库存控制

由于生产波动、设备状况变化以及其他因素使得库存超过目标值，且趋于上限时，在保证合同进度前提下，通过窄断面申请计划，控制板坯输入量；当库存低于目标值且趋于下限时，在保证合同进度前提下，通过宽断面、热送钢种申请计划，调高板坯输入量；若外堆场有储存的板坯，则组织板坯转入工作，以弥补板坯不足。

2.2.2 热轧钢卷库及冷轧原料库的控制

热轧钢卷库及冷轧原料库的库存低于目标且趋于下限时，则调整热轧计划中的钢卷流向，加大该工序钢卷输入量。此外，还可以调整冷轧后部工序的生产计划，改变冷轧原料库的库存结构，提高有效库存量：加快热轧卷的无委托材料充当，提高有效库存量。

2.2.3 冷轧中间库库存控制

当冷轧中间库库存超出目标且趋于上限时，调整酸轧工序生产流向，减少该工序前库钢卷输入量；必要时也可进行转库处理。

当冷轧中间库库存低于目标且趋于下限时，调整酸轧工序生产流向，增加该工序前库钢卷输入量。

2.2.4 冷、热轧生产单元末端库库存控制

冷、热轧末端库只控制上限不控制下限，按照坯材准发计划管理程序执行，确保物流疏通。当库存趋于上限时，加快产成品进行转库，同时质检部门加快封闭料处理节奏，有关部门加快现货充当，确保物流畅通。实现供产销结合，保证生产经营正常进行。

3 存货过程控制和供应商评价

大宗原燃料、辅助材料的存货管理是企业存货管理的重要内容，西昌公司一方面建立起存货采购、存储和领用控制体系，另一方面建立供应商评价体系，以期达到分析动态需求和用户消费关联性的目的。

3.1 存货采购控制的内容

主要有请购存货、签订存货采购合同、存货验收和入库、编制付款凭单、付款、会计记录等六个方面。

3.2 存货存储控制的内容

主要有储存已验收的存货和存货盘点及处理。

3.3 存货领用控制的内容

主要分为存货计划领用审批、存货发出、存货领用核算、存货领用稽核等部分。

以上大宗原燃料的存货管理都是在 BI 的物流管理系统中完成，既实现了数据的采集和进一步挖掘，又实现了采购、存储、领用的扁平化管理。

3.4 供应商评价体系的建立

西昌公司基于 BI 工具，建立了供应商评价体系，实现动态需求和用户消费的关联。主要采用无量纲化方法和定性指标的量化方法来建立数学模型，确定供应商的评价体系。

按照分析竞争环境、建立供应商选择目标、建立供应商评价标准、建立评价小组、实施供应链合作关系等步骤来进行。

经过供应商评价体系的实施，可以更好地建立信任机制，优化信息沟通渠道，可以促进供需双方的信息交流，分析和设计系统柔性，建立风险预测、监控、预警机制，保证供应链整体决策优化，消除冲突等；对于非核心业务需要的产品供应商，在保证产品质量合格的情况下，使采购价格最低，可以进行招议标订货，对使用的产品进行代储代销等降低库存的手段和方法来满足需要。

4 差别化的备件存货管理

备品备件管理是在保证生产需求的前提下，尽量降低备品备件成本和减少备品备件储备资金，合理、有效地控制备品备件的库存定额和库存金额，提高企业的管理水平，创造企业效益的最大化。图1为备件存货管理流程图。

4.1 利用科学方法，制定库存定额

备品备件的库存定额管理是评价备品备件工作好坏的重要指标，西昌公司在 BI 数据挖掘的基础上制定了备件定额核算的“影响因素系数法”。影响因素系数法是按设备资产原值总额乘以备品备件库存金额的各类影响因素来加以修正。即：

$$备品备件库存占用金额=设备资产原值总额\times\sum_{i=1}^{n}\frac{K_i}{100}$$

式中　K_i——第 i 个影响因素的影响系数；　i——第 i 个影响因素。

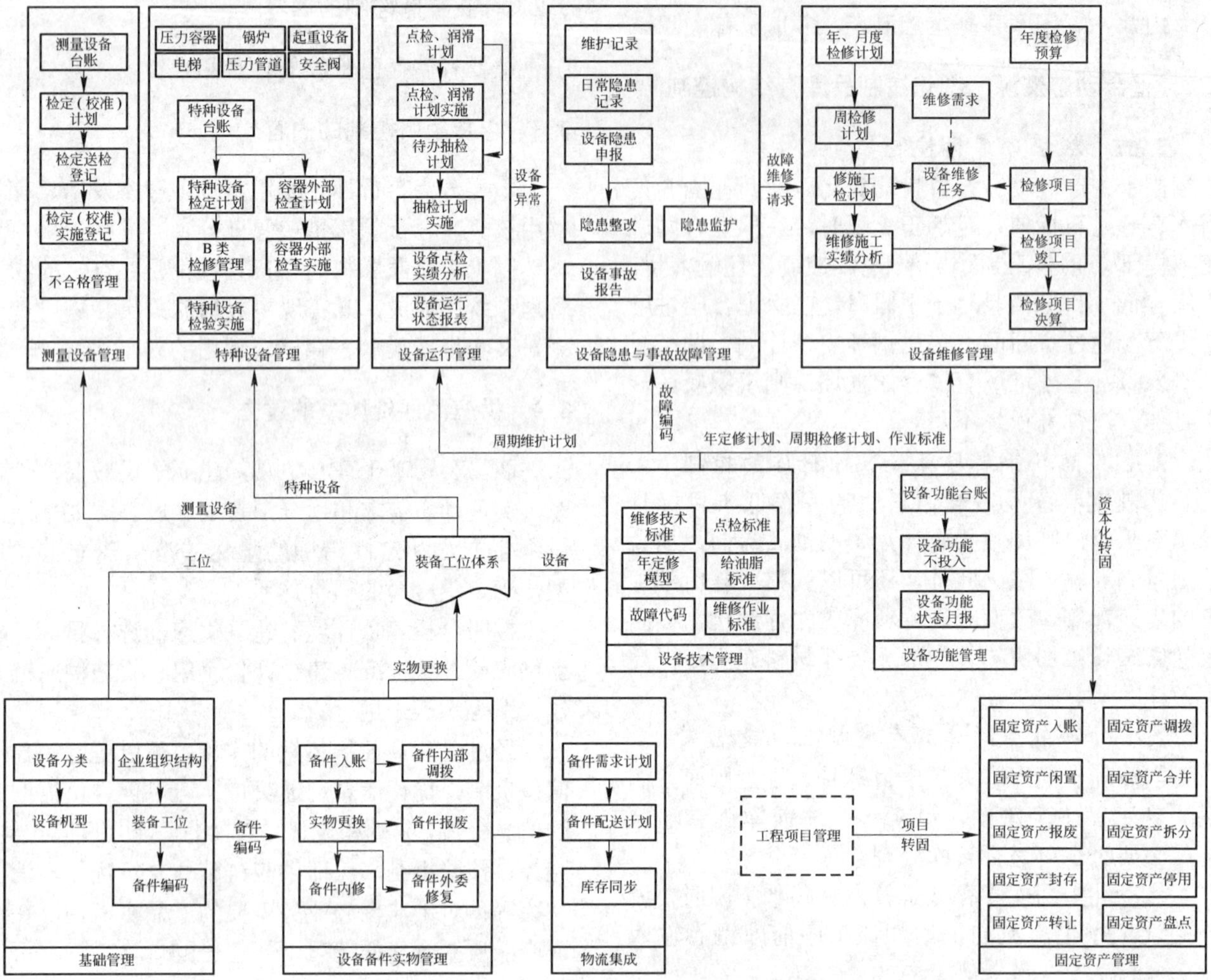

图 1　备件存货管理流程图

影响因素主要包括：生产规模、自动化程度、技术装备水平、物流和交通便利情况、管理水平、供应保障能力、设备维护人员的技术能力等。与影响因素对应的是影响因素系数，凭借行业经验可获得影响因素系数，在每年初测定出备品备件库存定额，进行差别化管理。

4.2　优化备品备件库存结构，差别化管理

随着企业现代化程度的提高，为了能够维持企业的正常运转，所需存储的备品备件的品种、数量和规模也相应大量增加。但是，也会带来备品备件库存积压、占用大量的流动资金等问题。所以，单纯从库存管理的角度去控制备品备件是远不够的，需要计划、采购、使用、仓储等共办协作，尽可能降低库存水平、减少库存积压、提高备品备件上机率和资金周期率。备品备件库存结构是否合理直接影响到库存占用金额的多少，为了使库存结构合理、减少备品备件的库存积压，西昌公司采用了ABC 分类法。A 类备品备件，品种数目占总品种数目的 10%左右，但是库存金额占总库存金额的 70%左右；B 类备品备件，品种数目占总品种数目的 20%左右，但是库存金额占总库存金额的 20%左右；C 类备品备件，品种数目占总品种数目的 70%左右，但是库存金额占总库存金额的 10%左右。

推行积压库存有偿储存制度可以调节库存积压，降低库存占用金额，才能让备品备件的使用单位合理提报、科学领用、严格控制，做到真正意义上的库存全过程管理。

5　完善存货管理的相关措施

5.1　加强存货采购管理，完善采购计划

针对存货采购管理中存在的问题，西昌公司制

订了一系列管理措施。首先，计划员要有较高的业务素质，对生产工艺流程及设备运行情况要有充分的了解，掌握设备维修、备件消耗情况及生产耗用材料情况，进而做出科学合理的存货采购计划。其次，要规范采购行为，增加采购的透明度。本着节约的原则，采购员要对供货单位的品质、价格、财务信誉动态监控；收集各种信息，同类产品货比多家，以求价格最低、质量最优；同时对大宗原燃材料、大型备品备件实行招标采购，杜绝暗箱操作，杜绝采购黑洞。

5.2 完善存货的验收、储存及保管的管理机制

（1）完善存货验收管理。压缩验收天数，以便及时发现所购原材料是否存在质量等问题，及时解决问题，避免发生不必要的损失。在验收存货的过程中，必须将采购合同、供应商的产品质量保证书与运输部门的运输单相互核对。

（2）完善存货的储存管理。储存已验收的存货，将已验收的存货的保管与采购的其他职权相分离,可减少未经授权的采购风险；存货盘点及处理，为保证存货账实相符，定期盘点库存存货，编制存货盘点表，并提出处理意见；对于生产中已无转让价值及其他足以证明已无使用价值和转让价值的存货,应及时调整存货账务，以确保账实相符。

（3）完善存货保管管理。利用 ABC 控制法对存货等进行分类管理，把存货按重要程度、使用率、价值大小、资金占用等标准分成 3 大类，然后分别采用不同的管理方法，突出存货控制重点，兼顾全面，提高控制的效率。

5.3 完善企业存货领用及销售的管理机制

（1）完善存货领用管理。存货领取应制定规范的领取制度，为了分清发出存货的用途与明确经济责任，除了要正确计算存货发出的实际成本外，还要建立规范的出库制度，做到只要存货发出，就要严格填制存货出库凭证。进行不定期的盘点，以保证账实相符，并根据盘点的结果，认真登记存货盘存单，对于盘盈、盘亏等项目按规定进行处理，同时对盘点结果进行分析， 总结出存大于销的原因，并结合市场调查，为下一阶段的生产计划做好准备。

（2）完善存货销售管理。出库码单、承运单和质保证书三单结齐之后才能发货，这样可以保证按期供货，及时收回货款。

5.4 完善企业存货内部控制制度

（1）建立并加强内部审计控制。

（2）合理制定适合于本企业成本核算程序和方法。

（3）健全财务会计核算水平。

5.5 利用先进的管理模式，实现存货资金有效管理

利用 ERP 和 BI 的数据挖掘技术可以使人、财、物、产、供、销全方位科学高效集中管理，最大限度地堵塞漏洞，降低库存，既提高了资金利用率，也全面提高了企业资金收益率，使存货管理更上一个新台阶。

5.6 加强存货风险控制与防范

（1）确定合适的安全库存量。安全库存量是在充分考虑存货采购所需时间以及企业正常生产经营耗费的基础上确定的存货数量，当企业存货数量降至安全库存数量时，企业应及时进行存货的采购。企业在确定安全库存量时应综合考虑企业的风险控制战略目标。不同的风险水平对应不同的安全库存量，风险水平越低，要求的安全库存量也越大。

（2）实施库存集中控制。建立物流配送中心，实行库存集中控制，可以实现风险分担，降低安全库存。

6 结语

在经济全球化的浪潮中，我国企业作为推动社会经济发展的主要生力军，有着旺盛的生命力和不可预料的发展潜力。通过以上对西昌公司存货管理中主要涉及的内部控制、采购、存储和领用、销售等阶段管理内容的论述，可以得出以下结论：企业若要保持较高的盈利能力，保持旺盛的竞争力，应当十分重视存货管理，以建立健全内部控制制度为中心，采取有效的存货管理方法，实施科学的存货管理方式，努力在存货成本与存货效益之间作出权衡，以达到两者的最佳结合。

逆向物流管理在西昌钢钒公司的应用与实践

攀钢集团西昌钢钒公司物流中心　吴力华　高登超　尹　宏　王艺凝

摘　要：本文将通过对逆向物流管理的概念、特点、作用及西昌钢钒公司对逆向物流管理工作的应用与实践等相关内容的阐述，说明改善逆向物流管理对实现钢铁企业可持续发展的重要性及必要性。

关键词：逆向物流管理　信息化　绿色管理

0　引言

在资源竞争日益激烈、绿色生产要求日趋严格的今天，钢铁行业作为废弃物产生量极高的典型过程工业，在降低能源消耗、减少废弃物排放量等方面面临的压力正逐渐加大。为有效解决这些难题，发展循环经济已成为多数钢铁企业的不二选择，而逆向物流管理作为实现循环经济的有效手段，也逐渐跃升为各大钢企近几年的战略发展重点。本文将通过对逆向物流管理的概念、特点、作用及西昌钢钒公司对逆向物流管理工作的应用与实践等相关内容的阐述，说明改善逆向物流管理对实现钢铁企业可持续发展的重要性及必要性。

1　逆向物流管理简介

1.1　逆向物流管理的概念

1992 年 stock 在给美国物流管理协会的一份研究报告中提出："逆向物流（Reverse Logistics）是一种包含了产品退回、物料替代、物品再利用、废弃处理、再处理、维修与再制造等流程的物流活动。"

逆向物流有广义与狭义之分，狭义物流不包括废弃物物流。而我国国家质量技术监督局 2001 年发布实施的《中华人民共和国国家质量标准物流术语》中定义的"逆向物流"指狭义的逆向物流。

逆向物流管理是对货物(包括流通企业的退货、制造企业所产生的废旧物品及消费者使用后的产品)、服务及相关信息从消费地到起源地的有效流动和储存，进行计划、执行和控制，以满足再创价值或适当处置的过程。

1.2　逆向物流管理的特点

1.2.1　信息化管理程度要求较高

受逆向物流产品资源数量、品质及产生时间不确定等相关因素影响，逆向物流所面临的产品信息源极其分散且不确定，加上逆向物流产品资源后期收集、分拣、分类处置等流程信息的复杂性及多变性，导致其对于管理的信息化程度要求更高。

1.2.2　库存量不可控

逆向物流资源产品加工、流转周期较长、部分加工后产品的处置销售可能因市场变化或国家环保要求等因素导致滞销，故其无法像正向物流管理那样进行有效的库存量控制，因故逆向物流管理工作的开展需要足够大的分选、储存、中转、加工场地。

1.2.3　人员专业化知识要求面较广、知识水平要求较高

因逆向物流产品品类繁多，其收集、分类、加工再利用过程对于人员的专业化知识水平要求较高，相关管理人员不仅要懂得物流管理基础知识，还要了解所倒运、保管、处置产品资源的产品特性等相关情况，故对于人员的知识掌握量及知识面要求较高。

1.3　逆向物流管理的作用

逆向物流管理通过对逆向物流收集、分类、拣选、加工再利用等过程的计划、控制，能有效优化废旧资源的收集、运输、分拣、分类、仓储、加工、循环利用及外销等业务流程，确保各项流程有序、经济、合理：实现资源内部循环，减少原燃材料外购量、节约采购成本；通过环保监控，减少废弃物外排量、降低环境污染风险，实现绿色物流管理；通过深度加工将废旧资源转化为产品外销，实现增

值创效。

2 目前国内其他钢铁行业的实践现状

近年来，国内各大钢铁企业针对大力挖掘物流“第三利润源泉”投入了巨大的人力物力，也取得了一些成效，如，包钢集团近几年汇集物流方面的专家和工作人员，积极探索实践，在行业内首家实现高炉全干法除尘，并率先建设全国示范生态工业园区：现已建成9条制砖生产线，将炼铁高炉渣，炼钢转炉渣进行加工制砖，年制砖量 $140\times10^4m^3$，彻底实现了“钢渣零排放、循环助力发展”的目标，其企业逆向物流管理发展工作已初具规模。

在肯定国内钢企逆向物流管理成果的同时，我们也能看到，由于逆向物流管理受到重视及研究、发展、实践的时间不长，其管理范围目前主要限制在生产领域范围内，处置方式也多局限于实现企业内部循环利用、外销处置、填埋等几种，对于资源产品的深度利润挖掘及流通领域回收物流的研究与实践工作的深入度还不够，逆向物流管理的发展过程注定将有很长的一段路要走。

3 西昌钢钒逆向物流发展现状与实践

3.1 西昌钢钒公司情况

西昌钢钒公司（以下简称西昌公司）位于四川省西昌市经久工业园区内，是隶属于鞍钢集团的分子公司，主要设计产品有汽车用钢、大梁钢、管线钢、普碳钢、钒制品等，年产铁量约430万吨、年钢产量约400万吨、热轧产品约370万吨 、钒产品约2万吨，年物流总量约1800万吨。该公司于2014年6月30日全面实现三座高炉正式全面投产，目前尚有冷轧厂项目在建。

3.2 西昌公司逆向物流发展现状

基于其新建企业的特点，西昌公司的逆向物流管理随着企业生产建设进程的逐步推进，从正向物流管理逐渐延伸到逆向物流管理、不断完善与发展。

3.2.1 多方入手、加强管理、构筑逆向物流管理雏形

作为新建企业的新增业务，逆向物流管理一开始便面临着专业人士匮乏、岗位人员配备不足等困难，面对此难题，西昌公司通过组织专业人员至攀钢科技公司进行交流等方式，加强对岗位业务人员的知识、技能培训，提高了人员工作能力。

在公司成立之初便按照设计规划，完成了废旧资源品种规格的分类划分及管理流程规划、实现了标准体系的建立与完善，确保逆向物流管理工作从一开始便有章可循。

3.2.2 推进逆向物流系统建设，实行信息化管理

为确保逆向物流管理工作的有效推进，西昌公司逆向物流信息化管理建设与逆向物流管理工作开展同步进行，通过在原有正向物流信息化系统中增设循环登记、外发登记等功能模块的方式，实现了与正、逆向物流管理部分功能模块及系统信息的共享，两个流程之间的验配、产品外发等流程在系统中既交叉又相互区别。

逆向物流信息模块功能的开通有效实现了回收、入库、出库、循环登记等相关工作的系统信息传递及报表统计、汇总、打印功能，降低了工作量、节省了人力成本，真正实现了管理的便捷化、信息化与规范化。

3.2.3 不断深化“大物流”管理建设进程，实现正、逆向物流资源共享

西昌公司根据“大物流”管理原则，于建设期间便成立了专业的物流管理部门——物流中心，对正、逆向物流业务及相关物流信息化系统进行统一控制管理。

经过近两年的资源整合及业务优化，目前物流中心已成为囊括公司内部火车运输管理、生产运输车辆管理、原料验配管理、仓储管理、验收管理、配送管理、废旧资源综合加工利用管理、冷热轧产成品库库房管理、产品包装管理、产品外发管理、业务协力管理、废旧资源外销、冷轧产品包材生产等集正、逆向物流管理业务为一体的大型综合物流管理公司。

3.2.4 加大研究投入力度，进行深加工利用创效研究及应用

面对钢铁寒冬的严峻经济形势，西昌公司立足扭亏控亏指标要求，加大对逆向物流管理的深度加工用研究工作：其自2013年开始至今历时一年的逆向物流管理重点创效项目“冷热轧废次材深加工利用创效项目”，其冷轧卷包装及包材生产项目已进入实施、建设阶段，热轧废小卷加工利用创效项目的加工钢板已开始投入内部使用流程、冷轧酸洗切边深度加工利用研究项目已完成了阶段性调研，正准备下一阶段工作的深入开展。

3.2.5 加强环保体系建设、加强逆向物流过程的监督检查、实行绿色物流管理

绿色物流（Environmental logistics）是指在物流过程中抑制物流对环境造成危害的同时，实现对物流环境的净化，使物流资源得到最充分利用。它包括物流作业环节和物流管理全过程的绿色化。

西昌公司从环境保护和节约资源的目标出发，通过制定“三废”控制等相关环境管理标准，对逆向物流管理工作的开展进行规范和优化；在逆向物流管理过程中，通过加强危险废弃物处置过程环保监控、严格采购商环保资质审核、定期检查评估下游重点厂商生产环保性指标等措施，有效地控制了物流环保风险的发生率，实现了逆向物流绿色管理目标。

3.3 西昌公司逆向物流管理存在的问题

作为新建成达产的公司，西昌公司虽然在逆向物流管理模式上取得了一定的成效，但受客观环境因素限制，还存在一些亟待解决的问题：

（1）基础设施建设不足，制约了逆向物流管理工作的深入发展。西昌公司物流管理部门建于厂区内部，能有效降低逆向物流管理相关成本费用，但因厂区内场地面积限制，其现有库存面积无法满足日益增长的废旧资源产生量存储、中转要求，同时相关场地配备设备的质量、数量还达不到专业化、现代化管理要求，工作效率未能达到最佳水平。

（2）专业人才配备率不足。西昌钢钒公司逆向物流管理人员多由攀钢钒公司转岗而来，多数人对逆向物流管理领域的知识较为陌生，虽经培训后掌握了一定的管理技能和操作技巧，但距离专业化、规范化管理的知识量要求还稍有欠缺，其在特殊突发事件的应对处理上缺少一定的经验和技巧，造成工作推进较为缓慢。

（3）资金量不足，影响了深度加工利用创效工作的推进。由于公司处于投产亏损期，没有足够的资金对逆向物流深度加工利用创效项目进行有效支持，导致逆向物流管理的部分创效项目不能得到有效地实施，使其创效值大打折扣。

3.4 解决问题的方式与对策

面对以上几项问题，西昌公司积极深入进行研究，寻找解决方案：针对库存空间不足问题，西昌公司除了积极寻找可用库存空间、加大专业化、现代化设备、设施配备外，还积极开展市场调研、加快废旧资源循环、销售周转速度，降低库存占用；针对专业人才知识技能水平较低问题，除了加大对现有人员的专业培训力度外，还积极引进高学历专业化人才，不断提高人员的专业化水平；针对资金量不足问题，积极走访调研，寻求第三方合作，通过资源入股等方式吸引第三方参与到逆向物流增值创效工作中来，力争实现小投入、大成效。

5 结论

如今，越来越多的钢铁企业开始重视生产领域逆向物流管理工作，并将其视为企业的“第三利润源泉”，投入了较多的人力、物力、财力进行研究。在资源日益匮乏、经济极度不景气的今天，对于产品生产过程中废旧资源产生量极大的钢铁企业而言，加强生产领域逆向物流管理，深入挖掘废旧资源潜在利润空间，无疑是拯救企业生存的最后一根稻草，只有最先抓紧、抓牢这根稻草，才能在严峻的形势下生存下来，并实现可持续发展。

铸坯一次合格率影响分析及对策

攀钢集团西昌钢钒有限公司制造部　谭　飞　黄绍全

摘　要：本文针对铸坯一次合格率较低的情况，分析了在生产过程中造成铸坯一次合格率较低的因素，结合西昌钢钒公司炼钢厂的实际工艺制度和装备水平，认为造成铸坯一次合格率低的主要影响因素是一冷水设计不合理、夹杂多、保护渣润滑不良、水口插入太深等，为此，采取了调整宽窄面水流速度、增加小平台或LF出站软吹时间、调整保护渣碱度和调整水口插入深度等一系列的改进措施，铸坯一次合格率由最初的98.3%提高到98.5%。

关键词：铸坯　一次合格率　提高　改进措施

铸坯一次合格坯量是指连铸生产粗坯量减去废次品再减去精整量。自西昌钢钒有限公司炼钢厂连铸工艺生产线投产以来，由于投产初期质量不稳定，单中包连浇炉数较低，造成切头、切尾量增加，表面纵裂纹较高和判废量增加，最终综合表现为铸坯一次合格率降低。2013年1~6月，连铸坯一次合格率为98.3%，与国内外大型企业还有较大差距。

随着西昌钢钒准备进军汽车板材高端产品行业，对铸坯质量的要求也越来越高。因此，提高铸坯一次合格率十分必要。由于影响铸坯一次合格率的因素众多，既有钢水成分、设备条件和工艺参数等的影响，也有操作水平、原辅材料以及冷却介质的影响，所以，提高铸坯一次合格率是一个系统问题，需要进行系统的分析和研究。

1　铸坯一次合格率影响因素

影响铸坯一次合格率的主要缺陷为连铸坯表面纵裂、中心线裂纹等表面质量缺陷等，裂纹起源于结晶的弯月面区（几十毫米到150mm）周边坯壳厚度薄弱处。这说明纵裂纹起源于结晶器的弯月面区初生凝固壳厚度的不均匀性。由于受到板坯凝固壳四周温度不均匀而产生的收缩力、板坯收缩由钢水静压力产生的鼓胀力、宽度收缩受侧面约束产生的弯曲应力等，当张应力超过钢的高温允许的强度，则就在坯壳薄弱处萌生裂纹。

通过对2013年1~6月连铸坯缺陷分析，结合连铸工艺和装备情况，综合分析产生连铸坯缺陷的主要因素有：

（1）连铸一次冷却工艺不完善，结晶器内初生坯壳不均匀，在坯壳薄的地方应力集中，当应力超过坯壳的抗拉强度时就产生裂纹。

（2）结晶器保护渣的性能稳定性不够，当保护渣熔化性能不良、液渣层过厚或过薄导致渣膜厚薄不均，使局部凝固壳过薄，将会导致连铸坯表面裂纹的产生。

（3）钢水纯净度不够，夹杂物控制不良，导致钢水可浇性差，液面波动大，当液面波动>10mm，纵裂发生几率30%。

（4）水口插入太深，影响了保护渣的润滑和化渣效果，容易造成冷却不均匀，从而降低铸坯一次合格率。

2　采取的改进措施

2.1　一冷水工艺优化

针对浇铸过程结晶器宽窄面冷却水温差小（一般只有4~5℃），冷却均匀性较差的问题，适当降低了冷却水水量，调整前后冷却水水量变化见表1。

表1　调整前后冷却水水量变化

铸　机	项目	宽面水量/L·min^{-1}	窄面水量/L·min^{-1}
1650mm	调整前	4083	500
	调整后	3650	480
1930mm	调整前	4850	500
	调整后	4250	480

2.1.1　进回水温差

对比优化前后的一冷工艺后结晶器回水温差后发现，相同拉速（均是0.9m/min）、相同断面（1500mm×230mm）情况下，一冷进回水温差提高了0.7~1.3℃。

2.1.2　铜板温度

漏钢预报热电偶检测温度，反映的是不同位置的铜板温度，通过对比优化前后同一位置热电偶检测温度后发现，优化后各排检测平均温度提高4.67~19.56℃，也就是同一位置铜板温度提高了4.67~19.56℃。

2.2　增加软吹时间

为提高钢水纯净度，减少浇铸过程中的夹杂物（主要是 Al_2O_3）,因此需增加前工序小平台或 LF 的软吹时间，同时增加软吹流量，将上工序的软吹时间由 8min 提高到 10min，同时提高不同时间段的吹 Ar 流量。

2.3　调整保护渣碱度

在前期调查试验中发现，浇铸过程中结晶器保护渣消耗量非常大，一般达到了 0.8~0.9kg/t，如此大的消耗量表明，结晶器内尤其是弯月面处坯壳传热较大，坯壳生长极度不均。导致这一现象的主要原因为：原设计开发保护渣的指标是按铸机设计拉速开发的，保护渣的熔点、黏度以及碱度均较低，且配入了较多的 Li_2O 熔剂，主要是为保证高拉速所需润滑性能而设计的；然而投产初期由于生产节奏和设备调试等原因铸机拉速普遍偏低，难以达到设计拉速，所以在使用原设计保护渣时，结晶器内润滑性能过强，传热过快，坯壳生长不均匀，容易产生铸坯表面纵裂缺陷。

针对上述分析，结合目前拉速尚不能达到设计拉速的现状，对结晶器保护渣进行了调整，重点提高了保护渣的碱度，以控制结晶器内坯壳与结晶器壁之间的传热。调整前后保护渣理化性能指标见表 2。

表 2　调整前后保护渣理化性能指标

项　目	熔点/℃	黏度/$Pa \cdot s^{-1}$	碱度	Li_2O/%
调整前	1075	0.08	1.16	1.94
调整后	1086	0.09	1.24	2.63

调整前后保护渣使用性能指标以及传热指标变化见表 3。

表 3　调整前后保护渣使用性能指标变化

拉速/$m \cdot min^{-1}$	项目	消耗量/$kg \cdot t^{-1}$	液渣层厚度/mm
0.90	调整前	0.75~0.85	8~11
	调整后	0.65~0.75	8~11

由表 2 可见，调整后保护渣碱度由原来的 1.16 提高到 1.24，粘温曲线转折温度由原来的 1096℃提高到 1128℃，保护渣控制传热的能力增加，这一点也可从表 4 的数据中得到体现。由表 3 可见，随着保护渣碱度提高，保护渣消耗量明显降低，有利于控制结晶器内坯壳传热，从而改善铸坯表面质量。

2.4　调整水口插入深度

浸入式水口插入越深，对于坯壳（尤其是初生坯壳）冲击洗刷的力度越大，也不利于保护渣的熔化效果，从而容易引起铸坯表面质量缺陷，为此结合攀钢钒本部以及国内类似机型浸入式水口插入深度，将西钢钒铸机浸入式水口插入深度由 230mm 降至 180mm。

3　改进效果

经过近两个月时间，采取一系列改进措施后，西昌钢钒炼钢厂铸坯一次合格率有了明显的提高。2013 年 7~12 月，铸坯一次合格率统计完成情况见表 4。

表 4　铸坯一次合格率完成情况统计

日　期	铸坯一次合格率完成值/%	铸坯一次合格率平均值/%
2013.7	98.83	99.43
2013.8	99.03	
2013.9	99.63	
2013.10	99.63	
2013.11	99.78	
2013.12	99.69	

从表 4 可以看出，随着各种提高铸坯一次合格率措施的实施，铸坯的一次裂纹合格率由最初的 98.3%提高到了 99.43%，改进效果明显。

4　结论

通过采取四方面的改进措施，降低了连铸坯缺陷率，有效地提高了连铸坯一次合格率，针对我钢厂自身实际情况，采取合理的冷却制度、适宜的保护渣和提高钢水纯净度对减少连铸坯缺陷效果明显，在不同的条件下，导致连铸坯产生缺陷的因素会不同，针对不同的原因，有针对性地制定防范措施将能有效控制连铸坯缺陷。

难加工材料切削——高温合金切削理论与实践

江苏华隆兴进出口有限公司　陆振华

摘　要：随着科学技术的不断发展，一些超强度、耐高温、耐腐蚀和具有其他特殊性能的难加工高温合金的新材料日益增多。我公司出口德国用于化工、制药、热电厂行业的零件就属于上述范畴。由于我们合理选择切削刀具和材料、刀具的几何角度参数、切削速度、切削用量并选用合理的冷却润滑液，提高了工效，保证了质量，顺利完成出口任务。

关键词：难加工材料　高温合金切削

随着科学技术的不断发展，一个多世纪以来，对机器和金属结构的材料要求也不断提高，一些难加工的超强度，耐高温，耐腐蚀和其他特性的新材料日益增多。为了适应这种情况，切削加工这类材料的新方法及工具有所突破，提高了工效，保证了质量，节约了能源和降低了生产成本。在切屑加工高温合金材料时，刀具材料选择、切削用量及冷却润滑液的选用尤为重要，这与被加工零件的材料化学成分和金相组织有关。我公司出口德国用于化工、制药、热电厂行业的一些零件都是耐高温材料，这给切削加工带来了困难，刀具寿命短等问题也由此出现。

1　高温合金的切削加工性

1.1　切削力大

由于高温合金中含有许多高熔点的合金元素，如铁（Fe）、钛（Ti）、钴（Co）、镍（Ni）、钒（V）、钼（Mo）等。这些合金元素与非金属氮（N）、硼（B）、碳（C）等合成比重小而熔点高，硬度高的化合物，并有一定韧性金属间化合物，它可在高温600~900℃处理后，又能从固体中析出硬质相进一步使晶格歪扭，提高了高温强度，这增大了塑性变形阻力，而且由于硬质颗粒的存在，加剧了刀具磨损，增加了切削阻力。另外高温合金抗剪屈服强度K_s为630N/mm^2，而含碳量0.13%的钢为430N/mm^2，这也是切削力大的又一因素。

1.2　切削温度高

在切削高温合金，特别是镍基合金，即使切削速度较低，刀具-工件及切削界面上的“流变层”也会产生非常高的切削温度(实验表明超过1000ºC)。

1.3　加工时冷硬性趋势强

实践证明，高温合金加工表面的硬化硬度比基体硬 50%~100%，冷硬深度从几十微米到几百微米，一般100~200μm，硬化最为严重的为：含铬量12%~19%，含镍量8%~18%的高温合金材料。

1.4　韧性大

各种牌号的高温合金延伸率相差较大，但大多数抗拉强度高，断面收缩率、冲击值也偏高，综合机械性能高，增加了韧性。

1.5　机械磨损及局部崩落

在切削高温合金时刀具后面磨损严重。在切削中工件材料直接与刀具相接触。并在高压、高温、高速中不断摩擦。而高温合金的热导率低（一般40号钢导热系数50%）刀具材料容易与被加工材料亲和及黏附。使切屑与刀具出现熔焊现象。并有部分刀具材料由此被切屑带走。扩散磨损主要受温度的影响，刀具材料内的钨、钴、钛、铌等元素向工件材料内扩散加快，而且周围介质中碳，氧等元素也容易侵入刀具材料生成脆性相，加上高温合金韧性好，加剧了刀具材料组织中的应力集中，产生裂纹在高压的情况下使刀具局部切削刀崩落。

2　刀具材料与选择

2.1　高速钢刀具

高速钢刀具用于切削高温合金材料，在铣削和拉削方面运用较多。高速钢的热硬性较低，高速钢在切削温度超过600ºC以上时，强度与红硬性下降，一般切削高温合金。高速钢在 v=30m/min 以下，限制了金属切削率的提高，目前高速钢刀具硬度达到 HRC67~70,有高碳高钒，高碳含钴等牌号的高速钢刀具材料。

2.2 硬质合金

从 1914 年铸造碳化钨得到应用后使切削速度从 5~40m/min 发展到 400m/min 以上，硬质合金是把金属碳化物如碳化钨、碳化钛、碳化钽、碳化铌及碳化合金等加入辅助金属（一般是钴），而碳化物是颗粒或粉末状。制造晶粒尺寸为 0.01~2.4μm(我国制造晶粒尺寸)经高压压制烧结，强固即成，它的软化温度可到 1000~1200ºC，硬度可到达 HRA93.5，因而使硬质合金材料成为今天使用最广的第二类刀具材料。

2.3 刀具材料选择

硬质合金中的钨钴（YG）类硬质合金应当首先考虑。钨钴类大多能适用切削高温合金材料。常用国内生产的硬质合金材料牌号如：YG6、YG8N、YG8N、YG1H、YG10H、W4、813 等，其中 YG10H、YG6 等用于加工 623、813 等，而 YG10H、W4 可加工铸造合金。下面列举几种切削高温合金的硬质合金成分和主要性能，见表 1。

表 1 几种切削高温合金的硬质合金成分和主要性能

牌号	化学成分/%					主要力学性能	
	Co	TiC	Nb	Wc	其他	硬度 HRA	抗弯强度 σ_b/MPa
623	6	2	3	余		92.8	1736
813	8	1	3			92	1765~1864
W4	88			余	W4	91.2	2020
YG10H	10			余		90~91	2158

由表 1 中说明刀具硬度与含 TiC 有关，而含 CO 量高的硬质合金硬度低于含 TiC 多的硬质合金，但它的韧性高于含 TiC 多的硬质合金材料。这样给刀具选择有了余地，所以我们务必按表 2 合理使用。下面把切削高温合金的几种硬质合金材料刀具的切削使用效果列于表 2。

3 切削速度

切削速度对刀具耐用度影响见图 1。从图 1 中看出。如选择 YG10H 硬质合金材料作刀具并取切削速度为 21.8m/min 是最经济的，也说明切削高温合金的切削速度范围比切削其他碳钢的速度范围窄得多，低于或高于适当温度区域都会加剧刀具磨损和部分崩裂。一般不采用降低切削速度来减少刀具磨损，而应采取不同工件材料（包括连续断面加工）用不同刀具材料。选用适合的切削速度进行加工。

表 2 切削高温合金的几种硬度合金材料刀具的切削效果

加工零件材料	合金牌号	切削用量	效果
CH7318	YG6	n=96r/min ϕ=40~70mm S=0.15~0.2mm/r t=1.5~2.5mm	切削 3min，即损坏
	H19		切削 2min，磨损严重
	YG10H		在刀削 8min，还能刀削
GH731B（断续）	813	n=45r/min ϕ=50~80mm S=0.18mm/r t=1.6 mm	加工 4 刀后崩刀
	YG10H		加工 10 刀左右磨损
K3	YG10H	v=5~6m/min s=0.1mm/r t=0.5mm	刀尖及后面磨损 0.45mm
	813		刀尖及后面磨损 0.25mm
1Cr18Ni11Nb	YG8	v=40m/min， t=2mm S=0.25mm/r	刀具耐用力低
	813	v=55m/min， t=2mm S=0.3mm/r	切削性能好
572	YG6	n=360r/min ϕ=110~0mm t=0.3mm S=0.19mm/r	耐用度 10 分左右
	813		耐用度 15 分左右
GH731B	YG6	n=360~530r/min ϕ=110~30mm t=0.3mm S=0.21mm/r	刀具耐用度不稳定
	YG10H		刀具磨损快于 YG6
	813		刀具加工零件数量稳定
GH118（HRC42~44）	W4	v=19.3m/min	切削长度 300mm，磨损 0.2mm
	813	S=0.1mm/r	切削长度 300mm，磨损 0.21mm
	YG8	t=1.5mm	切削长度 300mm，磨损 0.68~1.2mm

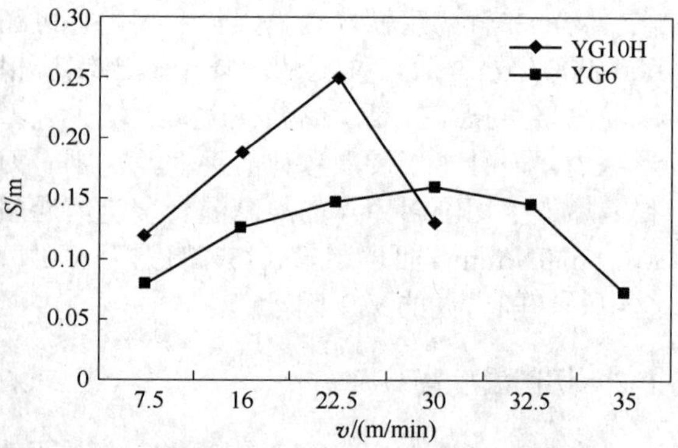

图 1 切削速度对刀具耐用度的影响

4 切削刀具几何角度参数选择

主偏角 K_r：由于切削高温合金时，切削温度高，切削力大。使刀具刀尖、刀口易磨损和崩落。一般刀具可取 20°~30°，例：在加工 BOB 高温合金时（断续平面加工）主偏角差 15°刀具耐用度差一倍左右。并且加工平面表面质量也随 K_r 增大而降低。所以主偏角也是切削加工高温合金时应合理选择的。

5 冷却润滑液的选用

在切削高温合金过程中，冷却润滑液是一种必不可少的辅助技术补充。他能改善切削加工性加工性能提高生产效率。在高速钢或工具钢材料切削加工时，显得格外重要。

冷却润滑液一般分水基和油类切削液两大类。冷却润滑液性能主要由冷却液的导热系数和润滑性能决定的，目前冷却润滑液中有的采用添加剂(硫、磷、氯等的化合物)来提高冷却润滑稳定性或达到某种特殊要求。如：在冷却液中（水溶液）添加苯乙醇胺来防锈。四氯化碳（CCl_4）,它无色透明。是一种切削高温合金材料最有效的切削润滑液添加剂。因 CCl_4，是一种活性冷却润滑液，使它具有减少积屑作用。能有效地减少切削力。降低切削温度。如：采用高温合金材料的涡轮叶片和涡轮叶轮加工时。采用 CCl_4、冷却液后，工件表面质量和尺寸控制一般较稳定，刀具耐用度也提高。总之，切削加工高温合金材料不但要选择适当的刀具材料，几何角度，而且要合理选择最佳切削速度、冷却润滑液及冷却形式等要素。才能得到经济、可靠、稳定的切削加工。

实行模块化管理　提高统计服务效率

莱芜钢铁集团有限公司　林　森

摘　要：管理工作的成败，取决于能否作出有效的决策，而决策的正确性在很大程度上取决于统计数据的质量。随着人类进入信息时代，计算技术和网络技术在统计领域不断得到开发和应用。近几十年间，计算机技术不断发展，使统计数据的搜集、处理、分析、存贮、传递等过程日益现代化，提高了统计工作的效能。

模块化管理是企业管理实践活动与计算机技术结合的一种模式，是指运用计算机软件和网络技术将实际统计工作分解为概念模块。本文对模块化管理的实施过程进行了阐述、归纳，对模块化管理的特点进行总结，提出模块化管理的发展前景。

关键词：统计　模块化　统计效率　模块化管理

1　实施模块化管理背景

1.1　莱芜分公司炼铁厂简介

莱芜分公司炼铁厂组建于2010年4月，下设7个科室、22个车间，基层党支部33个，职工3783名。拥有6座1080m^{3}高炉（老区四座，新二区两座）、3台105m^{2}烧结机、1台265 m^{2}烧结机、1座8m^{2}竖炉、1座60万吨链箅机-回转窑，具备年产生铁540万吨、烧结矿600万吨、球团矿100万吨的生产能力。

坚持“继承、融合、创新、提升”的原则不改变，以“立志立业立人，炼好每一吨铁”为核心价值观，积极推行一体化运行管控模式，全厂干部职工正在为“做中型高炉排头兵 实现科学冶炼绿色发展”的共同愿景努力奋斗。

1.2　实施模块化管理的必要性

1.2.1　严峻的市场形势促成了新动力

从去年年初开始,钢铁价格一路下滑,跌到了18年前的价位。钢铁行业真正进入了淘汰期。从当前现实情况判断，由于受自身产能过高、铁矿石对外依存度过高、行业竞争秩序失控等因素影响，钢铁行业在短期内难有根本性好转。2012年，莱钢集团实现销售收入717亿元，比年度计划减少83亿元，集团公司盈亏基本持平，但利润水平大幅下滑，主要是受钢铁行业大环境的影响。尽管全年消化了近30亿元的增支减利因素，但还是没能弥补钢价下跌和大宗原材料涨价带来的减利损失。

今年一季度集团公司生产运行总体平稳，但公司产量和效益状况与预算目标差距大，应对市场变化的能力亟待提高，任务依然艰巨繁重。莱芜分公司炼铁厂成立两年来，统计数据呈几何级增长，面对日益严重的市场形势，如何在低成本情况下提高统计效率，保证数据信息准确性，及时为生产经营决策提供服务支持，成为摆在统计人员面前的首要任务。

1.2.2　统计信息化发展孕育了新思路

近年来，以电子化、网络化为特征的信息化在全球迅速发展，日益在世界范围内产生了显著的经济效应。作为信息化的组成部分，统计信息化发挥了重要作用。统计信息化是信息技术和手段在统计工作流程中逐步渗透的过程，它促使统计信息资源的开发利用不断地迈向更高层次。其技术内涵集中体现在现代信息技术与统计理论和方法的有机结合，核心是信息技术在统计工作中的扩散与应用。管理内涵主要是充分调动一切可利用的统计信息资源、信息技术，对在统计信息流、人流、物流等进行科学规划的条件下，根据科学的统计指标体系和统计调查方法，完成统计设计以及统计数据的采集、处理、传递、储存和发布等统计信息的生产和管理活动。

1.2.3　集团公司管理创新活动激发了新方式

2012年11月27日，集团公司ERP项目建设动员大会在莱钢集团召开，动员各单位积极支持参与集团公司信息化建设，促进信息化与工业化高度融合，全面提升企业管理水平和运营绩效。ERP项目成功实施将推动企业由粗放型管理向精细化管理转变，由事前、事中、事后的阶段性控制向实时控制转变，由管理软约束向管理硬约束转变，由块块封闭管理向开放透明管理转变，不断构建新的企业价值链，进一步提高企业效率，创造新的赢利模式，获得新的竞争优势，逐步形成集团公司的核心竞争力。

2013 年集团公司对炼铁等生产工序实施模拟市场化，铁前系统实现一体化考核，炼铁工序考核完全成本；每个工序都要承担相应的成本和利润目标，集团公司对生产单位充分放权，以提高原燃料采购、生产组织等方面的自主性。同时要求建立目标倒逼机制和严格的考核机制，相关工序按利润和成本实行捆绑式核算与考核，实现区域一体化运营，达到责权利高度一致。铁前系统和采购、技术部门共同承担原燃料市场风险；各单位、各部门的薪酬分配完全与利润或成本指标挂钩，根据工作绩效和贡献确定分配比例。

2　模块化管理综述

2.1　模块化与模块化管理的含义

模块化问题最早的研究可追溯至公元1041~1048 年间北宋毕昇发明的活字印刷术，它成功地运用了标准件、互换件、分解与组合等原则和方法，解决了雕版印刷所遇到的复杂性难题。18 世纪 70 年代，英国古典学家亚当·斯密在其著作《国富论》中阐述了专业化和分工的核心作用，强调其是推动生产力进步的基础，制针工厂被认为是最早的模块化分工的例子。20 世纪 60 年代，IBM 360 系列的实现标志着现代模块化的诞生。1997 年哈佛商学院教授鲍德温和克拉克发表了《模块化时代的管理》这一经典论文，被视为模块化研究的里程碑之一。模块化的含义，不同的书、不同的人有不同的认识。在学术界主要有三种最具代表性的定义。一是指可组成系统的、具有某种确定独立功能的半自律性的子系统，可以通过标准化的界面结构与其他功能的半自律性子系统，按照一定的规则相互联系而构成更加复杂的系统。[1] 二是模块化的核心是从相对小的、可以独立进行功能设计的系统组建成一个复杂产品或流程，不同模块的研发和改进相对独立，其信息处理过程被包含在模块内部通过标准界面与其他模块相互连接。[2] 三是为了取得最佳效益，从系统观点出发，研究产品（或系统）的构成形式，用分解的组合的方法，建立模块体系，并运用模块组合成产品（或系统）的全过程。[3]

统计离不开数据，它将事物的量化特征用数据记录下来，通过观察其中的变化来把握事物的规律特征。最重要的是数据的准确性和及时性，特点是连续性。统计工作是企业各项管理工作的一个最终呈现，应该走在各项管理工作的前面，要具有前瞻性和开创性思维，不能停留在原来的模式中一成不变。随着科技的发展，传统的统计手段已很难处理复杂的统计数据，计算机与网络应用技术正成为统计管理的新方式。在实际统计工作中，运用模块化理论思想进行管理，便产生了模块化管理。模块化管理就是运用计算机软件和网络技术将实际统计工作分解为概念模块，系统整理统计基础数据，建立各项指标与基础数据的链接，通过读取、计算、汇总和安全性共享，确保准确性、及时性和适用性，实现数据的输入、核对、检索、分析，从而提高统计系统动态服务效率。

2.2　模块化管理实施过程

2.2.1　现状分析与确定方案

企业统计报表有三大种类：产品生产及销售、经济指标、技术指标。采取的主要方式是纵向或横向传递，无论采用何种方式，每位统计员都是在各自使用的计算机上操作，打印出纸质报表并存档，无任何数据加载自动合成功能。由于我厂统计数据触及到生产各个方面所有经营的地方，收集的数据分散、面积广泛，过去对统计数据的处理方式是手工录入数据，利用 Excel、Dos 系统、vfp 软件计算数据、打印报表，该方法缺点一是缺乏系统性，同一个数据反复输入，大量的数据输入导致数据更新的频度减少，不但容易出错，而且增加核对时间；二是形成打印数据是固定格式，需要打印完成后手工修改；三是检索数据时间长，工作效率不高，如果遇到基础数据变更或输出数据出错时，不仅已打印的报表作废，而且需要消耗大量时间修改数据。针对这种情况，我对日报、月报中需连续输入的数据采用规定时间记录的方法进行了测试，见表 1。

---

[1] 青木昌彦、安藤晴彦，《模块化时代：新产业结构的本质》。

[2] Baldwin C.，Clark K.，《Managing in the age of modularity》。

[3] 童时中，《模块化原理、设计方法及应用》。

表 1　规定时间计数法一览表

项目＼实验	一	二	三	四	五	平 均
处理数据	60	45	55	54	57	54.2
时间/s	60	60	60	60	60	60
工作效率 /（个/s）	1	0.75	0.92	0.9	0.95	0.904

如何提高统计效率？我们成立了统计 QC 小组，由科长任小组组长，组员由从事统计工作的组员担任，采用头脑风暴法，集思广益，经过多次专题研究，结合生产实际分析数据，提出了基于 Visual Studio、vfp 程序和办公软件结合的模块化管理模式。

2.2.2　实施过程

根据钢铁企业指标统计要求分析基础数据，并结合集团公司和莱芜分公司炼铁厂统计管理实际，遵循先基础，后设计，再架构，最后核对修正的步骤，将统计数据重组，形成日报、月报（分为烧结球团部分和炼铁部分）、核查报送、数据转换四大模块。四大模块互相联系，互相监督，实现统计系统的模块化管理。

2.2.2.1　基础阶段

将需要统计的全部数据分为基础数据和公式数据。基础数据是指直接录入或读取的数据；公式数据是指统计报表上通过基础数据汇总或公式运算取得的数据，分为公式子项和公式母项。例如：入炉焦比指标。入炉焦比=焦炭消耗量÷铁水产量，是指高炉每冶炼 1t 合格生铁所耗用焦炭的吨数，是公式数据，公式子项为焦炭消耗量(吨)，母项为铁水产量，其中，焦炭消耗量是基础数据，可直接录入，铁水产量是公式数据，公式子项是由每日每炉次铁水重量累加而来，公式母项为 1，铁水重量从服务器上直接读取，属于基础数据。如此类推，将全部数据分解梳理后得到 350 项基础数据，4039 项公式数据。

2.2.2.2　设计阶段

对数据编号并进行分组。编号时考虑三大部分、六小部分数据分类，分别为老区烧结、新二区烧结，60 万吨回转窑、2 号竖炉，老区（1 号、2 号、3 号、4 号）高炉、新二区（5 号、6 号）高炉，将六小部分设备编号，区分公用数据后，将基础数据编码，确保编码唯一，这样可以实现数据的共享。例如：冶金毛焦项。老区（1 号、2 号、3 号、4 号）高炉、新二区（5 号、6 号）高炉中都有该项，将老区（1 号、2 号、3 号、4 号）高炉、新二区（5 号、6 号）高炉分别编号为 001、002…006，将冶金毛焦编码为 001 号，编号 001 号 001 代表 1 号高炉综合焦比，以此类推。模块分组是根据统计报表要求将模块细分并进行运算表达，例如根据统计要求，月报模块中炼铁部分应分为高炉生产专业月报、高炉原燃料消耗表、主要经济技术指标等六个报表，对每个报表中全部指标名称编号，建立指标与指标之间、指标与基础数据和公式数据之间的运算关系。

2.2.2.3　系统架构

梳理全部逻辑关系，形成数据链条，用数据编码表示，进行系统架构。运用 Visual Studio 软件设计日报、炼铁月报模块，Visual foxpro 软件设计烧结球团月报、数据转换模块，Excel 软件设计核查报送模块。日报、月报模块中将分类项目、编号、指标名称、系数、设备编号、公式子项、公式母项以及单位等全部项目和数据编号纳入交互式界面，实现随实际统计需要添加或删减，同时，设置用户口令，加强数据私密性，防止数据的丢失或篡改。将转换模块中与其他模块相关联的部分通过数据链接实现数据共享，减少数据的重复输入。核查报送模块主要功能是炼铁日报基础数据记录与核对、月报汇总数据核对和各报表的报送。

2.2.2.4　核对修改阶段

设计好程序后将历史数据导入数据库，通过模块化管理历史数据，与原始报表核对。通过试运行，并行采用旧方法和新系统，检验实行模块化管理后数据的准确性，对发现的问题及时进行修改。例如，月度停产公式母项为零问题，导致零除错误，报表无法生成。运行后，模块化管理完全符合厂里管理制度、统计指标等相关要求，通过规定时间记数法对每个分系统的统计效率进行测试（表 2），超过了预期的效果。

表 2　规定时间记数法一览表

项目＼实验	一	二	三	四	五	平 均
处理数据	180	240	230	220	270	228
时间/s	60	60	60	60	60	60
工作效率 /（个/s）	3	4	3.83	3.66	4.5	3.798

2.3　模块化管理特点

（1）模块化管理紧贴生产，动态服务，避免了数据重复输入，减少人工输入，大量生产指标数据与厂内局域网链接，可随时形成报表，动态查询所需数据，提高了统计信息利用率，为相关生产人员提供决策依据；自身的核查和口令功能保证统计数据准确和安全，充分发挥统计的咨询和监督职能。

（2）数据上传后直接实现共享，降低统计人员的工作风险，减少了70%的打印工作量，降低了各项材料费用，提高了统计效率，不仅使数据反映出的生产问题及时得到有效处理，降低了成本，而且为统计数据及时上报提供了良好的平台。

（3）统计数据实现科学核算，使每位统计人员提高了工作质量和工作价值，促进人力资源优化。工作重心由原来的单纯统计转移到检查、分析指标上来，抓住重点，使各项关键统计指标得到了改进、优化，同时提高了对指标的敏感度，对数据反映出的问题及时查找原因，把降本增效落实到行动中，营造了莱芜分公司炼铁厂全方位降本增效的氛围。

（4）形成了数据链条，增强了模块的可塑性，工艺流程的改变等客观因素不影响模块化管理。模块化管理实施过程是一个流程再造过程，具有实施周期短，经济性高的优点。统计工作者通过流程设计，不仅认真学习了钢铁企业、集团公司统计指标，而且理顺了生产指标关系，提升了工作技能。

3　效果评价与前景展望

3.1　效果评价

实行模块化管理不仅产生直接的经济效益十多万元，而且提高了统计工作的效率和质量，服务于企业的生产经营，提升了企业的管理水平，产生了无法量化的管理效益。其中经济效益测算公式如下：

经济效益=炼铁工序经济效益+烧结工序经济效益

=两工序节约材料+两工序间接降低费用

其中，两工序节约材料为每年各种报表纸张节约费用；两工序间接降低费用=每年节约能源消耗费用+保质保量完成统计数据给予的加分奖励。

3.2　前景展望

对于中国众多企业来说，工厂级信息系统普遍存在高昂的运行和维护费用，这其中包括数据重复、缺乏单一接口与第三方连接能力有限及升级困难等问题。而模块化管理无缝集成，通过可拓展的模块化应用，帮助制造企业提高市场响应能力、增加产量、减少成本并遵守相关规程。不仅帮助企业用户实现了真正集成，并将自动化应用与企业ERP层应用无缝连接，实现自动化系统与商业系统的完美结合。部分基础数据是直接与集团服务器连接，且全部数据编码翔实，可直接实现与ERP系统的数据转换，能够有效降低与持续改进生产操作相关的成本和复杂性，提高效率；并将工厂现场层数据转化成可用信息，通过对生产需求的灵活响应、快速适应生产过程中的变化，帮助企业决策者更加有效的作出正确决策，提高统计效率和动态服务能力。

可以想象一家拥有地域分散工厂的制造企业，该企业使用模块化管理平台，通过通用编程、人机接口(HMI)和标准网络处理离散、过程和运动控制，操作员从他所在的生产线收集和记录产品的相关数据。设备另一端的工厂工程师发现该生产线正在偏离最优工作参数，于是便检查系统和操作员收集和记录的诊断信息。制造主管带领一个团队对与该生产线和总体过程关联的指标和历史趋势进行分析。最后该团队拟定了一个更新的预防性维护计划和几个旨在使生产线保持平稳运行的过程更改。他们对生产计划进行更改以弥补预防性维护，并将此信息传递到ERP系统，以便能够将供应链中的原材料重新发送到其他位置。

通过软件升级与拓展，加强日数据对比，月度数据汇总分析，量化数据研判发展趋势，利用概率论建立数学模型，收集所观察系统的数据，进而进行推断和预测，为更好的科学决策及计划制定提供重要依据。同时，还可采用定性与定量相结合的方法，引入新的理论，进行数据挖掘，在没有明确假设的前提下去挖掘信息，发现知识，不断探索创新，为集团公司乃至整个钢铁业的发展做出积极贡献。

4　结束语

近年来，借助信息技术统计效率有了质的飞跃，企业应紧跟时代步伐，不断学习创新管理方式。模块化管理的实施对企业不论是从微观，还是从宏观角度来讲都是有利的。本文采用实验与实证分析方法，重点阐述了模块化管理在生产微观层面的实施过程，并进行了效果评价和前景展望。可以预见，模块化管理会成为企业统计的一种发展趋势。

济钢工程建设信息管理系统的应用

济钢集团有限公司　盖永俊

摘　要：随着济钢集团公司工程建设的不断扩大，工程管理数据信息不能共享,统计工作量大，信息查询困难等问题突出，济钢工程建设管理信息系统较好地解决了这一问题，把集团内部的各种工程信息高效地结合在一起，实现工程的有效管理和文件的秩序管理。

关键词：工程　信息　管理

1　项目的提出

随着集团在不断地发展壮大，每年都投入大量的资金用于工程建设，过去传统的管理模式已越来越不适应新时期工程建设的要求，如何高效率地进行科学管理成为了工程管理的一个新课题。

1.1　数据信息不能共享

工程建设管理过程中会产生大量的数据信息，如工程立项、施工合同、施工队伍信息、工程图纸资料、进度款、材料款、实际付款、工程预算、工程结算等等，有些数据是随时变化的，且基础数据掌握在不同部门和具体经办人员手里，查阅困难，部领导、项目负责人以及工程投资控制管理人员难以实时掌握全部信息，工程建设中各类数据统计困难。

1.2　统计工作量大

每个大型工程都有大量的数据要统计，需要准确掌握工程的工程量完成情况、进度预算情况、工程结算额、月度资金计划、周资金计划、本月完成投资和累计完成投资以及本月实际付款的情况，利用手工统计是相当麻烦和繁杂的，而且有些工程还要跨年度，往往统计的时间长而且实效性差。因此，需要软件实现投资控制的系统化管理。

1.3　信息查询困难

由于数据量大，信息分散，查询困难，工作效率低。

2　功能设计

2.1　基础数据管理

2.1.1　元数据管理

初始化数据管理模块主要是对整个系统的参数进行初始化，方便用户在操作相应的模块的时候录入数据，可以避免数据的重复录入。其中项目计划管理、项目合同管理、图纸档案管理和施工队管理模块有需要初始化的数据资料，其他模块只需调用即可。

2.1.2　导入本地数据

该模块是为方便用户导入原来的 Excel 表格中的数据而设计的，其中项目合同管理模块、投资控制管理模块以及图纸档案管理模块都需要导入原有的大量数据。

2.2　工程立项管理

对各种重点项目、新建项目、大修项目和其他建设项目进行立项。该模块的基础信息为：序号、工程立项编码、工程名称、投资主体、立项投资、工程性质、立项时间、立项工期、设计单位、ERP 编码、文件原件。并且可以导入导出 Excel 数据，并生成立项表格，打印输出。

立项投资和项目管理单位都单独设立模块进行添加，修改，查看，查询等操作。

2.3　工程预算管理

对施工单位提报的施工预算进行数据管理，涉及施工图号、审前造价、审后造价，作为签订合同或追加合同的依据。

2.4 项目招标管理

2.4.1 资格审查管理

资格审查管理主要对招标的施工队资质进行审查，通过初审、部审后通知投标时间，并出售招标书。评标后批文下达形成定标批示，其中定标批示为纸质文件。扫描后录入系统。资格审查首先是选择要招标的立项工程，后查看相关工程性质的施工队伍。调用的施工队信息从施工队管理模块中录入。

2.4.2 招标管理

项目招标管理主要对项目招标情况进行管理，包括对立项项目、投标日期、投标单位、评标结果、定标批示等进行管理。并且可以导入导出 Excel 数据，打印输出。其中定标批示为附加批示文件，用户只需查看批示文件即可打开文档查看文件内容。

2.5 项目合同管理

2.5.1 合同录入管理

所有合同的重要信息直接录入（导入）数据库，方便保存、查询、核对（包括补充合同，查询时通过同一个合同编号查询），实现工程合同的全周期管理。并且可以导入导出 Excel 数据，打印输出。录入其中一项内容，相关内容可实现自动录入。合同文件为附加文件，用户只需查看原文件即可打开查看合同内容。

2.5.2 合同统计查询

对合同进行各种条件的查询统计。可以导出各种数据，按合同编号查询生成以下表格打印输出。

2.6 投资控制管理

2.6.1 工程款核算管理

主要对所有项目的投资信息进行全方面的管理：包括立项编号、所属工程、合同编号、合同额、进度预算、材料款（预算价）、材料转账价（财务处数据）、付款凭证数额（累计）、工程结算额、实际付款、本月完成投资（工程立项号、合同号）、累计完成投资（工程立项号、合同号）、本月实际付款（工程立项号、合同号）

2.6.2 对工程资金、投资、工程结算额、工程进度付款进行统计，实现资金计划管理、投资统计管理、结算统计管理、进度款支付款管理

录入信息可以导入导出 Excel 数据，打印输出。用户只需录入合同号即可出现项目名称、合同价款、累计完成工程量、施工单位以及其他内容，避免重复录入。

2.6.3 图纸资料管理

主要对设计院发过来的图纸进行管理，基础信息：工程名称、图纸编号，图纸名称，收图日期，发图日期、张数等信息。并且可以导入导出 Excel 数据，打印输出。

2.6.4 施工队伍管理

所有施工队的重要信息的直接录入（导入）数据库，方便保存、查询、核对，并且可以导入导出 Excel 数据，打印输出。主要内容包括：

企业注册情况：名称、企业地址、法定代表人、注册资本、企业类型、企业注册地、客户编码、营业年限、成立时间、注册号、备注。

企业现有情况：技术人员、技术工人、员工总数、机械设备装备情况。

安全生产情况：许可证编号、颁发部门、许可范围、有效期、备注。

特种行业施工许可：证书编号、颁发部门、资质、等级、业务范围、证书编号、颁发部门、资质、等级、业务范围。

业务联系：联系人、电话、手机、传真、E-mail、备注。

建筑业企业资质：法定代表人、职务，企业负责人、职务，技术负责人、职务，证书编号、颁发部门、主项资质、等级，增项资质、等级。

行业资质：证书编号、颁发部门、资质、等级、业务范围。

2.6.5 统计报表管理

该管理模块可查询出的信息包括各个模块的关于立项工程的详细信息。包括立项、计划、预算、招标、合同、控制、图纸档案。可相互组合产生各种报表比如月度资金计划报表、周资金计划报表还可按工程立项（或施工单位）查询报表。

操作如下：选择要组合的各模块字段，然后生成表格样式。按查询结果生成数据，查询信息包括立项工程编码、工程名称、施工单位等信息。并且可以导出 Excel 数据，打印输出。

2.6.6 用户权限管理

由系统管理员，给用户分配用户权限，管理系统的一般安全。由系统管理员进行管理，添加用户及密码以及分配权限，只有管理员或自己才可以修改密码。权限分配涉及初始化数据管理、导入导出数据管理、计划管理、预算管理、招标管理、合同管理、投资控制、图纸档案、施工队管理等管理模块，并具体到添加、删除和修改功能，其他用户只

能查看。

3　该系统运行后解决的实际问题

本系统通过不断修改完善，达到了以下目的：

（1）信息共享：过去各岗位管理人员各自独立工作，外部数据和信息每个人都必须自己录入，不能实时掌握工程建设过程中产生的各种数据。该系统实现了工程立项、施工合同、图纸收发记录、工程材料、工程付款、预算审查、结算报审、工程招标、设备招标、施工队伍管理等内容由具体岗位人员实时录入后大家都能查阅、调用，实现了信息共享，减少了工作量。

（2）快速查询：该系统对工程建设中各类文档、数据设置了较强的查询功能，可按立项号码、立项名称、合同号、合同标的、施工单位、图纸名称、图纸编号等内容实现快速查询，大大提高了工作效率。

（3）统计功能：该系统可根据需要对工程建设的各种数据按不同要求进行统计，生成电子表格。

（4）精准管理：该系统对工程建设的每套图纸都实现了图号、合同、预算、结算的对应，避免了漏签、漏报、漏审现象的发生，而以前合同签证人员不知道究竟有多少套图纸，投资控制人员也不知道还有多少套图纸没有报审，该系统可以很方便地查阅出已发图纸中还有哪些没签入合同内，哪些预算及结算没有送审。在投资控制方面实现了合同额、材料款、工程进度量、结算数额、材料差价和数据整合，可杜绝超付工程款现象的发生，以前的状况是各类数据在每个管理人员手里，由于数据随时变化，造成工程款支付控制困难。

（5）生成报表：该系统可很方便时生成各类报表，如《集团 / 股份公司资金支付计划表》、《集团公司付款计划报审核定表》、《集团公司项目完成情况月报》、《股份月度资金计划表》等各类表格。

（6）安全管理：为保证系统安全，避免数据外泄或被修改，登录该系统必须输入用户名称和密码（系统管理员设置）且密码用户可自己修改，系统管理员可根据不同岗位设置不同的查询权、编辑及修改权。对于系统内的数据，系统自动备份一个文件存入另外一个硬盘，避免由于系统损坏造成数据丢失。

深化全面预算管理　实现公司价值最大化

——钢铁企业集团全面预算管理探索

武汉钢铁（集团）公司经营财务部　李　杰

摘　要：本文以武钢为例，介绍了钢铁企业全面预算管理情况，对武钢全面预算管理实施取得的成效进行了总体评价。从预算管理理念、预算编制、预算执行和监控、预算评价和考核、预算信息化各方面分析了钢铁企业集团全面预算管理实施中存在的问题。提出了深化钢铁企业集团全面预算管理的对策，包括树立全面预算管理理念、改进预算编制方法、强化关键指标预算控制、加强预算执行结果闭环管理、提升全面预算管理信息化水平等。

关键词：钢铁企业　全面预算　管理体系

1　武钢全面预算管理情况

1.1　全面预算管理在企业管理中的定位与作用

全面预算管理是一种全方位、全过程、全员参与的管理模式，是为数不多的几个能把组织的所有关键问题融合于一个体系之中的管理控制方法之一。全面预算管理在公司的管理中至少有以下几个方面的作用：

（1）实现发展战略和年度经营目标的工具。“三分战略、七分执行”，通过实施全面预算，根据发展战略分解、落实制定年度经营目标，可以使公司的长期战略规划和年度具体行动方案紧密结合，从而实现“化战略为行动”，确保企业战略发展目标的实现。

（2）优化资源配置、提高经济效益的工具。全面预算以经营目标为起点，以提高投入产出比为目的，其编制和执行过程就是将企业有限的资源加以整合，协调分配到能够提高企业经营效率效果的业务、活动、环节中去，从而实现资源的优化配置，增强资源的价值创造能力，提高经济效益。

（3）确保集团管控有效的抓手。全面预算可以将公司内各层级之间的权、责、利关系予以规范化、明细化、具体化、可度量化。通过预算的编制，可以规范内部各个利益主体对企业具体的约定投入、约定效果及相应的约定利益；通过预算的执行及监控，可以真实反馈内部各个利益主体的实际投入及其对公司的影响并加以制约；通过预算执行结果的评价考核，可以检查契约的履行情况并实施相应的奖惩，保障公司经营目标实现。

1.2　预算管理的流程

在预算管理流程上，形成预算编制、预算执行与监控、预算评价与考核、预算调整的闭环管理流程。预算编制：采取“自上而下”和“自下而上”相结合的方式，每年9月预算委员会下达下一年度《预算编制大纲》，公司各单位根据大纲结合本单位实际情况编制预算，预算办公室对各分预算进行审核、汇总、平衡后，报集团公司预算委员会审批，最后将审批通过后的预算指标分解落实到相应的部门和单位，同时提出系列预算保障措施，保障预算执行。预算的执行与监控：公司总预算由预算委员会组织执行。分预算由各部门、各单位分别执行。各项预算的执行单位按月提供报表和预算执行情况分析报告，每季度通过全公司分析会，对公司总体预算执行情况进行分析和通报，找出问题提出改进措施。预算的评价与考核：经济责任制考核围绕预算目标设定，对超额完成预算目标的单位和个人进行奖励，对预算目标没有完成的单位和单位负责人严格考核，对未经预算委员会批准擅自变更预算的单位和部门，进行专业管理考核。预算调整：单位在执行预算过程中，因市场环境、政策法规等发生重大变化，致使预算的编制基础不成立的，可以进行预算调整，预算委员会根据研判，将预算指标与市场指数挂钩测算，确定调整方案。

1.3　预算管理的主要内容

（1）预算管理体系包括总预算、分预算和专项预算。总预算由集团编制，包括集团损益预算、资金预算及资本预算。分预算由各子公司编制，主要为各子公司损益预算。专项预算由各专业部门单位编制，包括各项具体的业务预算，是总预算和分预算的基础数据。

（2）预算编制内容包括财务预算、业务预算和资本预算。财务预算一部分是以企业经营成果为核心的损益预算，以预计利润表为主要表现形式；一部分是以资金平衡为基础的资金预算，以预计现金流量表为主要表现形式。业务预算包括销售预算、采购预算、生产预算、薪酬预算、科技投入预算、税项预算、存货预算等，业务预算是财务预算的基础，是预算编制的核心内容。资本预算包括固定资产投资预算、技术改造预算、股权投资预算等。

2 近年来武钢全面预算工作取得的成效

近年来，武钢创新全面预算管理，充分发挥预算的控制、价值导向和战略保障功能，全面预算管理模式更趋成熟和科学，主要体现在以下几个方面：

（1）抓好“六个结合”，完善全面预算管理体系。一是将公司预算与国资委考核目标紧密结合，从预算编制开始将国资委考核指标分解到各分项预算中，将压力层层传导。二是将刚性预算目标与弹性市场变化紧密结合，在整体预算中强调刚性控制和科学精准，在预算分解执行中强调指标与市场指数挂钩联动和可操作性。如对营销部门的指标就与钢材市场价格指数进行了挂钩联动，更加科学地评价营销业绩。三是将集团预算的全面性和指导性与本部预算的深入和细致紧密结合，通过签订经营目标责任书管控重组企业利润目标，通过控股子公司董事会落实控股子公司利润目标。四是将预算执行中的全面经济活动分析与重点专题分析紧密结合，针对价值链关键环节和难点问题由点及面深入开展分析，监控预算的执行。如针对铁成本偏高的专题分析，找准薄弱环节及改进措施，取得较好效果。五是将局部成本费用控制与公司整体效益最大化紧密结合，压缩非生产性开支，杜绝预算外支出。六是将预算考核与激励紧密结合，严格实行按月按季考核、年终清算的办法，积极推行工资预算与利润目标挂钩，激发各单位的积极性。

（2）做好“五项预算”，提高预算精细化水平。一是实施“无缝隙预算”，将控股公司利润、参股公司投资收益、停歇业单位费用和母公司预算外其他费用全部纳入预算控制，做到预算控制不留死角，增强预算的“硬约束”。二是实施精细化“滚动预算”，按周分析监控、按月综合考核、按季进行滚动，强化预算的过程控制和动态管理。三是逐步推行“零基预算”，从实际需要出发，对部分预算项目特别是费用预算，逐项审议各项活动的必要性、合理性及开支数额，促使各层级精打细算使用资源。四是推行“责任预算”，将母公司承担的费用归位于责任单位，调动相关单位费用控制的积极性。五是力争“国有资本经营预算”支持，透彻研究国家财税政策，积极与国家部委沟通，为公司海外资源开发、科技进步和节能减排等项目争取到政策支持。

（3）完善“两化”成本管理，最大限度降低成本费用。创造并实施以“成本管理一体化、成本核算市场化”为主线的成本管理模式，将钢铁主业完全成本考核细化为原料成本和工序成本考核。针对原料价格持续上涨对公司成本造成的巨大压力，采取指标控制与价格调整相结合的手段，严格按照“两不”原则（采购价格不高于市场和行业，销售价格不低于市场和行业）控制采购成本和销售价格。生产环节通过构建“标准成本”体系，科学核定各单位降成本指标，严控可控费用，不断挖掘各单位降成本潜力。

3 钢铁企业全面预算管理存在的主要问题

钢铁企业全面预算管理存在的主要问题集中体现在以下几个方面：一是在预算管理理念上，认为预算管理仅是财务部门的工作，造成业务预算、资本预算与财务预算衔接不够，导致预算编制不合理，公司总预算能否完成的矛盾集中在财务部门。二是在预算编制上，年度预算与战略规划之间出现不匹配，预算的编制调整需进一步适应市场的快速变化。三是在预算执行和监控方面，预算的执行单位利用信息不对称与上级单位讨价还价，从而使预算失去它应有的激励作用。四是在评价和考核方面，绩效考核目标及指标体系设计有待进一步完善，预算管控侧重于利润指标，对综合财务指标的优化重视不够。五是预算管理的信息化程度与全面预算管理的要求存在一定差距。

4 钢铁企业深化全面预算管理思路和举措

总体思路是：以公司战略为导向，以公司价值最大化为目标，以面向业务、经营和流程为基点，着力于全方位、全过程和全员参与三大要素，着力于价值创造、决策支持和风险管控三大功能，着力于编制与调整、执行与监控、评价与考核三大环节，不断深化基于价值创造的预算管理模式，进一步提升预算管理质量，探索和推进公司价值管理体系。面对当前的经营环境，我们认为钢铁企业集团的预算管理应从以下几个方面进行探索与发展。

4.1　树立全面预算管理理念，坚持战略引领与价值导向

要紧紧围绕公司的战略目标，持续不断地完善并优化全面预算管理体系：一是树立全面预算管理理念。要以全员为基础，全过程为标准，全方位为要求，将公司的人、财、物全部纳入全面预算管理体系。二是坚持战略引领。要紧紧围绕公司规划发展目标，结合行业发展形势和公司实际情况，通过实施年度滚动预算，确定年度发展目标和资源配置方式，确保战略落地，并不断得到验证和改进。三是坚持价值导向。要强化全面预算管理的价值导向，将风险可控前提下的公司价值最大化作为衡量资源配置效果的标准。

4.2　改进预算编制方法，提高全面预算管理科学化水平

一是切实发挥好集团公司在预算编制过程中的统领和总控作用。集团公司预算组织管理机构要选择确定主要预算目标并编制方案，作为各部门、各层级、各单元预算编制的目标指引；通过实施“先总后分、总分结合”和“先下后上、上下结合”等编制流程，强化集团总部的统领和总控作用，以提升战略执行力和预算准确性。二是以业务预算为基础，推动业务预算与财务预算、投资预算与资金预算的有机结合。三是根据业务流程特点，针对不同的预算项目探索采用固定预算、弹性预算、零基预算、滚动预算、作业预算等不同的预算编制方法。预算要逐级逐步细化到以季度、月度为周期的基于工作计划的滚动预算，并与中长期规划有效衔接，更好地保障战略实施。

4.3　加强关键指标预算控制，努力提升经济运行质量

在全面预算管理工作中，要紧紧抓住公司生产经营各环节的关键性指标，从业务前端入手，加大管控力度，确保预算对各项生产经营活动的有效控制。一是加强成本费用预算控制。通过强化定额和对标管理，明确制订成本费用控制标准，落实成本费用管控责任，努力实现降本增效。二是加强投资项目预算控制。在确定年度投资项目时要坚持效益优先和资金保障原则，严控亏损或低效投资，严控资金难以落实的投资，严控超越财务承受能力、过度依赖负债的投资。三是加强现金流量预算管理。加强应收款项和存货的预算管控，加快资金周转，提升现金保障能力。四是加强债务规模与结构的预算管理。通过对预算资产负债率、带息负债比率等债务风险类指标设定合理的目标控制线等措施，严格控制债务规模过快增长；结合速动比率、流动负债比率等指标分析，优化债务结构，切实防范债务风险。

4.4　加强预算执行结果考核，实现预算闭环管理

预算执行结果考核是落实各预算责任主体权责的重要手段，是实现全面预算闭环管理、发挥全面预算管理价值创造功能的关键环节。一是要加强对预算执行结果的考核，建立预算考核制度，明确预算考核程序，确定预算考核指标，结合预算重要节点与关键环节定期开展预算考核工作，将考核贯通到每个预算责任主体，实现预算的闭环管理。二是要探索实行预算执行结果的非合理性偏差问责制，做到职责到位，责任到人，激发全员参与价值创造的积极性。三是要创新预算考核方式方法，建立基于价值创造的长效激励机制，引导各单位部门从追求局部成本降低向追求系统成本降低转变，从追求个别技术经济指标的先进性向追求价值最大化转变。

4.5　大力推进信息化建设，保障全面预算管理顺利实施

要积极推动预算信息系统建设，充分利用信息化手段，规范预算管理流程，提高预算管理效用。一是要构建覆盖公司全部重点业务、连接各级子公司、体现中长期战略规划的全面预算管理信息系统，满足全面预算管理庞大的数据需求。二是通过信息化手段固化预算管理流程，提高预算管理工作的效率和标准化水平，提高预算编制的科学性，执行的有效性。三是要加强预算信息化系统集成，将公司的会计核算系统、资金管理系统、人力资源管理系统和资源计划系统（ERP 系统）等资源配置系统实现互联互通，满足多方面、多层次信息高度融合的要求。四是要充分利用预算管理信息系统的在线分析监测功能，及时追踪分析预算执行情况，不断调整修正生产经营行为，实现全面预算管理的事前、事中和事后全过程监控，为重大经营决策提供有效支撑。

精益成本管理理论在武钢的实践与应用

武汉钢铁（集团）公司经营财务部　张文静

摘　要：本文从精益成本管理的内涵入手，重点介绍了武钢财务系统以精益管理思想为指导，以业财融合为平台，以精细化为手段，以低成本制造技术为依托，以“大财务”的视野，开展的一系列精益成本管理实践情况。

关键词：精益　成本管理　实践

1　精益成本管理的内涵

精益成本管理是在对企业供应链成本分析基础上，把精益管理思想与成本管理思想相结合，以客户价值增加为导向，实现整个供应链成本最小的成本管理新理念，它突破了传统的以利润为导向的成本管理模式，为成本管理开创了崭新的思维空间。

精益成本管理的核心思想是充分挖掘和利用企业现有的可利用资源，排除一切不能创造价值的作业和行动，有效地组织和配置资源、降低成本、提高利润、最终实现企业效益最大化。实施精益成本管理不仅要对企业各个业务流程了如指掌，而且要对产品整个生命周期的完全成本控制游刃有余，更要与上下游企业一起在整个战略供应链上共建企业的核心竞争优势。

2　武钢精益成本管理实践

2.1　以业财融合为平台拓展盈利空间

我们常说：“企业管理要以财务管理为中心”，然而脱离业务的财务管理犹如无本之木，必须建立与业务部门高效沟通合作的平台。例如，目前在钢铁企业成本构成中，60%以上由铁矿石、煤等原燃料消耗成本决定，是成本控制的关键环节。原燃料成本控制首先要从采购环节抓起，同时又与生产消耗环节直接相关，武钢的财务人员将财务信息与业务过程管控信息充分融合，充当起企业采购部门与生产部门信息融通的桥梁，进而解读数字背后的业务实质，发挥财务管理的价值分析和管控职能，实现对资源、资金的高效配置。

一是对采购部门制定“两不高于”的采购红线，即不高于市场价，不高于行业平均水平，倒逼采购部门妥善制订实施错峰采购策略。一方面实时跟踪关键市场指标的变动趋势，成功采购数百万吨低价市场矿。另一方面运用公司权益矿优势，平衡长协矿月度定价和即期定价模式，努力争夺矿石定价话语权。同时加强途耗管理，合理安排回运模式和节奏，一站式运输比例达88%。二是研究建立高性价比配煤配矿模型，指导配矿和采购。通过大量采集高炉生产的历史数据，如入炉品位、矿耗、碱度、焦比、渣比等，结合各种矿石和煤的理化指标和动态价格水平，动态研究解决配煤配矿方案的最优经济性问题。最大限度增加高性价比铁矿石及二次资源的利用量。三是创新工艺，改小烧结矿筛和焦筛的孔径，使用回用焦丁矿石混装技术等措施，将原来认为不可用的小粒焦丁及烧结矿全部回用到高炉中，减少外购高价焦炭。四是积极探索全新原料条件下高炉经济运行规律，通过优化高炉操作参数，提高煤气利用率，降低休风率，确保高炉稳定运行。五是对烧结工序铁料消耗、炼铁工序球团矿配比、能源动力成本、焦化工序煤耗等指标进行深入对标，寻找改进方向。

2.2　以精细化为手段倒逼降本增效

在现代作业成本管理模式下，产品生产过程本质上是消耗作业和资源的过程，而作业会消耗资源，精益生产成本管理思想的核心内容是将成本控制从产品生产工序精细到作业，判别作业和产品对资源的耗费效率，识别有效作业和无效作业、增值作业和非增值作业，消除无效的或不增值作业。钢铁产品生产制造流程长、工艺复杂，盈利空间窄，更加强调对生产制造全过程的跟踪，对每个作业流程的清理优化、对每个作业单元、每个员工降本增效全动性创造性的调动。精细化成为实施精益成本管理的重要手段。

一是建立预算管控周报制度，将关键指标的预算管控周期精细到每天，实时跟踪焦比、钢铁料消耗、重点品种原品种成材率、带出品率、废品率、改判率等生产工艺过程管控指标，及时采集市场价格信息，每周编制预算管控周报，每月针对关键控制点形成专题报告，按季对预算执行情况进行评价，年终进行考核，并将结果纳入年终绩效评价。提升了财务管控的提前预判和过程控制力。二是全程参与各业务部门的精益管理转型项目。为了应对钢铁行业的严峻形势，武钢聘请麦肯锡专业团队提供咨询服务，运用精益管理理念，确立了一系列公司级精益管理项目。财务人员积极参与其中，对原有的业务流程进行深度诊断和清理，长期系统的运用到生产经营中，为精细化管控提供支撑，并建立起持续改进和创新工作机制。拓展了财务管理的深度和广度。三是建立起产品、合同、工序、部门、车间、班组等基本核算单元的盈亏报表体系。条材总厂细化财务核算，"划小划算单元"，通过一"划"（将成本毛利指标层层分解到最基础的管理单元）、二"算"（借助网络化数据平台动态监控成本效益）、三"干"（探索实施低成本制造成本实现价值创造）、四"奖"（按控本创效的贡献大小激励考核激发职工创效潜能），构建起先进合理的消耗定额，科学可行的划分标准和绩效评价机制，形成了突出成本毛利分解、责任层层落实、压力层层传递，活动层层激发的降本增效格局，有效推进了降本增效工作。四是严格基础管理降成本。将常规性预算外费用纳入预算内管理，从源头控制总额，非生产性费用与业务规模匹配，实行分层分类管理。劳务费由各单位工资总额中转移承担，近两年来公司劳务费由全年 20 亿元降至 5 亿元，非生产性费用降幅达 20%。

2.3 以低成本制造技术为依托构建核心优势

国外资料表明，80%的产品成本是在设计阶段形成的，产品能否得到市场认可，有赖于产品成本的科学规划，需要开发设计人员与财务人员密切配合。成本规划工作贯穿产品开发生产的全过程，包括对现有产品进行重新设计，对产品整个生命周期进行多纬度成本控制，开发应用低成本制造技术是钢铁企业拓宽盈利产品空间的重大机遇，武钢财务人员参与成本规划实践精益设计成本管理，主要体现在合金替代、产线成本对标、钢坯材整体成本最优模型等方面。

为在保证产品质量、满足客户需求的前提下，通过工艺优化、技术改进和精益管理来降低制造成本，武钢制订下发了《低成本制造技术计划》，内容包括炼铁、炼钢、轧钢、生产组织、能源控制等九个方面 43 项措施。在低成本制造技术计划实施过程中，财务系统一方面配合业务部门对各种低成本制造技术方案反复测算优选，跟踪实施过程，及时反馈实施效果；一方面运用财务人员的专业知识，通过商业模式创新助推生产厂与外部单位联合攻关，实现价值创造。一是利用合金消耗用量在线采集系统，实时计算每炉钢的合金成本，为生产研发人员推进"炼钢合金替代"积累了宝贵的历史数据，推动炼钢总厂吨钢合金成本同比下降近 50 元/吨，一年就可降低成本数亿元，同时也为现场人员优化投料操作，实施看板管理创造了条件。二是开展产线对标寻找最佳生产方案。通过大炉子小炉子、新炉子老炉子成本对标，协助条材总厂炼钢工序形成分厂转炉炉型控制模型，吨钢钢铁料消耗较上年下降 17.5kg/t，降低成本 9676 万元。通过实施一、二、三冷轧产线成本对标，帮助冷轧总厂研究制订投入产出比更高的产线分工。三是细化工序成本核算，协助研发人员研究设计从钢坯到钢材整体成本最优的低成本制造方案，充分利用轧钢工序控轧控冷能力，降低合金投料成本。四是创新提出钢厂与精鼎公司、耐火材料等公司间的连挂考核模式，使得钢厂耐火材料及设备使用寿命明显提高，一炼钢厂重轨中包连浇炉数同比上升 1.69 炉。

2.4 以"大财务"的视野整合企业内外部价值链竞争优势

精益成本管理思想的精髓就在于追求最小供应链成本，实现最佳客户价值。随着我国钢铁产业长期粗放发展过程中积累的矛盾日益凸显，钢铁企业面临更为苛刻的市场压力。由于区域发展空间受限，环保压力大，物流成本高，历史包袱重，武钢的成本管理比任何时候都显得关键和变幻莫测。顺利时代的要求，武钢财务系统提出了精益财务管理转型思路，即"由传统核算职责向管控职责转变；由事后核算向事前预判转变；从传统的资金筹措、成本控制向全面预算管控、精益成本管理、资本运作和产融结合、商业模式创新转型升级"。

我们不断调整着成本管理视野，以战略利益为纽带实现各种业务的交叉合作，整合内外部价值链资源，构筑上下游产业链竞争优势，为钢铁主业实现可持续发展提供支撑。一是抓住有利时机，妥善实施"走出去"战略，以较低成本锁定海外权益资源量 400 多亿吨，近年来权益矿回运量超过 700 万吨/年，自身资源保证能力显著增强。目前，财务系统又从投融资、收益管理、参算管理、股权市值管理等方面出发，提出了以资产证券化手段实施矿产资源整合上市的方案，为海外资源开发建立了强大的投融资平台。二是在保证客户价值需求的情况下，追求服务成本最低。在营销系统全面推进市场化经营的“倒三角”营销体系，深化与客户的购联动体系，完善以战略用户为主的大服务体系，做大做强物流板块，提高区域公司市场开拓能力，按照“不间断、不迂回、不倒流、不等待和不出废品”的原则，为客户量身定作最经济的行动方案。三是协调组织公司相关部门，按照“资源换效益、资产换投资、存量换增量、市场换发展、时间换空间”的方针，以相关产业存量设备、房产等资产作为资本金，与国内外一流企业合作，在引进先进企业资金、技术、管理的同时，盘活存量资产，推动以实物资产资本化。四是将资金管理从货币资金、票据、带息负债等扩展到对企业流动资产、流动负债和营运资金的综合管控，以资金配置效率推动企业运营质量和效益的提升。

当前国际经济复苏迟缓、反倾销加剧，中国钢铁工业长期高速粗放发展的矛盾不断积聚，钢铁企业的盈利空间被严重挤压，70%以上的钢铁企业在亏损线上苦苦煎熬，企业间的竞争已从单纯的产品竞争扩展到上、下游供应链之间，甚至国与国之间的较量，残酷的市场竞争赋予了成本管理全新的含义，也对钢铁企业的财务人员提出了更高的要求，为了企业的生存发展，开展企业内部精益成本管理成为我们的必然选择，武钢的财务队伍也在精益成本管理实践的过程中转型成长。

关于酒钢拓展国外矿产资源模式的浅论

酒泉钢铁（集团）股份有限责任公司矿产资源中心　刘　刚

摘　要：随着酒钢集团规模的发展及行业领域的拓展，目前在中国钢铁行业进入前十六名，企业经营领域涉及钢铁、不锈钢、煤电化工、铁合金、装备制造、水泥、电解铝、商贸物流、葡萄酒等行业。对资源的需求也延伸到了国外，从 2004 年开始积极搜集国外矿产资源项目，也调查过许多项目，目前参股南非一个铬铁合金项目，可是和中国大多数钢企一样也未取得成功突破，既没有占到较大的支撑资源，也没有在国外资源开发中取得可观效益，但是在国家鼓励企业“走出去”大战略及自身资源需求形势下，面临中企国外投资矿业亏损率居高环境下，如何参与国外矿产资源合作开发，为企业长远发展打下资源基础，本文对这一困局进行初步探讨。

关键词：酒钢资源采购状况　世界资源及出口地域分布　中企国外矿业拓展现状　下步拓展方式建议

1　目前酒钢集团发展形势及资源供给状况

2014年酒钢集团公司经营目标：生铁910万吨、转炉钢1110万吨、钢材1088万吨（其中不锈钢110万吨）、电解铝125万吨、铁合金21万吨、发电量150亿度、水泥225万吨；实现营业收入1380亿元、产值1051亿元、利润1亿元；完成固定资产投资80亿元。

其中铁矿石需要量约 1724 万吨，外购率占到72%，自给率约占 28%。酒钢进口铁矿石主要种类：澳粉、巴西块矿、哈萨克球团矿，蒙古粉矿等。

集团焦炭产量约 394 万吨（其中本部焦炭产量271 万吨），集团公司需要采购焦煤约 532 万吨。焦煤采购主要在宁夏、青海木里煤矿、内蒙古、策克口岸（外蒙古焦煤）等地完成。

采购氧化铝约需 237 万吨。表 1 为 2012 年酒钢集团 1~6 月主要原材料需求量及采购情况，可供读者参考。

表 1　2012 年酒钢集团 1~6 月主要原材料需求量及采购情况(摘自于《钢联资讯网》)

类　别	主要原材料	需求量/万吨	采购途径	数量/万吨	占比/%	采购价格区间/（元/吨）
金属炉料	铁矿石	1055.0	自有矿山	363	34.44	82~1500
			周边矿山	375	35.58	581~1121
			港口进口矿	73	6.93	828~1290
			哈萨克及蒙古进口矿	244	23.15	821~1210
不锈钢原料	铬　矿	16	国内采购	16	100.00	7913~13711
	镍　矿	2.3	国内采购	2.3	100.00	140000~162000
非金属辅料	炼焦煤	286.6	国内采购	286.6	100.00	771~1410
	无烟煤	53.2	国内采购	53.2	100.00	970~1150
	动力煤	226	国内采购	226	100.00	330~397
	冶金焦炭	16	国内采购	16	100.00	1193~1770

焦煤采购主要在宁夏、青海木里煤矿、内蒙古、策克口岸外蒙古焦煤等地完成。

氧化铝采购在中国完成，而中国加工氧化铝的红土型铝土矿进口来源国为印尼、澳大利亚、印度、巴西、几内亚等。

镍铁合金在国内采购，而我国进口镍矿的主要来源国为印尼、菲律宾等，进口依存度将超过50%。

铬铁合金，酒钢主要在中国采购，而中国进口铬矿及铬铁的主要来源国：南非、土耳其、阿曼、阿尔巴尼亚、伊朗、印度等。进口依赖度将达到98%。

2　主要外购资源种类在世界的分布及国际贸易状况

2.1　铁矿石

世界铁矿石主要分布国：独联体探明储量为 1140 亿吨（其中俄罗斯 800 多亿吨）、巴西为 680 亿吨、中国为 500 亿吨、加拿大为 360 亿吨、澳大利亚为 350 亿吨、印度为 175.7 亿吨、美国为 174 亿吨、法国为 70 亿吨、瑞典为 36.5 亿吨。

世界主要铁矿石出口国：澳大利亚、巴西、印度等。

最近几年我国铁矿石进口数量见图 1；今年我国铁矿石进口情况见表 2。

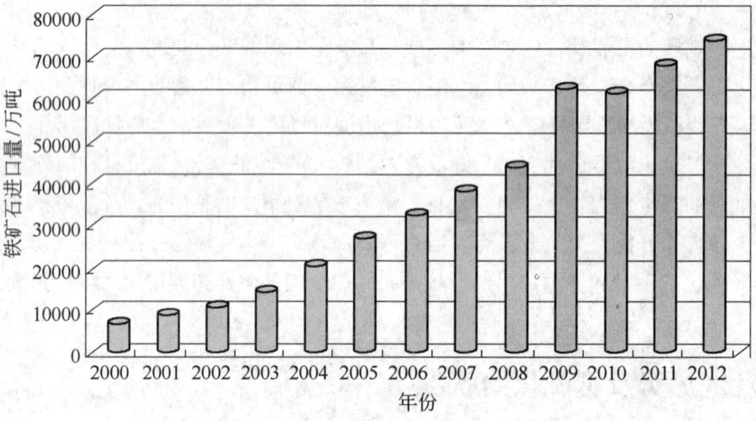

图 2　我国铁矿石进口统计表

（资料来源：国家海关总署）

表 2　2014 年 3 月及 1~3 月合计进口铁矿石情况

（摘自《我的钢网》）

时　间	数量与单价	澳大利亚	巴　西	南　非	其他国家
2014 年 3 月份	发证数量	5719.56 万吨	1947 万吨	451.3 万吨	2363.11 万吨
	平均单价	116.41 美元/吨	127.35 美元/吨	127.38 美元/吨	111.15 美元/吨
2014 年 1~3 月份合计	发证数量	16518.2 万吨	5822.07 万吨	1593.99 万吨	7856.15 万吨
	平均单价	127.76 美元/吨	134.95 美元/吨	137.82 美元/吨	116.3 美元/吨

2.2　铬矿

全球铬矿资源丰富，2012 年已探明储量约为 75 亿吨，可开采储量约 48 亿吨，世界上铬矿储量主要分布在南非(74%)、哈萨克斯坦(12%)、津巴布韦(9%)、印度、巴西、芬兰、俄罗斯等几个国家。此外，土耳其（0.9%）、阿尔巴尼亚、伊朗、阿曼、澳大利亚和越南等国也有少量储量。中国的铬矿保有储量约为 1078 万吨（0.14%）。

2012 年世界铬矿年开采量约 2000 万吨，其中 90%属冶金级铬矿，用于生产铬铁合金，是生产不锈钢的主要原料。

2013 年的贸易数据显示，南非出口量第一，而储量仅为 0.9%的土耳其成为中国第二大铬矿进口国。（数据来源于《中国矿权网》、《中国铁合金在线网》）

2.3　镍矿

2011 年统计世界镍矿资源丰富，全球已探明镍矿储量约 230 亿吨，平均含矿量为 0.97%，镍总量大约为 2.2 亿吨，其中硫化镍矿储量约为 105 亿吨，平均等级为 0.58%，约占镍矿总资源量的 28%；红土镍矿约为 126 亿吨，平均等级为 1.28%，约占镍矿总资源的 72%。(中国百科网)

世界镍的矿产资源分布极不均衡，主要集中在加拿大、俄罗斯、澳大利亚、新喀里多尼亚、古巴、印度尼西亚、菲律宾、南非、中国、巴布亚新几内亚、马达加斯加、巴西等国，合计约占探明陆基储量的 90%，其他国家和地区储量很少。其中澳大利亚镍资源储量达 2400 万吨，居世界第一。

传统的硫化镍矿矿山(加拿大的萨德伯利、俄罗斯的诺里尔斯克、澳大利亚的坎博尔达、中国金川、南非里腾斯堡等)的开采深度和难度逐渐加大。镍资源的开发重点将转向占比 70%的红土型镍矿，主要分布在赤道附近的国家。未来还将转向镍储量更大的深海锰结核的开发。(数据来源于美国地质调查局)

我国镍矿资源储量中70%集中在甘肃，全国统计今年来进口占需求量的22%左右，今年预计镍原矿进口总量约在150万吨。2013年对中国的镍矿出口量最大者为印度尼西亚和菲律宾。（中国铝业网）

2.4 红土型铝土矿

已探明全球铝土矿250亿吨，远景储量350亿吨。按1.4亿吨/年进行开采计算，此储量可满足世界铝工业180多年的开采需求。其分布：南美33%、非洲27%、亚洲17%、大洋洲13%，其他地区10%。我国周边国家铝土矿储量：越南和印尼分别为20.3亿吨、8.79亿吨，分别位居世界第五和第七。世界铝土矿储量中，几内亚和澳大利亚分别占29.6%及22%，此外，牙买加和巴西分别占8%及7.6%，说明其分布相对集中。

铝土矿生产国及出口国为澳大利亚、巴西、几内亚、牙买加、印度、委内瑞拉、哈萨克斯坦、希腊、圭亚那、印尼、加纳、南斯拉夫。表3为近年世界铝土矿主要出口国数据，供参考。

表3 2006~2011年世界主要国家铝土矿出口量

（摘自《矿秘书网》） （万吨）

序号	国家	2006	2007	2008	2009	2010	2011
1	印尼	727.0	1166.3	1679.1	1472.0	2741.0	4064.4
2	澳大利亚	551.4	715.7	866.0	637.4	795.1	1028.9
3	牙买加	1471.6	1450.7	1471.6	810.4	848.6	1006.2
4	巴西	531.0	578.4	622.1	303.7	678.9	688.7
5	希腊	91.2	108.6	78.7	41.0	43.7	52.0
6	印度	349.4	639.3	352.0	27.0	25.2	43.0
合计		3721.6	4659.0	5069.6	3291.5	5132.5	6883.3

生产铝土矿但还需进口的国家为中国、俄罗斯、苏里布、波兰、法国、匈牙利、伊朗、土耳其、美国。

本国不生产铝土矿需全部进口的国家为爱尔兰、乌克兰、西班牙、加拿大、德国、罗马尼亚、日本、阿塞拜疆、黑山。

2.5 焦煤

从煤炭资源在全球的分布来看，北半球的三大洲都比较丰富，亚太地区2968.9亿吨，约占世界的32.7%；北美洲有2544.3亿吨，约占世界的28.0%；欧洲及欧亚大陆有2871百万吨，约占世界的31.6%。南半球各大洲的煤炭资源都比较少，其中中南美洲198.9亿吨，约占世界的2.2%；非洲和中东507.6亿吨，约占世界的5.6%。

从各国拥有煤炭资源来看，储量上100亿万吨的有美国、俄罗斯、中国、印度、澳大利亚、南非、乌克兰、哈萨克斯坦、波兰、巴西10个国家。其中最多的是美国，探明储量246643百万吨，占世界煤炭储量的27.1%；其次是俄罗斯，探明储量157010百万吨，占世界煤炭储量的17.3%；中国和印度分别是114500百万吨和92445万吨，分别占世界煤炭储量的12.6%和10.2%。

世界主要焦煤出口国（2010年数据）：澳大利亚出口1.59亿吨（占世界出口量的58%）、美国出口0.51亿吨、加拿大出口0.28亿吨、俄罗斯出口0.14亿吨。世界年出口量：2.73亿吨。

世界焦煤主要进口国(2010年数据)：日本(0.58亿吨)、中国（0.48亿吨)、欧盟（0.45亿吨)、印度（0.3亿吨)、韩国（0.28亿吨)。

我国焦煤储量占煤炭总储量的27.65%，2012年中国焦炭产量为4.43亿吨，70%~75%焦炭都是用于钢铁生产。 一个重要的事实是中国的冶金煤和焦炭基本自给自足。实际上在市场化环境下既有出口也有进口。(数据来源于《中国煤炭资源网》)

3 中企海外购矿八成亏，需要走出去但又要防风险

我国企业“走出去”购矿始于2005年左右，整体仍处于探索、起步阶段。海外购矿有高风险、高回报、长周期、大投入的特点，频频亏损背后存在深层症结。

从中国矿业联合会获悉，仅2013年我国海外购矿即突破百例，中国资本流向超过36个国家。然而随着购矿规模增大，矿业项目投资亏损比例却达80%。

3.1 中企在拓展海外矿业投资业务随着购矿规模增大，八成项目出现亏损

海外购矿有高风险、高回报、长周期、大投入的特点。

商务部数据显示，截至2013年底，我国累计非金融类对外直接投资5257亿美元。今年一季度，中企在137个国家和地区的投资额统计矿产资源类

投资占据其中近三分之一。然而随着购矿规模增大，八成项目却出现亏损。通常而言，项目前期数年的亏损率往往超过6成。比如，2010年吉恩镍业募资投入加拿大皇冠矿业Nunavik镍矿项目，并参与印尼红土矿冶炼项目的股权合作。截至2013年，由于其海外矿业项目建设周期拖长，未形成任何盈利，公司被迫大幅增加借款，带来较大的财务压力。2013年，兖州煤业澳洲业务曝出亏损49.78亿元的消息。

3.2 盲目“跨业化”投资致亏损

特别是非矿业企业涌入海外投资，法律不清、业务不熟带来新问题。根据中矿联数据，2013年以来，我国31.36亿美元的海外矿权投资额中，非矿业、跨行业企业投资23.8亿美元占比超七成。

民营及国有企业普遍存在“以国内选矿眼光对待国际矿产资源”的情况。如北美、澳洲项目用地需与土地所有者直接协商，南美等地区环保检查更严格。矿业项目从投资到开发至少需花费数年时间，民营企业虽然能筹集到购矿资金，后续开发资金却往往不足，易忽略后期成本。

3.3 缺乏风险分散机制

矿业投资的特殊性在于价格走势波动大、名义储量与实际可开采量有差异，并购风险较大。

与美欧等国不同，多数我国企业特别是非矿企业仍习惯购入100%股权；海外购矿的融资来源集中于银行贷款，项目负债杠杆率普遍较高。

为减少企业“走出去”风险，我国需培育专业并购基金，支持投贷放大等机制，降低单一企业、单一资本形式在海外扩张的风险。

3.4 缺乏国际投资经验，需强化协会等中介的投资咨询工作

缺乏国际投资经验、特别是容易忽视法律环境、工会规则等非投资性环境风险；在报价方面照搬国内情况，高估投资回报率等。这种状况企业需要利用协会、股权合作等中介机制，国家和企业应强化协会等市场中介的投资咨询作用。

4 为了降低风险，提出以下建议

酒钢国外拓展资源应该分两步走。

（1）第一步，以试验性质为主，摸清国外经营环境，锻炼队伍，当然必须选取经济可行的项目。

1）首选国家或地区必须是资源富裕、资源出口的国家。比如印尼、澳大利亚、非洲等地。

2）以中小型的酒钢熟悉的铁矿开发为优先选择。

3）规模不宜过大。放弃首选资源规模大的思想，放弃一开始就规划深加工提高效益的思想。

以铁矿为例，0.1~1.5亿吨之间的资源量比较合适。选取高品位铁矿（富块矿可直接运回国）、易选磁铁矿（结晶粒度较粗、精矿品位高），易选磁铁矿可以视当地环保政策许可情况下增加选矿工艺流程。

镍矿、铬矿、锰矿等我国需要进口的矿种，首选项目投资额不应该超过1.5亿元。

4）以采矿业为优先选择。提倡将矿石运回国内销售或深加工，不建议一开始就为了高回报而增加后续加工工艺。后续加工投资应该在两年以后论证开展。

5）首选露采矿。因为井下采矿投入大、安全风险大，需井下采矿的项目先不考虑。

6）矿权合作以采矿证为合作对象和前提。一年内可以动工采矿。

7）矿权范围内环保、森林等相关法律允许采矿，避免涉入争议地区。熟悉当地劳工等法律。

（2）第二步，以先期立足经营的海外企业为根据地拓展资源。国外企业兼顾培养人才的功能，作为国外矿业拓展人才的培训基地，人员采用流动制，每人工作三年左右，轮流出来的人员仍在国际资源部门工作。国外企业兼顾当地资源的交易信息搜集及调查功能。

有了这些经验及人才的积累，就可以更加稳健地开展国外矿产资源并购、合作业务。

也许有人和我的观点不尽相同，比如有人说首先应该选取国内稀缺的镍铬等矿产的项目，但我认为酒钢人对铁矿更熟悉，在国外能开好铁矿才能开好其他矿山，去国外开矿应该有一个熟悉过程；再有人说要搞就搞一个上规模的，太小的没意思解决不了需求大问题，可是规模大的矿山投资大、风险也大，我认为同样也需要一个过程过渡，也是为了降低风险。

二高线蓄热式加热炉烧嘴砖喷口结构改造

酒钢炼轧厂二高线作业区　舒　伟

摘　要：本文通过对酒钢炼轧厂二高线蓄热式加热炉烧嘴喷口的改造，由单一长孔型喷口，改造为多孔型喷口，使喷口射出的空气、煤气斜向交叉气流以点对点接触，提高气体出口流速，增大湍流回旋区面积，从而增强空气、煤气混合均匀性，提高烧嘴加热能力，减少烟气热量损失，减少 NO_x 的排放。

关键词：加热炉　喷口　多孔型　改造

1　引言

酒钢炼轧厂二高线加热炉为轧制生产高速线材，而改造设计的步进蓄热式加热炉，该炉燃烧系统分一加热、二加热、均热上、均热下四段仪表控制，空气、高炉煤气烧嘴全部采用了蓄热式烧嘴双预热燃烧技术，烧嘴内蓄热室安装有蜂窝形蓄热体，设计空气、煤气预热温度为 1000℃，排烟温度低于 200℃。流经蓄热式烧嘴的烟气由两台引风机强制排烟，换向阀为钟罩式四通换向阀。炉子设计最大生产能力冷装 110t/h，热装 120 t/h,燃料主要为高炉煤气，焦炉煤气为点火及辅助燃烧使用。该炉空气、高炉煤气蓄热式烧嘴主要布置在炉体两侧墙的上部和下部，每侧有 14 个空气蓄热式烧嘴和 12 个煤气蓄热式烧嘴，每侧面端墙上下层共有 3 个煤气蓄热式烧嘴，全炉共有 58 个蓄热式烧嘴。每个蓄热式烧嘴内设两个斜向喷口，相邻喷口的斜向空气流与斜向煤气流在炉内交叉相遇混合燃烧，形成一个燃烧单元，全炉共有 46 个燃烧单元。该炉烧嘴砖喷口结构为单一长孔型。

2　现状分析

二高线加热炉蓄热式烧嘴砖喷口为斜向单一长孔型。通过查阅相关资料，长孔型喷口，从燃烧机理分析，不利于空气、煤气的混合，且不利于提高喷口出口气体流速，即不利于形成高温空气燃烧技术即被日本和美国称为 HTAC 技术。

从去年加热炉年修实际情况看，烧嘴长孔型喷口周边有破损。特别是斜向喷口中间支柱部分耐火材料破损严重，同时长孔型喷口开口尺寸很大，炉内灰尘、钢坯两端烧损脱落的氧化铁皮细屑直接被排烟风机强制吸入蓄热体内，我们从年修拆除的烧嘴蓄热室挡砖来看，中间部位的挡砖存在烧损变形现象，烧嘴喷口根部相邻挡砖的部分孔内侵蚀、残留灰尘较多，烧损严重的存在孔隙变小及堵死现象，同时，蓄热室前端高温蓄热体内部分孔隙也存在灰尘堵死、烧损严重现象，此种状况影响烧嘴前后层蓄热体内气体流动及温度场分布，使部分蓄热体失去作用，容易造成蓄热体局部高温，内部温差较大，膨胀不均匀，长期热应力现象，造成内部结构变形，产生裂纹现象，进而损坏蓄热体，影响烧嘴使用寿命。

二高线加热炉蓄热式烧嘴长孔型喷口，从日常生产空气、煤气实际需要量，即空燃比来看，目前二高线仪表监控调整设定的空燃比值（0.9~0.95），但对二高线加热炉燃烧系统空燃比依据现使用的高炉煤气（成分：CO25%~27%，$H_2$2%）进行计算，煤气平均热值在 3544.4kJ/Nm^3，经计算所需的理论空燃比值 0.67 Nm^3/Nm^3，实际空气过剩系数 2.5，（国家标准蓄热式加热炉的空气过剩系数设计按 1.01~1.05），计算目前二高线炉气整体含氧量在 8%(实际现场设置安装在煤气排烟总管上的仪表室的显示数据在 6%~10%)。以此分析，造成此种现象，蓄热式烧嘴喷口长孔型结构是其原因之一，由于空气、煤气混合不均匀，操作工为减少燃料消耗量，需要大幅增加空气供给量，来减少燃料的不完全燃烧。

3　蓄热式烧嘴喷口结构优化

3.1　优化方案

本着遵循原始加热炉设计基本不改动，达到变动最小，最经济、最简单有效的目的，在基本不改变炉内流场，温度场分布的情况下，对于二高线蓄热式烧嘴的喷口进行改造，方案如下。

（1）烧嘴多孔型喷口砖的制作。加热炉年修前到生产烧嘴砖的耐火材料厂家定制加热炉烧嘴砖多孔型喷口。使用耐火材料为新型低水泥浇注料，多孔型喷口砖形状可参照酒钢炼轧厂大棒线蓄热式加热炉烧嘴砖喷口拍摄实图。

在参照炼轧厂大棒线蓄热式加热炉（该加热炉为酒钢 2010 年修建的，设计方为中冶东方工程技术有限公司），烧嘴砖喷口形状和国内其他钢铁企业近几年设计、投产的蓄热式加热炉烧嘴喷口结构，结合二高线蓄热式加热炉烧嘴喷口实际情况，二高线蓄热式烧嘴喷口原有结构为单一长孔型斜向喷口，在满足多孔型喷口设计理念的情况下，同时，在原有烧嘴喷口外形轮廓的基础上以凿除加热炉炉墙最小化为原则进行优化，根据空气蓄热烧嘴和煤气蓄热烧嘴相邻距离，和原有烧嘴内腔斜向喷口燃道的实际位置，计算多孔型喷口砖的安装中心位置，具体制作多孔型喷口尺寸数据。

（2）加热炉年修时，由炉窑检修作业区制定烧嘴砖拆除及浇筑新烧嘴砖及多孔型喷口砌筑的现场施工方案。

（3）由加热炉技术人员和炉窑检修技术人员共同研究制定烧嘴砖喷口日常操作及维护方案。

3.2　优化过程

（1）加热炉年修时，首先砌筑工承担烧嘴砖长孔型喷口拆除任务，拆除后使用手锤和小钎子棍，凿除烧嘴砖与炉墙一周的旧浇注料表面，使表面凹凸不平，并做润湿处理，使用厚度为 5mm 的陶瓷纤维毡铺设一周，留设好膨胀缝。

（2）由钳工及焊工根据现场具体尺寸，制作烧嘴喷口砖支设模板的模具，砌筑工依照烧嘴砖中心和原长孔型喷口中心位置，计算好固定多孔型喷口的中心位置，钳工和焊工固定多孔型喷口，砌筑工使用浇注料，对凿除炉墙原有的浇注料和安装的烧嘴喷口砖之间缝隙进行填充，均匀布料、浇筑，使用振动棒捣振密实。

（3）依照浇注料说明书进行养护 48 h，使浇注料初凝强度达到 70%，由钳工和焊工拆除支设的模具。砌筑工表面平整处理。

3.3　结构优化优缺点分析

蓄热式烧嘴喷口采用多孔型与长孔型相比，从热工学角度进行优缺点分析有以下几点：

高温空气燃烧湍流流动的流场、温度场分析：多孔型与单一长孔型相比，高温高压空煤气燃烧的湍流流动可产生大面积的回流区，有利于流场的合理组织和低氧条件的有效形成，回流区的形成能够实现燃烧产物的循环而产生低氧条件，从而能够实现低 NO_x 排放。

多孔型喷口虽然火焰最高温度高，局部高温区温度梯度很大，但它的区域很小，炉内大部分区域温度是十分均匀的，温度梯度很小，所以能够生成较小的 NO_x 排放。

烧嘴砖喷口多孔型与单一长孔型相比，从燃烧的机理分析，多孔射流提高气体出口流速，它不像单一长孔型那样形成扇形交叉，而是以多排次点对点斜向交叉，形成逐个大尺度湍流火焰，符合容积燃烧理论，从湍流火焰前沿传播速度的谢尔金公式可以看出，湍流火焰的 u_T 值，不仅与 u' 有关，而且与 u_1 有关。因此预提高燃烧性能，喷口气体流速不能过低，因为多孔型喷口砖孔径是固定，在一定区域内，随着喷口流速的增加，使 Re 增加，从而导致 u_T 明显地增加，但是喷口出口气体流速并不是越大越好，应满足喷口气体流速在临界边界速度梯度与混合物浓度的稳定火焰区。湍流火焰传播速度的实验研究表明，应提高新的微团与已燃微团的脉动速度，和相互渗透混合的湍流强度。多孔型喷口高速射流对炉膛内气体流动影响很大，可以使炉膛烟气流动更加混乱，有利于空煤气混合，能够有效地改善炉膛内的温度场，从而保证钢坯加热的均匀性。

4　结论

（1）二高线加热炉蓄热式烧嘴喷口技术改造后提高空气斜向流与煤气斜向流混合的均匀性。

（2）改造为多孔型喷口增加流速，加大燃烧区湍流强度，增强烧嘴供热能力。

（3）改造后，多孔型喷口实现直径为 35mm 的孔径，有效减少灰尘、氧化铁皮细屑进入蓄热室挡砖和蜂窝体内，进而延长蓄热体使用寿命。

（4）改造后，点对点斜向交叉射流，湍流回流区面积增大，增加燃烧产物循环次数，减少燃料不完全燃烧现象，实现降低空气过烧系数，减少纯空气用量，减少烟气生产量，进而减少烟气带走的炉内热量。减少 NO_x 的排放。

（5）改造后，炉体较易实现快速升降温，保证钢坯加热的均匀性。

高炉鼓风机驱动方式经济性探讨

宁波钢铁有限公司余能发电厂　岳　洪

摘　要：随着超高压高炉煤气锅炉的成功投运，煤气发电效率显著提高。本文对高炉鼓风机组的驱动方式作了经济性分析，提出了钢厂高炉鼓风机采用电拖运行，富余煤气供超高压煤气锅炉发电技术方案，对钢厂技术改造和设计具有借鉴意义。

关键词：高炉　鼓风机　经济性　高炉煤气　发电

1　前言

钢铁企业高炉鼓风机的动力驱动通常采用两种方式：一是使用电动机拖动鼓风机（以下简称电拖）；二是使用蒸汽轮机拖动鼓风机（以下简称汽拖）。由于在综合性钢铁企业的焦化、炼铁和炼钢生产过程中均伴随产生大量的煤气，为了将这部分能源有效回收，降低生产成本，以往多数钢铁企业将富余煤气用于产生中温、中压蒸汽，以汽拖方式驱动高炉鼓风机，同时根据富余煤气量配有一定数量的小型汽轮发电机组。随着国产400t/h超高压全燃煤气锅炉的研制成功，并配置135MW汽轮发电机组投产发电，取得了很好的经济和环保效益。在能源成本约占生产成本的30%左右的钢铁企业，在135MW超高压全燃煤气汽轮发电机组投产后，高炉鼓风机选用何种驱动方式才能更高效的利用能源，获得最佳的经济效益。本文将以宁波钢铁公司（以下简称宁钢）的实际情况为例进行了探讨。

2　高炉鼓风两种驱动方式生产成本比较

宁钢建有两座2500m³高炉，年产铁水约430万吨。为高炉鼓风配套设备有两座150t/h中温中压燃气锅炉、两台AV-80汽拖鼓风机、一台AV-80电拖鼓风机和一台15MW汽轮发电机组（于2012年拆除）。正常生产两台汽拖运行，一台电拖做备用。用于锅炉燃烧所使用的煤气是以高炉煤气为主，掺入少量转炉煤气，平均热值为3200kJ/m³。在135MW超高压发电机组投产前每小时大约有20×10^4 m³高炉煤气放散燃烧。

表1和表2分别对宁钢汽拖鼓风机能源消耗和电拖鼓风机能源消耗做个简单介绍。

表1　宁钢汽拖鼓风机能源消耗统计

序号	名　称	单位	统计平均值
1	蒸汽压力	MPa	3.82
2	蒸汽温度	℃	450
3	单台锅炉平均产汽量	t/h	101.1
4	单台汽拖平均耗汽量	t/h	93.4
5	除氧蒸汽平均用汽量	t/h	6~8
6	单台锅炉平均煤气用量	m³/h	90000
7	单台汽拖平均厂用电量	kW	2770
8	循环冷却水补水	t/h	52

表2　宁钢电拖鼓风机能源消耗统计

序号	名　称	单位	统计平均值
1	电拖电机平均负荷	kW	21000
2	电拖运行实际供电负荷（输变电损耗5%）	kW	22050

根据以上统计数据可以得出：一台汽拖在消耗90000 m³/h高炉煤气和2770kW厂用电量产生的中温中压蒸汽驱动汽轮机，其有效输出功率应相当于电拖运行时电机功率21000kW。以此为依据进行倒推计算：

计算公式：（电机功率×3600）÷（煤气量×煤气低位发热量）×100%

式中　电机功率——21000kW；

煤气量——90000m³/h；

煤气低位发热量——3200kJ/m³。

在均不考虑鼓风机效率的前提下，得出汽拖热效率为26.25%。与发电热效率约为27%左右的中温中压汽轮发电机组相比较，考虑输变电损耗，两种驱动方式经济性及能耗基本相当。也就是说，利用中温中压燃气锅炉产生的蒸汽用于发电，再以电拖方式向高炉送风，或直接驱动汽拖向高炉送风，从经济性讲差不多。

从以往电拖与汽拖的优缺点比较来看，电拖鼓风系统简单、启动时间短，钢厂富余煤气需另外配置煤气发电机组，总投资较大；而汽拖鼓风把电动鼓风和煤气发电系统合并，减少了发电机与大型电机设备，降低了投资，减少发电与供电系统的电能损耗，也有利于钢厂大型电机启动时的电力平衡。因此在汽轮发电机组与汽拖效率相近时，大型高炉鼓风机往往会选择汽拖方式。

3　135MW超高压全燃煤气汽轮发电机组经济性介绍

2011年8月国产第一台135MW超高压全燃煤气汽轮发电机组（以下简称1号机组）在宁钢余能发电厂投产发电。1号机组投产后设备运行稳定，完全消化掉宁钢原先无法利用而放散的高炉煤气，给宁钢带来巨大的经济效益。超高压煤气锅炉发电机组具有投资省、发电效率高、燃料适应性广、负荷调节范围大、设备维护简单等特点，表3为宁钢1号机组主要经济参数。

表3　1号机组主要参数性能指标

序号	名　称	单位	统计平均值
1	额定发电负荷	MW	135
2	锅炉额定蒸发量	t/h	400
3	锅炉主蒸汽压力	MPa	13.7
4	锅炉主蒸汽温度	℃	530
5	锅炉再热蒸汽压力	MPa	2.2
6	锅炉再热蒸汽温度	℃	530
7	低温再热蒸汽向蒸汽管网供汽能力	t/h	20
8	发电标煤耗	g/(kW·h)	330
9	供电标煤耗	g/(kW·h)	350
10	平均厂用电率	%	6.0
11	额定负荷热效率	%	38.69

1号机组不仅可以单独使用高炉煤气，亦可使用宁钢焦炉煤气(平均热值17500kJ/m³)、投产后，由于受到宁钢煤气余量限制，平均发电负荷仅为80MW左右，按目前实际发电量计算，机组热效率平均为37.3%。

在1号机组投产后的2012年4月和2013年4月宁钢两台汽拖鼓风机分别实施了35天的大修，期间高炉鼓风按照一台汽拖和一台电拖生产模式运行。我们发现当一台汽拖退出生产后，1号机组平均发电负荷达到106MW左右，由此开始关注汽拖的煤气消耗，并对高炉鼓风驱动方式的经济性开展分析。

4　宁钢1号机组投产后汽拖与电拖运行方式经济比较

以宁钢目前高炉鼓风两台汽拖运行，改为一台汽拖和一台电拖运行为比较基础；1号机组按照目前实际全厂热效率平均值37.3%，供电标煤耗350g/(kW·h)，厂用电率6%，浙江省平均电价0.56元/(kW·h)进行计算。将一台汽拖所消耗煤气供1号机组发电后，电拖运行与汽拖运行经济性比较如表4所示。

表4所示效益比较尚未考虑汽拖与电拖的年度维修成本之差，以及1号机组随着平均发电负荷增加而带来的热效率提高和厂用电率的下降。很明显，随着发电机组热效率的提高，高炉鼓风机电拖运行较之汽拖运行更为经济，保守估计每年可产生效益3000多万元。

表4　1号机组投产后汽拖改电拖运行可产生的经济效益

序号	名　称	单位	数据	说　明
1	1号机组增加高炉煤气量	m³/h	90000	统计数据
2	1号机组发电量增加	kW	28000	（煤气量×煤气低位发热量）÷（供电标煤耗×7000×4.18）
3	1号机组厂用电量增加	kW	1022	根据实际运行数据，发电机组负荷由70MW提高至100MW时厂用电增加量
4	1号机组年运行平均小时数	h	8000	
5	电拖电机平均负荷	kW	21000	统计数据
6	电拖运行实际供电负荷	kW	22050	输变电损耗5%
7	一台汽拖停运节省厂用电量	kW	2770	统计数据
8	一台汽拖停运节省循环水冷却水补水	t/h	52	统计数据（制水成本2.5元/t）
效　益　计　算				
9	1号机组增加发电量年效益	万元	2200	(②-③-⑥)×④×0.56
10	一台汽拖停运节电年效益	万元	1240	⑦×④×0.56

续表 4

序号	名 称	单位	数据	说 明
11	一台汽拖停运节水年效益	万元	104	⑧×④×2.5
12	一台汽拖停运锅炉年保养费	万元	330	每月启动一次，带汽动鼓风机运行 2h
13	一台汽拖改电拖运行年效益	万元	3200	⑨+⑩+⑪-⑫

5 结束语

随着国产第一台 135MW 超高压全燃煤气汽轮发电机组在宁钢投产发电后所取得的成功，营口钢铁公司、湘潭钢铁公司、唐山建龙钢铁公司和沙钢集团均已先后安装此类发电机组，并在 135MW 发电机组投产发电后陆续关停了原先使用的中温中压发电机组。如此不仅为企业带来了较大的经济效益，同时也为降低吨钢能耗、节能减排做出贡献。

由于 135MW 发电机组明显提高了钢铁企业富余煤气的有效利用，汽拖高炉鼓风机这种配套设备复杂、占地面积大、操作繁琐、维修工作量大的设备已不再具有竞争力。尤其是目前烧结烟气余热回收、热轧加热炉烟气余热回收、石灰窑烟气余热回收等余热利用技术已在钢铁企业广泛使用，完全可以满足工厂生产所需蒸汽的供求平衡。我们在积极推进余能发电高效利用富余煤气的同时，应着手研究高炉鼓风机汽拖改电拖的可行方案，并抓紧实施。

参 考 文 献

[1] 陶红卫，付宁文. 400t/h 超高压煤气锅炉在宁钢的应用实践[J]. 冶金动力，2012(12).

海外工程土建设计存在的问题及解决探讨

中钢设备有限公司　王桂兰

摘　要：在从事海外工程的建筑企业中，对于一些采用 EP（Engineering Procurement 缩写）承包模式即设计—采购承包模式的企业，由于施工不属于工程承包范围，设计的优劣就关系到整个项目的成败。设计方面如何适应当地条件，满足业主要求，圆满完成任务，是摆在每一位参与者面前的重大课题。本文将以曾参与的海外球团工程为例，从遇到的问题着手，分析海外工程设计过程中常见问题，发表一点心得和体会，希望从事海外工程的同行们能够少走弯路，对提升海外工程执行力有所裨益。

关键词：海外工程　EP 承包模式　土建设计　常见问题

1　引言

近年来，随着全球经济一体化进程的加快，我国越来越多的建筑企业进入了国际市场，在与国际接轨的过程中，很多问题也逐步显现出来。在设计、执行、法律法规、项目管理等各方面，海外工程与国内项目千差万别。每个国家都有各自的民族特色风俗习惯，反映在工程上，建筑风格与施工及设计习惯上等其他诸多方面，与国内截然不同。因此，采用 EP 承包模式的海外工程，为保证项目顺利进行，必须做足功课，与工程有关的方方面面，尽可能有所了解。

在采用 EP 承包模式的海外工程中，设计是项目的重要组成部分，而土建设计又是整个设计的基础组成部分。土建虽然不是主体专业，但它是工艺设备及其他各专业设备的骨架，起着举足轻重的作用。土建设计的水平，直接关系到工程能否顺利进行。在土建设计方面应该注意的问题有以下几点。

2　在自然条件方面

在设计准备阶段，首先应该了解工程所在地的自然情况，全年气温如何，雨水量大小，风速及主导风向。根据当地的实际情况，结合当地的习惯做法，确定设计方案，避免由于方案的不合理，造成返工，延误工期。

某一印度球团工程，由于设计时没有考虑当地比较炎热这一气候条件，通廊及部分车间采取压型彩板封闭，结果在施工时业主要求返工，最后，成品通廊改为开敞式。

3　在建筑风格、风俗习惯方面

在设计准备阶段，尽可能了解工程所在地的建筑风格以及是否有特殊的风俗习惯等等，以便满足业主的使用要求。事先确定好设计方案，避免由于方案的不合适，造成日后返工，延误工期。

某伊朗球团工程，在初步设计阶段和业主的监理人员就各车间的屋面排水方式，门窗的形式，墙体厚度及一些特殊房间的设置等等一些与国内工程做法不同的地方，进行了充分的沟通。确定了车间跨度以 10m 为界限，10m 以上采用有组织排水，10m 以下采用无组织排水。配电室等工辅建筑的窗户采用高侧窗，底标高在 1.8~2.0m 之间，窗户高度在 1.0m 以内。砌块墙体厚度：外墙 350mm，内墙 220mm。在办公楼、食堂等纯服务性的建筑内要求设置祈祷室，厕所蹲位布局时要考虑如厕时方向，尽量避开麦加（朝拜）的方向。

4　设计习惯方面

在采用 EP 承包模式的海外工程中，土建由项目所在地人员施工。我国现在的土建设计图纸中，很多地方采用标准图集。比如钢筋混凝土结构厂房中的梁、板、柱施工图，采用平法表示，图纸中不给出钢筋表。海外工程中当地的施工人员并不熟悉这些图集，这会给施工造成很多困难。因此，某伊朗球团工程设计时为避免图纸水土不服的情况发生，钢筋混凝土结构图纸全部给出钢筋表，这虽然增加了设计人员工作难度，但大大方便了施工，施工人员能够做到即使没有设计人员到场服务指导，也完全能够按照图纸独立施工。

另外要注意海外工程与国内不同的一些习惯做法。比如钢筋的保护层。某伊朗球团工程中，地上梁、板、柱的钢筋保护层厚度规定为 50mm, 地下钢筋混凝土结构的钢筋保护层厚度规定为 75mm。事先确定好这些要求，避免由于习惯做法的不同，造成图纸修改，费时费力。

5 施工材料方面

各国有不同的材料规格及强度标准。我国现行的土建设计计算软件大多数采用中国建筑科学研究院研发的 PKPM 软件，它是基于我国的设计规范进行结构计算的，采用的是国内的材料强度标准，对国外材料无法直接进行相应的代换。因此，在执行海外项目时，除了设计图纸以外，还应该附加一些设计图纸中采用到的型钢、钢筋、混凝土、水泥、砌体等一系列材料的强度值的代表含义，以便国外施工单位在进行材料代换时有据可依。具体形式如下：

（1）设计中经常用到的混凝土强度等级提供，见表 1~表 5。

表 1 混凝土轴心抗压强度标准值 （N/mm^2）

强度	混凝土强度等级					
	C15	C20	C25	C30	C35	C40
f_{ck}	10.0	13.4	16.7	20.1	23.4	26.8

表 2 混凝土轴心抗拉强度标准值 （N/mm^2）

强度	混凝土强度等级					
	C15	C20	C25	C30	C35	C40
f_{tk}	1.27	1.54	1.78	2.01	2.20	2.39

表 3 混凝土轴心抗压强度设计值 （N/mm^2）

强度	混凝土强度等级					
	C15	C20	C25	C30	C35	C40
f_c	7.2	9.6	11.9	14.3	16.7	19.1

表 4 混凝土轴心抗拉强度设计值 （N/mm^2）

强度	混凝土强度等级					
	C15	C20	C25	C30	C35	C40
f_t	0.91	1.10	1.27	1.43	1.57	1.71

表 5 混凝土的弹性模量

强度	混凝土强度等级					
	C15	C20	C25	C30	C35	C40
E_C	2.20	2.55	2.80	3.00	3.15	3.25

（2）设计中经常选用的钢筋强度指标提供，见表 6~表 8。

表 6 钢筋强度设计值 （N/mm^2）

牌 号	抗拉强度设计值 f_y	抗压强度设计值 f_y'
HPB235	210	210
HRB335 HRBF335	300	300
HRB400 HRBF400 RRB400	360	360
HRB500 HRBF500	435	410

表 7 钢筋强度标准值 （N/mm^2）

牌 号	符号	公称直径 d/mm	屈服强度标准值 f_{yk}	极限强度标准值 f_{stk}
HPB235		8~20	235	375
HRB335		6~50	335	455
HRBF300	F			
HRB400		6~50	400	540
HRBF400	F			
RRB400	R			
HRB500		6~50	500	630
HRBF500	F			

表 8 钢筋的弹性模量 （$\times10^5N/mm^2$）

钢筋牌号或品种	弹性模量 E_s
HPB235	2.10
HRB335、HRBF335、HRB400、HRBF400、HRB500、HRBF500、RRB400	2.00

（3）设计中的砌体结构，经常用到烧结多孔黏土砖及砂浆，其强度见表 9 和表 10。

表 9 烧结多孔黏土砖抗压强度

强度等级	抗压强度平均值 f 不小于	变异系数 $\delta\leqslant0.21$	变异系数 $\delta>0.21$
		抗压强度标准值 f_k 不小于	单块最小抗压强度 f_{min} 不小于
MU30	30.0	22.0	25.0
MU25	25.0	18.0	22.0
MU20	20.0	14.0	16.0
MU15	15.0	10.0	12.0
MU10	10.0	6.5	7.5

表 10 砂浆强度

砌体强度等级	砂浆强度等级				
	M15	M10	M7.5	M5	M2.5
MU30	3.94	3.27	2.93	2.59	2.26
MU25	3.60	2.98	2.68	2.37	2.06
MU20	3.22	2.67	2.39	2.12	1.84
MU15	2.79	2.31	2.07	1.83	1.60
MU10	—	1.89	1.69	1.50	1.30

（4）设计中经常用到钢结构材料见表 11~表 14。

表 11　钢材的强度设计值　（N/mm²）

钢材		抗拉、抗压和抗弯 f	抗剪 f_v	端面承压（刨平顶紧）f_{ce}
牌　号	厚度或直径/mm			
Q235 钢	≤16	215	125	325
	＞16~40	205	120	
	＞40~60	200	115	
	＞60~100	190	110	
Q345 钢	≤16	310	180	400
	＞16~35	295	170	
	＞35~50	265	155	
	＞50~100	250	145	
Q390 钢	≤16	350	205	415
	＞16~35	335	190	
	＞35~50	315	180	
	＞50~100	295	170	
Q420 钢	≤16	380	220	440
	＞16~35	360	210	
	＞35~50	340	195	
	＞50~100	325	185	

表 12　焊缝的强度设计值　（N/mm²）

焊接方法和焊条型号	构件钢材		对接焊缝				角焊缝
	牌号	厚度或直径/mm	抗压 f_c^w	焊缝质量为下列等级时，抗拉 f_t^w		抗剪 f_v^w	抗拉、抗压和抗剪 f_f^w
				一级、二级	三级		
自动焊、半自动焊和 E43 型焊条的手工焊	Q235 钢	≤16	215	215	185	125	160
		＞16~40	205	205	175	120	
		＞40~60	200	200	170	115	
		＞60~100	190	190	160	110	
自动焊、半自动焊和 E50 型焊条的手工焊	Q345 钢	≤16	310	310	265	180	200
		＞16~35	295	295	250	170	
		＞35~50	265	265	225	155	
		＞50~100	250	250	210	145	
自动焊、半自动焊和 E55 型焊条的手工焊	Q390 钢	≤16	350	350	300	205	220
		＞16~35	335	335	285	190	
		＞35~50	315	315	270	180	
		＞50~100	295	295	250	170	
	Q420 钢	≤16	380	380	320	220	220
		＞16~35	360	360	305	210	
		＞35~50	340	340	290	195	
		＞50~100	325	325	275	185	

表 13 螺栓连接的强度设计值 （N/mm^2）

螺栓的性能等级、锚栓和构件钢材的牌号		普通螺栓						锚栓	承压型连接高强度螺栓		
		C 级螺栓			A 级、B 级螺栓						
		抗拉 f_t^b	抗剪 f_v^b	承压 f_c^b	抗拉 f_t^b	抗剪 f_v^b	承压 f_c^b	抗拉 f_t^a	抗拉 f_t^b	抗剪 f_v^b	承压 f_c^b
普通螺栓	4.6 级、4.8 级	170	140	—	—	—	—	—	—	—	—
	5.6 级	—	—	—	210	190	—	—	—	—	—
	8.8 级	—	—	—	400	320	—	—	—	—	—
锚栓	Q235 钢	—	—	—	—	—	—	140	—	—	—
	Q345 钢	—	—	—	—	—	—	180	—	—	—
承压型连接高强度螺栓	8.8 级	—	—	—	—	—	—	—	400	250	—
	10.9 级	—	—	—	—	—	—	—	500	310	—
构件	Q235 钢	—	—	305	—	—	405	—	—	—	470
	Q345 钢	—	—	385	—	—	510	—	—	—	590
	Q390 钢	—	—	400	—	—	530	—	—	—	615
	Q420 钢	—	—	425	—	—	560	—	—	—	655

表 14 一个高强度螺栓的预拉力 *P* （kN）

螺栓的性能等级	螺栓公称直径/mm					
	M16	M20	M22	M24	M27	M30
8.8 级	80	125	150	175	230	280
10.9 级	100	155	190	225	290	355

6 结束语

现在我国建筑企业虽然已经进入了国际市场，但要做好海外工程，还有许许多多的工作有待去改进。只有不断积累经验，从细微之处做起，学习国外的先进技术、管理方法，努力与国际接轨，才能在事前进行控制，起到事半功倍的效果。相信不久的将来，我们越来越多的企业会跻身世界知名企业之列，在国际市场上扮演重要角色。

深化改革创新　强化结构调整
在发展转折的战略机遇期，打造中国钢管升级版
——《中国钢管行业暨市场调研报告》述评

中国钢结构协会钢管分会　彭在美
宝钢公司钢管条钢事业部　于云靖
上海申仕展览服务有限公司　邵海伟

摘　要：本文对中国钢结构协会钢管分会主编《中国钢管行业暨市场调研报告》作了评述，《报告》观点明确，数据充分，资料翔实，论据妥帖，不回避矛盾，是为了化解矛盾；不掩盖问题，是为了解决问题，既指出症结之所在，也提出了处理的方案，为行业内外的有关部门、企业决策时提供参考资料，是本协会的服务宗旨。

关键词：钢管分会　钢管行业　下游需求　调研报告　改革创新　结构调整　读后述评

由中国钢结构协会钢管分会主编的《中国钢管行业暨市场调研报告》（2008~2012 年）于 2014 年 2 月出版了。这是继《中国焊管 50 年》（1958~2007 年）和《中国钢管 10 年》（1999~2008 年）这两部巨著之后，又一部钢管学术力作。该书问世以来，受到钢管行业内外专家，学者，广大钢管界同仁以及读者的关注，欢迎和赞誉。

《中国钢管行业暨市场调研报告》（以下简称《报告》）全文共 8 章，42 节，50 余万字。内容丰富，图文并茂。《报告》同上述巨著有共同之处，既继续谱写了自 2007 年之后中国钢管发展的辉煌历程；但也有不同之处，主要有两个方面：一是前者着重从史书的角度写中国钢管的发展过程；而《报告》着重于中国钢管当今的现实概括。二是前者着重展开中国钢管行业的产品，产量，技术，装备等；《报告》除此而外，还浓墨重彩勾画了中国钢管国内外市场的竞争态势，区域布局，下游行业的市场调研，以及中国钢管当前结构调整和今后发展方向。因此《报告》是前两部巨著的继续和发展。在此，我们以长期从事钢管工作者的视角，简要对《报告》进行述评。

1　2008~2012 年中国钢管发展的三个高潮：产量高潮，建设高潮和创新高潮

1.1　钢管产量达到一个新的高潮，但增幅总体放缓

2008 年我国钢管产量达 4656 万吨，到 2012 年钢管产量达 7595 万吨，平均净增加 734.75 万吨；其中无缝钢管产量由 2008 年 2115 万吨，到 2012 年达 2820 万吨；焊接钢管由 2008 年 2541 万吨，到 2012 年 4775 万吨，年均净增加分别为 176.25 万吨和 558.5 万吨。《报告》详细展开了我国钢管出口，钢管增速和表观消费量的变化态势。

2008~2012 年 5 年间，钢管表观消费量以年均 14.23%速度增长，其中无缝钢管和焊接钢管分别以年均 15.31% 4.88% 速度增长，金融危机以来，2009~2012 年 4 年内钢管净出口量明显减少，因而，使钢管表观消费量增速下降。

2008 年我国钢管表观消费量为 3773 万吨，其中无缝钢管表观消费量为 1562 万吨，焊接钢管表观消费量为 2211 万吨，到 2012 年我国钢管表观消费量达到 6751 万吨，年均净增加 744.5 万吨，其中无缝钢管表观消费量为 2325 万吨，焊接钢管表观消费量为 4426 万吨，年均净增加量分别为 190.75 万吨和 553.75 万吨。

但钢管产量增速由 2008 年 12.85%降到 2012 年的 11.15%，钢管表观消费量增速由 2008 年 12.77%降到 2012 年 11.68%。其中无缝钢管产量增速由 2008 年 16.34%降到 2012 年的 8.84%，无缝钢管表观消费量增速由 2008 年 5.76%微增到 2012 年 9.1%。焊接钢管产量增速由 2008 年 10.1%微增到 2012 年 12.56%，焊接钢管表观消费量增速由 2008 年 18.3%下降到 2012 年 13.08%，详见表 1~表 4。

表 1 2008~2012 年中国钢管产量及表观消费量趋势

项目＼年份	2008	2009	2010	2011	2012
钢管产量/万吨	4656	5243	5598	6833	7595
表观消费量/万吨	3773	4735	4995	6045	6751
产量增速/%	12.85	12.61	6.77	22.06	11.15
表观消费量增速/%	12.77	25.53	5.49	21.02	11.68

表 2 2008~2012 年中国无缝钢管产量及表观消费量趋势

项目＼年份	2008	2009	2010	2011	2012
无缝钢管产量/万吨	2115	2204	2423	2591	2820
表观消费量/万吨	1561	1922	2067	2131	2325
产量增速/%	16.34	4.21	9.94	6.93	8.84
表观消费量增速/%	5.76	23.13	7.54	12.77	9.1

表 3 2008 ~2012 年中国焊接钢管产量及表观消费量趋势

项目＼年份	2008	2009	2010	2011	2012
焊接钢管产量/万吨	2541	3039	3175	4242	4775
表观消费量/万吨	2211	2814	2928	3914	4426
产量增速/%	10.1	19.6	4.48	33.6	12.56
表观消费量增速/%	18.3	27.27	4.05	33.67	13.08

中国无缝钢管产量 2007 年达到世界无缝钢管产量的一半，其后一直上升，到 2012 年达到 62.85%；中国焊管产量 2007 年达到世界焊管产量约 1/3，其后一直上升，到 2012 年达到 44.8%，接近 50%，这说明，即使在金融危机期间内，中国钢管产量继续保持稳步上升，与世界钢管产量的回落形成鲜明对比。详见表 5 和表 6。

表 4 2008 ~2012 年中国钢管出口量情况 （万吨）

项目＼年份		2008		2009		2010		2011		2012		4 年均比/%
		数量	同比/%	数量	同比/%	数量	同比/%	数量	同比/%	数量	同比/%	
钢管出口量		883.7	13.9	507.93	–42.52	602.79	18.68	789.79	31.02	844.07	6.87	–1.43
其中	无缝钢管	553.7	61.85	282.38	–49	355.49	25.89	461.19	29.73	495.08	7.35	–31.45
	焊接钢管	330.0	–24.88	225.55	–31.65	247.3	9.64	328.6	32.88	348.98	6.2	1.68

表 5 2006~2012 年我国与世界无缝钢管产量增长对比

项目＼年份	2006	2007	2008	2009	2010	2011	2012
中国无缝钢管产量/万吨	1540	1818	2115	2204	2423	2591	2820
世界无缝钢管产量/万吨	3312	3607	3907	3279	4023	4285	4487
产量占比/%	46.50	50.40	54.14	67.22	60.23	60.47	62.85
产量增速/%	34.7	18.1	16.4	4.21	9.94	6.93	8.84

表 6 2006 ~2012 年我国与世界焊接钢管产量增长对比

项目＼年份	2006	2007	2008	2009	2010	2011	2012
中国焊接钢管产量/万吨	2121	2308	2541	3039	3175	4242	4775
世界焊接钢管产量/万吨	8033	8385	8689	7686	8746	9779	10659
产量占比/%	26.4	26.54	29.24	39.54	36.30	43.98	44.8
产量增速/%	21.40	8.82	10.10	19.60	4.48	33.61	12.56

《报告》展示出上述表格，可以看出：

自 2008 年以后世界爆发金融危机，也影响了中国经济的形势。在此期间，中国钢管有以下特点：

（1）钢管产量持续增长，到2012年达到高潮。

（2）钢管产量及表观消费量的增幅下降，逐步渐缓。其中，无缝钢管增值明显回落。

（3）焊接钢管增速虽有所波动，但增速较大，而且从2011年开始，焊接钢管占钢管比已超过62%。

（4）2001~2007年是我国无缝钢管产量高速增长时期，此后逐渐下降，因而，带动钢管增幅下降。

（5）中国钢管产量持续上升，因而在世界钢管产量的占比随之逐渐上升。到2012年我国无缝钢管产量在世界无缝钢管的占比超过2/3，我国焊接钢管产量在世界焊接钢管产量的占比约1/2，成为名副其实的钢管大国。

1.2 2008~2012年我国钢管机组建设达到一个新的高潮，钢管科技装备提升到世界先进水平的新高度

1.2.1 新建钢管机组风起云涌

2008~2012年我国钢管产量达到一个新高潮，源于此期间钢管机组建设达到一个新的高潮，《报告》着重指出，无缝钢管机组建设在2009年达到了历史高峰，当年新建热轧无缝钢管机组28条，产能达到408万吨，在此期间，钢管新增产能中无缝钢管很突出，约1617万吨，其次是螺旋埋弧焊管，新建机组产能约354万吨，直缝埋弧焊管新增产能约298万吨，大直径（>406mm）直缝高频焊管新增产能约217万吨，笔者从《报告》资料中汇总了新建机组的概况，详见表7。以上钢管新增产能2475万吨，这就埋下了规模扩张的隐患。

由此，《报告》总结我国无缝管机组机型、数量及产能构成见表8。焊接钢管机组机型、数量及产能构成见表9。

表7 2008~2012年间我国钢管机组数量月产能

管型		机组类型	数量/(台/套)	产能/万吨	产能比例/%	备注
无缝钢管	热轧无缝钢管	连轧管机组	15	738	50.2	
		精密轧管机组 斜轧延伸机组	24	393	44.5	
		三辊轧管机组	13	222	42.0	
		自动轧管机组	11	131	33.0	
		挤压管机组	6	29	82.8	
		顶管机组	3	26	23.2	
		周期轧管机组	4	78	82.9	
		总计	76	1617	45.9	

续表7

管型		机组类型	数量/（台/套）	产能/万吨	产能比例/%	备注
焊接钢管	螺旋埋弧焊管	SAWH ϕ630mm	1	10		
		SAWH ϕ820mm	1	10		
		SAWH ϕ920mm	1	15		
		SAWH ϕ1219mm	1	10		
		SAWH ϕ1420mm	2	30		
		SAWH ϕ1626mm	7	190		含预精焊3条
		SAWH ϕ1820mm	2	30		
		SAWH ϕ2030mm	1	20		
		SAWH ϕ3220mm	2	24		
		SAWH ϕ3600mm	1	15		
		总计	19	354	35.4	
	直缝埋弧焊管	UOE	1	25	21.7	
		JCOE	13	250	60.5	
		JCO	2	23	100	
		总计	16	298	50.0	
	直缝高频焊管	HFW660	3	95	76.0	
		HFW610/630	3	51	30.9	
		HFW760/710	2	60	100	
		SER219/ϕ90 连续油管机组	1	10+1.5	100	
		总计	9	217.5	38.7	

表8 我国无缝管机组机型、数量及产能构成

管型	机组类型	数量/（台/套）	产能/万吨	产能比例/%
热轧无缝钢管	连轧管机组	30	1468	34.33
	精密轧管机组 斜轧延伸机组	64	883	20.65
	三辊轧管机组	33	528	12.35
	自动轧管机组	38	396	9.26
	挤压管机组	8	35	6.82
	顶管机组	9	112	2.62
	周期轧管机组	5	94	2.20
合计		187	3516	82.23
冷拔（轧）无缝钢管	穿孔+冷拔（轧）机组	约320	约760	17.77
总计		约507	约4276	100

我们由表8和表9可知，我国无缝钢管产能约4300万吨，焊管钢管产能约6500万吨，我国钢管产能约1.08亿吨。因此，2012年钢管产能利用率70.3%，无缝钢管产能利用率65.58%，焊管产能利用率73.46%。钢管产能过剩问题浮出了水面。

表 9　我国焊接钢管机组机型、数量及产能构成

管　型	机组类型	数量/(台/套)	产能/万吨	产能比例/%
直缝埋弧焊管	UOE/JCOE/JCO	34	约 690	10.06
螺旋埋弧焊管	ϕ426~3600mm	约 400	约 1000	15.38
高频直缝焊管（ERW/HFW）	≥ϕ426mm	24	约 550	8.461
	ϕ219~406mm	约 70	约 860	13.27
	<ϕ219mm	约 2000	约 3400	52.30
总　计		约 2700	约 6500	100

1.2.2　钢管技术装备水平达到世界先进前沿

在 2008~2012 年期间，新建钢管机组的高潮把中国钢管技术装备水平推向了世界先进行列。《报告》指出：无缝钢管业新建的ϕ114 CPE 机组、ϕ258mm PQF-LRC 和ϕ180mm 和ϕ460mm PQF 等 10 多套连轧管机组，4 套先进的卧式挤压机组。世界上最大压力（360MN）立式挤压管机组（36000t）、世界上最大直径ϕ460mm ASSEL 三辊轧管机组，最大直径ϕ720mm 周期轧管机组，最大直径（ϕ1500mm）顶管机组和 4 套核电 U 型管机组建设，这些机组不仅达到了世界先进水平，有些还占领了世界钢管技术装备制高点，例如欧洲没有大直径无缝管机组。

在焊接钢管业，直缝埋弧焊管业新建了 5 套钢级 X80 级~X100 级ϕ1626mm JCOE 机组；螺旋埋弧焊管业新建了多套钢级 X80　ϕ1626mm 机组及 3 套预精焊机组以及大直径ϕ2030~3600mm 机组共 4 套；直缝高频焊管业新建了多套大直径（ϕ600mm 级和ϕ700mm 级）ERW/HFW 机组，中小直径机组有新型 SER　ϕ219mm 机组和ϕ90mm 连续油管机组等，将我国焊管技术装备水平提升到世界先进水平行业。

1.3　2008~2012 年钢管新产品开发推向了高潮

1.3.1　焊接钢管新产品开发概况

2008~2012 年不仅钢管产品迅速增长，产品质量也大幅度提升。《报告》着重指出了管线管新产品创新的发展。宝钢在这方面取得了很大进展，在直缝高频焊管方面，X80 级壁厚可达到 20.6mm，开发了抗≤X65 钢级 SSC, HIC 管线钢管。宝钢 UOE 钢管ϕ1422mm 钢级可达到 X100,壁厚可达 38.1mm。在海洋管方面：X70 钢级，宝钢 UOE 钢管中ϕ55.9mm×31.8mm。巨龙钢管和珠江钢管开发 JCOE 为ϕ559mm×25.4mm，宝鸡钢管为ϕ765mm× 31.8mm JCOE 钢管，中海油浙江金洲钢管开发了 HFW 焊管ϕ55.9mm×17.5mm 系列品种。

在直缝埋弧焊管方面：巨龙钢管公司开发了 X90 钢级ϕ1219mm×22.9mm 产品，应用于“中卫-贵阳”管线。

宝钢、宝鸡钢管和巨龙钢管公司开发了直缝埋弧焊管抗大应变钢管，钢级 X70/X80。管径ϕ813~1219mm，壁厚 14.7~21mm；

在螺旋埋弧焊管方面：宝鸡钢管，华油钢管和宝世顺公司开发了 X100 钢级ϕ1219~1422mm 壁厚 15.3mm 钢管，华油钢管试制了 X80 级ϕ1422mm×22.1mm 钢管。

其他管线管方面新产品开发有，江苏玉龙钢管开发了ϕ650mm×24mm，Q690E 海洋平台浮吊用 JCOE 钢管，上海月月潮钢管开发了ϕ1067mm×42mm 和ϕ813mm×48mm 用于火电机组高温高压 JCOE 钢管，武钢江北公司 HFW660 钢管厂开发了 WJ65　ϕ273×9.3mm 煤浆钢管；宝鸡钢管开发了 Q125 级ϕ139.7mm×12.7mm 高频石油套管和ϕ73mm×4.8mm×3500m CT90 连续油管。

山东四方技术开发公司开发了宝钢 UO 机组高铬合金压膜。

1.3.2　无缝钢管新产品开发概况

2008~2012 年无缝钢管新产品开发，详见《报告》第五章，分别介绍了下列品种：油井管、高压锅炉管、三化用管、气瓶用管、轴承用管、机械用管、船舶及海洋用管、汽车用管、液压支架用管和镍基合金和钛合金复合管技术开发新进展。

在油井管方面新产品开发有较多亮点，如天管集团、宝钢钢管开发了 G3、2535、2242 等耐蚀合金油井管，天管集团开发了 TP-U 超深井系列高钢级石油管 TP165V 下井取得了成功；高精度大直径ϕ127mm×12.14mm TP-G2HC 特殊扣油管出口壳牌公司获得好评，宝钢集团开发了钻杆与油管双功能超级 13Cr 气密封钻杆；天管集团、宝钢钢管等开发了高强、高韧性钻具用管 S135 及抗硫化氢腐蚀钻杆接头 SS105 并已产业化。

在高压锅炉管方面，新产品开发也有重大进展；天管集团、华菱衡钢等研制大、中直径（ϕ168mm、ϕ406mm、ϕ426mm）大壁厚（16mm、34mm、42mm）P91，P92 高压锅炉管，宝钢钢管研制 690 合金 U 形核电传热用管国产化，浙江久立特殊生产的 800 合金 U 形传热管出口国外；超临界、超超临界电站锅炉用不锈钢无缝钢管 SUPER304H、HR3C 由宝钢钢管、久立特材、太钢不锈钢钢管等开发成功。

其他无缝钢管新产品开发方面的突出成果有：石化行业用的大直径（ϕ1000mm）大壁厚（70mm）双向不锈钢管热轧成功，高端建筑用热轧无缝方矩形管，海洋平台高钢级（X80/X90/X100）桩腿无缝钢管，大直径气瓶钢管，三化行业低温用管（3.5Ni）和液化天然气（LNG）用大中直径，壁厚不锈钢管等均已研制成功。

钢管这些众多新产品开发都是适应国内外下游行业正在转型、升级的市场需求而取得的硕果累累。

2 2008~2012 年我国钢管下游行业市场需求，进入产品升级的历史转型期

《报告》以很大篇幅即第六章《钢管市场格局分析》和第七章《我国钢管行业下游发展及市场消费需求预测》指出了我国钢管下游行业市场需求进入了产品升级的历史转型期。2008~2012 年钢管市场的格局和态势呈现两个特点：一是市场需求增长速度在放缓，即下降；另一个是市场需求的技术含量在提高，即上升。这一降一升的市场需求变化，是钢管企业要转变观念的严峻现实。

2.1 2008~2012 年我国钢管下游行业市场需求量仍在增长，但增速放缓

我国钢管的产量是按市场的订单来生产的，所以，每年钢管的产量实际上即为市场的需求量的反映。如此前所述，虽然钢管产量的增速尤其是无缝钢管产量增速在放缓，意味着市场需求增速在放缓，但钢管市场需求仍保持一定的增长态势。

2.1.1 石油天然气管线

石油天然气管线的建设仍然是钢管下游行业需求的重头戏，十二五期间天然气长输管线新建长度约 3.1 万公里，地区管网线路约 6000 公里，城市天然气管网长度 18 万公里，中石油原油管线 4600 公里，中石油成品油管线约 1.2 万公里。据估计，每年平均石油天然气及油品管线所需大直径焊接钢管（管线管）约 400 万吨，油井管约 350 万吨，因此石油系统“十二五”期间消耗钢管总量约 3750 万吨，其中用焊管约 2175 万吨，无缝管约 1575 万吨。

2.1.2 城镇建筑与市政管网

我国城镇化速度增长较快，是市场需求钢管的一个重要组成，住房建筑所用镀锌焊管年用量约 700 万吨（含消防用管），不锈钢、钢塑复合管年用量约 300 万吨，脚手架约 150 万吨；城市供水钢管网“十二五”期为 2.7 万公里，供热管网 8 万公里，共年需钢管 250 万吨；建筑钢管结构每年用钢管 400 万吨。以上城镇建筑及市政管网年需用焊管约 1800 万吨。“十二五”期间总需用焊管 9000 万吨。

2.1.3 其他主要用途钢管品种的市场需求概况

上述管线用钢管以焊管为主，其他主要用钢管品种以无缝钢管为主，如表 10 所示。

表 10 2008~2012 年其他下游行业主要用钢管品种数量

品 种	高压锅炉管	液压支柱管	低中压锅炉管	气瓶管	轴承管	海洋用管	机械管	三化用管	船舶用管	汽车用管	油井管
年用量	100	40	120~150	50	60	60	500	500	60	300	350
5年用量	500	200	600~750	250	300	300	2500	2500	300	1500	1750
钢管管型	无缝钢管	无缝钢管	无缝钢管 90% 焊管 10%	无缝钢管	无缝钢管	无缝钢管 50% 焊管 50%	无缝钢管 80% 焊管 20%	无缝钢管 90% 焊管 10%	无缝钢管 20% 焊管 80%	无缝钢管 40% 精密焊管 60%	无缝钢管 90% 焊管 10%

2.1.4 下游行业对钢管的技术要求在不断提升

金融危机的爆发，西方国家认识到专注虚拟经济，忽视现实实体经济是产生危机的根本原因，因此，提出“再工业化”以拯救危机和复兴经济的战略方针，重新占领工业化的技术制高点。这对我国经济提出了挑战，各个行业都在迎头赶上，产品升级换代势在必行。《报告》详细叙述了各个主要用钢管的下游行业的技术要求。这里只简述四个行业，可见一斑。

（1）石油天然气行业：发展高强度管线钢管（X80 及 X100 或更高）是天然气输送管道的趋势，即持续提高钢管的强度水平，以达到降低管道建设成本，提高输气量降低输送成本。2004 年西气东输一线采用 X70 钢级，ϕ1016mm 管径，输气压力 10MPa，输气能力 $170\times10^8 m^3/a$，2012 年西气东输二线提高钢级别到 X80，ϕ1219mm 管径，输气压力 12MPa，输气能力提高到 $300\times10^8 m^3$。西气东输三

线管径将扩大到ϕ1422mm，二类地区壁厚达到22mm，对螺旋焊管便是很大的挑战。除了提高钢级而外，在高寒、深海等条件下要管线钢管耐低温，在地层断裂带和地震带要求管线管钢管抗大变形，在含有H_2S气氛中要求管线管钢管抗SSCC和HIC，在含有CO_2气田中要求管线钢管抗CO_2腐蚀。

随着复杂水平井的开发，深海油气田的开发，对石油油井管提出了特殊技术要求，非API油井管，如高抗挤毁、高抗腐蚀、高性能气密封螺纹等系列；又如针对不同的油田腐蚀环境，例如硫化氢，二氧化碳等介质，适应不同温度、压力、pH 值、离子浓度、腐蚀介质含量等，完善合金腐蚀材料及特殊螺纹机型，无缝钢管油井管居于主导地位。

焊接油套管属于“高强度，低重量”低碳经济范围，国内目前可生产 SEW 焊管 Q125 油套管，是发展方向。

（2）电站锅炉行业：随着电站锅炉从亚临界发展到超临界，超超临界，对锅炉管的要求越来越高，关键是高温材料的发展，蒸气参数提高到700~760℃，蒸气压力提高到37.5~35MPa，因此高压锅炉管要求有高温强度，包括足够的蠕变强度、持久强度和持久塑性。有高温组织稳定性和高温抗氧化性。

对核电站核岛用管要求用镍基690合金，常规岛用管要求 Cr20 钢、WB36CNi、P22 等高级钢材。

（3）船舶及海洋工程行业：船舶行业对钢管标准要求严格，要求经船级社认证；LNG 船用管有低温要求。

海洋工程有特殊用途钢管——钻井隔水套管和海底输油气管线。隔水套管单根长度 15.24~30.48m/36.58m，钢级 X80，X100 和 X120。桩腿用无缝钢管，壁厚达到 60mm，钢级 X100。

海洋输油气管线：入口压力≥20MPa（陆上≤13MPa），钢级 X60~X80，部分用 X100，X120。

（4）三化用管：三化用钢管向大直径，大壁厚增大趋势，炉管向ϕ219mm，ϕ273mm 和ϕ426mm转变，要求耐高温的炼油装置用管和耐低温的乙烯装置（–170℃）用管，大量使用不锈钢管，复合管等高抗硫腐蚀性钢管。

以上四个有代表性的下游行业对钢管的技术要求虽有各自的特殊性，但其普遍性而言，各行业要求钢管企业产品的高端化，个性化精品化方向发展。钢管行业目前呈现低端产品过剩，高端产品不足，这种结构性过剩的状态只能通过改革创新，调整结构来解决。

3　改革创新，调整结构，在发展转折的战略机遇期，打造中国钢管升级版

3.1　2008~2012 年中国钢管进入了发展转折的战略机遇期

2007 年以前，中国钢管呈高速发展，见表 5，2006 年中国钢管产量增速达 34.7%，到 2007 年仍然是 10%以上两位数 18.1%的增长。这种高速扩张的前提有两个条件：一是技术上成熟，难度较低，二是需求不饱和，产品短缺，而且档次不高。举例来说，2004 年西气东输一线投产，钢级只是 X70，在此前，管线钢处于初级阶段，X42、X56、X60等，油套管钢级为 H40，J55 为多数，一般中小型钢管企业很容易达标，因此，钢管机组像雨后春笋般蓬勃发展。而现在低档次产品的市场需求已经饱和，钢管机组产能已经过剩，发展速度自然而然由高速转向中速。以油井管为例，现在油井管生产企业有 300 多家，产能达到 800 万吨/年以上，而国内市场需求年平均约 400 万吨，即使出口 200 万吨，还过剩 200 万吨。据《报告》统计，天管、宝钢钢管等 17 家无缝钢管企业，2012 年生产油井管 526.7万吨，因此，2012 年以后一些无缝钢管企业生产萎缩、经营亏损乃至濒临倒闭，给产能过剩敲响了警钟。现在钢管界的意识里，只接受高速度，不接受较低速度的情况还是存在的。

前面说了这么几种现象，金融危机发生后，世界钢管产量下降，而中国钢管逆周期产量大幅上升，2009 年前后钢管产能急剧膨胀，焊管产量占比超过 60%，原因是什么？《报告》认为，“既受国家拉动内需政策的刺激，也有企业扩大市场追逐利益的动因。”在国家经济刺激政策方面，重点在基础设施、建筑住房和能源环保以及市政管网等，因而，大力拉动了焊管市场需求。由此焊管产业发展速度较快，而无缝钢管市场需求较弱，增速下降。

李克强总理在 2013 年 5 月 13 日指出：“要求实现今年的发展预期目标，靠刺激政策、政府直接投资，空间已不大。如果过多地依靠政府主导和政策拉动来刺激增长，不仅难以为继，甚至还会产生新的矛盾和风险。”(《冶金经济内参》2014 年 3 月5 日，第 5 期，第 1 页)李克强总理还着重指出：经济发展“一是向改革要动力；二是要向调结构要动力；三是要向改善民生要动力。”(经济参考报，2014年 5 月 12 日，第 1 版）中国钢管也要沿着这个方向发展。

3.2 着力改革创新，深化结构调整，打造中国钢管升级版

3.2.1 推动钢管企业体制改革

钢管企业体制改革有两个方向：企业内部体制改革和企业外部联合重组。钢管企业在体制上有国有及民营两大类，其中无缝管业国企在产量和质量上具优势地位，因此，国企改革很是关键；焊管业民营占多数，国企"中石油"系统是垄断体制，最近因油气重要管线工程推迟，使其焊管业濒临停产状态，于是这种封闭式体制也受到了挑战，石油系统钢管企业自我破壳，走向社会市场，但应遵守市场规则，防止超低价投入社会市场。《报告》也提出：民企如珠江钢管、江苏玉龙钢管的JCOE机组其技术装备水平可以胜任西气东输三、四线工程的制管项目，不妨让他们参与。公平竞争有利于破除垄断。

国企内部改革，一是体制上实施混合所有制，一是人事制度按市场竞争机制，能上能下。国企外部，应加快联合重组。《报告》提出进一步推动企业向横向，纵向联合，所谓"横向"，是指钢管企业之间；所谓"纵向"是指上下游企业之间。

钢管企业中尤其是民营呈小、多、散的特点，《报告》对此建议"按企业生产工艺特点、产品规模、技术装备等情况整合成产业群。"

企业改革最终目的是保护出资人的利益不受损害，例如国企改革要保证国有资产不仅不能流失还必须增值；民企改革保护私人投资能盈利，不能亏损。西方国家长期经验积累的结果是要建立现代企业制度，其核心是设立董事会。董事会是由出资人委托设立的决策机构。为了防范董事会重大决策失误，董事会成员中设独立董事若干名，聘请与出资人没有利益关系而且是本行业的专家担任，一般人数超过1/2比例。例如美国波音公司董事会成员中独立董事名额达到2/3以上比例，由航空工程专家、电子和电讯专家、机械专家、金融专家、财会专家等组成，确保波音公司民航飞机的技术结构，产品结构与时俱进中不断调整，居于世界领先地位。

由此，企业在技术结构，产品结构的调整中，必须把握住正确的导向。

3.2.2 强化钢管技术结构，产品结构调整

钢管有多种机型，每种机型各有不同特点，有优势，也有局限性。因此，要优势互补，扬长避短。调整结构就是要发挥机型的优势。

3.2.2.1 关于无缝钢管业的结构调整

（1）连铸圆坯热送热装炉技术，在连轧管生产线和部分AR、ASSEL轧机生产线推广，达到100%连铸圆坯。

（2）节能环保技术应当积极采用，其中在线常化技术、蓄热式加热炉、环形炉余热利用（管坯预热炉、余热锅炉、余热制冷等，节能效果显著；应当重视废水，废酸的处理和综合利用，实现循环经济。

（3）大直径无缝钢管在线淬火热处理工艺在华菱衡阳钢管研发成功,简化合金钢管生产工艺流程,降低了能源消耗和吨钢热处理成本,此先进经验应当推广。

（4）"穿孔+冷拔(轧)"机组其产品能适合市场需求及用户认可,在现阶段仍然有存在的生命力;ϕ76mm以下热轧无缝钢管机组定为淘汰落后产能,尚存在争议;政府制定相关政策时,宜以改善宏观调控为重点,而不要涉及具体机组的审批。

（5）既要消除产能过剩的矛盾,也要防止功能过剩的盲目攀比。例如能用二辊连轧工艺,就不要采用三轧连轧设备,即：MPM机组可以满足主导产品要求的就可不必追求PQF/FQH机组,因为后者建设费用,维修费用以及轧辊消耗要高于前者很多。"不务虚名,只求实效"。

（6）目前中石油长输天然气管线工程因故推迟，影响钢管市场需求下滑，无缝钢管企业要着力开发海洋工程高端管（X100、X120）市场。钢管企业要为我国开发南海油气采掘工程，建设海洋工程平台提供技术支撑。

（7）无缝钢管企业要避开焊接钢管外形尺寸精、重量轻的优势，即在中低压锅炉管，普通油套管（≤Q125钢级）以及钢结构钢管市场等，焊接钢管在向这一领域进军，并有日益扩大之势。

3.2.2.2 关于直缝埋弧焊管结构调整

（1）关于直缝埋弧焊管结构调整。我国直缝埋弧焊管的发展正取得阶段性成果，中石油巨龙钢管公司开发ϕ1422mm×22mm钢级X80 JCOE钢管成功，宝钢开发X80钢级ϕ1422mm×21.4mm，ϕ1422mm×25.7mm，ϕ1422mm×30.8mm UOE钢管和钢级X100，ϕ1219mm×23.5mm UOE钢管成功；在海洋管线方面，钢级X70：宝钢UOE钢管ϕ559mm×31.8mm，巨龙钢管和珠江钢管公司JCOE钢管ϕ559mm×25.4mm，应用于我国东海海底管线。这可以与国外海洋管线相比：印度为美国提供海底输气管线为X65钢级ϕ610mm×（24.13~34.29）mm

JCOE 钢管；日本住友公司应用于海底工程输气管线为钢级 X65 ϕ610mm×31.8mm UOE 钢管。我国直缝埋弧焊管实物水平已经达到国际先进水平。

但是，还要更上一层楼，我国华菱集团衡阳钢管公司开发钢级 X100，规格为ϕ324mm×64mm 和ϕ273mm×19mm 无缝钢管应用于海洋平台桩腿支撑用钢管，通过了美国船级社检测，获得了 ABS（美国船级社）认证书。我国直缝埋弧焊管要在无缝钢管应用于海洋工程高钢级（X100）开发方面，取得的突破性进展中得到启示，并作为鞭策自己继续前进的榜样，还要研究无缝钢管制造 X100 钢级的工艺，以资借鉴。

目前中石油系统因故推迟主要天然气长输管线建设，直缝埋弧焊管企业应当面向更广阔的下游行业用管市场，着力开发国外市场。

（2）关于螺旋埋弧焊管结构调整。螺旋埋弧焊管局限性之一，是用热轧带卷。受带卷重量的限制和轧制工艺的制约，其壁厚一般≤20mm；带卷焊接接头处的钢管段即管接头当截去后，降低了成材率，使厚壁管（例如壁厚 20mm）的经济效益不佳，另一个局限性，当钢级达到 X100 时，国内外试制螺旋埋弧焊管其壁厚最大在 12.7~15mm 之间，由于壁厚＜15mm，经济性实用价值不大。

当钢级提高到 X80 时，我国ϕ1219mm 螺旋埋弧焊管的残余应力最高达到 407MPa,而且峰值应力出现在焊缝内表面；周向残余应力还不均匀，波动较大。残余应力问题对螺旋埋弧焊管的应用范畴是一个关键制约因素，拿一桶水来比喻，桶的短板限制了桶的盛水量；加长其他的长板无济于增加水桶的容积。残余应力是螺旋埋弧焊管的 “短板”，加长其他的“长板”——扩大直径从ϕ1219mm 到ϕ1422mm，增大壁厚由 18.4mm 到 22mm，都绕不过残余应力这块“短板”，对螺旋埋弧焊管俄罗斯采用热处理方法，加拿大采用机械扩径方法来消除残余应力。《报告》采纳专家的建议，用冷扩径方法来消除残余应力，用机械扩径或液压扩径方式都可以。长输天然气管线其安全性应当确保，要做到万无一失。

安赛乐米塔尔公司在北美将建设阿拉斯加北坡天然气长输管线，长度 2737km，钢级 X80 输气压力 17MPa,管径ϕ1219mm，输气能力 $465×10^8m^3/a$。我国西气东输二线输气压力 12MPa/10MPa,管径ϕ1219mm，输气能力 $300×10^8m^3/a$，这是因为两者输气压力不同，虽管径相同，两者输气能力不相同，只有消除残余应力才有利于提高输气压力和输气能力。

中国石油集团石油管工程技术研究院和西安交通大学对我国ϕ1219mm×18.4mm，钢级 X80 的天然气长输管线，直缝焊弧焊管 UOE，JCOE 和螺旋埋弧焊管（SAWH）三种管型，采用盲孔法系统的测试了其残余应力，结果汇总见表 11。

表 11　我国ϕ1219mm×18.4mm,钢级 X80 的三种管型 UOE，JCOE，SAWH 残余应力比较

管型	周向残余应力	平均周向应力 /MPa	峰值周向应力 /MPa
UOE	周向残余应力水平较低，分布较均匀	28	104
JCOE	周向残余应力水平略高于 UOE，分布均匀性比 UOE 差	73	183
SAWH	周向残余应力水平波动较大，峰值应力出现在焊缝内表面	89	407

从残余应力的分布状态，有专家曾经建议：西气东输三线以全线采用直缝埋弧焊管为最佳方案。

按一般企业而言，螺旋埋弧焊管的优势在于：钢级≤X70，壁厚≤20mm，管径ϕ500~3000mm，在低压输油管线，市政给排水管线，建筑用管，港口桥梁打桩用管等，还有广大市场。

至于螺旋埋弧焊管推广“二步法”技术结构，是一种技术进步；但由于要求带钢的尺寸精度（主要是月牙弯）较高，引进装备水平投资较大，成型工序操控要稳定，其结果主要反映在扩大了设备产能，钢管造价也有所增加，故不宜盲目跟进，目前国内已有 6 套“二步法”机组，以期他们作出示范效应。

（3）关于高频直缝焊管的结构调整。高频直缝焊管在我国已有很大的发展，标志性的产品有四个方面：一是宝钢 HFW630 机组生产了ϕ406mm×19mm X65 钢级海底管线，浙江中海油金洲钢管 HFW ϕ630 机组开发了ϕ559mm×17.5mm X70 钢级海底管线；二是宝鸡钢管开发了ϕ25.4~88.9mm，CT55~CT110 连续油管；三是宝钢和宝鸡钢管分别开发了 HFWP110 和 SEWQ125 焊管套管；四是武钢江北公司 HFW660 机组生产了ϕ273mm×12.7mm 钢级 X70 澳大利亚矿浆管线。

高频直缝焊管的优势在于焊缝在线热处理工序，消除了焊接应力，细化了热影响区金相组织晶粒，提高了物理力学性能。西方发达国家重视 HFW/ERW 焊管的应用，例如希腊的柯林斯管厂和日本新日铁（NCC），住友（SMI）分别生产 HFW ϕ610mm×25.4mm 钢级 X60 和 X65 级焊管，以取代无缝钢管和直缝埋弧焊管。国内有一种认识上的误区，认为ϕ406mm 以下可用 HFW/ERW 焊管，ϕ406mm 以上要用直缝埋弧焊管；乃至设想 HFW/ERW 机组向生产直缝埋弧焊管产品方向发展。

《报告》介绍了高频直缝焊管三种热处理工艺，除在线中频热处理外，还或增设热张减工艺，或者增设全管体热处理工艺（调质），视开发产品的需求而选择。高频直缝焊管今后调整结构的方向是向高钢级，大壁厚产品系列进军，典型工艺是："F.F.X 成型+热张减径+全管热处理"模式，以适应高档油气管线，海底管线，高档油井管的市场需求。高频直缝焊管热处理模式也可为直缝埋弧焊管开发高档建筑结构管、锅炉管和海洋高档管线得到启示。

论我国民营焊管企业的发展

中国钢结构协会钢管分会　彭在美
浙江金洲管道科技股份有限公司　刘建伟

摘　要： 改革开放以来，我国民营焊管企业迅猛发展，大致可分为三个阶段：起步期（20 世纪 80 年代~1997 年），发展期(1998~2007 年)，繁荣期（2008 年至今）。在我国焊管产能中，民营焊管企业产能很大，约 5900 万吨，占比约 90%，其中民营焊管企业直缝埋弧焊管产能占全国直缝埋弧焊管产能的 71.4%，民营焊管企业螺旋埋弧焊管产能占全国螺旋缝埋弧焊管产能的 75%，民营焊管企业直缝高频电阻焊管产能占全国直缝高频电阻焊管产能的 95%。在 2013 年我国焊管产量 5016 万吨，民营焊管企业产量占比为 93%。2013 年中国钢结构协会钢管分会会员企业的石油天然气专用管产量 522.2 万吨,其中，中石油国营企业产量 272.5 万吨，民营企业产量 249.7 万吨，民企占比 47.8%，接近 1/2。油套管产量国企与民企持平，各产 30 万吨。石油天然气管线管中石油国企产量 241 万吨，民企产量 207 万吨，产量两者相近。这说明，民企产品质量有相当大的提升。而且民企海底管线产量 11.7 万吨，中石油国企产量只有 1.5 万吨。不过在产品结构上，民营焊管企业主要产品是普通焊管（水煤气管、镀锌焊管、低压流体输送管、一般建筑用管），因而，在当前国民经济转型发展过程中，下游用管行业增速放缓，但对品质要求上升，近期房地产业进入调整期，中石油主要长输管线工期推迟，因此，民营焊管企业要产品结构调整，面向城市地下管网、棚户区改造、水电、铁塔、铁路基本设施以及船舶、机械和化工用管，实施产品多元化、专业化、个性化和精品化。同时企业体制要深化改革，管理水平要提升，决策机制要受到制衡。加强企业创新能力，焊管三种管型要优势互补，打造民营焊管企业升级版。民营企业要助推中国从焊管大国走向焊管强国，为实现中国梦而只争朝夕，努力奋斗。

关键词： 民营焊管企业　发展阶段　产能　产量　结构调整　改革　创新　三种管型　优势互补

建国以后，特别是改革开放以来，我国焊管迅猛发展。在国内，近年焊管产量占钢管产量之比约 63%，在国外，我国焊管产量占世界焊管产量之比约 50%，同时，我国焊管在品种、质量上也在赶超世界先进水平。在这里，民营焊管企业的辉煌发展起了很重要的作用。

1　在我国焊接钢管产能中，民营企业产能占比达到 90%，在我国焊接钢管年产量中，民营企业产量占比达到 93%

截至 2013 年底，中国钢管产能约 1.09 亿吨，其中，无缝钢管生产线约 500 多套，产能约 4300 多万吨；焊接钢管生产线约 2700 多套，产能约 6600 多万吨。在焊接钢管产能中，直缝埋弧焊管（UOE、JCOE 和 JCO）生产线 34 套，产能约 700 万吨；直缝高频电阻焊管（HFW/ERW）约 2100 多套，产能约 4900 万吨；螺旋缝埋弧焊管约 410 多套，产能约 1000 万吨。

在我国钢管企业的体制中，焊接钢管的特点是：民营企业占比很大，以产能来看，民营焊接钢管的产能约为 5900 万吨，占比约 90%，其中，在直缝埋弧焊管产能中，民营企业产能为 500 万吨，占比 71.4%；在直缝高频电阻焊管产能中，民营企业产能约为 4650 万吨，占比约 95%；在螺旋缝埋弧焊管产能中，民营企业产能约 750 万吨，占比 75%，详见表 1。

表 1　焊接钢管及其三种管型（直缝埋弧焊管、直缝高频电阻焊管、螺旋缝埋弧焊管）**产能**　　（万吨）

企业性质	焊接钢管	占比/%	直缝埋弧焊管	占比/%	直缝高频电阻焊管	占比/%	螺旋缝埋弧焊管	占比/%
国有企业	700	10	200	28.6	250	5	250	25
民营企业	5900	90	500	71.4	4650	95	750	75
总产能	6600	100	700	100	4900	100	1000	100

截至 2013 年底，我国焊管年产量 5016 万吨，其中，国有焊管企业（包括石油系统、钢铁系统、冶金建设系统和其他系统）生产量约为 350 万吨，民营焊管企业生产量为 4666 万吨，民营焊管企业产量占比为 93%，仅天津友发钢管公司一年焊管产量就达到 440 多万吨。

今天见证民营焊管业发展奇迹时刻，使我们铭记起三十多年前我国焊管民企事业起步的历程。对不少新一代焊管年轻人来说，这是值得了解的历史；对于参与过那个时期焊管创业的老一代人们来说，这是不应该淡漠或遗忘的历史，值得温故而知新。

2 我国民营焊管企业的三个发展阶段

我国民营焊管企业的体制发展有四种情况：一种是从国有焊管企业转制为私人出资的民营企业；另一种是由民营企业家独资建设的焊管企业；还有一种是焊管国企改革，转制为股份制企业，有原企业职工共同成为股东；最后一种是民营与国企或民企合资经营的焊管企业。

我国民营企业是改革开放以后发展起来的，因此，民营焊管企业的发展历程大致可分为三个阶段：起步期（20 世纪 80 年代～1997 年）；发展期（1998~2007 年）；繁荣期（2008 年至今）。基本上是每 10 年上一个台阶。

2.1 改革开放促进了中国民营企业的迅速起步

20 世纪 80 年代民营焊管企业的创建与发展，是由于在此前国有焊管企业在 20 世纪 50～70 年代奠定了一定的技术和设备基础，但国有企业由于体制机制的束缚发展缓慢，满足不了市场需求的增长，于是民营焊管企业在这个背景下创建起来的。在 20 世纪 70 年代，中国焊管业经过艰苦创业，已经有了初步的规模，建立了小直径（≤ϕ165mm）直缝高频电阻焊管机组 147 套，是国产初级的低档设备，以连续辊式成型为主；螺旋焊管在石油系统首先发展起来，从ϕ650mm 机组到ϕ3100mm 机组，从高频焊到埋弧焊，从固定辊式成型到“前摆式”工艺布置，为螺旋焊管的生产工艺到焊接技术打下了良好的基础。

在那个时期，焊管原材料用窄带钢，主要是低碳钢，焊管产品也是低档次的。当时能生产的石油管材多是 A3 钢、20 号钢、16Mn 钢等低结构钢，最大直径ϕ273mm，壁厚 7.0mm。

20 世纪 80 年代初起，中国进入了改革开放的年代，中国民营焊管企业也进入了创建与发展期。中国工业生产总量快速上升，促进了下游行业对焊管需求量急剧增长，促进了中国焊管工业进入了快车道。国家也允许乡镇集体制企业、民营企业作为国民经济的适当补充，此时，民营焊管企业异军突起，这是因为民营焊管企业的发展有了两个条件：一是技术上比较成熟，设备比较低档容易推广普及；二是市场需求扩大，普通焊管比较短缺，物资贫乏。于是乡镇企业像雨后春笋遍布全国各省，例如在天津、唐山、海城、无锡、湖州、上海和广州等地焊管企业蓬勃发展起来，有上千家之多，成为民营焊管企业的主力军。这时主要的民营企业发展按照时间顺序简介如下：

天津双街钢管厂始建于 1978 年，从建厂初期的 2 条直缝高频电阻焊管生产线发展到了 1999 年拥有 5 条直缝高频电阻焊管生产线。

江苏玉龙钢管股份有限公司的前身是 1980 年 8 月成立的乡镇集体所有制企业——无锡县高频焊管厂，后来转制为民营企业。1981 年ϕ76mm ERW 直缝高频电阻焊管生产线投产，1984 年ϕ114mm ERW 直缝高频电阻焊管生产线投产，1989~1990 年先后投产ϕ40mm、ϕ50mm ERW 直缝高频电阻焊管生产线，1992 年ϕ478mm 高频螺旋焊管生产线投产，1999 年方矩形焊管生产线、ϕ820mm 螺旋缝埋弧焊管生产线投产。2007 年后又投资建设，现在已经拥有 12 条 DN200～DN2850 螺旋管生产线、4 条 DN400～DN1600 直缝埋弧焊管生产线、2 条 DN50～DN500 直缝高频电阻焊管生产线、2 条方矩形焊管生产线的规模。

浙江金洲集团有限公司下属的浙江金洲管道科技股份有限公司的前身是 1981 年 5 月成立的乡镇集体所有制企业——湖州市升山镀锌厂，后转为民营股份制企业，企业从镀锌加工型企业转为钢管制造型企业，80～90 年代至今，金洲管道已经先后投资建设了 16 条 DN15～DN600 ERW 直缝高频电阻焊管生产线、8 条镀锌生产线、8 条钢塑复合管生产线、1 条内外涂覆钢管生产线、6 条 DN200～DN2400 一步法螺旋缝埋弧焊管生产线、1 条 DN500～DN1600 二步法预精焊螺旋埋弧焊管生产线、1 条 DN400～DN1600 直缝埋弧焊管生产线。还主持或参与了钢塑复合管、低压流体输送管等 13 项国家级和行业标准。

天津利达钢管始建于 1992 年，拥有直缝高频电阻焊管 16 条（ϕ21.3~339.7mm）,热镀锌管生产线 8 条（ϕ21.3~219.1mm），钢塑管生产线 6 条(ϕ21.3~368.3mm)。

番禺珠江钢管有限公司 1993 年成立，1995 年建成投产 ERW ϕ355.6mm 直缝高频电阻焊管生产线，1998 年引进澳大利亚 Hu-Metal 直缝埋弧焊管机组，于 1999 年投产。

此外，衡水京华钢管厂、河北中原钢管厂、河北鑫源泰钢管厂、上海埃力生钢管公司等许多民营焊管企业都在这一时期成立并发展起来。

这一时期民营焊管企业引进海外先进焊管技术装备，例如 ERW 有排辊成型、FF 成型以及国外的高频焊机等，河北张家口宁远钢管厂 1987 年率先从德国 MEER 公司引进 RN120L 型ϕ114mm(ϕ140mm）直缘排辊成型机组。此后，纷纷从美国、日本等发达国家和我国台湾地区引进中小直径焊管机组（ϕ32~508mm）达 200 多套，几乎集国外先进设备之大成。由于对引进设备的消化，国产设备促进民营焊管企业发展到 2000 多家，不仅焊管产品的产量增加了，品种质量也得到了提升。

这里简介引进的 ERW ϕ325mm 机组在民营企业的发展情况可见一斑。20 世纪 70 年代，我国 ERW 机组绝大多数在ϕ273mm 以下，80 年代末 90 年代初，国有企业中石油的宝鸡钢管和冶金部的锦西钢管先后从国外引进ERW ϕ426mm机组和ϕ508mm机组，也掀起了民营企业引进浪潮，90 年代首先在辽宁省海城市和本溪市的企业从台湾地区共引进 2 套 ERWϕ325mm 机组，随后广西北海钢管公司、广州番禺珠江钢管公司各自引进一套，紧接着上海埃力生钢管公司也引进一套，后来番禺珠江钢管和上海埃力生钢管将机组改造成ϕ355.6mm，这样共从台湾地区引进 5 套 ERW ϕ325mm 机组，带动了我国中直径 ERW355.6 机组的国产化，发展到天津神州通钢管公司等 ERW355.6 机组 10 余套。

在螺旋缝埋弧焊管方面，国有的石油系统 6 家螺旋缝埋弧焊管机组等也从德英等国引进先进技术装备，提升了螺旋缝埋弧焊管机组的技术装备水平，也促进了民营焊管企业螺旋缝埋弧焊管机组的发展，这期间，民营企业拥有螺旋焊管机组约 40 余套，产能约 90 万吨。

ERW 直缝高频电阻焊管问世以来，在国内当时是一种新产品，人们认为有“一条焊缝”安全性能不如无缝钢管，人们的习惯性思维阻碍了 ERW 焊管进入石油天然气市场。一方面 ERW 焊管企业用品质良好博得用户信任，销售部门如实宣传 ERW 钢管的优势；另一方面为了推广 ERW 焊管，中石油总公司于 1991 年 3 月 11 日以(91)中油物字第 173 号文件下发了《关于推广使用直缝电阻焊钢管(ERW)替代无缝钢管的通知》，用行政方式来推广 ERW 焊管。中石化物装部在《焊管》杂志上撰文推荐 ERW 焊管替代无缝钢管。由于中石油和中石化的大力推荐，ERW 焊管产品才在城市的中低压燃气管线、成品油管道等油气管线中得到广泛使用。这对民营 ERW 焊管企业的发展起了助推作用。

由于民营焊管企业的大发展，我国焊管产量从 1980 年 120.4 万吨发展到 1997 年 573.84 万吨，增长了 4.77 倍。

2.2 进入 21 世纪中国民营焊管企业迅猛发展

1998~2007 年中国焊管行业全面发展，民营焊管企业的辉煌业绩也达到了高峰。天津友发钢管集团公司始建于 2000 年 1 月，在民企创建时期后来居上，发展很快，到 2004 年已经有 40 条直缝高频电阻焊钢管、6 条方矩形焊管生产线、9 条螺旋缝埋弧焊管、5 条钢塑复合管生产线、16 条镀锌生产线，直缝高频电阻焊管产能约 410 万吨，螺旋焊管产能 25 万吨，深加工钢塑复合管 25 万吨，镀锌管 130 万吨，是焊管民营企业中产能最大、产量最高的大型企业集团，另外还生产热轧带钢、钢坯、薄板等板带产品。

前一阶段，民营焊管企业的产品以生产水煤气管、低压流体输送管、钢结构管、桥梁建筑桩管、热镀锌管等普通焊管为主，但到了 1998 年，民营焊管企业的发展有了新的选择，这个选择就是来自于我国两次有关焊管重大学术讨论会，一次是 1998 年“大中直径长输管线用埋弧型直缝焊接钢管研讨会”，一次是 2000 年“天然气管道输送技术及制管技术高级研讨会”，前一次大中直径长输管线讨论会主张发展直缝双面埋弧焊管取代螺旋缝埋弧焊管，后一次会议提出“继续坚持油气输送干线钢管以国产螺旋缝埋弧焊管为主的技术路线”。这两次研讨会的结论显然相反，因此对制管业影响也不同。前一次讨论会引导了我国建设直缝埋弧焊管的热潮，因为国企新建项目需要层层报批，而民营企业自身可以做主，所以番禺珠江钢管公司率先于 1998 年首次从澳大利亚引进 HME 旋压直缝埋弧焊管机组，于 1999 年生产出我国第一批大直径直缝埋弧焊管，并于 2001 年 5 月从美国引进 UOE 直缝埋弧焊管机组，建成我国第一条 UOE 直缝埋弧焊管生产线。当时由于 UOE 机组是二手设备，电气等辅助设施全部要国内配套，为了争取生产出西气东输一线ϕ1016mm 钢级 X70 直缝埋弧焊管的合格产品，克服了许多技术和设备上的困难，并赶在西气东输工程施工之前，2002 年生产出批量钢管，速度之快，国企很难做得到。

我国另一个民营焊管企业——辽阳钢管有限公司自制国产 UOE 机组，这种勇气和胆识也不是一般国企所能企及的。

后一次会议，催生了石油系统新上了 6 条大直径螺旋缝埋弧焊管生产线，以及民营企业 10 多条大直径螺旋缝埋弧焊管生产线。

由于西气东输一线、陕京二线、忠武线、涩宁兰线和川气东送等输气管线的启动，带动了下游的城市燃气中低压管网。同时中国的成品油长输管道也发展迅猛，大直径高钢级 ERW 机组纳入民营焊管企业的发展规划，这是由于埋弧焊管当内焊缝须补焊时，工人要进入管内操作，故管径不宜小于 DN600，这样大直径高频电阻焊管有市场的需求，在国外，日本建设了 5 条ϕ610mm ERW 生产线，对国内是一个启示。当时民营企业从国外引进了共 4 套 ERW ϕ610mm/ϕ630mm 机组，上海中油天宝钢管公司 2004 年引进投产，浙江金洲集团 2005 年引进投产，天津双街钢管公司 2005 年引进投产，浙江久立特材 2009 年引进投产。此外国产 ERW ϕ610mm/ϕ660mm 机组共 3 套，国产 ERWϕ508mm 机组共 3 套。

在这个时期，民营焊管企业的三种管型：直缝埋弧焊管、螺旋缝埋弧焊管、直缝高频电阻焊管的技术装备，不仅产能有了很大的提升，而且促进了中国焊管业产品的产量大幅增长和品种质量的提高。

1998～2007 年中国焊管的基本特征是：中国成为世界钢管大国，并开始向强国过渡。有下列典型例证：

（1）2000 年中国焊管产量 518.9 万吨，焊管产量占国内钢管产量的比例达 55%以上，焊管产量和增幅大于无缝钢管。

（2）2001 年中国焊管产量 640.36 万吨，首次超过日本，排名在世界焊管产量第一位。

（3）2003 年中国焊管自给率达到 99.2%，国内市场占有率达到 93.7%，焊管出口 57.21 万吨，略大于无缝钢管出口量。

（4）2004 年中国钢管产量达到 2149 万吨，超过了世界钢管历史上第一钢管大国前苏联 1988 年保持的 2084 万吨的记录，成为世界钢管大国。而中国钢管 2149 万吨产量中，焊管为 1301 万吨，占比为 60.54%，可见焊管为中国成为世界第一钢管大国做出了重大贡献，而中国民营焊管企业又为焊管产量做出了重大贡献。

（5）2004 年中国焊管由过去净进口转为净出口 30 万吨。

（6）2007 年中国焊管出口 462.97 万吨，同比增幅 37.38%，净出口 439 万吨。

（7）2007 年中国焊管产量再创历史新高，达到 2361 万吨，占国内钢管总产量 55.9%，占世界焊管总产量 1/3，成为名符其实的焊管大国。

2007 年后，世界爆发金融危机，经济进入萧条状态。而中国经济仍然保持稳增长，因而焊管业继续向前发展，民营焊管企业日益走向成熟，呈现繁荣景象。

2.3 民营焊管企业进入全面繁荣期

2.3.1 技术设备的建设达到先进水平

2008 年伊始，我国启动经济刺激措施，稳增长的投资重点领域为石油天然气等能源领域、基础设施及所谓“铁、公、基”项目、房地产建筑行业等，拉动焊管业市场的旺盛需求，民营企业在市场竞争中日益充满活力。由于西气东输二线压力提高到 12MPa，一类地区螺旋焊管直径扩大到ϕ1219mm，壁厚增加到 18.4mm，钢级提高到 X80 级，于是螺旋缝埋弧焊管需要升级换代。同时西气东输二线的二、三、四类地区用国产直缝埋弧焊管，中石油系统的巨龙钢管公司等从 2002 年开始从国外引进 JCOE 机组；宝钢集团 2008 年建成我国第一条现代化 UOE 直缝埋弧焊管生产线，国内掀起了建设直缝埋弧焊管的热潮。民企也紧跟着形势的发展，与国有企业一样，跟进建设了与之相适应的新的高钢级螺旋焊管生产线或两步法预精焊螺旋缝埋弧焊管，同时也投资建设了一批 JCOE 高钢级直缝埋弧焊管生产线。在地域上也采用了全国性布局，例如 2008 年开始江苏玉龙钢管在无锡新建了 3 条 JCOE 生产线和 1 条高钢级螺旋焊管生产线，随后又在新疆、德阳等地投资建厂。浙江金洲管道在原拥有 2 条高钢级一步法螺旋焊管机组的基础上，2010 年在湖州又启动引进 1 条德国两步法预精焊螺旋埋弧焊管生产线，2011 年在张家港投资扩建了 1 条 JCOE 直缝埋弧焊管生产线。2007 年至今，番禺珠江钢管在江阴、连云港、珠海、宁波、沙特阿拉伯等地，通过投资或收购，共计新建设了 4 条 JCOE 直缝埋弧焊管和4条螺旋缝埋弧焊管生产线。民营焊管企业作为一支后起的力量，在中亚天然气管道、中哈原油管道、中缅天然气/原油管道、川气东输等国家级长输管线中做出了贡献。即将开始建设的中俄管道、新粤浙管道等，石油系统应当公开招标，打破垄断，民营焊管企业也完全可以作为我国重要管道生产制造的力量参与建设。

2008～2013年民营企业新建或由JCO改建为JCOE机组有20条之多，产能约380万吨。其中因为海洋用管的开发，番禺珠江钢管公司于2012年将江阴JCOE生产线改造升级，在建设珠海钢管分厂JCOE机组期间，也是按照海洋用管来建设，以适应海洋用管和厚壁机械结构管。

2008～2013年间直缝高频电阻焊管的建设也有了新发展，共建设国产ERW610/660/710mm生产线7条，总产能约140万吨，在此期间，新建螺旋缝埋弧焊管生产线27条，产能约300万吨，其中包括民企番禺珠江钢管、浙江金洲管道、山东胜利钢管的3条从国外引进的二步法预精焊螺旋缝埋弧焊管机组，以及辽阳钢管有限公司能生产最大直径ϕ4013mm的生产线。

以上统计，在2008～2013年间民企新上焊管生产线共计54条，共计产能约820万吨。无论是JCOE直缝埋弧焊管机组、螺旋缝埋弧焊管机组还是ERW直缝高频电阻焊管机组，装备水平有了很大提高。上述国外引进的3条预精焊螺旋管机组，及番禺珠江钢管、江苏玉龙钢管新建的JCOE机组，赶上了中石油系统同类机型的技术装备水平。

这里介绍一些典型机组的技术装备主要性能：

（1）河北张家口宁远钢厂引进德国SMS MEER公司RN120L型ϕ114（ϕ140）ERW排辊成型机组，可生产（ϕ33～114（ϕ120））mm×（2.0~7.0）mm直缝高频电阻焊管，采用直缘成型法（linear forming）,可以达到T/D=1%（薄壁管），也可以达到T/D=10%（厚壁管），这是小直径ERW典型机组，可以生产小直径油套管、锅炉管等。

（2）上海中油天宝钢管有限公司、中海石油金洲管道有限公司、天津双街钢管公司ERWϕ610/630机组性能见表2。

表2 我国引进的ERWϕ630机组（民企）技术设备概况

公司名称	产品规格	成型主机/厂商	高中频功率/厂商	其他主要设备	产能/（万吨/年）	投产年份
上海中油天宝钢管公司	（ϕ219~630）mm×20mm, X70/X80/N80，管长18m	韩国Millteeh，排辊CTA成型	HF1200kW,双功能，SMT公司，MF4×500kW，SMT公司	铣边机/奥地利，铣切锯/日本中田公司	30	2004
中海石油金洲管道公司（湖州，合资）	（ϕ219~630）mm×20mm, X70/X80/N80，管长18m	美国AE公司，排辊TBS成型	HF1200kW,双功能，SMT公司，MF4×500kW，SMT公司	铣边机/奥地利，铣切锯/美国AE公司	30	2005
天津双街钢管公司	（ϕ219～630）mm×22mm, X70/X80/N80，管长24m	日本中田公司FFX成型	HF1200kW,双功能，EFD公司，MF3×800kW，EFD公司	铣边机/奥地利，铣切锯/日本中田公司	25	2005

在大直径（≥ϕ426mm）直缝高频电阻焊管产能中，民营企业直缝高频电阻焊管产能约为380万吨，占71.7%。

这里着重指出，天津双街钢管公司ERWϕ610/ϕ630mm机组，由于是FFX成型，对ϕ610mm，其最小壁厚为6mm；当钢级为X70时，其最大壁厚为22mm；当钢级为X80时，其最大壁厚为20mm。2006～2007年已经生产出ϕ610mm×6mm和ϕ610mm×22mm的产品。

（3）直缝埋弧焊管生产线。民营焊管企业江苏玉龙钢管公司2013年新建投产的JCOE高钢级直缝埋弧焊管机组，生产规格范围ϕ406.4~1422mm，壁厚7~50mm，最高钢级X100，主要设备性能：1）板探：232通道超声波探伤可以100%覆盖母材；2）奥地利铣边机；3）成型机：6500t伺服6缸联动；4）扩径机：1000t拉力；5）水压机：4000t大拉力，45MPa高压力；6）德国KD公司24通道焊缝超声波检测设备；7）大容量450kV数字平板X射线实时成像检测系统。目前，该机组是国内配置比较高的JCOE直缝埋弧焊管机组之一。

（4）二步法预精焊螺旋缝埋弧焊管（民企引进机组），见表3。

表3　二步法预精焊螺旋缝埋弧焊管生产线技术设备性能(民企)

公司名称	机组生产厂家	管径/mm	壁厚/mm	长度/mm	钢级	铣边机/组	MAG预焊速度/(m/min)	预焊机+精焊机/套	SAW精焊速度/(m/min)	产能/(万吨/年)
胜利钢管有限公司(淄博)	德国SMS MEER	610~1626	6.35~25.4	8000~15000	B、X42~X100	3	3~9	1+4	0.5~3	36
浙江金洲管道科技有限公司(湖州)	德国SMS MEER	508~1626	6.35~25.4	8000~12500	B、X42~X100	3	3~8	1+3	0.5~2.5	30
番禺珠江钢管(连云港)有限公司	意大利WK	508~1626	6.35~25.4	8000~18500	B、X42~X100	2	3~6	1+4	0.5~2.5	30

2.3.2　体制建设上了新台阶，从产品经营到合资合作和资本市场运作

民营焊管企业在体制上发生了显著变化，主要体现在两个方面：一方面有些国企转变成民企，例如山东胜利钢管公司、江苏徐州光环钢管公司、辽宁锦西钢管公司等；另一方面有5家民营焊管企业在境内外资本市场上市，江苏无锡苏嘉钢管公司（在新加坡上市）、番禺珠江钢管公司和山东胜利钢管公司（在香港上市）、浙江金洲管道科技股份有限公司和江苏玉龙钢管股份有限公司（分别在深圳上海上市），一路走来，民营焊管企业几乎参与了中国改革开放的全过程，从乡镇企业、民营企业到现代企业；从集体所有制、股份合作制、有限责任公司、股份公司到企业集团；从濒临破产、转危为安、加快发展、技术创新、合资合作到资本市场运作；从产品加工、生产制造、科技研发、营销服务到开发西部、全国各地建厂布局发展，乃至在国外，例如沙特阿拉伯和越南等国建厂。

民营焊管企业在营销业绩、企业管理上有了显著成效。特别是在2011年后市场需求增速放缓，行业效益普遍下滑的背景下，各个民营焊管企业及时调整营销思路和产品结构，仍然取得了较好的经济效益实属来之不易。

例如：上市公司公告显示浙江金洲管道科技股份有限公司2012年净利润1.01亿元，比2011年度提高63.4%，其中，中小口径镀锌管与钢塑管利润占65%，镀锌管毛利率6.25%，钢塑管毛利率17.18%。2012年在太湖南岸的湖州市分期投资2.74亿元，扩建钢塑管生产线。企业进入良性循环。又例如：江苏玉龙钢管股份有限公司2012年净利润1.17亿元，其中，中小口径结构用和绣花机行业用方矩形焊管销量10万吨，约占全公司销量20%，螺旋管销量20万吨，约占全公司销量40%，其中大量使用在自来水、钢结构行业。非油气管道毛利率13.55%，企业供销两旺。

2.3.3　焊管产量大幅增加，但增速放缓

2008~2013年我国焊管产量保持稳健上涨的趋势，2013年焊管产量为5016万吨，达到历史的高位，同比增加360万吨，增长7.70%，但增速回落2.09个百分比；焊接钢管表观消费量为4646.9万吨，同比增加340万吨，增长7.89%，但增速回落2.18个百分比。2008～2013年焊管产量，表观消费量同比趋势见表4。

表4　2008~2013年焊管产量、表观消费量同比趋势

项目＼年份	2008	2009	2010	2011	2012	2013
焊接钢管产量/万吨	2541	3039	3176	4241	4658	5016
表观消费量/万吨	2211	2814	2928	3913	4307	4647
产量增速/%	10.1	19.6	4.51	33.53	9.76	7.70
表观消费量增速/%	18.3	27.27	4.05	33.64	10.07	7.89

由表4可知，6年间总体来看，增速处于震荡起伏的增长趋势，但增速在回落，是由于国民经济已从高速增长进入中低速增长阶段。

2.3.4　在新产品开发方面，有了长足的进展

民营焊管企业当技术设备有了提升之后，在开发新产品方面，也取得了可嘉的成绩：

（1）在海底管线方面：番禺珠江钢管公司的产品成功运用到东海春晓气田、南海荔湾海底管道项目中。其中南海荔湾海底管道项目使用X65 ϕ559mm×25.4/27mm、ϕ762mm×28.6/30.2mm的JCOE直缝埋弧焊管6万多吨。

浙江金洲管道下属的合资企业中海石油金洲管道公司的ERW直缝高频电阻焊管在渤海的渤中、渤西、渤南、锦州、蓬莱、秦皇岛、垦利等海底项目、东海的丽水、黄岩等海底项目、南海的涠洲、陆丰、流花、番禺、西江等海底项目中大量使用。

其中渤西渤南海底输气联网管道工程使用 X70 钢级ϕ323.9mm×14.3mm ERW 焊管 1 万多吨。垦利海底管道项目使用 X65 钢级ϕ273～559mm ERW 焊管 3 万多吨。

（2）在海洋工程用管方面：江苏玉龙钢管公司开发了ϕ650mm×24mm，Q690E 海洋平台浮吊用 JCOE 焊管。

（3）在火电机组高温高压锅炉用管方面：上海月月潮钢管公司开发了ϕ1067mm×42mm 和ϕ813mm×48mm JCOE 钢管。

（4）在油井套管方面：中海石油金洲管道公司开发了 N80-1 钢级海底油井套管 HFW ϕ244.48mm×10.92mm。

（5）在煤浆管道方面：中国第一条煤浆输送管道——陕西神渭煤浆输送管道大量使用了沙钢金洲管道和番禺珠江钢管的 L450MB ϕ610mm ×(10.3～17.5/19.1)mm JCOE 焊管 8.4 万吨。

（6）在输电铁塔用管方面：江苏玉龙钢管、番禺珠江钢管和浙江金洲管道公司开发了 Q390、Q420/Q460 高强度 HFW/JCOE 焊管，并在皖电东送等项目中大量使用。

（7）在船用钢管方面：沙钢金洲管道公司开发了广州造船厂海轮用管ϕ508mm×12.7mm JCOE 焊管。江苏玉龙钢管公司为船用焊管提供了 HFW 焊管系列品种，并在外高桥等船厂大量使用。

（8）在汽车用管方面：徐州光环钢管公司开发了"轿车传动轴-万向联轴器装配"组件成套商品。

（9）在建筑结构用管方面：江苏玉龙钢管公司第一家研发了直接成方的方矩形焊管 400mm×400mm×14mm，钢级 Q345B，并取得非常好的效益。

（10）在工模具方面：山东四方技术开发公司为宝钢 U-O 机大型压模制造备件，采用高铬合金铸钢取代国外锻钢构件，是一种新产品。

2.3.5 在民营焊管业崛起的历程中，涌现出一批企业家、职业经理和技术人才

我国焊管业的发展历程中，涌现出一批民营企业家，例如番禺珠江钢管公司陈昌、浙江金洲管道科技公司俞锦方和沈淦荣、江苏玉龙钢管公司唐永清、天津友发钢管公司李茂津、徐州光环钢管公司吴建设等，以及职业经理人裘家庆、孙永喜、刘建伟、陈明林和唐秀丽等。在民营焊管企业建设过程中，原国有企业一些专家得到聘请，发挥了很大的作用，如宝鸡钢管公司原总工程师、教授级高工蔚长春，资深高级工程师王利树，原沙市钢管厂总工程师、教授级高工刘世泽、董遂庆，原冶金部马鞍山钢铁设计研究院教授级高级工程师彭在美，北京钢铁设计研究院教授级高级工程师王三云，北京钢铁研究总院教授级高级工程师韩宝云等参与了生产管理，技术研发，工程设计建设等，对民营焊管企业的发展起了助推的作用。同时也涌现了一大批优秀技术专家和人才，如工艺机械专家王龙、顾苏民，调型专家吴文华，检测专家史宏德，工艺专家姚光利、胡松林、韩业启、黄克坚等。在这里，我们怀念已经去世的焊管专家王茂堂、刘志俭和电器专家孙锦璋，他们为民企的发展作出了许多贡献。

民企焊管企业的迅速发展得到国产设备的强有力的支撑，其中有大连三高公司、富地公司、山东四方技术开发公司、太原市新通机械工程有限公司、天水和黄石锻压机械公司，以及青岛，石家庄和南京等一批焊管设备制造公司，他们制造出一大批国产 ERW 高频焊管设备、螺旋埋弧焊管设备和直缝埋弧焊管设备及其配套工模具、电气设备等，并有产品出口海外市场；美国色玛图尔公司在无锡建有分厂，向我国民营焊管企业提供了数百套高中频热处理设备，带动了我国此类设备的发展。大连理工大学、燕山大学等高校开发了 ERW 生产线上的辅机，例如数控飞锯、螺旋式活套以及内毛刺清除装置等。中国石油天然气总公司管材研究所在一些民企生产焊管中参与了全程监理，对提高焊管质量起了指导性作用。哈尔滨焊接研究所为民企焊接自动化的发展作出了很多贡献。在理论上，《焊管》和《钢管》期刊，以及我国首钢张弘人等编著的我国第一部 ERW 专著《高频直缝焊管生产》，和其后分别由焊管和钢管学术委员会，中国钢结构协会钢管分会编纂的《中国焊管五十年》、《中国钢管十年》、《中国钢管行业和市场调研报告》以及我国著名焊管专家王仪康、潘家华、黄志潜的文集等著作，对民营焊管企业的发展奠定了学术基础。

3 深度结构调整是我国民营焊管企业发展的主旋律

我国民营焊管企业昔日的辉煌业绩要在今日得以延续，就要首先处理好结构调整。

3.1 民营焊管企业产品结构概况

我们对参加中国钢结构协会钢管分会的焊管民营会员企业的粗略统计，产品结构大致分为三大类：一是石油天然气专用管，二是汽车用机械管，

三是普通焊管，其中细分为：一般建筑和机械结构管、水煤气管（包括镀锌焊管）、低压流体输送（水）管等。

（1）石油天然气专用管由三部分组成：陆上油气用管线管，海上油气用管线管和油套管。民营焊管企业会员企业 14 家于 2013 年共生产陆上油气输送管 207.1 万吨，海上油气输送管 11.7 万吨，油套管 30.9 万吨，共计石油专用管 249.7 万吨。国有企业中石油宝鸡钢管和渤海装备公司 2013 年共生产石油专用管 272.5 万吨。列表对比见表 5。

表 5　2013 年中国主要焊管企业生产石油专用管情况　（万吨）

企业名称 \ 项目		石油天然气专用管			用量总计	管线管钢级		油/套管钢级
		陆上天然气管线管	海底天然气管线管	油/套管				
国有企业	中石油宝鸡石油钢管公司	137		30		最大	X80	最大 Q125
	中石油渤海石油装备公司	104	1.5		272.5		X80	
	小　计	241	1.5	30			X80	Q125
民营焊管企业（14 家）		207.1	11.7	30.9	249.7	最大	X80	N80 L80
总　计		522.2						

可见，民企生产石油天然气专用管的产量约占了国内总产量的一半，钢级也达到了 X80，追赶上了石油系统焊管企业。

（2）汽车用管的品种有传动轴管、减震器管、排气管、摩托车用管，生产量很少。材料为 480QZ、SPCC、Q195 等。

（3）普通用管是民企的主要产品，一般结构管中机械管有输电铁塔用管、皮带机托辊管、一般机械和建筑结构管等多为 ERW/JCOE 圆管和方矩形焊管。材料多为 Q235、Q345 等。

（4）住宅建筑用管是水煤气用管，包括镀锌焊管，以及城镇市政建设的城市低压流体管网，这是民企生产量最大的品种。

3.2　民企焊管典型企业产量品种简况以及地区布局

（1）按 2013 年产量民企排序见表 6。

从表 5 和表 6 可知，民企的产品呈两极分化，一极是油气长输管线管，一极是水煤气管（镀锌管）、低压流体管和建筑结构管。因此，结构调整的方向要避免产品高度重复，要避免单一的市场结构，即密集石油天然气用管市场和房地产建筑用管市场。

表 6　民企焊管企业按 2013 年年产量排序

项目 \ 名次	1	2	3	4	5	6	7	8	9	10
企业名称	天津友发钢管	邯郸正大制管	衡水京华制管	天津利达钢管	浙江金洲管道	番禺珠江钢管	鑫源泰钢管	天津静海宝来工贸	江苏玉龙钢管	沧州鑫宜达钢管
年产量/万吨	444.31	136.9	108.0	103.6	81.76	81.6	70.0	59.0	48.09	34.40
主要品种	水煤气管（镀锌）方矩形管	镀锌焊管钢塑复合管	水煤气管（镀锌管）低压流体管	热镀锌管钢塑复合管	油气输送管、热镀锌管	天然气输送管	低压流体管建筑结构管	低压流体管建筑结构管	油气管线流体管线方矩形管	水煤气管油气输送管

（3）民企焊管生产线布局。民营焊管企业遍布全国各省（市）地区，据不完全统计，现有焊管生产线约 2700 条中，绝大部分为民营企业。在地域分布上，呈小、多和分散的特征，但又往往密集于少数城镇，例如天津静海大邱庄，河北邯郸、唐山、衡水、沧州、孟村、胜芳镇，辽宁辽阳、鞍山、海城、锦西、营口，江苏无锡钱桥镇、常熟，广东顺德、佛山、广州，四川达州、广汉、绵阳和德阳，新疆乌鲁木齐、奎屯和伊犁等（见表 7 和表 8）。

表 7　焊管产线估算表　（万吨）

序　号	地区	2013 年产量	2012 年产量	产线数
1	华北	2981.1	2720.7	约 1400
2	东北	192.9	196.8	约 80
3	华东	946.9	887.3	约 520
4	华中	146.8	140.6	约 80
5	华南	139.7	159	约 265

续表 7

序　号	地区	2013 年产量	2012 年产量	产线数
6	西南	210.3	177.9	约 170
7	西北	398.5	373.6	约 185
总计		5016.20	4655.90	约 2700

表 8　我国现有焊管机组及其数量、产能评估

序号	焊接钢管机组名称	数量/条	产能/万吨
1	直缝埋弧焊管机组（UOE,JCOE,JCO）	34	约 690
2	螺旋埋弧焊管机组（SAWH）	>400	约 1000
3	≥426 大直径高频直缝焊管机组（ERW/HFW）	24	约 550
4	ϕ219～406 高频直缝焊管机组（ERW/HFW）	>70	约 860
5	<219mm 高频直缝焊管机组（ERW/HFW）	>2000	约 3400
总计		约 2700	约 6500

3.3　我国民营焊管企业的发展方向探讨

我国民营焊管企业在数量上、产能上和产量上在我国焊管总量上占绝对多数，对国内外钢管业的影响、对我国经济的发展、对新型城镇化的进程都有重要意义。因此，我国民营焊管企业如何继续保持繁荣，今后的发展方向值得探讨。我们曾经参与一些民营焊管企业的创建、生产或营销，也是我国的民营焊管企业崛起的见证者，又曾参与过一些国有焊管企业的创建或生产、营销，深知二者均有优势和互补之处。现在谈几点粗浅的认识，仅供参考。

3.3.1　焊管行业在新常态下的抉择

今年年初以来，全国钢铁行业进入前所未有的困难时期。目前，我国经济从高速增长向中速稳定增长转变，将持续较长时间。焊管行业作为钢铁行业的一个组成部分，面临严峻的挑战，市场需求将长期处于低速增长区间，固定资产投资的下行压力较大，制造业化解产能过剩仍在持续、房地产市场出现调整风险，货币条件仍然偏紧，下游行业需求增速放缓而且对产品品质的要求在提高，环境保护对企业清洁生产，节能减排越来越严格。总而言之，我国经济正处于经济增速换挡期、结构调整阵痛期以及前期刺激政策消化期的“三期叠加”阶段，这就是焊管行业面临的新常态。民营焊管企业将如何抉择？这就是必须尽快完成结构调整，形成新的增长模式。

3.3.2　民营焊管企业产品结构面临的挑战和机遇

进入 2014 年以来，民营焊管企业在市场环境的形势面前感到很具压力。前面已分析了民营焊管企业的产品结构，主要两大块：一块是石油天然气输送管线管，一块是与房地产建筑业有关的水煤气（镀锌管）市场。这两块市场都传来了意外的信息：中石油主要输气管线因故推迟建设；房地产市场普遍出现“以价换量”的降价促销现象，商品房销售面积明显回落，房地产新开工面积增速大幅下降。

当然，利好的信息也有：“微刺激”政策促使基础设施建设投资增速将有所提高：一是加快拨付棚户区改造、中西部地区铁路、城市轨道交通、地下管网改造等建设项目资金，二是积极推一批水利、粮食储备、核电、水电等项目开工建设。中国钢结构协会钢管分会主编《中国钢管行业暨市场调研报告》详细分析了钢管下游行业“十二五”的市场需求，有重要参考价值。

2014 年 1～4 月船舶行业订单同比继续增长；汽车行业 1～4 月产销继续稳定增长，同比分别增长 9%和 9.1%；机械工业增加值增速高于去年同期，同比增长 11.5%；化工行业增加值同比增长 11.4%，就不一一赘述了。

民营焊管企业在产品结构调整上，要在继续保持房地产建筑、石油天然气管线等传统市场外，开拓上述行业船舶、汽车、机械、化工等市场的用管需求。从总体来看，机遇仍然大于挑战。

3.3.3　提高内生能力是民营焊管企业推进改革的根本所在

结构调整的动力来自企业的改革，民营焊管企业同样有体制改革的需要，重点在管理提升方面。首先要摒弃“规模扩张”、“粗放经营”的陈旧观念。对于妨碍企业整体战略实施的产品生产线，通过化解产能过剩应予以消化掉。同时，使资源集中到与企业发展战略相一致的经营重点上来，提高企业资产的质量和资本市场的价值，推进生产精益化，销研产一体化，信息化支持下的客户服务三个平台的建设。

民营焊管企业还要注重产品研发与品牌建设，努力在重点行业，细分市场与区域市场形成自己的差异化竞争特色，实现产品服务对象由普通用户群向中高端用户群的转变，提高产品的市场主导能力，从而提高盈利水平。产品研发与品牌建设要“不务虚名，只求实效”。

对民营焊管企业的管理体制，重要的是决策机制的制衡，要防止重大决策的失误。由于赞成上项目比反对上项目更容易获得支持。一些公司由于董事会中一些独立董事的作用弱化，往往对决策的失误得不到纠正，这是企业内部扩张冲动的原因。民营焊管企业的决策者要重视企业员工提出不同的意见，戒骄戒躁，防止偏听偏信。

民营企业年长一辈的创始人向年轻一代的接班人交班，进入了过渡时期，实现平稳、有序和有效的交接班，是民营企业继续向前发展的领导体制的保障。

3.3.4 发扬焊管三种管型的优势互补，是技术创新的切入点

民营焊管企业相对于强势的国有企业——宝钢钢管、宝鸡钢管等，在创新能力上比较薄弱。因此，加强技术创新能力，是民企的又一着力点。其关键之处在于正确理解焊管三种管型的优势和局限，要扬长避短。国内多种文献已作详细论述，本文限于篇幅，就不赘述了。

总之，民营焊管企业的技术创新，源于市场需求的推动。各个企业要因地制宜，因时制宜，在产品专业化，个性化，精品化上获得效益最大化。

三十多年来，我国民营焊管企业取得了很大的成绩，但是同发达国家如德国、日本相比，存在很大差距，与发展中国家如印度比，也存在一定差距，例如海底管线，我国尚布局在近海，浅海，深度＜1500m，但印度生产的 JCOE 海底管线已经成功运用在 2400m 深度的墨西哥湾海底。所以，我们不能有丝毫怠惰之心，应当急起直追，打造企业的升级版，不仅使我国成为一个焊管大国，而且成为焊管强国，为实现中国梦而做出努力。

铁矿石期货顺利启航，市场功能初步显现

大连商品交易所工业品事业部　王淑梅　赵宇生　郭　峰

摘　要：为了顺应市场发展趋势，满足实体企业发展需要，2013 年 10 月 18 日，我国上市了新的实物交割方式的铁矿石期货。经过半年多的平稳运行，铁矿石期货的市场规模日渐成熟，法人客户积极参与，交割过程平稳顺畅，合约制度设计已经得到了市场的认可，价格发现和套期保值的功能初步发挥，进一步丰富了企业管理价格波动风险的工具，有效提高了实体企业的经营管理水平。

关键词：铁矿石　期货　市场功能　套期保值

近年来，国际铁矿石市场发生重大变化，运行近 30 年的铁矿石年度长协谈判定价机制被铁矿石价格指数所取代，市场定价呈现短期化、现货化特征，现货企业面临较大的价格波动风险。同时，国际铁矿石衍生品市场开始快速发展，芝加哥商业交易所、新加坡交易所、印度商品交易所和印度多种商品交易所等纷纷推出铁矿石掉期、期货交易。为了顺应市场发展趋势，并满足现货企业对管理价格风险和降低成本的需要，“中国版”铁矿石期货于 2013 年 10 月 18 日在大连商品交易所（以下简称大商所）挂牌交易。经过半年多的平稳运行，铁矿石期货已成为国际上最活跃的铁矿石衍生品，期货市场功能已经初步显现。

1　铁矿石期货合约及其制度简介

1.1　铁矿石期货合约

铁矿石期货合约标的物为粉矿，交易单位为 100 吨/手，报价单位为元（人民币）/吨，最小变动价位为 1 元/吨，涨跌停板幅度为上一交易日结算价的 4%，合约月份覆盖全年 12 个月份，最后交易日为合约月份第 10 个交易日，最后交割日为最后交易日后第 3 个交易日（见表 1）。

表 1　铁矿石期货合约

交易品种	铁矿石
交易单位	100 吨/手
报价单位	元（人民币）/吨
最小变动单位	1 元/吨
涨跌停板幅度	上一交易日结算价的 4%
合约月份	1、2、3、4、5、6、7、8、9、10、11、12
交易时间	每周一至周五上午 9:00～11:30，下午 13:30～15:00

续表 1

最后交易日	合约月份第十个交易日
最后交割日	最后交易日后第三个交易日
交割等级	大连商品交易所铁矿石交割质量标准
交割地点	大连商品交易所铁矿石指定交割仓库及指定交割地点
最低交易保证金	合约价值的 5%
交割方式	实物交割
交易代码	I
上市交易所	大连商品交易所

1.2　铁矿石期货交割质量标准

铁矿石期货交割品分为基准品和替代品，对替代品质量采用升贴水核算。指标体系包括铁品位，二氧化硅、氧化铝、硫、磷、微量元素含量以及粒度。进口粗粉定为交易标的物，精粉可替代交割，两者使用同一升贴水指标体系，即铁品位，二氧化硅、氧化铝、硫、磷含量等五个指标是主要升贴水指标，微量元素作为“限制性”指标，基准品和替代品的要求一样（见表 2、表 3）。

表 2　铁矿石期货交割标准品质量要求

指　标	质 量 标 准
铁（Fe）	62.0%
二氧化硅（SiO_2）	≤4.0%
三氧化二铝（Al_2O_3）	≤2.5%
磷（P）	≤0.07%
硫（S）	≤0.05%
微量元素	铅（Pb）≤0.10% 锌（Zn）≤0.10% 铜（Cu）≤0.20% 砷（As）≤0.07% 二氧化钛（TiO_2）≤0.80% 氟+氯≤0.20% 氧化钾（K_2O）+ 氧化钠（Na_2O）≤0.30%
粒　度	至少 90%在 10 mm 以下，且最多 40%在 0.15 mm 以下

表 3　铁矿石期货交割替代品质量差异与升贴水

指　标	允许范围	升贴水/（元/吨）
铁（Fe）	≥60.0%且＜62.0%	每降低 0.1%，扣价 1.5
	＞62.0%且≤65.0%	每升高 0.1%，升价 1.0
	＞65.0%	以 65.0%计价
二氧化硅（SiO_2）+三氧化二铝（Al_2O_3）	≤10.0%	在二氧化硅＞4.0%时，二氧化硅每升高 0.1%，扣价 1.0；在三氧化二铝＞2.5%时，三氧化二铝每升高 0.1%，扣价 1.0
磷（P）	＞0.07%且≤0.10%	每升高 0.01%，扣价 1.0
	＞0.10%且≤0.15%	每升高 0.01%，扣价 3.0
硫（S）	≤0.20%	＞0.05%且≤0.20%时，每升高 0.01%，扣价 1.0
粒　度	至少 70%在 0.075 mm 以下	0

1.3　铁矿石期货交割制度

铁矿石期货采用实物交割，凡符合交割质量标准的铁矿石都可以参与交割。为贴近现货市场、降低交割成本、提高市场效率，铁矿石实物交割采用仓库、厂库、提货单交割相结合的交割模式。交割仓库共有 7 家，设在青岛、日照、连云港、唐山、天津等主要的铁矿石进口集散港口；交割厂库共有 3 家，设在河北唐山内陆矿区和日照港、连云港。所有交割仓库及厂库之间不设升贴水（见表 4）。

2　铁矿石期货市场运行情况

自上市以来，铁矿石期货市场运行总体平稳，市场流动性和市场规模不断扩大，产业客户参与积极，投资者结构逐步优化，交割制度被市场初步认可。目前，中国铁矿石期货市场已成为世界最活跃的铁矿石衍生品市场。

表 4　铁矿石交割仓库名录

名　称	仓库类型/地点	与基准库升贴水/（元/吨）	名　称	仓库类型	与基准库升贴水/（元/吨）
天津港散货交易市场有限责任公司	仓库/天津港	0	天津港俊物流发展有限公司	仓库/天津港	0
江苏连云港港口股份有限公司	仓库/连云港港	0	曹妃甸港有限公司	仓库/曹妃甸港	0
日照港股份有限公司	仓库/日照港	0	河北钢铁集团矿业有限公司	厂库/司家营	0
青岛港（集团）有限公司	仓库/青岛港	0	江苏沙钢国际贸易有限公司	厂库/连云港港	0
唐山市港口物流有限公司	仓库/京唐港	0	中国中钢股份有限公司	厂库/日照港	0

2.1　市场成交逐渐活跃，具备企业避险的市场规模

截至 2014 年 5 月底，历经 152 个交易日，铁矿石期货累计成交 2721.02 万手（单边，下同），成交金额共 21162.16 亿元，日均成交 17.9 万手，日均持仓 18.65 万手，日均换手率为 0.82，日均短线占比 59.28%。尤其是 2014 年以来，由于现货矿价下行，企业避险需求迫切，铁矿石期货的成交量和持仓量迅速放大，从月度日均交易情况看，日均成交和持仓分别由上市首月的 6.74 万手和 4.89 万手，增至 2014 年 5 月的 38.12 万手和 35.49 万手，月均增速分别为 28.09%和 32.73%。日内最大成交 69.31 万手，最高持仓 43.44 万手（见图 1）。

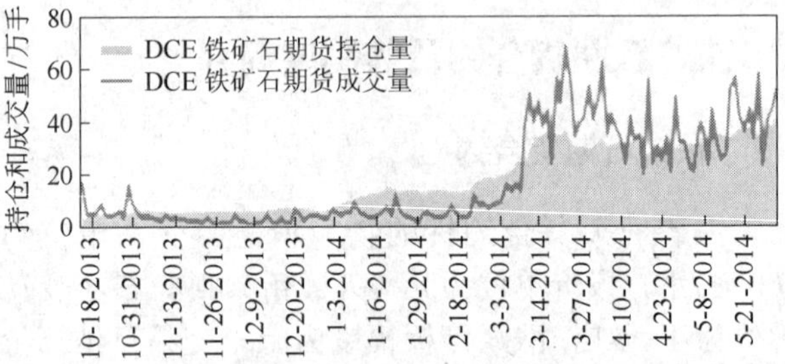

图 1　铁矿石期货成交和持仓情况

（数据来源：大商所统计）

2.2　法人客户参与度逐步提高，初步形成多元化的投资者结构

截至 2014 年 5 月底，参与铁矿石期货交易的客户总数 94071 个，法人客户 1788 家。法人日均成交占比 21.33%，日均持仓占比 30.07%。2014 年 3 月以来，由于现货市场融资风险加剧，市场价格波动较大，产业客户参与积极性大幅提升，法人客户成交占比最高增至 53.25%。

从法人投资者结构来看，也已经形成包含矿山、钢铁企业、贸易商等产业客户以及基金、私募和期货资管等机构投资者的多元化结构。截至 5 月底，在法人客户中，产业客户成交占比约 14%（贸

易商占比 11%、钢厂占比 3%、矿山占比 0.03%），私募、基金等金融机构投资者成交占比约 74%，其他占比 12%（见图 2）。

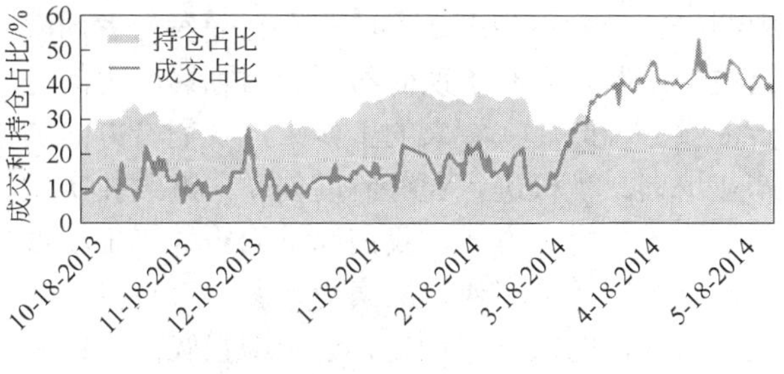

图 2 铁矿石期货法人客户成交和持仓占比情况
（数据来源：大商所统计）

2.3 实物交割平稳顺畅，合约制度已被市场认可

截至 5 月底，铁矿石期货共有 1403、1405 两个合约发生交割，分别交割 1 万吨、17 万吨，货源均为澳洲主流矿，整个过程平稳顺畅，没有发生交割争议。其中，日照港交割量最大，为 13 万吨，占比 72%，天津港、日照港交割量分别为 3 万吨、2 万吨。两次交割全面检验了铁矿石期货从入库、检验、仓储、注销出库的全部流程，相关合约制度设计已经被市场逐步认可。数据显示，国内参与境外掉期交易的主要企业均开始回流国内交易铁矿石期货，部分国际主力机构也已参与境内铁矿石期货交易。

3 铁矿石期货功能发挥情况良好

随着大商所铁矿石期货运行质量的不断提升，铁矿石期货的功能开始逐步发挥，价格发现功能逐步显现，套期保值效率逐步提升，行业影响力不断扩大。同时，国际影响力不断增强，成交量和持仓量已高于国际上其他交易所，与新加坡铁矿石掉期及国内外主要铁矿石价格指数相关性不断提升。

3.1 期、现货价格良性互动，价格发现功能逐步显现

3.1.1 铁矿石期货价格与现货价格指数相关性较高

截至 2014 年 5 月底，铁矿石期货主力合约价格与普氏价格指数、钢铁价格指数和新交所掉期的相关系数分别为 0.98、0.96 和 0.96，与青岛港典型矿种 PB 粉现货价格的相关性高达 0.98。市场普遍认为，铁矿石期货已能够反映国内市场供需关系的变化。

3.1.2 各市场间价差趋于稳定

随着铁矿石期货的日益活跃、参与者逐渐增多，国内外现货价格指数与铁矿石期货的价差趋于稳定。上市之初青岛 PB 粉、普氏指数与铁矿石期货价差在 40 元/吨左右，而新加坡掉期低于铁矿石期货 50 元/吨左右；随着铁矿石期货市场运行质量的不断提高，目前青岛 PB 粉、普氏指数、新加坡掉期与铁矿石期货价差均已经回归到 20~30 元左右的区间。

3.2 产业客户积极参与，套期保值功能发挥良好

3.2.1 套期保值功能发挥良好

截至 2014 年 5 月 30 日，共有 339 家贸易商，52 家钢厂，6 家矿山企业参与铁矿石期货交易，据估算，参与铁矿石期货套保企业的进口量约占我国铁矿石总进口量 40%以上。同时，数据显示，铁矿石期货套保效率明显提高，青岛纽曼粉与铁矿石期货的周和月的套保效率由 2013 年的 23.19%和 32.91%，提高到 2014 年的 62.16%和 90.33%。

3.2.2 套保模式不断创新

目前，一些期货公司已经探索铁矿石“套期保值贷款”业务，通过为企业抵押给银行的铁矿石做相应的套保操作，降低银行贷款风险、提高企业贷款比例。建设银行青岛分行已经与期货公司探索这种模式，经套保后的融资比例可以由 70%提高到 95%。

3.3 国际影响力逐步显现

3.3.1 已成为全球最活跃铁矿石衍生品

截至 2014 年 5 月 31 日，铁矿石期货累计成交折合现货 27.21 亿吨，是同期新加坡掉期和期货的 16 和 54 倍、美国 CME 的 237 倍。从持仓情况看，我国铁矿石期货市场的持仓高于新加坡市场，与新加坡掉期市场的月均持仓比值由上市首月的 0.23 提高至目前的 1.50，与新加坡期货市场的由上市首月的 3.93 提高至目前的 4.06。

3.3.2 对现货主流定价方式正在产生影响

目前，铁矿石现货贸易多以普氏指数为定价依据。铁矿石期货上市前，由于普氏指数编制方法存在缺陷，几船货就能决定整个市场的价格，非常容易受操控。铁矿石期货上市后，考虑了港口现货的市场调节作用，原来能影响价格的几船货，现在根

本左右不了市场。并且，随着铁矿石期货市场影响力逐步增强，期货价格已成为国内现货贸易的重要参考，越来越多的企业参考期货价格安排购销节奏，开始逐步降低长协矿的采购比例，改从港口现货或期货市场补充。近期，甚至有的企业拒绝采用普氏月均价与国际矿商签订贸易合同，倡导采用期货月均价作为现货贸易的基础。

4　展望

经过半年多的运行，大商所铁矿石期货日渐成熟，铁矿石期货合约也逐步被现货市场所认可，已有部分现货企业参照期货价格走势安排贸易节奏或将其作为重要的定价参考依据之一。澳大利亚媒体《澳大利亚人》曾报道，大商所铁矿石期货价格，已能较好地预测现货市场价格波动，成为证券市场矿山企业股价的风向标。但是，总体来看，国内大中型钢铁企业参与度还不高，而且受参与者局限于国内的限制，制约了铁矿石期货国际影响力的进一步提供。因此，在将来的工作中，我们一方面加强产业培训，积极进行业务制度创新，继续扎实做好国内市场；另一方面，我们也将积极稳妥推动铁矿石期货的国际化工作，探索境外参与者直接交易以人民币计价的铁矿石期货，逐步增强我国在铁矿石定价方面的话语权。

2013 年钢铁工业主工序人力资源现状简析

中国钢铁工业协会组织人事部　申永亮　姜　维

摘　要：本文以 2011~2013 年钢铁行业人力资源生产专项统计数据为基础，从炼铁、炼钢、轧钢三个主工序的人员结构、劳动生产率状况、人工成本现状三个层面，按照企业所有制类型和规模进行分类对比分析，对当前行业主工序劳动生产率、人工成本、工资水平变化趋势作出分析，为企业下一步对标挖潜，加强人力资源结构优化，提高主业劳动效率，控制人工成本提供帮助。

关键词：人员结构　劳动生产率　人工成本

钢铁工业主工序（炼铁、炼钢、轧钢）[1]是钢铁企业生产、经营和运行的核心组成部分，通过对主工序人力资源现状进行分析，有利于发现钢铁行业人力资源发展的新变化和新趋势，为发现问题总结规律，对标挖潜，促使企业在困难时期进一步加强人力资源结构优化，促进转型升级提供帮助和借鉴。

本文数据均来源于填报《2011 年、2012 年、2013 年钢铁企业人事劳资年报统计（生产专项）》的数据，数据来源见表 1。

表 1　统计数据情况[2]

年　份	填报企业数	国有	非国有	大型	中型	中小型	粗钢产量/亿吨	占上报比例/%
2013	78	42	36	15	19	44	4.75	84.5
2012	76	41	35	12	20	44	4.12	80.94
2011	70	42	28	13	22	35	4.25	82.52

1　炼铁、炼钢、轧钢主工序人员及结构

1.1　结构比例

2013 年，78 家企业炼铁、炼钢、轧钢工序，分别占主业在岗人员的比例为 16.64%，16.34%，21.33%（见图 1），三道工序占主业在岗职工比例为 54.32%，较去年增加 1.25%，增长的主要原因在于企业加大了对生产主工序外主业在岗人员的优化力度，如河北钢铁集团下属的唐钢、邯钢、承钢、宣钢和石钢等 5 家企业主业在岗人数相较去年减少了 1.3 万人左右，而主工序人数变化不大，反映出当前企业在效益不佳情况下，人力资源结构优化不断走向深入。

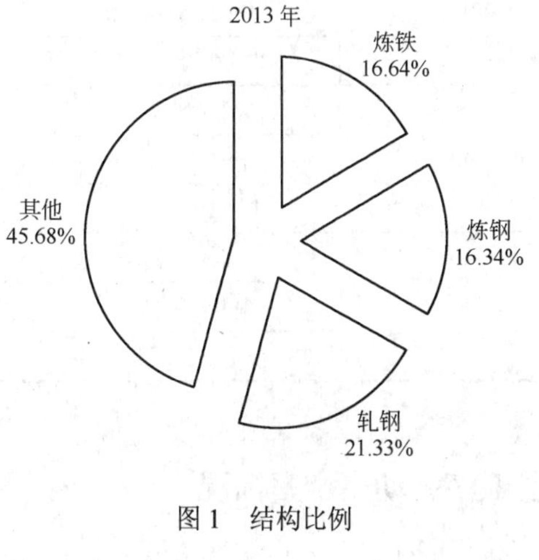

图 1　结构比例

---

❶ 炼铁：指与炼铁工艺流程相关（烧结、球团、高炉等）的生产；炼钢：指与炼钢工艺流程相关（铁水预处理、炼钢、精炼、连铸等）的生产；轧钢（钢加工）：指与轧钢（钢加工）工艺流程相关（开坯、热轧、冷轧拔、涂镀、焊接等）的生产。

❷ 大型企业：指粗钢年产量在 1000 万吨以上的单钢生产企业；中型企业：指粗钢年产量在 500~1000 万吨的单钢生产企业；中小型企业：指粗钢年产量在 500 万吨以下的单钢生产企业。

1.2 按所有制类型分类情况

从表 2 数据可以看出：

（1）国有企业三个主工序员工占比较去年有所增加，增长 3.3%，反映出国有企业加大了对主业在岗（主工序除外）人员优化力度；非国有企业主工序人员占比较去年则出现明显减少，减幅为 3.1%，如沙钢 2013 年主工序人数较上年减少了 1000 余人，说明民营企业对生产主工序人员优化力度在明显加强。

（2）非国有企业生产主工序员工占比仍高于国有企业，但差距明显缩小，由相差 8.8%下降到 2.4%，说明两类企业在经过近年来的发展和人力资源结构的调整，人员总体结构呈趋同性发展。从单工序看，国有企业在轧钢环节投入人员与非国有企业相比，差距进一步加大，由 3%增长到 6.9%。

表 2 按所有制类型不同生产工序人员结构统计表 (%)

年 份	占主业在岗比例	炼铁	炼钢	轧钢	主业在岗职工（合计）
2013	国有企业	15.15	15.57	23.35	54.07
	非国有企业	21.40	18.63	16.44	56.47
2012	国有企业	15.06	14.44	21.21	50. 72
	非国有企业	22.83	18.5	18.2	59.53
2011	国有企业	15.65	15.15	21.41	52.21
	非国有企业	21.49	20.18	18.40	60.07

1.3 按企业规模分类情况

从表 3 可以看出，大型企业三年来主工序人员占比先降后升，反映出大型企业人力资源优化由主工序向非主工序逐步过渡的发展趋势；中型企业三年来主工序人员占比呈递增趋势，说明中型企业人员优化的对象主要集中在主工序以外的主业在岗人员；中小型企业主工序人员占比三年呈现递减趋势，表明当前中小型企业人力资源结构优化对象主要集中在主工序环节。

表 3 按企业规模分生产主工序人员结构统计表 (%)

年 份	企 业	炼 铁	炼 钢	轧 钢	合 计
2013	大型企业	14.55	14.90	24.62	54.1
	中型企业	18.63	17.22	19.53	55.38
	中小型企业	17.88	17.71	18.02	53.6
2012	大型企业	14.24	14.38	22.48	51.1
	中型企业	18.14	15.42	19.31	52.87
	中小型企业	19.22	16.95	19.39	55.56
2011	大型企业	16.55	16.17	23.73	56.45
	中型企业	15.79	15.41	18.61	49.81
	中小型企业	19.67	17.97	19.47	57.11

2 主工序劳动生产率情况

当前，钢铁行业面临着前所未有的激烈竞争环境，在企业众多人力资源状况指标中，劳动生产率是反映企业生产能力和市场竞争力的一项重要指标，对这项指标进行深入探讨，有利于我们更加全面、客观的了解和发现行业人力资源的真实现状和突出问题。

2.1 人均产量情况

2013 年行业主工序平均产量分别为：炼铁 3022 吨/人，炼钢 3169 吨/人，轧钢 2380 吨/人，与前两年相比，企业劳动生产率有明显提高（见图 2）。炼铁人均劳动生产率排名靠前的普钢企业分别是：首钢 10105 吨/人，武钢 9768 吨/人，宝钢股份 7889 吨/人。炼钢排名前列的是：沙钢 8223 吨/人，宝钢股份

7102吨/人，武钢5724吨/人。轧钢排名靠前的是：沙钢6373吨/人，建龙钢铁5419吨/人。

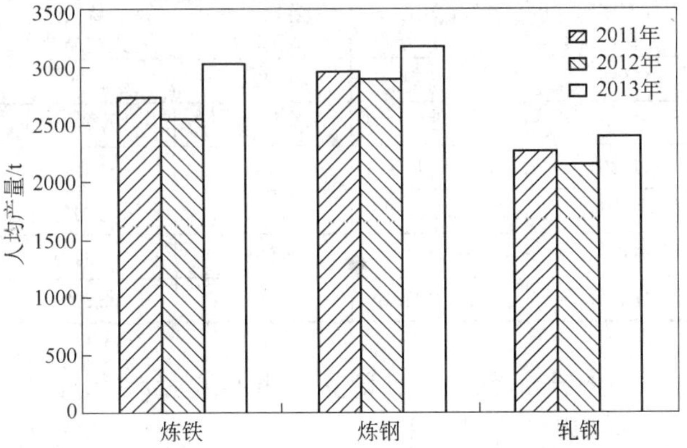

图2 人均产量三年对比

2.2 按所有制类型人均产钢情况

从表4不同所有制企业实物劳动生产率情况可以看出：

（1）国有企业在炼铁工序劳动生产率要明显高于非国有企业，轧钢非国有企业则要明显高于国有企业，这与国有、非国有企业在装备水平的差别以及产品结构有较大关系；炼钢实物劳动生产率两类企业趋同。

（2）三个工序劳动生产率与2012年相比趋势发生明显变化，都有较大幅度提高，特别是国有企业的炼铁和民营企业的轧钢劳动生产率增幅在20%左右，这与统计范围内企业2013年粗钢产量有所回升，人力资源结构优化力度加强有较大关系。整体来看，2013年生产专项统计企业数比上年增加了2家企业，主业在岗人数较上年减少了1.2万人，但粗钢产量增长了6800万吨，企业在2013年增产较为明显。

表4 按所有制类型不同生产主工序实物劳动生产率统计表

人均产钢	所有制类型	不含劳务派遣			含劳务派遣		
		炼铁工序	炼钢工序	轧钢工序	炼铁工序	炼钢工序	轧钢工序
2013年	国 有	3242	3169	2126	2999	2955	1904
	非国有	2624	3169	3344	2535	3067	3072
2012年	国 有	2717	2875	1960	2523	2719	1798
	非国有	2271	2914	2752	2157	2801	2566
2011年	国 有	2728	2956	1981	2494	2773	1829
	非国有	2577	2813	3038	2312	2651	2743
2013年增长率	国 有	19.32%	10.23%	8.47%	18.87%	8.68%	5.90%
	非国有	15.54%	8.75%	21.51%	17.52%	9.50%	19.72%

2.3 按企业规模人均产钢情况

从表5可以看出：

（1）生产工序劳动生产率与企业规模大小基本成正比，但与过去两年相比，这种差别正在逐步缩小。特别是轧钢环节，大型企业三年呈递减态势，中型企业轧钢劳动生产率首次超过大型企业，这与大型企业产品结构及生产工艺流程相对复杂有一定关系。

（2）与2012年数据相比，三个生产工序劳动生产率增幅与企业规模首次呈现反比关系，中小型企业劳动生产率增幅明显高于中型、大型企业，三类企业劳动生产率之间的差距有所减小。

表5 按企业规模分生产主工序实物劳动生产率统计表 （吨/（人·年））

年 份		不含劳务派遣			含劳务派遣		
		炼铁工序人均产量	炼钢工序人均产量	轧钢工序人均产量	炼铁工序人均产量	炼钢工序人均产量	轧钢工序人均产量
2013	大 型	3950	3923	2408	3594	3596	2116
	中 型	2703	2996	2571	2596	2882	2434
	中小型	2179	2346	2103	2109	2254	1896
2012	大 型	3820	3800	2475	3500	3563	2256
	中 型	2329	2784	2178	2177	2668	2029
	中小型	1752	2116	1680	1675	2020	1544

续表5

年份		不含劳务派遣			含劳务派遣		
		炼铁工序人均产量	炼钢工序人均产量	轧钢工序人均产量	炼铁工序人均产量	炼钢工序人均产量	轧钢工序人均产量
2011	大型	3487	3683	2577	3135	3422	2379
	中型	2531	2721	2141	2352	2572	1976
	中小型	1980	2168	1830	1859	2046	1638
增长率	大型	3.40 %	3.24%	–2.71%	2.69%	0.93%	–6.21%
	中型	16.06%	7.61%	18.04%	19.25%	8.02%	19.96 %
	中小型	24.37%	10.87%	25.18%	25.91%	11.58%	22.80%

3 人工成本分析

人工成本一直是行业人力资源状况分析的一项重要指标，人工成本的高低不仅关系到企业经营状况和利润水平，也关系到职工的切身利益，合理、有效的控制人工成本过快增长，对处于低谷时期的钢铁企业显得尤为重要。

3.1 人均人工成本情况

2013年炼铁人均人工成本8.04万元/（人·年），炼钢人均人工成本8.89万元/（人·年），轧钢人均人工成本9.58万元/（人·年）。与去年相比三个工序平均人工成本均有一定增长（见图3），增幅分别为：9.7%、4.8%、7.8%。

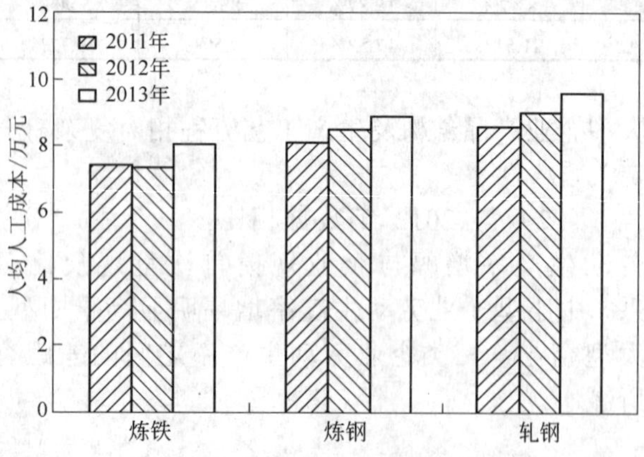

图3 人均人工成本

3.1.1 按所有制类型人均人工成本情况

从表6可以看出：

（1）2013年除劳务派遣工以外，国有企业生产主工序人均人工成本高于非国有企业，与2012年相比，三个工序国有企业分别是非国有企业的1.75倍、1.67倍、1.66倍，倍数差距比上年比稍有拉大。

（2）2013年国有企业炼铁、炼钢、轧钢人均人工成本分别增长了10.74%、6.92%、5.23%，而非国有企业人均人工成本分别增长了7.98%、0.33%、5.88%，低于国有企业，从数据上看，非国有企业在人工成本控制上做得稍好一些。2013年行业亏损面比去年有进一步扩大趋势，从统计的78家企业来看，国有企业亏损占比为33%，非国有企业为14%，对相对亏损更为严重的国有企业来讲，控制成本过快增长更为紧迫。

3.1.2 按企业规模人均人工成本

从表7可以看出：

（1）大型企业人工成本普遍高于行业平均，炼铁、炼钢、轧钢三个工序分别高于行业平均25.0%、24.5%、17.5%，但与上年相比，差距在逐步减小。

（2）大型企业人工成本转变了去年增长的态势，出现负增长，中型企业人工成本相对增长较快，三个工序分别达到14.60%、16.26%、24.06%，中小型企业变化相对较小，这也说明大型企业面对行业形势的严峻性，对人工成本的控制更加的严格，中型企业则应注意加强对人工成本的控制力度。

表6 按所有制类型不同人均人工成本情况 （万元/人）

	正式职工			劳务派遣		
	炼铁	炼钢	轧钢	炼铁	炼钢	轧钢
国有（2013年）	9.49	10.20	10.46	3.71	3.70	3.65
国有（2012年）	8.57	9.54	9.94	3.40	3.29	3.48
国有（2011年）	8.61	9.08	9.21	3.36	3.18	3.22
增长率/%	10.74	6.92	5.23	9.12	12.46	4.89

续表 6

	正式职工			劳务派遣		
	炼铁	炼钢	轧钢	炼铁	炼钢	轧钢
非国有（2013 年）	5.41	6.09	6.30	4.98	4.97	4.97
非国有（2012 年）	5.01	6.07	5.95	4.11	3.84	3.39
非国有（2011 年）	4.15	5.10	5.16	3.19	3.20	3.10
增长率/%	7.98	0.33	5.88	21.17	29.43	46.61
倍数-国有/非国有（2013 年）	1.75	1.67	1.66	0.74	0.74	0.73
倍数-国有/非国有（2012 年）	1.71	1.57	1.67	0.83	0.86	1.03
倍数-国有/非国有（2011 年）	2.07	1.78	1.78	1.05	0.99	1.04

表 7　按企业规模不同人工成本情况　（万元/人）

	正式职工			劳务派遣		
	炼铁	炼钢	轧钢	炼铁	炼钢	轧钢
大型（2013 年）	10.05	11.07	11.26	4.10	3.77	3.67
大型（2012 年）	10.40	11.52	12.09	4.62	3.77	3.86
大型（2011 年）	8.87	9.93	10.82	3.75	3.54	3.71
增幅	−3.37%	−3.91%	−6.87 %	−11.26%	0.00%	−4.92%
中型（2013 年）	8.32	9.01	9.23	3.80	4.24	4.01
中型（2012 年）	7.26	7.75	7.44	3.19	3.09	3.14
中型（2011 年）	7.70	7.43	6.79	2.84	2.83	2.89
增幅	14.60%	16.26%	24.06%	19.12%	37.22%	27.71%
中小型（2013 年）	4.75	5.58	6.13	3.68	4.04	4.34
中小型（2012 年）	4.42	5.92	6.25	2.57	3.31	3.21
中小型（2011 年）	4.15	5.79	6.07	2.84	3.01	2.84
增幅	7.47%	−5.74%	−1.92%	43.19%	22.05%	35.20%

3.2　吨钢人均人工成本

2013 年行业炼铁工序吨钢人工成本 26 元/吨，炼钢工序吨钢人工成本 28 元/吨，轧钢工序吨钢人工成本 41 元/吨，与去年相比，炼铁和炼钢环节吨钢人工成本略有降低，尽管行业人均人工成本比去年有提高，但吨钢人工成本的下降说明了钢铁企业比过去在生产环节更有效率（见图 4）。

3.2.1　按所有制类型吨钢人工成本

从表 8 可以看出：

（1）2013 年国有企业炼铁、炼钢、轧钢三个主工序吨钢人工成本仍明显高于非国有企业，分别是非国有企业的 1.45 倍、1.68 倍、2.63 倍，与去年相比两者差距稍有增大。

（2）与去年不同，今年国有、非国有企业主工序吨钢人工成本基本都在下降，非国有企业降幅更加明显，吨钢人工成本也说明了非国有企业在生产环节成本控制上更有优势。

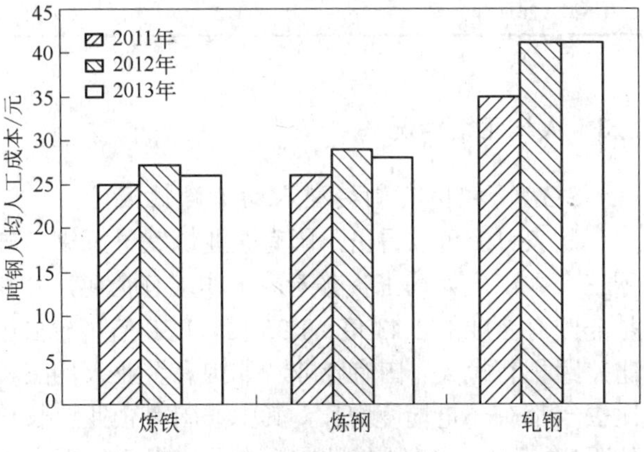

图 4　吨钢人均人工成本

表 8　按所有制类型不同吨钢人工成本情况　（元/吨）

年份		炼铁	炼钢	轧钢
2013	国　有	29	32	50
	非国有	20	19	19
	倍数	1.45	1.68	2.63

续表8

年份		炼铁	炼钢	轧钢
2012	国　有	30	33	49
	非国有	22	20	21
	倍　数	1.36	1.65	2.33
2011	国　有	31	30	45
	非国有	16	18	16
	倍　数	1.94	1.67	2.5
增长率	国　有	−3.33%	−3.03%	2.04%
	非国有	−9.09%	−5.00%	−9.52%

3.2.2 按企业规模吨钢人工成本

从表9可以看出，大型企业和中小型企业吨钢人工成本与去年相比都有明显下降，特别是轧钢工序人工成本降幅最大；中型企业与去年相比有明显增长，并且中型企业在炼铁、炼钢环节吨钢人工成本相对更高。

表9　按企业规模分不同吨钢人工成本情况　（元/吨）

	炼铁	炼钢	轧钢
大型（2013年）	25	28	47
大型（2012年）	27	30	53
大型（2011年）	22	26	42
中型（2013年）	31	29	37
中型（2012年）	30	27	32
中型（2011年）	30	27	31
中小型（2013年）	21	24	30
中小型（2012年）	25	27	38
中小型（2011年）	21	27	34

3.3 人均工资情况

3.3.1 按所有制类型人均工资情况

从表10可以看出，国有企业炼铁、炼钢、轧钢三个主工序人均工资普遍高于非国有企业，分别是非国有企业的1.43倍、1.35倍、1.38倍，与去年比差距稍有拉大。国有企业和非国有企业人均工资比去年都有一定幅度增长，其中非国有企业增长总体更快。同时，2013年非国有企业工资增幅要高于人均人工成本增幅，说明了非国有企业人工成本增长部分主要用于提高职工工资水平。

表10　按所有制类型不同人均工资情况　（万元/人）

年份		炼铁	炼钢	轧钢
2013	国　有	6.27	6.34	6.56
	非国有	4.41	4.68	4.77
2012	国　有	5.78	5.94	6.11
	非国有	4.00	4.42	4.20
2011	国　有	5.75	5.97	6.21
	非国有	4.02	4.46	4.28
2013年增长率	国　有	8.48%	6.73%	7.36%
	非国有	10.25%	5.88%	13.57%

3.3.2 按企业规模人均工资

从表11可以看出，从规模划分来看，中型企业工资增幅最大，平均在10%以上，中小型企业次之，大型企业增长最慢。工资变化与人均人工成本变化情况对比可以看出，大型企业在保持工资基本稳定的情况下，压缩了对其他人工方面开支，中型企业除工资外，其他人工成本也同步出现增长，中小型企业在保持工资小幅增长的同时缩减了其他人工成本开支。

表11　按企业规模不同人均工资情况　（万元/人）

	炼铁	炼钢	轧钢
大型（2013年）	6.69	6.90	7.11
大型（2012年）	6.59	6.86	7.35
大型（2011年）	6.26	6.67	7.35
增幅	1.52%	0.58%	−3.27%
中型（2013年）	5.69	5.73	5.79
中型（2012年）	5.12	5.20	4.86
中型（2011年）	5.20	5.33	5.03
增幅	11.13%	10.19%	19.14%
中小型（2013年）	4.13	4.50	4.65
中小型（2012年）	3.94	4.36	4.38
中小型（2011年）	3.69	4.18	4.06
增幅	4.82%	3.21%	6.16%

东、中、西部钢铁企业人力资源现状分析

中国钢铁工业协会组织人事部　王向宾　姜　维

摘　要：本文以近两年钢铁行业人力资源数据为基础，以东、中、西部三个区域为主要研究范畴，结合企业所有制类型和规模类型等因素，对比分析了钢铁企业多项人力资源数据指标，揭示出不同区域内钢铁企业之间的人力资源现状及发展规律，为企业实现科学发展、优化战略布局提供思路与引导。

关键词：区域分析　职工结构　人工成本　薪酬

作为具有一定地缘性的人力资源，企业在制定人力资源战略时，既需要综合行业相关人力资源特点，还应考虑地区人力资源特点，如所属地区劳动力工资水平、综合素质等因素，特别是考虑本地区钢铁企业人力资源特点。具体到某一地区新建或兼并钢铁企业，也需要综合考虑地区人力资源状况。因此，我们对2012年、2013年钢铁行业人力资源数据按照东、中、西部地区分类进行分析研究（在企业分类中，以钢铁生产企业为统计对象），见表1。

表1　2013年东部、中部、西部地区企业数量分类表

地区	国有企业	非国有企业	大型企业	中型企业	中小型企业
东部	24	41	10	14	41
中部	13	10	2	6	15
西部	12	5	4	4	9

1　东、中、西部地区企业职工队伍分析

从表2数据分析：

（1）根据企业数及粗钢产量计算，2013年东、中、西部地区单钢企业产量几乎相等，最低与最高相差不到3万吨。东部地区企业粗钢产量536.45万吨/家（2012年524.19万吨/家），中部地区533.78万吨/家（2012年501.55万吨/家），西部地区534.82万吨/家（2012年486.67万吨/家）。与2012年相比，西部地区企业单钢企业产量提高最多，东部地区提高最少。

（2）东部地区万吨粗钢产量承担离退休职工、不在岗职工分别是12.45人、1.27人（2012年是12.83人、1.69人）；中部地区是13.18人、3.42人（2012年是16.75人、4.37人）；西部地区分别是19.78人、3.94人（2012年是22.90人、5.41人）。

东、中、西部钢铁企业万吨粗钢产量承担离退休职工人数和不在岗职工人数呈递增趋势，与2012年相比，人数都有所减少，其中，中部地区减少幅度最大。

（3）东、中、西部地区万吨粗钢产量对应职工人数分别是26.1人/万吨、31.1人/万吨、39.2人/万吨（2012年是29.59人/万吨、34.57人/万吨、46.26人/万吨），对应在岗职工人数分别是24.9人/万吨、27.7人/万吨、35.3人/万吨（2012年是27.89人/万吨、30.2人/万吨、40.85人/万吨），对应主业在岗职工人数分别是17.9人/万吨、23.3人/万吨、24.5人/万吨（2012年是19.98人/万吨、24.70人/万吨、26.96人/万吨）。

表2　2013年东部、中部、西部地区企业职工结构表（年平均人数）

	企业数	粗钢产量/亿吨	职工人数/万人	在岗职工/万人	其中：主业在岗/万人	离退休职工/万人	不在岗职工/万人
东部地区企业	65	3.49	91.1	86.68	62.58	43.42	4.42
比例	61.9%	55.23%	56.75%	55.17%	36.21%	55.23%	56.75%
中部地区企业	23	1.23	38.19	33.99	28.56	16.18	4.2
比例	21.9%	23.16%	22.26%	25.18%	34.42%	23.16%	22.26%
西部地区企业	17	0.91	35.65	32.07	22.29	17.98	3.58
比例	16.19%	21.62%	21.00%	19.65%	29.36%	21.62%	21.00%
行业合计	105	5.62	164.95	152.75	113.43	77.58	12.2

从万吨产量对应主业在岗、在岗职工、职工总数人数看，人员效率比 2012 年都有所提高，其中东部地区效率最高、中部次之、西部最低。

表 3 2013 年、2012 年不同地区钢铁企业实物劳动生产率统计 （吨/（人·年））

地区	类别	按职工总数计算	按在岗职工总数计算	按主业在岗职工总数计算
东部地区	2013 年	382.75	402.26	557.22
	2012 年	338	358.51	500.5
	增长比例	13.24%	12.20%	11.33%
中部地区	2013 年	321.43	361.14	429.84
	2012 年	289.31	331.14	404.85
	增长比例	11.10%	9.06%	6.17%
西部地区	2013 年	254.99	283.48	407.91
	2012 年	216.15	244.78	382.47
	增长比例	17.97%	15.81%	6.65%

从表 3 可以看出，不同地区企业以职工总数、在岗职工及主业在岗职工三个指标计算的实物劳动生产率比 2012 年都有所增长，但仍是东部地区最高、中部地区次之、西部地区最低，增长比例则是西部地区最高、东部地区次之、中部地区最低。2013 年三个指标对应的实物劳动生产率东部地区分别比西部地区高出 50.1%、41.9%、36.6%，依次呈递减趋势，说明万吨粗钢产量对应的非主业在岗员工数量西部地区比东部地区更多。

2 东、中、西部地区企业主业在岗职工岗位结构分析

表 4 显示，管理人员（包括高管及一般管理人员）比例东部地区最低，中部地区次之，西部地区最高；技术人员、研发人员比例东部、中部、西部依次递减；操作人员比例西部最高、中部次之、东部最低，但相差不大。与 2012 年相比，管理人员比例东部在下降，西部、中部略有增加；技术人员比例东部、西部增加，中部略有下降；研发人员比例东部在增加，中部、西部在下降；操作人员比例变化不大，东、西部有所下降，2013 年操作人员比例都在 81%左右。

表 4 2013 年及 2012 年不同地区企业岗位结构情况表

地 区	类别	年 份	高级经营管理人员	一般经营管理人员	技术人员	研发人员	操作人员	合计（年末人数）
东部地区	人数	2013	6705	39562	72790	8408	505572	624629
		2012	7816	41750	70058	7410	533139	652763
	比例	2013	1.07%	6.33%	11.65%	1.35%	80.94%	
		2012	1.20%	6.40%	10.73%	1.14%	81.67%	
中部地区	人数	2013	2988	21117	28433	3309	224095	276633
		2012	2452	20794	28500	5216	219107	270853
	比例	2013	1.08%	7.63%	10.28%	1.20%	81.01%	
		2012	0.91%	7.68%	10.52%	1.93%	80.90%	
西部地区	人数	2013	2011	19420	20078	2035	181493	223002
		2012	2439	16298	15832	1898	161912	196481
	比例	2013	0.90%	8.71%	9.00%	0.91%	81.39%	
		2012	1.24%	8.29%	8.06%	0.97%	82.41%	
行业总数	人数	2013	11704	80099	121301	13752	911160	1124264
		2012	12707	78842	114390	14524	914158	1120097

3 东、中、西部地区主业在岗职工学历结构分析

博士、硕士、大学本科学历人员比例东部、中部、西部地区呈递减趋势，大专学历人员比例东部、中部、西部呈递增趋势；中专及以下学历人员东部地区最高为 64.07%，中部地区最低为 60.14%。与 2012 年相比，东部、中部地区博士、硕士人员比例在增加，西部地区没有变化，东部地区企业硕士、博士高学历人才优势进一步增大（见表 5）。

与 2012 年相比，2013 年研发岗位学历情况变化明显，2012 年东部地区高学历研发人员比例优势明显，硕博人员比例远高于中部和西部地区，2013 年中部地区高学历研发人员比例上升很快，硕博人员比例与东部比略有差别，但本科以上学历人员比例已与东部基本相当。西部地区高学历人员比例变化不大（见表 6）。

表 5 2013 年及 2012 年不同地区企业主业在岗职工学历分布表

地 区	类 别	博士	硕士	大学本科	大专	中专及以下	合计
东部地区	2012 年人数	661	7643	93981	139440	411038	652763
	2013 年人数	687	8274	86331	129150	400187	624629
	2012 年比例	0.10%	1.17%	14.40%	21.36%	62.97%	100.00%
	2013 年比例	0.11%	1.32%	13.82%	20.68%	64.07%	100.00%
中部地区	2012 年人数	173	2682	35440	63166	169392	270853
	2013 年人数	189	2974	40060	67031	166379	276633
	2012 年比例	0.06%	0.99%	13.08%	23.32%	62.54%	100.00%
	2013 年比例	0.07%	1.08%	14.48%	24.23%	60.14%	100.00%
西部地区	2012 年人数	51	1799	23394	49375	121862	196481
	2013 年人数	51	2075	26572	56526	137778	223002
	2012 年比例	0.03%	0.92%	11.91%	25.13%	62.02%	100.00%
	2013 年比例	0.02%	0.93%	11.92%	25.35%	61.78%	100.00%
行业	2012 年人数	885	12124	152815	251981	702292	1120097
	2013 年人数	927	13323	152963	252707	704344	1124300
	2012 年比例	0.08%	1.08%	13.64%	22.50%	62.70%	100.00%
	2013 年比例	0.08%	1.19%	13.61%	22.48%	62.65%	100.00%

表 6 2013 年及 2012 年不同地区钢铁企业研发岗位学历情况统计表

地 区	类 别	博士	硕士	大学本科	大专	中专及以下	合计
东部地区	2012 年人数	370	1358	3497	1581	604	7410
	2013 年人数	402	1267	3592	1923	1224	8408
	2012 年比例	4.99%	18.33%	47.19%	21.34%	8.15%	100.00%
	2013 年比例	4.78%	15.07%	42.72%	22.87%	14.56%	100.00%
中部地区	2012 年人数	95	488	2324	1601	708	5216
	2013 年人数	103	465	1540	966	235	3309
	2012 年比例	1.82%	9.36%	44.56%	30.69%	13.57%	100.00%
	2013 年比例	3.11%	14.05%	46.54%	29.19%	7.10%	100.00%
西部地区	2012 年人数	11	203	862	589	233	1898
	2013 年人数	6	158	941	821	109	2035
	2012 年比例	0.58%	10.70%	45.42%	31.03%	12.28%	100.00%
	2013 年比例	0.29%	7.76%	46.24%	40.34%	5.36%	100.00%
行业	2012 年人数	476	2049	6683	3771	1545	14524
	2013 年人数	511	1890	6073	3710	1568	13752
	2012 年比例	3.28%	14.11%	46.01%	25.96%	10.64%	100.00%
	2013 年比例	3.72%	13.74%	44.16%	26.98%	11.40%	100.00%

4 东、中、西部地区技术工人队伍分析

从表 7 看，2013 年各地区企业技术工人占操作工人员比例，东部地区最低，西部地区最高。高级工及以上人员比例，东部地区为 27.35%（2012 年为 30.09%）、中部地区为 43.21%（2012 年为 39.04%）、西部地区为 44.43%（2012 年为 42.65%），与 2012 年相比，高级工以上人员比例中部、西部增加，东部减少。

从表 8 看出，2013 年人均产钢、人均利润、人均利税都是东部、中部、西部递减趋势，人均产值东部最高，中部最低。与 2012 年相比，东、中、西人均产钢、人均利润、人均利税都在增加，人均产钢东部增长最快，人均产值中部增长最快，人均利润东部增长最快，人均利税中部增长最快。

表 7　2013 年及 2012 年不同地区技术工人分布情况表

地　区	类　别	高级技师	技师	高级工	中级工	初级工	非技术工人	合计
东部地区	2012 年人数	4790	23306	132314	91565	75121	206043	533139
	2013 年人数	4662	22073	111555	82135	62779	222368	505572
	2012 年比例	0.90%	4.37%	24.82%	17.17%	14.09%	38.65%	100.00%
	2013 年比例	0.92%	4.37%	22.07%	16.25%	12.42%	43.98%	100.00%
中部地区	2012 年人数	1876	13332	70335	45708	27603	60253	219107
	2013 年人数	2475	14192	80169	47852	26999	52408	224095
	2012 年比例	0.86%	6.08%	32.10%	20.86%	12.60%	27.50%	100.00%
	2013 年比例	1.10%	6.33%	35.77%	21.35%	12,05%	23.39%	100.00%
西部地区	2012 年人数	1232	7713	60113	43335	17821	31698	161912
	2013 年人数	1963	10457	68226	44188	23876	32783	181493
	2012 年比例	0.76%	4.76%	37.13%	26.76%	11.01%	19.58%	100.00%
	2013 年比例	1.08%	5.76%	37.59%	24.35%	13.16%	18.06%	100.00%
行业合计	2012 年人数	7898	44351	262762	180608	120545	297994	914158
	2013 年人数	9100	46722	259950	174175	113654	307559	911160
	2012 年比例	0.86%	4.85%	28.74%	19.76%	13.19%	32.60%	100.00%
	2013 年比例	1.00%	5.13%	28.53%	19.12%	12.47%	33.75%	100.00%

表 8　2013 年及 2012 年不同地区钢铁企业劳动生产率变化表

地　区	年　份	主业在岗职工/万人	粗钢产量/亿吨	人均产钢/(吨/人)	人均产值/(万元/人)	人均利润/(万元/人)	人均利税/(万元/人)
东部地区	2012	64.91	3.25	500.5	242.49	0.07	5.99
	2013	62.47	3.49	557.22	242.48	2.60	6.36
	增长比例			11.33%	0.00%	361.29%	6.18%
中部地区	2012	27.26	1.1	404.85	169.43	–4.32	0.25
	2013	27.66	1.23	429.84	174.21	0.69	5.2
	增长比例			6.17%	2.82%		1980.00%
西部地区	2012	19.58	0.73	382.47	206.87	–1.88	2.16
	2013	22.3	0.91	407.91	212.66	–1.6	3.42
	增长比例			6.65%	2.80%	14.89%	58.33%

5　东、中、西部地区 2013 年及 2012 年钢铁企业薪酬情况分析

从表 9 看，一般经管人员、研发人员薪酬东部、中部、西部地区呈递减趋势，高管人员、技术人员、操作人员薪酬东部最高、中部最低。

从差别幅度看，研发人员薪酬差距幅度最大为 57.35%（2012 年是 40.39%）；然后是一般经管人员差距幅度为 31.23%（2012 年是 21.91%），技术人员差距幅度为 28.07%（2012 年是 20.22%），高管人员差距幅度为 21.75%（2012 年是 12.87%），操作人员差距幅度为 16.93%（2012 年是 6.65%）。

与 2012 年相比，西部地区与东部、中部地区的技术人员、操作人员的工资待遇在缩小，但研发人员的工资差距继续拉大，东部地区研发人员的工资待遇比西部高 57.35%。同时，东部地区企业表现出来的产品竞争力（人均利税、利润、产值均最高，人均利润增幅最大且显著高于中西部地区）最高。研发人员工资待遇与产品竞争力之间呈现正相关关系。

表9 2013年及2012年不同地区钢铁企业分岗位年薪情况统计表

地 区	年 份	高级管理人员年薪/万元	一般经营管理人员年薪/万元	技术人员/万元	研发人员/万元	操作人员/万元
东部地区	2012	18.67	8.29	7.55	8.69	4.72
	2013	22.11	9.79	8.35	10.48	5.25
	增长比例	18.43%	18.09%	10.60%	20.60%	11.23%
中部地区	2012	17.87	7.63	6.49	6.48	4.81
	2013	18.16	8.07	6.52	8.27	4.49
	增长比例	1.62%	5.77%	0.46%	27.62%	–6.65%
西部地区	2012	20.17	6.8	6.28	6.19	4.51
	2013	21.22	7.46	7.54	6.66	5.1
	增长比例	5.21%	9.71%	20.06%	7.59%	13.08%
行业合计	2012	18.82	7.78	7.07	7.57	4.7
	2013	20.97	8.74	7.75	9.32	5.03
	增长比例	11.42%	12.34%	9.62%	23.12%	7.02%

6 不同地区钢铁企业人工成本及人均工资情况

从表10我们可以看出：人均人工成本、人均工资总额、人均住房费用东部、中部、西部呈递减趋势；社保占工资总额比例东部、中部、西部呈递增趋势，人均社保费用西部最高、中部最低。

与2012年相比，人均工资、人均住房费用东部地区增长最高，人均社保费用、人均教育费用西部地区增长最高。

表10 2013年及2012年不同地区钢铁企业人工成本情况统计表

地区	年 份	人均工资总额	人均社保费用	人均福利费用	人均教育费用	人均劳保费用	人均住房费用	人均其他人工费用	合计
东部地区	2012	5.54	1.61	0.45	0.06	0.09	0.47	0.35	8.58
	2013	5.92	1.69	0.46	0.053	0.069	0.57	0.58	9.33
		6.84%	4.71%	1.22%	–12.12%	–23.25%	22.28%	64.67%	8.78%
	2012 比例	64.60%	29.09%(占工资总额比例)	5.30%	0.70%	1.00%	5.49%	4.11%	100.00%
	2013 比例	63.42%	28.48%	4.88%	0.56%	0.74%	6.16%	6.18%	100.00%
中部地区	2012	5.27	1.55	0.38	0.05	0.13	0.44	0.49	8.31
	2013	5.62	1.65	0.49	0.059	0.096	0.46	0.52	8.90
		6.68%	6.49%	28.62%	17.48%	–26.06%	5.23%	6.72%	7.13%
	2012 比例	63.44%	29.35%	4.52%	0.64%	1.53%	5.36%	5.89%	100.00%
	2013 比例	63.15%	29.36%	5.49%	0.66%	1.08%	5.20%	5.87%	100.00%
西部地区	2012	4.98	1.73	0.52	0.04	0.12	0.45	0.31	8.15
	2013	5.18	1.95	0.52	0.050	0.093	0.42	0.17	8.39
		4.11%	12.63%	0.30%	25.84%	–22.63%	–6.36%	–44.33%	2.97%
	2012 比例	61.14%	34.64%	6.32%	0.52%	1.53%	5.50%	3.81%	100.00%
	2013 比例	61.78%	37.58%	6.21%	0.60%	1.11%	5.02%	2.06%	100.00%
行业合计	2012	5.38	1.62	0.45	0.06	0.1	0.46	0.38	8.44
	2013	5.70	1.73	0.48	0.054	0.081	0.52	0.48	9.04
	2012 比例	63.74%	30.06%	5.29%	0.66%	1.21%	5.46%	4.49%	100.00%
	2013 比例	63.05%	30.33%	5.28%	0.59%	0.89%	5.71%	5.35%	100.00%

7　不同地区钢铁企业人工成本投入产出分析

从表 11 我们可以看出：

2013 年吨钢人工成本东部、西部、中部呈递增趋势；劳动分配率中部地区最高，东部地区最低。说明中部地区企业新创造的价值中用于支付人工成本的比例最高，东部地区最低；人事费用率中部地区最高，东部地区最低。说明企业生产和销售的总价值中用于支付人工成本的比例中部地区最高，东部地区最低。

表 11　2013 年及 2012 年不同地区企业人工成本投入产出情况表

地　区	年　份	吨钢人工成本/元	劳动分配率(人工成本/工业增加值)	人事费用率(人工成本/主营业务收入)	万元人工成本投入产出比		
					产钢/吨	利润/万元	主营业务收入/万元
东部地区	2012	171.37	29.82%	3.28%	58.35	0.01	30.44
	2013	167.49	31.24%	3.25%	59.7	0.28	30.77
	增长比例	–2.26%	4.76%	–0.91%	2.31%	2800.00%	1.08%
中部地区	2012	205.15	42.44%	4.22%	48.74	–0.52	23.71
	2013	207.11	37.12%	4.62%	48.28	0.08	21.66
	增长比例	0.96%	–12.54%	9.48%	–0.94%	115.38%	–8.65%
西部地区	2012	213.16	33.43%	4.23%	46.91	–0.23	23.66
	2013	205.73	34.48%	3.76%	48.61	–0.19	26.58
	增长比例	–3.49%	3.14%	–11.11%	3.62%	17.39%	12.34%
行业	2012	185.61	33.17%	3.61%	53.88	–0.16	27.68
	2013	182.32	33.11%	3.60%	54.85	0.14	27.75
	增长比例	–1.77%	–0.18%	–0.28%	1.80%	—	0.25%

万元人工成本投入产出中产钢、利润、主营业务收入指标都是东部地区最高，西部最低。

与 2012 年相比，西部企业进步最为明显，吨钢人工成本、人事费用率下降最多，西部地区吨钢人工成本已经低于中部企业。万元人工成本投入产出中产钢和主营业务收入增长最快。但是利润指标东部企业增长最快，涨幅为 2800%，西部企业仍然亏损，亏损幅度有所降低。

8　不同地区钢铁企业职工培训情况

从表 12 看，东部和中部地区，除中部地区研发人员培训小时增长外，其他类别人员培训时间都在减少。西部地区除操作人员培训时间减少外，其他类别人员培训时间都在增加。

东部和中部地区都是研发人员培训时间最长，西部地区高管人员培训时间最长。

表 12　2013 年及 2012 年按不同地区钢铁企业职工培训情况统计表

地　区	年　份	高级经营管理人员平均培训小时	一般经营管理人员平均培训小时	技术人员平均培训小时	研发人员平均培训小时	操作人员平均培训小时
东部地区	2012	99.31	71.75	98.34	117.7	80.1
	2013	74.42	56.23	72.11	82.5	62.92
	增长比例	–25.06%	–21.63%	–26.67%	–29.91%	–21.45%
中部地区	2012	90.19	77.44	104.77	117.05	70.44
	2013	78.67	73.88	81.19	125.41	69.62
	增长比例	–12.77%	–4.60%	–22.51%	7.14%	–1.16%
西部地区	2012	72.68	62.54	58.43	60.31	75.71
	2013	90.36	62.6	70.52	65.75	43.62
	增长比例	24.33%	0.10%	20.69%	9.02%	–42.39%

通过以上分析，从效率看，企业实物劳动生产率东部地区效率最高、中部次之、西部最低，并且比 2012 年都有所提高。西部地区万吨粗钢产量对应的非主业在岗员工数量比东部地区更多。

从企业岗位结构看，管理人员（包括高管及一般管理人员）比例东部地区最低，中部地区次之，西部地区最高；技术人员、研发人员比例东部、中部、西部依次递减。与 2012 年相比，研发人员比例东部在增加，中部、西部在下降。

从学历结构看，博士、硕士、大学本科学历人员比例东部、中部、西部地区呈递减趋势，与 2012 年相比，东部、中部地区博士、硕士人员比例在增加，东部地区企业硕士、博士高学历人才优势进一步增大。

其中研发岗位人员学历结构变化明显，2012 年东部地区企业硕博人员比例远高于中部和西部地区，2013 年中部地区高学历研发人员比例上升很快，硕博人员比例与东部比略有差别，但本科以上学历人员比例已与东部基本相当。

从薪酬看，一般经管人员、研发人员薪酬东部、中部、西部地区呈递减趋势，高管人员、技术人员、操作人员薪酬东部最高、中部最低。其中研发人员薪酬差别幅度最大，东部企业比西部企业高 57.35%。这与东部地区企业表现出来的产品竞争力（人均利税、利润、产值均最高，人均利润增幅最大且显著高于中、西部地区）呈现正相关关系。

钢铁企业培训管控系统开发实践与对策

——以唐钢培训精确管控系统为例

中国钢铁工业协会组织人事部　申永亮

摘　要：随着我国钢铁企业结构调整、转型升级、化解过剩产能工作不断深化，企业创效点由过去简单的规模生产创效逐步转向管理、技术、质量和岗位挖潜创效。企业对人才培养的重视程度越来越高，培训理念不断革新，培训方式和手段不断推陈出新。为解决培训工作中遇到的突出问题，推动唐钢人力资源优化工作快速深入细致地开展，唐钢人力资源工作者不断地努力，开发了“唐钢全员全过程培训开发精确管控系统”，不仅改变了过去纸制计划转递模式，还转变了过去单纯“自上而下”的需求调查模式，取得了较好的效果。

关键词：企业培训　平台开发　系统优化

自 2008 年国际金融危机爆发以来，我国钢铁行业产能过剩问题越来越突显，过去依靠规模效益，不断扩大再生产的粗放式发展模式已经走到了尽头，企业转型升级、结构调整、节能环保成为行业共识。在新一轮的钢铁企业改革浪潮中，及时调整企业经营策略，转向更加注重内涵式发展，向管理和质量要效益成为企业的共识。要实现这一目标，人的因素尤为关键，现代化钢铁企业比拼的就是管理、科技和人才，实践证明优秀的人力资源队伍在推进企业体制创新，技术进步，实现可持续发展方面作用日益凸显，加强人才队伍的培养和建设对处于转型时期的钢铁企业来讲，尤为重要。

1　唐钢开发培训精确管控系统的背景

为顺应企业转型发展的需要，唐钢从 2009 年开始了大规模的主业人力资源优化工作，截至 2012 年底，钢铁主业优化人力资源 12473 人，清理外用工 10021 人，两年共计节约人工成本 14.6 亿元，吨钢人工成本降低 100 元。如果说人力资源优化解决了人员“量”的问题，那么人力资源培训就是要找到提高人员“质”的办法。对此，唐钢决定从 2013 年起，在全公司范围内大力开展以“培育市场意识、强化全员素质、提升应对能力”的全员培训统一行动。

对一个拥有 3.6 万人的国有大型钢铁企业来讲，要按照企业发展战略进行系统化全员培训是一项非常庞大的系统工程，从需求征集、计划编制到组织实施、效果评估，都对人力资源培训工作提出了新的更高要求。按照过去老的培训模式和工作方式已经无法满足当前培训工作的需要，其表现主要有四个方面：

一是培训需求调查渠道不畅通。过去自上而下的培训安排较多，自下而上的需要反映渠道并不健全，无法全面真实地反映二级单位，特别是员工自身的培训需要，从而降低了职工参与培训的积极性和热情，使培训效果大打折扣。

二是对各类培训实施过程管控滞后。唐钢每年除通用培训项目外，更多的是专业培训项目，包括：厂部级管理人员培训、基层管理人员培训、班组长培训、一般计管人员培训、操作人员技能培训等等，特别是唐钢在进行主业人力资源优化的大背景下，每年仅数千操作人员的转岗培训一项工作量就非常之大。2013 年唐钢计划培训项目共计 79 项，涉及 143411 人次，共计办班 1254 批次，要对这么多培训项目和培训班进行实时有效的精确管控非常困难。

三是培训效果评估手段和方法较为落后。过去对培训效果评估和调查还主要依靠由培训组织方自己填写的纸制“培训效果调查”，而受训学员参与评价的机会不多，培训效果的反馈与评价既不及时也不全面准确。

四是培训管理工作人少量大。随着唐钢人力资源优化的不断深入，唐钢对培训专职管理人员也进行了大幅缩编和精简。集团公司人力资源部科技培训科人员编制从 2008 年的 8 人减到目前 4 人，从事具体培训工作的管理人员只有 2 人，并且各二级单位人力资源工作人员也进行了大幅缩减，培训工作量的攀升与培训工作人员不断精减之间的矛盾凸显。

2 培训精确管控系统的创新与实践

基于以上四方面原因，唐钢人力资源培训工作迫切需要一套先进的管理方法和手段，把人员“量”的优化和“质”的提高结合起来，解决培训工作中遇到的突出问题，推动唐钢人力资源优化工作快速深入细致地开展。经过唐钢人力资源工作者不断的努力，“唐钢全员全过程培训开发精确管控系统”应运而生，该系统主要有五个方面特点。

2.1 全面掌握培训需求，科学制订培训方案

唐钢培训系统改变了过去纸制计划转递模式，所有单位可直接在系统中生成每年的培训需求计划，并且转变过去单纯“自上而下”的需求调查模式，采取“自上而下”与“自下而上”相结合的方式，集团各部门、二级单位以及职工个人都可以根据年度职工教育培训计划纲要的要求，通过系统提交培训需求将组织需求与个人培训意愿有机结合起来，体现了全员培训的广泛参与，同时，系统可将各方填报的需求进行分类汇总，并提供给培训管理者，为公司科学合理制订年度培训方案提供可靠依据。唐钢年度培训方案主要分两大类，一类以形势教育和公司重大举措宣讲为主的通用培训，强调培训的全员性和全面性；另一类立足于“干什么学什么，缺什么补什么”的各级各类专业知识和技能提升培训，强调培训的针对性和实用性。通过准确的收集和把握各层级各类别的培训需求，并按照公司发展战略和工作重点加以规划和梳理，使得公司年度培训方案更加科学、全面和有效。

2.2 明确主体职责分工，搭建信息综合平台

唐钢培训组织实施主体主要包括五个方面：集团人力资源部是培训工作总责部门，负责全员培训方案制订、计划审核、过程控制、培训考核及重点培训项目的实施；集团各职能部室按照专业分工和发展需求，负责各自领域内培训计划的报送以及培训的组织实施；职工培训中心是培训主要的承接机构，负责制订教学计划、开课管理，部分落实公司集中培训和脱产轮训等；各二级单位主要负责制订自主办班计划，并配合人力资源部和各专业部室落实年度培训计划；培训讲师是培训的具体实施者，也是课件的研发者，主要包含外聘专家教授和企业内部培训师两部分。在培训系统中五方主体分工合作，各司其职，形成了完备的“五位一体”培训组织体系。同时，培训管控系统的运用为各培训实施主体及参训员工提供了一个信息共享的平台，大家都可以通过这一平台及时准确地掌握各类培训项目的开展实施等情况。

2.3 培训过程管理科学、实时、精准

针对钢铁企业“四班三运转、八天一轮回”的工作轮班生产组织特点，培训管控系统利用计算机程序按照甲、乙、丙、丁、日 5 个班次自动选择职工“休大班”的时间科学安排培训，力求企业生产和员工休息两不误。同时，考虑参训职工工作单位的地点，合理就近安排培训，实行“按类聚群、送教上门”。这些人性化的系统设计较为科学合理地解决了工学矛盾，得到广大职工的支持和赞誉。

在培训实施过程中，培训项目管理者在系统中对培训班出勤情况、课时安排、培训效果等情况进行实时维护，保证了上一级管理员能够及时准确地掌握所辖范围培训实施具体情况，实现了培训过程的实时管控。同时，系统在功能上还实现了与参训员工点对点联系，培训管理者可通过系统将培训的具体时间、地点和注意事项等信息通过短信群发功能及时准确的发送给参训员工，突显了培训系统人性化的管理策略和精细化管理水平。

2.4 培训课程评价力求“360°”全覆盖

效果评价是科学衡量培训课程成功与否，今后如何改进提高的重要依据，同时也是培训工作中的一项难点。过去唐钢大多数培训课程的评价还主要依靠培训工作的具体实施者或者学员直接填写效果评价表的方式来完成，这种评价方式从具体操作和结果统计来看比较费时费力，并且从评价的准确性和全面性来看都不够科学合理，缺少量化指标。

培训系统对培训效果评价环节进行了重新设计，采取了较为科学的“360°”全覆盖的评价理念，将所有参与培训课程项目的主体都纳入到了效果评估当中，包括培训项目实施部门、培训中心管理者、培训讲师、参训员工以及参训员工所属单位的管理者，所有培训相关主体都可以在培训系统中从自身角度对培训课程进行评判，最后由系统对这些结果进行综合汇总，并根据参与效果评价人员对培训给予的分数自动得出培训班评分避免了单方评价的片面和误差，使课程评价更加全面、真实和准确。

2.5 利用网上学堂，鼓励员工自主选学

培训管控系统不仅可以作为培训管理工具，而且开发成为职工自主学习的网络平台。唐钢通过系统整合，将网络培训资源汇集到了培训管控系统中，并合理借助外力，特别是通过与中钢协培训中心合作，利用其丰富的网络课程资源优势，为唐钢职工提供了大量通用类和钢铁专业类的“课程超市”，同时还包括计算机仿真模拟操作软件，唐钢职工可以根据自身绩效差距或个人爱好“自主选学”。唐钢网上学堂通过现代化网络手段将培训的课堂延伸到了职工培训课堂以外的任何地点，为职工随时随地参加学习，实现自我成长提供了极大便利，大大调动了职工学习的意愿和积极性。

3 钢铁企业人力资源培训系统优化与对策

随着我国钢铁企业结构调整、转型升级、化解过剩产能工作不断深化，企业创效点由过去简单的规模生产创效逐步转向管理、技术、质量和岗位挖潜创效。企业对人才培养的重视程度越来越高，培训的理念不断革新，信息化、网络化及互动式、仿真模拟等多种培训方式和手段不断推陈出新，许多大型企业不断加大国际化经营人才、创新型技术人才和复合技能人才培养力度，部分企业还整合汇集培训资源，成立人才开发中心。如何进一步优化企业人力资源培训开发，应重点做好以下五个方面工作。

3.1 人力资源培训开发应与企业发展战略紧密结合

人力资源是企业的第一资源，是实现企业发展目标的重要支撑，人力资源培训开发是促进人才培养，提高工作绩效，推进科技创新，实现企业和员工共同发展最基础、最重要的手段。企业培训是否到位，关键在能否将培训目标和员工的发展统一到企业战略发展之中，在制定培训方案和选择培训项目时，首先要考虑企业经营目标和发展方向。例如，唐钢在提出要由“生产制造型”企业向“经营管理型”企业转变的发展目标，将“厂长”变为“经理”，并且公司每个部门都要有成本和经营意识，因而在人力资源培训方案选择时，公司对厂处级中层领导有针对性的开设了企业经营管理类课程。特别是当前我国钢铁企业普遍面临转型升级、结构调整，企业在发展目标、生产组织方式、管理体系、营销模式等方面都在不断尝试变革和调整，因此企业人力资源培训开发必须紧密结合组织变革的需要，进行系统化的设计与考量。

3.2 培训需要科学的组织实施体系和良好的制度供给

人力资源培训开发是一项复杂的系统工程，特别是对数万人规模的大型钢铁企业来说，培训涉及的点多面广，不同类型、不同层级、不同科目的培训需求数量大，内容多，因而构建科学合理的培训实施体系和培训制度尤为重要，需要强力高效的培训主管机构，并充分发挥各职能部门和专业机构作为各类管理、技术和技能知识积累、传播和创新的集散地功能，形成“管理统一、目标明确、分类实施、资源共享”培训组织实施体系。同时，体系的构建需要配套的制度供给和落实到位作为保障，实践证明好的体系建设如果没有对应的制度作为支撑，又或有了制度而无法执行到位，那么构建科学合理的培训体系将成为一句口号，成为无源之水，无本之木。

宝钢在 2007 年成立人才开发院以来就明确提出了五大培训体系建设，即：统分结合、高效协同的组织体系；分类分层、岗位导向的课程体系；内部为主、兼职为主的师资体系；以人为本、激励成才的制度体系；功能齐全、保障有力的设施体系。并将五大体系归于一个宗旨：“通过知识的积累、传播与创新，促进企业与员工共同发展”。围绕构建培训体系，宝钢进行了大量的制度和激励措施建设，如：推出“双优化”的领导人员后备管理制度，强化领导人员的培养、评价和激励；制订了《人才开发院师资能力建设指标体系》，使专职师资的核心专业能力不断提升；先后出台了《宝钢首席师管理办法》、《宝钢技术业务专家管理办法》、《宝钢操作技能专家管理办法》等制度，制订了包括技术创新重大成果奖、专利“一奖二酬”、科研及新产品项目奖励、技术秘密实施奖、研发绩效奖、技术贸易及技术推广奖等多种激励保障措施。正是通过这样一套完备的培训组织实施体系和系统配套的制度供给和激励措施，使得宝钢在人才培养和开发中取得了行业内有目共睹的成就。

3.3 培训是“一把手”工程，需要高层领导高度参与

人力资源培训不仅是系统工程，更是“一把手”工程。如果把人力资源培训开发单纯视为投入，培

训就可能变成企业的负担，如果把人力资源培训开发当成是投资，培训就可以成为企业新的利润增长点。企业“一把手”对培训的态度和参与的程度直接影响着培训工作的效果，俗话说“火车跑得快，全靠车头带”，企业领导的意志、理念、领导力往往决定着企业的兴衰成败。同样，对企业培训工作来讲，需要资金支持、资源投入、组织机构配合以及良好的制度供给，这些培训必备要素都需要企业领导层的高度参与才能完成。

在实践中，企业领导层高度关注，深度参与的培训项目，往往培训效果较好。例如，宝钢的培训就要求领导管理层高度参与，让丰富管理经验的高层领导和各部门负责人对低一层的管理人员授课，这样一级给一级讲，共同分享工作的经验和体会，起到了很强的示范和带动作用，成效显著。因而，对企业培训者来说，如何让“一把手”了解培训、关注培训、重视培训、高度参与培训尤为重要，这种重视和参与并不只是口号上的，而是要落实到制度规范中，体现在具体行动上，根植在企业文化里。

3.4 培训开发与职业发展通道有机结合

企业人力资源培训开发最终目的在于让“企业和员工共同发展”，培训既要维护企业利益又要保障职工权益，要让员工的成长融入到企业的发展中，就需要给员工建立规范畅通的职业生涯发展通道，分类明确企业管理人员、技术人员、技能操作人员职业发展通道和所需职业资质和素养。例如，宝钢针对管理人员建立 “五层三进”培训体系，形成高级决策层、高级经营管理层、经营管理层、专业管理层及作业管理层五个层级，每个层级形成任职基础、任职资格、在职研修“三进”，将管理人员培训与管理人员职业发展相结合，实现管理者终身学习。这种将培训开发与员工职业发展规划、职位职级提升有机结合起来，使员工参加学习培训积极性更高，目标更加明确，使过去填鸭式、灌输式组织培训转变为员工主动学习、要求培训，使培训变成对员工的一种奖赏和荣誉，把学习变成员工的自觉行为。又如唐钢在培训系统中建立“学习地图”，对各类各层人员成长成才发展通道、所需职业资格进行了系统的梳理和明确，并找出关键节点确立转折路径，为员工特别是新入职大学生制定职业生涯发展规划提供了明确的指导和帮助，也使培训的组织者和参与者更加有的放矢。

3.5 培训应基于目标导向，促进员工行为和绩效改善

人力资源培训开发是一项目标性极强的工作，培训的目标应基于企业发展所需要的员工素质提高、能力提升和行为绩效的改善。特别是在当前钢铁行业形势日益严峻，企业面临战略转型和结构调整，普遍压缩了各项经费支出，职工教育培训经费的提取有进一步缩减的趋势，因而培训更需要建立起目标导向，积极开展更具针对性的人力资源培训与开发，将“好钢用在刀刃上”。

从目标导向来看，培训应着重抓住四个方面：

一是培训项目的选择上要求精。在选择培训项目时应紧贴企业转型发展的需要和生产的实际，精细化挑选培训层次和内容，选择上可重点关注集团管控、国际经营、财务金融、新材料研发、复合型技能等方面企业急需紧缺人才培养的项目和课程。

二是培训方式的选择上要务实。针对不同类型人员的培训要选择针对性的教学方法，培训务求实效。如唐钢在涉及万余名职工转岗培训中采用 “学校优秀教师+生产现场工程师”混合编队的授课模式，既把理论知识讲深讲透，又把实际操作的现场经验传授分享。宝钢在管理人员培训中要求面对真实的企业管理问题进行探讨和学习，采取体验式培训、深度汇谈、案例、管理游戏等灵活多样的培训方式，通过行动学习法了解、分析和解决企业管理中的现实问题。

三是培训效果评估要定量。培训效果的评估既是培训工作的重点也是难点，选择合适的评价方法和评估指标是关键。企业培训效果评估应针对不同类型，不同层次培训项目选择适合的定量指标，指标选择的关键在于是否能涵盖员工素质、能力的提升和员工行为绩效的改善，可考虑将培训效果评估与 HR 绩效考核结合起来，同时在评估的方式和指标的选择要具有可比性和可操作性。

四是职工培训要与考核晋升相挂钩。将培训与企业考核机制及晋升机制紧密结合，使之与职工的职业生涯发展切实联系在一起，激发职工自觉主动参与培训，把培训当成是晋升的通道和途径，从根本上保证培训效果，避免把职工培训工作变成“空中楼阁”。

2013年年报钢铁上市公司偿债能力聚类分析

中国钢铁工业协会综合部　谢聪敏

摘　要：本文以2013年24家钢铁上市公司的年报财务报表作为基础数据，以偿债能力五项指标作为划分依据，运用系统聚类模型将24家钢铁上市公司划分为不同类群，分析各类群之间的差距，以及类群内各上市公司的异同。

关键词：钢铁　上市公司　偿债能力　系统聚类

2013年，下游主要用钢行业需求虽然有所增长，但增速较往年均出现了不同程度的回落，在需求没有明显改善的情况下，钢铁产品的供求矛盾仍然突出，钢材价格与原燃材料之间的剪刀差仍然存在，加之在宏观政策导向上，中央和各地方政府相继出台了一系列化解落后产能的政策法规，钢铁企业环保、信贷等方面的压力增大，钢铁行业整体运行状态延续了去年的低迷态势。

在上述不利因素增加的大环境下，银行纷纷收紧对钢铁上市公司的贷款，钢铁上市公司的偿债能力变得尤为重要，偿债能力的强弱将决定钢铁上市公司能否继续从银行获得贷款，而基于目前国内融资渠道相对单一这一现状，能否取得贷款显然关系着许多钢铁上市公司的生存问题。

本研究从申银万国所列的钢铁行业上市公司中选取了产能400万吨以上的24家钢铁上市公司作为样本，以偿债能力五项指标作为标准，运用聚类模型划分层级，希望通过对钢铁上市公司偿债能力的解读，帮助经营者找到自身不足，为企业下一步的发展提供帮助。

1　偿债能力五项指标简介

1.1　有形资产负债率

有形资产负债率是产权比率的改进，是衡量债务安全性的指标之一。其公式为：

$$有形资产负债率=\frac{有形资产}{负债合计}$$

由于无形资产（含递延资产）价值的不确定性以及沉没性（即相关事项已经支付，只不过由于权责发生制而计入资产项目，但事实上不可能再次形成现金流），以至于不能作为偿还债务的保障，实际可用来偿债的往往只是有形资产。

1.2　现金债务总额比

现金债务总额比是企业一定时期的经营现金净流量同债务总额的比率，公式为：

$$现金债务总额比=\frac{经营活动产生的现金流量净额}{负债合计}$$

该指标可以从现金流量角度来反映企业偿付负债的能力，是评估企业中长期偿债能力的重要指标。现金债务总额比率越大，表明企业经营活动产生的现金净流量越多，越能保障企业偿付债务的能力，破产的可能性越小，这一比率越低，企业财务灵活性越差，破产的可能性越大。但是，该指标也不是越大越好，指标过大表明企业流动资金利用不充分，获利能力不强。

1.3　股东权益对负债比率

股东权益对负债比率表示公司每1元负债中，有多少自有资本抵偿，即自有资本占负债的比例。其计算公式为：

$$股东权益对负债比率=\frac{所有者权益合计}{负债合计}$$

这一比率越大，表明公司自有资本越雄厚，负债总额小，债权人的债权越有保障；反之，公司负债越重，财务可能陷入危机，可能无力偿还债务。

1.4　利息保障倍数

利息保障倍数是指企业息税前利润与利息费用的比率，公式为：

$$利息保障倍数=\frac{息税前利润}{利息费用}$$

利息保障倍数不仅反映了企业获利能力的大小，而且反映了获利能力对偿还到期债务的保证程度，它既是企业举债经营的前提依据，也是衡量企业长期偿债能力大小的重要标志。要维持正常偿债能力，利息保障倍数至少应大于 1，且比值越高，企业长期偿债能力越强。如果利息保障倍数过低，企业将面临亏损、偿债的安全性与稳定性下降的风险。

1.5 EBITDA 对流动负债比率

EBITDA 对流动负债比率是指每 1 元流动负债中，可以由 EBITDA（扣除利息、所得税、固定资产折旧、无形资产和长期资产摊销前的盈利）来偿还。其公式为：

$$\text{EBITDA对流动负债比率}=\frac{\text{EBITDA}}{\text{流动负债合计}}$$

该比率越高，表明上市公司承担债务的能力越强；该指标越低，表明上市公司偿债能力越弱，信贷风险将增加，银行等金融部门有可能对其收紧贷款，甚至停止放贷。

2 钢铁上市公司偿债能力聚类结果分析

将 24 家钢铁上市公司偿债能力指标数据代入聚类模型中计算，其结果经过整理及调整之后的 24 家钢铁上市公司偿债能力系统聚类见表 1。

表 1 2013 年年报钢铁上市公司偿债能力聚类表

<table>
<tr><th>指标名称</th><th>类 群</th><th>指标名称</th><th>类 群</th></tr>
<tr><td>宝钢股份</td><td>1</td><td>包钢股份</td><td rowspan="8">4</td></tr>
<tr><td>鞍钢股份</td><td>2</td><td>山东钢铁</td></tr>
<tr><td>本钢板材</td><td rowspan="7">3</td><td>凌钢股份</td></tr>
<tr><td>新兴铸管</td><td>杭钢股份</td></tr>
<tr><td>太钢不锈</td><td>安阳钢铁</td></tr>
<tr><td>沙钢股份</td><td>八一钢铁</td></tr>
<tr><td>三钢闽光</td><td>新钢股份</td></tr>
<tr><td>武钢股份</td><td>柳钢股份</td></tr>
<tr><td>马钢股份</td><td>首钢股份</td><td rowspan="2">5</td></tr>
<tr><td>河北钢铁</td><td rowspan="3">4</td><td>*ST 南钢</td></tr>
<tr><td>韶钢松山</td><td>重庆钢铁</td><td rowspan="2">6</td></tr>
<tr><td>华菱钢铁</td><td>酒钢宏兴</td></tr>
</table>

数据来源：24 家钢铁上市公司 2013 年年报。

2.1 第一类群偿债能力指标解读

第一类群仅有宝钢股份 1 家上市公司，其特点为偿债能力五项指标中有四项均排名第一，尤其是利息保障倍数，是第二类群鞍钢股份的 9.25 倍，虽然各项指标同比有所下降，但仍然保持行业内最优水平，宝钢股份偿债能力可以定为强。

宝钢股份在有形资产负债率方面表现突出，得益于其有形资产与负债总额的合理配比，宝钢股份有形资产共计 1006.95 亿元，虽然宝钢股份有形资产位居行业第一，但其负债总额并不是最多的，2013 年宝钢股份负债总额 1066.02 亿元，位列第 2，与第 1 名河北钢铁的负债总额相比，要少 155.05 亿元，而同期河北钢铁的有形资产只有 418.75 亿元，仅为宝钢股份的 41.59%。此外，有形资产负债率表现较好，还由于宝钢股份对负债规模的控制，2012 年宝钢股份负债总额同比下降 17.52%，虽然 2013 年宝钢股份负债同比增长 9.88%，但与 2011 年同期相比，宝钢股份的 2013 年负债总额仍然下降了 9.37%。

现金债务总额比方面，宝钢股份不仅低于第二类群的鞍钢股份，而且低于同属第三类群的安阳钢铁、八一钢铁和柳钢股份。从现金流量表看，宝钢股份 120.90 亿元的经营活动现金净流量仍在 24 家上市公司中位居第一，但同比减少了 78 亿元，主要原因是：（1）净利润较去年同期减少 39.8 亿元，减少流量；（2）处置固定资产、无形资产和其他长期资产以及子公司资产的损失 1.1 亿元，而去年同期为处置收益 94.0 亿元，同比增加流量 95.1 亿元；（3）折旧及摊销较去年同期减少 12.5 亿元，减少流量；（4）财务费用等其他项目同比增加流量 0.7 亿元；（5）存货较年初增加 28.2 亿元，而去年同期存货减少 28.8 亿元，两年同比减少流量 57.0 亿元；（6）经营性应收应付项目减少流量 17.3 亿元，去年同期为增加流量 47.1 亿元，两年同比减少流量 64.4 亿元。与经营活动现金净流量相比，宝钢股份负债总额则显得过大，且同比增长了 9.88%。

股东权益对负债比率方面，宝钢股份仍然位居第一，得益于其归属母公司股东权益与负债总额保持合理比例。2013 年全年，宝钢股份所有者权益合计 1200.66 亿元，鞍钢股份的 2.55 倍，河北钢铁的 2.68 倍，是武钢股份的 3.23 倍。而宝钢股份在全行业低迷运行时期仍然保持了较高的所有者权益，这与其强大的盈利能力是分不开的。

利息保障倍数和 EBITDA 对流动负债比率是银行等金融部门比较看重的两个指标，上述两个指标表现良好将为钢铁企业能够继续获得银行贷款提供可靠的保证。宝钢股份在利息保障倍数上表现优异，一方面与其息税前利润较高有关，另一方面与宝钢股份 2013 年利用海外资金平台降低融资成本，利息支出相应减少有关。EBITDA对流动负债比率方面，宝钢股份保持了行业内最优水平，但也仅有0.119，表现出钢铁行业整体盈利空间被压缩，负债水平较高的现状。在与下游部分制造业行业平均水平相比时发现，利息保障倍数方面，SW机械设备21.35、SW汽车13.77、SW家用电器12.61、SW交通运输10.75，代表行业最优水平的宝钢股份与上述行业平均水平尚有差距，这主要与钢铁行业整体运行较为低迷有关。

2.2 第二类群偿债能力指标解读

第二类群的上市公司只有鞍钢股份一家，鞍钢股份"摘帽"成功，股票名称也从"*ST鞍钢"变更回"鞍钢股份"，从偿债能力五项指标看，鞍钢股份在有形资产负债率、股东权益对负债比率、利息保障倍数、EBITDA对流动负债比率方面仅次于宝钢股份，且与其他类群上市公司保持了一定程度的差距，现金债务总额比的表现甚至超过了宝钢股份，可见在偿债能力方面鞍钢股份依然较强。

鞍钢股份在有形资产负债率方面表现良好，主要原因是：第一，鞍钢股份有形资产与负债总额比例较为合理，其有形资产额较高，为378.78亿元，同比增长3.98%；同时，负债总额在24家上市公司中排名第7。与第三类群7家企业相比，鞍钢股份的有形资产高于这7家上市公司，且7家上市公司中太钢不锈和武钢股份的负债总额高于鞍钢股份，导致在该项指标上第三类群7家企业低于鞍钢股份。第四类群河北钢铁虽然有形资产比鞍钢股份多了39.97亿元，但河北钢铁的负债总额却排名第一，比鞍钢股份多了763.32亿元。第二，鞍钢股份营业利润大幅扭亏对股东权益的增加有所帮助，2013年鞍钢股份营业利润为6.64亿元，同比增长111.94%，高于第三类群大多数企业。第三，鞍钢股份固定资产折旧年限的调整对有形资产的增加有所帮助，调整后减少鞍钢股份2013年度固定资产折旧额12亿元，分别增加股东权益及净利润9亿元。

现金债务总额比方面，鞍钢股份超过了宝钢股份，达到行业最优值，一方面与鞍钢股份负债总额水平低于宝钢股份有关，另一方面也与鞍钢股份一年来控制现金流出有关。鞍钢股份经营活动现金流出同比减少了174.35亿元，下降23.55%，主要是鞍钢股份加大择机采购力度，降低采购成本，使原燃料采购价格下降抵消了部分市场价格下降所造成的影响，直接导致经营活动现金流量净额同比增加79.95亿元。

2013年鞍钢股份所有者权益合计470.90亿元，在24家上市公司中排名第2，负债合计457.75亿元，排名第8。良好的配比结构使得鞍钢股份在股东权益对负债比率方面优于除宝钢股份外的其他22家上市公司。其与宝钢股份的差距主要体现在所有者权益方面。

鞍钢股份利息保障倍数排名居中，主要由于鞍钢股份息税前利润同比上升的同时银行借款减少，导致利息费用减少。其与宝钢股份的差距主要体现在息税前利润方面，鞍钢股份息税前利润仅为宝钢股份的25.79%。

EBITDA对流动负债比率方面，鞍钢股份排名第2，主要由于2013年鞍钢股份EBITDA值同比增加了39.42亿元，流动负债共减少了61.50亿元。鞍钢股份在该项指标上低于宝钢股份，主要是由于EBITDA值仅为宝钢股份的34.22%。

2.3 第三类群偿债能力指标解读

第三类群共有7家上市公司，分别是本钢板材、新兴铸管、太钢不锈、沙钢股份、三钢闽光、武钢股份、马钢股份，这7家上市公司在偿债能力方面的共同特点是，有形资产负债率在0.4~0.6之间，现金债务总额比在0~0.01之间，股东权益对负债比率集中在0.4~0.6左右，利息保障倍数在1.1~3.0之间，EBITDA对流动负债比率在0.12~0.16之间。上述7家上市公司的偿债能力可定为中等。

第三类群7家上市公司有形资产负债率可以分为三部分，第一部分有武钢股份、太钢不锈和马钢股份，三家企业共同点是有形资产较高，负债总额也较高；第二部分有新兴铸管、本钢板材，这两家企业的共同点是有形资产和负债总额排名居中；第三部分有三钢闽光、沙钢股份，这两家企业的共同点是有形资产和负债总额均排名靠后。从有形资产数额来看，第三类群7家上市公司均低于第一、第二类群，这也是导致其未能进入更高类群的主要因素。武钢股份和太钢不锈在有形资产低于第一、第二类群的情况下，二者负债总额均高于第二类群的鞍钢股份，这也是两家上市公司在该项指标上的表现低于鞍钢股份的原因之一。

现金债务总额比方面，第三类群上市公司与第一、第二类群最大的区别是经营活动产生的现金净流量低于70亿元，而第一、第二类群上市公司经营活动产生的现金流量净额均超过了100亿元。第三类群内部，共有3家企业经营活动产生的现金流量净额同比上升（本钢板材、三钢闽光、武钢股份），

4家企业同比下降（沙钢股份、马钢股份、新兴铸管、太钢不锈）。经营活动现金净流量同比上升的3家企业中，本钢板材是由于现金流入同比上升，现金流出同比下降所致；三钢闽光是由于现金流入的增幅大于现金流出的增幅所致；武钢股份是由于现金流入的降幅低于现金流出的降幅所致。经营活动现金净流量同比下降的4家企业中，沙钢股份、马钢股份的共同点是现金流入的降幅高于现金流出的降幅，沙钢股份主要受钢材市场行情的影响，本期销售收入同比下降11.20%，销售商品、提供劳务收到的现金减少18.76亿元；同期原料采购支付的现金减少7.76亿元。马钢股份主要由于销售商品收到的现金减少所致。新兴铸管、太钢不锈的共同点是现金流入的增幅低于现金流出的增幅，新兴铸管主要由于：(1)应收票据增加未形成当期现金流入；(2)因出让迎新工贸控制权形成的评估增值收益尚未形成现金流入；(3)规模增长导致原料储备以及订单备货等相应增加；(4)销量增加导致应收款项等相应增加。太钢不锈主要由于报告期实现的利润比去年减少所致。

股东权益对负债比率方面，在整个钢铁行业负债总额普遍偏高的大背景下，第三类群与一、二类群的差距主要体现在所有者权益合计的数额方面，第三类群中武钢股份所有者权益最多，但也与鞍钢股份相差99.62亿元，第三类群所有者权益最少的三钢闽光则与鞍钢股份相差442.98亿元。从股东权益对负债比率的同比变化情况看，第三类群中三钢闽光、武钢股份、马钢股份3家企业股东权益对负债比率同比上升，主要由于所有者权益同比上升的同时，负债总额同比下降；新兴铸管、本钢板材、太钢不锈、沙钢股份股东权益对负债比率同比下降，4家企业原因相同，均为所有者权益增幅小于负债的增幅。

利息保障倍数方面，第三类群7家上市公司与第二类群的主要差距体现在大多数企业利息保障倍数低于鞍钢股份的前提下，短期借款又高于鞍钢股份，以至于为此支付的利息费用较高。新兴铸管利息保障倍数表现较为突出，得益于新兴铸管的息税前利润较高。武钢股份的息税前利润也较高，但利息保障倍数却与新兴铸管差距较大，主要原因是武钢股份短期借款高达289.30亿元，由短期借款所产生的利息费用也较高，影响了武钢股份的利息保障倍数。

EBITDA对流动负债比率方面，第三类群与第二类群相比差距在于流动负债所占比例较大，这点在武钢股份上表现较为突出，武钢股份EBITDA值超过鞍钢股份8.34亿元，但流动负债比鞍钢股份高出117.24亿元。通过对比第三类群7家企业2013年资产负债表可知，除三钢闽光、武钢股份的流动负债同比下降外，其余5家上市公司均有不同程度的同比上升，下一阶段如何控制流动负债的增长将是这些上市公司需要考虑的问题。

2.4 第四类群偿债能力指标解读

第四类群共有11家上市公司，分别是河北钢铁、韶钢松山、华菱钢铁、包钢股份、山东钢铁、凌钢股份、杭钢股份、安阳钢铁、八一钢铁、新钢股份、柳钢股份，该类群的主要特点是，多数企业有形资产负债率集中在0.1~0.2之间，现金债务总额比在0~0.1之间，多数企业股东权益对负债比率集中在0.1~0.3左右，利息保障倍数在0.7~1.3之间，EBITDA对流动负债比率在0.05~0.10左右。上述11家上市公司的偿债能力可定为中等偏弱。

第四类群11家上市公司有形资产负债率可以分为四部分，第一部分有包钢股份，其特点是有形资产和负债总额均较高；第二部分是山东钢铁，特点是有形资产和负债总额排名居中；第三部分是华菱钢铁，特点是有形资产较低，但负债总额较高；第四部分是新钢股份、柳钢股份、安阳钢铁、韶钢松山、八一钢铁、杭钢股份、凌钢股份7家上市公司，上述7家上市公司共同点是有形资产和负债总额均排名靠后。第四类群11家上市公司在有形资产负债率方面普遍低于前三个类群，主要原因是第四类群中大多数企业的有形资产较小，8家企业在有形资产排名中列第14至22位；河北钢铁、包钢股份、山东钢铁虽然有形资产较大，但其负债总额更大，尤其是河北钢铁，负债总额达到1221.07亿元，超过了宝钢股份，而其有形资产是宝钢股份的41.59%。杭钢股份在有形资产负债率方面表现较好，主要也是由于杭钢股份的负债总额较低，仅有49.45亿元。

第四类群在现金债务总额比方面表现较好，安阳钢铁、八一钢铁、柳钢股份在该项指标上的表现甚至超过了宝钢股份和第三类群部分企业，其原因是上述3家企业负债总额远远低于宝钢股份等上市公司，且这3家上市公司经营活动产生的现金净流量同比均有大幅上升，其中安阳钢铁、八一钢铁通过销售收到的现款增加实现，柳钢股份通过存货采购大量采用票据支付，以及期末经营性应付项目增加实现。河北钢铁、包钢股份、华菱钢铁则是由于负债总额较大，影响了该项指标的成绩，且河北钢铁、包钢股份、华菱钢铁 2013 年负债总额同比又分别上升了 10.79%、35.94%和 7.24%，河北钢铁是长期借款增加所致，华菱钢铁、包钢股份是短期借款、应付票据、应付账款等增加所致，可见华菱钢铁、包钢股份一年内的偿债压力要大于河北钢铁。特别值得注意的是华菱钢铁，其经营活动产生的现金净流量仅有 8.8 亿元，同比减少 49.04 亿元，但负债总额达到 578.56 亿元。

杭钢股份在第四类群股东权益对负债比率指标上表现突出，在该项指标上甚至超过了第三类群的企业，主要由于其负债总额保持了较低水平。河北钢铁、包钢股份仍然是吃了负债总额过大的"亏"。华菱钢铁则由于所有者权益合计排名居中，但负债总额较高，在双重压力下，华菱钢铁该项指标的表现在 24 家上市公司中排名垫底。凌钢股份、山东钢铁、新钢股份、柳钢股份、安阳钢铁、韶钢松山、八一钢铁的所有者权益和负债总额在 24 家上市公司排名中均处于中下游位置，故上述企业股东权益对负债比率相应也排名中间靠后。

利息保障倍数方面，包钢股份由于息税前利润较高的同时，利息费用又偏低，故在该项指标上表现较为突出，与第三类群沙钢股份较为接近。杭钢股份则是由于利息费用保持较低水平，故在利息保障倍数方面与第三类群中太钢不锈较为接近。新钢股份、柳钢股份与第三类群中武钢股份较为接近的理由同上。第四类群其余 7 家企业的利息保障倍数在 1.0 左右，河北钢铁虽然息税前利润达到 29.53 亿元，但其高昂的利息费用，使得其利息保障倍数指标所受影响较大。第四类群上市公司普遍应在提高盈利能力的基础上对负债结构进行调整。

EBITDA 对流动负债比率方面，第四类群企业与前面三个类群的差距主要是：第一，流动负债过高，河北钢铁流动负债甚至超过了宝钢股份，居 24 家上市公司第一，但其 EBITDA 值却与宝钢股份差距较大，与河北钢铁情况类似的企业还有包钢股份、华菱钢铁；第二，EBITDA 值和流动负债均居于行业中游水平，低于前三类群中大多数企业，代表企业为山东钢铁；第三，EBITDA 值较低，代表企业新钢股份、安阳钢铁、韶钢松山、柳钢股份、八一钢铁、凌钢股份、杭钢股份，虽然上述企业流动负债均处在 24 家上市公司中下游位置，但其 EBITDA 值也处在中下游甚至更低。

2.5 第五类群偿债能力指标解读

第五类群的钢铁上市公司共有 2 家，分别是首钢股份和*ST 南钢，其中*ST 南钢公司经营连续三年亏损，被交易所于 2014 年初发出退市预警。两家上市公司共同特点是，现金债务总额比较低，利息保障倍数为负值，EBITDA 对流动负债比率小于 0.05，两家上市公司亏损较为严重，偿债能力较弱，且存在一定的经营风险，两家相比，首钢股份偿债能力五项指标的表现要优于*ST 南钢。

有形资产负债率方面，首钢股份在 24 家上市公司中排名第 3，超过了前四大类群的部分企业，这主要得益于首钢股份的负债总额较小，而有形资产又排名中游。*ST 南钢则由于有形资产排名中下游，负债总额排名中游，导致有形资产负债率较低。*ST 南钢负债总额的增加额中，流动负债是推动因素，其中短期借款、应付账款、一年内到期的非流动负债、其他应付款均有不同程度的增加，下一阶段*ST 南钢应从降低负债方面着力解决。

现金债务总额比方面，*ST 南钢表现较好，甚至超过了第三、四类群的个别上市公司，主要由于*ST 南钢的经营活动现金净流量排名居中，且同比增幅较大。首钢股份与*ST 南钢虽然同属一个类群，但差距较大，主要由于首钢股份经营活动现金净流量较低所致。总体上讲，首钢股份、*ST 南钢在该项指标与第三、第四类群的差距并不大。

股东权益对负债比率方面，首钢股份的表现也优于*ST 南钢，虽然两家上市公司所有者权益合计连续两年同比下降，但首钢股份的负债合计也连续两年下降，而*ST 南钢的负债合计连续两年保持增长，*ST 南钢应该从降低负债规模和增加盈利两个角度提升该指标的竞争力。首钢股份主要由于负债规模较低，故在此指标表现优于*ST 南钢，但首钢股份所有者权益合计也较低，其盈利能力有待提高，这也是首钢股份与前四个类群的差距所在。

利息保障倍数方面，首钢股份和*ST 南钢与第一至第四类群企业差距最为明显，这也是聚类模型将二者归为第五类群的主要原因。要维持正常偿债能力，利息保障倍数至少应大于 1，且比值越高，企业长期偿债能力越强。第五类群两家上市公司在利息保障倍数指标上不仅低于 1，而且为负值，证明二者的盈利能力方面存在较大问题，导致息税前利润为亏损状态，两家企业将面临亏损、偿债的安全性与稳定性下降的风险。

EBITDA 对流动负债比率方面，第五类群两家上市公司由负转正，原因是两家上市公司分别对固定资产折旧进行了调整，增加了净利润。首钢股份对固定资产设备的折旧年限进行调整，该项会计估计变更对首钢股份 2013 年度的净利润的影响金额为0.25亿元。*ST南钢也调整了固定资产折旧年限，减少2013年度固定资产折旧额0.79亿元，增加净利润0.59亿元。

2.6 第六类群偿债能力指标解读

第六类群的钢铁上市公司共有2家，分别是重庆钢铁和酒钢宏兴。两家上市公司共同特点是，偿债能力五项指标较低，特别是利息保障倍数不仅为负值，两家上市偿债能力弱，存在经营风险。

有形资产负债率方面，两家上市公司均出现同比上升，且单纯从数值来看，酒钢宏兴还超过了第四类群个别企业，从资产负债表中可知，酒钢宏兴和重庆钢铁有形资产分别同比上升42.97%和84.99%，导致二者有形资产同比大幅上升的原因相同，均为固定资产、在建工程的增加所致。在全行业微利运行的情况下，两家上市公司仍然投资用以增加规模，不仅增加了公司的债务负担，也为后期的发展埋下了隐患。

现金债务总额比方面，酒钢宏兴与其他上市公司差距较大，主要由于2013年酒钢宏兴经营活动现金净流量为负值，且负债总额较大，由于固定资产增加，相应带来的负债规模增加使得酒钢宏兴在现金债务总额比指标上排名垫底。重庆钢铁虽然负债总额也较大，但由于其尚能保持19.55亿元的经营活动现金净流量，故在此指标上优于酒钢宏兴。

在股东权益对负债比率方面，酒钢宏兴、重庆钢铁两家上市公司的数据并未垫底，主要由于两家上市公司所有者权益合计分别同比大幅上升了44.15亿元和57.43亿元，酒钢宏兴和重庆钢铁均是通过实收资本和资本公积的增加实现，酒钢宏兴实收资本和资本公积分别增加21.72亿元和41.53亿元；重庆钢铁实收资本增加27.03亿元，资本公积增加55.40亿元。

利息保障倍数方面，两家上市公司排名分列倒数后两名，主要原因还是两家上市公司盈利能力存在较大问题。EBITDA对流动负债比率方面，酒钢宏兴的固定资产折旧、油气资产折耗、生产性生物资产折旧29.96亿元，同比增加10.80亿元，抵消了净利润–23.74亿元的影响。总体上讲，两家上市公司偿债能力均存在较大问题，需引起经营者及投资者的重视。

3 钢铁上市公司偿债能力总结

综合上述分析，可将六大类群钢铁上市公司的偿债能力概括如下（见表2）。

表2 2013年各类群偿债能力情况

指标名称	所属类群	类别特点
宝钢股份	1	偿债能力强，债务风险小
鞍钢股份	2	偿债能力较强，债务风险较小
本钢板材	3	偿债能力中等，债务风险中等
新兴铸管		
太钢不锈		
沙钢股份		
三钢闽光		
武钢股份		
马钢股份		
河北钢铁	4	偿债能力中等偏弱，债务风险中等
韶钢松山		
华菱钢铁		
包钢股份		
山东钢铁		
凌钢股份		
杭钢股份		
安阳钢铁		
八一钢铁		
新钢股份		
柳钢股份		
首钢股份	5	偿债能力较弱，债务风险较大
*ST南钢		
重庆钢铁	6	偿债能力弱，债务风险突出
酒钢宏兴		

通过对2013年24家钢铁上市公司年报的分析可知，第一，大多数钢铁上市公司处在偿债能力中等和中等偏弱的类群，偿债能力处于强和弱的企业较少，即目前钢铁行业整体低迷，但在偿债能力方面尚未出现两极分化，但随着钢铁企业负债额度的增加，第四类群企业应尤为注意；第二，大型国有企业由于在信贷方面的“先天优势”，故在偿债能力方面的优势较民营企业来说仍然较为突出；第三，越来越多的企业通过调整固定资产折旧率的方法增加净利润，2013年调整固定资产折旧率的上市公司有包钢股份、山东钢铁、凌钢股份、三钢闽光、鞍钢股份、首钢股份、*ST南钢共7家上市公司，酒钢宏兴将于2014年1月1日起对固定资产折旧进行调整，上述企业占24家上市公司的29.16%。上市公司普遍采取调整折旧来调整利润，一方面体现出目前钢铁产品供大于求背景下，钢铁行业整体盈利水平低的现状；另一方面也体现出部分上市公司在改善自身盈利状况方面没有行之有效的办法的前提下，而纷纷采用的无奈之举。

钢铁工业污染物排放量计算方法分析

中国钢铁工业协会信息统计部　李保军

摘　要：随着中国钢铁工业节能减排工作的不断深入，环保统计数据的准确性、可比性、科学性越来越受到行业和企业的关注。本文通过选取典型工序，采用监测数据法、物料衡算法和产排污系数法，对污染物的排放量进行了计算，并对数据差异和产生差异的原因进行分析，提出了钢铁工业污染物计算方法的推荐意见。

关键词：钢铁　污染物　计算方法　分析

1　主要污染物排放量计算方法

钢铁工业环境保护统计中对废水、废气中污染物产生量、排放量的计算通常采用三种方法，即监测数据法、物料衡算法和产排污系数法。

1.1　监测数据法

监测数据法是使用符合相关技术标准的仪器，按照国家有关污染物监测的方法标准，测量废气、废水等的流速、流量以及其中的污染物浓度，用环保部门认可的测量数据来计算各种污染物的产生量和排放量的统计计算方法。其计算公式为：

$$G=KC_iQ$$

式中　G——污染物产生量或排放量；
　　K——单位换算系数；
　　C_i——介质中 i 污染物浓度；
　　Q——介质流量。

浓度和流量的单位不一致时，单位换算系数 K 取不同的值。

1.2　物料衡算法

物料衡算法是指根据物质质量守恒定律，对生产过程中使用的物料变化情况进行定量分析的方法。即：

　投入物料量总和
＝产出物料量总和
＝主副产品和回收及综合利用的物质量总和＋排出系统外的废物质量

其基本原理是不管某一生产过程中物料发生的是物理变化还是化学变化，生产过程中某一基准物的投入和产出的质量是守恒的。

物料衡算法分为总量法和定额法。总量法以调查期原材料、主副产品和回收物料总量为基础进行衡算，计算物料总的流失量。定额法是以调查期原材料消耗定额为基础，先计算单位产品的物料流失量，再求调查期内物料流失总量。

1.3　产排污系数法

产排污系数是指在正常技术经济和管理条件下，生产单位产品所产生(或排放)的污染物数量的统计平均值。产排污系数包括产污系数和排污系数。

（1）产污系数：指在某一“四同”条件下，生产单位产品（使用单位原料）所产生的污染物量。

特定“四同”条件下，产污系数计算公式为：

$$G_{产}=O_{产}/P$$

式中　$G_{产}$——产污系数；
　　$O_{产}$——污染物产生量；
　　P——产品（或原料）总量，一般按产品，也可按原料。

（2）排污系数：指在某一“四同”以及相同（类似）末端治理设施的条件下，生产单位产品（使用单位原料）所排放的污染物量。

特定“四同”条件下，排污系数计算公式为：

$$G_{排}=O_{排}/P$$

式中　$G_{排}$——排污系数；
　　$O_{排}$——污染物排放量；
　　P——产品（或原料）总量，一般按产品，也可按原料。

（3）四同：指在某一行业中，产品、原材料、生产工艺和生产规模四种因素的组合。一个四同组合（条件）代表生产相同（或类同）产品时，使用相同（类同）原材料、采用相同（相近）生产工艺、具有相同（相近）生产规模。不同行业需要根据本行业污染物产生和排放特点，识别影响污染物产生和排放的主要因素、次要因素、一般因素等进行四同的划分和组合。对于污染物产生和排放无显著影响的因素，不需要进行类别的划分。

2 不同企业采用三种方法计算污染物排放量实例

2.1 A企业

2.1.1 烧结工序二氧化硫排放量

（1）监测数据法。

1 号烧结机二氧化硫排放量

＝二氧化硫浓度×风量×作业时间

＝$67mg/m^3$×$1600000m^3/h$×709h＝76.00t

（2）产排污系数法。

二氧化硫排污系数

＝2×($M_{含铁料}$·$S_{含铁料}$+$M_{固燃}$·$S_{固燃}$−1000·$S_{矿}$)×(1−Φ·θ)

＝2×(849×0.05%+54×0.75%−1000×0.02%)×(1−93%×90%)＝0.2024

二氧化硫排放量

＝1 号烧结机烧结矿产量×二氧化硫排污系数/1000

＝403646×0.2024/1000＝81.70t

式中，$M_{含铁料}$、$M_{固燃}$分别为生产单位合格产品的含铁料及固态燃料消耗量，单位为 kg/t；$S_{含铁料}$为合格烧结矿的平均含硫量，单位为%；Φ为脱硫设施脱硫率，单位为%；θ为脱硫设施投运率，单位为%。

（3）物料衡算法。

二氧化硫排放量

＝(1 号烧结机矿料使用量×矿料含硫率+1 号烧结机焦粉使用量×焦粉含硫率−1 号烧结机烧结矿产生量×矿料含硫率)×2×(1−脱硫率×投运率)

＝342694×0.05%+21919×0.75%−403646×0.02%)×2×(1−93%×90%)

＝83.139t

2.1.2 烧结工序氮氧化物排放量

（1）监测数据法。

氮氧化物排放量

＝氮氧化物浓度×风量×作业时间

＝$104.6mg/m^3$×$1600000m^3/h$×709h＝118.66t

（2）产排污系数法。

氮氧化物排放量

＝1 号烧结机烧结矿产量×氮氧化物排污系数/1000

＝403646×0.552/1000＝210.7t

2.1.3 烧结工序烟粉尘排放量

（1）监测数据法。

烟粉尘排放量＝烟粉尘浓度×风量×作业时间

序号	环保指标名称	烟粉尘排放浓度/(mg/m^3)	风量/(m^3/h)	月运行时间/h	烟粉尘排放量/t
1	1 号烧结机机头	19.9	1600000	709	22.57
2	1 号烧结机机尾及环冷除尘器	15.2	577000	709	6.22
3	烧结机成品筛分除尘器	11.2	615000	709	4.88
4	2 号烧结机机尾及环冷除尘器	15.3	595000	709	6.45
5	烧结机破碎间、配料室除尘器	16.1	589000	709	6.72
合计	1 号烧结机合计	—	—	—	46.85

（2）产排污系数法。

序号	来源		产污系数	排污系数	产生量/t	排放量/t
1	静电除尘法	烟尘	8.19	0.244	3305.86	98.49（中间过程不计）
2	过滤式除尘	工业粉尘	16.65	0.123	6720.71	49.65
3	无组织排尘	工业粉尘	0.15	0.15	60.55	60.55
4	合计				10087.11	110.20

2.2 B企业

2.2.1 监测数据法

排放口编号	环保设施名称	烧结运转时间/h	脱硫运转时间/h	实测风量/($\times10^4m^3/h$)	废气排放量/($\times10^4m^3$)	排放浓度/(mg/m^3)			排放总量/t		
						烟尘	SO_2	NO_x	烟尘	SO_2	NO_x
LTC-20-G	1 号烧结机头脱硫系统	720.22	674.37	135.73	91528.9	5.50	30.30	232.00	5.38	27.73	226.78
LTC-21-G	2 号烧结机头脱硫系统	737.55	627.67	148.80	93397.3	74.1	20.60	271.00	81.32	19.24	297.42
LTC-05-G	3 号烧结机头脱硫系统	724.58	685.82	167.91	115153.3	36.7	68.90	186.60	44.65	79.34	227.02
合计									131.35	126.31	751.22

2.2.2　产排污系数法

产品名称	计量单位	生产/使用量	废气处理工艺名称	污染物名称	排污系数	计量单位	污染物排放量
烧结矿	t	1700000	静电除尘	废气量	2900	（标）m^3	4283975700
			过滤式除尘	废气量	2600	（标）m^3	3840805800
			静电除尘	烟　尘	0.244	t	360.44
			过滤式除尘	工业粉尘	0.123	t	181.70
			脱　硫	二氧化硫	0.929	t	1371.61
			脱　硫	氮氧化物	0.522	t	771.12

2.2.3　物料衡算法

	硫分/%	烧结原燃料/t	烧结矿产量/t	硫分/%	脱硫前排放量/t	脱硫后排放量/t
1 号烧结	0.046	563693	489800	0.0130	332.56	46.19
2 号烧结	0.059	596670	501880	0.0130	487.54	146.26
3 号烧结	0.040	577766	485553	0.0120	293.83	31.06
合　计						223.51

2.3　C 企业

以一台 360m^2 未实施脱硫的烧结机为例，采用监测数据法、产排污系数法、物料衡算法等三种方法计算烧结工序二氧化硫排放量过程如下。

2.3.1　烧结工序二氧化硫排放量计算

（1）监测数据法。

根据监测数据，排放浓度为 540mg/m^3，风量为 $140\times10^4m^3/h$，年运行时间为 8000h。年排放量为：$500mg/m^3\times140\times10^4m^3/h\times8000h=5600t$

（2）产排污系数法。

根据产排污系数数据，360m^2 烧结机每吨矿产 1.2kg 的 SO_2，一台 360m^2 烧结机年产 360 万吨烧结矿计，年排放量为：1.2kg/矿×360 万吨＝4320t

（3）物料衡算法。

硫输入				硫输出			
名　称	使用量/t	含硫率/%	含硫量/t	名称	产生量/t	含硫率/%	含硫量/t
混匀矿	3346688.9	0.045	1506.010	烧结矿	3682294.8	0.018	662.81
石灰石	116748	0.017	19.847				
白云石	143436	0.006	8.606				
生石灰	256056	0.116	297.025				
焦　粉	236652	0.385	911.110				
菱镁石		0.005	0.000				
蛇纹石		0.000	0.000				
返　矿	1802580	0.018	324.464				
焦炉煤气	19380	H_2S: 172 mg/m^3	3.333				
小　计			3070.40	小　计			662.81
排放量/t				4815.17			

2.3.2　烧结工序烟粉尘排放量计算

（1）监测数据法。

根据监测数据，排放浓度为 60mg/m^3，风量为 $140\times10^4m^3/h$，年运行时间为 8000h。年排放量为：

$60mg/m^3\times140\times10^4m^3/h\times8000h=672t$

（2）产排污系数法。

根据产排污系数数据，360m^2 烧结机每吨矿产 0.192kg 的粉尘，一台 360m^2 烧结机年产 360 万吨烧结矿计，年排放量为：0.192kg/矿×360 万吨＝691t。

2.3.3 烧结工序氮氧化物排放量计算

以一台 360m² 未实施脱硫（电除尘）为例计算氮氧化物排放量。

（1）监测数据法。

根据监测数据，排放浓度为 200mg/m³，风量为 140×10⁴m³/h，年运行时间为 8000h。年排放量为：200mg/m³×140×10⁴m³/h×8000h＝2240t。

（2）产排污系数法。

根据产排污系数数据，360m² 烧结机每吨矿产 0.522kg 氮氧化物，一台 360m² 烧结机年产 360 万吨烧结矿计，年排放量为：0.522kg/矿×360 万吨＝1879t。

2.4 D企业

（1）监测数据法。

根据监测数据，排放浓度为 150mg/m³，风量为 88.77×10⁴m³/h，年运行时间为 8400h。年排放量为：

SO_2 排放量＝监测浓度×废气排放量

＝监测浓度×小时风量×24×350

＝150mg/m³×887667 m³/h×24h×350 天

＝1118.46t

（2）产排污系数法。

生产烧结矿所产生废气中二氧化硫的产、排污系数均采用计算公式法表示。计算公式为：

$$S_i=2(S_1-S_2) \tag{1}$$

式中，S_i 为二氧化硫产污系数，单位为 kg/t。

$$S_1=M_{含铁料}\cdot S_{含铁料}+M_{固燃}\cdot S_{固燃} \tag{2}$$

式中，$M_{含铁料}$、$M_{固燃}$分别为生产单位合格产品的含铁料及固态燃料消耗量，单位为 kg/t；$S_{含铁料}$、$S_{固燃}$分别为原料及固态燃料的平均含硫量，单位为%。

$$S_2=1000S_{矿} \tag{3}$$

式中，$S_{矿}$为合格烧结矿的平均含硫量，单位为%。

$$S_o=S_i\cdot(1-\Phi\cdot\theta) \tag{4}$$

式中，S_o 为二氧化硫排污系数，单位为 kg/t；Φ为脱硫设施脱硫率，单位为%，在无准确的测试数据时，可按 70%~90%估取，大型烧结机取高值，小型烧结机取低值；θ为脱硫设施投运率，单位为%。

S_1＝248.44×1000/312.86×0.0003+17.62×1000/312.86×0.0086＝0.71

S_2＝1000×0.0003＝0.33

S_i＝2×（0.71－0.33）＝0.76

S_o＝0.76×（1－0.79×0.78）＝0.29

SO_2 排放量＝312.86×0.29×10＝907.29t

（3）采用物料衡算法计算。

SO_2 排放量＝（$M_{含铁料}\times S_{含铁料}+M_{固燃}\times S_{固燃}$）×1.7×（1－综合脱硫效率/100）×100

＝248.44×10000×0.0003+17.62×10000×0.0086×1.7×（1－46/100）

＝2049.24t

2.5 E企业

（1）监测数据法。

一烧车间二氧化硫排放量

＝烟气量（m³/h）×二氧化硫浓度（mg/m³）×作业时间（h）

＝454317m³/h×1590mg/m³×710h×2（每台烧结机二套脱硫设施，二烟道）＋497747m³/h×1196mg/m³×738h×2

＝1903.67t

（2）物料衡算法。

二氧化硫产生量

＝原料、燃料带入硫量

＝原料、燃料用量×原、燃料含硫量

产品带走硫量

＝产品产量×产品含硫量

二氧化硫排放量

＝二氧化硫产生量×（1－脱硫效率）

＝2786×70%＝1950.2t

2.6 F企业

2.6.1 监测数据法

以 2012 年监测平均数据，按标准统计公式计算，所得结果如下：

污染源	流量/(m³/h)	作业时间/h	废气排放量/(×10⁴ m³)	SO_2 排放		NO_x 排放		烟尘	
				浓度	排量	浓度	排量	浓度	排量
1 号烧结机头	441002	7887.07	347821.36	1060.67	756.79			22	76.52
2 号烧结机头	472639	7977.82	377062.89	1165.36	583.93			28	105.58
3 号烧结机尾	391921	7602.49	297957.55		0		0	14	41.71
3 号烧结机头 1 号	267204	7602.49	203141.57	3650.73	962.91	69	21.50	18	36.57

续表

污染源	流量/(m^3/h)	作业时间/h	废气排放量/($\times10^4$ m^3)	SO_2 排放		NO_x 排放		烟尘	
				浓度	排量	浓度	排量	浓度	排量
3 号烧结机头 2 号	273816	7602.49	208168.34		884.98	96	30.65	14	29.14
3 号烧结整颗除尘	414183	7541.64	312361.91		0		0	8	24.99
烧结 C C-4	766856	8358.195	640953.2		0		0	13	83.32
烧结 C C-3	104358	4023.9	41992.616		0		0	11	4.62
3 号烧结燃料除尘	50338	7531.46	37911.863		0		0	9	3.41
新 1 号、2 号烧结机头脱硫	635728	6886.77		129.82	568.38	113.85	498.44		0
新 3 号烧结机头脱硫	348492	6436.56		152.2	341.4	128.31	287.81		0
新 1 号烧结机尾	554540	7887.07	437369.58					12	52.48
新 2 号烧结机尾	694339	7977.82	553931.16					18	99.71
合 计					4098.38		838.4		558.05

2.6.2 产排污系数法

企业炼铁厂现有的烧结机，规模等级均属于 50～180m^2，工艺均采用带式烧结法，产生的工业废气量和烟尘采用静电除尘法末端治理方式，工业粉尘采用过滤式除尘法末端治理方式，二氧化硫采用湿法脱硫方式，氮氧化物采用直排方式，年实际生产烧结矿量 1 号、2 号烧结机 2035675.00t；3 号烧结机 1514271.00t。根据污染普查手册，得到相关污染物排污系数取值、计算结果如下：

项 目	二氧化硫		氮氧化物		烟 尘		粉 尘	
	系数/(kg/t)	排放量/t	系数/(kg/t)	排放量/t	系数/(kg/t)	排放量/t	系数/(kg/t)	排放量/t
1 号、2 号烧结机	0.6443	1312	0.584	1188.83	0.355	722.66	0.21	427.49
3 号烧结机	0.7154	1083	0.522	790.45	0.244	369.48	0.123	186.25
无组织								1597.48
合 计		2395		1979.28		1092.14		2211.22

2.7 G 企业

2.7.1 烧结工序二氧化硫排放量计算

（1）监测数据法。

项 目	自测风量/(m^3/h)	浓度/(mg/m^3)	监督监测风量/(m^3/h)	浓度/(mg/m^3)	考核风量/(m^3/h)	考核浓度/(mg/m^3)	考核排放速率/(kg/h)	运行时间/h	排放量/t
450m^2	830000	48.65	1120000	47.8	1033000	48.055	49.64	8460	419.96
新 450m^2	1160000	51.6	1010000	21.3	1055000	30.39	32.06	8440	270.60
合 计									690.56

（2）产排污系数法。

按照《第一次全国污染源普查工业污染源产排污系数手册》中“黑色金属冶炼及压延加工业”SO_2 排放量：（4659794+4750379）×0.276kg/t÷1000＝2597.20t

（3）物料衡算法。

产品产量/t	铁矿石使用量/t	铁矿石含硫率/t	固体燃料使用量/t	固体燃料含硫率/%	综合脱硫效率/%	SO_2 排放量/t
4659794	4380221	0.04	209516	0.67	95	268.25
4730379	4447500	0.05	223437	0.67	95	316.27
合 计						584.52

2.7.2 烧结工序烟粉尘排放量计算

（1）监测数据法。

污染源	自测风量/(m^3/h)	浓度/(mg/m^3)	监督监测风量/(m^3/h)	浓度/(mg/m^3)	考核风量/(m^3/h)	考核浓度/(mg/m^3)	考核排放速率/(kg/h)	时间/h	排放量/t
450m^2	830000	14.46	1120000	14.8	1033000	14.698	15.18	8460	128.45
整粒	310000	11.86	425000	14.95	390500	14.023	5.48	8460	46.33
机尾	340000	16.28	480000	14.58	438000	15.09	6.61	8460	55.92
熔剂	176000	16.08	200000	19.88	192800	18.74	3.61	5470	19.76
燃料	110000	12.63	110000	12.08	110000	12.245	1.35	5320	7.17
配料	275000	14.15	190000	16.1	215500	15.515	3.34	8460	28.29
整粒	360000	10.9	330000	14.4	339000	13.35	4.53	8440	38.20
机尾	510000	18.3	430000	15.7	454000	16.48	7.48	8440	63.15
熔剂	127000	11.7	127000	11.7	127000	11.7	1.49	6080	9.03
燃料	80000	13.03	80000	13.03	80000	13.03	1.04	5830	6.08
配料	367000	14.28	367000	14.28	367000	14.28	5.24	8440	44.23
合　计									587.1

（2）产排污系数法。

烟尘：（4659794+4750379）×0.244kg/t＝2296.0t

粉尘：(4659794+4750379)×0.192kg/t＝1806.75t

合计：4102.75t

2.7.3 烧结工序氮氧化物排放量计算

（1）监测数据法。

污染源	自测风量/(m^3/h)	浓度/(mg/m^3)	监督监测风量/(m^3/h)	浓度/(mg/m^3)	考核风量/(m^3/h)	考核浓度/(mg/m^3)	考核排放速率/(kg/h)	时间/h	排放量/t
450m^2	830000	95	1120000	113.8	1033000	108.16	111.73	8460	945.23
新 450m^2	1160000	130	1010000	97	1055000	106.9	112.78	8440	951.86
合　计									1897.09

（2）产排污系数法。

(4659794+ 4750379)×0.522kg/t×70%＝3438.48t

3 各种计算方法计算结果比较

3.1 A企业

计 算 方 法	二氧化硫排放量/（吨/月）	烟粉尘排放量/（吨/月）	氮氧化物排放量/（吨/月）
监测数据法	76.00	46.85	118.66
产排污系数法	81.70	110.20	210.7
物料衡算法	83.14		

A企业根据1台烧结机1个月的监测、检验和产量数据计算出的SO_2排放量相近，监测数据法计算结果最低，物料衡算法计算结果最高，产排污系数法计算结果居中。物料衡算法计算结果比监测数据法计算结果高3.22t，高7.67%。

使用监测数据法和产排污系数法计算的烟粉尘排放量差距较大，产排污系数法计算结果比监测数据法高63.35t，高135.22%。

使用监测数据法和产排污系数法计算 NO_x 排放量差别较大，产排污系数法计算结果比监测数据法高92.04t，高77.57%。

3.2 B企业

计算方法	二氧化硫排放量/（吨/月）	烟粉尘排放量/（吨/月）	氮氧化物排放量/（吨/月）
监测数据法	126.31	131.35	751.22
产排污系数法	1371.61	542.14	771.12
物料衡算法	223.51		

B 企业根据烧结工序 1 个月的监测、检验和产量数据计算出的 SO_2 排放量相差较大。监测数据法计算结果最低，产排污系数法计算结果最高，物料衡算法计算结果居中。物料衡算法计算结果比监测数据法计算结果高 97.20t，高 76.0%；产排污系数法计算结果比监测数据法计算结果高 1245.30t，高 985%。

使用监测数据法和产排污系数法计算出的烟粉尘排放量差别较大，产排污系数法计算结果比监测数据法高 410.79t，高 312.74%。

使用监测数据法和产排污系数法计算出的 NO_x 排放量相近，产排污系数法计算结果比监测数据法高 19.9t，高 2.64%。

3.3　C 企业

计算方法	二氧化硫排放量/（吨/年）	烟粉尘排放量/（吨/年）	氮氧化物排放量/（吨/年）
监测数据法	5600	672	2240
产排污系数法	4320	691	1879
物料衡算法	4815.17		

C 企业以一台 360m^2 未实施脱硫烧结机的监测、检验和产量数据计算出的 SO_2 排放量相差较大。产排污系数法计算结果最低，监测数据法计算结果最高，物料衡算法计算结果居中。物料衡算法计算结果比产排污系数法计算结果高 495.17t，高 11.46%；监测数据法计算结果比产排污系数法计算结果高 1280t，高 29.62%。

使用监测数据法和产排污系数法计算的烟粉尘排放量相近，产排污系数法计算结果比监测数据法高 19t，高 2.82%。

使用监测数据法和产排污系数法计算出的 NO_x 排放量相差较大，监测数据法计算结果比产排污系数法高 361t，高 19.21%。

计 算 方 法	二氧化硫排放量/（吨/年）
监测数据法	1118.46
产排污系数法	907.29
物料衡算法	2049.24

3.4　D 企业

D 企业以 360m^2 烧结机 2012 年的监测、检验和产量数据计算出的 SO_2 排放量相差较大。产排污系数法计算结果最低，物料衡算法计算结果最高，监测数据法计算结果居中。监测数据法计算结果比产排污系数法计算结果高 211.17t，高 23.27%；物料衡算法计算结果比产排污系数法计算结果高 1141.95t，高 125.86% 。

3.5　E 企业

计 算 方 法	二氧化硫排放量/（吨/月）
监测数据法	1903.67
物料衡算法	1950.2

E 企业以一烧车间 2013 年 8 月的监测、检验和产量数据计算出的 SO_2 排放量相近。物料衡算法计算结果比监测数据法计算结果高 46.53t，高 2.44%。

3.6　F 企业

计 算 方 法	二氧化硫排放量/（吨/年）	烟粉尘排放量/（吨/年）	氮氧化物排放量/（吨/年）
监测数据法	4098.38	558.05	838.4
产排污系数法	2395	3303.36	1979.28

F 企业以烧结工序 2012 年的监测、检验和产量数据计算出的 SO_2 排放量结果相差较大。监测数据法计算结果比产排污系数法计算结果高 1703.38t，高 71.12% 。

监测数据法和产排污系数法计算出的烟粉尘排放量相差较大，产排污系数法计算结果比监测数据法高 2745.31t，高 491.94%。

监测数据法和产排污系数法计算出的 NO_x 排放量相差较大，产排污系数法计算结果比监测数据法高 1140.88t，高 136.07%。

3.7　G 企业

计算方法	二氧化硫排放量/（吨/年）	烟粉尘排放量/（吨/年）	氮氧化物排放量/（吨/年）
监测数据法	690.56	587.1	1897.09
产排污系数法	2597.20	4102.75	3438.48
物料衡算法	584.52		

G 企业以两台 450m^2 烧结机的监测、检验和产量数据计算出的 SO_2 排放量相差较大。物料衡算法计算结果最低，产排污系数法计算结果最高，监测数据法计算结果居中。监测数据法计算结果比物料衡算法计算结果高 106.04t，高 18.14%；产排污系数法计算结果比物料衡算法计算结果高 2012.68t，高 344.33%。

使用监测数据法和产排污系数法计算出的烟粉尘排放量相差很大，产排污系数法计算结果比监测数据法高 3515.65t，高 598.81%。

使用监测数据法和产排污系数法计算出的 NO_x 排放量相差较大，产排污系数法计算结果比监测数据法高 1541.39t，高 81.25%。

4 计算结果差异原因分析

4.1 二氧化硫排放量计算

4.1.1 企业计算结果

7 家企业中，监测数据法计算结果最低的有 3 家企业，产排污系数法计算结果最低的有 3 家企业，物料衡算法计算结果最低的有 1 家企业。物料衡算法计算结果最高的有 3 家企业，产排污系数法计算结果最高的 2 家企业，监测数据法计算结果最高的 2 家企业。

	A 企业	B 企业	C 企业	D 企业	E 企业	F 企业	G 企业
低	监测数据法	监测数据法	排污系数法	排污系数法	监测数据法	排污系数法	物料衡算法
中	排污系数法	物料衡算法	物料衡算法	监测数据法			监测数据法
高	物料衡算法	排污系数法	监测数据法	物料衡算法	物料衡算法	监测数据法	排污系数法

以计算结果最低的方法为基数 1 可以看出：A 企业三种方法计算结果之间差距不大；B 企业三种计算方法之间差距较大，产排污系数法计算结果是监测数据法的 10.86 倍；C 企业三种方法计算结果较大，监测数据法计算结果是产排污系数法的 1.3 倍；D 企业三种方法计算结果差距较大，物料衡算法计算结果是产排污系数法的 2.26 倍；E 企业两种方法计算结果之间差距不大；F 企业两种方法计算结果之间差距较大，监测数据法计算结果是产排污系数法的 1.71 倍；G 企业三种方法计算结果之间差距较大，产排污系数法计算结果是物料衡算法的 4.44 倍。

	A 企业	B 企业	C 企业	D 企业	E 企业	F 企业	G 企业
低	1	1	1	1	1	1	1
中	1.08	1.77	1.11	1.23			1.18
高	1.09	10.86	1.30	2.26	1.02	1.71	4.44

4.1.2 产生差异的主要原因

（1）部分企业采用的是 2007 年《第一次全国污染源普查工业污染源产排污系数手册》“黑色金属冶炼及压延加工业”中二氧化硫排污系数，该系数没有考虑烧结脱硫，因此计算结果明显偏大。

（2）有的企业采用物料衡算法计算二氧化硫排放量时，脱硫效率选取的数据偏低，且没有扣除合格烧结矿含硫，造成物料衡算法计算结果偏大；采用产排污系数法计算二氧化硫排放量时使用的 M 含铁料含硫率与 S 矿合格烧结矿的含硫率一致，因此计算结果有误。

（3）部分企业使用监测数据法计算二氧化硫排放量时，没有考虑脱硫设施的同步运行率，造成监测数据法计算出的二氧化硫排放量偏低。

4.2 烟粉尘排放量计算

4.2.1 企业计算结果

企业采用监测数据法计算的烟粉尘排放量均低于产排污系数法计算出的烟粉尘排放量。

	A 企业	B 企业	C 企业	F 企业	G 企业
低	监测数据法	监测数据法	监测数据法	监测数据法	监测数据法
高	排污系数法	排污系数法	排污系数法	排污系数法	排污系数法

以监测数据法计算结果为基数 1 可以看出，各企业采用产排污系数法计算出的烟粉尘排放量明显偏大，其中 G 企业差距最大，达 6.99 倍。

	A 企业	B 企业	C 企业	F 企业	G 企业
监测数据法	1	1	1	1	1
排污系数法	2.35	4.13	1.03	5.92	6.99

4.2.2 产生差异的主要原因

（1）部分企业在采用排污系数法计算烟粉尘排放量时，增加了粉尘的无组织排放量。

（2）产排污系数确定的系数是行业的平均水平，且年代较早，没有考虑近几年污染物排放标准逐步提高带动的技术进步和除尘效率的提高，以及烧结脱硫后对烟尘的进一步降低作用，排污系数取值偏大。

4.3 氮氧化物排放量计算

4.3.1 企业计算结果

计算的 5 家企业中，有 4 家企业采用监测数据法计算出的氮氧化物排放量均低于产排污系数法计算出的氮氧化物排放量。

	A 企业	B 企业	C 企业	F 企业	G 企业
低	监测数据法	监测数据法	排污系数法	监测数据法	监测数据法
高	排污系数法	排污系数法	监测数据法	排污系数法	排污系数法

以计算结果最低的方法为基数 1 可以看出，各企业采用监测数据法和产排污系数法计算出的氮氧化物排放量差别相对较小，其中 F 企业差距最大，达 2.36 倍。

	A 企业	B 企业	C 企业	F 企业	G 企业
低	1	1	1	1	1
高	1.78	1.03	1.19	2.36	1.81

4.3.2　产生差异的主要原因

（1）产排污系数确定的系数是行业的平均水平，无法全面考虑到物料、燃料、工艺条件的差别。

（2）产排污系数法没有考虑脱硫时附带产生的脱硝效果。

5　污染物排放量计算方法推荐意见

5.1　推荐依据

5.1.1　计算结果

根据七家企业采用三种方法计算出的二氧化硫、烟粉尘和氮氧化物排放量、相差比较及原因分析。结合上述企业目前填报钢协环境统计年报实际使用的污染物计算方法。

5.1.2　国家有关规定

2013 年 1 月 14 日，国家环境保护部、国家统计局、国家发改委、监察部联合发布的《“十二五”主要污染物总量减排统计办法》（环发〔2013〕14 号）明确规定：“重点调查单位中工业污染源污染物排放量采用监测数据法、物料衡算法或产排污系数法进行调查统计，优先使用监测数据法”。

5.2　二氧化硫排放量计算方法建议

5.2.1　对烧结工序二氧化硫排污系数法的说明

2010 年环境保护部总量司委托中国环境科学研究院组织有关单位对烧结工序二氧化硫排放系数做了重大调整，由原来的烧结过程二氧化硫直排（没有考虑烧结烟气脱硫），给定系数区间（0.6～7.5），采用按插值法计算二氧化硫产排污系数的方式，修改为采用计算公式法表示，计算公式为：

$$S_i = 2(S_1 - S_2)$$

式中，S_i 为没有脱硫的烧结机二氧化硫产污系数，单位为 kg/t。

$$S_1 = M_{含铁料} \cdot S_{含铁料} + M_{固燃} \cdot S_{固燃}$$

式中，$M_{含铁料}$、$M_{固燃}$分别为生产单位合格产品的含铁料及固态燃料消耗量，单位为 kg/t，在没有准确的统计数据时，固态燃料消耗量可按 55kg/t 估取，含铁料消耗量可按 900kg/t 估取；$S_{含铁料}$、$S_{固燃}$分别为原料及固态燃料的平均含硫量，单位为%，在没有准确的检测数据时，固态燃料的含硫量可估取为 0.6%，含铁料为攀西高硫铁矿的含硫量可估取为 0.7%，含铁料为进口铁矿的可估取为 0.02%，含铁料为国内其他地区的可按 0.2%～0.4%估取。

$$S_2 = 1000 S_{矿}$$

式中，$S_{矿}$为合格烧结矿的平均含硫量，单位为%，在没有准确的检测数据时，可按 0.02%~0.06%估取。

$$S_o = S_i \cdot (1 - \Phi \cdot \theta)$$

式中，S_o 为已脱硫烧结机二氧化硫排污系数，单位为 kg/t；Φ为脱硫设施脱硫率，单位为%，在无准确的测试数据时，可按 70%~90%估取，大型烧结机取高值，小型烧结机取低值；θ为脱硫设施投运率，单位为%。

上述方法实际上是物料衡算法中的定额法，考虑了烧结工序烟气脱硫后二氧化硫排放浓度的降低。先用公式法计算出二氧化硫排放系数，用此系数计算出的二氧化硫排放量与物料衡算法计算出的二氧化硫排放量相近。如，A 企业采用此方法计算出的二氧化硫排放量与物料衡算法计算结果只相差 1.76%。

5.2.2　烧结工序二氧化硫排放量计算方法建议

通过对企业计算结果及产生差异的原因分析可以看出，物料衡算法和排污系数法在选用正确的计算公式和检验数据的情况下，计算结果与监测数据法计算结果相近。

根据国家环保局的有关要求，借鉴先进企业的计算经验，建议各单位填报钢协环境统计年报烧结工序二氧化硫排放量时采用如下方法计算：

（1）具备监测条件的企业，建议优先选用具有监测资质单位出具的监测报告，采用监测数据法进行计算。已安装脱硫设施的烧结机，按脱硫设施实际运行时间计算；脱硫设施停运或开旁路直排时段，采用2010年修订的排污系数法或物料衡算法进行计算。

（2）监测数据少或不具备监测条件，且原料、燃料、烧结矿检验数据齐全的企业，可以使用本企业的检验数据，采用2010年修订的排污系数法或物料衡算法进行计算。

（3）不具备监测条件且缺少本企业原料、燃料、烧结矿检验数据的企业，可使用2010年修订的排污系数法计算方法推荐的数据进行计算。

5.3 烟粉尘排放量计算方法建议

从企业的计算结果可以看出，企业采用监测数据法计算的烟粉尘排放量均低于产排污系数法的计算结果。主要原因是产排污系数法是选取部分企业监测数据计算出的行业平均水平，且年代较早，没有考虑近几年污染物排放标准逐步提高带动的技术进步、除尘效率提高以及烧结脱硫后对烟尘排放浓度的进一步降低作用。

因此，建议各单位填报钢协环境统计年报时采用监测数据法计算烟粉尘排放量。

各企业在计算原料转运站除尘，焦化装煤、出焦除尘，高炉出铁场除尘，转炉一、二次除尘等间歇性、排放浓度变化较大或存在高低速运行的除尘器烟粉尘排放量时，要充分考虑除尘器的负荷运行时间，根据除尘器的高、低速运行时间及不同的烟粉尘排放浓度，分别计算烟粉尘排放量，避免全年按大风量、高浓度计算造成的数据偏大。

5.4 氮氧化物排放量计算方法建议

从企业的计算结果可以看出，绝大部分企业采用监测数据法计算出的氮氧化物排放量低于产排污系数法计算结果。主要原因一是产排污系数确定的系数是行业的平均水平，无法全面考虑到物料、燃料、工艺条件的差别；二是产排污系数法没有考虑脱硫时附带产生的脱硝效果。因此，建议各单位填报钢协环境统计年报时采用监测数据计算氮氧化物排放量。

浅论PM信息系统在企业的应用

中国钢铁工业协会信息统计部　程波涛

摘　要：在市场竞争日益激烈的今天，竞争已经从传统的产品、服务层次上升到管理模式层次。因此企业信息化应用已经成为提升企业竞争能力最重要手段之一。企业信息化是企业发展的必由之路已成为行业的共识。通过PM信息系统在企业信息化实施中的运用，对于项目管理、合同管理、资金使用、成本核算、进度跟踪、风险分析评估等方面能动态监控和及时反馈，对项目的进度和全部过程能及时掌握，对企业的管理起到了非常积极的作用，极大地提高了企业的竞争力。

关键词：PM 信息 应用

北京首钢自动化信息技术有限公司（简称：首自信公司）是首钢集团旗下的自动化、信息化专业公司。几十年来致力于为客户提供钢铁四级自动化系统方案咨询、设计、编程调试、设备成套、安装施工、运行维护于一体的全方位服务。具有计算机信息系统集成资质，电信与信息服务业务经营资质，安防工程、电子工程、机电设备安装工程、建筑智能化工程、冶炼机电设备安装工程、消防设施工程等专业承包资质，以及ISO9001:2000质量管理体系认证等资质和认证。自动化信息化业务辐射到北京、鞍山、武汉、广州、济南、太原、本溪、唐山以及印度、津巴布韦、越南等地区的钢铁业，水处理、造纸、能源、石油、煤炭、电力、轻工、公安、金融等行业，在国内外市场享有较好的信誉和知名度。

PM2 是北京邦永科技有限公司自主研发的项目管理信息系统通用平台。在 PM2 通用平台的基础上，结合首自信公司自身的业务需求和特点，进行二次开发，并进行了优化和改进，形成了首自信公司的PM信息系统。随着PM信息系统在首自信公司的应用，实现了采用先进的信息化技术，依据国际先进的管理理念，科学地将企业的项目管理思想和方法和谐统一，将进度和投资动态过程目标管理的方法有机结合，对项目进行多角度、多层级的全方位管理与控制，加强企业各个部门的管理和沟通，减少流转损耗,凝聚了企业各个环节的力量。使得长期以来困扰企业的项目管理工作中工期、进度、投资和成本情况无法整体动态管理的问题得到了全面而彻底地解决，切实增强企业的竞争能力。

PM 信息系统包含计划管理、进度管理、人力资源、材料管理、供应商管理、设备管理、采购管理、成本管理、合同管理、基础资料等功能，对项目进行全方位的数据收集、整理、汇总；项目报告、风险分析、项目评估、项目跟踪、项目总览、项目分析、建议功能，对项目的整体情况进行分析并提出合理化的建议。

1　实施的必要性

随着市场经济的不断深入发展，企业面临的市场竞争环境日趋激烈，为了拓展市场、提高本企业的核心竞争力，各企业不断加强管理。但随着市场的发展和企业的扩张，项目的投资增大、数量增多、实施人员复杂、地域变广、周期变快，企业面临的管理压力越来越大。尤其是对于向规模化、品牌化、规范化运作的企业，发展方式已经由传统的追求速度的模式，逐渐转向偏重效益和市场的细分。传统的项目管理模式效率低下，很难将项目费用、进度、质量平衡控制。项目管理部门与项目实施部门信息沟通不畅，数据共享程度很差。项目历史信息查询困难，项目相关文档混乱、遗失现象严重，成功的经验无法积累和共享。这种依靠传统的人工管理方式进行非闭环式管理，很难实现项目参与各方的有机协调；无法收集纷繁复杂的项目管理信息；不能合理平衡企业内部资源；难以对各类项目的资金、进度和质量进行有效监控；因项目过程和环境更加复杂，导致失败或延期的风险加剧；对于项目的前期决策、审批、实施及后期的维护，缺乏一套完整的贯穿项目全生命周期的管理体系；对跨地域的项目沟通成本高，不能及时了解反馈项目的投资、进度等信息。为了有力保证各类项目目标的顺利实现，非常有必要利用先进的 IT 技术，打造适合企业发展的多项目管理的信息化系统，对企业进行项目管理信息系统建设，切实提升企业的核心竞争力。

2 应用目标

通过 PM 信息系统的应用，应达到的目标如下：

（1）降低因项目过程和环境复杂导致项目失败或延期的风险。

（2）在项目的前期决策、审批、实施及后期的维护中，建立一套完整的贯穿项目全生命周期的管理体系。

（3）对于项目投资大、周期长、涉及资金多，对资金的使用的有效性和时效性进行有效监测与预警机制。对资金的投资、使用、现有结余能实时监控。

（4）解决跨地域的项目地理位置分散，沟通成本高的问题，及时了解反馈项目的投资、实施进度等信息。

（5）解决传统的项目管理模式效率低下，适应企业集团级应用的多项目管理软件平台。

（6）对项目费用、进度、质量平衡控制。

（7）加强项目管理部门与项目实施部门信息沟通，实现数据共享。

（8）实现项目历史信息项目相关文档管理，积累成功的经验，加强企业知识管理，信息共享。

（9）从项目信息中提取有价值的信息，为以后的项目决策提供参考依据。

3 设计思想

（1）在有限的资源约束下，运用系统的观点、方法和理论，对项目涉及的全部工作进行有效地管理。即从项目的投资决策开始到项目结束的全过程进行计划、组织、指挥、协调、控制和评价，以实现项目的目标。

（2）以全球项目管理标准性文件《项目管理知识体系》——PMBOK（美国项目管理协会编写）为纲领。将项目管理划分为范围管理、时间管理、成本管理、质量管理、人力资源管理、沟通管理、风险管理、材料管理和整体管理等 9 大知识领域，涉及网络计划（PERT、CPM）、挣值分析（EVMS）、风险分析（Monte Carlo）等技术工具。

（3）PM 信息系统的设计应用基于 PM2 项目管理信息系统通用平台上结合企业自身的特点和业务需求，采用 C/S、B/S 混合应用架构，进行二次开发。对项目进行高效的管理，对项目的执行情况进行实时跟踪，在相关部门间进行项目信息的有效共享。为项目管理人员提供统一的工作平台，提高工作效率，为领导及时掌控项目的进度、资金、合同收付款、材料备件供应以及成本等情况，提供有力的信息支持。

4 覆盖范围

根据首自信公司的业务情况，确定 PM 信息系统共有 5 类项目，分为工程项目、检修项目、维护项目、科研项目、其他项目。覆盖了企业经营工作的主要内容。企业的项目管理业务涉及的主要部门有经营部、供应部、财务部、生产部、事业部和决策层。

经营部：负责收集项目信息，进行可行性分析，设计和确定方案，投标。中标后，签订合同，进行项目预算，同时跟踪项目的执行情况、项目结算和催缴项目款项。

供应部：负责项目设备材料的采购、收货和库存管理。包括制定采购计划、签订采购合同、采购收货、采购结算和项目领料管理等。

财务部：负责整个项目的资金收付记账、费用分摊、成本核算以及利润核算。

生产部：负责整个项目的流转审核。

事业部：负责项目的实施，实施过程中向采购部门提交项目执行中所需要的材料设备需求计划，和在实施过程中完成经营部指定的各项成本核算指标不超范围，并按计划完成各阶段任务。

决策层：负责对整个项目进行最终审批，对项目的资金、进度和质量进行有效监控，对单个项目、月度、季度、年度项目情况进行分析总结。

5 体系结构

PM 信息系统数据量庞大，为了兼顾互联网应用和对复杂数据的强力分析、各种复杂图表的快速生成，采用了服务端共享的 C/S、B/S 混合应用架构。大大降低服务器的负担，充分利用客户机的资源，提升了系统并发处理的能力，提高了用户体验指数（见图 1）。

6 功能说明

PM 信息系统主要包括项目计划、材料管理、项目合同、成本核算、项目预算、领导监控、基础资料等功能模块（见图 2）。

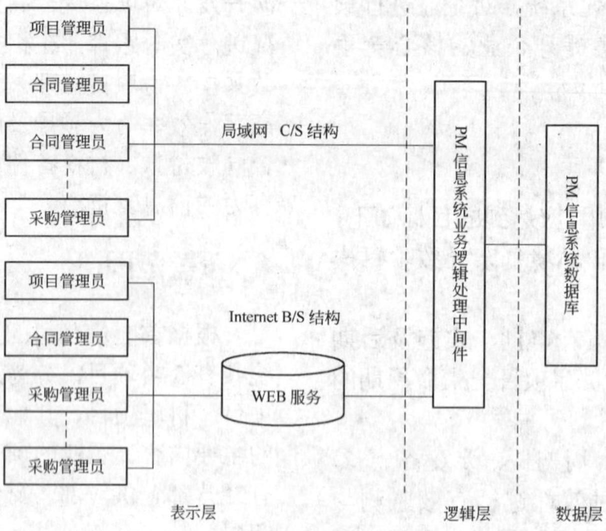

图1 PM信息系统体系结构

图2 PM信息系统

6.1 项目计划

项目计划子系统包括项目计划、项目进度等模块，通过对项目的工作分解，从时间、成本费用、材料设备、质量安全、交付成果、工程量等多个角度制订项目计划；项目工程进度报告、项目形象进度报告和交付成果进度报告及时反映项目进展情况；工作计划与考评落实责任分配，形成责任矩阵和考评报告。

应用要点：

（1）全面的项目计划（进度计划、设备计划、物资计划、费用计划）。

（2）业务流程标准化，项目模板记录标准业务流程，提高企业管理水平。

（3）支持多项目管理，从容面对项目之间的横向对比分析。

（4）多层次计划与进度数据，全方位地反映项目实际进展情况。

（5）详细记录项目计划调整过程，随时追溯历史计划数据。

6.2 材料管理

材料管理子系统主要是解决工程项目中材料设备的供应管理问题，包括材料管理、采购管理、仓库管理、计划管理、报表与分析等模块，通过对项目物资需求的分析自动生成物资需求计划、物资采购计划，全面跟踪反馈材料设备的申请、采购、入库、领用业务。

应用要点：

（1）建立材料设备信息库、供应商信息库。

（2）供应商比价及材料设备比价。

（3）工程进度计划自动生成材料设备采购计划，完成采购资金的分析。完善项目现场的材料设备的使用过程。大型关键设备的计划、采购、合同、进场、使用全程跟踪分析。

6.3 项目合同

合同是约束项目参与各方的重要法律文件，大型项目的合同数量众多、种类繁杂，采用传统的管理方法，不仅费时费力，而且无法满足现代工程项目对合同的动态、实时管理的需要。项目合同管理子系统通过拟订合同、合同模板、合同信息、合同拨款、合同拆分、合同变更等功能实现合同业务的全面管理，十几种合同报表从不同的角度和层次，动态反映合同执行情况。

应用要点：

（1）合同单位、合同金额、变更、付款等合同关键信息的记录及合同分类管理。

（2）合同资金计划与款项拨付控制。

（3）合同金额按经济指标的拆分与分摊。

（4）合同变更对应项目变更，关联合同结算。

（5）合同报表全面反映合同执行状况。

（6）计划进度、资金支付关联合同。

（7）子合同管理体现分包业务情况。

6.4 成本核算

成本核算子系统涵盖项目前期、项目准备、项目组织、项目实施和竣工验收等不同阶段，通过涉及预算成本、合同预算、计划成本、成本实际发生及预测等功能，全面管理项目过程中发生的材料设备成本、人工机械成本、分包成本和各种管理费支出，实现对工程项目各个阶段的成本控制与工程进度的掌控。

应用要点：

（1）灵活定义多层次的核算项目，支持项目、组团、单体逐层分解；成本结构树和经济技术指标灵活定义，并可以按不同的项目保存模板及历史数据，新项目支持导入经验数据。

（2）关联项目核算体系，自动生成成本估算表，用户自定义成本估算依据，投资估算支持类比估算法、参数估算法等常用的估算方法。随着项目的推进，由成本估算细化为成本目标，当成本计划和实际与目标成本发生较大差异时，分析产生差异的原因，修订目标成本，对成本目标修订过程的跟踪分析。

（3）实现全过程的成本控制。在项目初始阶段进行成本估算；在项目规划阶段，在成本估算的基础上进行细化制订目标成本；根据合同执行情况产生成本计划和实际成本情况，成本控制就是对上述过程进行规划和监控。

（4）多角度成本分析。成本分析报表对比成本估算、成本目标、成本计划、成本实际发生等各个阶段数据，预测待发生成本，随时了解工程总造价及单方成本，为经营决策提供科学依据。

6.5 项目预算

项目预算子系统包括项目估算、设计概算、执行概算、业主预算、概算分析等模块。采用“静态控制、动态管理”方法，通过设计概算执行概算、业主预算、合同执行、完成投资的对比分析，最终达到控制项目投资的目的。

应用要点：灵活的预算体系。根据企业项目管理要求和特点，自定义多层次的预算项目，支持工程项目、检修项目、维护项目、科研项目、其他项目等各类项目；成本结构树和经济技术指标灵活定义，并可以按照不同类型的项目保存模板及历史数据，新项目支持导入经验数据。

6.6 领导监控

领导监控子系统是企业决策支持系统。通过详尽的指标体系，实时反映企业及子公司的运行状态，将采集的数据形象化、直观化、具体化。领导监控子系统充分融合了人脑科学、管理科学和信息科学的精华，以人为产品的核心，从管理者的决策环境、项目管理综合指标的定义以及信息的表述，都围绕着激发人的智能、有利于思维连贯和有效思维判断为目的。将企业管理决策提升到一个新的高度，最大化地发挥企业高层经理了解、领导和控制公司业务的能力。

应用要点：通过各种常见的图表（速度表、音量柱、预警雷达等）形象标示项目运行的关键指标（KPI），直观的监测企业项目运营情况，并可以对异常关键指标预警和挖掘分析。

6.7 基础资料

基础资料子系统包括日历表、节假日、计量单位、货币资料、企业性质、相关单位档案、结算方式、财务月份、部门定义、员工、角色资料、人员权限设置、角色权限设置等模块。

应用要点：可扩展可维护的基础资料的设定，保证对业务发展变化的支持。

丰富灵活的角色设置，支持对员工和角色进行批量的授权管理。

6.8 工作申报

工作申报子系统是事业部或项目实施部门实时申报项目工作情况的功能模块。对项目的实时监控和反馈起到支持作用。

应用要点：

（1）通过工作申报，对项目进行及时审核和有效管理。

（2）能实时地将项目实施过程中的各种情况及时地反馈到决策层，便于决策层加强对项目实施的管理和对异常情况进行调整。

7 关键技术及应用心得

PM信息系统是在PM2通用平台的基础上，采用C/S、B/S混合应用架构，进行二次开发，根据首自信公司自身的业务需求和发展特点，不断进行优化和改进，历经7年时间，最终成功实现了应用，促进企业发展。PM信息系统成功的应用在于领导团队的持之以恒，关键技术的正确选型和建设团队坚定不移的执行力。

2013年我国钢材贸易出口贫困增长简析

中国钢铁工业协会信息统计部　焦　响

摘　要：文章阐述了“贫困化增长”理论的核心概念，在此基础上分析了我国钢材出口贸易出现贫困化增长的原因，并针对我国钢材贸易市场的困境提出了相关建议。

关键词：贫困化增长　贸易条件　钢材出口

1　出口贫困增长理论

1.1　出口贫困增长的概念

出口的贫困增长是国际贸易中的一种经济现象，主要发生在发展中国家和地区，是指：在一定条件下，一国生产规模的扩大，即生产可能性曲线向外推移，沿着原有优势推进。即如果该国原有优势在于生产某种产品，现在进一步扩大了该产品的生产，但由于原有的贸易比较优势不变，贸易出口的扩大不仅没有使该国的福利有所提高，反而因为出口增加而有所下降。人们普遍认为这种现象的根源在于该国的贸易条件由于扩大出口而恶化。

1.2　出口贫困增长的图形分析

一般而言，经济增长会带来产出水平的提高，同时在多数经验的检验中，经济增长还有带动因产出提高而促进出口增加的效用，因而使社会福利水平得到提升。但是，国际经济学和发展经济学的研究表明，经济中存在着出口的贫困增长。这一现象的主要根源在于贸易条件的恶化，由此出口数量的增长，导致了出口收入的下降，从而造成了福利的降低。见图 1。图中生产可能性曲线沿着原有的优势向外扩张，X 产品的生产能力得到提高，但由于该国出口的扩大，国际市场中 X 产品因供大于求，价格下降，这导致了出口增长、单位 X 产品换回的 Y 产品数量的减少，该国的福利水平相比于经济增长之前反而下降，社会无差异曲线向原点移动。

说明：生产可能性曲线从 P 向外扩张为 P'，意味着生产能力的扩大，生产点 S_1 外移到 S_2，生产增加的同时，贸易出口也因之得到增长，但是贸易结构没有发生变化。世界价格线在该国生产扩大、出口增加后发生变化，从 U_1 移至 U_2，斜率变化即价格变化，结果是出口增加，价格（贸易条件）下降，即单位出口换得的进口下降，总体福利水平下降。即消费点从 C_1 下降到 C_2。

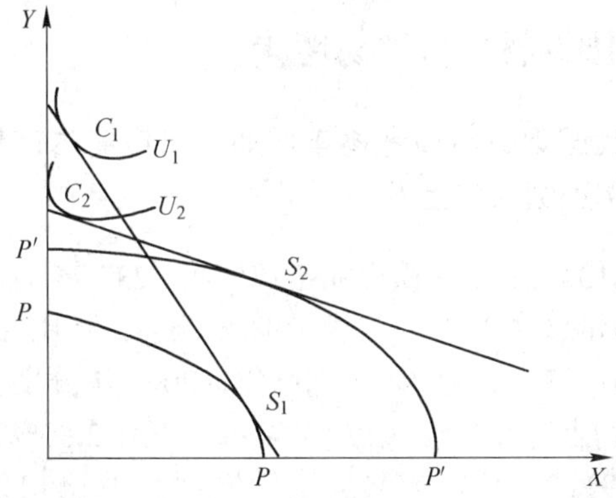

图 1　出口的贫困增长曲线

1.3　出口贫困增长的条件

出口的贫困增长并不是一种普遍的经济现象，它的出现需要具备许多相应的条件。

（1）出口国大多是处于一定发展阶段的发展中国家，经济是典型的单一经济，离开单一产品的生产与出口，该国经济便会陷入困境。

（2）该国属于国际市场中的大国，即生产的产品为初级产品或劳动密集型且出口量占据世界销售量的很大份额，任何增量的出口都将造成供大于求，价格的波动。

（3）该国生产、出口的这种产品弹性小，不会因价格变化而影响销量，价格的下降并不意味销售量的大幅度上升。

（4）该国国民经济的发展高度依赖出口，属于很强的出口导向型经济，经济高度依赖出口，经济增长的直接结果就是出口的增长，这种增长导致价格下跌。

1.4 出口贫困增长的案例

在许多发展中国家经济发展的一定阶段上，这种出口贫困增长的现象曾经出现过。例如，石油输出国组织OPEC国家，由于它们原油的出口占有了世界市场很大的份额，它们生产、输出的原油越多，世界原油价格则因为供给的过剩而大幅度下降，这些国家的石油收入反而下降。当它们限产保价时，它们的原油出口收入由于供求关系的变化，反而得到增加。1997~1998年原油的国际市场价格由于东亚经济陷入了严重的金融危机，需求急剧下降，但石油生产国的产量并未削减，市场严重过剩，出现了大幅下跌。2000年随着东亚地区经济恢复，增长加速，原油需求大幅度攀升，OPEC国家却限产保价，造成原油价格的居高不下，给世界经济尤其是给发展中国家经济造成了影响。

2 我国钢材出口贸易现状

2.1 我国钢材出口量逐年增加，出口量占产量比例连续四年上升

2013年全国钢铁企业出口钢材6233.75万吨，占全国钢铁企业生产钢材量的5.84%。相比2012年、2011年、2010年、2009年、2008年分别上升0.03%、上升0.31%、上升0.42%、上升2.30%、下降4.29%。2013年重点统计钢铁企业出口钢材2913.21万吨，占重点统计钢铁企业生产钢材量的5.25%。较2012年、2011年、2010年、2009年、2008年分别下降0.32%、上升0.43%、上升0.51%、上升2.15%、下降4.09%。全国钢铁企业出口钢材占全国钢铁企业生产钢材的比例，连续四年呈上升趋势，但与2008年相比，仍处于低位，上升的幅度不明显；重点统计钢铁企业出口钢材占重点统计钢铁企业生产钢材的比例，连续三年呈上升趋势，2013年小幅回落，见图2。

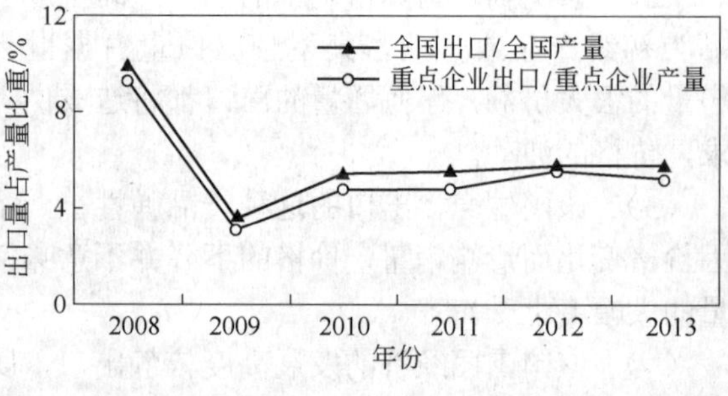

图2 全国及重点统计钢铁企业钢材出口量占产量比重

据图3、图4可知，全国钢材出口量逐年增加。从2009年的2459.64万吨提升到2013年的6233.75万吨，增幅达153.44%。其中，重点统计钢铁企业钢材出口量从2009年的1189.58万吨提升到2013年的2913.21万吨，增幅达144.89%。同比看，重点统计钢铁企业钢材出口量2011年增长7.43%，比2010年的81.37%增长幅度大幅回落，回落了73.94个百分点；2012年增长19.44%，比2011年多提高了12.01个百分点；2013年增长5.23%，比2012年回落了14.21个百分点。全国、重点统计钢铁企业钢材出口量连续4年保持正增长态势。

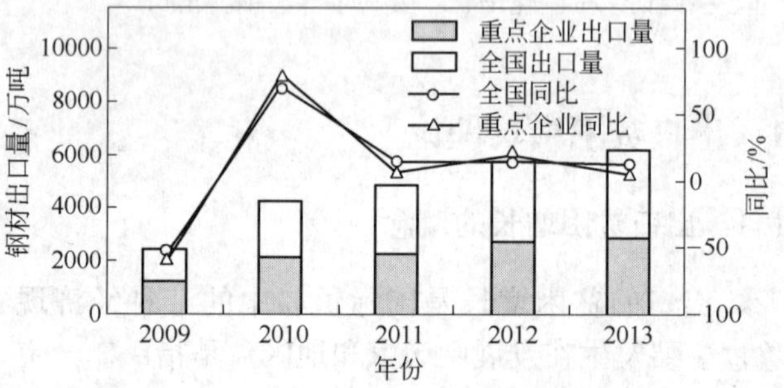

图3 全国/重点统计钢铁企业钢材出口量及同比

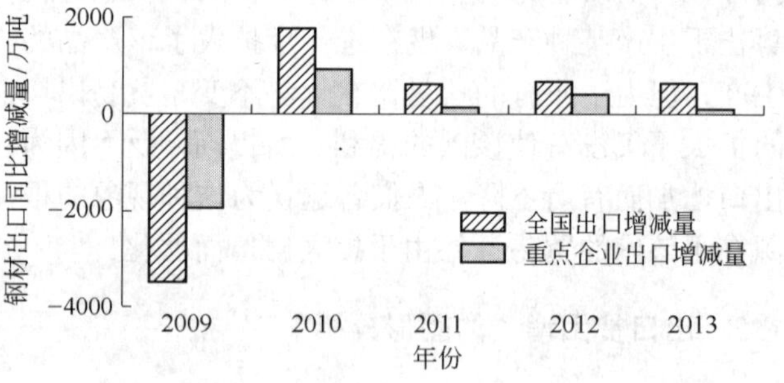

图4 全国/重点统计钢铁企业钢材出口同比增减量比较

2.2 我国钢材出口累计金额同比连续2年下滑，重点统计钢铁企业利润额跌落谷底

2013年全国钢材出口累计金额532.06亿美元，较2009年的222.36亿美元增幅达139.28%。但从近两年同比来看，2011年增长38.33%，比2010年的65.64%增长幅度回落27.31个百分点；2012年增长1.16%，比2011年大幅回落，回落了37.17个百分点；2013年增长3.24%，比2012年小幅提高了2.08个百分点，累计回落了62.40个百分点，见图5。

2013年重点统计钢铁企业利润额228.86亿元，较2009年的579.06亿元降幅达60.48%。从同比来看，2011年降低3.32%，比2010年58.30%的增长幅度回落61.62个百分点；2012年降低101.43%，比2011年回落了98.11个百分点，累计回落了159.73个百分点，见图6。

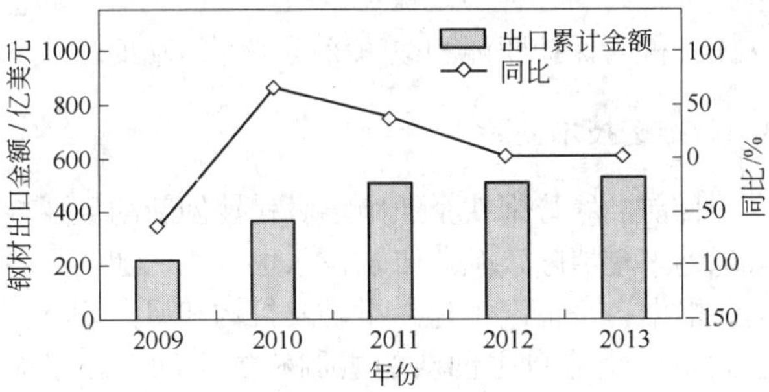

图5 全国钢材出口金额及同比

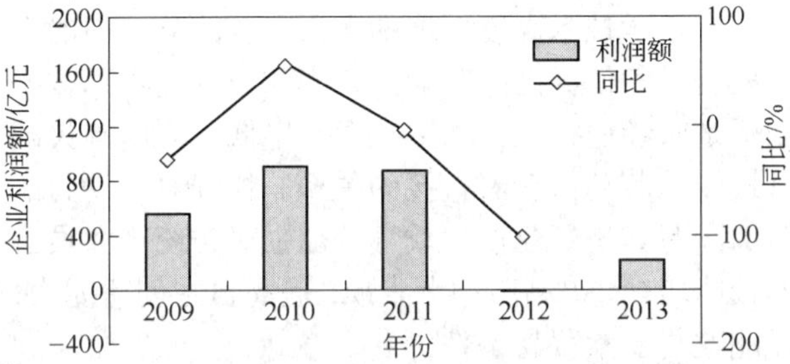

图6 重点统计钢铁企业利润额及同比

2.3 我国钢材需求量对价格变化敏感程度较小

我国国内钢材综合价格指数在2010年达到峰值后，连续2年下降，回到2008年水平，但近几年我国钢材销售量却延续了缓慢增长的态势，见图7。可见，我国钢材产品价格弹性小，即我国钢材供给量和需求量对价格信息的敏感程度小，不会因价格变化而影响销量，价格的下降并没有使销售量大幅度上升。

图7 我国钢材销售量与价格比较

2.4 我国粗钢产量占全球粗钢产量45%以上

2009年以来，中国内地粗钢产量占全球62国粗钢产量的百分比一直保持在45%以上，中国一直以来是全球主要的钢材生产地、出口地和销售地，是国际市场上的大国。我国钢材属于劳动密集型且出口量占据世界销售量的很大份额，任何增量的出口都将造成国际市场的供大于求，而且会影响国际市场的钢材价格，见图8。

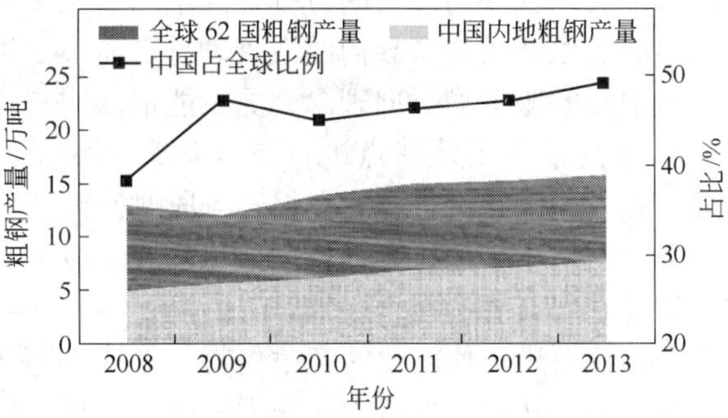

图8 全球62国粗钢产量与中国内地粗钢产量比较

2.5 钢材出口量缓慢增长，但未改善钢铁行业困难局面

2013年重点统计钢铁企业累计实现销售收入36875.60亿元，同比增长3.89%；实现利税973.21亿元，同比增长30.63%，实现利润228.86亿元，同比增长1901.91%；钢材出口额增长3.24%，远低于出口量的增幅。我国钢材出口量增长，国际钢材市场供大于求，价格下降，我国钢铁行业的利润水平相比之前下降。

3 改善我国钢材出口贸易现状的措施与建议

3.1 稳定进口铁矿石的价格

我国经济的高速发展带动了对钢材需求出现井喷式增长，相应地对铁矿石资源的需求也出现爆发式增长，这种短时间内的需求突然增长，打破了过去世界铁矿石市场长期平衡的供求关系。同时，由于国内资源禀赋条件差等原因，使得我国铁矿石资源对外依存度近年来一直居高不下。鉴于中国对铁矿石的进口依赖程度持续提高，且由于铁矿石资源的稀缺性和经济发展的需要，铁矿石价格不断攀升是不可避免的。为了稳定进口资源价格，应该通过进口渠道多元化，扩大进口渠道，以及运用国内资源开发项目，增强与资源供应方"讨价还价"的能力，规避进口价格指数的进一步攀升。另外，中国是初级产品的进口大国，同时又是某些初级产品的出口大国。因此，利用商品期货市场可以有效规避国际初级产品市场的价格风险。

3.2 提高出口钢材的附加值

目前大多数钢铁企业在发展理念上仍没有摆

脱数量扩张的影响，在需求放缓的情况下，仍遵循依靠扩大产能，或通过增加产量，或维持高产量，摊薄固定费用发展与经营的方针，其本质仍是以数量为中心的生产销售型导向的发展理念，而不是以用户为中心的服务型导向理念，更不能根据用户需求和自身技术与工艺特点进行专业化生产和持续改进，低附加值的钢材产品在很长一段时间内还将占据中国钢材出口的主导地位。所以，现阶段的关键应当是利用新生的技术、知识、信息、制度诸要素改造传统要素，使产业的竞争优势从自然资源和廉价劳动力，转向创新能力、技术和管理优势，促进传统产业走向现代化，逐步建立海外营销渠道，减少低附加值初级钢材产品的出口。这将是改善中国钢材贸易条件的重要一环。

3.3 增加有序竞争

除了对钢铁产业结构、贸易战略的调整之外，针对目前存在对国际贸易产生不好影响的、在一定程度上造成贸易条件恶化的企业恶性竞争行为，政府应有相应的法规或政策加以约束和制裁。如推动在反不正当竞争方面的立法，形成完善的法律体系；推动各类企业包括外贸企业的兼并重组，避免重复建设，形成规模经营优势，使企业不以价格手段而采取综合竞争进军国际市场等。充分利用世贸组织所允许的各种手段保护钢铁产业的利益，真正发挥关税的保护职能和改善贸易条件的功能。

3.4 推进技术创新

目前，尽管钢铁企业领导对科技创新的重要性认识越来越清晰，企业研发投入也有所增加，不少企业根据自身情况也建立了研发机构和研发团队，但大多数企业自主创新的机制和内生动力还没有得到根本解决，具体表现在企业发展上更多的还是依靠要素投入而不是创新驱动。

在科学技术高度发展的今天，要改善中国的双要素贸易条件，提高劳动生产率，技术进步和技术创新是必经途径。劳动生产率水平低下同中国欠缺有技能的劳动力有着直接的关系。加强对劳动力的培训，尤其是专业技术教育，加强对传统产业员工的技能培训，提高劳动者素质，提高自主创新能力，才能改善要素贸易条件。

所以，各钢铁企业应依据所处区域优势、企业管理特点、周边环境资源、主要客户需求等，制定科技创新发展战略，坚定自主创新意识，加大科技创新投入，以市场需求为引导，优化产品结构差异化发展，逐步建立起以国家战略、行业共性技术为土壤，以企业为科技创新主体，各类科技创新保障政策、机制、资源和措施为枝桠的科技创新体系。

2013~2014 年钢铁行业信息化发展概况

中国钢铁工业协会信息统计部　符鑫峰

摘　要：在钢铁企业生产经营面临如此巨大困境情况下，精细化的降本增效与盈利管理成为绝大多数中国钢铁企业长期努力的方向，同时也持续推进了钢铁企业两化的深度融合。2013 年，钢铁企业正以工业化转型升级、创新发展为基本驱动，不断加快推动制造模式向数字化、网络化、智能化、服务化转变。特别是以 MES、PCS、强化产品质量、物流等管控系统持续优化为重点，体现了新型工业化和现代化基本特征。

关键词：两化融合　集中管控　协同 MES 系统　新型工业化和现代化

宽带无线、智能网络、超级计算、虚拟现实、网络制造与网络增值服务，极大丰富了信息的形式与内容，拓展了信息的传播范围，提升了信息的应用价值。信息化的纵深发展也进一步加快了全球化的进程。随着钢铁行业的转型发展的需求，钢铁企业持续加强信息化建设，不断推动钢铁企业精细管理、转型升级，促进企业采用资源节约型生产方式，走新型工业化道路，实现循环经济和可持续发展。

2013 年钢铁行业在政府的大力支持和钢协的引导下，加强企业信息化发展战略规划，规范信息化管理体系，提升信息资源的开发利用水平，不断完善信息系统，优化资源配置，进一步提升信息化应用水平。

1　钢铁行业信息化基本情况

中国钢铁工业协会 2013 年信息化专项统计（所统计企业的钢产量占全国 65%）显示，统计企业的信息化资金投入保持在每年 50 亿元左右，其中 2013 年管理信息化投入比重略大于自动化投入；钢铁企业持续完善基础设施，加强企业信息化发展战略规划，规范信息化管理体系；精益生产、精准控制、精细管理已成为提升企业竞争力的重要手段，也是现阶段企业信息化建设的主要方向；云计算和物联网的应用逐渐成为企业两化深度融合的重要领域，电子商务的发展也为钢铁企业提供了机遇和挑战。

（1）从企业信息化规划与组织方面来看，企业领导持续重视信息化建设，逐步完善相应的信息化工作机构。目前大部分企业基本都由决策层领导亲自主管信息化工作，见图 1。

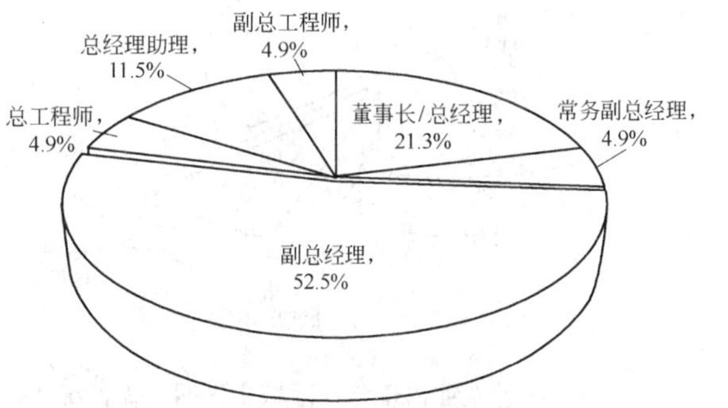

图 1　统计企业信息化主管（CIO）职务情况

信息化规划也普遍受到企业的重视，统计显示，2013 年近 95%的企业制定了信息化发展战略，并作为企业战略的重要组成部分。其余 5%的企业仅依靠企业个别工程项目建设来带动企业信息化的发展。83.6%的企业能够结合企业的整体规划建立企业级信息化发展规划，6.6%的企业信息化规划的内容分散在企业其他业务发展规划中，9.8%的企业无成文的信息化规划。其中无成文信息化规划和将信息化规划分散在企业其他业务发展规划中的企业基本处于起步建设阶段（见图 2）。

（2）从信息化资金投入方面来看，行业在近几年对信息化投入保持在每年 50 亿元左右，其中 2013 年管理信息化投入比重略大于自动化投入。目前，企业信息化资金投入依然以自筹为主。

（3）在信息化相关的基础设施方面，企业不断完善硬件、网络、系统环境等。

截至 2013 年底，钢协统计的企业中，92%的企业主干网覆盖到核心办公区域，68%的企业主干网覆盖到内部核心生产区域，见图 3、图 4。

企业在经营管理软件方面，选择商品软件和定制软件并举的方式居多。在生产管理软件方面，以定制软件覆盖产线居多，见图 5、图 6。

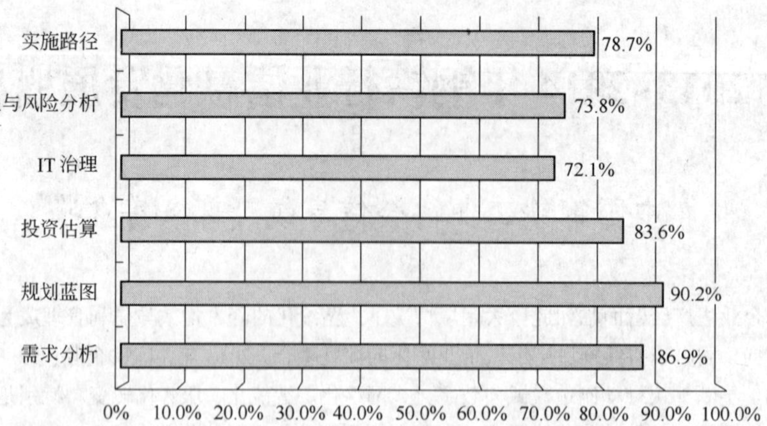

图 2　统计企业信息化总体规划内容覆盖情况

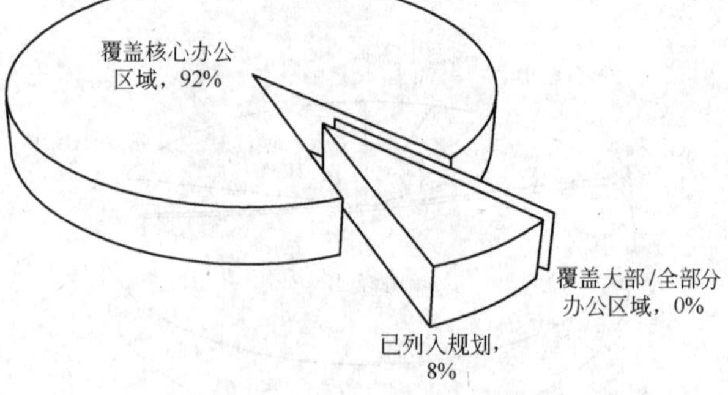

图 3　统计企业内部管理区域主干网覆盖情况

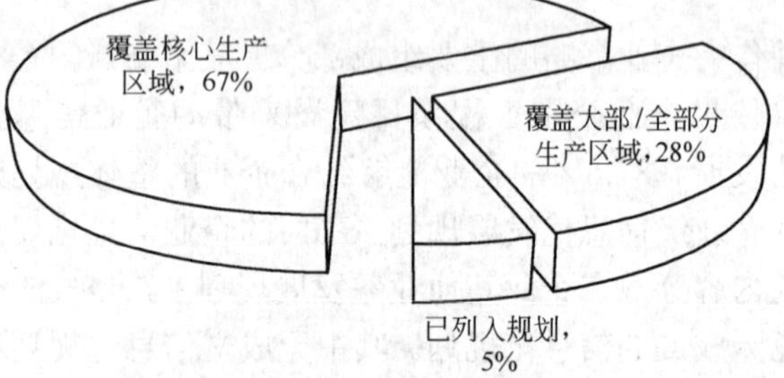

图 4　统计企业内部生产区域主干网覆盖情况

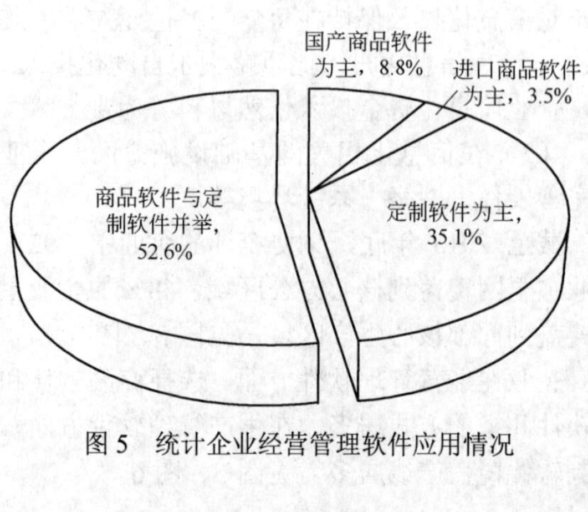

图 5　统计企业经营管理软件应用情况

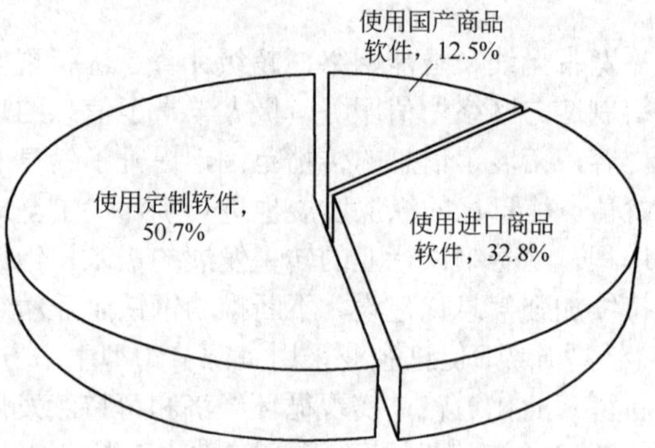

图 6　统计企业生产管理软件应用情况

（4）在信息安全方面，企业逐渐加强个人电脑、网络安全防护。统计显示约 80% 的企业，其个人电脑建立了统一的防病毒体系，可以随时更新病毒库，但依然约 10% 的企业的个人电脑仅安装个体的防病毒软件。企业最注重不同安全级别的网络区域的防护，但对数据加密传输关注相对较少，见图 7。

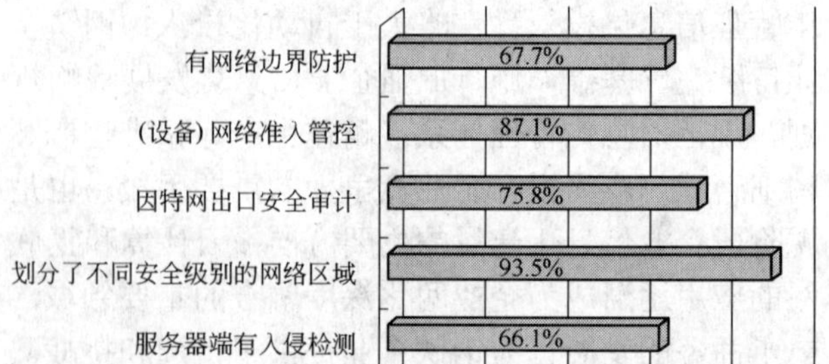

图 7　统计企业网络安全防护措施情况

（5）在数据中心方面，统计显示约半数以上的企业，其硬件资源、数据库资源和应用软件资源是区域集中管理。统一集中管理的企业依然较少，见图 8~图 10。

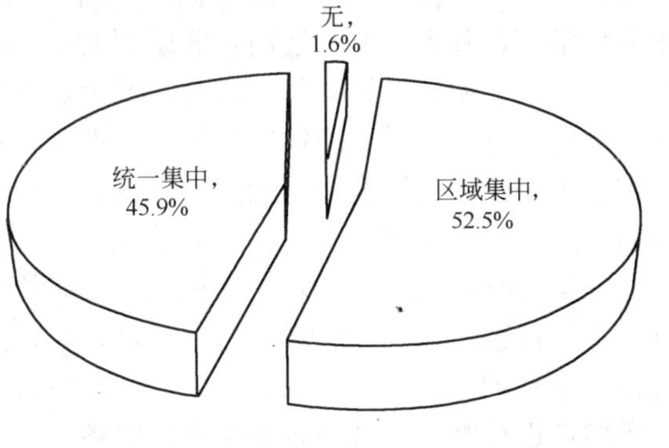

图 8　统计企业数据中心物理集中情况

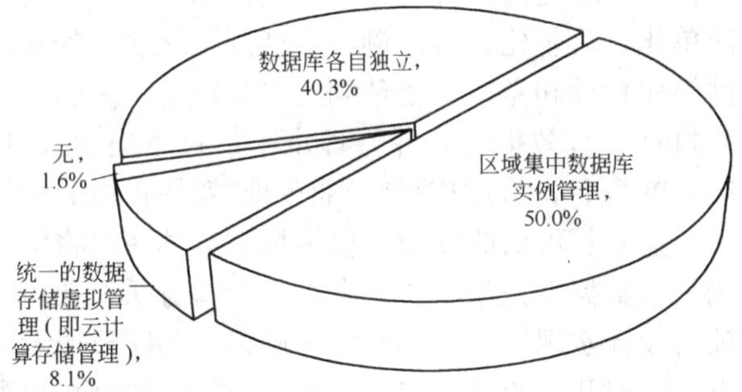

图 9　统计企业数据中心数据集中情况

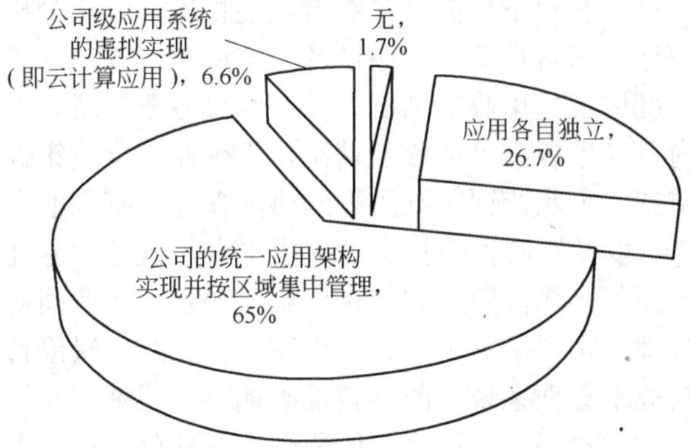

图 10　统计企业数据中心应用集中情况

2　钢铁行业两化融合不断深化

2.1　精益生产、精准控制和精细管理已成为提升企业竞争力的重要手段，也是现阶段企业信息化建设的主要方向

在钢铁企业生产经营面临如此巨大困境情况下，精细化的降本增效与盈利管理成为绝大多数中国钢铁企业长期努力的方向。同时也持续推进了钢铁企业两化的深度融合。

2013 年，钢铁企业正以工业化转型升级、创新发展为基本驱动，不断加快推动制造模式向数字化、网络化、智能化、服务化转变。特别是以 MES、PCS、强化产品质量、物流等管控系统持续优化为重点，体现了新型工业化和现代化基本特征。钢铁企业信息化平台的升级正逐渐提升企业在行业危机下的管理水平。

2.1.1　精益生产方面

大中型钢铁企业不断加强集中管控，正逐步实现 MES 与计划、产线产能、订单转换等集成。

宝钢股份 2013 年完成了产销一体化系统升级改造项目，对其设备管理系统、运输管理系统、数据仓库系统（第一阶段）、钢管无缝 L3 系统及相关周边配套系统的进行升级改造；沙钢的同信镀锌 MES 项目也实现了与其现有冷轧集成 MES 系统的全面集成；济钢对其热轧生产线 MES 进行升级改造，实现了与热轧产线改造同步投用，并对新增产线在 ERP 系统中设立独立成本中心，满足了生产经营管理的需求；莱钢开发的精炼炉智能专家系统软件，实现了接收 MES 生产计划、工艺参数设置等；太钢研发的径锻生产线全自动生产管理系统，满足了生产流程的信息化管理，实现了生产全线监控，达到了以生产工艺和工序全流程为对象的闭环控制；三钢优化了现有的 MES 系统，完成配套 MES 系统开发，扩大 MES 系统覆盖范围，同时，完善 MES 系统在采购、销售、库存、投收料的自动功能，开发无人计量无人值守系统、质计部空车档案，建立了面向生产全过程的物流信息系统，使 MES 系统在深度及广度上有很大的提升；武钢也实现了信息系统与新建产线同步上线运行，保证了各产线生产组织顺利运行；湘钢进一步完善 MES 系统智能合同计划功能，推广应用产销系统自动判定功能，以提高生产效率和质量保证能力；新余钢铁开发应用的基于个性化订单的制造执行系统，使其技术经济指标得到显著改善，交货周期缩短了 46%，销售订单应答时间由原来的 3 天缩短为 1 小时，销售计划制订时间减少了 50%。

部分企业也开始逐步构建与客户、市场密切衔接的协同 MES 系统。在面向企业层面多产线、订单集中处理、钢轧之间，实现多产线协调控制上也有所加强。

鞍钢 2013 年开发应用的港口物流系统，实现了鞍钢股份公司发出的海运钢铁产品在物权未转移至用户前的全程跟踪（包括到港、港存、开限、装船离港等信息），优化完善了合同周期的查询，实现了从订单形成起到转移客户手中止的订单跟踪和交货分析；武钢完成了客户价值及市场分析评价系统上线运行，实现客户需求的收集与识别，对客户需求解决的全过程进行跟踪监控，并开展面向大客户的营销信息服务系统建设，提升了客户服务水平；宁钢利用微信平台，开展客户关系管理信息化，通过建立客户的档案系统，将客户信息、互动信息、订购信息进行有效整合，通过智能终端推送和收集信息，拉近客户与宁钢之间的距离，最终转化为经济效益。目前已完成了客户档案系统、客户信息分享系统的搭建，并能通过微信平台向客户推送及展示订购服务信息综合平台；湘钢则通过“钢铁企业集团生产管控数字化应用示范”课题实施，开发了面向客户的业务协同平台——销售在线，实现了从客户询单—产品发运—电子质保书全过程信息透明，大大提高了同客户的业务协同效率。

2.1.2 在精准控制方面

大型企业开始依托信息化手段实现产品规范、冶金规范、作业标准、工艺操作等支撑精细化管理，不断拓展在线采集与精准控制数据分析、预警功能，通过基础自动化控制、集控操作与监视科学合理配置，达到控制效率与质量的统一。

鞍钢 2013 年应用的炼钢工序成本管理系统，实现了生产组织与成本管控的在线联动，为生产厂降成本创造了条件；武钢研究完成了产成品“零库存”统计分析，为分解落实在制品库存责任，控制存货和资金占有创造了条件；首钢首自信自主研发的 LIMS 系统，以项目管理、流程控制、质量检测为核心，遵循 ISO/IEC 17025、GALP 等实验室标准化管理规范，有效整合并管理实验室人、机、料、法、环五大要素，并为数据分析、质量检测和监控提供全面的技术支持。

同时为强化产品质量保证，企业着手建立与产线相适应的质量设计、在线数据采集与分析、产品质量检验与判定信息化支撑系统，逐步实现标准化、数字化管控，融入 ISO 体系，实现 PDCA 循环，加强产品质量分析。

武钢将国家出入境检验检疫局（CIQ）对进口原燃料的检验数据纳入产销系统统一管理，实现了公司生产用所有原燃料、辅料、废钢、耐材等检验纳入产销系统管控的目标；并开发建立了硅钢、汽车板工艺过程实时数据采集监控分析系统（PI），具备了质量全流程追溯的信息化手段，大幅度提升了物资供应质量和制造产品质量水平。

2.1.3 在精细管理方面

部分企业开始运用现代化管理系统实现企业专业管理的精细化，在坚持规范化、精细化、个性化的科学管理基本原则，运用企业层面 ERP、设备资产、人力资源、投资项目、库存、购销业务等信息化系统，建立专业管理精细化和综合性流程化的管控规则，逐步支撑企业全面质量、全员设备管理全面生产经营管理现代化和高效率管控。

三钢 2013 年构建了基于信息系统的岗位实时自动考核体系，以 MES 系统的体系框架为依托，对各工序基础数据、各种物料、生产工艺参数、关键质控点进行维护，开发各类生产、财务、岗位考核报表，结合 MES 系统、EMS 系统实现在线自动考核，并通过岗位实时自动考核体系，使各类问题简单化、可量化、可追溯，实现规范化生产操作、精细化管理和考核，管理制度更加规范、透明，高效执行，有效提升企业管理水平；首钢集团 2013 年 KPI 项目，通过规范“一业多地”考核指标业务规则，建立了可信的绩效考核指标数据体系，将信息化平台数据真正用于绩效考核、经营分析及决策，项目设计实现了全年 52 个考核指标的图形展示要求；济钢开发的订单测算分析系统能够通过订单测算系统，测算每票订单收益情况，指导接单决策，帮助销售部门及时了解产品及订单的收益水平，分析每个客户下单的产品综合收益情况，优化分析客户结构和客户质量，通过及时掌握营销部门的接单进度以及接单收益情况，及时测算各条产线、产线内各订单各产品的收益情况，为企业经营决策提供依据；东北特钢研发的采购协同管理系统则融合了 OA 以及协同管理技术的应用平台，规范了企业业务流程，降低库存和资金占用，加强了企业间协同管理，实现了需求到领用出库全程跟踪；兴澄特钢的成本管理系统，能够较准确地对“明细产品”进行成本管理，为销售定价和产品赢利分析提供准确的成本依据。减少人工成本数据处理工作量，推动中特集团企业标准成本管理的精细化、规范化。

2.2 云计算和物联网应用为企业两化深度融合提供了有力支撑

物联网是依托 RFID 技术和网络技术结合使物品实现智能化识别和管理，并进一步实现了对物的感知识别控制，网络化互联和智能处理有机统，形成高智能决策。其特点一是与互联网融合，二是实现了 GPS、RFID、条码、视频、传感器等多种技术融合，传感技术的发展提升了工业自动化的水平感知技术和信息化应用结合发挥着更大作用。

沙钢的冷轧行车定位无线调度系统结合了沙钢冷轧 MES 系统、炼轧集成 MES 系统、玖隆仓储管理系统、各产线机组二级系统辊道跟踪等，利用库区无线局域网、行车运行轨道 RFID 标签等，实现了成品的全物流流程跟踪，提升了入库的节奏，优化了库场结构，能够实时跟踪库存变动，加快物流效率，提高了发货出库及翻运出库的准确性；首钢的“实时钢卷库管理及运输系统”也是以物联网理论技术为基础，以先进的库存管理理念为导向，实现了物流有效控制的智能仓储系统，其系统主要包括：物流调度计划模块，调度计划监控模块，仓储决策系统，账务管理模块、天车定位管理系统等多个功能模块与子系统；昆钢的基于物联网总线质量计量控制执行系统，实现了质量计量信息与物流实时同步，并推广到红钢、玉钢、新区、云煤能源、大红山矿业等单位应用实施，均取得了良好的效果。

而以虚拟化技术与应用、数据库及中间件水平扩展、多租户开发技术以及云管理平台为核心技术的云计算技术在宝钢也得到了深入的应用。

截至 2013 年底，宝钢建成的云计算中心已为宝钢集团标准财务系统、统一认证系统、宝钢工程技术集团经营共享系统、宝钢化工公司经营管理系统等提供 PAAS 服务，并为中国航空无线电电子研究所、地铁电科等提供 IAAS 和 PAAS 服务。

宝之云网络视频会议系统也是基于云计算技术建设的网络视频会议系统。从 2013 年初开始，宝之云网络视频会议系统以 SAAS 云服务的形式，为宝钢所有员工提供服务，员工可使用电脑、iPad 等终端设备，通过网络即可实现不同地域之间的沟通、交流，尤其适合多个不同地点或地域之间的各类会议（早会、班组会、安全例会、项目例会等）、技术方案讨论、故障问题讨论、人员招聘与面试、人员培训等，省时、省地、省成本，更避免了人员移动、奔波之劳累。

宝钢虚拟会议系统也是智慧办公系统中一个新的亮点。它能将固定时间、固定地点的传统会议模式拓展为不受时间、空间约束的网上虚拟会议，是利用信息化技术，高效率、低成本的完成实体会议效果的成功实践。该系统在宝钢集团智慧办公系统上线后，得到广泛应用。宝钢集团层面实体会议大幅度减少，虚拟会议大为增加，为有效提高宝钢集团工作效率做出了较大的贡献，受到了各级管理者的高度赞扬。

2.3 电子商务的发展为钢铁企业提供了机遇和挑战

经过金融危机的洗礼和残酷市场竞争的历炼，钢铁行业结构性矛盾进一步凸显，如产业集中度低、资源短缺且配置不尽合理、市场分散且流通体系不完善等。传统的管理和营销模式已不适应市场需求的变化，整个行业正处于重组和整合的十字路口。运用信息化手段帮助钢铁企业实现管理创新、提高运营效率和利润率、增强自身竞争力，已成为钢铁企业当下的重要研究方向。

一方面，电子商务作为信息化的重要组成部分，是企业适应未来市场竞争的需要，通过有效实施能够实现产供销一体化，加强钢铁企业与上下游产业的衔接，提高企业的市场反应能力和综合竞争力。另一方面，随着国际市场竞争的日趋激烈，国际上 越来越多的企业通过建立电子商务网站来拓宽产品的销售渠道，精简流通环节，促进了企业供应链管理的实现，从而提高企业在国际市场中的竞争力。

将电子商务与钢铁产业这个传统行业联系起来，势必会提高钢铁行业的运行效率，给钢铁行业注入新的生机。电子商务时代的到来既是钢铁行业的机遇，也是挑战。

经过近几年的发展，我国电子商务整体环境不断得到改善，基础条件日趋成熟，步入了快速发展的新阶段。截至 2013 年 6 月，我国电子商务市场交易规模达 4.35 万亿元，同比增长 24.3%，其中，B2B 电子商务交易额达 3.4 万亿元，同比增长 15.25%。网络零售市场交易规模达 7542 亿元，同比增长 47.3%。整体保持快速稳定的发展态势（见图 11）。

钢铁电子商务大致有两类形态，一类是供应链协同，一类是现货市场交易。前者更倾向于第二方

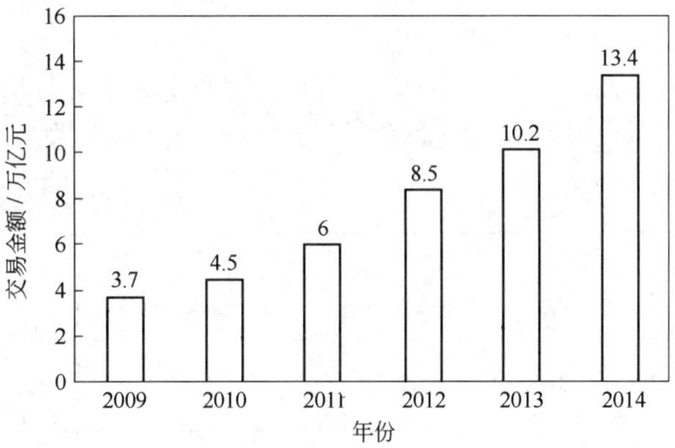

图 11 2009~2014 年中国电子商务市场交易规模

平台，后者更倾向于第三方平台（如东方钢铁）。从国外钢铁电子商务的发展情况来看，曾经的 Metalsite、steel24-7 和 iSteelAsia（亚钢网）等都是按照现货市场交易的形态去发展钢铁电商。但是，欧盟、美国没有真正的现货市场，零星的需求支撑不起该种形态钢铁电商的发展。欧盟和美国的钢材消费习惯不倾向于通过市场现货的采购方式，而是倾向于长期的伙伴关系，通过供应链的计划来保证长期的稳定和可控。最终，欧美第三方钢铁电商平台在 2007 年以后相继消亡，大型钢厂如蒂森克虏伯和安赛乐米塔尔等都转向发展第二方平台，通过物联网和信息化技术来推进供应链的协同，提高整体的效率，并带来增值效益。

目前，钢铁行业约 50%的企业建立了电子商务平台，并逐渐通过自身的销售平台开展电子采购交易等。如：南钢的 E 化供应链集成项目，逐渐深化南钢电子商务应用范围和深度，提高南钢供应链协同管理水平，并将逐步发展成为第三方电商平台；河钢集团的“河北钢铁交易中心”定位为面向整个钢铁产业链，以现货为核心，为客户提供交易、金融、物流、信息等第三方平台；沙钢的玖隆电子商务平台是将传统的钢铁贸易从线下转变为电子商务贸易（线上贸易），是一个第三方平台、大宗原辅料交易的电子商务平台；昆钢的电子商务应用，则实现了与东方付通、交行、银联的支付对接。

到目前为止，国内具有代表性并较为成功的钢铁电子商务首选东方钢铁，事实上，东方钢铁更为业内熟知的是其运营的第三方交易平台——“东方钢铁在线”。2006 年 5 月 25 日东方钢铁在线推出钢材现货电子交易系统。2009 年，实现电子商务交易额近 1288 亿元；2010 年，实现电子商务交易额 1842 亿元，其中电子采购交易、网上竞价交易、在线现货交易共计实现 258 亿元。但可以推算的是，其中大部分的业务直接和宝钢有关，依然无法摆脱宝钢网络购销平台的影子。

除第三方平台外，还有钢材现货交易市场，利用其现有客户和资源来复制无形的交易市场，如第一钢市、宝山钢市等。但无论交易市场还是企业，其推出的网络平台大部分局限在企业网站上的资源信息发布，其他功能效果不甚理想。

虽然网上采购模式能为钢铁行业带来快捷、高效和低成本的营销管理方式，但就目前现状而言，钢铁行业的电子商务应用跟其他行业相比不是很明显。这首先主要是由于观念的问题，国内大型钢铁企业建厂历史都比较长，传统观念根深蒂固，对电子商务有种天然的抵制心态。另外，信息化程度也成为钢铁企业电子商务能否顺利实施的瓶颈。信息化程度也成为钢铁企业电子商务能否顺利实施的瓶颈。钢铁行业在应用电子商务时除了信息化建设的瓶颈之外，在电子商务必须整合的信息流、物流和资金流中，资金流的整合也成为它的瓶颈。国内银行鲜有对钢铁行业开发对接系统的，钢材具有大宗商品的特性，交易金额非常大，如果资金流转得不到银行的支持，电子商务的意义不是很明显。也有操作屡屡亏损，未能产生盈利预期而停止交易的。行情震荡难以操作导致交易量的下降也是佐证，因为收益预期下降或亏损风险加大。

面对新的领域，我国的钢铁行业是否能够站稳脚跟并在激烈的竞争中占有一席之地。这将成为我国钢铁行业的挑战。

3　62 项钢铁企业信息化自动化成果荣获冶金行业科技奖和管理成果奖

2013 年，荣获中国钢铁工业协会、中国金属学会冶金科学技术奖、冶金企业管理现代化创新成果中信息化自动化项目共计 62 项，其中：冶金科学技术奖一等 5 项、二等 8 项、三等 11 项；冶金企业管理现代化创新成果一等 6 项、二等 9 项、三等 23 项。

2000 年至 2013 年，荣获中国钢铁工业协会、中国金属学会冶金科学技术奖、冶金企业管理现代化创新成果中信息化自动化项目共计 228 项，其中：冶金科学技术奖一等 17 项、二等 36 项、三等 59 项；冶金企业管理现代化创新成果一等 12 项、二等 39 项、三等 65 项。

2013 年冶金科学技术奖（信息化自动化）

项 目 名 称	主要完成单位	等级
大型深凹露天矿岩体边坡稳定性与治理技术研究及应用	鞍钢集团矿业公司、中国矿业大学(北京)、东北大学、辽宁科技大学、中勘冶金勘察设计研究院有限责任公司、北京科技大学	一等
超大型高炉高效低耗技术集成	首钢总公司、钢铁研究总院、北京科技大学、首钢京唐钢铁联合有限责任公司、北京首钢国际工程技术有限公司、北京首钢自动化信息技术有限公司	一等
高效 RH 真空精炼关键技术及工业应用	宝钢工程技术集团有限公司、宝山钢铁股份有限公司、上海宝信软件股份有限公司、钢铁研究总院	一等

续表

项 目 名 称	主要完成单位	等级
炭化室高 7m 大容积顶装焦炉炼焦技术	中冶焦耐工程技术有限公司	一等
钢铁企业制氧系统最佳节能模式的理论研究及实践	北京科技大学、唐山唐钢气体有限公司、唐山钢铁集团有限责任公司	一等
烧结生产系统漏风检测技术创新和能效优化	唐山钢铁集团有限责任公司、辽宁科技大学、河北钢铁股份有限公司	二等
大型转炉干法除尘系统泄爆防控集成技术	河北钢铁集团有限公司、宣化钢铁集团有限责任公司、北京国华新兴节能环保科技有限公司	二等
大型加热炉系统化高效节能技术研发与集成	宝山钢铁股份有限公司、宝钢工业炉工程技术有限公司、上海宝信软件股份有限公司	二等
超薄规格超高强热轧产品集成技术应用创新研究	武汉钢铁(集团)公司	二等
冶金矿山大型主体设备模块化组装、运输及安装技术	中国二十冶集团有限公司、中国外运华东有限公司	二等
大型高效板坯连铸机自主设计与集成	首钢京唐钢铁联合有限责任公司、北京首钢自动化信息技术有限公司、北京首钢国际工程技术有限公司、北京首钢机电有限公司	二等
高品质冷轧特薄带钢多功能柔性平整机组核心技术研发	宝山钢铁股份有限公司	二等
矿山企业云计算技术研究与应用	鞍钢集团矿业公司	二等
大型露天矿山胶带运输工艺高效运行关键技术研究与实践	首钢矿业公司	三等
大型矿山设备实时台效管控研究	鞍钢集团矿业公司	三等
高效低成本洁净钢关键生产技术研发与创新	河北钢铁集团有限公司、邯郸钢铁集团有限责任公司	三等
加热炉高效组合式余热回收系统及关键技术	重庆赛迪工业炉有限公司、邯郸钢铁集团有限责任公司	三等
JYB11-基于汽车零部件的供应保障系统	上海宝钢钢材贸易有限公司	三等
SG/ERW711 直缝高频焊接钢管生产线	大连三高集团有限公司	三等
平整分卷自动化控制系统集成开发	唐山钢铁集团微尔自动化有限公司、河北钢铁股份有限公司	三等
本钢信息化 ERP 系统优化及技术进步	本钢集团有限公司	三等
冶金过程控制系统开发平台	北京首钢自动化信息技术有限公司	三等
冶金行业能源环境管控一体化系统	太原钢铁(集团)有限公司、山西太钢不锈钢股份有限公司	三等
连铸机结晶器钢水液面测量系统研发与应用	武汉钢铁(集团)公司	三等

2013 年冶金企业管理现代化创新成果（信息化自动化）

项 目 名 称	完 成 单 位	等级
宝钢电子商务大客户通道应用研究及实践	宝钢集团有限公司	一等
特大型复杂矿区“五品联动”矿冶工程管理模式构建与实施	鞍钢集团公司	一等
以建设精品不锈钢基地为导向的卓越绩效管理	太原钢铁集团公司	一等
以科技创新与科研管理信息化建设为支撑的科技创新管理探索与实践	太原钢铁集团公司	一等
以降成本为中心的资源结构优化控制	河北钢铁集团	一等
一体化品牌战略管理体系的建设与实施	河北钢铁集团	一等
小订单批量化生产模式的创建	安阳钢铁股份有限公司	二等
构建以电子交易平台为依托的集中招标管控体系	莱芜钢铁集团有限公司	二等
钢铁企业大型物流中心的建设	福建省三钢集团有限责任公司	二等
基于大小罐混配的铁钢平衡管理体系构建与实施	武钢股份公司	二等
建立以逐步提升集团管控能力为目标的集团财务管控体系	太原钢铁集团公司	二等
大型钢铁企业财务过程“四合一”精细化管理	河北钢铁集团邯钢分公司	二等
以经济运行理念为指导提升唐钢经营发展质量水平	河北钢铁集团唐钢分公司	二等
信息化打造高端板材一体化质量管控体系	首钢总公司	二等
现代化地采矿山信息系统的构建与实施	首钢总公司	二等
利用信息技术打造钢铁企业物流管理新模式	福建省三钢(集团)有限责任公司	三等
炼钢流程成本管控一体化信息技术	安阳钢铁股份有限公司	三等
“大数据”管理解决方案在大型冶金矿山企业的实施与应用	鞍钢集团矿业公司	三等
基于“鞍钢宪法”精神的“网络问企”体系建设	鞍钢集团公司	三等

续表

项 目 名 称	完 成 单 位	等级
模拟市场化运行机制的推行与实践	莱芜钢铁集团有限公司	三等
城市钢厂环境质量提升之多维监控网络体系的建设与应用	太原钢铁集团公司	三等
国家级五星级生产现场的创建	太原钢铁集团公司	三等
大型钢铁企业设备检修项目标准化管理	太原钢铁集团公司	三等
边坡“超前预警、安全决策”技术创新体系建设	本溪钢铁（集团）矿业有限责任公司	三等
建设集团化信息化平台推动集团管控的实践	本钢集团有限公司	三等
大型钢铁企业消防“天网”体系建设	武汉钢铁(集团)公司	三等
搭建三位一体的质量管控系统，促进产品实物质量提升	河北钢铁集团石钢分公司	三等
创新采购管控机制全面提升采购综合效益	河北钢铁集团宣钢分公司	三等
大型钢铁集团法律风险管理体系的构建	河北钢铁集团	三等
搭建数字化测量管控平台实现测量体系精细化管理	河北钢铁集团唐钢分公司	三等
运用信息化手段实现日成本消耗动态管理	河北钢铁集团石钢分公司	三等
实施以打造低成本特色精品钢生产平台为目标的精益化管理	河北钢铁集团承钢分公司	三等
统一的供应商管理体系框架的建立	河北钢铁集团承钢分公司	三等
以深入推进卓越绩效为导向的管理改进	河北钢铁集团邯钢分公司	三等
基于MES系统平台特钢企业的“三三四”成本管理模型构建	江阴兴澄特种钢铁有限公司	三等
利用信息化技术再造水尺计量流程	马鞍山钢铁股份有限公司	三等
大型钢铁企业铁-钢界面流程再造后的生产管理	重庆钢铁集团有限责任公司	三等
全员自主创新管理体系的构建与实施	首钢总公司	三等

工业互联网为“两化融合”发展搭建平台

中国钢铁工业协会信息统计部　徐　甫

摘　要： 文章阐述了信息化与工业化深度融合的国际环境、重要平台和发展新态势，重点探讨了工业互联网的核心要素和应用，分析了中国发展工业互联网的前景、机遇和潜在优势。

关键词： 工业互联网　信息化与工业化深度融合

以钢铁行业等为代表的工业作为我国国民经济发展的支柱性产业，2013 年我国工业总产值 249684 亿元，增长率 7.8%，占全国总产值 43.9%，工业发展关系国家经济命脉，决定着国家的综合竞争力。

在当今全球信息技术高速发展的带动下，我国工业化进程也在发生着重大改变，物联网、云计算、大数据等新一代信息技术正在加速与制造技术、新能源、新材料等其他工业技术以及新的商业模式渗透融合，智能制造、服务型制造日益成为生产方式变革的重要方向。传统的行业界限正在逐步消失，制造业创造新价值的过程正在发生改变，随之而来的是各种新的活动领域和合作形式的涌现，产业链分工将被重组。发达国家政府和企业正在积极布局新兴产业战略计划，争抢新一轮产业革命的制高点。与世界主要国家相比，我国始终坚持并推动信息化与工业化融合发展的道路，2013 年 9 月发布的《信息化和工业化深度融合专项行动计划（2013—2018 年）》将促进实体经济实质性和持续发展的重任又放在了“两化深度融合”，提出了互联网与工业融合等创新行动。工业互联网的出现为“两化深度融合”提供了重要抓手，为进一步提高工业生产效率，促进生产力发展提供了新机遇。

1　工业互联网的提出及应用

1.1　工业互联网的提出及核心要素

“工业互联网”概念最早由美国通用电气（GE）董事长伊斯梅尔提出，他把工业互联网描述为一个由机器、设备、集群和网络组成的庞大的物理世界，能够在更深的层面与连接能力、大数据、数字分析相结合。目标是升级关键的工业领域，进行工业互联网革命。

从要素组合方式上看，工业互联网是传统方式与新方式兼顾的混合方式，通过先进的特定行业分析，充分利用高频率的实时数据和机器分析，可使实时数据处理的规模得以大幅提升，为分析流程开辟新维度。从要素融合流程上看，工业互联网特别强调的是将工业革命的成果及其带来的机器、机组和物理网络，与近期互联网的成果——智能设备、智能网络和智能决策融合到一起。

1.2　工业互联网的应用情况

1.2.1　大数据和云计算在工业领域的广泛应用

大数据和云计算在制造业的应用涉及制造业的企业管理办公、企业数据管理如 ERP、产品运营服务以及产品全生命周期管理等等。产品的设计和创新、决策支持这些都是大数据和云计算在制造业应用中制造挖掘的价值所在。值得关注的应用前景是，大数据支撑下的未来制造模式——“云制造”。真正构建云并且实施还需将其应用于工业制造和业务服务中。基于大数据的云制造将是未来制造业转型的最大契机，它可以把所有制造业的硬件资源、软件资源、企业资源、专家资源、知识资源，通过云数据模式提出未来在云体系下制造业的新发展模式。

1.2.2　工业互联网未来的应用

工业互联网是数据流、硬件、软件和智能方法交互。由智能设备和网络收集的数据存储之后，利用大数据分析工具进行数据分析和可视化，由此产生的“智能信息”可以由决策者进行实时判断处理，或者成为大范围工业系统中工业资产优化战略决策过程的一部分。此外，智能信息还可以在机器、网络、个人或团体之间实现共享促进智能协作，以做出更好的决策。这可以使更多的利益相关者参与到资产维护、管理和优化过程中，也可以确保在恰当的时机将那些本地和远程拥有机器专业知识的人们整合起来。智能信息还可以反馈到主机。这不仅包括由主机产生的数据，而且包括那些能够增强运行或维护机器、机组及更大系统能力的外部数据。这个数据反馈回路，使机器能够从它的历史数据中得到启示并且通过机载控制系统更加智能地运转。

2 “两化融合”的提出及发展态势

2.1 “两化融合”提出的国际环境

当前，我国无论工业化还是信息化水平都与发达国家尚存一定差距，融合发展面临更艰巨的挑战。一方面，经过30多年的改革开放和发展，我国工业实现了跨越式发展，自2005年起我国整体上步入了工业化中期后半阶段，尤其是制造业积累了一定的技术基础和研发能力，但是，发达国家已进入后工业时代。另一方面，从经济社会发展进程看，发达国家是在工业化完成或者基本完成情况下进入信息化，并把信息化作为国家发展的优先战略，而我国则在工业化尚未完成的情况下推进信息化，使得“两化进程”必须同时开展。走一条与发达国家不同的新型工业化发展道路，即有中国特色的“两化深度融合”发展之路，将为我国加快产业升级和经济结构优化，整体跨入后工业社会奠定坚实的产业技术基础。

2.2 “两化融合”的发展新态势

“两化融合”可以带动我国实现工业转型，产业链由低端向高端转型，产业结构从提供产品向提供服务转型，生产方式从粗放向精细化转型，管理模式从传统向现代转型。近年来，以移动互联网、云计算、物联网、大数据等为代表的新一轮信息技术变革进入跃变期，不断改变着工业化发展面貌。

当前，工信部一方面大力推动化解产能过剩和淘汰落后产能；另一方面，发布《信息化和工业化深度融合专项行动计划（2013—2018年）》将促进实体经济实质性和持续发展的重任又放在了“两化深度融合”上。“两化深度融合”是紧紧把握与世界先进国家同步发展的历史机遇，促进工业经济创新发展、赢得未来的希望所在。推进“两化融合”向深度发展，就是为了从中国制造走向中国创造、从生产型制造走向服务型制造，不断推动产业升级，提高我国的国际竞争力。与“初步融合”相比，“两化”的“深度融合”呈现出一些新的特征尤其在互联网与工业的融合方面，通过互联网与工业应用的普及推广可以看出，互联网不只是与某个门类工业融合，而是“侵入”所有传统工业门类，也不只是与工业企业的某个环节融合，而是与采购、设计、生产、销售、客服等多个环节融合。互联网要进一步发展，就要在发展消费型互联网的同时，大力发展生产型互联网，将互联网和所有的传统产业融合起来，促进传统产业的转型及效率的提高。显然，工业互联网的出现为“两化深度融合”提供了重要抓手，为进一步提高生产效率，促进生产力发展提供了新的机遇。无论是在航空、铁路运输、发电等行业，还是在运营、性能或者维护性等方面，工业互联网不仅带来生产率、效率、能耗水平的突破，更重塑了下一代以工业设备主导的服务业。

2.3 工业互联网成为“两化融合”的平台

2008年金融危机后，如美国、欧盟和韩国等主要国家对实体经济的重视，对节能环保和气候变化的关注，推动了互联网技术在各领域的应用，各国纷纷提出将互联网的发展作为经济增长的新引擎。

此外，互联网的交互使得社会生产方式有了深刻的变革，进而产生社交化的制造平台。以往的传统制造业是一种纵向格局，而当前制造业则呈现水平格局，供应商、经销商、用户以及产品生产与设计都在同一个平台上进行互动，这种互动就是一种社交化的制造模式。这样一种交互形态所形成的制造业通过社交化的网络平台来沟通制造业的各个环节。而这种零距离沟通的渠道就是社交媒体的渠道，就是信息技术进步所引发的一种生产格局。

工业互联网的特性决定了其是实现“两化融合”目标的有效平台，具有广泛的应用价值。在钢铁行业中，钢铁企业可以通过发展电子商务平台来实现产销计划的合理安排，订单需求的及时接收，并显著降低销售成本，在航空行业中，航空公司需要主动利用软件分析诊断工具，来锁定妨碍飞机正常运行的问题。利用工业互联网，航空公司可以收集发动机运转的实时信息，对于出现的故障信息提供预警，帮助航空公司更高效地运营和维护；在医疗行业中，可以提升设备安全，促进高效运营，提高利用率，并扩大基层医疗服务覆盖面，为更多患者服务；在石油天然气行业中，通过软件监控汽轮机、压缩机、泵、风扇、热交换机等机器的震动、温度、流程、性能、排放等，提前发现机器可能出现的故障，及时做出维护响应；在交通运输业中，工业互联网的数据分析能力，可以帮助铁路运输更好地解决速度、可靠性和运能等难题；在钢铁行业中，工业互联网实现了智能生产管理和设备生命周期管理，改进了生产流程和系统可靠性，同时数据管理带来了更好的产品质量分析，节省了人力成本和提高了生产效率；在水处理领域，工业互联网技术提供了远程监控和诊断系统，在节省人力成本的同时，实现对耗水和化学剂量的控制。

智能设备的使用使人力得到了解放，使用智能机器生产不需要考虑工作时间、休假、情绪等因素，同时提高了生产加工精度，一次投资成本加大，但是明显提高了长期收益。互联网技术的进步使得更多的人力资源得到了解放，可以利用机器设备来完成高精度的生产加工工作，利用人力资源研究提高生产线资源配置，改进加工生产工艺，物流配置等与生产相关的工作。同时计算机能够对生产加工工程的全部数据完整记录，利用记录的生产加工数据开展数据分析，制订生产计划和企业发展战略规划。

3 工业互联网实现“两化融合”面临的问题

3.1 资金问题

信息化作为高投入项目，需要大量的资金支持，中国的工业企业在信息化建设投入方面热情度较低，以钢铁行业为例，受到产能过剩问题的影响，中国钢材价格长期走低，钢铁企业盈利状况并不乐观，影响了钢铁企业对信息化建设的投入，而信息化建设作为长期投入，其经济回报对更注重短期效益的钢铁企业吸引力并不大，对企业来说，如何具体体现出预期的生产效率提升与经营绩效还需要斟酌。

3.2 安全问题

在数据保存和处理分析方面，工业同互联网的结合，提高了存储效率，方便了查询存储的数据，提高了统计效率，企业能够更加准确的开展分析、总结工作，为制订未来发展规划提供了有利的数据支持。但是存储在计算机中的工业生产数据也带来了潜在的威胁，工业生产数据，是企业的核心资源，尤其对于关系国家安全的重点企业，一旦数据丢失，将意味着企业的生产能力、产品参数和技术指标、科技水平、下一步战略计划将公之于众，甚至会泄漏关系国家安全的战略信息。企业在注重硬件安全的同时，还需要强大的软件支撑。

3.3 人才问题

人才团队的组建是工业互联网发展的关键要素，这是因为工业互联网的发展归根到底是人在使用设备，最终将信息从智能机器传递到人，让人和机器有机融合。只有组建数据分析挖掘的人才团队，才能真正大幅提高生产效率。目前，人才的缺失是难以解决的问题之一。工业互联网属于交叉性学科的综合应用，包括信息安全技术、网络通信技术、广域自动化技术等的融合。而目前我国在培养人才的体系上还处于单一型模式。因此，要想迈向工业互联网，我们还需要更多能专注于分析软件和数据分析的创新复合型人才。

从市场集中度角度看我国部分钢材品种细分市场的竞争状况

中国钢铁工业协会信息统计部　李小川

摘　要：本文依托海量数据，使用统计分析和比较研究的方法，在数据挖掘和整理基础上，利用绝对集中度（CR_n）和赫芬达尔指数（HHI）等指标和公式，对当前我国钢铁市场竞争状况进行探究，并从品种钢材的角度切入，对我国钢铁市场、尤其是钢材市场的市场结构、绩效情况、竞争程度进行深入分析后认为，当前我国钢铁市场竞争激烈，是一定意义上的完全竞争市场，但总体集中度不高，与西方发达国家相比还有一定差距。对此结论，本文以建立适合中国经济发展的合理有效的市场集中度为目标，提出了改善我国钢铁产业市场结构，优化市场集中度的对策和意见。

关键词：钢铁产业　市场竞争　产业集中度

产业集中度(Concentration Ratio)又称产业集中率或市场集中度（Market Concentration Rate），广义的产业集中是指在特定行业内，生产要素投入和产出被少数大企业所控制的程度。这样，产业集中不仅包括了市场支配力或市场份额的集中，而且也包括了劳动力、资本、技术、产量、利润等的集中。而从狭义来看，产业集中是指在特定产业内，市场销售额控制在少数大企业手中的程度。国内外学术界提出了多种指标用来衡量市场集中状况。一般说来，这些指标大体可以划分为两类：一是考察最大几家企业所占市场份额的大小，即行业集中率（CR_n指数）；另一类是采用各种不同的方法和指标，如赫芬达尔-赫希曼指数（Herfindahl-Hirschman Index，缩写为 HHI，以下简称赫希曼指数）、洛仑兹曲线、基尼系数、逆指数和熵指数等，来考察企业规模分布的不均等状况，其中行业集中率（CR_n）与赫希曼指数（HHI）两个指标被经常运用在市场分析中。

1　对 CR_4 和 HHI 的简单介绍

1.1　CR_4

1.1.1　概念、公式

CR_n指数是指该行业的相关市场内前 N 家最大的企业所占市场份额的总和。CR_4 就是指产业中最大的四个企业所占市场份额的累计数占整个产业市场的比例。同样，CR_5 是指五个最大的企业占有该相关市场份额；CR_8 则是指八个最大的企业占有该相关市场份额，都可以计算出来。

CR_n 指数是以产业中最大的 n 个企业所占市场份额的累计数占整个产业市场的比例来表示，该数值越高，行业垄断性越高。

假设某产业的销售总额为 X，第 i 企业的销售额为：X_i，则第 i 企业的市场份额为：$S_i=X_i/X$，又设 CR_n 为该产业中最大的 n 个企业所占市场份额之和，则其计算公式为：

$$CR_n = \sum_{i=1}^{n} X_i / X \times 100 = \sum_{i=1}^{n} S_i \times 100$$

CR_n 的计算又可细分为以下两种情况：

（1）已知该行业所占市场份额的情况下，其计算公式：

$$CR_n = \sum_{i=1}^{n} S_i$$

式中，S_i 是第 i 个企业所占的市场份额，n 是这个行业中企业的总数。

（2）已知该行业的企业的产值、产量、销售额、销售量、职工人数、资产总额等的情况下，其计算公式：

$$CR_n = \frac{\sum(X_i)_n}{\sum(X_i)_N}$$

式中　CR_n——规模最大的前几家企业的行业集中度；

i——第 i 家企业的产值、产量、销售额、销售量、职工人数、资产总额等；

n——产业内规模最大的前几家企业数；

N——产业内的企业总数。

通常 n=4 或者 n=8，此时，行业集中度就分别表示产业内规模最大的前 4 家或者前 8 家企业的集中度。

CR_n 反映了一个市场中企业的数量和规模的分布状况，市场参与者越多，每个市场参与者所占有的市场份额越少，市场集中率和市场势力的作用程度也就越小，从而资源越能得到最优配置。但不包括同一行业所有的经营者，也不提供有关各个经营者规模的信息，只提供各行业里是否存在寡头垄断的信息和相关市场竞争程度的信息，不能提供有关该行业竞争状况的信息、不能反映最大企业的个别情况，因此，变化不能充分反映企业规模分布的差异。例如，在 4 个企业或 8 个企业中，它们可能是规模相似的企业构成，也可能是一家企业极大而另外几家企业相对较小的构成。此外，该指标也不能反映企业的产品差异问题，HHI 指数正好克服了 CR_n 指数的不足。

1.1.2 CR_4 在市场分析中的应用

CR_n 通常被看做市场寡占程度的指示器，集中率越高，大企业对市场的支配力量就越强，竞争程度就越低。

根据美国经济学家贝恩和日本通产省对产业集中度的划分标准，将产业市场结构粗分为寡占型（30%≤CR_4 或 40%≤CR_8）和竞争型（CR_4 或 CR_8<40%）两类。其中，寡占型又细分为极高寡占型（CR_8≥70%）和低集中寡占型（40%≤CR_8< 70%）；竞争型又细分为低集中竞争型（20%≤CR_8<40%）和分散竞争型（CR_8<20%）。

而根据 CR_4 值的大小，又可以将集中类型分为六个等级，即极高寡占型(CR_4>75%)、高集中寡占型(65%<CR_4<75%)、中(上)集中寡占型(50% <CR_4< 65%)、中(下)集中寡占型(35%<CR_4<50%)、低集中寡占型(30%<CR_4<35%)、原子型(CR_4< 30%)。

据统计，在我国的 39 个工业产业中，只有石油、天然气采选业的 CR_4 超过 50% ，而绝大多数产业的 CR_4 都低于 30%，甚至有 64% 的工业产业的 CR_4 低于 10%。

1.2 赫希曼指数（HHI 指数）

1.2.1 概念、公式

HHI 指数即赫芬达尔–赫希曼指数(Herfindahl-Hirschman Index)，是指基于该行业中企业的总数和规模分布，即将相关市场上的所有企业的市场份额的平方后再相加的总和。其计算公式为：

$$\mathrm{HHI}=\sum_{i=1}^{N}(X_i/X)^2=\sum_{i=1}^{N}S_i^2$$

赫希曼指数最初由 A. 赫希曼提出，1950 年由哥伦比亚大学的 O. 赫尔芬达尔在他的博士论文《钢铁业的集中》中进一步阐述。赫希曼指数具有数学上绝对法和相对法的优点使它成为较理想的市场集中度计量指标，它可以衡量企业的市场份额对市场集中度产生的影响，成为政府审查企业并购的一个重要行政性标准。

这一指数的含义是：它给每个企业的市场份额 S_i 一个权数，这个权数就是其市场份额本身。可见，它对大企业所给的权数较大，对其市场份额也反映的比较充分。指数值越大，集中度越高，反之越低。

1.2.2 赫希曼指数在市场分析中的应用

第一，低度集中市场。美国和欧盟的《并购指南》一致认为，若企业并购后市场上赫希曼指数不足 1000 的情况下，属于安全港，并购不具反竞争效果。

第二，中度集中市场。美国认为，企业并购后市场上赫希曼指数在 1000 至 1800 之间，且并购后较并购前的赫希曼指数提高低于 100 个点，一般不具反竞争效果；但若赫希曼指数提高了 100 个点以上，则可能具有反竞争效果，需要作进一步分析。欧盟则认为，企业并购后市场上赫希曼指数位于 1000~2000 之间，且并购后较并购前的赫希曼指数提高低于 250 个点，一般不具有反竞争效果，但有例外；如果并购后较并购前的赫希曼指数提高了 250 个点或以上，则可能具有反竞争效果，需要作进一步分析；在中度集中市场，欧盟比美国初始门槛宽松。

第三，高度集中市场。美国认为，企业并购后赫希曼指数提高超过 1800 时，行业集中度属于高度集中市场，且并购后较并购前的赫希曼指数提高低于 50 个点，一般不具反竞争效果；如果并购后较并购前的赫希曼指数提高了 50 个点以上 100 个点以下，则可能具有反竞争效果，需要作进一步分析；如果并购后较并购前的赫希曼指数提高了 100 个点以上，一般具有反竞争效果，但需要综合其他因素作进一步分析。而欧盟则认为，赫希曼指数提高超过 2000 时，才属于高度集中市场，且并购后较并购前的赫希曼指数提高低于 150 个点，一般不具有反竞争效果，但有例外；但如果并购后较并购前的赫希曼指数提高了 150 个点或以上，则可能具有反竞争效果，需要作进一步分析；在高度集中市场，欧盟与美国存在市场集中度门槛级差。

2　按 CR_4 指数大小对各细分钢材品种进行的竞争程度分类

按照 2008~2012 年国内钢铁市场上各品种钢材的市场集中度情况和市场集中类型的分类原则，我们依据 CR_4 指数值将纳入反垄断监控的 34 个细分钢材品种和 11 种按钢的化学成分分的钢材品种对应归类到极高寡占型、高集中寡占型等六个类别中去。

2.1　极高寡占型

极高寡占型要求前 4 家企业市场占有率不小于 75%，即 CR_4>75%。按照这一标准，2008 年有重轨、大型 H 型钢、大型角钢、特厚板、冷轧电工钢板带等 5 个品种钢材及铬镍系不锈钢材的垄断程度属于极高寡占型；2009 年有重轨、大型 H 型钢、大型 I 型钢、大型 U 型钢、中小 I 型钢、冷轧电工钢板带等 6 个品种钢材的垄断程度属于极高寡占型；2010 年有轻轨、重轨、大型 H 型钢、大型 I 型钢、大型 U 型钢、大型角钢、镀锡板带、冷轧电工钢板带等 8 个品种钢材及铬镍系不锈钢材的垄断程度属于极高寡占型；2011 年有重轨、大型 H 型钢、大型 U 型钢、大型角钢、中小 U 型钢、镀锡板带、热轧电工钢板、冷轧电工钢板带等 8 个品种钢材的垄断程度属于极高寡占型；2012 年有重轨、大型 H 型钢、大型角钢、大型 U 型钢、热轧电工钢板、中小 U 型钢、冷轧电工钢板带、镀锡板带、扁钢等 9 个品种钢材的垄断程度属于极高寡占型。

2.2　高集中寡占型

高集中寡占型要求前 4 家企业市场占有率在 65%~75%之间，即 65%<CR_4<75% 。按照这一标准，2008 年有大型 U 型钢和特殊质量低合金钢材的垄断程度属于高集中寡占型；2009 年有大型角钢、中小 U 型钢、扁钢等 3 个品种钢材及和特殊质量低合金钢材、铬镍系不锈钢材的垄断程度属于高集中寡占型；2010 年有扁钢和耐热不锈钢材的垄断程度属于高集中寡占型；2011 年有轻轨、大型 I 型钢、扁钢等 3 个品种钢材和铬镍系不锈钢材的垄断程度属于高集中寡占型；2012 年没有钢材品种处于这个集中类型。

2.3　中(上)集中寡占型

中(上)集中寡占型要求前 4 家企业市场占有率在 50%~65%之间，即 50%<CR_4<65%。按照这一标准，2008 年有大型 I 型钢、扁钢、制品用高碳钢线材、冷轧薄宽钢带、镀锡板带等 6 个品种钢材和特殊质量非合金钢材的垄断程度属于中(上)集中寡占型；2009 年有制品用高碳钢线材、特厚板、热轧薄板、冷轧薄宽钢带、镀锡板带、热轧电工钢板等 6 个品种钢材和特殊质量非合金钢材、耐热不锈钢材的垄断程度属于中(上)集中寡占型；2010 年有光圆钢筋、制品用高碳钢线材、特厚板、热轧薄板、冷轧薄宽钢带等 5 个品种钢材和特殊质量非合金钢材、特殊质量低合金钢材的垄断程度属于中(上)集中寡占型；2011 年有制品用高碳钢线材和特殊质量非合金钢材、特殊质量低合金钢材的垄断程度属于中(上)集中寡占型；2012 年有轻轨和特殊质量低合金钢材、特殊质量非合金钢材、铬系不锈钢材属于中(上)集中寡占型状态（见表 1）。

2.4　中(下)集中寡占型

中(下)集中寡占型要求前 4 家企业市场占有率在 35%~50%之间，即 35%<CR_4<50%。按照这一标准，2008 年有轻轨、热轧电工钢板、热轧薄宽钢带等 3 个品种钢材和优质非合金钢材、优质合金钢材、铬系不锈钢材、耐热不锈钢材的垄断程度属于中(下)集中寡占型；2009 年有轻轨、热轧薄宽钢带等 3 个品种钢材和优质非合金钢材、优质合金钢材、铬系不锈钢材的垄断程度属于中(下)集中寡占型；2010 年有中小 U 型钢和优质非合金钢材、优质合金钢材、特殊质量合金钢材、铬系不锈钢材的垄断程度属于中(下)集中寡占型；2011 年有光圆钢筋、特厚板、热轧薄板、热轧薄宽钢带、冷轧薄宽钢带等 5 个品种钢材和优质非合金钢材、优质合金钢材、特殊质量合金钢材的垄断程度属于中(下)集中寡占型；2012 年制品用高碳钢线材、特厚板、冷轧薄宽钢带、大型 I 型钢等 4 个品种属于垄断程度属于中(下)集中寡占型，此外铬镍系不锈钢材、优质合金钢材、优质非合金钢材、优质低合金钢材、特殊质量合金钢材等五种按化学成分分的品种钢材也属于中(下)集中寡占型竞争态势（见表 2）。

2.5　低集中寡占型

低集中寡占型要求前 4 家企业市场占有率在 30%~35%之间，即 30%<CR_4<35%。按照这一标准，2008 年有光圆钢筋、厚板、中板、中厚宽钢带、涂层板带等 5 个品种钢材和普通质量低合金钢材、优质低合金钢材、特殊质量合金钢材的垄断程度属于低集中寡占型；2009 年有光圆钢筋、厚板、中板、

表1 2008~2012年34个细分钢材品种垄断程度分类（CR_4标准）

分类 \ 年份	2008	2009	2010	2011	2012
极高寡占型（CR_4>75%）	重轨、大型H型钢、大型角钢、特厚板、冷轧电工钢板带	重轨、大型H型钢、大型I型钢、大型U型钢、中小I型钢、冷轧电工钢板带	轻轨、重轨、大型H型钢、大型I型钢、大型U型钢、大型角钢、镀锡板带、冷轧电工钢板带	重轨、大型H型钢、大型U型钢、大型角钢、中小U型钢、镀锡板带、热轧电工钢板、冷轧电工钢板带	重轨、大型H型钢、大型角钢、大型U型钢、热轧电工钢板、中小U型钢、冷轧电工钢板带、镀锡板带、扁钢
高集中寡占型(65%<CR_4<75%)	大型U型钢	大型角钢、中小U型钢、扁钢	扁钢	轻轨、大型I型钢、扁钢	
中(上)集中寡占型（50%<CR_4<65%）	大型I型钢、扁钢、制品用高碳钢线材、冷轧薄宽钢带、镀锡板带	制品用高碳钢线材、特厚板、热轧薄板、冷轧薄宽钢带、镀锡板带、热轧电工钢板	光圆钢筋、制品用高碳钢线材、特厚板、热轧薄板、冷轧薄宽钢带	制品用高碳钢线材	轻轨
中(下)集中寡占型（35%<CR_4<50%）	轻轨、热轧电工钢板、热轧薄宽钢带	轻轨、热轧薄宽钢带	中小U型钢	光圆钢筋、特厚板、热轧薄板、热轧薄宽钢带、冷轧薄宽钢带	制品用高碳钢线材、特厚板、冷轧薄宽钢带、大型I型钢
低集中寡占型（30%<CR_4<35%）	光圆钢筋、厚板、中板、中厚宽钢带、涂层板带	光圆钢筋、厚板、中板、中厚宽钢带、镀锌板带	厚板、中板、中厚宽钢带、镀锌板带、热轧电工钢板	厚板、中板、镀锌板带	中厚宽钢带、厚板、中板
原子型（CR_4<30%）	中小I型钢、中小U型钢、中小角钢、圆钢、方钢、带肋钢筋、线材、热轧薄板、冷轧薄板、热轧窄钢带、冷轧窄钢带、镀锌板带、无缝钢管、焊接钢管、其他钢材	中小角钢、圆钢、方钢、带肋钢筋、线材、冷轧薄板、热轧窄钢带、冷轧窄钢带、涂层板带、无缝钢管、焊接钢管、其他钢材	中小I型钢、中小角钢、圆钢、方钢、带肋钢筋、线材、冷轧薄板、热轧薄宽钢带、热轧窄钢带、冷轧窄钢带、涂层板带、无缝钢管、焊接钢管、其他钢材	中小I型钢、中小角钢、圆钢、方钢、带肋钢筋、线材、冷轧薄板、中厚宽钢带、热轧窄钢带、冷轧窄钢带、涂层板带、无缝钢管、焊接钢管、其他钢材	无缝钢管、镀锌板带、热轧薄宽钢带、热轧窄钢带、带肋钢筋、线材、涂层板带、圆钢、光圆钢筋、冷轧薄板、中小角钢、其他钢材、方钢、焊接钢管、冷轧窄钢带、热轧薄板、中小I型钢

表2 2008~2012年11种按钢的化学成分分的品种钢材垄断程度分类（CR_4标准）

分类 \ 年份	2008	2009	2010	2011	2012
极高寡占型（CR_4>75%）	铬镍系不锈钢材		铬镍系不锈钢材		
高集中寡占型(65%<CR_4<75%)	特殊质量低合金钢材	特殊质量低合金钢材、铬镍系不锈钢材	耐热不锈钢材	铬镍系不锈钢材	耐热不锈钢材
中(上)集中寡占型（50%<CR_4<65%）	特殊质量非合金钢材	特殊质量非合金钢材、耐热不锈钢材	特殊质量非合金钢材、特殊质量低合金钢材	特殊质量非合金钢材、特殊质量低合金钢材	特殊质量低合金钢材、特殊质量非合金钢材、铬系不锈钢材
中(下)集中寡占型（35%<CR_4<50%）	优质非合金钢材、优质合金钢材、铬系不锈钢材、耐热不锈钢材	优质非合金钢材、优质合金钢材、铬系不锈钢材	优质非合金钢材、优质合金钢材、特殊质量合金钢材、铬系不锈钢材	优质非合金钢材、优质合金钢材、特殊质量合金钢材	铬镍系不锈钢材、优质合金钢材、优质非合金钢材、优质低合金钢材、特殊质量合金钢材
低集中寡占型（30%<CR_4<35%）	普通质量低合金钢材、优质低合金钢材、特殊质量合金钢材	普通质量低合金钢材、优质低合金钢材、特殊质量合金钢材	普通质量低合金钢材、优质低合金钢材	普通质量低合金钢材、优质低合金钢材、铬系不锈钢材	
原子型（CR_4<30%）	普通质量非合金钢材	普通质量非合金钢材	普通质量非合金钢材	普通质量非合金钢材、耐热不锈钢材	普通质量低合金钢材、普通质量非合金钢材

中厚宽钢带、镀锌板带等5个品种钢材及普通质量低合金钢材、优质低合金钢材、特殊质量合金钢材的垄断程度属于低集中寡占型；2010年有厚板、中板、中厚宽钢带、镀锌板带、热轧电工钢板等5个品种钢材及普通质量低合金钢材、优质低合金钢材的垄断程度属于低集中寡占型；2011年有厚板、中板、镀锌板带等3个品种钢材及普通质量低合金钢材、优质低合金钢材、铬系不锈钢材的垄断程度属

于低集中寡占型；2012 年有中厚宽钢带、厚板、中板等 3 个品种钢材属于低集中寡占型。

2.6 原子型

原子型要求前 4 家企业市场占有率小于 30%，即 CR_4<30%。按照这一标准，2008 年有中小 I 型钢、中小 U 型钢、中小角钢、圆钢、方钢、带肋钢筋、线材、热轧薄板、冷轧薄板、热轧窄钢带、冷轧窄钢带、镀锌板带、无缝钢管、焊接钢管、其他钢材等 14 个品种钢材及普通质量非合金钢材的垄断程度属于原子型；2009 年有中小角钢、圆钢、方钢、带肋钢筋、线材、冷轧薄板、热轧窄钢带、冷轧窄钢带、涂层板带、无缝钢管、焊接钢管、其他钢材等 12 个品种钢材及普通质量非合金钢材的垄断程度属于原子型；2010 年有中小 I 型钢、中小角钢、圆钢、方钢、带肋钢筋、线材、冷轧薄板、热轧薄宽钢带、热轧窄钢带、冷轧窄钢带、涂层板带、无缝钢管、焊接钢管、其他钢材等 14 个品种钢材及普通质量非合金钢材的垄断程度属于原子型；2011 年有中小 I 型钢、中小角钢、圆钢、方钢、带肋钢筋、线材、冷轧薄板、中厚宽钢带、热轧窄钢带、冷轧窄钢带、涂层板带、无缝钢管、焊接钢管、其他钢材等 14 个品种钢材及普通质量非合金钢材、耐热不锈钢材的垄断程度属于原子型；2012 年无缝钢管、镀锌板带、热轧薄宽钢带、热轧窄钢带、带肋钢筋、线材、涂层板带、圆钢、光圆钢筋、冷轧薄板、中小角钢、其他钢材、方钢、焊接钢管、冷轧窄钢带、热轧薄板、中小 I 型钢等 17 个品种属于原子型竞争状态。

3 按 HHI 指数大小对各细分钢材品种进行的市场垄断程度分类

按照 2008~2012 年国内钢铁市场上各品种钢材的市场集中度情况和市场集中类型的分类原则，我们依据 HHI 指数值将纳入反垄断监控的 34 个细分钢材品种和 11 种按钢的化学成分分的钢材品种对应归类到低度集中市场、中度集中市场等三个类别中去。

3.1 低度集中市场

美国和欧盟的《并购指南》一致认为，市场上赫希曼指数不足 1000，即 HHI<1000 的情况下，属于安全性质的低度集中市场。按照这一标准，2008 年有轻轨、中小 I 型钢、中小 U 型钢、中小角钢、圆钢、方钢、光圆钢筋、带肋钢筋、线材、厚板、中板、热轧薄板、冷轧薄板、中厚宽钢带、热轧薄宽钢带、热轧窄钢带、冷轧窄钢带、镀锌板带、涂层板带、热轧电工钢板、无缝钢管、焊接钢管、其他钢材等 23 个品种钢材和普通质量非合金钢材、优质非合金钢材、普通质量低合金钢材、优质低合金钢材、优质合金钢材、特殊质量合金钢材、铬系不锈钢材等 7 个化学品种钢材的市场集中程度属于低度集中市场；2009 年有轻轨、中小角钢、圆钢、方钢、光圆钢筋、带肋钢筋、线材、厚板、中板、冷轧薄板、中厚宽钢带、热轧薄宽钢带、热轧窄钢带、冷轧窄钢带、镀锌板带、涂层板带、无缝钢管、焊接钢管、其他钢材等 19 个品种钢材及普通质量非合金钢材、优质非合金钢材、普通质量低合金钢材、优质低合金钢材、优质合金钢材、特殊质量合金钢材、铬系不锈钢材等 7 个化学品种钢材的市场集中程度属于低度集中市场；2010 年有中小 I 型钢、中小 U 型钢、中小角钢、圆钢、方钢、带肋钢筋、线材、厚板、中板、冷轧薄板、中厚宽钢带、热轧薄宽钢带、热轧窄钢带、冷轧窄钢带、镀锌板带、涂层板带、热轧电工钢板、无缝钢管、焊接钢管、其他钢材等 20 个品种钢材和普通质量非合金钢材、优质非合金钢材、普通质量低合金钢材、优质低合金钢材、优质合金钢材、特殊质量合金钢材、铬系不锈钢材等 7 个化学品种钢材的市场集中程度属于低度集中市场；2011 年有中小 I 型钢、中小角钢、圆钢、方钢、光圆钢筋、带肋钢筋、线材、特厚板、厚板、中板、冷轧薄板、中厚宽钢带、热轧薄宽钢带、冷轧薄宽钢带、热轧窄钢带、冷轧窄钢带、镀锌板带、涂层板带、无缝钢管、焊接钢管、其他钢材等 21 个品种钢材和普通质量非合金钢材、优质非合金钢材、普通质量低合金钢材、优质低合金钢材、优质合金钢材、特殊质量合金钢材、铬系不锈钢材、耐热不锈钢材等 8 个化学品种钢材的市场集中程度属于低度集中市场；2012 年有热轧薄板、中小 I 型钢、冷轧窄钢带、焊接钢管、方钢、其他钢材、中小角钢、冷轧薄板、光圆钢筋、涂层板带、圆钢、线材、带肋钢筋、热轧窄钢带、镀锌板带、无缝钢管、热轧薄宽钢带、中板、中厚宽钢带、厚板、冷轧薄宽钢带、大型 I 型钢等 22 个细分品种和普通质量非合金钢材、优质非合金钢材、普通质量低合金钢材、优质低合金钢材、优质合金钢材、特殊质量合金钢材、铬镍系不锈钢材等 7 个按化学成分分的品种钢材属于低度集中市场（见表 3）。

表 3　2008~2012 年 34 个细分钢材品种垄断程度分类（HHI 标准）

分类 \ 年份	2008	2009	2010	2011	2012
低度集中市场（HHI<1000）	轻轨、中小 I 型钢、中小 U 型钢、中小角钢、圆钢、方钢、光圆钢筋、带肋钢筋、线材、厚板、中板、热轧薄板、冷轧薄板、中厚宽钢带、热轧薄宽钢带、热轧窄钢带、冷轧窄钢带、镀锌板带、涂层板带、热轧电工钢板、无缝钢管、焊接钢管、其他钢材	轻轨、中小角钢、圆钢、方钢、光圆钢筋、带肋钢筋、线材、厚板、中板、冷轧薄板、中厚宽钢带、热轧薄宽钢带、热轧窄钢带、冷轧窄钢带、镀锌板带、涂层板带、无缝钢管、焊接钢管、其他钢材	中小 I 型钢、中小 U 型钢、中小角钢、圆钢、方钢、带肋钢筋、线材、厚板、中板、冷轧薄板、中厚宽钢带、热轧薄宽钢带、热轧窄钢带、冷轧窄钢带、镀锌板带、涂层板带、热轧电工钢板、无缝钢管、焊接钢管、其他钢材	中小 I 型钢、中小角钢、圆钢、方钢、光圆钢筋、带肋钢筋、线材、特厚板、厚板、中板、冷轧薄板、中厚宽钢带、热轧薄宽钢带、冷轧薄宽钢带、热轧窄钢带、冷轧窄钢带、镀锌板带、涂层板带、无缝钢管、焊接钢管、其他钢材	热轧薄板、中小 I 型钢、冷轧窄钢带、焊接钢管、方钢、其他钢材、中小角钢、冷轧薄板、光圆钢筋、涂层板带、圆钢、线材、带肋钢筋、热轧窄钢带、镀锌板带、无缝钢管、热轧薄宽钢带、中板、中厚宽钢带、厚板、冷轧薄宽钢带、大型 I 型钢
中度集中市场（1000< HHI <1800）	大型 I 型钢、大型 U 型钢、大型角钢、扁钢、制品用高碳钢线材、冷轧薄宽钢带	大型角钢、扁钢、制品用高碳钢线材、特厚板、冷轧薄宽钢带、镀锡板带、热轧电工钢板	大型 H 型钢、大型角钢、扁钢、光圆钢筋、制品用高碳钢线材、特厚板、冷轧薄宽钢带	大型 H 型钢、大型 I 型钢、扁钢、制品用高碳钢线材、冷轧电工钢板带	特厚板、制品用高碳钢线材、大型角钢 轻轨、冷轧电工钢板带
高度集中市场（HHI>1800）	重轨、大型 H 型钢、特厚板、镀锡板带、冷轧电工钢板带	重轨、大型 H 型钢、大型 I 型钢、大型 U 型钢、中小 I 型钢、中小 U 型钢、热轧薄板、冷轧电工钢板带	轻轨、重轨、大型 I 型钢、大型 U 型钢、热轧薄板、镀锡板带、冷轧电工钢板带	轻轨、重轨、大型 U 型钢、大型角钢、中小 U 型钢、热轧薄板、镀锡板带、热轧电工钢板	扁钢、大型 H 型钢、大型 U 型钢、镀锡板带、重轨、热轧电工钢板、中小 U 型钢

3.2　中度集中市场

市场上赫希曼指数在 1000 至 1800 之间，即 1000< HHI <1800 时，属于中度集中市场。按照这一标准，2008 年有大型 I 型钢、大型 U 型钢、大型角钢、扁钢、制品用高碳钢线材、冷轧薄宽钢带等 6 个品种钢材和特殊质量非合金钢材、特殊质量低合金钢材、耐热不锈钢材等 3 个化学品种钢材的市场集中程度属于中度集中市场；2009 年有大型角钢、扁钢、制品用高碳钢线材、特厚板、冷轧薄宽钢带、镀锡板带、热轧电工钢板等 7 个品种钢材和特殊质量非合金钢材、特殊质量低合金钢材等 2 个化学品种钢材的市场集中程度属于中度集中市场；2010 年有大型 H 型钢、大型角钢、扁钢、光圆钢筋、制品用高碳钢线材、特厚板、冷轧薄宽钢带等 7 个品种钢材和特殊质量非合金钢材、特殊质量低合金钢材等 2 个化学品种钢材的市场集中程度属于中度集中市场；2011 年有大型 H 型钢、大型 I 型钢、扁钢、制品用高碳钢线材、冷轧电工钢板带等 5 个品种钢材和特殊质量低合金钢材、铬镍系不锈钢材等 2 个化学品种钢材的市场集中程度属于中度集中市场；2012 年有特厚板、制品用高碳钢线材、大型角钢、轻轨、冷轧电工钢板带等 5 个品种钢材和特殊质量非合金钢材、特殊质量低合金钢材、铬系不锈钢材等 3 个化学品种钢材属于中度集中市场（见表 4）。

表 4　2008~2012 年 11 种按钢的化学成分分的品种钢材垄断程度分类（HHI 标准）

分类 \ 年份	2008	2009	2010	2011	2012
低度集中市场（HHI<1000）	普通质量非合金钢材、优质非合金钢材、普通质量低合金钢材、优质低合金钢材、优质合金钢材、特殊质量合金钢材、铬系不锈钢材	普通质量非合金钢材、优质非合金钢材、普通质量低合金钢材、优质低合金钢材、优质合金钢材、特殊质量合金钢材、铬系不锈钢材	普通质量非合金钢材、优质非合金钢材、普通质量低合金钢材、优质低合金钢材、优质合金钢材、特殊质量合金钢材、铬系不锈钢材	普通质量非合金钢材、优质非合金钢材、普通质量低合金钢材、优质低合金钢材、优质合金钢材、特殊质量合金钢材、铬系不锈钢材、耐热不锈钢材	普通质量非合金钢材、优质非合金钢材、普通质量低合金钢材、优质低合金钢材、优质合金钢材、特殊质量合金钢材、铬镍系不锈钢材
中度集中市场（1000< HHI <1800）	特殊质量非合金钢材、特殊质量低合金钢材、耐热不锈钢材	特殊质量非合金钢材、特殊质量低合金钢材	特殊质量非合金钢材、特殊质量低合金钢材	特殊质量低合金钢材、铬镍系不锈钢材	特殊质量非合金钢材、特殊质量低合金钢材、铬系不锈钢材
高度集中市场（HHI>1800）	铬镍系不锈钢材	铬镍系不锈钢材、耐热不锈钢材	铬镍系不锈钢材、耐热不锈钢材	特殊质量非合金钢材	耐热不锈钢材

3.3　高度集中市场

市场上赫希曼指数超过 1800，即 HHI>1800 时，属于高度集中市场。按照这一标准，2008 年有重轨、大型 H 型钢、大型 I 型钢、大型 U 型钢、中小 I 型钢、中小 U 型钢、热轧薄板、冷轧电工钢板带等 5 个品种钢材和铬镍系不锈钢材的市场集中程度属于高度集中市场；2009 年有重轨、大型 H 型钢、大型 I 型钢、大型 U 型钢、中小 I 型钢、中小 U 型钢、热轧薄板、冷轧电工钢板带等 8 个品种钢材和铬镍系不锈钢材、耐热不锈钢材等 2 个化学品种钢材的市场集中程度属于高度集中市场；2010 年有轻轨、重轨、大型 I 型钢、大型 U 型钢、热轧薄板、镀锡板带、冷轧电工钢板带等 7 个品种钢材和铬镍系不锈钢材、耐热不锈钢材等 2 个化学品种钢材的市场集中程度属于高度集中市场；2011 年有轻轨、重轨、大型 U 型钢、大型角钢、中小 U 型钢、热轧薄板、镀锡板带、热轧电工钢板等 8 个品种钢材和特殊质量非合金钢材的市场集中程度属于高度集中市场；2012 年有扁钢、大型 H 型钢、大型 U 型钢、镀锡板带、重轨、热轧电工钢板、中小 U 型钢和耐热不锈钢材的市场集中程度属于高度集中市场。

4　综合 CR_4、HHI 指标值之后的判断

综合前文根据近几年 CR_4、HHI 指标值，对各细分钢材产品的市场集中/垄断程度的分类，利用平均聚类分析法，对纳入反垄断数据库钢铁行业子库检测，按品种细分的 34 个钢材品种和按化学成分划分的 11 个钢材产品进行计算。发现 45 类钢材产品中，有 22 类相同度较高，即都处于市场集中度低位。

具体来说，有中小 I 型钢、中小角钢、圆钢、方钢、带肋钢筋、线材、厚板、中板、冷轧薄板、中厚宽钢带、热轧窄钢带、冷轧窄钢带、无缝钢管、焊接钢管、其他钢材等 15 个品种钢材和普通质量非合金钢材、优质非合金钢材、普通质量低合金钢材、优质低合金钢材、优质合金钢材、特殊质量合金钢材、铬系不锈钢材等 7 个化学品种钢材属于市场集中程度很低的产品——这些产品，几乎占到了监控类别总数的一半；此外，扁钢、光圆钢筋、厚板、中板、热轧薄板、热轧薄宽钢带、镀锌板带、涂层板带和耐热不锈钢材的市场集中程度也相对偏低。上述市场集中程度“很低”和“偏低”的钢材产品类别占到了监控类别总数的 68.89%。与此相反，市场集中程度高的产品只有重轨、大型 H 型钢、大型 U 型钢、大型角钢、镀锡板带、冷轧电工钢板带等 6 品种钢材和铬镍系不锈钢材，它们只占监控类别总数的 15.56%。

基于以上数据，我们可以初步判断：

（1）我国钢铁市场竞争激烈，但总体集中度不高。当前我国钢铁市场总体集中度不高，市场竞争激烈，是一定意义上的完全竞争市场。而重轨、镀锡板带、冷轧电工钢板带和几种大型型钢及铬镍系不锈钢材等少数几个品种钢材，所拥有的相对较高的市场集中度，表明一小部分具有技术优势的企业凭借高端产品，在国内钢材市场上具有较强的市场地位，不过考虑到这些产品年产量不高和曾经完全依赖进口的历史，我们不得不承认我国现有产品结构仍处于档次较低的水平，高附加值、高技术的产品所占比重偏小。另外，一些高附加值产品集中度虽然相对较高，但其产量凸现过剩，高附加值产品并未带来高利润。

（2）市场集中度低的产品供大于求。反观市场集中程度“很低”和“偏低”，占监控类别总数 68.89%的钢材品种，相当一部分产品呈现供大于求状态，并且是发达国家已经淘汰的产品，比如亟须升级换代的型线材、窄带钢，产量较大的冷轧薄板、热轧窄带钢等我国钢铁产品不仅在产品结构不够合理，产品实物质量也远远低于发达国家，比如钢质纯净度低、有害气体和杂质含量高、稳定性差、包装质量低，凡此种种致使我国钢铁产业的集中度远远落后于世界其他国家，也导致中国钢铁产业整体抗风险能力偏弱，竞争力不高。

（3）高技术含量产品同时存在供给过剩和供给短缺。可以发现，我国钢铁市场中高技术含量产品同时存在供给过剩和供给短缺。在供给过剩的品种钢材中，涂层板(带)属于高技术含量产品，其供给程度在近几年中都表现为高度过剩 ；而同为高技术含量产品的电工钢板(带)，其供给程度在近几年则表现为低度稀缺，尽管近几年来自给情况有所改善，但仍然难以满足市场求。说明当前我国钢铁市场中高技术含量产品同时存在供给过剩和供给短缺的情况。

一定程度上，甚至可以说，过剩与短缺并存是现阶段我国钢铁工业的基本格局。目前我国钢铁工业存在的主要问题是结构性不合理，这是制约钢铁工业健康、可持续发展的主要障碍。过剩与短缺并存，是现阶段钢铁工业进行产业结构调整不可逾越的发展阶段。我们过剩的是大量缺乏产业竞争力和规模化水平的小企业，尽管这些小企业对于局部地

区的发展可能是有利的，但放在国际竞争的背景之下，则是造成劳动生产率低下、技术进步缓慢、企业之间恶性竞争的重要原因。而真正具备国际竞争实力，引领中国钢铁工业走向世界，形成具有多个产品比较优势的企业还非常缺乏。优势企业在过去几年钢铁工业总量不断扩张的情况下，没有抓住历史机遇，做大做强，市场份额不断被民营企业蚕食，竞争力不断下滑。如果这种状况不尽快加以扭转，用不了多久，这些企业将沦为不具规模优势的二流企业。

我国钢铁市场之所以演变成今天的低集中度状态，我们认为主要基于以下几点：

（1）总体上看，厂商数量过多是导致产业集中度低的基本原因。过去十年，由于我国重化工业的发展，对钢铁工业需求不断加大、利润攀升，导致小钢铁大量增加。钢铁产业结构调整的关键是对小钢铁的治理工作。世界钢铁工业的集中度不断上升，而我国钢铁工业集中度却在"稳步"下降，"去规模化"趋势不断强化，与世界趋势相背离。2012 年粗钢产量前 50 位集中率为 68.43%，前 4 位集中率仅为 31.46%。而有关资料显示，早在 2004 年，世界主要钢铁生产国的前 4 位企业集中率均大大高于我国，如巴西、韩国、日本、印度、美国、俄罗斯分别为 99%、88%、73%、68%、61%、69%。由此可见，中国的钢铁工业是极端分散的作坊生产模式，而世界主要钢铁生产国大多是极高寡头垄断型企业。中国前 50 家钢铁生产厂家合并为 1 家的集中率，才能赶上世界的规模化水平，这就是中国和世界的差距，如果这种趋势继续下去，对资源的吞噬使用将成为推倒中国钢铁工业的硬伤，因为没有任何资源可以不受限制的进行复制，这包括资金、市场、技术、环境、社会。

（2）由于没有设置产业准入标准的法律法规，致使结构调整不利，是导致市场无序竞争的政策原因。尽管我国钢铁工业在总量上是世界第一，但高端品种的生产还很欠缺。钢铁工业是能源、水、资源高消耗的行业，如不对小钢铁进行淘汰，将对我国原材料、水资源、能源、交通运输、港口造成巨大压力，降低社会经济的总体效率，导致我国未来环境压力增大，治理成本提高，钢铁工业的社会效益降低，最后使全国人民来为这种无序扩张买单。

（3）地区分割、地方保护，导致产业重组困难重重，产业的结构性矛盾进一步突出，是导致产业规模低的体制原因。国家有关宏观管理部门，应当对各地区的投资需求统一进行协调，做到互相补充，有所取舍，避免和减少高、低水平重复建设的进一步恶化和蔓延。建立企业淘汰机制，加快不同地区之间的企业重组步伐，打破地区利益、建立跨地区钢铁产业集群，通过专业化和精细分工，促进优势企业的发展。

（4）资源优化机制没有建立，投资配置失效，是导致企业盲动的市场原因。为什么我国的经济经常要经受各种"热"的考验，这是因为没有建立环境跟踪机制，投资失败负责机制，没有将税收和对环境资源的消耗水平联系起来，同时各种资本竞相追逐短期、地区、部门、局部利益，漠视整体、社会、大局利益，最终导致多方利益受损。此外，制定的各种规划缺乏可信水平，导致实际需求与规划需求脱节，我国的确存在盲目规划、决策失误的问题。各级政府应当为社会主义市场经济提供完善的法律环境，健全经济运行机制，严格市场经济的进入、退出、淘汰、升级的条件和要求，同时建立各种市场的预警、预测系统，使得市场的参与者能够科学判断市场运行效率和风险，不给各种"热"提供滋生的土壤。

钢铁工业是一个典型的规模经济性行业，它的发展壮大要求较高的产业集中度作为前提条件，这是被国外钢铁强国的发展实践所证明的。所以，对于国内钢铁市场，首要的不是反垄断，而是如何想方设法优化和提高市场集中度。在提高钢铁产量集中度的同时，必须遵循中国国情与产业发展的基本规律，必须注意每个地区、每个品种、每个钢铁工序产品都要匹配的问题，不能因为提高了产量集中度，却带来新的瓶颈。